이것이 금융논술이다 9.0

이것이 금융논술이다 9.0 금융기관·금융공기업 편

2017. 7. 12. 초 판 1쇄 발행
2017. 10. 24. 초 판 2쇄 발행
2018. 8. 13. 개정 1판 1쇄 발행
2019. 7. 5. 개정 1판 2쇄 발행
2019. 9. 5. 개정 2판 1쇄 발행
2020. 8. 27. 개정 3판 1쇄 발행
2021. 5. 6. 개정 3판 2쇄 발행
2021. 8. 25. 개정 4판 1쇄 발행
2022. 8. 1. 개정 5판 1쇄 발행
2023. 5. 3. 개정 5판 2쇄 발행
2023. 8. 16. 개정 6판 1쇄 발행
2024. 9. 4. 개정 7판 1쇄 발행

저자와의 협의하에 검인생략

지은이 | 김정환
펴낸이 | 이종춘
펴낸곳 | BM (주)도서출판 성안당
주소 | 04032 서울시 마포구 양화로 127 첨단빌딩 3층(출판기획 R&D 센터)
10881 경기도 파주시 문발로 112 파주 출판 문화도시(제작 및 물류)
전화 | 02) 3142-0036
031) 950-6300
팩스 | 031) 955-0510
등록 | 1973. 2. 1. 제406-2005-000046호
출판사 홈페이지 | www.cyber.co.kr
ISBN | 978-89-315-6754-0 (13320)
정가 | 33,000원

이 책을 만든 사람들
책임 | 최옥현
진행 | 김상민
내지 디자인 | 에프엔
표지 디자인 | 박원석
홍보 | 김계향, 임진성, 김주승, 최정민
국제부 | 이선민, 조혜란
마케팅 | 구본철, 차정욱, 오영일, 나진호, 강호묵
마케팅 지원 | 장상범
제작 | 김유석

이 책의 어느 부분도 저작권자나 BM (주)도서출판 성안당 발행인의 승인 문서 없이 일부 또는 전부를 사진 복사나 디스크 복사 및 기타 정보 재생 시스템을 비롯하여 현재 알려지거나 향후 발명될 어떤 전기적, 기계적 또는 다른 수단을 통해 복사하거나 재생하거나 이용할 수 없음.

■ 도서 A/S 안내

성안당에서 발행하는 모든 도서는 저자와 출판사, 그리고 독자가 함께 만들어 나갑니다.
좋은 책을 펴내기 위해 많은 노력을 기울이고 있습니다. 혹시라도 내용상의 오류나 오탈자 등이 발견되면 "좋은 책은 나라의 보배"로서 우리 모두가 함께 만들어 간다는 마음으로 연락주시기 바랍니다. 수정 보완하여 더 나은 책이 되도록 최선을 다하겠습니다.
성안당은 늘 독자 여러분들의 소중한 의견을 기다리고 있습니다. 좋은 의견을 보내주시는 분께는 성안당 쇼핑몰의 포인트(3,000포인트)를 적립해 드립니다.
잘못 만들어진 책이나 부록 등이 파손된 경우에는 교환해 드립니다.

금융기관·금융공기업 합격자가 선택한 금융논술의 모든 것!

금융공기업
금융기관
편

이것이 금융논술이다 9.0

슈페리어뱅커스 김정환 지음

BM (주)도서출판 성안당

머리말

[이것이 금융논술이다] 가 출간된 지 벌써 햇수로 11년째입니다. 그동안, 재판(再版)이 될 때마다 최신 이슈를 담기 위하여 새로운 논제들을 실었고, 또 상대적으로 덜 중요해진 논제들은 삭제하며, 본 교재의 내용은 더 정교해지고 공부하기 수월하게 집필되었다고 자부합니다. 그동안 은행이나 금융공기업, 그리고 증권사, 보험사까지 많은 금융기관 지원자들이 본 교재로 학습 후, 원하는 금융기관에 입사했다는 후기들을 받다 보면 저자로서 형언할 수 없는 보람과 뿌듯함을 느낍니다.

부디,「이것이 금융논술이다」시리즈가 여러분들이 원하는 금융기관으로 취업하기 위한 자기소개서, 논술, 면접 전형의 모든 과정에 큰 보탬이 되기를 저자로서 희망합니다.

일반적으로 금융기관과 공기업 취업을 위해서는 [자기소개서] – [논술/필기시험] – [면접]의 3단계를 거쳐야 합니다. 이러한 3단계 과정 중, 최우선적으로 준비해야 하는 것을 꼽으라면 저는 단연 논술을 고르겠습니다.

그 이유는,

첫째, 논술준비가 잘된 학생일수록 자기소개서도 탁월하게 작성할 가능성이 높아집니다.

자기소개서의 작성은 단순히 자신의 이야기를 의식의 흐름에 따라 기억에 의존해서 작성하는 것이 아니라, '논술식 구조화 작업'과 '연역적인 방법'에 의해 작성할수록 논리적이며 가독성 높은 자기소개서가 완성되기 때문입니다. 또한 최근 금융공기업의 자기소개서 항목으로 '논술식 주제'가 제시되고 있습니다.

둘째, 논술준비가 잘된 학생일수록 면접에서도 설득력과 호소력을 갖출 수 있습니다.

전통적인 대면 인성면접에서도 "논술식 화법"과 "논술공부를 통한 지식량"을 어필하신다면 면접관들에게 안정감과 신뢰를 심어줄 수 있기 때문입니다. 또한 논술준비를 많이 한 학생들일수록 PT면접과 토론면접에서도 지식기반에 의한 설득력 높은 화법을 구사함으로써 기량을 극대화하는 것을 종종 경험하였습니다.

셋째, 논술준비에 소요되는 시간이 자기소개서나 면접준비로 소요되는 시간보다 월등히 많이 걸리기 때문입니다.

그만큼 논술준비는 장기적인 관점에서 준비하셔야 합니다. 하지만 이를 역으로 생각해 본다면 논술준비는 장시간 소요되는 만큼 상대적으로 논술준비를 제대로 하지 못한 다른 학생들에 비해 자기 자신을 차별화할 수 있는 전략으로 활용할 수 있습니다.

하지만 지난 몇 시즌 동안 금융기관과 공기업 취업준비를 하는 많은 학생들을 현장에서 실제로 지도하면서 보니, 의외로 상당수의 학생들이 논술시험의 준비를 소홀히 한다는 것을 알게 되었습니다. 전공필기시험, 자격증 취득은 열성적으로 준비하는 반면 논술준비가 미흡한 까닭을 분석해 보니 다음과 같았습니다.

첫째, 몇몇 금융기관이나 공기업들은 "논술시험 평가를 하지 않기 때문"

둘째, 금융기관, 공기업 대비 "논술학습에 대한 접근성에서의 어려움"

셋째, "논술공부 자체의 어려움"뿐만 아니라 설령 "열심히 논술공부를 하고 완성논술을 작성해도 계량화된 평가가 불가능하다는 점"

등 여러 가지 사유로 논술시험의 대비는 항상 뒤처지는 것을 보았고, 이에 저는 항상 안타까웠습니다.

이런 점들이 제가 금융기관과 공기업 취업을 준비하시는 취업준비생 여러분들에게 논술에 흥미를 드리고, 체계적이고 구조화된 논술작성을 가능하게 하며, 실전논술 준비에 도움을 드리기 위해 2013년,「이것이 금융, 공기업 논술이다」를 출간하기로 마음먹게 된 이유입니다.

본 책을 집필하면서 무엇보다 주안점을 둔 부분은,

첫째, 모든 논제들을 [서론-본론-결론]의 형태로 구조화했으며 또한 효율적이고 시각적인 공부를 위하여 도표화했습니다.

둘째, 본론에서는 논제들에 대하여 다소 깊이 있는 내용을 담으려 하였고, 가급적 논제들로 인한 긍정적인 부분과 부정적인 부분을 함께 고찰함으로써 여러분들의 다양한 시각과 의견형성에 도움을 드리고자 하였습니다.

셋째, 결론의 내용도 상당부분 정부의 방향성과 금융기관의 방향성을 분리하여 제시함으로써 공기업을 준비하시는 분들이나 금융기관을 준비하는 취업준비생들 모두에게 실질적인 도움이 되도록 하였습니다.

넷째, 모든 논제들에 대하여 결론의 내용을 극대화했습니다. 여타 논술교재들이 본론 위주로만 구성된 것이 안타까웠고 이런 이유로 항상 결론의 도출을 어려워하는 취업준비생들을 위하여 다양한 결론을 제시함으로써 결론 도출의 가이드라인과 문제해결의 방향을 잘 잡을 수 있도록 하였습니다.

다섯째, 해당 주제에 대한 지도 학생들의 실제 논술 사례문과 이에 대한 첨삭 지도 내용들을 각 논제별로 첨부시켜 다양한 논제들이 실제로 어떻게 실전논술로 작성되었는지 보여드리고자 하였습니다.

이러한 주안점들을 잘 참조하고 공부한다면 본 책의 활용도를 극대화할 수 있을 것입니다.

본 책이 취업준비생 여러분들이 원하는 금융기관과 공기업으로 취업하는 데 비단 논술시험뿐만 아니라 취업의 전 과정에서 여러모로 도움이 되었으면 합니다.

이 책의 완성을 위하여 다방면으로 애써주신 ㈜성안당과 취업준비가 바쁨에도 불구하고 틈틈이 이 책의 작성과 교정에 많은 도움을 준 박은우, 이석영 학생에게도 감사드린다는 말을 남깁니다.

슈페리어뱅커스 김 정 환

이 책의 구성

01 논술작성법

주제별 논술사례로 들어가기 전, 어떻게 해야 논술 답안을 잘 작성할 수 있는지 그 비법을 공개합니다!

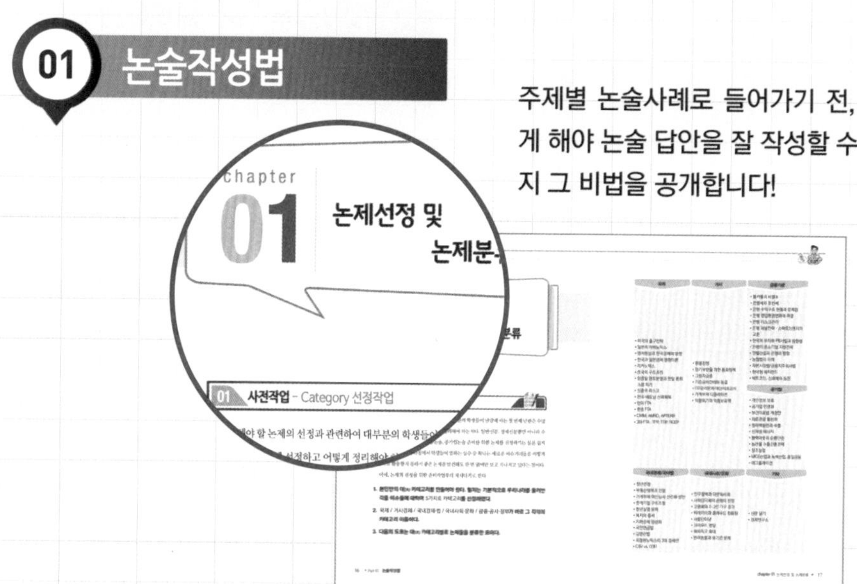

02 논제 개요잡기

논술답안의 뼈대가 되는 '개요 작성'은 논술 작성에서 가장 중요한 단계입니다. 이슈언급부터 의견제시까지 개요 작성을 위해 필요한 핵심 정보를 구조화 · 도표화하여 제시합니다.

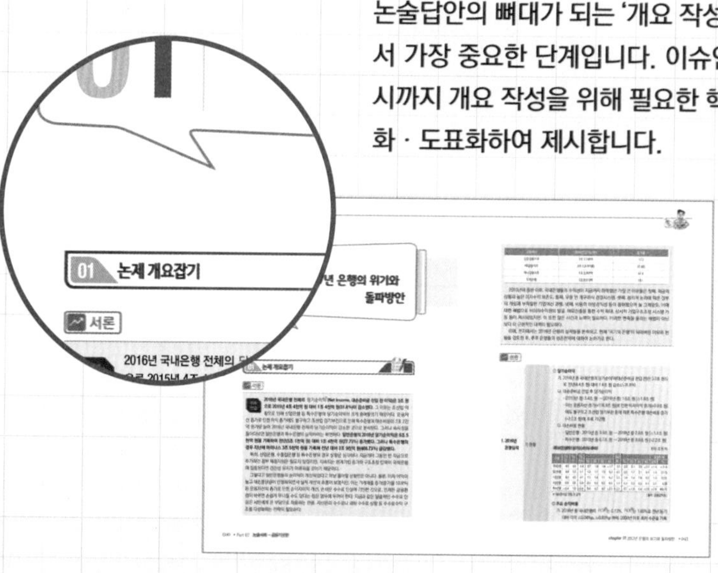

03 논술사례

주제별로 출제가 예상되는 문제를 제시하여 실전에 완벽하게 대비할 수 있습니다.

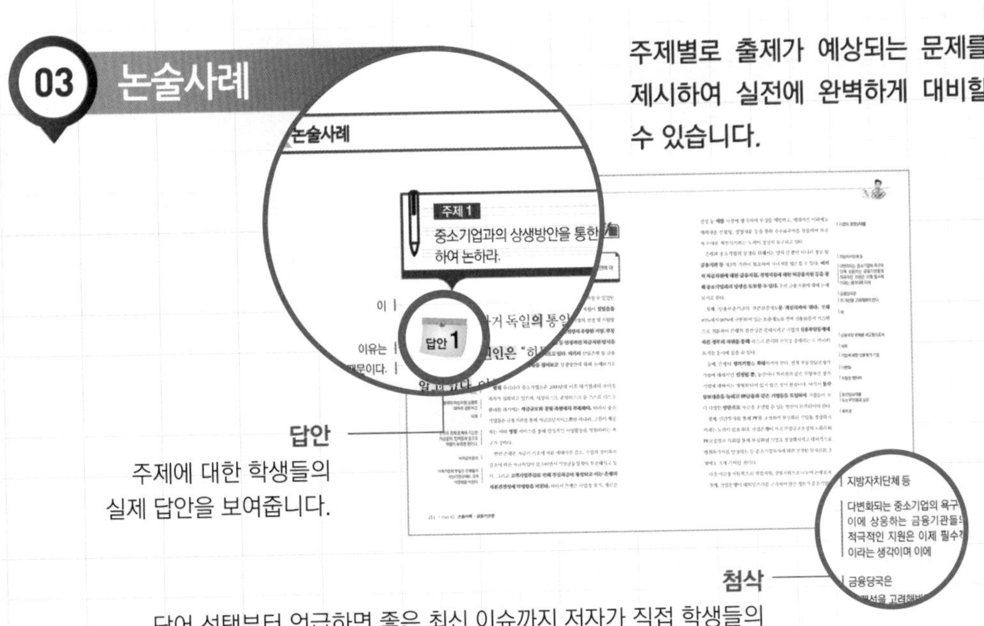

답안

주제에 대한 학생들의 실제 답안을 보여줍니다.

첨삭

단어 선택부터 언급하면 좋은 최신 이슈까지 저자가 직접 학생들의 답안을 꼼꼼하게 첨삭하여 제시합니다.

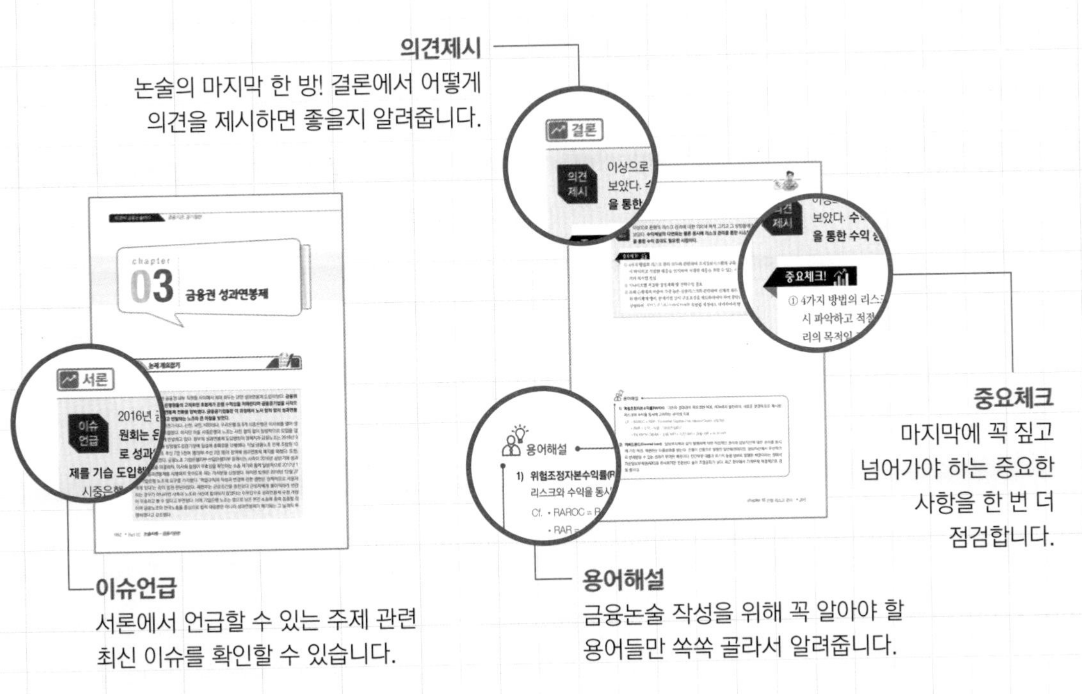

의견제시

논술의 마지막 한 방! 결론에서 어떻게 의견을 제시하면 좋을지 알려줍니다.

중요체크

마지막에 꼭 짚고 넘어가야 하는 중요한 사항을 한 번 더 점검합니다.

이슈언급

서론에서 언급할 수 있는 주제 관련 최신 이슈를 확인할 수 있습니다.

용어해설

금융논술 작성을 위해 꼭 알아야 할 용어들만 쏙쏙 골라서 알려줍니다.

CONTENTS

금융권 취업 가이드

'신의 직장' 금융권 기업

2018년~ 2021년까지 취업준비생들의 경쟁은 뜨거웠다. 우리은행과 수출입은행, 기업은행은 100 대 1의 채용경쟁률을 기록했으며, 그 외에도 NH농협은행 33 대 1, 수협은행 일반직 150 대 1 등 높은 경쟁률을 기록했다. 상대적으로 높은 연봉, 안정적인 환경과 최고 수준의 복지혜택 등 여러 가지 이유로 금융권 취업을 목표로 하는 취업준비생들이 점점 늘고 있다.

금융권 채용 프로세스

금융권이라고 해도 기업별로 채용절차가 다양하므로 자신이 목표로 하는 기업을 정하고, 해당 기업의 채용 프로세스를 확인하여야 한다.

일반적으로 금융권 채용의 프로세스는 다음과 같다.

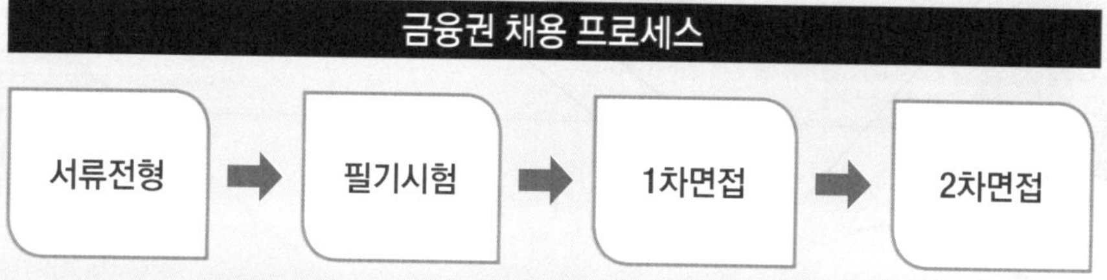

- 서류전형 : 각 기업별 양식에 맞춰 입사지원서와 자기소개서를 작성하여 제출한다.
- 필기시험 : 논술, 전공시험, 상식, NCS직업기초능력평가 등 기업별로 상이하게 이뤄진다.
- 면접전형 : 합숙면접, 세일즈면접, 토론면접, PT면접, 인성면접 등 다양한 방식으로 진행된다.

금융권 취업을 위해 무엇보다 논술전형 준비가 중요한 이유

1. 논술전형 준비는 다른 과정보다 많은 시간이 필요하다. 그러므로 장기적인 관점으로 준비해야 할 필요가 있다. 그만큼 준비가 잘 되어 있다면 다른 지원자들과의 '차별점'으로 작용할 수 있다.

2. 논술전형은 서류전형 바로 다음에 실시하는 만큼 이를 제대로 준비하지 않으면 최종 관문에 도달하기도 전에 탈락이라는 고배를 마실 수 있다.

3. 논술전형 준비가 잘 이루어지면 자기소개서 작성에 도움이 된다. 자기소개서 역시 논리성과 가독성이 중요하게 작용하며, 최근에는 논술식 자기소개서를 제시하는 기업도 많아지고 있다.

4. 논술전형 준비를 통해 면접을 대비할 수 있다. 논술을 통해 습득한 설득력 높은 화법은 면접관들에게 안정감과 신뢰감을 심어줄 수 있고, 다양한 논술주제를 통해 인성역량면접, NCS면접, PT면접, 토론면접 등 면접에 직접적으로 대비할 수 있다.

논술전형을 실시하는 금융권 기업

1. 시중은행 : KB국민은행, IBK기업은행, NH농협은행, KEB하나은행(1차 면접 때 실시), 대구은행, 부산은행 등

2. 금융공기업 : 한국은행, 금융감독원, 산업은행, 수출입은행, 한국거래소, 한국예탁결제원, SGI서울보증, 한국주택금융공사, 한국무역보험공사, 예금보험공사 등

3. 기타 : 신협중앙회, 한국증권금융, 신용회복위원회, 무역협회 등

'이것이 금융논술이다' 시리즈와 함께한

2024년 '한국예탁결제원' 합격 후기

안녕하세요. 2024년도 한국예탁결제원에 합격한 000입니다. 저는 김정환 선생님의 논술부터 시작해서 1, 2차 면접까지 쭉 수강한 케이스로 너무 큰 도움이 되었기에 해당 부분에 대해서 어떤 점이 중요하고, 도움을 받았는지에 대해서 후기를 남겨보고자 합니다.

논술수업

한국예탁결제원의 경우 전공(50%), 논술(50%)가 반영되기 때문에 논술의 중요성이 굉장히 큽니다. 저는 금융 전반에 대해서 아는 것이 없었기에 처음에는 굉장히 막막했습니다. 그러다가 우연히 김정환 선생님의 '금융논술 각론반' 수업을 들었습니다. 단순히 책을 읽어나가기보다 최근 경제 전반에 대한 흐름을 이해할 수 있어서 정말 재밌게 수업을 들었습니다. 논술수업을 들을 때는 절대로 여기서 나온 주제가 나온다는 마인드로 접근하시면 안 됩니다. 실제 시험장에 가게 되면 처음 보는 주제가 나올 수도 있고, 알더라도 잘 모르는 주제가 나올 수도 있습니다. 하지만 중요한 것은 '뭐라도 쓸 수 있는가'가 가장 중요합니다. 논술수업을 들을 때는 몰랐는데, 다 듣고 스스로 공부하다 보면 이 주제와 관련된 내용을 다른 주제에도 실제로 사용할 수 있기에 분량을 채울 수 있습니다. 즉, 전체 숲을 볼 수 있다는 점이 가장 좋았습니다. 또한, 논술에서 배운 것이 실제로 토론면접에 나올 수 있기 때문에 단순히 논술에서 그친다 생각하지 말고 차라리 본인의 지식을 확장시키는 과정이라고 생각하시면 좋을 것 같습니다.

2023년 '금융감독원' 합격 후기

저는 재학 중인 상태로 입사를 준비했기 때문에 평소에 매일 경제경영 뉴스를 가볍게 읽고 있는 상태였습니다. 바이트 뉴스를 구독하고 있었고, 입사 준비를 시작하면서 사회면 뉴스도 팔로우하면 좋을 것 같아 아침 먹으면서 유튜브로 뉴스룸을 시청했어요. 뉴스룸은 딱히 도움되었던 것 같진 않습니다. 스터디도 하지 않았고 글쓰기에 자신 있는 편도 아니어서 10월 초에 슈페리어뱅커스 논술 특강을 보고 신청했습니다. 기억엔 2주 전에, 주에 2번씩 2시간 수업, 총 4번이었는데 제가 알고 있는 경제시사 개념이더라도 그걸 글로 쓰기에 필요한 소스들은 전혀 없는 상태라서 논술 특강이 그 점에서 도움이 많이 됐습니다. 예를 들어 부동산 PF 부실화에 대해 대충 알더라도 논술로 글을 작성하기 위해선 그 배경을 설명할 때 필요한 용어들을 명확히 알아야 하고, 그 상황에서 정부와 금융당국이 취해야 할 입장이라던가 어떤 연쇄 작용이 있을 수 있는지 등 언어화할 수 있는 소스들이 필요하고 그걸 정리하는 시간으로 슈페리어뱅커스 특강이 정말 유용했다고 생각합니다. 너무 촉박하게 특강을 신청해서 제 글을 첨삭 받을 기회는 없어서 부끄럽지만 온전한 한 편의 글을 써보지는 못하고 시험장에 들어갔습니다. 제가 강조 드려도 써 보실 분은 써 보시고, 아닐 분들은 저처럼 그냥 들어가시겠지만 그래도 한 번 정도는 글을 써 보시는 게 좋을 것 같아요. 저는 이번 주제 중에 탄소세를 골라서 논술을 썼는데 국민연금에 대해

제 견해랄 게 전혀 없기도 했고, 탄소세에 대해서 논술특강에서 정리한 적이 있어서 나름 할 말이 많다고 생각했기 때문입니다. 근데 쓰고 나니까 원고지 7장 주셨는데 2장 채워서 진짜 당황했어요. 배운 대로 서론, 본론, 결론 썼고 문제에서 요구한 것들을 다 썼기 때문에 분량 늘릴 방법도 없어서 그대로 냈는데, 결과적으로 합격이라 다행이지, 탈락이었다면 글 한 번을 안 써보고 간 걸 오래 아쉬워했을 것 같긴 합니다. 올해 논술문제는 아마도 이전과 다르게 둘 다 일반 논술이었던 것 같아요. 듣기로는 금융 논술 한 개와 일반 논술 한 개 중 택 1 이었다는데 올해는 전공 필기도 그렇고 예년과는 달랐던 것 같네요.

2023년 '금융감독원' 합격 후기

선생님께서 보내주신 여러 합격 후기에 도움을 많이 받아서 저도 부족하지만 합격 후기 남겨봅니다.

논술 준비

대학도 수능으로 갔었고 논술을 한 번도 해본 적이 없어서 논술이 제일 막막했는데, 선생님의 강의가 아주 큰 도움이 되었습니다. 00전공이라서 금융은 완전히 까막눈이었는데 선생님께서 비전공자도 이해할 수 있도록 쉽게 설명해주시기 때문에, 강의만 들었어도 금융이슈 전반에 대해서 웬만큼 정리가 되었습니다. <이것이금융논술이다> 책에 나온 주제로 다 커버될 수 있다고 생각하지만, 단순히 책을 읽기만 하는 것보다는 주제별로 2~3가지 논점을 정리해보는 게 좋은 것 같습니다. 저는 논술첨삭을 신청해놓고도 시간이 없어서 글들을 다 완성하지는 못했었지만, 개조식으로 논점을 2~3가지씩 스스로 정리해봤던 게 도움이 되었습니다.

2023년 '산업은행' 합격 후기

안녕하세요. 저는 선생님의 금융공기업 4주반, 논술총론 4주반, 논술각론 4주반, 산업은행 면접 1,2차 수업까지 모두 수강했습니다. 처음 선생님을 찾게 된 계기는 산업은행 서류전형에서 계속 탈락해 문을 두드리게 되었습니다. 이후 첨삭을 받아 서류 합격을 한 이후로는 선생님을 믿고 계속 수업을 들었습니다. 논술 수업을 들을 초기에는 무지한 상태여서 내용이 벅찼는데, 지금 합격하고 생각해보니 합격까지 모두 필요한 과정이었다는 생각이 듭니다. 특히 1차면접 수업은 선생님의 수업이 아니었다면 불합격했을 것이라 생각이 듭니다.

2023년 '신용보증기금' 합격 후기

스터디는 하지 않고 선생님 강의를 듣고 모의면접 1회 봤습니다. 이전에도 스터디 한 적은 손에 꼽습니다. 논술도 선생님 강의를 들어서 논리구조 만드는 데에 도움이 된 것 같습니다.

1. 과제수행은 평타.
2. 심층면접은 잘 본 것 같음.
3. 실무진 면접은 완전히 꼬여서 000의 000도 제대로 설명 못했음.

그럼에도 붙은 걸 보면, 솔직하게 말하는 태도나 선생님께서 말씀하셨던 답변 양식을 잘 따랐던 게 주요했던 것으로 보입니다. 선생님과 모의면접 꼭 보세요. 하는 것과 안 하는 것의 차이가 정말 큽니다.

2023년 하반기 'SGI서울보증' 합격 후기

2023년 상반기 지원 시, 전공시험은 양호하다고 느꼈으나 논술에 부족함이 많다고 생각하여 김정환 선생님의 금융논술 강의를 수강하였습니다. 논술강의 수강을 고민하는 분들에게 결정을 내리는데 도움을 조금 드리고자 간략하게 강의 수강하며 느꼈던 점을 적어보겠습니다. 첫째, 논술 공부의 틀을 빠르게 잡을 수 있습니다. 반드시 짚어야 하는 주제, 기업에서 자주 출제되는 주제들을 정리해주셨기에 논술 대비를 위한 공부의 범위를 최소화 할 수 있었습니다. 둘째, 금융공기업과 은행에서 원하는 글쓰기의 방향을 체크할 수 있었습니다. 대학교 재학 시절 글쓰기 비중이 높은 과에서 공부했기에 논술에 자신이 있었습니다. 하지만 몇 차례의 논술 탈락과 선생님의 강의 수강 후 기업에서 원하는 방향의 글 전개와 마무리가 있으며 그간 제가 써온 글들과 차이가 있었다는 것을 알게 되었습니다. 해당 부분에 대해 숙지가 되어있는지 여부가 합불에 꽤 많은 영향을 줄 수도 있겠다고 생각합니다. 셋째, 트렌드에 맞는 논술대비를 할 수 있습니다. 많은 수강생들을 통해 축적된 여러 후기들을 통해 전통적으로 기업에서 많이 출제되었던 이슈와 최근 출제 빈도가 높은 이슈를 확인하여 논술공부의 양은 줄이고 질은 높일 수 있었습니다. 마지막으로 논술에 대한 두려움을 없앨 수 있었다는 것이 저 개인적으로는 가장 좋았던 부분이었습니다. 저처럼 막연한 논술공포증이 있는 분들에게는 꼭 수강을 추천 드리고 싶습니다.

2023년 '산업은행' 합격 후기

금융논술 수업

금융공기업 면접에서 대략 10번 연속 탈락하면서 자신감을 잃었는데, '논술 실력'이라는 강점이 저를 지탱해주었고, 결국에는 좋은 결실로 이어질 수 있었던 것 같습니다. 김정환 선생님의 금융 논술 강의를 2번 들으면서 주제에 대한 지식을 확장하고 어떠한 주제에도 저만의 글을 작성할 수 있었다는 점이 좋았습니다. 만약 여유가 되신다면 논술 강의는 꼭 수강할 것을 추천하고, 이미 들으신 분도 수강 기간이 오래되었다면 다시 한번 수강하는 것을 추천합니다. 예탁결제원, 산업은행, 금융연수원, 신용보증기금 등 논술 관련 기업에서는 모두 높은 성적을 받을 수 있었고, 예탁결제원 논술 점수가 당시 50점 만점에 40점이 넘는 것을 보며, 선생님의 방향성이 맞다고 확신했습니다. 특히 논술 수업은 PT 면접에서도 구조화할 때 매우 유용하기에 A매치 준비생뿐만 아니라, B매치 준비생, 은행 준비생도 수강하는 걸 강력 추천합니다. 그리고 준비생들 사이에서 간혹 수강료가 비싸다는 의견이 종종 있는데, 만약 충실히 수업을 들으셨다면 절대 그런 소리를 하지 못할 것입니다. 저는 논술 수업을 들은 학생들과 스터디를 만들어서 함께 PT면접과 논술 작성 스터디를 진행했는데, 그 부분에서도 감각을 기를 수 있어 좋았습니다.

여신 프로세스 및 신용보증기금 업무 수업
논술, 면접 수업만큼이나 정말 좋았던 수업이었습니다. 특히 여신 프로세스 수업은 여신에 대한 프로세스와 직원으로서의 역량에 대해 자세히 설명해주는 수업으로, 우리나라에서 유일한 강의라고 생각합니다. 따라서 수업 대비 강의료가 정말 저렴하다고 생각합니다. 선생님께 들은 여신 프로세스를 통해 산업은행 지원동기의 방향성을 잡을 수 있었고, 면접에서 면접관들이 굉장히 관심이 있어하고 저만의 차별화된 강점이 되었습니다. 산업은행 수업뿐만 아니라, 신용보증기금 업무 수업에서도 기금의 업무 프로세스와 사업 방향성에 대해 구체적으로 설명해주셔서 많은 도움이 되었습니다. 논술 수업을 듣고 해당 수업을 들으시는 걸 강력 추천 드리지만, 만약 시간이 없다면 해당 수업은 꼭 듣기를 추천 드리겠습니다.

2022년 '금융감독원' 합격 후기

들어가며
먼저 금융감독원 준비에 방향성을 제시해주시고 합격까지 도움을 주신 선생님께 감사의 인사를 전합니다. 저의 후기는 CPA 유탈생들에게 특히 도움이 될 것이라고 생각합니다. 당연히 합격할 것이라 믿었던 시험에서 한 과목을 놓치고 멘탈을 수습하기도 전에 다음 계획을 세워야 했습니다. 슈페리어뱅커스 블로그에서 지난 합격자들의 후기를 찾아보며 이게 나한테 적합할까? 고민하던 중 한 CPA 유탈생의 후기를 읽게 되었고 바로 금융논술 총론부터 수강하기 시작했습니다. 같은 공부만 오랫동안 해온 CPA 준비생들이 금융공기업으로 전환할 때 가장 어려운 것은 '무엇을 어디까지 해야 하는가?'에 대한 감을 잡는 부분이라고 생각합니다. 물론 미리 준비해서 가능한 많은 부분을 챙기는 것이 좋겠지만, 저와 같이 9월 초부터 준비하시는 분들을 위해 제가 준비하며 체득한 노하우를 최대한 공유해보겠습니다.

금융논술 준비
금융논술 총론반은 금융논술 공부의 기틀을 잡아주는 강의라고 생각합니다. 저는 긴 기간 CPA 수험생활을 했기 때문에 시사에 관한 부분에 베이스가 없는 수준이었습니다. 금융공기업을 준비하겠다고 마음을 먹었다면 고민하지 말고, 일단 무엇이라도 시작하는 것이 중요합니다. 고민하기보다 무작정 서점이라도 가보는 것도 좋습니다. 저는 그렇게 나갔던 서점의 수험서 코너에서 『이것이 금융논술이다』를 발견하였고 슈페리어뱅커스 블로그를 방문하게 되었습니다. 어떻게 시작해야 할지 감도 오지 않는 상황에서 전문가의 도움을 받는 것이 가장 효율적일 것이라고 생각했고, 바로 9월 초 시작하는 총론 강의를 신청하였습니다. 강의를 수강하면 시사 전반에 대한 이해도와 기본 상식을 쌓을 수 있습니다. 주제에 대한 중요도와 추세도 알려주시기 때문에 회차가 늘어날수록 어떻게 해야 할지 감을 잡을 수 있었습니다. 저는 금융감독원 금융논술을 준비할 때 총론반에서 얻은 지식을 바탕으로 그 해에 중요하게 나올 법한 주제를 6개 정도 추려서 논문을 찾아보고 경제신문을 매일 읽었습니다. 논문은 0000000에서 찾았고 수업을 듣다가 추천해 주셔서 알게 된 사이트 입니다. 금융감독원은 굵직굵직한 주제에서 출제하는 경향이 있기 때문에 한 선택이었고 결과적으로 가장 중요하게 여겼던 3고 현상이 논술 주제로 나오면서 어렵지 않게 금융논술을 작성했습니다. 이때 금융에 관한 배경지식과 기관에 대한 지식 역시 큰 폭으로 상승하기 때문에 면접 준비에도 큰 도움이 됩니다. 금공준비를 전혀 해보지 않은 사람이 스스로 공부할 수 있는 능력을 키워주는 것이 총론반의 가장 큰 이점이라고 생각합니다.

2022년 '한국증권금융' 합격 후기

저는 작년 자기소개서 첨삭을 시작으로 슈페리어뱅커스를 알게 되었고, 선생님의 첨삭 뒤 급격하게 서류 합격률이 오르는 경험을 할 수 있었습니다. 받아보신 분은 알겠지만, 알맹이는 놓아두고 글 맵시만 다듬어주는 방식이 아닌, 근본적으로 어떻게 창의적으로 접근해야 하는지 그 방식을 알려주셔서, 저만의 창의적이고 '읽는 재미가 있는' 자기소개서를 만드는 데 큰 도움을 받았습니다. 실제로 스터디를 할 때도 매번 스터디원들에게 자기소개서 관련해 칭찬을 듣기도 했습니다. 그 뒤로 믿음이 생겨 논술 총론 및 각론 수업을 들었고, 필기 합격 후엔 실무면접, 임원면접 수업도 한 번씩 들었습니다. 먼저, 논술 수업을 통해서는 논술을 구성하는 방식을 배웠을 뿐 아니라, 최근 이슈 논제들을 체계적으로 배울 수 있어 경제논술뿐만 아니라 PT 준비 때에도 내용 면에서 큰 도움이 되었습니다. 또한, 선생님께서 자기소개서와 마찬가지로 논술에서도 (좋은 쪽으로) 눈에 띄는 방식에 대한 팁들도 많이 전수해주셔서 이것들도 많은 도움이 되었습니다. 다음으로, 면접수업 역시 선생님이 늘 자기소개서와 논술에서 강조하신 내용과 큰 뼈대와 맥락은 비슷했습니다. 다만, 면접 때가 되면 그 강조하신 내용들을 까먹게 되어 실전 연습을 하면서 이를 다시금 떠올리고 체득하는 데 도움이 된 것 같습니다. 자기소개서 첨삭이든, 논술 수업이든, 면접수업이든 선생님이 항상 강조하고 "꼭 이렇게 해라"라고 말씀하시는 부분들이 있는데, 정말 이 부분만 열심히 지킨다면 모든 전형을 무사히 통과할 수 있을 것으로 생각합니다. 저 또한 면접은 올해가 처음이었고, 선생님께서 강조하신 부분들을 한 귀로 흘려 넘기지 않고 최대한 체득하면서 임했던 것이 큰 도움이 되었다고 느꼈습니다.

2022년 '한국부동산원' 합격 후기

2020년 선생님을 처음 뵙고 직접 논술 수업을 들었을 당시는, 제가 취업에 대해 감이 없는 상태라 선생님께서 가르쳐주신 방향을 잘 이해하지 못했고 최대한 따라가려고만 노력했었던 것 같습니다. 하지만 시간이 지나, 추후 실력이 쌓인 후부터는 선생님 말씀의 의도를 점점 깨닫게 되었습니다. 그 이후부터는 A매치 금공 2곳 및 B매치 1곳에 필기 합격하며 논술 시험이 존재하는 회사의 입사시험에 대한 자신감과 방향성을 찾을 수 있었습니다. 이렇게 다져진 논술 실력은 추후 면접을 준비하는 데도 많은 도움이 되었습니다.

2022년 'IBK기업은행' 합격 후기

선생님께 2021년도 하반기 논술 수업을 수강하고, 이번 면접 강의도 수강하며 많은 도움을 받을 수 있어서 후기 작성과 함께 다시 한번 감사의 인사를 드립니다. 저는 처음 공기업을 목표로 취업준비를 시작했으며 점차 준비를 하며 금융 공기업 취업을 목표로 했었습니다. 하지만 00 전공이기에 경제 관련 지식이 많이 부족했습니다. 이러한 계기로, 선생님께서 진행하신 금융 논술 수업을 수강하며 금융산업에 대해 볼 수 있는 눈을 뜰 수 있었고 이러한 기반을 활용해 경제 뉴스들을 스크랩하며 스스로 더욱 고도화된 생각을 해볼 수 있었습니다. 이러한 지식들을 겸비해 2021년도 하반기 기업은행 최종면접까지 갈 수 있었습니다. 당시 선생님 수업을 통해 지식은 쌓았지만, 제 스스로 면접에 대한 경험과 스킬이 부족하여 최종면접에서 탈락을 했습니다. 그래서 이러한 부분들을 보완하기 위해 선생님께 2022년 기업은행 최종면접 관련 컨설팅을 지도 받았고, 지도해주신 부분들을 통해 최종면접에서 합격을 하게 되었습니다.

2022년 '우리은행' 합격 후기

저는 2022년 상반기 우리은행 1차 면접 준비를 시작으로 선생님과 처음 만났습니다. 당시 국민은행에서 디지털 서포터즈를 하고 있었는데 멘토였던 대리님께서 정환쌤을 추천해주셨고, 우리은행 서류 붙자마자 바로 강의 수강했습니다. 선생님 강의로 면접준비를 시작한 덕분에 뭘 준비해야 좋을지에 대한 감을 잡을 수 있었습니다. 비록 상반기엔 부족해서 잘 안 됐지만, 그 이후에 자격증 취득, 인턴 면접, 공채 면접 등 취업의 모든 과정에서 많은 도움이 됐다고 생각합니다. 선생님 강의에서 추천하고 싶은 부분은 면접 직전에 듣는 00은행 대비 강의와 금융논술 총론반/각론반 강의, 1:1코칭 입니다. 특히 각론반 강의는 긴 시간 진행되는 만큼 다양한 주제에 대해 깊이 있게 알아갈 수 있고, 그에 파생되어 스스로 공부할 점이 많이 생겨서 좋았습니다. 공부하다 보면, '아 여기까지 알아야 되나?' 싶을 때가 많은데, 그런 부분도 파고들어서 해두면 나만의 깊이와 논리가 생기고, PT에 흔하게 나오는 '~~현상에 대한 금융권/은행의 해결 방안'을 만들어내는 데 많은 도움이 되는 것 같습니다. 저는 7개 은행에 제출했던 모든 서류는 다 합격했고, 그 중 4개는 최종까지 다녀왔습니다. 많은 시행착오가 있었지만, 결국 다 과정이라는 데 너무 동의합니다. 정말 힘들어도 울고 다시 일어나면 다 할 수 있습니다. 이런 글을 쓸 수 있게 만들어 주신 김정환 선생님, 다시 한번 감사 드립니다.

'이것이 금융논술이다' 시리즈와 함께한

2021년 '산업은행/SGI서울보증' 합격 후기

논술은 매우 중요합니다. 2020년 하반기 예탁결제원을 급하게 준비하면서 선생님 수업 수강 전에 책만 몇 번 읽어보고 필기시험을 쳤고, 단 3점 차이로 불합격하면서 논술 수업을 조금만 빨리 들었더라면, 글을 조금만 짜임새 있게 썼더라면 하는 후회가 지금도 큽니다. 전공시험 비중이 크지만, 전공시험은 경영 직렬의 경우 회계사가 아닌 지원자들도 충분히 대비할 수 있는 난이도로 출제되었습니다. 또한 NCS 경우도 사전에 준비가 어려운 분야이기 때문에 결국 논술에서 필기시험 합격이 좌우될 수 있다고 강조하고 싶습니다.

또한 논술은 글을 쓰고 퇴고하고 첨삭하는 과정들 때문에 생각보다 준비하는 데 시간이 많이 소요됩니다. 아는 만큼 보인다고 논술을 위해 시사 공부를 하고 글을 쓰다 보면 보이지 않던 것들이 보이게 되면서 실력이 늘지만, 그 과정까지 많은 시간이 소요됩니다. 채용공고가 뜨고 나서는 마음이 조급해지면서 더욱 전공 공부에 시간을 투입하게 됩니다. 자연스럽게 논술 준비에 소홀하게 되고 이는 필기 결과에도 분명 영향을 줄 것입니다. 사전에 <이것이 금융논술이다>와 선생님 강의를 활용하여 논술 준비를 철저히 하셔서 좋은 결과를 얻으시길 바랍니다.

2020년 하반기 '금융감독원' 합격 후기

금융논술을 준비하면서 금융과 경제에 대한 기본적인 지식이 많이 쌓아두는 것이 필요한데, 그렇지 않으면 3종류의 면접(집단면접 1회, 실무진 면접1회, 임원면접 1회)을 대비하기가 매우 어려워집니다. 그래서 미리미리 금융논술을 제대로 공부하는 것이 필요합니다. 금감원은 IT 직렬이라고 해도 IT 외 여러 다른 부서에서 일하게 되는 일이 많기 때문에 더욱 그렇습니다.

저는 금융이라고는 공부를 해본 적이 없었습니다. 그래서 혼자 공부하기에는 무리라고 생각해서 강의를 수강했습니다. 슈페리어뱅커스 강의의 장점은 금융을 볼 수 있는 전체적인 틀을 제공하고, 그것을 금융논술과 연결시킬 수 있도록 주제별로 정리해준다는 것이 가장 큰 장점입니다.

2020년 하반기 '캠코' 합격 후기

논술 준비에 대한 막막함으로 걱정하던 찰나에, 감사하게도 슈페리어뱅커스를 알게 되었습니다. 덕분에 짧은 시간 동안 논술 준비의 방향성과 핵심 시사 이슈를 숙지하고, 결코 적지 않은 분량의 논술 교재 3권을 효율적으로 공부할 수 있었습니다. 아쉽게도 캠코의 경우에는 금융논술 시험이 없었으나, 1차 PT 면접을 준비하는 과정에서 특히 큰 도움이 되었습니다. 논술시험이 없는 기업을 준비하시는 분들도 논술 수업은 꼭 수강하시기를 추천합니다.

2020년 하반기 '신용보증기금' 합격 후기

공인회계사 시험 2차 유예 탈락 후 금융공기업 취업으로 전환하였습니다. 신용보증기금 필기 시험은 NCS와 전공시험, 논술시험으로 구성되는데, NCS는 상대적으로 비중이 적기 때문에 전략적으로 힘을 뺐고, 전공시험은 다 년 간 수험 생활로 자신 있었습니다. 하지만, 논술 시험은 경험이 없었고, 그 동안 수험 공부만 해왔기 때문에 금융상식과 시사 쪽이 약해 어떻게 준비해야 할지 가장 막막하였습니다.

주변 지인을 통해 슈페리어뱅커스의 '이것이 금융논술이다' 책 시리즈를 추천 받았고, 혼자서 공부하기보다 선생님의 논술 수업을 함께 듣는다면 짧은 시간에 훨씬 큰 효과를 볼 수 있을 것으로 판단하여 주저하지 않고 수강 신청하였습니다. 그리고 그 효과는 생각했던 것 이상으로 좋았습니다.

2020년 하반기 'IBK기업은행' 합격 후기

저는 금융논술이 없는 시중은행을 목표로 하고 있었고, 유일하게 논술시험이 있는 농협은행도 지원하지 않았습니다. 그럼에도 금융논술 수업을 수강한 이유는, 차별성을 극대화할 수 있다고 생각했기 때문입니다. 그래서 본격적으로 공채 일정이 시작되기 전, 3월에 해당 수업을 수강했습니다.

금융논술 수업을 통해 금융 및 경제 이슈에 대해 다양한 관점에서 생각해 볼 수 있었습니다. 또한, 한 가지 주제에 대해서 좀 더 짜임새 있게 의견을 전달하는 방법을 배웠습니다. 비록 저는 금융논술 시험을 치르지 않았지만, 모든 은행의 자기소개서 항목에 논술형 질문이 있었습니다. 만약 금융논술 수업을 듣지 않았더라면, 해당 항목의 내용을 적을 때 많은 어려움을 겪었을 것입니다. 하지만 선생님의 수업 덕분에 비교적 쉽게, 그리고 더욱 논리적인 흐름으로 내용을 채울 수 있었습니다.

2020년 상반기 '한국금융연수원' 합격 후기

슈페리어뱅커스가 가장 좋았던 점은 단기간에 최소한의 필요한 학습량을 충족할 수 있었다는 점이었어요. 저는 금융공기업 준비를 급하게 하게 돼서 거의 전공필기만 공부하다가, 시험 두 달을 남기고서야 논술을 시작했거든요. 정말 한 번도 논술을 제대로 써본 적이 없었고, 뉴스만 간간히 보면서 대략적인 경제 흐름만 파악하고 있던 정도였어요. 급한 마음에 이것저것 찾아보다가 슈페리어뱅커스의 막판 단기 강의를 수강했는데, 그게 정말 큰 도움이 됐습니다.

슈페리어뱅커스의 논술 교재는 대부분이 알듯이 바이블이라고 할 만큼 좋은 책이고요. 강의는 경제논술, 토론 입문자인 분, 그리고 단기에 실력을 확 끌어올리고 싶은 분께 강력 추천합니다.

'이것이 금융논술이다' 시리즈와 함께한

2019년 '무역보험공사' 합격 후기

안녕하세요. 저는 이번 2월 논술반을 들었고, 올해 한국무역보험공사에 최종 합격했습니다. 한국무역보험공사는 논술전형을 보지 않는 기관입니다. 그럼에도 저는 이번 상반기 최종 합격할 수 있었던 가장 큰 이유를 꼽으라면 슈페리어 뱅커스의 논술수업을 수강한 일을 꼽고 싶습니다. 그 이유는, 저는 이 클래스가 단지 논술을 위한 클래스가 아니라, 최고의 면접 대비반이라고 생각했기 때문입니다.

면접을 잘 보기 위해서는 무엇이 필요할까요? 세 가지를 꼽고 싶습니다.

첫째, 내용적 측면에 있어서는, PT 면접 및 토론면접에서 나올만한 주제를 정확히 알고 있어야 하겠습니다. 둘째, 형식적 측면에 있어서는 구조화된 내용을 00식으로 말할 수 있어야 합니다. 셋째, 필기시험에 합격하고 벼락치기로 준비하는 것이 아니라, 평소 꾸준히 생각하고 연습해야 합니다.

2019년 'SGI서울보증' 합격 후기

저는 금융 논술을 써본 적이 없었기 때문에 8월부터 논술 수업을 수강했습니다.

수업을 들으면서 논술을 작성하는 방법뿐만 아니라 한국 금융 산업에 관한 전반적인 지식을 배웠고, 논술과 면접에서 요긴하게 활용할 수 있었습니다. 특히 수업에서 어떤 주제에나 적용할 수 있는 만능 결론을 배우는데, 말 그대로 만능이기 때문에 꼭 숙지하시길 추천 드립니다. 수업 마지막 시간에 선생님께서 중요한 주제를 몇 가지 뽑아주셨고 관련해서 글도 보내주셨는데, 실제 시험에서 그 중 한 주제가 출제되어 무난하게 작성할 수 있었습니다.

금융 관련 경험이 없는 제가 합격할 수 있었던 것은 슈페리어뱅커스의 수업 덕분이라고 생각합니다. 막연히 금융권 취업을 원하지만 무엇부터 공부해야 하는지 모르거나 저처럼 관련 경험이 없으신 분들께서는 꼭 수업을 듣고 학습 방향을 설정하는 기회로 삼으셨으면 좋겠습니다.

2019년 '금융감독원' 합격 후기

직장생활과 병행하여 금융감독원 입사지원을 하였기 때문에 시간이 절대적으로 부족하였으므로, 조금 더 효율적인 준비방법을 고민하다가 슈페리어뱅커스 선생님의 금융논술 강의(주말 저녁반)를 수강하게 되었습니다. 평일 쌓인 근무 피로 때문에 주말에는 지칠 수 있었음에도, 선생님의 강의 덕분에 긴장을 유지할 수 있었습니다.

특히, 선생님의 강의를 통하여 금융관련 지식의 큰 흐름을 익힐 수 있었다는 점이 유익하였습니다. 2차 필기시험을 위해 선생님의 강의를 수강하면서 금융지식을 잘 쌓아왔기에, 면접 준비과정에서는 인성, 역량 답변에 집중할 수 있었습니다. 실제로 1차 토의 면접에서는 2차 필기시험 때 공부했던 금융지식을 그대로 활용할 수 있었습니다.

2019년 'SGI서울보증' 합격 후기

평소 시사상식이 부족했기에 '한 달 안에 논술을 준비할 수 있을까'라는 불안감을 가지고 10월 논술특강을 수강하였습니다. 하지만, 선생님의 수업을 통해 막연한 걱정은 사라졌고 '복습만 열심히 해도 좋은 점수를 받을 수 있겠다'라는 확신이 들었습니다. 선생님께서 어떠한 주제가 나와도 결론을 쓸 수 있도록 키워드를 정리해주셨고 시험장에서 정말 큰 도움을 받았습니다. 저처럼, 신문을 잘 읽지 않고 논술이 처음인 분들은 꼭 선생님의 논술 수업을 듣는 것을 추천합니다.

2019년 '기술보증기금' 합격 후기

지난 8월 말 ~ 9월 말 경에 선생님께서 강의하신 금융논술 강좌를 수강했던 000이라고 합니다. 기억이 잘 안 나실 수도 있지만, 앞쪽에 앉아서 잘 웃던 단발머리 여학생입니다. 선생님 강의를 재미있게 들어서 주제를 잘 예측해서 준비할 수 있었고, 논술 준비도 수월하게 할 수 있었답니다. 선생님 덕분에 이번에 목표로 했던 농협중앙회와 기술보증기금 두 곳에 합격하게 됐습니다.

농협중앙회 같은 경우 R의 공포, 농가소득 방안, 블록체인 중 하나를 택해서 서술하는 것이었는데, 보내주신 자료에서 ○○○와 관련된 내용을 참고해서 ○○○○에 흥미와 관심을 가지고 있던 부분을 서술할 수 있었어요. 감사 드립니다. 특히 전반적으로 00 과정을 하다 보니 논술형식의 글쓰기에 어려움을 느꼈었는데 간결하게, 핵심만 쓰려고 자료를 토대로 연습을 많이 하면서 좋은 결과를 거둘 수 있었습니다.

2019년 '신용보증기금' 합격 후기

과제수행의 경우 경제 전반에 걸쳐서 주제가 나올 뿐 아니라 시사 주제도 나왔습니다. 제가 속한 조의 경우에는 미중 무역전쟁이 주제였는데, 전 선생님께서 말해주셨던 방안이나 미국의 카드와 우리나라의 대중 대미 무역비중 등의 퍼센트를 외워가서 직접 발표한 부분이 유효했던 것 같습니다. 사실 면접과 논술을 준비하면서 느낀 건데, 토론이나 과제수행 류의 면접은 기존에 상식과 기존에 미리미리 대비해야 하는 것 같습니다. 전 선생님께서 보내주신 자료만 보고 갔는데 그게 정말 유효했던 것 같습니다.

2018년 '금융감독원' 합격 후기

금융감독원 시험에서 논술이 차지하는 비중이 매우 큽니다. 학술 200점 중 60점을 차지하고 있고(이번 시험의 경우 그림자 금융을 포함하면 90점) 일반논술 또한 별도로 존재합니다. 사실 주제 자체들은 관심을 가진다면 전부 접할 수 있는 주제들이 대부분이기 때문에 금감원 시험에서 중요한 것은 모두가 아는 주제를 어떻게 하면 차별화하여 심도 깊고, 논리성 있게 작성하는 가라고 생각합니다.

이러한 관점에서 김정환 선생님의 논술 수업과 피드백은 매우 큰 도움이 되었습니다. 특히 1년 간의 피드백 과정을 통해서 글의 논리성과 완결성을 크게 향상시킬 수 있었고 이는 단순히 일반논술뿐만 아니라 금융감독원 시험 서술자체에도 큰 도움이 되었습니다. 또한 이러한 지식들은 토대로 1차 실무면접에서도 큰 도움이 되었습니다.

2018년 '금융감독원' 합격 후기

금공을 체계적으로 준비할 수 있도록 자소서 첨삭, 논술특강, 면접 컨설팅 등의 프로그램들이 슈페리어뱅커스에 있는 것을 확인하였고, 다른 분들의 후기들을 보며 2018년 8월 말 경에 퇴사 결심 후, 바로 선생님께 금융감독원 자소서 첨삭을 받고서 부족한 부분을 보완하였습니다. 9월에는 회사를 다니면서 필기준비를 하고, 주말에는 선생님의 논술 특강을 듣고서 혼자서 논술 써보는 연습을 했습니다. 특히, 논술 특강 시에 선생님께서 주요 이슈에 대하여 설명해주실 때 쉽게 이해하기 쉽게 설명해주셨고, 조금 더 넓은 시야로 볼 수 있도록 포인트를 잡아주셔서 너무 좋았습니다.

2018년 '기업은행' 합격 후기

일단 저는 논술 강의와 면접 강의 두 가지를 들었습니다. 논술 강의는 논술 쓰는 방법도 도움이 됐지만, 무엇보다 배경지식이 부족한 저에게 도움이 많이 됐습니다. 혼자 공부하다 보면 금융권의 경우 조금 이해하기 어려운 부분들이 많았는데, 선생님께서 그런 부분들을 쉽고 재미있게 알려주셨습니다.

2018년 'SGI서울보증' 합격 후기

저는 지식이 너무 부족하다고 생각해서 금융 상식 수업을 들었지만, 은행은 시험을 한 곳 밖에 치지 않았기 때문에 논술에 집중해서 말하겠습니다. 일단 결과적으로 하반기 논술이 포함되었던 필기는 전부 통과했습니다. 선생님 논술 수업에서 제가 가장 큰 도움을 받았던 것은

1) 가장 첫 수업 때 우리나라 경제 상황의 근본적인 문제들, 혹은 강점들을 잡아주셨던 것
2) 결론 부분 키워드

이 두 가지였습니다. 선생님께서 어떠한 주제가 출제되어도 적어도 결론은 쓸 수 있게 해주신다고 하셨는데 정말로 시험장에서 만능으로 쓰입니다.

개인적으로는

1)번 항목만 제대로 수업을 들어도 결론을 쓰는 게 어렵지 않을 것이라고 생각합니다. 결국 경제나 금융 문제는 모두 연결되어 있기 때문에 어떤 주제가 나와도 선생님께서 잡아주셨던 우리나라 경제의 큰 틀

에 맞추어 글을 풀어나갈 수 있었습니다. 또한, 제가 굳이 외우려고 하지 않아도 지금 가장 중요한 이슈들을 수업 중에 계속 반복해주셔서 논술 시험장에 들어가서 자연스럽게 기억이 모두 떠올랐습니다. 그리고 사실 워낙 많은 주제들을 다 커버해주셔서 수업 때 배운 내용과 전혀 관련 없는 문제가 나올 일은 아예 없다고 보셔도 될 것 같습니다. 단순히 시험을 위한 공부를 떠나서 저는 선생님 수업이 경제에 대한 공부 자체로 참 좋았습니다. 선생님 수업을 들으면서 제가 평소에 가지고 있던 편견들, 잘못 알고 있던 부분들을 많이 인지하게 되었는데, 특히 금리에 관한 부분에서 제가 당연하게 생각하던 것들을 수업을 들으면서 잘못 알고 있었다는 걸 알았고 개인적으로 그게 굉장히 흥미로워서 따로 공부를 많이 했었습니다. 그런데 논술에서 금리와 관련하여 풀 수 있는 문제들이 나왔고 덕분에 막힘 없이 쓸 수 있었습니다. 금융권을 준비하시는 분들이라면 시험뿐만 아니라 기본적인 지식을 갖추기 위해서라도 선생님의 논술 수업을 들어보라고 추천하고 싶습니다.

2018년 '한국자산관리공사(캠코)' 합격 후기

선생님, 안녕하세요. 드디어 제가 후기라는 것도 써보는 그런 날이 오네요. 물론, 제가 가장 원하던 1순위 기업에 취업을 한 건 아니지만, 그래도 캠코를 준비하시는 분, 금공을 준비하는 분들에게 조금이나마 도움이 되길 바라며 적습니다. 2017년도 여름, 처음 논술수업을 수강하고자 선생님을 뵈었을 때, 사실 강의만 듣는다고 다이내믹한 효과가 있을까? 싶었습니다. 논술수업 자체가 워낙 방대한 주제를 압축적으로 다루기에 사실 저는 수업을 들으면서 수업 따라가기도 힘들었으니까요. 하지만 결과적으로는 저는 덕분에 제 취준 기간이 1년 반 만에 끝나지 않았나 싶습니다. 비단 필기뿐만 아니라 면접에서도 엄청 도움이 돼서요.

수업시간에 설명해주신 것들 최대한 소화하려고 노력했고, 집에 와서는 수업을 바탕으로 보고서 같은 걸 찾아보면서 저만의 논술답안을 작성해 보았는데, 이 점이 정말 필기와 면접(특히 PT)에 있어서 많은 도움을 받았습니다. 이렇게 수업을 바탕으로 주제별로 나름의 생각을 정리해놓으니, PT면접 준비할 때도 그냥 기업과 연결만 하면 되니까 엄청 수월하게 준비했었거든요. 사실 캠코의 경우, 미금리인상, 보호무역, 블록체인, 가계부채 등 현재 경제 · 사회 이슈들과 공사를 연결하는 것들이 PT로 나왔기에, 배경지식을 알고 있냐 없느냐가 사실상 PT의 퀄리티를 좌우하는 중요한 요소라고 생각합니다. 저 또한 1차 면접에서 면접관님들께 PT칭찬을 받은 것도 사실 논술준비로 저만의 생각을 미리 정리해 두었던 게 큰 도움이 되었습니다. 그리고 너무 재미 있었던 게, 2017년도에 수업을 수강하고, 2018년도에 준비할 때는 수업을 바탕으로 논술스터디를 꾸려서 준비했는데, 논술스터디원 4명이 모두 선생님 논술수업을 수강해서 웃겼습니다. 그분들 중에 저랑 동기가 된 분도 있습니다. 아무튼 다들 올해 잘 되어서 정말 다행이에요.

in gigagrams* CO2 equivalent
800,000
600,000
400,000
200,000
0
1990
'95
2000
'05

논술학습법

기본 편

chapter 01 논제선정 및 논제분류

01 사전작업 - Category 선정작업

공부해야 할 논제의 선정과 관련하여 많은 학생들이 난감해 하는 첫 번째 난관이 수많은 논제들을 어떻게 선정하고 어떻게 정리해야 할 지 엄두가 나지 않는 다는 것이다. 일반신문, 경제신문과 수많은 연구보고서들 등 정보들의 홍수 속에서 금융논술, 공기업논술 준비를 위한 논제를 선정하기는 물론 쉽지 않아 보인다. 또한 이 과정에서 학생들이 범하는 실수 중 하나는 새로운 이슈거리들을 어떻게 저장하고 활용할지 몰라서 좋은 논제를 발견해도 한 번 읽어만 보고 지나치고 있다는 점이다.

이에, 논제의 선정을 위한 준비작업부터 제시하기로 한다.

1. 본인만의 대(大) 카테고리를 만들어야 한다. 필자는 기본적으로 우리나라를 둘러싼 각종 이슈들에 대하여 5가지로 카테고리를 선정하였다.

2. 국제 / 거시경제 / 금융 / 국내 제도 · 경제 / 국내 사회 · 문화가 바로 그 각각의 카테고리 이름이다.

3. 다음의 도표는 대(大) 카테고리 별로 논제들을 분류한 표이다.(2023년 기준)

국제

- 2023 미국 경제
- 미-중 기축통화전쟁
- 미국 신용등급 강등과 한국에 대한 시사점
- 엘리뇨와 애그플레이션
- 새로운 패권전쟁 CBDC
- 중국 발 리스크
- 미 IRA와 이차전지 산업
- 미-중 반도체 전쟁
- 일본 경제성장과 통화정책 변화
- 무역적자 및 개선방안
- 글로벌 탄소중립과 전환금융
- 한-미 금리 역전
- 미국 국채 장·단기 금리역전
- 보호무역주의
- 미-중 갈등의 원인 및 우리의 대응
- 디지털세(Digital Service Tax)
- 탄소중립세

거시

- 디플레이션
- 부채위기(통화, 금융, 재정)
- 현금 없는 사회(Cashless Society)
- 그림자금융(Shadow banking)
- 신 환율전쟁(Currency war)
- 외환위기와 외환보유액(Currency crisis and FOREX)

금융기관 · 금융공기업

- 은행의 이자 장사 논란과 비이자 수익 전략
- SVB 사태와 우리의 대응방안
- 금융 건전성 점검부동산 PF 대출 부실 우려
- CFD(Contract for Difference)
- ChatGPT
- 마이데이터
- 애플(Apple) 인베이젼(Invasion)
- 디지털 런(Digital Run)
- 금융기관 자본성증권 리스크 점검
- 생활금융 플랫폼
- AI와 금융
- 조각투자
- 프롭테크(Prop-Tech)
- 연체율과 금융기관 정책적 방안
- 은행의 중소기업 지원 및 정책적 방안
- 은행의 주요지표 분석 및 방향성
- 디지털화와 은행의 혁신
- ESG경영과 금융의 역할
- 경기불안과 금융안정
- 디지털 화폐와 CBDC
- 빅테크의 금융업 진출
- 볼커룰과 바젤, 그리고 SIFIs-금융기관의 안정
- 은행세와 토빈세-금융기관의 안정
- 은행 리스크 관리(Risk management)
- 금융의 공공성
- 정책금융의 방향
- 지식재산(IP) 금융
- 기후변화와 대출규제
- 금융감독 규제의 방향(금융감독원 감독체계의 방향)

국내경제/법

- 코리아 디스카운트
- 한국경제 하방리스크
- 횡재세(Windfall Tax)
- 최저임금(Minimum Wage) 인상
- 전세제도와 역전세
- 싱글세(독신세)
- 가계부채 종합대책
- 후쿠시마 오염수 방류와 수산업
- 사형 제도와 가석방 없는 종신형
- 징병제와 모병제
- 새출발기금(부채탕감)
- 주4일 근무제도와 재택근무
- 여성할당제
- 서비스산업 혁신
- 양극화와 은행의 방향

국내사회/문화

- 인구구조의 변화
- AI와 일자리
- 신재생에너지
- 젠더갈등
- 고령화와 1인 가구 증가
- 4차 산업혁명
- 출산율 감소

기타

- 신문 읽기
- 경제연구소

4. 새롭게 찾아냈거나 그 내용이 바뀐 이슈들을 이처럼 항상 카테고리 표 안으로 정리하여 등재를 시켜 놓으면 주요 이슈들의 흐름을 놓치지 않게 된다.

5. 각각의 논제들을 신문기사와 연구소 자료들을 바탕으로 공부를 한 후, 카테고리에 채워나가는 방법이다.

02 본 작업 - 논제 선정을 위한 자료수집

이제는 선정된 카테고리를 채우기 위해 논제들을 선정하여야 한다. 많은 학생들은 경제신문을 활용하여 현안들과 이슈들을 파악하고 공부를 하는 편이다. 물론 경제신문은 그 자체로 훌륭한 논제들이 매일 넘쳐나고 있으며 또한 현재의 주요 이슈들이 반영된 훌륭한 자료의 보고다. 하지만 최근 주요 금융기관들과 공기업들의 논술 이슈들이 '경제' 부문에서 '사회/문화' 부문으로 다소 이동하고 있다는 점에서 경제신문만으로 시사를 익히는 것은 부족하다.

이에, 적절한 논제를 선정하기 위해 선행되어야 할 자료수집 방법에 대하여 제시하기로 한다.

1. 경제신문도 좋지만 일반신문을 구독하는 것을 추천한다. 일반신문을 권하는 이유는 두 가지이다.

첫째, 상술했던 것처럼 이제 논술의 주제가 비단 경제 부문에만 국한되지 않는다는 현재의 논술 기출 트렌드 때문이다. 사회현상과 문화에 대해서도 광범위한 고찰이 필요한데 이를 위해서는 일반신문이 보다 효과적이다.

둘째, 일반신문의 경제 섹션은 경제신문의 다이제스트이다. 매일 경제신문으로 쉽게 공부하는 것도 방법이지만 시간의 효율성 면에서는 일반신문이 유리할 수 있다.

2. 그러나 일반신문만을 구독할 경우 상대적으로 경제지식이 부족할 수 있다는 우려가 생긴다.

일반신문은 그냥 정보 수집용 정도로 읽어 볼 것을 권한다. 오히려 이제는 경제연구소 자료들을 함께 숙지할 필요가 있다. 각 대기업들의 경제연구소뿐 아니라 금융기관들의 연구소 자료들까지, 공부해야 할 내용들은 연구보고서 자료들만으로도 차고 넘친다. 따라서 금융권을 지원하는 학생들의 경우 은행들의 경제연구소 자료들에 대한 공부도 필수적이다. 일반적으로 경제연구소 자료들은 논제에 대한 보고서 작성이 더디지만, 신문들의 기사들에 비하면 그 깊이나 신뢰도는 우수하다. 꼭 기억하자. 신문은 정보수집용, 연구소 자료는 학습용이다.

chapter 02 금융논술, 공사논술 작성을 위한 기본 자세

01 논술시험은 반드시 정해진 시간 안에 완성되어야 한다

금융기관과 공기업 논술은 기관마다 다르지만, 60분 내외의 시간이 주어진다. 즉, 정해진 60분 내에 [서론 – 본론 – 결론]의 완성된 논술을 작성해야 합격의 확률이 높아지는 것이다. 학생들이 가장 많이 범하는 오류는 정해진 시간 안에 논술을 완성하지 못하는 경우이다. 이는 논술 채점에서 상당히 감점되며 따라서 합격 역시 어려워진다. 학생들이 시간 내 완성을 못하는 이유는 다음 두 가지가 대부분이다.

1. 장황한 서론

정해진 시간 안에 서론과 본론 그리고 결론을 전부를 작성하기 위해 시간과 분량을 각각에 적절히 배분하여야 하지만, 상당수의 학생들이 서론에 너무나 많은 시간을 할애하고 있다. 장황한 서론을 작성하여 결론까지 제대로 끝 맺지 못하는 경우가 발생하는 것이다. 또한 첫 문장을 어떻게 시작하여야 할지 정하지 못해서 꽤 많은 시간을 손해보기도 한다.

서론의 목적은 두 가지이다.

첫째, 흥미유발이며

둘째, 글 작성의 방향성 제시이다.

서론은 위 두 가지의 역할에 충실하면 된다. 서론에서 해당 이슈에 대한 '의미와 배경'을 쓰는 것에 대하여 나는 반대한다. 의미와 배경이 서론에 들어가면 전형적으로 용두사미 논술이 되며 방향성을 잃을 확률이 높아지기 때문이다.

2. 복잡한 인과관계

해당 이슈에 대하여 복잡한 인과관계를 장황하게 모두 다 설명하려 한다면 이른바 '인과관계의 늪'에서 헤어나오지 못하게 된다. 숲을 보고 나무를 확인해 나가야 하는 데 정작 나무들만 확인하다가 숲에서 못 빠져 나온 형국이다. 이론적인 설명을 또는 현상적인 설명을 너무 깊게 할 필요는 없다. 이를 위해서는 항상 구조적인 목차작업을 통하여 배분된 양만큼으로 논지의 흐름을 압축시킬 필요가 있다.

02 논술은 형식보다는 내용이 우선이다

학생들은 논술 작성에서 글의 형식에 얽매이는 경우가 많다. 기억해두자. 논술은 형식보다 내용이 우선이다. 형식은 그 이후의 부차적인 문제이다. 만약 형식을 지키지 않았지만 내용이 우수한 논술이 있다면 그 논술을 불합격시키지는 않을 것이다. 논술 작성시 형식을 따지기 보다는 좋은 구조와 글의 내용에 더 많은 공을 들일 것을 권장한다. 실제 학생들을 지도하면서 형식과 관련해 많이 받는 질문들은 다음과 같다.

Q1 논술을 꼭 형식적으로 index 없이 풀어서 줄 글로만 작성해야 하나요?

Answer 예를 들면, 'Ⅰ. 서론 / Ⅱ. 본론 / Ⅲ. 결론'의 형태로, 목차와 소제목들을 생략하고 계속 이어지는 산술문으로 글을 작성해야 하냐는 질문을 많이 받았다. 나의 대답은 "꼭 물 흐르듯한 줄글로 작성 안 해도 된다"는 것이다. 물론 최근의 금융권, 공기업의 논술의 대세는 산술문으로 글을 작성하는 것이다. 하지만 작성자가 목차를 활용하고 싶다면 활용해도 좋다. 또한 소제목을 써주고 싶다면 써주도록 하라. 논술의 핵심은 내용임을 다시 한 번 더 상기하자.

Q2 논술을 꼭 두괄식으로 작성해야 하나요?

Answer 채점자를 위해서 문단이나 단락에서 두괄식으로 작성하면 글의 가독성이 높아진다. 하지만 글을 작성하다보면 미괄식으로 작성해야 자연스러운 형태의 내용들도 상당히 많이 존재한다. 그러므로 나는 "굳이 두괄식으로의 작성을 권하지는 않는다." 은행이나 공기업의 논술 채점관은 두괄식의 문장들만 보고 채점할 정도로 설렁설렁하게 일하지 않는다. 반드시 두괄식을 고집해야 한다고 생각하지는 않는다. 두괄식은 자소서나 면접에서 필요한 방식이다.

Q3 여백을 많이 두는 것이 좋은가요?

Answer 단락이 바뀔 때에 여백을 두는 것에 대한 질문도 많다. 이에 대하여 나는 "가급적 여백을 두라"고 권한다. 물론 답안지 수량을 제한하는 논술도 있지만 그렇지 않은 경우에는 적절하게 여백을 활용하자. 그 이유는 다음의 두 가지 이다.
첫째, 빽빽이 작성된 논술보다는 적절한 여백을 두면 채점관의 가독성이 높아진다.
둘째, 적절한 여백은 마지막 퇴고단계에서 정정하고 수정할 수 있는 공간이 될 수 있다.

Q4 숫자, 영어, 한자는 활용하는 것이 좋은가요?

Answer 가급적 활용해주도록 한다. 특히 한자의 경우는 동음이의어 부분에서 사용해주면 글의 의미가 명확해진다. 예를 들면 '대중국수출'의 경우 '對중국수출'로 작성하면 채점관이 글을 내용을 파악하기에 훨씬 수월하다. 또한 숫자도 활용하면 논술의 신뢰도가 높아질 수 있다. 다만, 너무 많이 활용하거나 부정확한 수치를 쓰게되면 오히려 역효과를 줄 수도 있으니 강조할 부분 위주로 정확한 숫자를 활용해주자.

Q5 [서론-본론-결론]을 댓구 형식, 즉 서론 20%내외, 본론 60%내외, 결론 20% 내외로 작성하는 것이 좋을까요?

Answer 꼭 비율을 맞추어 글을 작성할 필요는 없다. 다시 말해 형식적으로 형식에 맞추기 위해 내용을 포기하거나 억지로 늘릴 필요는 없다는 것이다. 각 항목 당 비율이 맞으면 보기는 좋을지 모르나, 그 비율을 강제로 맞추기 위하여 내용을 희생시키는 우를 범해서는 안 된다. 여러 학생들의 논술을 검토하다 보면 결론이 훌륭한 학생의 논술이 확실히 돋보인다. 여기서 결론이 훌륭하다는 말은, 바꿔서 이야기하면 본론에서 해당 현상과 관련 이론들에 대한 수준 높은 파악과 이해를 보여주고 있으며 이를 바탕으로 결론에서 창의적인 아이디어와 방향성을 제시한다는 것이다. 반드시 기억해두자. 논술에서 가장 중요한 부분은 결론이다. 결론의 양이 서론보다 많다고 문제가 되지 않는다.

Q6 논술은 정답이 있나요?

Answer 논술에는 정답은 없다. 본인의 주장에 따른 논거가 명확하고, 인과관계가 설득력이 있으면 우수논술이 될 수 있다. 예를 들면, <경제민주화>가 논제로 주어졌을 때 많은 학생들이 중소기업지원, 서민금융지원으로 포커스를 맞추어 글을 작성한다. 하지만 이와는 완전히 다르게 대기업에 대한 일방적 규제강화가 아닌 시장참여자에 대한 균등한 기회제공을 위한 정책 마련으로 초점을 맞추어 논술을 작성한다 하더라도 논거에 타당성이 명확하다면 경쟁력 있는 논술이 될 수 있다.

chapter 03 금융/공기업 논술 작성법

01 Frame 작업(구조화 작업)

1. 구조화 작업의 의의

만약 논술 시험 시간이 60분으로 주어진다면 시간배분은 구조화 작업에 5분, 논술작성시간에 50분, 퇴고시간에 5분으로 배분하는 것이 이상적이다. 그런 의미에서 본다면 논술의 시작, 즉 구조화 작업은 글 작성을 시작하는 최초의 활동으로서 이에 따라 그 이후의 논술작성의 여부가 달린 만큼 가장 중요한 작업이라 할 수 있다. 구조화 작업이 필수적인 이유는 다음과 같다.

첫째, 일관적이고 방향성 있는 논술의 작성이 가능해진다. 구조화 작업을 생략하고 바로 글 작성에 들어가면 용두사미 논술이 되거나, 서론에서의 방향과는 전혀 엉뚱한 결론으로 도달하는 과녁 잃은 횡설수설 논술이 되기 쉽다.

둘째, 결론의 도출이 쉽다. 결론과 본론이라는 이정표를 세우는 구조화 작업 없이 논술을 생각과 의식의 흐름대로 작성하다 보면 마지막 결론 부분에서 어떤 말을 쓸지 몰라 머뭇거리는 경우가 많다. 이정표 없이 되는대로 글을 작성하면 일분 일초가 중요한 시험 시간에 결론

의 도출을 위해 다시 서론과 본론을 읽는 답답한 짓을 해야 한다.

셋째, 목차작업부터 선행하여야만 연역적이고 논리적인 논술의 완성이 가능해진다. 일반적으로 의식 또는 생각의 흐름에만 의존해서 논술을 작성하게 되면 중언부언을 하거나 인과관계를 제대로 설명하지 못하는 경우가 많게 된다.

그러므로 논술에서 구조화 작업은 필수적이다. 구조화 작업 자체를 어렵게 생각하는 학생들이 많다. 하지만 구조화 작업은 결코 어려운 것이 아니다. 이는 글의 목차를 정하고 목차에 맞는 키워드들을 도출해 내는 작업이다.

2. 구조화 작업 순서 : 결론 → 본론의 순서로 진행한다. 이때 서론은 구조화 작업 할 필요가 없다.

결론

시험장에서 논제를 받아보고 나서 시작할 구조화 작업의 첫 단계는 "결론의 Keywords들부터 도출하는 것"이다. 키워드가 바로 생각나지 않는다면 구조화 작업시간을 연장해서라도 결론의 key word들을 반드시 생각해 내야 한다.

논제에 적합한 결론을 1번 key Word, 2번 Key Word, 3번 key word 순으로 미리 정리해야 한다. 구조화 작업에서 결론부터 먼저 구조를 잡고 키워드를 도출해내야 하는 이유는 다음과 같다.

첫째, 결론은 논술에서 가장 중요한 부분이기 때문이다. 결론은 논고의 생각과 주장이 펼쳐지는 부분으로 논술의 백미이다. 그러므로 가장 중요한 부분을 가장 먼저 도출하여 논술을 채점할 때 가장 비중 있게 다루어지는 결론에서 점수를 챙겨야 한다. 일반적으로 논술 채점 시 결론의 배점이 가장 높다. 당연히 높은 평가를 받기 위해서 가장 비중이 높은 결론의 구조와 키워드 도출을 제일 먼저 하여야 할 필요가 있다,

둘째, 논술시험 마지막 10분이 남으면 학생들은 당황하기 시작한다. 아마 대부분의 학생들은 결론까지 도달하지 못하고 본론의 작성에 열중하고 있었을 것이다. 이런 상황에서 남겨

진 10분이라는 시간 내에 급하게 결론을 떠올려 도출하는 것 자체가 쉽지 않을 뿐만 아니라, 설령 결론을 도출한다고 하더라도 급하게 작성한 만큼 불분명하고 추상적인 결론으로 용두사미 형태의 논술로 흘러갈 확률이 높아진다. 논술에서 가장 중요한 결론을 가장 시간이 많은 논술시험의 시작 시간에 떠올리고 정리를 해 놓아야 한다. 이렇게 진행되어야 마지막 10분이 남아도 당황하지 않고 차분히 본론을 마무리 짓고, 미리 구상한 구조화 작업에서 도출해 낸 체계적인 결론의 작성까지 가능하게 된다. 다시 한 번 강조하지만, 결론을 작성하지 못한 논술은 합격과는 거리가 멀어지게 된다는 점을 명심하자.

본론

결론의 구조화 작업이 끝나면 그 다음으로 해야 할 부분이 본론의 구조화 작업이다. 즉, 구조화 작업은 논술의 작성과는 거꾸로 진행되는 셈이다. 결론의 구조화 작업이 끝나고 다음으로 본론의 구조화 작업을 하는 이유는 다음과 같다.

첫째, 서론은 구조화 작업을 할 필요가 없기 때문이다. 서론은 구조화 작업 없이 바로 실전 작성으로 들어가면 된다. 서론에 대해서는 추후 설명하겠다.

둘째, 본론은 키워드보다는 "글의 골격을 세우는 것"에 초점을 맞춰 구조화 작업이 진행되어야 하며, 이는 결론 다음으로 중요한 작업이므로 구조화 작업의 두 번째로 배치되는 것이다.

일반적으로 본론의 골격은 세 부분으로 나눌 수 있다.

본론의 골격	1. 배경과 의미	2. 본론의 본론	3. 본론의 소결론

본론의 골격 중 논제에 대한 배경과 의미를 먼저 언급할 것을 권한다. 그러나 이에 대하여 '의미와 배경은 서론에 배치하여야 하는 것이 좋다'는 이견도 있다. 하지만 의미와 배경은 본론의 시작에서 다루어주는 것이 효과적이다. 그 이유는 다음과 같다.

첫째, 서론에서 의미와 배경을 서술하면 서론 자체가 복잡해질 수 있다. 서론은 가급적 깔끔하며 명료하여야 한다. 서론을 쉽게 끝맺지 못한다면 본론과 결론에서 상당한 시간압박을 받게 될 것이다.

둘째, 서론은 현상, 인용, 근거 등 흥미를 끌 수 있는 내용으로 구성되는 것이 좋다. 본격적으로 이론이 시작되는 본론에서 논제에 대한 의미와 배경을 기술하는 것이 훨씬 안정적이다.

본론의 본론은 말 그대로 논술에서의 몸통부분이다. 이론과 지식, 그리고 이를 뒷받침하는 인과관계가 명확하게 드러나야 하는 부분이다. 본론의 본론, 즉 본론의 몸통 부분에서의 목차 작업은 크게 세가지 정도로 구성 가능하다.

1) 비교 또는 대조의 논제인 경우 : 단순 전개

이런 유형의 논제들의 경우 목차의 작업이 어려워 보인다. 예를 들면 과거 기업은행 논술문제였던 '싸이와 원더걸스를 비교하여 싸이의 성공요인에 대하여 논하라" 같은 경우 목차 작업에서 혼선이 올 수 있다. 이러한 경우 구조화 작업은 단순히 전개하면 된다.

① 싸이의 특성과 원더걸스의 특성

② 싸이와 원더걸스의 공통점

③ 싸이와 원더걸스의 차이점

즉, 비교와 대조 논제는 항상 비교대상 각각의 특성과 공통점 및 차이점을 착안함으로 논술을 작성하면 좋다.

2) 일반적인 논제의 경우: 나열식 서술

본론에서 사용되는 대부분의 전개형식이며 구조다. 예를 들면, 미국의 양적긴축이 한국경제에 미치는 영향에 대해서 서술하고자 할 때에

1. 환율　　2. 금리　　3. 주가　　4. 실물경제

상기 방식으로 나열시키는 방법이다. 이는 가장 보편적인 전개이다.

3) 슈페리어뱅커스에서 권하는 방식: 긍정적인 면 vs. 부정적인 면

어떤 현상이든 사건이든, 무조건 좋기만 하거나 무조건 나쁘기만 한 것은 없다. 모든 현상과 사건에는 긍정적인 면과 부정적인 면이 상존한다. 논술 작성에서는 이러한 긍정적인 면과 부정적인 면을 고루 서술하는 것이 좋다.

첫째, 긍정과 부정을 잘 고찰한 논술의 경우 논고의 사고가 어떠한 현상을 바라볼 때 여러 측면으로 분석할 수 있는 시야를 가진 객관적이고 합리적인 사고의 소유자라는 인상을 준다. 자신의 주장을 펼칠 때에 좀 더 신중하다는 이미지를 심어줄 수 있다는 것이다.

둘째, 이는 채점관에게 익숙한 글의 구조다. 여러분들이 원하는 금융기관이나 공기업의 경우, 대부분의 여신품의서나 보고서에는 긍정적인 면과 부정적인 면을 함께 고찰하는 형태의 내용들이 포함되어 있기 마련이다. 따라서 이렇게 작성된 글을 읽는 채점관의 입장에서는 익숙함으로 인해 가독성이 높을 뿐 아니라 해당 논술에 대해 호감을 갖게 될 수 있다.

TIP

다만, 긍정적인 면과 부정적인 면을 고찰해서 본론에 서술할 때에는 이를 정확히 5:5의 비중으로 작성하기 보다는 본인의 주장과 일치하는 쪽에 높은 비중을 두어 7:3 이나 8:2 정도로 서술하면 좀 더 나의 주장이 돋보일 수 있다.

본론의 소결론 작성은 지금까지 작성되었던 본론의 내용들을 요약하는 것이다. 경우에 따라서는 본론의 소결론 작성을 생략해도 무방하다. 다만, 본론의 소결론을 작성할 때 결론의 내용과 동일하게 구성해서는 안된다. 본론의 소결론 내용이 다시 결론에 나오게 되면 중언부언의 느낌을 주며 채점관으로 하여금 논술의 양을 늘리기 위하여 억지로 결론을 작성한 듯한 인상과 작성자의 생각의 한계가 여기까지라는 부정적인 이미지를 심어줄 수 있다. 그러므로 본론의 소결론에서는 결론의 내용과는 다른 방향의 글을 작성해주어야 할 것이다. 예를 들면 본론의 소결론에서는 '한국 경제에 미치는 영향'을 언급하였다면, 결론에서는 '은행 또는 정부의 역할'을 언급하는 형태로 방향성을 바꾸는 방법이 적절하다.

서론

서론은 상술한대로 별도의 구조화 작업이 필요 없다. 바로 논술 작성을 시작하면 된다. 문제는 대다수의 학생들이 서론의 첫 문장을 작성하는 데 많은 고민을 하며 아까운 작성 시간을 낭비한다는 점이다. 그러나 서론의 첫 문장을 고민하고 있기에는 논술시험 시간이 절대적으로 부족하다. 따라서 만일 서론의 첫 문장이 떠오르지 않는다면 아래의 형태를 고려해 주도록 한다.

> 최근(오늘날) ○○에 대한 문제가 ○○으로 인하여
> 상당한 논란이 되고 있다(문제가 되고 있다).

대다수의 논제들은 최신 사건이나 현상들에 대한 것이므로 "최근" 또는 "오늘날"로 시작하면 문제 없는 경우가 많다. 첫 문장과 동시에 적절한 인용구나 현상에 대한 흥미로운 부연설명 1 ~ 2개의 문장이 이어지면 더욱 좋다.

in February, another failure
mage control | A look at carbon dioxide release
Australia's greenhouse-gas emissions,
in gigagrams* CO2 equivalent
800,000
600,000
400,000
200,000
0
1990
'95
2000
'05

PART 02

논술학습법

심화 편

chapter 01 논술공부는 언제 시작해야 하는가?

근 10년간 금융논술을 지도하면서 금융기관 취업준비생에게 가장 많이 듣는 질문 중에 하나는 "금융논술은 언제부터 준비해야 하냐는?" 것이다.

물론 금융논술 준비는 오늘 이 순간부터 바로 준비하시는 것이 가장 좋다. 왜냐하면, 금융논술 책을 열기 시작하는 순간, 예상보다 훨씬 공부해야 할 내용들이 많다 보니, 지원자들이 준비가 늦으면 늦을수록 당황하게 되며, 주제별 심도 있는 공부가 불가능해지기 때문이다.

그런 이유로 차일피일 금융논술 공부를 미루기 시작하고, 막판에 가서야 찍기 공부를 시작한다. 10여개 주제를 찍어서 공부해보고, 실전에서 알면 쓰고 모르는 것이 나오면 내년을 기약하는 것이다.

상술했듯 원론적인 내 생각은 금융논술 준비의 최적기는 현재 이 시점부터 바로 금융논술 준비를 하라고 권하지만, 금융논술 전형의 시기를 고려해 답변을 하자면 하반기 전형의 경우, 늦어도 금융논술 공부를 시작하셔야 하는 시점은 6월 아니면 늦어도 7월이이며, 상반기 전형의 경우, 늦어도 금융논술 공부를 시작하셔야 하는 시점은 1월 아니면 늦어도 2월이다. 그 이유는

1. 하반기 금융공기업 A매치 같은 경우, 매년 10월 중순 필기전형이 있었지만, 2020년 코로나 사태를 계기로 9월 중순으로 필기전형일이 1개월 정도 앞당겨 졌기 때문이다. 한국은행, 산업은행, 수출입은행, 한국거래소 등 주요 금융공기업은 2년째 9월 전형을 운영하고 있다. 따라서 최소한 전형 3개월전부터는 금융논술 준비를 시작해야 한다.
2. 즉, 6월부터 금융논술 준비를 시작하고, 7월 말 정도까지는 최소한 기본 논제들에 대한 학습은 마무리 지어야 한다. 소위 말하는 기출 빈도가 높고, 한국 경제와 금융상황을 고려했을 때, 상당히 중요한(물론 좀 오래된 논제들이 될 것이다) 논제들은 미리 공부해 놓을 필요가 있기 때문이다. 왜냐하면, 기본논제들에 대한 출제빈도는 시대를 막론하고 꾸준히 출제되고 있다.
3. 그리고 최소한 7월 말부터는 최신 논제들을 공부해야 한다. 최신 논제들은 확실히 금융논술전형에서 잘 출제된다.
4. 상반기 전형의 경우, 정해진 A매치 데이 같은 개념이 없다. 금공기관별로 전형일정을 자유롭게 선정하는 편이다. 따라서, 언제인지 알 수 없기 때문에 미리 금융논술을 준비해야 한다. 예상보다 일찍 필기전형을 볼 수도 있다. 1월 또는 늦어도 2월에는 금융논술 공부를 시작해야 하는 이유이다.
5. 리스크 관리는 엄밀히 말하면 "시간 관리"를 의미한다. 금융기관의 리스크 관리에서의 핵심이 "조기경보시스템 구축"임을 감안한다면, 금융기관 또한 리스크를 사전에 감지하고 미리 대비함을 중요시 여김을 알 수 있다.
6. 이렇듯 금융논술 준비 또한 미리 준비하는 것이 왕도이다. 그리고 이러한 금융논술 준비는 최소 6월과 1월에는 시작해야 소기의 성과를 낼 가능성이 높아진다.

chapter
02 자료 수집 방법(심화)

슈페리어뱅커스의 금유논술 교재 [이것이 금융논술이다] 시리즈의 각 논제들은 매년 금융공기업이나 은행의 금융논술 전형에서 단골로 금융논술 주제들로 출제되었다. 최근 금융논술전형에서도 이러한 높은 적중율은 이어지고 있다.

2024년 상반기 금융논술 기출 분석

■ **2024년 상반기 주요 금융공기업 금융논술 기출은 다음과 같다.**

▶ **2024 상반기 '수출입은행' 금융논술 주제**

8. 일반논술(20점)

(A) 공급망 3법, 한국이 핵심광물자원 보호를 위한 법 제정 관련 지문

(B) 자유무역주의, 무역 시장 개방을 주장하는 자유무역주의 입장 관련 지문

(C) 보호무역주의, 보호무역주의 입장과 미국의 IRA법 관련 지문

8-1. A의 법 제정이 기업, 국가, 소비자가 받을 이익 2개 서술

8-2. 위 (A) (공급망 보호 예시)는 B와 C중 어느 의견을 택하고 있는지 다음의 단어 3

가지 이상을 써서 서술하고

[민영화, 고용안정, 신자유주의, 탈규제, 자국산업보호, 다국적기업 성장, 보호무역, 리쇼어링 등]

8-3. (B) (자유무역주의), (C) (보호무역주의) 중 현 정세에 더 적합한 의견은 무엇인지 자신의 생각을 적고, 이 과정에서 수은의 역할을 사례를 들어 설명하시오.

→『이것이 금융논술이다 8.0 – 국제거시 편』 관련 주제

- Chapter 14. 보호무역주의
- Chapter 7. 미 IRA과 이차전지 산업
- Chapter 8. 미-중 반도체 전쟁

기술_토목직렬 논술

- 주제 : 미-중 무역 갈등 관련하여 반도체에 필요한 산업금속 관련 법안 개정
- 형식 : 위 주제 관련 지문 1개와 관련하여 2가지 상반된 이론 지문 2개 제시
- 문제 : 총 3가지 문제로 1) 개정 법안 관련 자신의 의견, 2) 어느 이론에 더 부합하는지(제시된 단어 3가지 사용), 3) 수출입은행이 취해야 할 자세(예시포함)

→『이것이 금융논술이다 8.0 – 국제거시 편』 관련 주제

- Chapter 8. 미-중 반도체 전쟁

▶ 2024년 상반기 '산업은행' 금융논술 주제

가. 이오니아섬 환경이 달라서 소통의 다양함 → 우주 등 원리와 발전

나. 디지털 환경. 모두 AI에 맡겨야

1. 가와 나를 비교
2. 자신의 입장을 밝혀라

다양성 및 획일성 관련 논술지문으로 연관 주제는,

→『이것이 금융논술이다 8.0 – 국제거시 편』 관련 주제

- Chapter 03. 현금 없는 사회

→『이것이 금융논술이다 8.0 금융기관 · 금융공기업 편』 관련 주제

- Chapter 12. AI와 금융
- Chapter 18. 디지털화와 은행의 혁신

→『이것이 금융논술이다 8.0 국내이슈 편』 관련 주제

- Chapter 10. AI와 일자리

■ **2024년 상반기 금융논술 기출의 경향 및 함의점은 다음과 같다.**

1. 복합논제의 출제이다. 금융기관별로 차이는 있지만 단일 논제는 점점 줄어들고 있다.

→ 10~15개 논제를 찍어서 암기하며 공부하는 방법은 실패의 가능성이 높아짐을 의미한다. 몇몇 분들은 족집게 방식으로 이것들만 공부하면 된다는 식으로 접근하지만 이는 상당히 위험한 방식이다.

→ 이미 슈페리어뱅커스에서는 [이것이 금융논술이다] 시리즈 개정을 통해 매년 70여 개 이상의 논제를 수업과 책에서 다루고 있다. 최소한 이 정도는 공부를 해야 금융논술뿐만이 아니라, 면접에서 효과를 발휘할 수 있다. 예를 들면 2024년 상반기 '수출입은행' 면접에서 <주 4일 근무제>가 주제로 주어졌다. 이 주제는 이미 [이것이 금융논술이다] 시리즈에서 다룬 논제이다. 그리고 2024년 '신한은행' 면접에서는 [이것이 금융논술이다 - 국내이슈 편]에서 다룬 <자사주 소각> 문제가 주어졌다. 2024년 '새마을금고중앙회' PT주제는 <저출산 대책>이고, 이는 [이것이 금융논술이다 - 국내이슈 편]에서 다룬 논제이다. 한편 '새마을금고중앙회' 1차 면접 중 토론면접 주제는 <촉법소년 찬반>이었다. 이 또한 [이것이 금융논술이다 – 국내이슈 편]에서 다룬 논제이다.

→ 기초지식부터 채운 후, 최대한 다양하게 쌓아가는 방식의 금융논술을 해야 한다.

→ 특히, 기초지식의 경우 금융지식이 중요하다.

금융규제, 금융시스템, 금융실무에 대한 공부는 확실히 다져놓아야 한다. 이러한 토대가 금융논술이나 면접에서 큰 차이를 만든다. 금융지식은 금융권 출신 선생님들의 강의나 교재를 선택하는 것이 중요하다. 금융권에서 실제 여신이나 수출입 업무를 해보지 않은 경우, 여러분 수준에서 피상적으로 금융적 해결책을 도출하게 되고 이는 논술뿐만 아니라 면접에서 큰 손해를 보게 될 가능성이 높기 때문이다.

2. 통찰력이 중요하다. 다양한 논제들을 깊이 있게 공부했을 때 논제간 연결고리와 통찰력이 생긴다.

→ 통찰력으로 문제를 해결해야 한다.

→ 답정너 방식의 암기는 더 이상 금융논술에서 고득점을 받기 어렵게 바뀌었다.

3. 족집게 방식은 더 이상 경쟁력이 없어지고 있음을 강조하고 싶다.

한편, 2024년 상반기 '신용보증기금', '금융투자협회', 'IBK캐피탈', '예탁결제원'의 금융논술 기출 질문들은 다음과 같다.

▶ 2024년 '신용보증기금' 기출문제

1. 워크아웃 제도의 의미와 특징, P-CBO 의미와 특징, 신보가 P-CBO 손실을 최소화할 수 있는 방안 및 예방 방안

   → 워크아웃 제도는 슈페리어뱅커스의 금융논술 각론반에서 PF금융 파트에서 태영건설 사례를 수업하면서 강조한 바 있다. P-CBO는 이미 신용보증기금 자소서 약식논술에서 자주 출제된 내용이다.

2. DSR 제도의 의미, DSR이 금융소비자에게 미치는 영향

   →『이것이 금융논술이다 8.0 – 국내이슈 편』<Chapter 8. 가계부채 종합대책>에 DSR의 의미가 실려있다.

▶ **2024년 '금융투자협회' 기출문제**

주제 : 코리아디스카운트

→『이것이 금융논술이다 8.0 – 국내이슈 편』 <Chapter 1. 코리아디스카운트>에 실려 있다.

▶ **2024년 'IBK캐피탈' 기출문제**

주제 : 20년 후 주력산업 3가지

→『이것이 금융논술이다 8.0 – 국제거시 편』 <Chapter 7. 이차전지>, < Chapter 8. 반도체산업>등에서 다루고 있다. 이미 금융논술 강의를 통해 최근 논술이나 면접에서의 흐름이 특정산업에 대한 지식들을 요한다고 강조한 바 있다.

▶ **2024년 '예탁결제원' 기출문제**

주제 : 기술특례상장

→ 기술특례상장 제도는 슈페리어뱅커스의 금융논술 총론반에서 2019년 이후 꾸준히 장점과 단점을 명쾌하게 해설하는 부분이다.

2023년 하반기 금융논술 기출 분석

■ **2023년 하반기 주요 금융공기업과 은행의 금융논술 출제 문항은 다음과 같다.**

1. 금융논술 기출은 최신 이슈들이 곧 잘 출제되지만, 늘 최신이슈만 출제되는 것은 아니다. 2023년 금융기관 금융논술 논제들만 보더라도, ESG나 초고령 사회, 가계부채, 기준금리 같은 논제가 또 나왔고 상당히 오래된 논제들이다.
2. 많은 지원자들이 최신 이슈들만 챙기지만, 중요한 것은 기초 지식과 과거의 흐름들이다. 그래서 찍기식 금융논술준비는 좋은 방법이 아니다는 점을 강조하고 싶다. 전체를 알고 기초를 닦는 것이 중요하다. 그리고 그러한 학습을 위한 첫 걸음은 연역법적 논제

접근법이라고 말하고 싶다.

3. 실제 슈페리어뱅커스의 금융논술 총론반 수업을 수강한 지원자들의 경우, 여러 논제들의 연계성과 결론 도출방법 수업 덕분에 다양한 금융논술 논제에 대한 대응력이 높아졌다고 평가한다. 실제 총론반에서 다루는 많은 내용들이 논제로 출제되는 경우가 많다. 또한 [이것이 금융논술이다] 시리즈는 전 권을 꼼꼼히 공부하면 복합논제나 응용논제가 나와도 어렵지 않게 접근할 수 있게 된다.

4. 금융논술 공부는 넓게 하고 원리와 연계점을 잘 도출해야 하는 이유를 다음 2023년 금융기관별 금융논술 기출문제들을 보면서 확인하면 좋겠다. 특히, 산업은행 논제들 같은 경우, 단일논제가 아니라 복합논제이다. 찍어서 공부하는 것이 큰 의미가 없음을 알 수 있게 된다.

▶ 2023년 '금감원' 논술 택 1 기출문제

1. 탄소세 도입이 기업에너지 사용에 미칠 영향과(대기업에 면죄부가 된다는)제시문을 바탕으로 기업의 비용편익 판단에 의해 효과적일 것. 탄소배출권이 거래의 대상으로 전락한다는 제시문을 기반으로 비판하라.

   →『이것이 금융논술이다 8.0』 관련 논제 수록

   국제거시 편 Chapter 11. 글로벌 탄소중립과 전환금융

   국제거시 편 Chapter 17. 탄소중립세

   금융기관·금융공기업 편 Chapter 29. 기후변화와 환경규제

   국내이슈 편 Chapter 14. 신재생에너지

2. 우리나라가 초고령 사회에 진입한 상황에서, 보험료율은 낮고, 소득대체율은 그에 비해 높다. 그러나 실질적인 체감이 높지 않으니, 소득대체율을 더 높이는 개혁을 하자. 이에 관해 복수의 근거를 바탕으로 자신의 주장을 개진할 것.

   → 이것이 금융논술이다 8.0 관련 논제 수록

   국내이슈 편 Chapter 19. 고령화와 1인 가구 증가

→『이것이 금융논술이다 5.0』관련 논제 수록

금융기관 · 금융공기업 편 Chapter 13. 국민연금개혁

▶ 2023년 '신보' 논술 택 1 기출문제

1. 부실채권과 연체율이 급증하고 있다는 기사를 주고, 부실기업을 다양하게 정의하고 부실기업을 예측할 수 있는 여러 방안을 제시해보라.
2. ESG 중 G는 잘 실현되지 못하고 있는데, 중소기업의 G에 대해 논하고 기업의 대리인 문제와 엮어서 논하라.

→ 이것이 금융논술이다 8.0 관련 논제 수록

금융기관 · 금융공기업 편 Chapter 19. ESG경영과 금융의 역할

→ 이것이 금융논술이다 7.0 관련 논제 수록

국제이슈 편 Chapter 13. 글로벌 금융기관의 ESG경영과 그린워싱

▶ 2023년 '한국증권금융' 기출문제

1. SVB 사태 과정을 미국채권시장을 이용해서 설명. 예금보호 한도상향을 은행에서 위험을 감수하며 하려는지?

→ 이것이 금융논술이다 8.0 관련 논제 수록

금융기관 · 금융공기업 편 Chapter 2. SVB사태와 우리의 대응방안

금융기관 · 금융공기업 편 Chapter 9. 디지털 런

2. 가계부채 증가 환경 그것이 거시경제에 미치는 영향 금융기업의 대응책. 한국과 일본의 잃어버린 30년 유사점과 차이점은?

→ 이것이 금융논술이다 8.0 관련 논제 수록

국내이슈 편 Chapter 8. 가계부채 종합대책

▶ 2023년 '농협손보' 논술 기출문제

- 한 · 미 경제당국은 2022~2023년 기준금리를 조정하였다.

뉴스 도표(한 · 미 최근 2년 기준금리 변화)를 보고,

1) 기준금리가 의미하는 바는 무엇인지 기술하시오.

2) 한 · 미가 2022~2023년 기준금리를 올린 이유는 무엇인지, 영향은 무엇인지 기술하시오.

3) 향후 한국의 금리 변화가 어떻게 변화할 것 같은지 작성자의 의견을 기술하시오.

→ 이것이 금융논술이다 8.0 관련 논제 수록

국제이슈 편 Chapter 1. 2023 미국경제

국제거시 편 Chapter 12. 한 · 미 금리역전

국제거시 편 Chapter 2. 부채위기

국내이슈 편 Chapter 2. 한국경제의 하방리스크

→ 이것이 금융논술이다 7.0 관련 논제 수록

국제이슈 편 Chapter 1. 인플레이션

▶ 2023년 '농협은행' 5급 논술주제 기출문제

- 미국과 한국의 금리인상 원인 및 배경과 한국의 금리전망.

→ 이것이 금융논술이다 8.0 관련 논제 수록

국제거시 편 Chapter 1. 2023 미국경제

국제거시 편 Chapter 12. 한 · 미 금리역전

국제거시 편 Chapter 2. 부채위기

국내이슈 편 Chapter 2. 한국경제의 하방리스크

→ 이것이 금융논술이다 7.0 관련 논제 수록

국제거시 편 Chapter 1. 인플레이션

▶ **2023년 하반기 '산업은행' 논술 기출문제**

가)와 나)의 시사점과 다)의 관점에서 해결책을 제시하시오.

가) 지문의 내용 : 일과 가정의 양립을 위해 노동자들은 유연한 근로형태를 요구한다.

나) 지문의 내용 : 생산성의 저하로 기업은 재택근무를 축소하고 있다.

다) 지문의 내용 : (이스라엘과 이집트의 사나이 반도 협정 내용) 갈등의 해결을 위해서는 표면적인 갈등 내용보다는 본래의 목적과 이해관계에 집중해야 한다.

→ 이것이 금융논술이다 8.0 관련 논제 수록

국내이슈 편 Chapter 15. 주4일 근무제와 재택근무

사실, 지문 다) 시나이 반도 사태는 금융논술 총론반에서 그 의미를 명쾌히 설명한 바가 있다. 이스라엘 시나이 반도의 이집트 반환의 의미는 "실리"의 중요성을 강조한 것이라 설명했는데, 이 부분이 그대로 나와서 수강생들의 감사하다는 문자를 많이 받았다.

▶ **2023년 'SGI서울보증' 기출문제**

1. 한국의 가계부채 현황을 설명하는 지문.

1-1) 가계 부채 증가의 원인을 설명하고 이것이 거시경제에 미치는 영향을 서술하라. 그리고 이에 대한 금융기관의 대처방안은?

→ 이것이 금융논술이다 8.0 관련 논제 수록

국내이슈 편 Chapter 8. 가계부채 종합대책

1-2) 일본의 잃어버린 30년 진입 시 경제 상황과 우리나라의 현재 경제 상황을 비교해 공통점과 차이점을 서술하라.

→ 한 · 일 경제비교는 2014년 <이것이 금융논술이다>에 수록되었다. 10년이 지난 논제였다. 총론반에서는 일본경제와 한국경제를 꼭 비교한다. 공통점도 많지만 차이점도 극적이기 때문이다.

2. 서울보증이 할 수 있는 비금융생활플랫폼을 제시하라.

→ 이것이 금융논술이다 8.0 관련 논제 수록

금융기관·금융공기업 편 Chapter 11. 생활금융 플랫폼

1. 그러면 슈페리어뱅커스의 <이것이 금융논술이다> 교재에서 출제빈도가 높은 이유는 무엇일까?

그 이유는

첫째, 금융기관 12년 경력자(특히 여신업무와 특수금융)의 시각에서 논제 선정부터 남다른 고민을 하기 때문이다. 최근 여타 금융논술을 공부하시는 분들을 보면, 필자가 볼 때 출제 가능성이 현저히 떨어지는, 지엽적인 주제들을 가지고 공부하고 있는 모습을 많이 보았다. 과거 10년간 기관별 논술기출들의 흐름과 당시 시대상을 고찰해보면, 나올 가능성이 높은 주제들은 의외로 잘 예측되며, 집약 되어진다.

둘째, 구체적으로는

1) 이슈가 미칠 여파의 영속성

2) 이슈가 미칠 여파의 기관별 차별성

3) 이슈가 미칠 여파의 대응가능성

4) 이슈 자체의 명료함

5) 이슈 자체의 중요성

순으로 논제를 분류한 후, <이것이 금융논술이다>에 수록할 주제인지 선정하기 때문이다.

쓸데없는 주제, 죽었다 깨어나도 금융논술로 출제되어지지 않을 주제들로 씨름하는 일을 줄였으면 하는 바램이다. 그리고 이러한 주제들은 논술뿐만이 아니라, 면접에서도 거의 다뤄지지 않는 경우가 많다. 좋은 논제를 제대로 공부하는 것이 중요하다. 사람들은 자기가 자신 있는 분야, 그리고 흥미로운 분야부터 공부하고 싶어하고, 출제되어지기를 바라지만, 현실은 그렇지 않다. 냉철한 주제선정이 중요하다.

셋째, 중요한 주제가 꼭 금융논술에 잘 출제 되는 것만은 아니다. 2014년과 2022년은 유사한 해이다. 바로 미국 금리정책의 전환기라는 점이다. 상당히 중요한 주제임에도 불구하고, 2014년과 올해 상반기에 거의 논술로 출제되지 않은 이유에 대하여 고찰하실 필요가 있다. 금융논술은 중요성과 출제시기 사이에 일종의 기간 사이클이 존재하기 때문이다. 금융논술은 시계가 존재하며, 면접은 적시성이 지배하는 경우가 많다.

2. 그러면 어떤 자료들로 금융 논술 공부를 하시는 것이 좋을까? 물론 개인적으로는 <이것이 금융논술이다>시리즈를 추천한다.

그리고 그 외

1) 경제신문이나 신문으로만 공부하는 것은 결코 좋은 방법이 아니다. 물론, 신문을 보는 것은 권한다. 하지만 신문으로만 공부하면 안 된다는 의미이다.

그 이유는

- 쓸데없는 것까지 공부하게 만드는 주범이 신문이기 때문이다. 수많은 기사들을 공부하는 것은 스트레스만 가중되면 헛고생의 결과를 낳기 때문이다.
- 신문은 기자들이 독자를 위해서 쓴 글이다. 따라서 금융논술을 준비하는 취준생에게는 맞지 않는 글이다.
- 기사라는 특성상 문제제기 단계 또는 현상 설명 단계에서 끝나는 경우가 대부분이다.
- 사건이나 정책에 대한 편향성을 키울 우려가 높다

2) 신문 구독은 금융논술 공부를 하시는 분에게는 안테나 같은 역할로써 충분하다. 이를 바탕으로 심화 학습을 하는 것은 효과적이지 못하다. 다만, 어떤 정보들이 어떻게 진행되고, 탄생되는지 정도만 인식하면 된다. 기사 스크랩. 노력 대비 크게 의미 없는 준비로 보인다.

3) 그러면 어떤 자료가 좋은가?

정답을 말하자면 연구소 자료들을 위주로 공부할 것을 권한다.

신문 기사가 가지고 있는 한계점들을 연구소 자료들은 대부분 극복하기 때문이다.

chapter 03 금융논술, 어떻게 공부해야 하는가?

1. 체계화 하라

사실 <체계화>는 비단 금융논술 준비에만 적용되는 것은 아니다. 자소서, 필기, 면접 전형 등 모든 전형에서의 가장 큰 핵심은 체계화에 있다고 할 수 있다. 여기저기 뿌려대면서 공부하는 지원자가 있고, 한 곳으로 모으면서 공부하는 지원자가 있다. 그리고 그 차이는 나중에 당락을 결정지을 정도로 격차가 커지게 된다. 체계화는 그만큼 중요하다.

그렇다면 금융논술에서의 체계화는 어떤 방식으로 하는 걸까?

1) 논제의 분류 및 체계화

• 논제의 분류

1단계 : 국제 / 거시경제 / 금융 / 국내제도 / 국내경제 / 국내사회

2단계 : 국제 – 핵심이슈 / 배경이슈

거시경제 – 긍정적 현상 / 부정적 현상

금융 – 편의성 / 안정성 /정책성

국내제도 – 법적 파급력 / 경제적 파급력 / 금융적 파급력

국내경제 – 거시경제 측면 / 신규제도 측면

국내사회 – 주요이슈 / 최신이슈

이런 방식으로 카테고리를 설정한 후, 논제들을 학습할 때마다 해당 카테고리에 포지셔닝 한다.

- 성격적 분류 : 논술출제용 / 면접대비용 분류
- 목적의 분류 : 논리 / 논거 분류

예를 들면, 한국의 재정건정성과 관련된 논제라고 한다면

거시경제이슈 – (긍정에서 부정으로 이동 중) – 면접대비용 – 논거

이런 식으로 분류하는 것이다. 물론 재정건전성은 지금 변화중인 이슈이다. 주로 면접용으로 또는 논거로 많이 활용되지만, 중요도가 증가함에 따라 논술전형에 나올 가능성이 높아지고 있는 이슈이기도 하다. 이렇게 논제별로 분류를 하시며 중요도를 rating하시는 습관을 들일 것을 권한다.

2) 체계화의 편익

- 카테고리별 분류를 통한 카테고리 이슈들의 상관관계와 중요도 여부가 판단 가능하다.
- 카테고리별 학습은 공부의 효율을 높인다. 예를 들면 금융이슈 중 편의성과 관련된 카테고리 내의 논제들은 유사점이 높기 때문에, 한번에 다양한 논제를 독파할 수 있다.
- 논리와 논거를 구분함으로써 논술작성에서 명쾌한 문장을 가능케 한다.
- 논술용과 면접용 주제들이 분리되어 있어 마지막 학습에서 최대한의 효과를 내게 된다.

2. 다르게 생각하기(Think different)

많은 금융논술 준비생들은 금융논술이 정답이 있다고 생각한다. 그러다 보니 획일적이고 정형적인 글들이 많이 나온다. 정답만 추구하다 보니 생기는 문제이다. 하지만 금융논술은 <상당 부분 정답을 지향하는 전공논술>과는 그 성격이 확연히 구분된다. 과거 수립된 이론이나 정설을 주로 다루는 전공논술들과는 달리, 금융논술은 현재의 이슈들이 출제된다. 즉, 현재의 문제점들을 어떻게 인식하고 있으며, 어떤 통찰력을 가지고, 어떤 대안을 제시할 수 있느냐의 싸움인 셈이다.

따라서, 현재 부각된 이슈들에 대해서 천편일률적인 방식으로 접근하는 것은, 스스로 경쟁력이 떨어지며 구성의 오류에 빠지는 맥 빠진 논술이 되는 경우가 많다.

예를 들면, 탄소중립이라는 논제가 제시되었다고 한다면,

많은 지원자들이 탄소중립은 항상 좋은 것, 그리고 이를 위해서라면 무엇이든 포기해야 할 것만 같은 절대 맹신의 대상으로 탄소중립을 인식하고 천편일률적인 논리를 많이 전개한다. 전형적인 획일적인 사고 방식이다.

탄소를 나쁘게만 보고, 악마화 하는 분위기에 경도된 것이기 때문이다.

탄소가 나쁘기만 한 것일까? 지구온난화는 탄소가 주범일까?

공부를 해보면 반대 논리들도 상당히 많음을 알 수 있다.

– 과거 80만 년간 지구 기온과 대기 분석 결과를 보면, 지금이 오히려 저탄소시대라는 점
– 지구의 기온과 탄소량의 상관관계를 명쾌히 과학적으로 증명한 논문이 없다는 점
– 오히려 태양의 흑점활동이 지구의 해빙기와 간빙기를 설명함에 더 일치한다는 점
– 탄소는 오히려 식물의 생장과 밀접한 연관이 있어, 저탄소가 되면 식량난이 생긴다는 점
– 코로나로 과거 2년 간 전 세계 공장이 상당 부분 멈추며 탄소배출을 줄였음에도 지구기온 상승이 멈추지 않는다는 점

등 반대논리들도 만만치 않다.

뿐만 아니라, 탄소중립은

– 기업들의 통제수단으로 악용될 수 있다는 점
– 무역장벽으로 선진국들이 후진국들을 통제하기 위한 수단이 될 수 있다는 점
– 그린플레이션을 야기시킬 수 있다는 점

등의 문제점들도 내재되어 있다.

한 쪽의 시각으로만 사건을 바라보는 편협함은 논술작성자, 더 나아가 여신과 투자업무를 주로 하는 금융인들은 지양해야 할 중요한 덕목이다.

어떤 주제들을 접하더라도 여러분 스스로 반론과 다른 시각을 고민해 보아야 한다. 어떤 사건이나 현상도 긍정적인 면과 부정적인 면이 상존한다. 이를 꿰뚫는 시각이 금융논술을 공부하는 취준생들에게는 꼭 필요한 요소이다. 모두의 생각이 같다면 이는 한 명도 생각하지 않은 것이라는 말을 되새기기 바란다.

체계화 작업, 그리고 항상 이견들 또는 소수의견들에 대한 내용까지 숙지한 후, 각각의 논제들을 공부해 나가면 된다. 각각의 논제들을 공부하는 왕도는 결국 꼼꼼히 실제 논술들을 작성해 보는 것이다. 그러면 어떤 방법으로 작성해보시는 것이 좋을까?

3. 본격적으로 작성하기

1) 연습은 오픈북으로

많은 금융공기업이나 은행 취준생들의 학습방법은

첫째, 한 가지 논제를 선정한 후 공부를 한다.

둘째, 연습논술 작성을 마치 모의논술 보듯이 작성하는 경우를 많이 보았다. 즉, 시험 보듯이 공부했던 각종 자료들을 덮어놓고 작성해 나간다.

하지만 이런 모의 논술식 작성 방법은 좋지 않다,

그 이유는

- 논술실력 중 표현력과 어휘력은 상당히 중요하기 때문이다. 공부했던 자료들을 덮어 놓고 작성을 하면, 본인들이 잘 쓰는 표현력과 어휘력만이 논술에서 공전하게 된다. 즉, 문장력의 개선은 거의 기대하기 어렵다.(당연히 어휘력과 표현력도 정체된다)
- 지식 축적의 효과가 반감되기 때문이다. 필사도 내용에 대한 공부의 한 방법이다. 한 번 공부하고 이를 완벽히 쓰는 것은 쉽지 않다. 내용을 다시 확인한다는 마음가짐으로 오픈북으로 필사하는 연습도 필요하다.

따라서 "모의논술식 연습"은 시험 1~2주일 전 정도에 1~2회 정도 연습하면 충분하다.

2) 논술작성 시간 측정은 어느 정도 실력이 올라왔을 때 시작하자

금융논술 실전에서 가장 중요한 것 중 한 가지는 시간관리다 즉, 제한된 시간 내에 완성논술을 써야 한다. 많은 지원자들의 논술의 한계점은 용두사미 논술이라는 점이다. 서론은 장황하고, 결론은 빈약하다. 금융논술의 핵심은 결론이다. 왜냐하면, 금융논술은 현재의 이슈에 대한 방향성이라는 통찰력을 요구하는 경우가 많기 때문이다. 통찰력은 본론이 아닌, 결론에서 꽃을 핀다.

따라서, 완성논술을 쓰느냐 아니냐는 채점에서 중요하게 보는 요소가 된다.

완성논술의 방해요인은 장황한 서론과 복잡한 본론에서 기인한다. 장황함과 복잡함은 금융논술에서 절대 피해야 할 것이다.

- 논리의 반듯함
- 논거의 명쾌함

이 2가지가 금융논술에서의 핵심요소다

금융논술 첨삭을 진행하다 보면, 대개는 8회~10회 정도 글을 쓰면 상당히 글이 좋아진다. 따라서, 8 ~ 10회 연습 때까지는 시간제한 없는 글 써보기, 8 ~ 10회 이상부터는 제한시간을 정하고 글을 써보는 것이 중요하다.

3) 금융논술 약속시간을 정하라

금융논술 작성은 최소 매주 1 ~ 2회 정도 연습하시는 것이 좋다. 매주 요일과 시간대를 정한 후, 그 시간이 되면 논술을 작성하는 방법을 권한다. 예를 들면, 매주 목요일 저녁 7시부터는 금융논술작성 시간으로 정하고, 그 시간만큼은 무조건 금융논술 연습에 집중하길 바란다.

chapter 04 금융논술 사례 학습

이제는 실제 완성된 금융논술 사례를 통해, 금융논술을 준비하는 취준생들이 꼭 알고 유의해야 하는 사항들에 대해 공부해 보자.

01 주제1

논제는 <조선 · 해운업 구조조정과 관련한 산업은행의 정책적 방향에 대하여 논하라.> 이다.

당시 이 논술은 언론계 기자 출신의 금융공기업 지원자가 작성한 논술이다(2016년 완성본).

이 논술의 경우, 구조조정 전문기관으로 자리매김하고 있는 산업은행을 대비한 논술로써, 소재가 다소 산업은행에 국한된 주제이긴 하지만, 작성 기법과 관련 긍정적인 부분과 부정적인 부분이 극단적으로 나뉘는 논술이라, 금융논술 작성 요령을 숙지하시기 좋은 사례이다.

조선 · 해운업 구조조정과 관련한 산업은행의 정책적 방향에 대하여 논하라.

서론

이익의 사유화, 손실의 사회화는 없었다. 이번 한진해운 법정관리의 한줄평이다. 채권단을 만족시킬 자구안이 마련되지 않았기 때문에, 수천억 원이 넘는 국민 혈세를 투입하지 않기로 결정됐다. 재량대로 한진해운 손을 들어줄 수도 있었지만, 정부와 산업은행은 원칙과 준칙에 충실했다. 결국 국내 1위의 해운사는 법정관리 수순을 밟게 된 것이다. 그에 따라 40년 넘게 쌓아온 해운사 전통도 역사의 뒤안길로 사라졌다. 구조조정 원칙에 따라 대마불사도 통하지 않게 된 것이다.

물론 아쉬움도 있었지만 정부와 산업은행은 형평성에 따라 국민 혈세를 낭비하지 않겠다는 의지를 끝까지 관철시켰다. 이번 선례는 기업인들의 역선택과 도덕적 해이에 따끔한 회초리가 될 것으로 보인다. 이에 본고는 앞으로의 문단을 통해 구조조정 원칙의 중요성과 산업은행의 역할론을 논의해 보고자 한다.

본론

1. 구조조정 원칙의 중요성

정부 재량이 아닌 준칙과 원칙에 따라 구조조정을 해야 하는 이유가 있다.

첫째, 최적정책의 동태적 비일관성이다. 노벨 경제학상을 받은 프레스캇은 정부정책이 시시각각 바뀔 유인이 있다고 주장했다. 테러범과의 협상 사례는 이를 뒷받침 한다. 문제는 재량에 따른 비일관적인 정책이 경제주체들의 신뢰를 잃게 만든다는 것이다. 구조조정에도 일정한 원칙이 없다면 도덕적 해이만 키울 우려가 있다.

둘째, 경제주체들의 합리적 기대가설 때문이다. 민간이 합리적 기대를 한다고 가정하면 정책당국이 긴축적 통화정책을 실시할 때, 고통 없이 디스인플래이션을 할 수 있다. 구조조

정도 같은 맥락이다. 이번 한진해운 사태에서도 구조조정 원칙을 신뢰했었다면 채권단이 내놓은 자구책을 마련해왔을 가능성이 있다. 해운계 안팎에서 이번에도 대마불사를 운운했다는 사실은 널리 알려진 내용이었다.

마지막으로 자기실현적 요인에 따른 불확실성 증가다. 정부가 준칙이 아닌 재량에 의존할수록 정책 결과를 예측하기 어려워진다. 이는 민간의 기대부가 변동성을 확장시키는데, 정책 결과의 불확실성을 높일 수 있다. '루카스 비판'의 내용과 같이 전통적인 정책모형은 무력화될 수 있다. 변동성과 불확실성의 증가는 정부정책의 실효성을 낮출 우려가 있다. 위와 같은 이유들 때문에 구조조정 매스에는 일정한 원칙이 필요하다.

2. 산업은행의 역할론

첫째, 산업은행은 기업 구조조정의 산증인이자 산파이다. 국가 산업 육성을 위해 출범한 산업은행은 지난 1960년부터 국내 주요 기업들에 자금을 대출해주면서 우리 경제의 고도성장을 이끌었다. STX부터 한진해운까지 수십 여건에 달한다. 외환위기 이후에는 채권단을 이끌며 기업 구조조정을 진두지휘하고 있다. 재무구조가 부실한 기업은 재무구조 개선을 유도하고, 회생 불가능한 부실기업은 퇴출시키고 있는 것이다. 그 중에서도 대우중공업은 성공사례로 꼽히고 있다.

둘째, 산업은행은 국가 성장 동력을 예측하고 산업 재편에 앞장서야 한다. 앞서 정부와 산업은행은 3단계 구조조정 트랙을 내놓았다. 조선과 해운 등 1단계의 경기 민간업종은 채권단 위주로 개별처리하고, 신용등급이 C, D 등급인 부실징후 기업은 상시 구조조정을, 철강과 석유화학 등 공급과잉업종인 3단계는 선제적으로 구조조정에 나서겠다는 취지다. 미래가 불투명한 전통 주력 산업들을 정리하는 한편 미래 먹거리 산업 분야에 대한 지원을 늘리겠다는 것이 주요 내용이다. 앞서 산업은행은 기업은행과 7,200억 원 규모의 '글로벌파트너십 펀드'를 조성해 벤처생태계를 지원하고 있는데, 앞으로의 귀추가 주목된다.

셋째, 산업은행은 기업과 정부와 소통하며 경제발전의 마중물이 돼야 한다. 산업은행은 한국산업은행법에 따라 1954년 설립된 특수법인이다. 기업대출과 정책금융 등이 주요업무로 건전한 신용할당을 바탕으로 경제 곳곳에 유동성을 공급하고 있다. 정책금융의 맏형으로 경제 흐름을 읽고 성장 동력에 아낌없이 투자해야 한다.

결론

바둑 위기관리 10계명에는 '동수상응'이란 단어가 있다. 국지적으로 악수인 것이 판 전체적으로 호수가 될 수도 있고, 그 반대로 국지적으로 호수인 것이 결국 악수가 될 수 있다. 중요한 것은 작은 일에 일희일비하지 않고 판 전체를 조망하며 원칙에 충실해야 한다는 점이다. 해운업계 구조조정 역시 동수상응의 지혜로 풀어야 한다. 국민 혈세를 낭비하지 않겠다는 원칙하에 자체적으로 생존할 수 있도록 조력자의 역할에 앞장서야 한다.

전반적으로 보았을 때, 높은 점수를 받을 수 있는 논술이다.

그러면 긍정적인 부분부터 살펴보자.

1. 간결체 문장

서론을 위주로 전체적으로 간결체의 비중이 높다. 간결체는 만연체에 비해 상당히 많은 장점이 있다.

- 내용 전달이 용이하다.
- 문법적 오류를 줄인다.
- 역동적인 글이 되게 한다.

2. 병렬식 구조

증점식 구조인 [우선, 그리고, 또한]으로 글을 산개하지 않고, 병렬식 구조인 [첫째, 둘째, 셋째]로 체계적으로 본론과 결론을 구성했다.

- 가독성을 높인다.
- 형식이 내용을 보완한다.
- 논리와 논거의 구조가 깔끔하다.

3. 논거에 대한 군더더기가 없다.

본론을 보면, 주 논리는 [구조조정에도 원칙이 필요하다] 이며 3가지 논거를 제시했다. 논거에서 프레스캇이 누구인지. 합리적 기대가설이 무엇인지. 디스인플레이션이 무엇인지. 루카스 비판이 무엇인지. 굳이 불필요한 설명을 하지 않았다.

- 논리는 논거를 보완하는 내용으로, 논거에 집중하다 보면 자칫 논리에서 멀어지는 글이 될 수 있다.
- 본론에서 복잡한 논거들까지 해설하고, 그 과정에서 인과관계까지 모두 설명하려 하면 결론 쓸 시간을 뺏기게 된다.

반면 부정적인 부분은

- 서론이 양이 많다.
- 서론은 실제 이것보다 더 줄이시는 것이 좋다. 항상 안 좋은 글은 서론이 길다.
- 서론에서 미리 의견을 한 마디 정도로 제시하는 것은 나쁘지는 않지만, 굳이 감정적 표현이 들어갈 필요는 없다.

4. 구조의 모호성

- 이 논술의 전체구조를 보면 글쓴이가 <본론 2>로 주장한 것은 실질적인 결론이다. 산업은행의 정책정 방향성이므로 이를 본론으로 보기는 쉽지 않다.
- 그런 경우, 본론은 <본론 1>만 구성되는데, 이런 경우 본론이 빈약하다는 문제가 생긴다. 실제 본론이 논리와 논거 3개로만 구성되어 있다 보니, 좀 더 많은 쟁점들을 다루지 못했다.
- 일반적인 구조가 아니라 이형적인 구조이다.

5. 요약형 결론

- 시간을 다투는 금융논술 전형에서는 굳이 요약형 결론을 제시할 필요가 없다.
- 중언부언의 느낌만 강하다.
- 주의환기 쿠션 문장들이 필요해지므로 번거로워진다.

02 주제 2와 3

두 편의 논술 사례를 공부할 것이다. 이번 논술은 금융감독원 대비 논술 주제이며, 한 명이 작성한 글이다.

먼저 말할 것은

1. 이 글을 작성한 학생은 근 1년 간 필자와 함께 논술첨삭을 진행했던 지원자이다. 매주 1편씩 논술을 작성한 후, 검토를 받는 형식으로 진행되었다. 강조하고 싶은 바는, 금융논술 준비는 꾸준함이 중요하다는 점이다. 최근 시중에서는 마치 금융논술을 단시간에 준비 가능하다는 식의 주장들과 글들을 보았는데, 이는 큰 오산이라 말하고 싶다. 철학자 헤겔은 질적 개선은 양적 투입이 선행되어야 한다고 했다. 금융논술 또한 마찬가지이다. 꾸준함이 <뛰어남>을 견인한다. 합격의 확률을 최대한 끌어 올리기 위해서는 경쟁자들보다 뛰어난, 그리고 차별화를 극대화시키려는 노력과 의지가 강해야 한다. 그냥 남들 수준으로 쫓아가겠다는 전략은 상당히 위험한 전략이라고 말하고 싶다.
   참고로 이 학생은 1년 이상 시간 동안 금융감독원 관련 논문들과 학술지까지 여기저기를 모두 뒤지며 공부를 했다. 스스로 합격의 의지를 불태웠다고 생각한다.
2. "남들도 나 정도로 준비하고 있을 것이다. 경쟁자도 나처럼 대응할 것이다." 상당히 안일한 생각이다. 실제 전쟁사를 공부하면, 패전하는 모든 장군들이 보이는 공통적인 생각이, 상대방도 나처럼 생각하고 준비할 것이라는 안일함에 빠져있다는 점이다. 패전하는 장군들이 하나같이 바보들이라서 졌을까? 그렇지가 않다. 그저 평범하게 대응했기 때문이다. 반면에, 승리자는 패전하는 사람들의 평이한 대응, 이 정도면 된다는 안일함을 항상 뛰어 넘는다. 금융논술 준비도 마찬가지이다. 대부분 금융공기업을 준비하는 지원자들은 전공필기를 공세적으로 준비하며, 여기서 격차를 벌리겠다고 생각하고 금융논술 준비는 수세적으로 준비한다. 안일한 대응 방안이라 생각한다. 합격에 대한 열망이 강한 지원자들일수록 반대로 생각한다. 금융논술 준비를 공세적으로 준비해 최대한 격차를

벌린다. 그리고 전공필기 공부를 남들 수준으로 준비한다. 누구의 생각이 옳을 것 같은가? 우리는 쉽게 점수화되고 명확한 결과가 나오는 전공필기가 당락을 결정지을 것 같지만, 금융공기업을 준비하는 친구들의 전공필기 성적은 표준 돗수분포표에서 벗어나지 않는다. 편차가 크지 않다는 말이다. 반면, 수치화가 어려울 것 같은 금융논술이다 보니, 점수가 명확하지 않을 것이라는 애매모호함으로 인해 논술에서의 편차는 작을 것이라 착각하지만, 실상은 직접적 효과(점수의 편차)와 간접적 효과(자소서 + 면접 대응)까지 감안한다면 금융논술에서의 편차는 절대 무시할 수 없다는 것을 알아야 할 것이다.

미국과의 금리역전현상이 한국경제에 미칠 수 있는 영향과 정책당국(금융감독원)의 대응방향을 논하시오.

서론

2018년 03월 미국 연방준비제도(FED)가 출구전략의 일환으로, 기준금리를 1.50 ~ 1.75%로 인상하면서 한국은행 기준금리 1.50%를 초과하는 한미 금리역전 현상이 발행했다. 한국은행은 올해 두 차례 정도의 금리인상만을 예고하고 있어 금리역전 현상의 장기화에 대한 우려의 목소리가 높은 상황이다. 따라서 본고는 1. 금리역전 현상의 배경, 2. 한국경제에 대한 영향, 3. 금융감독원의 대응방향에 대해 분석하겠다.

본론

1. 금리역전현상의 배경과 한국경제에 미치는 영향

가. 한미 금리역전현상의 배경 – 출구 전략(Exit Strategy)

2008년 글로벌 금융위기에 대한 대응방안으로 미국 연준은 ① 양적완화 ② 오퍼레이션 트위스트 ③ 공개구두정책으로 대표되는 비전통전(new normal) 통화정책을 시행하였다. 특히 주택담보부증권(MBS) 매입을 포함하는 양적완화 정책의 시행은 중앙은행의 최종대부자 기능에 대한 신뢰 촉진으로 조속한 자산시장 안정화를 가져왔다는 평가와 함께, 향후 인플레이션에 대한 우려와 중앙은행 대차대조표 상 위험노출 증대를 가져와 출구전략의 조속한 시행 필요성을 높이는 유인으로 작용했다. 출구전략은 양적완화의 축소(테이퍼링 : tapering) → 금리인상 → MBS 매각 의 3단계로 이루어지며, 현재의 금리 인상은 2단계에 해당한다.

2. 한미 금리역전현상이 한국경제에 미치는 영향

미국의 금리인상은 크게 ① 단기외화 유출리스크 증대 ②총 수요 위축 측면에서 한국경제에 위협요인으로 작용할 수 있다.

첫째, 미국 금리 인상은 한국 외환시장에서 단기외화 유출리스크를 증대시킨다. 비록 높은 수준의 재무건전성, 지속적 경상수지 흑자에 따른 상당한 규모의 외환보유고 축적, 민간과 국가의 대외순자산 증가로 인한 순채권국가로의 지위확보 등을 이유로 자본유출 가능성이 크지 않다고 판단하더라도, 세계 경기흐름의 변경과 달러-캐리 트레이드의 지속적 청산에 따른 해외 국가들의 금리 인상 등과 같은 세계적 추세에 한국경제가 영향을 받지 않을 수는 없다. 단기외화 유출리스크 증대는 만기불일치(maturity mismatch)와 유동성불일치(Liquidity mismatch) 문제를 심화시켜 유동성 위기와 나아가 지급불능위기 가능성을 증대시킨다. 이는 거시경제 기초변수에 이상이 없음에도 경제주체들의 기대변화만으로도 금융위기가 발생 가능한 자기실현적(Self-fulfilling) 금융위기 가능성이 증대했음을 의미한다. 따라서 미국 금리 인상은 금융의 효율적 자원배분기능을 약화시키고, 실물경제에 악영향을 초래할 수 있는 시스템리스크로의 전이 가능성이 존재한다.

둘째, 미국 금리 인상은 한국경제에 총수요 위축을 가져올 수 있다. 유위험이자율평가설(UIRP)이 성립한다는 가정 하에 미국 금리 인상은 한국의 금리 인상과 환율 상승으로 이어진다. 금리 인상은 비거치식 변동금리부 가계대출의 이자부담을 증대시켜 가계의 소비감소와, 한계기업의 자금조달 및 원리금 상환에 애로사항으로 이어져 투자의 감소를 가져올 수 있다. 이는 부채축소(디레버리징)을 위한 자산매각을 부추겨, 자산가격 하락에 따른 부동산 시장의

붕괴와 실질적 채무부담이 증가하는 부채-디플레이션(debt deflation)을 유발할 수 있다. 환율 인상은 로빈슨-메츨러 안정조건이 충족되는 상황에서 경상수지의 증가를 가져오지만, 수입 원자재 및 생필품 가격 상승으로 인한 기업 생산성 저하 및 취약계층의 소비부담으로 이어질 수 있다. 또한 금융기관과 기업의 외화채무 원리금 부담을 증대시키는 외채잔고 효과를 유발하게 된다.

결론적으로, 미국 금리인상은 거시경제기초변수의 조그만 변화에도 경기변동을 크게 유발하는 와블링 이코노미 현상과 금융시스템의 경기순응성 문제를 심화시킬 것으로 판단된다.

3. 금융감독원의 대응방안

금융감독당국은 미국금리 인상이 시스템리스크로 전이되지 않도록 다음 4가지 측면에서 선제적 대응방안을 마련할 필요가 있다.

첫째, 거시위기상황분석(Macro stress test)의 실시가 필요하다. 현재 은행을 비롯한 금융기관에서 시행하는 위기상황분석은 단순 충격이 미치는 효과를 거시계량지표를 통해 분석하는 단순민감도 분석이다. 따라서 금융감독원은 시나리오 상황을 설정하여 금리인상 충격이 금융기관과 금융시장에 총체적으로 미칠 수 있는 영향을 분석하는 시나리오 분석을 통해, 금융기관의 비상대응체계(Contingency Plan) 재정비를 보조할 필요가 있다. 이러한 위기상황분석을 하향식(Top-down) 스트레스 테스트라고도 하는데, 이는 위기 발생시 군집행동(herding)으로 인한 구성의 오류(fallacy of the composition) 완화에 기여할 수 있다.

둘째, 파생상품에 대한 관리 및 감독을 강화해야 한다. 지난 KIKO 사태는 잘못된 환헷징 기법을 사용할 경우, 오히려 기업의 도산확률을 증대시킬 수 있음을 보여주었다. 따라서 파생상품의 복잡성, 거래 규모 등에 따라 차등화된 관리 및 감독 방안을 마련하여 이와 같은 위험을 사전에 방지하여야 한다.

셋째, 중소기업의 자금조달 애로사항을 적극적으로 해결할 필요가 있다. 금리 인상에 따른 자금 조달에 문제가 생길 것으로 예측되기 때문에, 은행과의 관계형 금융(Relationship finance)이 지속될 수 있도록 상시적인 점검이 필요하다. 또한 중소기업 애로상담센터를 활용하여 자금조달과 관련된 문제를 해결할 수 있도록 보조하며 금융기관이 합리적인 금리산정 체계를 갖추고 있는지 점검하도록 한다.

마지막으로, 외화LCR 규제(규제비율 : 80% 이상)의 준수가 필수적이다. 외화 LCR은 바젤은행감독위원회(BCBS)의 바젤 Ⅲ에서 권고하는 외화유동성 관리지표로써, 스트레스 상황 (신용등급 3단계 이상 하락, 담보할인율 증가, 무담보 도매자금 조달능력 감소 등)에서 외화유동성 상황을 점검하기 위한 것이다. 즉, 30일간 발생할 수 있는 외화유출액 대비 고유동성 자산을 80% 이상, 금융기관이 확보하도록 함으로서 단기외화유출 리스크를 관리해야 한다.

결론

2008년 글로벌 금융위기를 최전방에서 진화하는 역할을 수행한 티모시 가이트너는 그의 저서 '스트레스 테스트'에서 금융위기를 화재에 비유하며, 금융감독당국을 언제든 그러한 화제를 진압할 수 있는 도구를 갖춰야 하는 소방관에 비유하였다. 사실 화제는 발생하지 않는 것이 최선이다. 더욱이 그 것이 예측 가능하고 선제적 대응이 가능한 경우는 특히 그러하다. 그린스펀 풋으로 대표되는 사후청소전략이 2008년 글로벌 금융위기라는 세계적인 대화재를 일으킨 주요 원인 중 하나라는 사실을 잊지 말아야 한다. 따라서 금융감독당국은 여러 관계기관들과 선제적으로 대응체계를 조율해가는 Policy mix를 시행함과 동시에 필요한 경우 적절하게 대응하되, 그것이 과잉 또는 과소대응이 되지 않도록 주의를 기울일 필요가 있다.

첫 번째 논술주제는 [한-미 금리 역전 현상]과 관련된 주제이다.

[금리역전] 현상은 보통 2가지 측면에서 주제를 잡고 공부를 한다. 첫 번째는 [한-미 금리역전]이고 두 번째는 [장-단기 금리역전]이다. 둘 다 중요한 주제이긴 하다. 하지만 [장-단기 금리역전]은 일시적 현상일 가능성이 높고(논제의 영속성이 떨어진다는 의미이다) 미래경제에 대한 예측의 가늠자 정도의 역할이기 때문에 실전 논술에서 나올 가능성은 낮다. 다만, 면접이

나 논술에서의 논거로 활용 가능성이 있기 때문에 공부하면 좋은 논제이다. 반면, [한-미 금리 역전]은 파급의 영속성이 길며(금리정책은 원래 단기정책이지만 변곡의 주기는 상당히 길다는 특징 때문에 장기정책으로 착각을 하기도 한다) 파급의 정도도 큰 편이기 때문에 공부를 해야 하는 주제이다. 다만, 이 또한 현재 벌어진 상황이 아니라, 2022년 말이나 2023년 예상되는 사안이기 때문에 여유를 가지고 공부를 해도 되는 논제이다.

한-미 금리역전 현상은 역사적으로 이미 3번이나 있었던 일이다. 새로운 사건은 아니라는 점이다. 가장 최근의 한-미 금리 역전은 2018년에 시작되었다. 그리고 이 논술은 그 당시의 논술이다. 상술했지만 2022년 말이나 2023년 현실화 될 가능성이 높은 주제이기 때문에 주목할 만하다.

이번 논술에서 보이는 두드러짐은

첫째, 지식량이 깊을 뿐만 아니라 넓다는 점이다. 이 한 편의 논술에 들어간 배경 지식들만 하더라도

– 2008 글로벌 금융위기 전체 공부

– 통화정책

– 경제이론

– 와블링 이코노미와 구성의 오류(경기순응성 문제)

– 스트레스 테스트

– 관계형 금융

– LCR

등이 자연스럽게 녹아 있으며, 그 중심에는 각각의 리스크들이 모여 시스템 리스크로의 전이를 억제해야 한다는 주장이다.

단기간에, 몇 가지 논제를 별도로 공부를 한 학생들은 이런 글을 쓸 수가 없다는 것을 말하고 싶다.

둘째, 금융감독원이 가장 주목할 만한 논리들을 펼쳤고, 그에 대한 논거로 경제이론부터 현행 제도들까지 다 끌고 들어 왔다는 점이다. 상당히 목표지향적인 공부를 했으며, 이를 다

양한 방향으로 글을 펼쳤다.

셋째, 주제 1에서 검토했던 형식적 작성방법들을 모두 지켰다. 깔끔한 서론, 연역적인 글 전개 등이 그것이다.

다만, 아쉬운 점은 굳이 요약형 결론은 필요는 없다고 생각한다.

공부를 잘 하는 사람의 특징은 무엇일까? 고민을 많이 하는 사람일까?

그렇지 않다. 행동력이 좋은 사람이 정답이다. 행동력은 공부뿐만 아니라 여러 업무에서도 중요하다. 매번 고민만 하면 무엇을 이룰 수 있겠는가?

이 지원자의 가장 큰 장점은 행동력이었다. 나랑 처음 만났을 때부터 무조건 금감원 입사라는 목표를 향해, 당시 가르치고 내주었던 숙제들을 모두 소화했다.

그리고 요약형 결론의 불필요성을 깨닫고, 바로 글들을 수정했다.

두 번째 논술도 읽어 볼 것을 권한다.

가상통화에 대해 논하시오.

서론

가상통화 투기 근절을 위한 특별대책

지난 17년 12월 28일 정부는 가상통화 관련 특별대책을 발표하였다. 이는 가상통화가 법정화폐가 아니며, 금융투자상품으로 인정받지 못 하여 투자자 손실이 크게 발생할 수 있음에도, '묻지마식 투기'가 증가함에 따른 대응이었다. 따라서 본고는 가상통화 생태계 흐름 – 가상통화의 긍정적 영향 및 부정적 측면 – 정책당국의 대응방안에 대해 논하겠다.

본론

1. 가상통화 생태계 – 하이먼 민스키의 신용사이클 모델

가상통화 생태계 흐름은 하이먼 민스키의 '신용사이클 모델'로 분석 및 예측 가능하다. 이 이론에 따르면 가상통화 가격은 ① 대체 ② 호황 ③ 도취 ④ 금융경색 ⑤ 대폭락의 단계를 밟게 된다. 대체 단계는 가상통화와 블록체인 기술과 같은 혁신적 기술 개발이 발생시 형성된다. 이후 다수의 투자자들이 투자에 참여함에 따라 가격흐름은 호황-도취 단계의 순서를 밟게 된다. 도취 단계에서는 일반 투자자들이 막연히 투자수익을 낼 수 있다는 비합리적 기대에 편승하여 투자에 참여한다. 이러한 추세는 '더 큰 바보 이론(the great fool theory)'에서와 같은 자기강화적(self-reinforcing) 속성을 지닌다. 이후 규제가 강화되고 투자에 의구심을 갖기 시작한 투자자들이 가상통화를 매각하기 시작하면서 금융경색 단계가 시작된다. 동 단계에서는 투자자들이 투자수익을 내기가 매우 어려우며, 공급이 수요를 초과하기 시작하면 대폭락의 단계에 들어선다. 대폭락 단계에서는 가격하락이 가격상승시보다 더 큰 속도로 하락하는 민스키 모멘트가 발생한다. 현재 가상통화는 작년 2017년 11월 기준으로 도취 단계에 놓여 있었으며, 2018년 6월 기준으로 4단계인 금융경색 단계에 근접해 있다는 평가를 받고 있다.

2. 가상통화의 긍정적 영향

가. 가상통화를 이용한 금융혁신

가상통화는 금융서비스를 혁신적으로 발전시킬 것으로 평가된다. 예를 들어 가상통화를 이용한 해외송금서비스는 기존에 비해 저렴한 수수료로 1시간 이내 거래를 완결할 수 있다. 또한 코인지갑을 이용하는 지급결제서비스는 은행 계정 없이도, ATM 서비스를 이용할 수 있게 해준다.

나. 가상통화와 부패방지

관치금융이 심한 나라일수록 금융을 매개로 한 정경유착과 부패의 문제가 심각한 것으로 알려져 있다. 하버드대 로고프 교수는 그의 저서 '현금의 저주'에서 가상통화는 신뢰를 기반으로 하는 거래시스템, 즉 블록체인을 활용한 쌍방거래의 방식이므로, 금융의 중개가 필요 없어 이러한 부패의 고리를 끊을 수 있을 것이라 주장한다.

다. 가상통화와 포용적 금융

가상통화는 금융계정 이용이 불가능한 계층에게도 금융거래 기능을 제공하여, 포용적 금융을 뒷받침할 수 있을 것으로 기대된다. 포용적 금융이란 평소 금융서비스 제공이 어려운 금융소외계층에게도 금융서비스를 제공함으로써, 경제적 자립을 돕도록 하는 취지의 금융개념이다. 실제로 미국의 한 기업은 금융계정이 없는 아프카니스탄 여성들에게 모바일폰으로 비트코인을 송금해 그들의 교육을 돕는 프로그램을 운영한 예가 있다.

3. 가상통화의 부정적 측면

가. 투자자 손실 발생 및 범죄에의 이용

IMF에 따르면 가상통화는 높은 가치 변동성과 불안정성으로, 통화의 3대 기능인 교환의 매개수단, 가치저장기능, 가치의 척도를 수행하는 것이 불가능하다. 이에 많은 국가에서 가상통화를 법정통화로 인정하지 않고 있으며 우리나라 역시 예외는 아니다. 때문에 가상통화 투자는 예금자 거래 보호법의 적용을 받지 못 한다. 또한 금융투자 상품으로도 인정받지 못 하므로 투자손실에 대한 책임은 전적으로 투자자에게 있는 상황이다. 가상통화는 시세조정이나 가상통화분리 (하드포크), 규제변경 등에 의해 투자자 손실이 언제든 발생 가능하다. 게다가 가상통화 관리업자의 시스템 해킹 (최근 사례 : 빗썸) 이나 마약거래,자금세탁 등의 범죄 역시 꾸준히 발생 중인 상황이다. 이에 정책당국의 관련된 대응 (가상통화 거래소 관리 강화, 자금세탁 방지의무 강화 등)이 필요한 상황이다.

나. 민스키 모멘트의 발생 가능성 증대

하이먼 민스키의 신용 싸이클 모델에 의하면 가상통화 가격이 대폭락 단계에 진입할 경우 민스키 모멘트가 발생한다. 민스키 모멘트는 금융의 구조적 취약성이 발생한 상황에서는, 평소라면 문제가 되지 않을 자산가격 하락이나 경기침체에도 커다란 금융위기가 오는 것을 말한다. 즉 가상통화 생태계의 불안은 곧 금융위기 발생 가능성을 증가시키는 시스템리스크로 작동한다.

결론

정책당국 대응방안

가. 규제 패러다임의 전환

현재의 규정중심 규제방식(rule-based regulatory)에서 원칙중심 규제방식(principle-based regulatory)로 전환이 필요하다. 새로운 현상으로 정의되는 가상통화 생태계는 사전에 합리적인 규정리스트를 작성하는 것이 거의 불가능하다. 따라서 금융소비자 피해가 발생하지 않았음에도 규제를 하는 규제과잉과 그 반대의 경우인 규제누락 모두가 발생 가능하다. 이에 금융소비자 보호와 금융산업 발전 촉진에 적합하지 않다. 반면 원칙중심 규제는 금융소비자 보호를 목적으로 인과성 원칙(금융피해 발생의 인과관계에 따른 규제)과 비례성 원칙(금융피해 발생 규모에 비례하는 규제수준)에 의거해 규제하므로, 규제과잉 및 누락 모두 방지 가능하다. 최근에 발생한 가상통화 시세조정에 따른 투자자 피해발생에도 정책당국이 제대로 대응하지 못 한 것은 규제 패러다임의 전환이 시급함을 보여주는 예이다.

나. 거래소 등록제도 확립

현재 가상통화 거래소는 등록이 필요하지 않은 상황이다. 대규모 해킹 피해가 발생한 일본의 경우 해당 거래소는 등록되지 않은 거래소였으며, 비대칭 암호키를 다수가 아닌 하나만 사용하고, 전체 암호화폐의 97%를 콜드월렛이 아닌 외부인터넷과 연결되는 핫월렛에 저장하여 해킹에 취약한 상태였다. 즉 관련된 사고가 예견된 사고라고 해도 과언이 아니었다. 이러한 사례를 교훈 삼아 국내 역시 건전한 거래소 운영기준을 확립하여 해당 기준을 활용한 등록제도를 운영할 필요가 있다.

다. 거래소 전용 FDS 구축 및 고도화 지원

이상전자금융거래탐지시스템 (FDS)는 빅데이터를 이용해 평소 고객의 거래패턴을 분석하고, 이와 다른 유형의 거래가 발생시 해킹으로 간주하여 거래를 차단하는 시스템이다. FDS 도입은 전자금융범죄 감소에 혁신적 기여를 할 수 있을 것으로 기대되고 있다. 이에 정책당국은 거래소 전용 FDS를 구축 및 고도화를 지원하여, 거래소를 대상으로 하는 전자금융범죄 발생을 미연에 방지할 필요가 있다.

물론, 금융공기업을 준비하는 지원자들에게 한 곳만을 목표로 설정하는 이른바 '배수진' 지원은 지양하라고 권한다. 개인적인 의견으로, 배수진은 가장 바보 같은 생각이라고 믿기 때문이다. 우리는 항상 PLAN -A 이후의 PLAN-B, C 를 대비해야 한다. 이 지원자가 마치 금감원만 준비한 것처럼 보이지만 실상은 그렇지 않았다. 이 지원자는 이 문제를 비중으로 해결했다. 금감원 비중을 50%, 나머지 몇 곳 기관을 나누어 배분하고 준비했다. 지원 전략에 있어서의 '파이컷', 세밀함이 성공의 열쇠이기도 하다.

금공논술, 이른바 A매치 논술은 수많은 괴물들이 참여한다. 여기서 괴물들이란, 금융논술 마스터 들을 의미한다. 스스로 괴물이 될지, 수세적으로, 방어적으로 준비하는 사슴이 될지는 본인의 선택에 달려있다. 괴물들은 닥치는 대로 공부하고 섭취한다. 사슴들은 주어진 공간에서 주어진 풀만 먹는다.

항상 좋은 글들을 많이 접해야 한다. 배울 것이 많고, 자극이 되기 때문이다.

평범한 수준의 글들, 신문에서 나올만한 내용들을 마치 금융논술 준비의 열쇠라고 생각하면 곤란하다.

03 주제 4와 5

이번 논제는 CBDC(중앙은행 디지털 화폐)의 긍정적인 면과 부정적인 면, 그리고 한국은행 및 정책당국의 대응방안에 대해 논하는 주제다.

CBDC는, 사실 한국은행에서 태스크포스를 구성할 정도로 상당히 관심을 받고 있는 주제다. 그리고 단순히 생각한다면 한국은행 또는 금융감독원에서 나올 가능성이 높은 주제이다. 하지만, 한국은행의 논술은 특성상 "학술적"이고 "인문학"적인 주제들이 자주 출제되고 있고, 금융감독원의 경우, 현실적으로 아직 출범이 되지 않는 CBDC에 대해 감독의 대상으로 보기에는 이른 감이 있어서 인지, 아직 출제된 적이 없다. 오히려 2021년 상반기 새마을금고중앙회 논술주제로 CBDC가 출제되었고, 2022년 상반기 신용보증기금 논술주제로 출제되었다.

확증편향이라는 단어가 있다.

많은 지원자들이 논제를 선정할 때 잘 빠지는 것이 이 확증편향이다. '금융공기업별로, 은행별로 이 주제가 이 기관에서 중요하게 생각할 것이다.'라고 생각하기 시작하면, 실제 출제될 것만 같고, 이 주제가 나와야만 하는 믿음으로까지 스스로 몰고 간다. 그리고 다른 논제는 잘 들어오지 않는다. 자기가 보고 싶은 것만 보고 싶어하고, 기대하는 대로 이루어질 것이라 확신하기 시작하면, 실패의 문이 활짝 열린 것이나 마찬가지라 생각한다.

금융논술을 공부하는 지원자는 항상 겸손해야 한다고 생각한다. 자신감을 없애라는 말이 아니라, 다양한 현상들을 바라보며 중요한 것들 위주로 최대한 많은 것들을 공부하겠다는 마음가짐이 중요하다는 것을 강조하고 싶다.

나는 지금까지 A매치 며칠 전이면 논제들을 찍어달라는 요청을 많이 받는다. 찍기 좋아하시는 분들은 점집을 가라고 권하고 싶다. 예측의 영역은 현재의 영역과는 완전 다른 개념이다. 치밀한 분석으로 예측이 가능하다면 모든 증권사의 트레이더들은 부자들이 되어 있어야 한다. 모든 경제학자들은 자국을 선진국으로 이끌었어야 한다. 2차세계대전 후 후진국에서 선진국으로 올라온 국가는, 200여 개 국가 중 10여 개 국가도 되지 않는다. 그 많은 경제학자들과 금융학자들, 자본시장 참여자들의 분석력은 다 어디로 갔는가?

금융논술의 영역도 마찬가지이다. 과거 4년동안 예탁결제원에서 토지공개념이 2회나 출제된 것은 어떤 분석력에 의해 어떻게 예측이 가능이나 했을까?

최근 올해는 이것만 공부하면 금융논술 준비는 끝이라는 광고나 홍보성 글들도 많이 보았다. 확증편향의 사회적 동조화 현상이 어디까지 파급되는지 모르겠다.

왜 금융논술 책을 매년 3권이나 쓰냐는 질문을 받은 적이 있다. 하지만 나는 반대로 생각한다. 3권이 오히려 부족하다고 느낄 때가 많기 때문이다. 힘이 닿는 다면 매년 5권 정도로 늘리기 싫은 것이 솔직한 심정이다. A매치 전형 전에 꼭 알았으면 좋겠다고 생각하는 핵심논제들에 더해, 면접에서 이러한 지식들을 강조하면 최종합격의 가능성이 높을 것이라고 생각하는 논제들, 자소서에서도 이런 부분들을 언급하면 차별화되는 글이 될 수 있게 만드는 논제들 그리고 더 나아가 나중에 현업에서도 이 주제들을 미리 알고 있었다면 실수를 줄일만한 주제들까지 다 싣고 싶지만, 현실적인 이유로 그러지 못함을 안타깝게 생각한다.

미래를 예측하는 가장 좋은 방법은 무엇인가?

과거를 분석하는 것인가? 현재를 파고 드는 것인가?

세계적 석학 피터 드러커는 "내가 미래를 창조하는 것이 미래를 예측하는 가장 좋은 방법이다"라고 했다.

그리고 미래를 창조하는(즉 미래를 예측하는) 방법은 현재의 변수들을 상수화시키는 것이라 생각한다.

변수의 상수화. 상당히 중요하다. 그런 이유로 내가 매년 3권의 책을 내고 있는 것이다. 출제 가능성이 높을 논제라는 예측의 영역에서 변수를 최소화하기 위한 나만의 전략인 것이다.

많은 것을 공부하는 것이 효율성이 떨어진다고 불평할 수도 있다.

금융으로 비유하면 효율은 이자의 개념이고 효과는 보험의 개념이라 생각한다. 고객에게 은행은 효율을 주는 곳이고, 보험사는 효과를 주는 곳이다. 그리고 금융공기업이나 은행의

채용전형에서 합격하는 학생의 전략은 이자율 같은 효율을 추구하는 것이 아니라, 보험액이라는 효과를 지향하는 전략이어야 한다.

알량한 시각으로 감히 노력 없이 예측하는 것은 삼가라고 권하고 싶다. 변수를 변수로 남겨 두는 것이다. 오히려 예측의 시간에 상수를 늘려나가라. 상수를 늘리는 것이 변수를 줄이는 최선의 방향성이다. 그리고 변수를 줄이는 것 자체가 예측도를 높이게 되는 첫 걸음이 된다.

아래의 두 가진 논술 A와 B는 동일 주제에 대하여 2명의 한국은행 지원자가 쓴 금융논술 사례들이다. 읽어보며 스스로 이 글의 장점들과 단점들을 체크해 보며 어떤 논술을 더 높게 평가할지 스스로 고민해 볼 것을 권한다.

중앙은행 디지털 화폐(Central Bank Digital Currency) 발행에 따른 긍 · 부정적 영향을 구체적인 논거를 들어 기술하고, 이에 대한 중앙은행 및 정책당국의 대응방안에 대해 논하시오.

서론

CBDC의 논의 배경

최근 디지털 경제로의 이행과 코로나 19 확산으로 인한 비대면 – 비접촉결제 등의 전자지급수단에 대한 관심이 증대하고 있다. 또한, 리브라 등과 같은 민간 스테이블 코인(Stablecoin)이 중앙은행 고유의 지급결제 영역에 영향을 미칠 가능성이 제기되고 있고, 중국은 위안화의 국제적 지위를 향상하기 위한 세계 최초의 CBDC를 발행할 계획이다.

이처럼 다양한 배경을 원인으로 CBDC에 대한 관심이 증대하고 있다. 그러나 현재 CBDC의 발행이 국내외 금융시장에 미칠 영향에 대해서는 충분한 논의가 이루어지지 못한 상황이며, 관련 법률 및 규제도 정비되지 않은 상태이다. 이에 본고는 CBDC의 발행으로 인해 예상되는 긍정적-부정적 효과와 이에 대한 중앙은행 및 정책당국의 대응방안에 대해 논하고자 한다.

본론

CBDC 발행에 따른 긍 · 부정적 영향

첫째, CBDC 사용이 확대될 경우 비공식 경제(Informal economy)의 규모를 축소할 수 있다. 특히 정보 추적이 가능한 계좌 기반의 CBDC(↔ 익명성 보장 : 토큰 기반 CBDC)의 경우 완전한 익명성을 보장하는 현금에 비해 거래 추적이 용이하다. 이는 개인이나 법인이 금융서비스에 활용할 수 있는 거래정보 이력 형성을 가능하게 하고, 불법자금 및 지하경제 문제를 완화하는데 기여할 수 있다. 또한, CBDC의 거래데이터가 금융서비스에 대한 감독, 세금징수, 법 집행, 사회 보호 등의 정책 집행을 효율적으로 수행하는 데 활용될 수 있다.

둘째, CBDC의 발행에 따른 금융 불안의 우려가 있다. 신용 창출이 일어날 수 있는 M1, M2에 CBDC를 도입할 경우, CBDC와 상업은행의 요구불예금이 경쟁 관계에 놓이게 된다. 즉, CBDC가 상업은행의 요구불예금을 대체하면서 신용공급이 축소되고, 이에 따라 대출금리가 상승하며, 상업은행의 유동성 부족 현상의 발생 가능성 또한 높아질 수 있다. 또한, CBDC가 은행 예금에 비해 가용성 – 안정성 – 유동성이 높기 때문에, 은행시스템 위기 발생 시 은행 예금에서 CBDC로의 뱅크런을 가속화할 우려가 있다.

셋째, 지급결제의 디지털 전환(Digital transformation)에 따라 디지털 소외계층의 발생 가능성이 우려된다. 주로 고령층과 장애인, 저소득층을 중심으로 디지털 소외가 발생할 가능성이 있다. 이들은 디지털 기기 – 서비스에 대한 접근성과 활용도가 낮아 현금을 주로 이용하는 편이다. 이에 CBDC의 도입에 따른 현금 사용과 ATM이 감소하면서 지급수단 선택권에 제약을 받을 수 있다.

결론

중앙은행 및 정책당국의 대응방안

첫째, 중앙은행의 책무인 금융안정에 유의하여 CBDC를 설계해야 한다. CBDC를 M0(유통 중인 현금)에만 도입함으로써, 금융시스템에 대한 부정적 영향을 최소화하는 방안이 있다.

또한, CBDC를 M1, M2에 도입할 경우 CBDC로 대체되는 요구불예금 만큼 상업은행에 대출하여 신용공급 축소를 방지할 수 있다. 이에 더해, CBDC 보유액에 대해 상업은행의 중앙은행 예치금보다 낮은 금리를 지급하는 방안이나, 중앙은행이 가계-기업의 CBDC 보유 상한을 설정하는 방안 등이 있다.

둘째, 디지털 소외계층에 대한 선제적 지원책을 마련해야 한다. 전자지급서비스 관련 교육과 실습 프로그램을 제공함으로써, 디지털 소외계층의 전자지급수단에 대한 접근성과 활용도를 제고할 수 있다. 또한, 소비자의 지급수단 선택권이 보호될 수 있도록 ATM 관련 통계를 추가 편제하고, 관련 기관과의 협의를 통해 소비자의 현금 접근성 제고 방안을 마련할 필요가 있다.

셋째, 정책 당국 간 – 국가 간의 협력을 강화해야 한다. 중앙은행은 정책 목적을 달성하기 위해 금융감독원, 금융보안원 등의 관련 기관과 협력할 필요가 있다. 이는 다양한 정책목표 간의 균형과 법적-전문적-윤리적 표준의 정립을 목표로 삼아야 한다. 또한, BIS CPMI 활동 등을 통해 지급결제와 관련한 국제적 논의에 적극적으로 참여하고, 관련 정보를 정책 수립, 지급결제제도 감시, 조사연구 등의 업무 수행과정에 활용해야 한다.

끝으로 위와 같은 중앙은행의 대응방안은 궁극적으로 안전성(safety)과 무결성(integrity)을 고려할 필요가 있다. 특히 소액결제용 CBDC의 경우 모든 경제주체가 이용대상인 만큼 중앙은행의 통화정책과 금융안정 등에 미치는 영향에 대한 면밀한 검토가 필요하다.

중앙은행 디지털화폐에 대하여 논하라.

서론

디지털화폐에 대한 관심

최근 페이스북이 빠르면 2020년 상반기에 디지털화폐 리브라를 출시할 계획을 발표하면서, 디지털화폐에 대한 관심이 높아지고 있다. 이처럼 분산원장기술의 발전과 민간 발행 암호자산의 확산으로 인해, 각국 중앙은행은 변화된 환경에 대응하여 중앙은행 디지털화폐에 대한 논의를 활발히 진행 중이다. 이에 본고는 중앙은행 디지털화폐의 정의와 도입 경과, 한국은행의 통화정책 운용체계에 미치는 영향, 정책적 대응방안에 대하여 논하고자 한다.

본론

1. 중앙은행 디지털화폐의 정의

중앙은행 디지털화폐(Central Bank Digital Currency, 이하 CBDC)는 중앙은행 내 지준예치금이나 결제성 예금과는 별도로 중앙은행이 전자적 형태로 발행하는 새로운 화폐이다. CBDC는 현금 등의 법화(法貨)와 일대일 교환이 보장되는, 중앙은행의 직접적인 채무이다. CBDC는 현금과 다르게 익명성이 제한되고 이자가 지급될 수 있으며, 보유한도나 이용시간의 설정이 가능하다. CBDC는 이용목적에 따라, 모든 경제주체들의 일반적 거래에 사용되는 소액결제용 CBDC와 은행 등 금융기관 간 거래에 사용되는 거액결제용 CBDC가 있다. CBDC는 구현 방식에 따라, 중앙관리자가 하나의 거래원장을 전담하여 관리하는 단일원장방식과 블록체인기술 등을 활용해 다수의 거래참가자가 공유된 원장을 관리하는 분산원장방식으로 나누어지기도 한다. 현재 지준예치금이나 은행 예금에는 단일원장방식이 사용되며, 비트코인이 대표적인 분산원장 플랫폼을 이용하는 디지털화폐이다. 이후의 모든 논의는 단일원장 또는 분산원장 방식의 소액결제용 CBDC를 중심으로 한다.

2. CBDC 도입 경과

현재 CBDC 도입에 가장 적극적인 나라들은 스웨덴, 우루과이, 튀니지 등이다. 이 국가들의 CBDC 도입 동기는 조금씩 다르다. 스웨덴은 최근 현금 이용이 크게 감소하면서 민간 전자지급수단에 대한 의존도가 심화되었고, 이에 중앙은행이 지급서비스시장의 독점 문제를 해결하고자 CBDC 도입을 고려 중이다. 스웨덴은 현재 CBDC 발행에 관한 연구 프로젝트를 진행 중이며, 2020년까지 기술적 검토와 테스트를 완료하고 2021년 여론 수렴 후 발행 여부

를 결정할 예정이다. 우루과이와 튀니지 등의 개발도상국들은 지급결제인프라가 구축되지 않아 금융서비스 접근성이 낮으며, 금융포용의 관점에서 CBDC 발행을 고려 중이다. 동카리브국가기구는 현금유통비용을 감축하기 위해 CBDC 발행 및 지급결제 플랫폼 개발을 위한 프로젝트에 착수했으며, 중국 또한 CBDC 개발을 진행 중이다.

3. CBDC 도입이 한국은행 통화정책 운용체계에 미치는 영향

가. 통화정책의 신용경로 약화

이하의 모든 논의에서는 CBDC가 현금, 은행 예금 등과 함께 통용된다고 가정한다. 확장적 통화정책의 신용경로는 화폐공급이 증가하면서 화폐공급의 일부가 예금의 증가로 이어지고, 이에 따라 기업 대출이 늘어나 투자가 증가하는 경로이다. CBDC에 이자를 지급할 경우, 은행 예금의 일부가 CBDC로 대체될 가능성이 있다. 이는 은행 예금의 감소로 이어져 은행의 대차대조표가 축소되고, 은행의 대출이 감소하게 된다. 결국 통화정책의 신용경로가 약화될 가능성이 있다.

나. 은행 자금중개기능 약화와 시스템리스크 증대

CBDC에 이자를 지급할 경우, 은행 예금의 일부가 CBDC로 대체되어 은행 예금이 감소할 수 있다. 이에 대응하여 은행은 시장성 수신을 통한 자금 조달을 늘리기에 자금조달 비용이 상승한다. 한편으로 예금을 통해 수집 가능한 고객 정보가 감소해, 은행은 고객의 신용도를 보수적으로 평가하게 된다. 이는 은행의 대출 감소로 이어져 은행의 자금중개기능이 약화된다. 또한 은행의 대출 감소는 투자 위축으로 이어지며, 자본시장 접근이 어려워 은행 대출 의존도가 높은 개인 및 자영업자에 가장 큰 영향을 미친다.

다. 시스템리스크 증대 및 자본시장 변동성 확대

은행 예금의 감소로 시장성 수신을 통한 자금조달이 증가하는 과정에서, 금융기관 간 상호연계성이 확대되어 시스템리스크가 증대된다. 또한 분산원장방식에서 비거주자의 CBDC 보유를 허용할 경우, 기존의 감시, 감독 체계로는 CBDC의 관리와 통제가 어려워진다. 특히 CBDC는 국제통화 전환이 용이해 금융불안 시 국내 금융시장과 외환시장의 변동성이 크게 확대될 수 있다.

결론

정책적 대응방안

가. 새로운 파급경로 이용

CBDC에 이자가 지급된다면, CBDC의 금리수준은 은행 여수신금리의 하한과 시장금리의 기준으로 작동할 가능성이 높다. 따라서 한국은행은 CBDC 금리수준을 조정하여 은행의 여수신금리와 시장금리를 CBDC 금리와 동일한 방향으로 움직일 수 있다. 경기침체 시에는 내수를 촉진하기 위해 CBDC에 마이너스 금리까지 부과할 수 있으며, CBDC를 모든 계좌(전자지갑)에 일괄공급(helicopter money) 하여 민간 구매력에 직접적인 영향을 줄 수도 있다.

나. 은행의 정보 수집 비용 축소

은행의 예금이 감소할 때 자금 조달 비용의 증가와 정보 수집 비용의 증가로 인해 대출이 감소한다. 따라서 시중 은행과 한국은행이 협력하여, 은행에서 대출심사 시 차입자로부터 한국은행 CBDC 계좌(전자지갑) 거래 내역 활용에 대한 정보공개동의서를 받을 수 있다. 그리고 은행은 이를 차입자에 대한 정보로써 활용한다면, 은행이 정보 수집에 들이는 비용이 제로가 되어 대출이 늘어날 수 있다. 또한 정부와 협조하여 소상공인에 대한 지원대출을 강화한다면, 예금이 CBDC로의 전환될 때 대출 축소의 정도가 완화될 것이다.

다. 자본시장 모니터링 확대 및 환리스크 해지

스트레스 테스트를 통해 자본시장의 변동성을 면밀히 모니터링해야 한다. 특히 조기경

보 시스템의 구축과 실행 능력에 대한 점검이 필요하다. 환리스크에 노출되어 있는 중소기업을 위해서는 금융기관의 전문적인 금융지도와 외화유동성에 대한 관리 서비스를 제공해야 한다. 예를 들어 무역보험공사의 환변동 보험에 대한 안내를 할 수 있다. 그리고 지속적인 통화스와프 확대를 통해 외환 안정성을 확보해야 한다.

04 주제 6

이번에 논술 사례는 문제점이 많은 논술이다.

물론 금융논술을 공부하는 학생들은 최대한 우수한 논술들을 자주 읽고 접하는 것이 좋다. 그럼에도 불구하고, 좋지 않은 논술사례를 가지고 온 이유는, 잘못을 알아야 스스로의 글에 발전을 기할 수 있기 때문이다.

이 논술은 2020년 작성된 논술이고, 이 논술을 작성한 지원자는 기본적인 지식의 양이 많고, 학부시절에도 많은 글을 쓴 지원자이다. 하지만 논술을 쓰는 데 있어서 형식적인 흠결이 많다. 그리고 이러한 형식적인 흠결은 목차작업을 제대로 수행하지 않은 것에서 기인한 것으로 보인다.

포용적 금융의 활성화 방안

서론

2017년 문재인 정부는 "기회는 평등하고, 과정은 공정하며 결과는 정의로운 나라"라는 슬로건을 내세우며 여러 국가발전전략을 제시하였다. 그 일환으로 '포용적 금융'을 활성화 하여 금융 소외계층을 보호하고, 혁신 산업을 육성하겠다는 청사진을 제시하였다. 포용적 금융은 세계적 추세이며 5G가 도래한 디지털 시대와도 부합하는 정책으로, 성장과 분배라는 두 마리 토끼를 잡을 수 있는 우리 사회가 당면한 중요한 과제라 할 수 있다. 이에 본고에서는 포용적 금융의 개념 및 현황을 알아본 후, 활성화 방안을 중국과의 비교를 통해 살펴보겠다. 동시에 포용적 금융이 오용될 경우 발생 가능한 문제점들에 대해서도 고찰하겠다.

본론

1. 포용적 금융의 개념 및 현황

포용적 금융은 2000년대 초 일부 선진국에서 '금융포용(Financial Inclusion)'의 용어로 처음 등장하게 되었다. 당시에는 빈곤층의 금융소외 현상을 해소하자는 취지에서 출발하였지만, 점차 세계적인 이슈로 확산되며 적용범위가 넓어지고, 그 의미도 기존의 '분배'의 관점에서 '성장'의 키워드로 이어지는 모습을 보이고 있다. 세계은행은 포용적 금융을 '빈곤을 줄이고 경제적 번영을 촉진하는 열쇠'라고 표현하고 있다.

쉽게 말해, 분배적 관점에서의 포용적 금융은 사용자에게 접근성과 편의성을 높임으로써 금융서비스의 양적 측면을 제고한다고 볼 수 있으며, 성장의 관점에서의 포용적 금융은 혁신기술을 도입함으로써 금융서비스의 질적 측면을 높여 경쟁력을 강화함으로써 산업의 발전을 견인할 수 있다고 볼 수 있다..

전 세계 148개국의 성인을 대상으로 조사한 글로벌 핀덱스(Global Findex) 자료를 보면, 2017년 기준 한국의 금융계좌보유 현황은 94.9%로, 세계 평균 68.5%를 현저히 웃도는 수준이다. 즉, 접근성과 편의성의 관점에서 본다면, 즉 양적 측면에서 한국의 포용적 금융은 상당 부분 긍정적인 모습을 보이고 있다. 그러나 질적 측면까지 살펴 본다면 국내 상황이 그렇게 달갑지만은 않다. 소득 하위 40% 성인을 대상으로 하는 금융기관 대출 서비스 이용 현황을 살펴보면 선진국의 평균은 16%인 반면, 우리나라는 12%로 선진국 가운데 하위권을 차지하고 있다. 또한, 서민금융진흥원의 분석 결과 연리 20% 이상의 고금리 대출 이용자가 2018년 말 기준 236만 8000명에 이르며, 총액은 15조 3000억 원에 달하고 있다. 이에 더해 불법 사금융 이용자는 52만 명, 규모는 약 6조 8000억 원으로 추정된다.

2. 우리나라가 나아가야 할 방향

이러한 현황은 우리나라의 포용적 금융의 관점을 접근성과 편의성의 '양적 측면'이 아니라, 실질적으로 도움을 줄 수 있는 '질적 측면'의 발전으로 나아가야 함을 시사한다.

일례로 중국의 경우, 한 국가 내에서 제도권 금융에 대한 접근성이 지역간, 계층간, 세대간에 상당한 격차를 보인다. 이에 따라 물리적 거리를 줄이고, 편의성을 높일 수 있도록 과감한 규제 완화와 적극적인 지원 정책으로 인터넷 전문은행을 육성함으로써 소외계층에게 금융서비스를 제공하며 글로벌 금융 포용의 핵심 사례로 꼽힐 수 있게 되었다. 그러나 이는 우리나라의 실정과는 맞지 않다. 중국이 처한 환경과 우리나라가 처한 환경이 다르기 때문이다. 인터넷 전문은행이 지닌 강점은 접근성과 편의성이다. 이미 접근성과 편의성에 있어서 상당 부분 진척되어 있다면, 오히려 인터넷 전문은행을 도입하였을 때 나타날 수 있는 약점에 대한 논의가 충분히 이루어져야 한다.

인터넷 전문은행의 약점은 안정성과 리스크 관리가 어렵다는 것이다. 현재 인터넷 전문은행 같은 경우 대출 형태가 대부분 개인 신용위주이다. 이를 긍정적으로 보면, 제도권 금융에서 소외 되었던 계층에 대해 하나의 터전을 마련해 주었다고 볼 수 있지만, 달리 보면 기존의 제도권 금융에서 부실화될 수 있는 여신을 대신 껴안게 되었다는 측면도 있다. 즉 현재 인터넷 전문은행이 기존 제도권 금융의 축적된 신용평가모델을 능가하는 시스템을 구축하였는지에 대한 세밀한 검토가 필요하다.

우리나라가 나아가야 할 방향은 여수신 구조의 질적 개선에 있다. 기존 제도권 금융의 체제에서 대출서비스를 받지 못하는 계층에 대한 포용이 필요하다는 것이다. 이는 단지 정부 주도의 정책만으로 달성할 수 있는 문제가 아니다. 또한 기존 제도권 금융은 제로금리 시대에 더해 다양한 규제와 리스크 관리 및 이해관계로 인해 포용적 금융이라는 미명 아래 쉽게 대출 구조를 변경할 수 없는 상황이다.

결국, 혁신적인 아이디어를 도입해 디지털 시대에 부합하는 신용평가모델과 플랫폼을 구축해야 한다. 기존의 대출 형태는 정량적인 신용평가와 부동산 담보 위주의 안정성 중심의 여신구조였다. 그러나 이는 산업구조가 바뀌면서 정량 데이터로는 나타나지 않는 무형자산에 대한 가치 평가를 담아내지 못하고 있다. 가령, 유튜버의 경우 가장 큰 자산 가치는 구독자와 댓글의 수이다. 지금 당장 매출로는 나타나지 않지만, 구독자의 수와 댓글의 품질이 하나의 신용평가 척도가 될 수 있다. 경쟁력이 있는 개인에게 차별화된 혁신적인 대출 서비스를 제공할 수 있는 게 곧 우리나라가 나아가야 할 포용적 금융의 방향이다. 빅데이터와 AI 기반의 신용평가모델을 구축하여 금융 서비스의 품질을 높이는 것이 궁극적인 지향점이라 할 수 있다.

결론

포용적 금융을 실현하기 위해 다양한 방안들이 모색되고 있다. 정부의 적극적인 재정지원, P2P 금융, 인터넷 전문은행, 고령층을 위한 디지털 이해 교육, 생체 인식, 대출 구조 규제와 은행 줄 세우기 등 정책의 목소리는 각양각색이다. 키워드들은 다 훌륭한 방향이지만, 우리나라에 필요한 방향은 접근성과 편의성이나 정부의 압력 보다는 기존의 제도권 금융이 포용하지 못한 금융서비스의 질적 제고에 있다. 정부가 포용적 금융을 강조하며 중금리대출 확대를 강조하고 있지만 국내 주요 시중은행의 중금리대출 시장은 갈수록 줄어들고 있는 것으로 나타났다. 최근 은행연합회에 따르면 5대 시중은행의 중금리대출(연 6~10%)이 차지하는 평균 비중은 5.42%에 그쳤다. 이는 2019년 5월(11.52%)과 비교해 절반 넘게 줄어든 수준이다.

시장이 합리적이라고 판단할 수 있는 근거를 마련해 주어야 한다. 빅데이터를 활용할 수 있는 규제를 완화하면 기업이 새로운 신용평가모델을 구축하고, 그것을 바탕으로 플랫폼 시장을 장악해 나갈 것이고, 금융권의 중금리대출은 자연스럽게 늘어날 것이라 전망한다.

읽어 보았을 때 어떤 생각이 드는가?

첫째, 글의 목차와 구성에 있어서 일관성이 결여되었다. 그 이유는 여러 기사들을 조합을 하다 보니 생긴 결과로 보인다. 금융논술에서는 일관적인 논리와 이를 방증하는 논거의 전개

가 중요하다. 하지만, 이 글은 이것저것 많이 다루고 있지만, 무슨 말을 하려는지 명쾌하게 이해하기 어렵다. 결론이 왜 결론이지 모를 글이 도출된 셈이다. 기사로만 공부하는 방식의 한계점이 보인다.

둘째, 병렬식 글이 아니라 산술식 글이다 보니 현저히 가독성이 떨어진다는 점이다. 형식의 중요성도 한 번쯤은 되새겨 봐야 할 것이다. 산술식 글은 정말 글을 잘 쓰는 사람들만이 사용해야 하는 나열방식이다. 예를 들면 신문에서의 사설 같은 경우가 대표적인 것이다. 산술글을 고집하려는 분들은 접속어, 조사 인과관계를 정확히 구사해야 한다

셋째, 포용적 금융에 대한 정확한 이해가 부족하다. 금융소외 계층을 금융포용 계층을 끌어들이는 접근성의 확대를 의미하는지 단순한 사회적 금융으로 인식하는지 불분명하다.

넷째, 중국과의 비교가 주요 전개의 핵심이라면 좀더 정교한 목차작업을 했어야 한다. 여기저기서 중국사례가 나오는 느낌이다.

다섯째, 중국과의 비교를 하려면 명쾌하게 중국의 양적 포용적 금융과 우리의 질적 포용적 금융에 대한 환경적 차이, 방법론적 차이, 우리의 방향성이 명쾌해야 하지만, 단순히 숫자들만 열거된 느낌이다. 문장 하나하나의 인과관계가 느껴지지 않는다.

이러한 문제점 외에도 표현이 정교하지 못하다. 이는 글을 많이 안 써본 학생들에게서 보이는 전형적인 문제점이다.

chapter 05 넓혀 나가기

스피노자는 말했다.

"나는 깊게 파기 위해 넓게 파기 시작했다."

금융논술 준비도 마찬가지라고 생각한다. 넓게 파기 시작하다 보면, 스스로 깊게 파게 된다.

많은 취준생들이 여기저기 급하게 파는 모습들을 많이 보았다. 그 이유는 결국 미리 준비하지 못했기 때문이다. 다양한 논제들을 미리 준비하다 보면, 지식의 승수효과가 나타나기 시작한다. 1+1 = 3 이상의 효과가 현실화 된다. 따라서, 우리는 시간에 쫓기는 일이 없어야 할 것이다. 중요한 일을 항상 급한 상황을 만들고, 허둥지둥 대는 모습. 실패하는 사람들의 전형적인 모습이다. 중요한 일들일수록 미리 하는 것은 모든 성공한 사람들의 공통적인 행동 방식이다. 이제 나는 여러분들에게 단순히 깊게 파는 것을 뛰어넘어, 넓게 접목시키라고 말하고 싶다. 금융논술에 쏟아 부은 노력과 지식을 단순히 금융논술전형에서만 적용하는 것은 상당히 아깝다고 생각한다.

독일인 역사가 몸젠이 언급한 "로마가 나은 유일한 천재" 율리우스 카이사르의 경우, 항

상 1가지 사안을 결정할 때 1가지의 효과만 보고 결정하지 않았다고 한다. 최소한 2개 이상의 효과를 염두에 두고 1가지 사안을 결정한 것이다. 우리도 율리우스 카이사르의 사고방식을 접목해야 할 것이다.

1. 금융논술 한 편을 작성할 때에는, 기관별 결론을 각각 구상해 보는 습관을 들이는 것이 좋다. 예를 들면 내가 목표로 하고 있는 금융공기업이 산업은행, 신용보증기금, 기업은행이라고 가정하면,

   산업은행의 결론 / 신용보증기금의 결론 / 기업은행의 결론

   을 각각 제시하는 습관을 들이는 것이 좋다.

2. 금융논술 한 편을 공부하고 작성해 보았다면, 그것으로만 끝내지 말자. 작성된 논제를 끝냈다고 덮지 말고, 발표 연습을 해 볼 것을 권한다. 꽤 많은 금융공기업들이 면접 때 발표면접, 소위 말하는 PT면접을 진행한다. 이에 대한 준비를 미리 조금씩 준비하자는 의미이다. PT면접은 확실히 미리 준비하고, 많이 발표해본 사람이 잘하게 되어있다. 이왕에 논술을 한편 작성해본 김에, 이 주제를 가지고 3~5분짜리 PT커리큘럼으로 전환하여 말하기 연습을 꾸준히 하면, 나중에 분명 면접에서 큰 도움이 될 것이다

3. 금융논술 한 편을 작성하고 나면, 금융논술을 작성하면서 활용했던 이론이나 원칙, 학설 등은 별도로 정리해두는 습관을 들이면 좋다. 이러한 이론이나 원칙, 학설은 나중에 자소서 작성에도 활용가능하며, 면접에서도 접목 가능하다. 논리적 근거로써, 이론, 학설, 원칙만큼 좋은 것이 없다는 것을 명심하고, 좀 귀찮더라도 하나씩 하나씩 정리해 나가면, 넓게 활용할 수 있다.

chapter 06 구슬이 서 말이라도 꿰어야 보배

1. 모른다고 시작을 미루지 마라. 누구나 처음에는 모른다.

금융공기업이나 은행지원자들이 금융논술과 관련해서 가지는 가장 큰 고민은 "나는 기초 지식이 부족하다"이다. 그래서 기초가 없는데 금융논술 준비를 잘 할 수 있을까라는 두려움이 크다. 그 결과, 금융논술 준비에 대한 압박만 큰 상태에서 머뭇거리거나, 미루고 있는 것이다. 사람들은 크게 2가지 이유로 스트레스를 받는다.

첫째는 무엇을 해야 할지 모를 때 받는 스트레스이다.

둘째는 해야 할 것이 너무 많아서 받는 스트레스이다.

같은 스트레스 같지만 첫 번째 스트레스는 상당히 좋지 않은 스트레스이다. 왜냐하면 내가 무엇을 모르는지도 모르고 있는 상황이기 때문이다. 그냥 대책 없는 불안감이다. 반면, 해야 할 것이 너무 많아서 받는 스트레스는 긍정적인 스트레스이다. 그 이유는

① 시작을 했기 때문이다. ② 무엇을 해야 할지 알게 되었기 때문이다.

"시작이 반이다."

경제학과나 경영학과 학생들이 배경지식이 많고, 왠지 논술도 잘 쓸 것이라 생각하기 쉽지만 이는 오산이다. 다른 전공자들보다 조금 더 배경적 지식이 있을 뿐, 금융논술은 누구에게나 새롭다. 왜냐하면, 결국 금융논술은 현재 이슈를 다루지만, 우리는 지금까지 학교에서 과거를 많이 배워왔기 때문이다. 오히려 공대생들이 배경지식만 갖추면, 상경대 학생들보다 더 구조적이고 논리적은 글을 쓰는 경우도 많다.

두려워하지 말고 바로 금융논술 준비를 시작하라고 말하고 싶다.

2. 구슬이 서 말이라도 꿰어야 보배

금융공기업이나 은행지원자들을 많이 가르쳐 오면서 가장 안타까운 점은, 논제들을 논제별로만 공부를 하고 있을 때이다.

하나의 논제는 하나의 nod 점으로 비유하고 싶다. 여러 개의 논제들이 각각의 nod 점에 위치하고 있다. 논제를 하나의 분리된 논제로만 인식하고 공부한다면, 논제끼리의 Link가 없게 된다. 그러면 그냥 흩뿌려진 점들에 불과하다. 논제들은 모두 유기적인 연결선들이 있다. 금융논술의 통찰력은 이러한 논제들 사이의 Link들을 고민하고, 방안들을 복합적으로 제시하는 데 있다. 그리고 이러한 Link에 대한 고민이 결국 사고력으로 연결된다.

주 52시간과 가계부채와의 Link가 무엇일까?
금리인상과 산업은행의 혁신금융 사이에서의 Link는 무엇일까?
인플레이션과 관세는 어떤 관계일까?

이런 식의 구슬들을 꿰어보려고 고민하는 것이 금융논술 마스터가 될 수 있는 중요한 과정이 될 것이다.

PART 03

논술사례

금융기관 · 금융공기업편

chapter 01 금융윤리와 내부통제

01 논제 개요 잡기 [핵심 요약]

서론	이슈언급	2024년 5월까지 횡령 · 배임사고 등으로 인한 은행의 금전사고 피해액이 벌써 2023년 연간 총액 수준에 육박했다. 2024년 5월까지 은행권에서 발생한 금전사고 피해액은 662억 원으로 집계됐다. 이는 2023년의 금전사고 피해액인 694억 원과 비슷한 수준이다. 은행 금전사고 피해액은 2019년 102억 원, 2020년에는 69억 원에 머물렀지만, 2022년에는 915억 원까지 치솟았다. 연중 금융사고 발생 흐름이 지속된다면 2024년 금전사고 피해액은 1,000억 원을 넘어설 가능성도 거론된다. 2022년부터 2023년까지 은행권 금융사고 피해액은 1, 609억 원으로 집계됐다. 이 중 회수가 이뤄진 금액은 40억 4,000만 원(2.5%)에 불과했다. 반복되는 금융사고에 은행들도 내부통제 관리 강화 방안 마련에 바짝 고삐를 죄고 있다. 금융사별 해당 대책은 금융사고에 대한 임직원들의 책임을 한층 더 강화하고 내부통제의 실효성 확보와 조직 내 윤리문화를 제고하는 데 초점이 맞춰져 있다. 내부통제 및 전체 직원들의 준법 및 윤리의식을 다잡는 계기로 삼는다는 방침이다. 일부 직원들의 미공개 정보를 이용한 증권투자와 크고 작은 금융사고가 끊이지 않는데 대한 내부통제도 강화할 전망이다. 이에 본지에서는 금융인의 윤리성 함양의 필요성 및 금융인이 갖춰야 할 윤리적 덕목들을 살펴본 후, 금융기관의 내부통제 방향에 대하여 논하기로 한다.

본론	1. 금융 윤리	1) 필요성	금융업은 여타 산업에 비하여 더 높은 윤리적 잣대와 윤리의식 및 윤리적 행동이 필요한 분야로 꼽힌다. 그럼에도 금융의 기능과 역할이 갈수록 복잡해지고 확대됨에 따라 내부자 거래, 회계 부정, 자금 세탁, 불법 자금 거래, 금융 사기, 불완전 정보 제공, 정보 유출 등 크고 작은 사건 · 사고가 끊이지 않고 있으며, 이로 인한 규제 강화의 흐름 속에서 윤리의 역할도 지속적으로 강조되어 왔다.
		2) 금융인이 필요한 윤리적 덕목/법	① 신의성실의 원칙 ② 선관주의 의무 ③ 충실 의무 ④ 이해충돌방지법 ⑤ 이해상충방지 의무 ⑥ 직무관련 정보의 이용금지
		3) 직업윤리 덕목	① 직업적 양심(책임과 성실) ② 연대의식(경쟁이 아닌 협력) ③ 전문적인 기술과 지식의 습득 ④ 노동을 존중하는 태도(노동자들의 임금) ⑤ 인간애(인간에 대한 예의)
		4) 금융의 미래와 윤리	① 금융의 디지털화와 금융윤리 : 금융의 디지털화로 인해 거래의 편리와 신속성, 수익성 증진을 위해 효율적인 목적으로만 알고리즘 거래방식을 활용하기에 고빈도 거래는 시장가격에 영향을 미치고, 다른 거래자의 거래판단에 영향을 미쳐 시장을 왜곡할 가능성이 있다. 또한, 디지털화로 인한 소외계층이 생길 수 있다. ② AI와 금융윤리 : 컴퓨팅 기술의 발달로 딥러닝과 강화 알고리즘이 개발되고, 최근에는 자연어 딥러닝이 가능한 GPT의 개발에 이르면서 급속히 이용되고 있다. 이는 디지털화 차원과는 다른 차원의 논의를 필요로 하게 되었다.
	2. 내부 통제	1) 필요성	2023년 3월에는 실리콘밸리은행(SVB)의 파산과 크레디트스위스가 인수된 원인으로 '부적절한 위험 관리'와 '내부통제의 부재'가 지적됐다. 게다가 국내에서도 금융기업들의 크고 작은 금융사고가 발생하자 내부통제의 중요성이 재조명됐다. 중요한 것은 '예방'이다. 사고가 발생하지 않도록 금융사의 업무 진행 과정에서 '사전'에 사고가 발생할 위험을 최소화하고, 나아가 원천 방지하는 것이 더욱 중요하다. ① 내부통제에 대한 인식의 불명확성 : 내부통제란, 행정조직 내부의 계층적 명령계통을 통한 집행 · 실적이 처음에 세운 계획 · 기준에 일치하도록 보장하는 과정을 일컫는다. 통제과정은 통제기준의 설정 · 평가 · 시정조치 등 3단계를 통해 완성되며 기업에서 경영활동을 효과적으로 통제하기 위한 내부견제와 내부감사제도도

본론	2. 내부통제	2) 내부통제의 현실적인 어려움	내부통제에 해당한다. 다만 내부통제를 적용하는 과정에서, 이를 내부회계관리제도로 축소해 생각하는 경우가 꽤 많다. 재무제표의 신뢰성을 강조해 신뢰성 있는 정보를 작성하고 이해관계자에게 제공하는 것이 가장 중요한 통제이며, 이것이 곧 내부통제라고 인식하는 것이다. ② 韓 금융사, 내부통제를 '좁은 의미'로 인식 : 우리나라 법제에서 살펴보면 내부통제와 관련한 개별 제도는 여러 법률에 산재되어 있고, 규정 위반 시 관리자와 기관이 제재를 받을 수도 있다. 그런데 내부통제와 관련된 규정이 너무 포괄적이고 추상적으로 제시되어 있어, '금융사고'만 벌어지면 '내부통제 미흡'의 탓으로 돌려지고 있기도 하다. 이는 관리자와 기관의 책임론으로 불거져 불확정 범위의 제재가 한동안 금융사 업무를 마비시키는 부작용이 있다.
		3) 실효성 있는 내부통제의 적용	이를 위해 내부통제에 대한 규정을 보다 구체화하고, 내부통제를 마련하는데 방점을 둘 것인지 내부통제를 마련하고 제대로 운용하는 것까지 규율 대상으로 삼을 것인지에 대한 정리가 필요하다. 내부통제 정책을 앞에서 이끌어가고 실제 금융사를 감독하는 당국의 판단도 중요하다.
		4) 금융당국의 대책	① 2023년 6월 22일 금융당국은 금융회사 내부통제 제도개선 방안을 발표했다. 해당 방안에는 ▲책무구조도(Responsibilities Map) 도입, ▲대표이사를 포함한 각 임원에 대한 내부통제 관리의무 부여, ▲이사회의 내부통제 역할 명확화, ▲내부통제 관리의무 위반 시 관련 임원에 대한 제재 및 면책 기준 마련 등의 내용이 담겼다. ② 금융회사의 지배구조에 관한 법률 시행령(2024. 7. 11) : 금융회사의 경영진이 내부통제 관리 의무 미 이행, 지시 · 묵인, 대규모 고객 피해 발생 등 8가지 세부 기준상 위법성이 인정되면 금융회사의 지배구조에 관한 법률(지배구조법)에 따라 2025년 1월부터 제재를 받게 된다. 다만 경영진이 '상당한 주의'를 기울였을 경우 제재를 감면 받을 수 있는데 4가지 구체 기준도 마련됐다.
		5) 내부통제 평가	금융당국의 의견과 같이 금융권이 내부통제 강화를 강조하긴 했지만 실효성은 여전히 떨어진다는 게 전문가 의견이다. 더욱이 2024년 행장 임기가 만료된다는 점에서 새로운 행장이 내부통제 개선 흐름을 안정적으로 이어갈지가 향후 관건이라는 지적이다.

결론	의견제시	금융기관에서 문제가 발생하고 나면 흔히 인센티브 체계나 성과평가 체계(KPI 등)가 문제라고 그 원인을 쉽게 단정하는 경향이 있다. 창구 직원들 또한 법규나 절차를 제대로 준수하지 않은 책임을 경영진이나 성과 체계 등의 탓으로 치부하는 것은 아닌지, 본부 부서나 경영진에서도 윤리를 더 깊게 고민한다면 모든 영업이나 전략도 조금 더 다른 형태로 고객에게 다가가야 할 부분이 있을 것이다. 모든 안 좋은 결과에는 다양한 원인이 복합적으로 응축되어 있기 마련이다. 구성원의 양심에 기대거나 법규 준수의 당위성을 막연히 강조하는 것보다는 조직 내에서 문화로 자리잡기 위해 모든 영역(상품의 설계, 판매 등 영업전략, 현장 영업, 성과 평가 등)에서 내부통제에 대한 인식과 실질적인 실천이 고객 중심의 핵심 가치를 중심으로 수반되어야만 한다. 한편, 2024년에는 내부통제 제도 관련 새로운 정책이 도입되면서 금융사 내부통제에 있어 다양한 변화가 예상된다. 결국 중요한 것은 내부통제의 목적을 실질적으로 달성해 각종 위험을 최소화하는 것이다. 각종 위험에는 금융회사의 신용위험 · 시장위험 · 유동성위험 · 운영위험 · 법률위험 · 회계위험 · 평판위험 등이 있다. 최근에는 개인정보 유출이나 일련의 금융사고가 발생함에 따라 운영위험 관리의 중요성이 강조되고 있다.

02 논제 풀이

서론

이슈 언급 2024년 5월까지 횡령 · 배임사고 등으로 인한 은행의 금전사고 피해액이 벌써 2023년 연간 총액 수준에 육박했다. 2024년 5월까지 은행권에서 발생한 금전사고 피해액은 662억 원으로 집계됐다. 이는 2023년의 금전사고 피해액인 694억 원과 비슷한 수준이다. 은행 금전사고 피해액은 2019년 102억 원, 2020년에는 69억 원에 머물렀지만, 2022년에는 915억 원까지 치솟았다. 연중 금융사고 발생 흐름이 지속된다면 2024년 금전사고액은 1,000억 원을 넘어설 가능성도 거론된다. 최근 홍콩 ELS 손실 사태, 3,000억 원대 횡령 사건, 110억 원 규모의 배임 사고 등 하루가 멀다 하고 터지는 내부통제 사건사고는 금융사의 내부 통제 의지를 의심케 하는 지경에 이르렀다. 대출서류를 35번이나 위조해 거금을 횡령한 사례의 경우, 2023년 7월부터 10개월간 범죄가 계속되는 동안 해당 직원은 어떠한 제지도 받지 않았다. 해당 회사의 CEO가 신년사에서 내부통제 전담인력 1선배치, 신사업 절차 강화, 연수 체계화, 인력 확충 등을 강조했던 것이 참담해질 정도다. 2022년부터 2023년까지 은행권 금융사고 피해액은 1, 609억 원으로 집계됐다. 이 중 회수가 이뤄진 금액은 40억 4,000만원(2.5%)에 불과했다.

[주요 은행별 금융사고 발생 건수 (2023년 2/4분기 ~ 2024년 1/4분기)]

구분	국민은행	기업은행	농협은행	산업은행	신한은행	우리은행	하나은행
횡령	1	2	2		1	2	3
유용		1	2				
배임	2		1				1
사기	1				1		2
도난피탈							
금융수수	2						
사금융알선	1		1				
실명제위반	4						
사적금전대차	1	3			2	1	1
기타	1					1	
합계	13	6	6	0	4	4	7

<출처: 은행별 재무제표>

최근 홍콩 ELS 손실 사태, 3,000억 원대 횡령 사건, 110억 원 규모의 배임 사고 등 하루가 멀다 하고 터지는 내부통제 사건사고는 금융사의 내부 통제 의지를 의심케 하는 지경에 이르렀다. 대출서류를 35번이나 위조해 거금을 횡령한 사례의 경우. 2023년 7월부터 10개월간 범죄가 계속되는 동안 해당 직원은 어떠한 제지도 받지 않았다. 해당 회사의 CEO가 신년사에서 내부통제 전담인력 1선배치, 신사업 절차 강화, 연수 체계화, 인력 확충 등을 강조했던 것이 참담해질 정도다.
반복되는 금융사고에 은행들도 내부통제 관리 강화 방안 마련에 바짝 고삐를 죄고 있다. 금융사별 해당 대책은 금융사고에 대한 임직원들의 책임을 한층 더 강화하고 내부통제의 실효성 확보와 조직 내 윤리문화를 제고하는데 초점이 맞춰져 있다. 내부통제 및 전체 직원들의 준법 및 윤리의식을 다잡는 계기로 삼는다는 방침이다. 일부 직원들의 미공개 정보를 이용한 증권투자와 크고 작은 금융사고가 끊이지 않는 데 대한 내부통제도 강화할 전망이다
한편, 2024년 7월 11일 금융위원회와 금융감독원은 '개정 지배구조법 시행 관련 책무구조도 시범운영 계획 및 제재 지침'을 발표했다. 개정 지배구조법은 금융사 임원이 내부통제 관리 의무를 위반하면 신분 제재를 할 수 있도록 규정한다. 위법행위 발생 경위 · 정도 · 결과, 임원의 '상당한 주의' 여부에 따라 제재 감경이나 면제가 가능하다.
이에 본지에서는 금융인의 윤리성 함양의 필요성 및 금융인이 갖춰야 할 윤리적 덕목들을 살펴본 후, 금융기관의 내부통제 방향에 대하여 논하기로 한다.

본론

1. 금융윤리

1) 필요성

<출처: 금융과 윤리 (신상균 제)>

금융업은 여타 산업에 비하여 더 높은 윤리적 잣대와 윤리의식 및 윤리적 행동이 필요한 분야로 꼽힌다. 그럼에도 금융의 기능과 역할이 갈수록 복잡해지고 확대됨에 따라 내부자 거래, 회계 부정, 자금 세탁, 불법자금 거래, 금융 사기, 불완전 정보 제공, 정보 유출 등 크고 작은 사건 · 사고가 끊이지 않고 있으며, 이로 인한 규제 강화의 흐름 속에서 윤리의 역할도 지속적으로 강조되어 왔다.

1. 금융윤리

1) 필요성

<출처: 금융과 윤리 (신상균 저)>

① 금융상품은 실물자체가 없이 약속에 기초하기 때문에 시장이 공정하다는 '신뢰'가 전제될 경우에만 고객참여를 통한 시장형성이 가능하다.

② 금융산업은 금융회사가 고객의 자산을 위탁 받아 관리하는 본인-대리인 관례를 구성하기 때문에 고객의 이익과 상충될 가능성이 높다. 이러한 문제를 방지하기 위하여 윤리적 판단 및 행동이 뒷받침되지 않고는 이해상충 문제를 해소하기 어려울 수 있다.

③ 금융산업 및 금융상품이 빠르게 전문화, 복잡화, 다양화 됨에 따라, 금융전문가와 고객 간의 '정보 비대칭'이 필연적으로 발생한다. 이러한 정보의 비대칭문제는 금융관련 종사자의 높은 윤리의식이 뒷받침되지 않는다면 해소하기 어려운 부분이다.

④ 급속히 진화하는 금융산업을 법규에 의해서만 규제하기에는 한계가 있다. 금융윤리에 기초한 자율규제가 과도한 탐욕으로 인한 금융회사와 금융시장의 붕괴를 막을 수 있을 것이다.

2) 금융인이 필요한 윤리적 덕목/법

금융 윤리는 금융 활동에서의 행동 규범과 원칙을 말한다. 금융 윤리는 이해당사자 간의 공정한 거래, 투명성, 진실성, 책임성 등을 중요시하며, 이러한 원칙들은 경제 시스템 전반의 효율성과 안정성을 증진시키는 데 기여한다.

① 신의성실의 원칙 : 「권리의 행사와 의무의 이행은 신의에 좇아 성실히 하여야 한다」(민법 2조). 이것을 신의성실의 원칙 또는 신의 원칙이라고 한다. 신의성실이란, 사회공동생활의 일원으로서 상대방의 신뢰를 헛되이 하지 않도록 성의를 가지고 행동하는 것이다. 특히 당사자의 신뢰관계를 기반으로 하는 채권법의 영역에서 채권행사와 채무이행에서 발생 · 발전한 법리이다. 그 근본 사고방식은 권리남용의 법리와 공통된 점이 많이 있다. 즉 권리의 행사가 신의성실에 반하는 경우에는 권리남용이 되는 것이 보통이며, 의무의 이행이 신의성실에 반하는 경우에는 의무이행의 책임을 지게 된다.

② 선관주의 의무 : 선관주의, 즉 선량한 관리자의 주의라 함은 그 사람의 직업 및 사회적 지위에 따라 거래상 보통 일반적으로 요구되는 정도의 주의를 말한다. 일반적 · 객관적 기준에 의해 요구되는 정도의 주의를 말한다. 일반적 · 객관적 기준에 의해 요구되는 주의를 결하는 것을 추상적 과실이라 하는데, 이는 민법상의 주의의무의 원칙이다. 이에 반해 행위자의 구체적 · 주관적 주의능력에 따른 주의만이 요구되어 주의의무가 경감되는 경우가 있다. 예를 들면, 자기재산과 동일한 주의(민법 695조), 자기의 재산에 관한 행위와 동일한 주의(민법 922조), 고유재산에 대하는 것과 동일한 주의(민법 1022조) 등이다. 이러한 정도의 주의를 결하는 것을 구체적 과실이라고 한다.

1. 금융윤리	2) 금융인이 필요한 윤리적 덕목/법	③ 충실 의무 : 금융인은 고객 또는 투자자의 이익을 보호하기 위하여 해당 업무를 충실하게 수행하여야 한다. ④ 이해충돌방지법 : 공직자가 직무를 수행할 때 공적 이익과 자신의 사적 이익이 충돌할 때 사적 이익추구를 금지함으로써 공정한 직무수행을 보장하기 위한 법안이다. 2021년 5월 18일 제정되어 2022년 5월 19일부터 시행되고 있다. 이해충돌방지법은 공직자가 직무상 알게 된 비밀을 활용해 재산상 이익을 얻을 경우 7년 이하의 징역형이나 7천만 원 이하의 벌금형으로 처벌하는 내용을 담고 있다. 규제 대상은 입법 · 사법 · 행정부와 지방자치단체 공무원, 공공기관 임직원 등이 190만 명이다. 이들은 사적 이해관계자를 대상으로 인허가 · 공사용역 · 재판 · 수사 등의 직무를 수행하게 된 사실을 알게 되면 14일 안에 기관장에게 신고하고 이를 회피해야 한다. 엘에이치 등 부동산 관련 공공기관의 공직자는 본인은 물론 배우자, 직계가족의 부동산 거래도 신고해야 한다. 내부정보를 활용한 투기 가능성을 봉쇄하기 위한 것이다. ⑤ 이해상충방지 의무 : 자본시장법 44조. 1항, 금융투자업자는 금융투자업의 영위와 관련하여 금융투자업자와 투자자 간, 특정 투자자와 다른 투자자 간의 이해상충을 방지하기 위하여 이해상충이 발생할 가능성을 파악 · 평가하고, 「금융회사의 지배구조에 관한 법률」 제24조에 따른 내부통제기준이 정하는 방법 및 절차에 따라 이를 적절히 관리하여야 한다. 2항, 금융투자업자 및 그 임직원은 정보교류 차단의 대상이 되는 정보를 정당한 사유 없이 본인이 이용하거나 제삼자에게 이용하게 하여서는 아니 된다. 2항, 금융투자업자는 제1항에 따라 이해상충이 발생할 가능성을 파악 · 평가한 결과 이해상충이 발생할 가능성이 있다고 인정되는 경우에는 그 사실을 미리 해당 투자자에게 알려야 하며, 그 이해상충이 발생할 가능성을 내부통제기준이 정하는 방법 및 절차에 따라 투자자 보호에 문제가 없는 수준으로 낮춘 후 매매, 그 밖의 거래를 하여야 한다. 3항 금융투자업자는 제2항에 따라 그 이해상충이 발생할 가능성을 낮추는 것이 곤란하다고 판단되는 경우에는 매매, 그 밖의 거래를 하여서는 아니 된다. → 금융서비스에서 이해상층 문제 관리를 위한 전략으로는 일반적으로 금융서비스산업의 경쟁 강화, 공시제도 강화, 제도적 규제, 구조적 변화 등이 제시된다. 금융회사가 스스로 내부통제기준에서 이해상충 가능성이 있는 분야를 찾아서 평가하고 이를 관리할 것을 요구하고 있다. ⑥ 직무관련 정보의 이용금지 : 자본시장법 54조. 1항, 금융투자업자는 직무상 알게 된 정보로서 외부에 공개되지 아니한 정보를 정당한 사유 없이 자기 또는 제삼자의 이익을 위하여 이용하여서는 아니 된다.

1. 금융윤리	3) 직업윤리 덕목	① 직업적 양심(책임과 성실) ② 연대의식(경쟁이 아닌 협력) ③ 전문적인 기술과 지식의 습득 ④ 노동을 존중하는 태도(노동자들의 임금) ⑤ 인간애(인간에 대한 예의)
	4) 금융의 미래와 윤리 <출처: 금융과 윤리 (신상균 저)>	① 금융의 디지털화와 금융윤리 가. 금융의 디지털화로 인해 거래의 편리와 신속성, 수익성 증진을 위해 효율적인 목적으로만 알고리즘 거래방식을 활용하기에 고빈도 거래는 시장가격에 영향을 미치고 다른 거래자의 거래판단에 영향을 미쳐 시장을 왜곡할 가능성이 있다. 나. 또한, 디지털화로 인한 소외계층이 생길 수 있다. 다. 기본적으로 디지털로 인해 야기되는 결과와 피해에 대해서는 그것을 만들고 관리하는 사람에게 책임을 지우는 지배구조관리가 원칙일 것이지만, 이러한 규제가 제대로 법제화되기 전까지는 논란이 많을 수 있다. 라. 디지털의 발전은 인간의 의지와 윤리적 판단을 넘어서는 곳, 즉 인간의 통제 밖에서 인간에게 손해를 끼칠 수 있는 일들이 일어날 수 있고 이것을 어떻게 윤리적으로 판단하고 대처할 것인가 하는 문제에 직면하게 한다. ② AI와 금융윤리 가. 인공지능의 기술은 이미 60여 년 전부터 개념화되었으나 필요한 데이터 부족으로 실현되지 못하다가 인터넷 등장과 이로 인한 데이터 폭증과 함께 발전하게 되었다. 나. 특히 컴퓨팅 기술의 발달로 딥러닝과 강화 알고리즘이 개발되고, 최근에는 자연어 딥러닝이 가능한 GPT의 개발에 이르면서 급속히 이용되고 있다. 이는 디지털화 차원과는 다른 차원의 논의를 필요로 하게 되었다. 다. 금융에서 AI가 활용될 수 있는 분야로는 다음과 같다. - 업무처리 자동화 : 단순반복업무 자동화, 문서작성 자동화, 채용심사, 인력배치 - 자산관리에서 알고리즘에 의한 운영 : 운영전략 수립, 주식매매 자동화, 운용펀드 리발렌싱 - 신용분석 : 플랫폼 등을 통해 수집되는 비금융정보 분석 - 보험업무 : 보험상품판매, 보험요율 산정, 지급보험금 산출 - 금융사기 탐지 : 이상거래 포착, 자금세탁방지 업무 - 고객접점업무 : 대화형 챗봇, 고객의 성향과 니즈 분석, 상품권유

1. 금융윤리	4) 금융의 미래와 윤리 <출처: 금융과 윤리 (신상균 제)>	라. AI 유익과 위험 : 데이터 처리속도에 따른 정보. 그러나, 학습데이터 오염에 따른 AI 오작동 발생으로 금융사고 발생은 어떻게 할 것인가? 마. AI 윤리와 규제 : 좀 더 시간을 필요로 할 것 같다. EU에서 2023년 6월 14일 의회를 통과한 'EU 인공지능 법안' 구제 방식을 보면 기본적으로 AI 리스크 수준에 따라 달리 접근하는 리스크 기반의 규제를 하고 있다.
2. 내부통제	1) 필요성	2023년 3월에는 실리콘밸리은행(SVB)의 파산과 크레디트스위스가 인수된 원인으로 '부적절한 위험 관리'와 '내부통제의 부재'가 지적됐다. 게다가 국내에서도 금융기업들의 크고 작은 금융사고가 발생하자 내부통제의 중요성이 재조명됐다. ① 금융당국과 금융사 내 감사 부문은 크고 작은 사고가 발생한 경우 미리 마련된 각 규정에 맞게 제재해 앞으로 같은 사고가 발생하지 않도록 하는 데 총력을 기울인다. ② 그러나 더욱 중요한 것은 '예방'이다. 사고가 발생하지 않도록 금융사의 업무 진행 과정에서 '사전'에 사고가 발생할 위험을 최소화하고, 나아가 원천 방지하는 것이 더욱 중요하다. ③ 이것이 금융사의 위험 발생으로 인한 각종 비용을 줄여 효율경영을 달성하게 해주는 최고의 전략이 될 것으로 확신한다. 금융시장의 이해관계자들은 이러한 내부통제의 중요성을 대부분 인지하고 있으리라고 생각한다. 이 같은 중요성을 알고도 내부통제의 현실적인 실천이 어려운 이유는 무엇일까?
	2) 내부통제의 현실적인 어려움 <출처: 이코노미스트 김수희변호사 기고>	① 내부통제에 대한 인식의 불명확성 가. 내부통제란 행정조직 내부의 계층적 명령계통을 통한 집행 · 실적이 처음에 세운 계획 · 기준에 일치하도록 보장하는 과정을 일컫는다. 통제과정은 통제기준의 설정 · 평가 · 시정조치 등 3단계를 통해 완성되며 기업에서 경영활동을 효과적으로 통제하기 위한 내부견제와 내부감사제도도 내부통제에 해당한다. 나. 금융사를 비롯한 기업들은 이러한 내부통제를 적용해 원칙을 지킴으로써 각종 사고가 발생하는 것을 방지하고 경영 효율화를 도모하고 있다. 특히 금융사에 있어 내부통제는 더욱 각별한 의미를 지닌다. 다. 내부통제를 확대 해석해 보면, 내부통제는 규제 · 감독 등 외부통제의 한계를 극복하기 위해 외부통제를 내부화한 개념으로 정리할 수 있다. 예금 · 보험 · 증권 · 가상자산 관리 등 점점 더 다양해지고 업무 범위를 넓혀가는 금융회사를 외부통제만으로 규율하는 것은 한계가 있을 수밖에 없었고, 이에 대응해 내부통제를 발전시켜 왔다.

2. 내부통제

2) 내부통제의 현실적인 어려움

<출처: 이코노미스트 김수희변호사 기고>

라. 우리나라의 내부통제를 위한 규율을 보면 '금융회사의 지배구조법에 관한 법률'상 내부통제, '주식회사 등의 외부감사에 관한 법률'상 내부회계관리, '금융소비자 보호에 관한 법률'상 내부통제 등 각종 금융규제법이 내부통제를 다양하게 규정하고 있다.

마. 금융회사는 이 규정들을 종합적으로 고려해 내부통제 기준에 금융회사의 가능한 모든 업무활동이 포함될 수 있도록 한다. 금융회사는 임직원이 업무 수행 시 준수해야 할 절차를 마련하지 않으면, 금융사고로 이어질 수 있다는 인식에서 내부통제를 위한 각종 규정을 마련해 왔다.

바. 다만 내부통제를 적용하는 과정에서, 이를 내부회계 관리제도로 축소해 생각하는 경우가 꽤 많다. 재무제표의 신뢰성을 강조해 신뢰성 있는 정보를 작성하고 이해관계자에게 제공하는 것이 가장 중요한 통제이며, 이것이 곧 내부통제라고 인식하는 것이다.

사. 실제로 미국 · 일본의 경우, 법률에서 정한 내부통제의 범위는 내부회계관리 준수 의무에 국한한다. 물론 현실적 적용 범위는 전사적 운영을 강조할 정도로 전체 위험을 통제토록 한다. 결국 내부통제를 법으로 강제하기보다 실효성 있게 적용돼 위험 관리가 극대화되는 환경을 조성하는데 방점을 둔다.

아. 반면 우리나라는 법으로 내부회계관리를 포함한 개념의 내부통제기준 마련 의무를 법제화했다. 다양한 법률에서 내부통제를 규정하고 있지만, 결국 중요한 것은 내부통제를 실효성 있게 적용할 수 있는 합리적 수준의 내부통제를 마련하는 것이다.

② 韓 금융사, 내부통제를 '좁은 의미'로 인식

가. 우리나라의 경우 IMF 외환위기 이후 금융회사에 대한 내부통제 기능 도입 필요성이 강조돼 왔다. 그 일환으로 2000년대 초반 은행법 · 증권거래법 · 보험업법 등 금융규제법에 내부통제기준과 준법감시인 등의 내부통제제도가 도입됐다.

나. (구)은행법 · (구)증권거래법 · (구)보험업법 각 1항을 살펴보면, 금융기관은 법령을 준수하고 자산운영을 건전하게 하며 각각 예금자 · 고객 · 보험계약자를 보호하기 위해 당해 금융기관의 임원 및 직원이 그 직무를 수행함에 있어서 따라야 할 기본적인 절차와 내부통제기준을 정해야 한다고 규정한다. 이어 각 2항에선 금융기관은 내부통제기준의 준수여부를 점검하고 내부통제기준에 위반하는 경우 이를 조사해 감사위원회에 보고하는 준법감시인을 1인 이상 둬야 한다고 규정한다.

다. 이후 2017년 금융회사의 지배구조에 관한 법률(이하 지배구조법)의 제정을 통해 기존 (구)은행법 · (구)자본시장법 · (구)보험업법 등에 산재해 있던 내부통제제도가 금융회사 지배구조법의 틀 내로 일원화됐다.

2. 내부통제

2) 내부통제의 현실적인 어려움

<출처: 이코노미스트 김수희변호사 기고>

A. 지배구조법 제 24조는 금융회사는 법령을 준수하고 경영을 건전하게 하며 주주 및 이해관계자 등을 보호하기 위해 금융회사의 임직원이 직무를 수행할 때 준수해야 할 기준 및 절차를 마련해야 한다고 규정한다.

B. 이어 제 25조 제 1항을 살펴보면, 금융회사는 내부통제기준의 준수여부를 점검하고 내부통제기준을 위반하는 경우, 이를 조사하는 등 내부통제 관련 업무를 총괄하는 준법감시인을 1명 이상 둬야 한다. 또한 준법감시인은 필요하다고 판단하는 경우 조사결과를 감사위원회 또는 감사에게 보고할 수 있다고 정한다.

라. 여기서 내부통제란 경영효율성 제고 · 재무보고 신뢰 · 법규 준수 등 모든 활동을 뜻하며 전사적 운영리스크 관리의 개념으로 발전해 왔다. 주요 금융업권의 표준 내부통제기준에서도 컴플라이언스 준수 · 소비자 보호 · 내부회계 관리 · 리스크 관리 · 정보 보호 · 자금 세탁방지 등 금융회사의 모든 업무를 내부통제 대상으로 정리하고 있다.

마. 특히 지배구조법은 (구)은행법 · (구)증권거래법 · (구)보험업법이 각각 예금자 · 고객 · 보험계약자로 보호 대상을 한정한 것과 달리, 금융사가 내부통제로 보호해야 할 대상으로 주주 및 이해관계자를 지정해 그 폭을 대폭 넓혔다.

바. 이 같이 법률이 포괄적으로 내부통제의 범위를 넓혀왔던 것과 달리 그동안 국내외 금융회사는 내부 통제에 대해 '컴플라이언스 준수' 등 좁은 의미로 인식해 왔던 것이 사실이다. 내부통제는 전사적으로 진행하는 것이 아니라, 준법감시 업무의 영역에 한정된 것으로 생각해 왔다. 그마저도 내부통제의 실제적 운영에 초점이 맞춰지기보다 위 법률 해석상 내부통제 규정을 마련하고 모니터를 해오는 정도에 그쳐왔던 것도 현실이다.

→ 우리나라 법제에서 살펴보면, 내부통제와 관련한 개별 제도는 여러 법률에 산재돼 있고, 규정 위반 시 관리자와 기관이 제재를 받을 수도 있다. 그런데 내부통제와 관련된 규정이 너무 포괄적이고 추상적으로 제시돼 있어 '금융사고'만 벌어지면 '내부통제 미흡'의 탓으로 돌려지고 있기도 하다. 이는 관리자와 기관의 책임론으로 불거져 불확정 범위의 제제가 한동안 금융사 업무를 마비시키는 부작용이 있다.

3) 실효성 있는 내부통제의 적용

<출처: 이코노미스트>

① 결국 중요한 것은 실효성 있는 내부통제의 적용이다.

가. 이를 위해 내부통제에 대한 규정을 보다 구체화하고, 내부통제를 마련하는데 방점을 둘 것인지 내부통제를 마련하고 제대로 운용하는 것까지 규율 대상으로 삼을 것인지에 대한 정리가 필요하다.

2. 내부통제	3) 실효성 있는 내부통제의 적용 <출처: 이코노미스트>	나. 내부통제 정책을 앞에서 이끌어가고 실제 금융사를 감독하는 당국의 판단도 중요하다. 예를 들어 '금융사고 발생 → 내부통제 미흡 → 기관 및 관리자 제재'의 순으로 사후 처벌을 통한 사고 방지에 방점을 둘지, '내부통제 제도에 대한 성실 운용 → 금융사고 발생 → 면책 사유 적용 → 자발적 정화'의 흐름으로 금융사고를 예방할지에 대한 부분이다. 다. 내부통제의 실효적 접근을 위해 결국 각 금융규제법에 산재돼 있는 내부통제 규정의 명확화를 통해 책임의 범위가 무제한적으로 확대돼 오히려 규제의 실효성을 잃어버리는 것을 방지해야 한다. 내부통제 제도를 튼튼히 마련하고 실제적으로 운영한 금융사들에게 다양한 인센티브를 주는 방식으로 내부통제의 자연스런 확산을 유도하는 것도 고려해볼만 하다.
	4) 금융당국의 대책	① 2023년 6월 22일 금융당국은 금융회사 내부통제 제도개선 방안을 발표했다. 해당 방안에는 ▲책무구조도(Responsibilities Map) 도입, ▲대표이사를 포함한 각 임원에 대한 내부통제 관리의무 부여, ▲이사회의 내부통제 역할 명확화, ▲내부통제 관리의무 위반 시 관련 임원에 대한 제재 및 면책 기준 마련 등의 내용이 담겼다. 가. 금융판 중대재해처벌법이라 불리는 [책무구조도]는 금융사 임원들의 구체적 책무를 지정한 문서로, 금융사고 등 책임 소재를 분명히 하기 위해 내부통제의 책임 영역을 사전에 정해두는 규준을 의미한다. 담당 업무에 따른 내부통제 책무를 배분해 보다 책임 소재를 명확히 하고, 이를 통해 금융사고 재발을 방지하겠다는 취지다. 나. 금융당국의 책무구조도 도입에 따라 금융회사는 모든 임원에 대해 그 책임 범위와 업무를 사전적으로 기재한 책무구조도를 마련해야 한다. 다. 금융사고가 발생하면 사전적으로 정해 둔 책임범위 내에서 해당 임원이 내부통제 활동을 충분히 수행했는지 여부 등을 고려해 제재 여부를 결정하는 임직원의 역할과 책임도 사전 규정한다. 라. 책무의 상세한 내용은 경영관리 · 위험관리 · 영업 부문 등 3가지 영역으로 구분해 시행령에서 예시적으로 열거했다. 마. 금융감독원은 책무구조도 도입과 관련해 2024년 2월 13일 "앞으로 금융회사 임원은 본인 소관 업무에 대해 내부통제 관리의무를 부여 받게 됨에 따라 모든 임원들이 내부통제를 자신의 업무로 인식하도록 하는 등 근본적인 금융권의 내부통제 행태 변화가 나타날 것으로 기대한다"고 밝혔다. 바. 책무구조도를 준비하는 금융권에선 잡음도 있다. 국내에서 책무구조도 선례를 찾기 힘들다 보니 책임 소재를 가리는 데 있어 불분명한 영역이 존재한다는 것이다. 임원의 관리 책임 강화가 내부통제 강화로 이어질지는 장담할 수 없다는 게 이들의 주장이다. 한 마디로, 책무구조도가 능사가 아니라는 의미다.

2. 내부통제

4) 금융당국의 대책

② 금융회사의 지배구조에 관한 법률 시행령(2024. 7. 11) : 금융회사의 경영진이 내부통제 관리 의무 미 이행, 지시 · 묵인, 대규모 고객 피해 발생 등 8가지 세부 기준상 위법성이 인정되면 금융회사의 지배구조에 관한 법률(지배구조법)에 따라 2025년 1월부터 제재를 받게 된다. 과거 해외금리 연계파생 결합펀드(DLF)나 홍콩 H지수 ELS(주가연계증권) 사태 등과 같은 대규모 사고가 터지면 최고경영진(CEO)도 높은 수위의 제재를 피할 수 없다. 다만 경영진이 '상당한 주의'를 기울였을 경우 제재를 감면 받을 수 있는데 4가지 구체 기준도 마련됐다.

[내부통제 관리의무 위반 제재 운영지침상]

위법행위 고려요소 8가지

위법행위의 경위 및 정도	1 관리의무의 미이행	DLF 불완전판매
	2 임원 등의 지시, 묵인, 조장, 방치 등	
	3 광범위 또는 조직적, 집중적 위법행위	사모펀드 사태, 선물계좌 불법 대여
	4 장기간 또는 반복적 위법행위	장기간, 횡령, 반복적 작업대출
	5 위법행위의 발생가능성에 대한 문제제기	DLF 불완전판매, 사모펀드 사태 횡령 재발
위법행위의 결과	6 대규모 고객 피해 발생	대규모 불완전판매, 개인정보 유출
	7 건전경영의 중대한 저해	사모펀드 사태
	8 금융시장 신뢰, 질서 훼손	사모펀드, DLF 사태

[제재 감면 4가지 고려요소]

1 위험요소에 대한 파악 여부
2 점검체계 구축, 운영, 수행 등
3 내부통제 등의 개선 노력과 성과 (인력 조정, 전산시스템 구축, 교육 훈련 지시 등)
4 의사결정 절차와 과정의 합리성 및 투명성

<출처: 금융위원회/금융감독원>

5) 내부통제 평가 <출처 : 더리브스>

금융당국의 의견과 같이 금융권이 내부통제 강화를 강조하긴 했지만 실효성은 여전히 떨어진다는 게 전문가 의견이다. 더욱이 2024년 행장 임기가 만료된다는 점에서 새로운 행장이 내부통제 개선 흐름을 안정적으로 이어갈지가 향후 관건이라는 지적이다.

① "내부통제가 잘 이뤄졌다면 2024년 은행 횡령사고와 같은 이슈가 나오지 않았을 것. 내부통제 제도의 문제가 아니라 실제로 잘 준수를 하고 있는지 관심이 덜하다 보니까 생긴 문제", "실효성 있게 운영하려면 은행장을 직접 불러 교육 및 감독 방향성을 설명해야 한다."[상명대학교 경영학부 서지용 교수]

② "내부통제 강화를 위해서는 디지털을 통한 개선이 필요하다. 은행의 경우 모든 비즈니스 트랜잭션이 다 온라인으로 돼있다. 우리은행에서 일어난 횡령도 책임자가 아닌 사람이 횡령하는 걸 인지하지 못한 경우. 적절한 액세스 권한을 가진 사람이 접근했느냐 이런 것들을 통제하는 기능이 필요하다. 법으로만 다 통제가 어렵기 때문에 AI를 적용해 사전에 이러한 위험을 탐지할 수 있는 시스템을 구축할 필요가 있다." [이화여자대학교 경영학과 채상미 교수]

결론

의견 제시

"나라를 망하게 하는 것은 외침(外侵)이 아니나라, 공직자의 부정부패에 의한 민심의 이반이다." – 정약용 -

금융기관에서 문제가 발생하고 나면 흔히 인센티브 체계나 성과평가 체계(KPI 등)가 문제라고 그 원인을 쉽게 단정하는 경향이 있다. 창구 직원들 또한 법규나 절차를 제대로 준수하지 않은 책임을 경영진이나 성과 체계 등의 탓으로 치부하는 것은 아닌지, 본부 부서나 경영진에서도 윤리를 더 깊게 고민한다면 모든 영업이나 전략도 조금 더 다른 형태로 고객에게 다가가야 할 부분이 있을 것이다. 모든 안 좋은 결과에는 다양한 원인이 복합적으로 응축되어 있기 마련이다. 구성원의 양심에 기대거나 법규 준수의 당위성을 막연히 강조하는 것보다는 조직 내에서 문화로서 자리잡기 위해서 모든 영역(상품의 설계, 판매 등 영업전략, 현장 영업, 성과 평가 등)에서 내부통제에 대한 인식과 실질적인 실천이 고객 중심의 핵심 가치를 중심으로 수반되어야만 한다. 금융은 곧 돈놀이라는 시각으로 보면 윤리를 과연 병렬적 이슈로 금융에 녹여낼 수 있는 것인가 의문이 제기될 수 있다. 그러나, 금융의 존재 가치는 결국 금융소비자의 경제적 편익을 도모하고, 경제의 혈맥으로서의 제 기능을 함으로써 금융산업과 경제 발전에 기여하는 것임을 감안할 때 윤리 문제는 금융과 불가분의 관계에 있다. 인간이 사회적 관계를 형성하고 살아가야 하는 만큼 윤리는 태초부터 내재되어 있다. 더구나 금융에서는 각종 규제, 제도, 관행, 그리고 조직 문화 등 모든 분야에 걸쳐 윤리가 다양한 모습으로 자리하고 있다. 물론 금융에서 윤리의 완벽한 모습을 구현하는 것은 어려울 것이다. 이는 인간이 만들어 가는 사회적 시스템에서 사고, 피해, 예측 실패, 다양한 요인에 의한 시장 실패 등의 부작용은 늘 발생할 수 있으며, 그때마다 크고 작은 윤리 문제는 대두될 수밖에 없기 때문이다. 그러나, 사회와 조직의 일원으로서 내가 하는 일, 해야만 하는 일에서 윤리 문제를 항상 최우선적으로 고려하는 것만이 우리 조직을 지속 가능하게 만들고, 더불어 사는 사회를 보다 바람직한 미래로 이끄는 토대가 될 것이다.

금융윤리의 원리는 간단해 보인다. 그러나 옳은 걸 알더라도 어떻게 그것을 실천하느냐는 또 다른 문제다. 현대의 복잡한 산업사회에서, 그것도 금융이라는 분야에서 그것이 구체적으로 어떻게 실현될 수 있는지를 제시하는 일은 쉽지 않다. 경험적으로 우리는 윤리를 선언하고 요구하는 것만으로는 큰 소용이 없다는 것을 안다. 그래서 금융업을 구성하고 있는 요소들을 분석하고 이를 조정하는 개선방법들을 시도해왔다. 그 방법은 금융종사자 스스로의 자율적 규제일 수도 있고 공적기관에 의한 법적인 규제일 수도 있다. 금융종사자들이 직면하고 있는 수많은 복잡한 법령의 규제내용들이 근본적으로는 인간의 탐욕을 억제하고 진정성과 공정을 확보하려는 수단이라고 볼 수 있다. 명령과 처벌에 의한 사뭇 거친 방법을 취할 수도 있고, 재무적 기준 부과를 통한 건정성 규제나 내부통제, 조직문화, 지배구조, 성과보상 방식의 변화를 통한 보다 정교한 방법을 취할 수도 있다. 우리는 할 수 있는 대로 윤리가 실천되는 방법을 찾고 제도를 고쳐가는 작업을 지속해야 할 것이다. 왜냐하면 윤리가 실천될 때 얻을 수 있는 현실적 이익이 크기 때문이다. 적어도 개별회사 차원에서 민원과 분쟁, 감독기관 검사, 제재로 인한 자원 소모, 평판의 손상과 같은 부정적 결과를 면할 수 있다. 또한 바람직한 조직문화와 리더쉽을 가진 회사는 활기 있고 창의적이며, 그래서 위기에 대응하고 성과를 내는 면에서 더 뛰어날 수 있다. 외국감독 수장들이 자주 말한 바와 같이 금융회사에서 윤리가 실천될 때 고객의 신뢰를 얻게 되고 더 좋은 인재들이 들어오게 되고, 결과적으로 금융산업이 더 번성할 수 있다.

한편, 2024년에는 내부통제 제도 관련 새로운 정책이 도입되면서 금융사 내부통제에 있어 다양한 변화가 예상된다. 결국 중요한 것은 내부통제의 목적을 실질적으로 달성해 각종 위험을 최소화하는 것이다. 각종 위험에는 금융회사의 신용위험 · 시장위험 · 유동성위험 · 운영위험 · 법률위험 · 회계위험 · 평판위험 등이 있다. 최근에는 개인정보 유출이나 일련의 금융사고가 발생함에 따라 운영위험 관리의 중요성이 강조되고 있다. 운영위험이란 부적절하거나 실패한 내부 프로세스 · 인력 · 시스템 또는 외부사건으로 인해 초래되는 손실 위험을 가리키며 실무에서는 다양한 의미로 구체화될 수 있다. 내부통제의 개념적 의미에서 살펴보았듯 내부통제는 목적의 달성이다. 그런데 잠재적 사고나 손실발생 등의 위험은 내부통제의 목적 달성을 어렵게 한다. 이에 내부통제가 관리할 수 있는, 관리해야 하는 위험의 범위를 명확하게 규정하고 식별할 필요가 있다. 특히 최근 그 통제의 중요성이 더욱 부각되고 있는 운영위험에 있어 다양한 가능성을 상정해 보고 실무 단계 · 위험관리 단계 · 내부감사 단계 등 방어선을 구축해 위험이 발생되지 않도록 철저히 관리할 필요가 있다. 정리하면 운영위험을 비롯해 전사적 위험관리 체제에 내부통제가 포섭되도록 해야 하며, 내부통제시스템의 세가지 목적이 회사의 전략적 목적과 연계되도록 할 필요가 있다. 우리나라 금융사 내부통제가 새로운 역사의 획을 그어가는 지금, 내부통제 적용에 대한 실질적 실행 노력이 결국 금융산업의 두터운 신뢰 형성으로 이어져 최고의 경영 성과로 이어질 것으로 확신한다.

<출처: 이코노미스트 김수희 변호사 기고>

chapter 02 기술금융 개선방안

01 논제 개요 잡기 [핵심 요약]

서론	이슈언급		2024년 4월 3일(수), 금융위원회는 지난 10년간 운영과정에서의 문제점을 짚어보고, 제도개선을 위한 「기술금융 개선방안」을 ▲기술금융 본연의 취지 강화, ▲평가의 독립성 강화, ▲기술신용평가 내실화, ▲사후평가 강화, ▲기술금융 규율체계 정비 5가지 부문으로 발표하였다. 기술금융의 취지를 살려 기술기업에 대한 금융지원 강화함과 동시에 기술금융이 질적으로 한 단계 성장하여 통합여신모형 구축에 필요한 데이터를 축적할 수 있는 환경 마련이 목적이다. 이에 본지에서는 기술금융의 체계 및 문제점 그리고 5가지 개선방안에 대해 알아보기로 한다.
본론	1. 기술금융 문제점	1) 기술금융 목적 달성 여부	① 기술금융의 취지는 담보 및 매출은 부족하더라도 기술력이 있다면 대출 한도나 금리에서 우대를 주기 위한 제도이다. 이를 위해 은행에 대한 테크 평가에서 신용대출에 대한 배점을 높여 신용대출 증가를 유도해야 한다. ② 하지만 기술금융의 목표인 기술기업에 대한 우대, 신용대출 증가 효과 등을 분석해 볼 때 미흡한 점이 있으며 질적인 도약이 필요 → 기술금융의 원래 취지가 더 잘 구현되어 우대금리 제공 및 신용대출 공급이 더 잘 될 수 있도록 제도 개선이 필하다.

<table>
<tr><td rowspan="5">본론</td><td rowspan="3">1. 기술금융 문제점</td><td>2) 은행의 우월적 지위로 인한 기술금융 왜곡</td><td>T6등급(기술력 수준이 상위 60%에 해당, 기술환경변화에 영향을 받을 것으로 예상되나 미래성장가능성이 있는 기업)이상 대출이 기술금융 실적으로 인정됨에 따라 은행은 실적을 높이기 위해 기술신용평가사에 대해 비합리적인 평가를 요구한다.
① 기술금융 대상이 아닌 비기술기업에 대해서도 평가 의뢰
② 기술신용평가를 의뢰하면서 평가사에 관대한 평가결과를 요청
③ 기술신용평가를 의뢰하면서 여러 평가사들에 평가등급을 사전에 문의하고, 원하는 등급을 제공하는 평가사에 평가 의뢰
④ 기술신용평가사는 은행으로부터 보다 많은 평가물량을 배정받기 위해 은행의 요구에 부응
→ 은행과 기술신용평가사 간 힘의 균형을 이루도록 함으로써 기술신용평가의 독립성을 강화한다.</td></tr>
<tr><td>3) 기술금융 평가서의 질적 저하 평가 측면</td><td>① 기술금융의 양이 크게 늘어나 은행은 비용절감 등을 추진
→ 기술평가의 부실화도 일부 발생
② 비용절감 노력에 따라 기술신용평가서에 기업의 기술력 반영 등이 미흡하여 기술평가에 대한 신뢰성 문제 제기
③ 평가사는 관리비용 절감을 위해 평가 건이 증가함에도 평가에 필요한 전문인력을 추가로 채용하지 않음
→ 기술신용평가서가 충실하게 작성될 수 있도록 제도를 개선해야 한다.</td></tr>
<tr><td>4) 평가 측면</td><td>① 기술신용평가사의 평가서 품질에 대한 우려에 따라 2022년부터 신용정보원은 기술신용평가서를 샘플링하여 품질을 평가
② 신용정보원의 품질평가 지적사항에 대해 평가사가 이를 개선하지 않아도 별도의 불이익이 없어 문제 개선에 소극적 대응
→ 품질평가에서 문제점이 지적될 경우, 기술신용평가사들이 이를 적극 시정할 수 있도록 할 수 있는 제도기반 마련이 필요하다.</td></tr>
<tr><td rowspan="2">2. 기술금융 개선 방안</td><td>1) 기술금융 원래의 취지 강화</td><td>① 우대금리 명확화
② 신용대출 확대 유도</td></tr>
<tr><td>2) 평가의 독립성 강화</td><td>[은행과 기술신용평가사와의 균형과 견제]
① 저가입찰 유도 방지
② 기술금융 신청 시 지점 영향력 배제
③ 은행에 대한 행위 준칙 마련</td></tr>
</table>

본론	2. 기술금융 개선 방안	3) 기술신용평가 내실화	[기술평가서를 충분히 작성토록 개편] ① 현지조사 의무화 ② 세부평가의견 작성 의무화 ③ 관대한 평가를 방지하는 기준 마련
		4) 사후평가 강화	① 기술평가사에 대한 평가 강화 ② 평가서에 대한 평가를 인센티브와 연계
		5) 기술금융 규율 체계 정비	① 신용정보법을 개정하여 기술금융의 규율체계 정비
	3. 후속방안		2024년 4월 3일 기술금융 개선방안 시행을 위한 후속조치로서 기술금융 가이드라인 및 3대 평가 매뉴얼(기술신용평가, 품질심사평가, 테크 평가) 개정 작업이 마무리되어 2024년 7월 1일부터 시행되었다. ① 기술기업을 충실히 평가할 수 있도록 기술신용평가(기업의 기술(T)과 신용(CB)을 평가(현재 6개 평가사 및 10개 은행에서 평가중)) 제도 개선 ② 품질심사평가(은행 및 평가사에서 평가한 기술신용평가의 품질을 품질관리위원회에서 평가) 변별력 강화를 위해 평가기준 강화 등 제도 개선 ③ 기술금융 본연의 취지가 강화되도록 테크 평가 제도 개선
결론	의견제시		이번 기술금융 개선사항은 연구용역과 전산구축이 필요한 사항을 제외하고 모두 2024.7월 1일 시행되었다. AI평가등급 가이드는 연구용역이 필요한 사항임에 따라 2025년 1분기부터 시행할 방침이다. 또한 은행에 대한 테크평가는 전산구축이 우선적으로 필요해 2024년 9월 이후 실적부터 평가한다. 아울러 은행 및 평가사에 대한 품질심사평가는 2024년 하반기 실적에 대해 2025년 상반기 평가부터 적용한다. 은행에 대한 테크가 또한 올해 전체 실적에 대해 내년 상반기 평가부터 적용할 예정이다. 금융위원회는 "이번 개선방안 시행으로 기술금융의 신뢰도가 높아지고 기술평가와 신용평가가 결합된 통합여신모형 구축에 필요한 양질의 기술신용데이터가 축적될 것"이라며 "이외에도 금융의 질적 성장을 통해 기술기업에 대한 금융지원이 강화될 것으로 기대된다"고 말했다. 하지만, 이번 개선안 도입이 기술금융의 확대로 이어질지 주목된다. 금번 기술금융 개선방안과 관련, 금융회사의 혁신적 금융 지원이 얼마나 개선될지에 대해서는 좀 더 시간을 두고 지켜봐야 할 것으로 생각된다. 전문가들은 IP금융의 활성화를 위해서는 정책금융에 대한 높은 의존도를 낮추는 한편, 은행 외의 다른 업권에도 역할을 분담해 대출뿐만 아니라 투자 등 다양한 기능이 수행될 수 있도록 추진해야 한다고 주장한다. 은행뿐만 아니라 증권사. 자산운용사도 우수 IP를 발굴하고 혁신기업에 대한 투자 기능을 적극 수행함으로써 역할을 분담할 필요가 있다. 대형 증권사는 IP에 대한 위험투자 기능을 담당하고, 우수 IP를 발굴하기 위해 기술평가에 전문성이 있는 기관과 협업 체제도 구축할 필요가 있다.

02 논제 풀이

서론

이슈 언급 최근 우리경제의 잠재성장률이 지속적으로 하락하고 있다. 자본축적을 통한 전통적인 경제성장 방식은 한계가 왔고, 이를 극복하기 위해서는 기술혁신을 통한 기업의 생산성을 높이는 것이 무엇보다 긴요해졌다. 기술혁신 기업에 대한 금융지원, 이른바 기술금융(IP금융)은 이미 2014년에 국내에 도입되었다. 그리고 그 결과 10년간 기술금융은 크게 성장했다.

기술금융은 2023년 말 기준 중소기업 대출 잔액의 29%로(전체 중기대출 1,041.4조 원/기술신용대출(기술금융) 304.5조 원), 제조업 등 기술력을 보유한 중소기업의 금융 접근성을 크게 강화시켰고, 대표적인 자금조달 수단으로 자리매김하였다. 또한, 무형자산인 기술력을 평가해 자금을 지원함으로써 매출 · 담보 위주의 여신관행을 개선하는데도 크게 기여해 왔다.

[기술금융 현황]

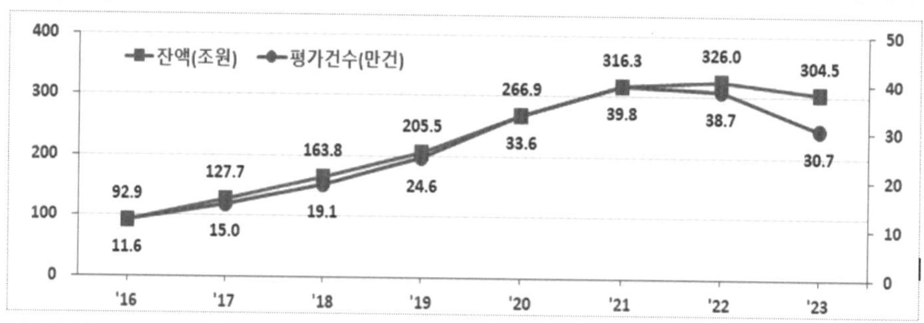

2024년 현재 기술금융이 어느 정도 안정기에 접어들면서 기술금융이 이제는 질적인 성장으로 전환해야 한다는 지적이 제기되고 있다. 구체적으로 은행자체 기술신용평가의 경우 데이터 정합성이 일정 수준 나타나 은행이 기술기업 대출에 활용할 수 있지만, 외부 기술신용평가사의 경우 데이터 비정합성이 심각해 데이터 비정합성의 문제를 개선해야 한다는 지적이 지속 제기되었다. 즉, 은행 자체 기술신용평가 데이터와 비교하여 외부 기술신용평가의 데이터는 정규분포 미흡 및 특정등급에서의 쏠림 현상이 심각하다는 의미다. 또한, 평가자가 기술신용평가 예상결과를 은행에 사전제공하거나 은행에 관대한 평가결과 암시하는 경우와 타인 자격증을 도용해 기술금융 대상이 아님에도 기술금융으로 평가하는 경우도 금감원 감사에서 지적되었다.

한편, 2024년 4월 3일(수), 금융위원회는 지난 10년간 운영과정에서의 문제점을 짚어보고, 제도개선을 위한 「기술금융 개선방안」을 ▲기술금융 본연의 취지 강화, ▲평가의 독립성 강화, ▲기술신용평가 내실화, ▲사후평가 강화, ▲기술금융 규율체계 정비 5가지 부문으로 발표하였다.

기술금융의 취지를 살려 기술기업에 대한 금융지원 강화함과 동시에 기술금융이 질적으로 한 단계 성장하여 통합여신모형 구축에 필요한 데이터를 축적할 수 있는 환경 마련이 목적이다.

이에 본지에서는 기술금융의 체계 및 문제점 그리고 5가지 개선방안에 대해 알아보기로 한다.

본론

1. 기술금융 문제점

<출처: 금융위원회>

1) 기술금융 목적 달성 여부

① 기술금융의 취지는 담보 및 매출은 부족하더라도 기술력이 있다면 대출 한도나 금리에서 우대를 주기 위한 제도이다. 이를 위해 은행에 대한 테크 평가에서 신용대출에 대한 배점을 높여 신용대출 증가를 유도해야 한다.

② 하지만 기술금융의 목표인 기술기업에 대한 우대, 신용대출 증가 효과 등을 분석해 볼 때 미흡한 점이 있으며 질적인 도약이 필요하다.

가. 기술금융으로 어느 정도의 금리 인하를 제공하는지는 평가를 하지 않아 차주의 실제 금리혜택을 알 수 없음

나. 신용대출 우대를 위해 2016년부터 테크 평가 시 신용대출을 우대(배점 중 20점)하고 있지만, 신규대출 중 신용대출 비중이 지속 감소

[기술신용대출 신규공급규모 신용대출 비중]

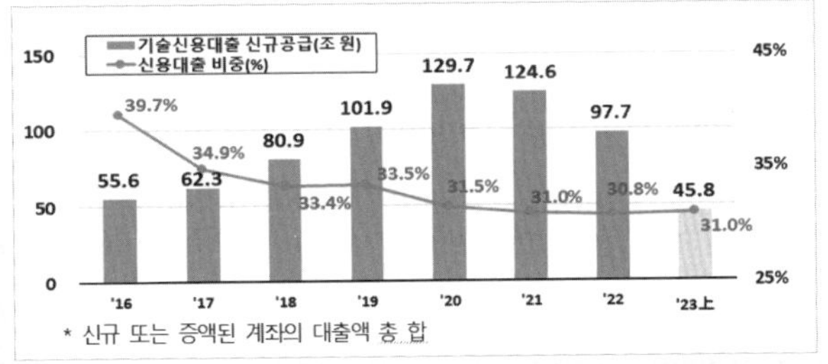

<출처: 금융위원회>

→ 기술금융의 원래 취지가 더 잘 구현되어 우대금리 제공 및 신용대출 공급이 더 잘 될 수 있도록 제도 개선이 필요하다.

2) 은행의 우월적 지위로 인한 기술금융 왜곡

T6등급(기술력 수준이 상위 60%에 해당, 기술환경변화에 영향을 받을 것으로 예상되나 미래성장가능성이 있는 기업)이상 대출이 기술금융 실적으로 인정됨에 따라 은행은 실적을 높이기 위해 기술신용평가사에 대해 다음의 사항들을 요구한다.

① 기술금융 대상이 아닌 비기술기업에 대해서도 평가 의뢰

* 非기술분야 비중(표준산업분류 기준) : (2021년) 24% → (2022년) 15% → (2023년) 8%

② 기술신용평가를 의뢰하면서 평가사에 관대한 평가결과 요청(기술금융으로 인정되는 6등급 이상 & KPI상 높게 인정되는 4등급 요청)

③ 기술신용평가를 의뢰하면서 여러 평가사들에 평가등급을 사전에 문의하고, 원하는 등급을 제공하는 평가사에 평가 의뢰

1. 기술금융 문제점

<출처: 금융위원회>

2) 은행의 우월적 지위로 인한 기술금융 왜곡

④ 기술신용평가사는 은행으로부터 보다 많은 평가물량을 배정받기 위해 은행의 요구에 부응

가. 기술평가 대상이 아닌 생활밀접 업종에 대해서도 기술금융인 것처럼 평가하여 평가보고서 발급

나. 기술금융 요건을 충족하지 못하는 회사에 대해 관대한 등급을 주거나 기술금융 요건을 충족하는 것으로 허위평가

다. 기술금융으로 인정받기 위해서는 기업에 전문자격증을 보유하고 있는 사람이 있어야 하지만, 전문자격증이 없음에도 전문자격증을 도용해 보유하고 있는 것처럼 평가

라. 비기술기업에 대한 기술평가가 이뤄지고, 등급에 대한 정확한 평가가 이뤄지지 않아 기술금융 데이터의 정합성 문제가 발생

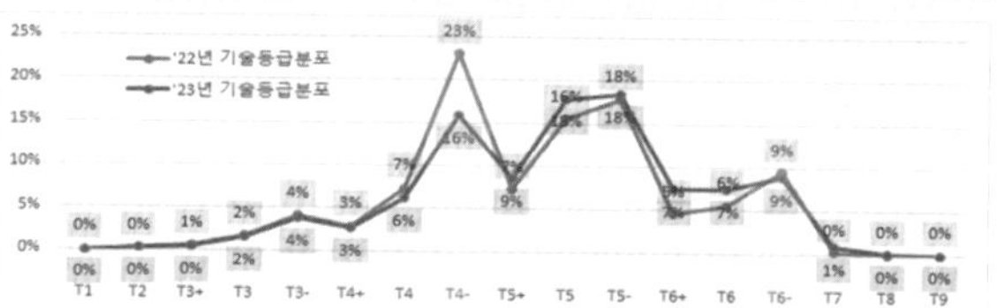

* 기술평가 데이터가 정규분포를 보이지 않고 특정 기술등급에서 쏠림

→ 은행과 기술신용평가사간 힘의 균형을 이루도록 함으로써 기술신용평가의 독립성 강화

3) 기술금융 평가서의 질적 저하 평가 측면

① 기술금융의 양이 크게 늘어나 은행은 비용절감 등을 추진 → 기술평가의 부실화도 일부 발생

- 일부 은행은 비용절감을 위해 경쟁입찰을 도입하고 수수료를 물량배정의 중요요인으로 고려
- 기술신용평가사 역시 은행의 의사결정에 맞춰 비용절감에 노력하면서 기술신용평가의 질적 하락도 발생

* 수수료 평균단가 추이 : (2014) 82만 원 → (2017년) 38만 원 → (2020년) 28만 원 → (2022년) 15만 원

② 비용절감 노력에 따라 기술신용평가서에 기업의 기술력 반영 등이 미흡하여 기술평가에 대한 신뢰성 문제 제기

- 평가보고서 작성 시 비용 문제 등을 이유로 현장실사를 생략
- 평가보고서의 등급이 나온 상세 이유를 생략

③ 평가사는 관리비용 절감을 위해 평가 건이 증가함에도 평가에 필요한 전문인력을 추가로 채용하지 않음

* 평가건수 추이 : (2019년) 24.6만 건 → (2020년) 33.6만 건 → (2021년) 39.8만 건 → (2022년) 38.7만 건

<table>
<tr>
<td rowspan="2">1. 기술금융
문제점
<출처: 금융위원회></td>
<td>3) 기술금융 평가서의 질적 저하 평가 측면</td>
<td>* 평가사 전문인력 변동 추이 : (2019년) 111명 → (2020년) 108명 → (2021년) 113명 → (2022년) 123명
→ 기술신용평가서가 충실하게 작성될 수 있도록 제도 개선</td>
</tr>
<tr>
<td>4) 평가 측면</td>
<td>① 기술신용평가사의 평가서 품질에 대한 우려에 따라 2022년부터 신용정보원은 기술신용평가서를 샘플링하여 품질을 평가
* 품질평가는 반기별로 진행되며 우수, 보통, 미흡 세 가지로 분류해 통보
② 신용정보원의 품질평가 지적사항에 대해 평가사가 이를 개선하지 않아도 별도의 불이익이 없어 문제 개선에 소극적 대응
* (2023년 상반기 결과) 평가사 : 보통5, 미흡1 / 자체평가은행 : 우수6, 보통2, 미흡1
→ 품질평가에서 문제점이 지적될 경우 기술신용평가사들이 이를 적극 시정할 수 있도록 할 수 있는 제도기반 마련 필요</td>
</tr>
<tr>
<td>2. 기술금융
개선 방안
<출처: 금융위원회></td>
<td>1) 기술금융 원래의 취지 강화</td>
<td>① 우대금리 명확화
가. 현황 및 문제점 : 기술기업들은 기술금융으로 어느 정도의 혜택을 받는지 명확하게 알 수 없음. 현재, 기술등급에 따라 지점장이 재량으로 금리를 인하해 주고 있지만 실제 금리가 낮아져 실행되었는지 확인하기 어려움
나. 개선
A. 기술등급별로 어느 정도 금리인하를 받았는지 알 수 있도록 개선. 은행은 기술등급별 금리인하 폭을 내규에 반영하고, 대출 실행 후 금리 정보(기술금융 취급 前 금리(최초금리), 기술등급 우대금리, 실행금리) 모두 신용정보원에 집중해 기술금융으로 어떤 우대를 받았는지 정확하게 파악 및 대출 잔액 등을 신용정보원에 집중
B. 은행 테크 평가 시 기술등급별로 더 높은 금리인하를 한 은행에 가점을 부여함으로써 금리 인하 경쟁을 유도. 기술등급 구간을 나눠 각 구간의 금리 제공정도를 측정 및 점수 부여
② 신용대출 확대 유도
가. 현황 및 문제점
A. 기술금융 대출(잔액기준) 중 신용대출 비중은 일반중기대출보다 다소 높은 편이나, 신용대출 비중은 감소 추세
* 기술금융 대출(잔액) 중 신용대출 비중(%) :
(2021년) 24.2 → (2022년) 23.1 → (2023년) 22.4
일반중기 대출(잔액) 중 신용대출 비중(%) :
(2021년) 11.3 → (2022년) 11.2 → (2023년) 11.8</td>
</tr>
</table>

2. 기술금융 개선 방안 <출처: 금융위원회>	1) 기술금융 원래의 취지 강화	B. 2019년 신용대출 확대를 위해 신용대출 배점을 상향 조정(15점 → 20점)한 후, 하락세는 멈췄지만 반등세를 보이지는 못함 나. 개선 : 기술금융의 신용대출 취급에 대한 가중치를 부여하여 담보위주의 여신 관행 개선(현행 20점 → 가중치 상향 조정)
	2) 평가의 독립성 강화	**[은행과 기술신용평가사와의 균형과 견제]** ① 저가입찰 유도 방지 가. 현황 및 문제점 : 은행은 매년 평가사의 수수료 및 은행 자체적으로 진행하는 품질심사평가 결과를 바탕으로 평가사별 연간 물량 배정. 일부 은행이 평가사별 물량배정에 수수료를 핵심요인으로 반영함에 따라 기술평가의 부실화를 유발하는 요인으로 작용 * 평가항목 : 수수료(30~50%), 자체 품질평가(20~30%), 업무협조도, 영업점 설문조사 나. 개선 : 은행의 평가사 물량배정 기준은 평가품질의 수준을 중점적으로 고려하고, 물량배정 기준을 투명화 A. 물량배정 시 신용정보원의 품질심사평가 결과를 활용 - 은행 자체적으로 시행 중인 품질심사평가를 신용정보원에서 운영중인 품질심사평가로 일원화(우수-보통-미흡등급으로 평가) - 은행과 평가사가 함께 신용정보원의 품질심사평가에 참여하여 평가의 객관성을 높이고 역량 강화 B. 은행은 신용정보원 품질심사평가 결과를 기준으로, 각 은행에서 중점적으로 고려하는 사항들을 반영하여 물량배정 기준 수립 - 다만, 각 은행의 물량배정 기준에서 수수료는 제외하고, 평가물량 배정 기준을 평가사에 사전 제공 * (예시) 평가 시 미흡등급을 받은 평가사에 물량의 일정부분(15% 이상) 배정 금지 C. 은행의 물량배정 기준 수립과 평가물량이 기준에 따라 배정되었는지 여부에 대해 테크 평가에서 사후적으로 점검 - 물량배정 기준 투명공개 및 평가품질이 물량배정에 반영됨에 따라 평가사는 평가품질 제고에 더욱 집중할 것으로 예상 ② 기술금융 신청 시 지점 영향력 배제 가. 현황 및 문제점 A. 대부분 은행은 지점이 본점에 기술금융 신청 → 본점이 평가사 2~3개 랜덤 추천 → 지점이 평가사를 선택

2. 기술금융 개선 방안 <출처: 금융위원회>	2) 평가의 독립성 강화	* 본점은 평가사에 대한 평가를 통해 사전에 물량을 배정하고, 지점이 신청할 경우 사전에 배정한 물량에 따라 랜덤으로 지점에 평가사 추천(다만, 일부 은행은 본점이 아닌 지점에서 평가사를 직접 선택) B. 지점에서 평가사를 선택할 경우, 평가사는 물량 확보를 위해 관대한 평가결과를 주겠다고 암시하면서 은행 지점에 영업 C. 또한 지점은 기술금융 실적을 위해 수수료가 낮고 비교적 관대한 평가 등급을 주겠다는 평가사에 평가를 의뢰할 유인 증가 나. 개선 A. 평가사 선정을 본점에서 지점에 랜덤으로 2~3개를 추천해 주는 방식으로 통일하여 평가사를 지점의 영향으로부터 독립 - 본점에서 지점에 평가사를 추천하는 방식도 은행 물량배정 기준에 따라 시스템이 자동으로 빈도를 조정 * (예시) A은행의 물량배분이 우수(40%), 보통(40%), 미흡(20%)인 경우 : 지점이 본점에 신청 시 본점은 10번 중 2번의 빈도로 미흡평가사를 지점에 추천 ③ 은행에 대한 행위 준칙 마련 가. 현황 및 문제점 A. 은행이 기술신용평가사의 평가에 영향을 미치는 행위를 방지할 제도적 근거 부족 * (은행) 사전등급 문의 → (기술신용평가사) 예상등급 사전제공 + 관대한 평가 암시 B. 신용정보법은 은행의 행위규칙을 별도로 규정하고 있지 않고, 은행의 요구를 따른 평가사에 대해서만 처벌조항 규정 나. 개선 A. 은행이 평가와 관련해 평가사와 평가결과에 부당한 영향을 미치지 못하도록 법적 근거 마련 B. 은행이 평가사에 사전에 등급을 문의하거나, 관대한 평가 등급을 요청하는 행위 등을 하지 못하도록 신용정보법상 근거 마련 ④ 은행의 양적확대 경쟁유인 방지 가. 현황 및 문제점 A. T6등급 이상 평가서만 참고하면 기술금융 실적으로 인정되므로 비기술기업에 대해서도 기술신용평가를 의뢰. 비기술기업에 대한 기술금융 이용이 많다는 지적에 따라 2022년도에 가이드라인을 도입해 기술금융 대상 규정

	- 가이드라인 시행 후 非기술기업의 기술금융 이용이 감소 중이나, 여전히 병 · 의원 등 생활밀접업종을 중심으로 기술금융 이용

[TCB 평가건수(全 업종, 생활밀접 업종)]

구 분	2019년	2020년	2021년	2022년	2023년
TCB 신규평가 건수(만 건)	24.6	33.4	39.5	38.7	30.3
생활밀접업종 건수(만 건)	2.3	4.8	5.5	4.0	2.5

2. 기술금융 개선 방안
<출처: 금융위원회>

2) 평가의 독립성 강화

B. 기술금융 대상이 가이드라인에 규정되어 있지만 대상을 포괄적으로 정의*하고 있어 은행이 평가를 의뢰할 수 있는 여지 존재

* (예시) 現 가이드라인에는 중분류인 광고업(713)으로만 규정되어 있어, 기술 연관성이 없고 광고용 설치물 임대 성격의 옥외 및 전시광고업(71391)도 기술금융으로 의뢰

나. 개선 : 은행이 비기술기업에 대한 기술평가를 의뢰하지 못하도록 가이드라인을 정비하고, 사후평가를 강화

A. 가이드라인을 개정해 기술기업의 분류를 중분류에서 세세분류로 구체화함으로써 기술금융 신청 대상을 보다 명확화

- 특히, 최근 은행들이 많이 의뢰한 비기술기업 업종은 기술금융대상에서 명확하게 배제

B. 은행에 대한 테크 평가 시 비기술기업에 대한 평가서 발급사례가 확인될 경우 감점 처리

3) 기술신용평가 내실화

[기술평가서를 충분히 작성토록 개편]

① 현지조사 의무화

가. 현황 및 문제점 : 기술신용평가의 핵심은 기업에 대한 정확한 조사이므로 신규평가 시에는 원칙적으로 현지조사를 하여야 함. 하지만 신규평가사에서는 인력 부족 등을 이유로 신규평가임에도 자체적으로 현장실사 생략 → 유선상으로 평가 진행 또한, 재평가의 경우, 기업에 대한 정확한 조사 없이 평가

나. 개선 : 평가서의 충실성을 담보할 수 있도록 현지조사 의무화

A. 신규평가 : 신규평가의 경우 현장조사를 생략할 수 있는 예외 사유를 축소(천재지변 등으로 현장에 접근이 어려운 경우)하여 현지조사를 사실상 의무화

B. 재평가 : 기존 평가에서 변경된 사항을 반영할 수 있도록 기업조사표*를 신설하고 조사표를 활용한 경우 현지조사 생략 가능

* 회사와 함께 인력, 매출, 사업구조 등 지난 평가 때 조사했던 현황과 달라진 사항을 정리한 표로, 재평가에는 의무적으로 활용

2. 기술금융 개선 방안
<출처: 금융위원회>

3) 기술신용평가 내실화

② 세부평가의견 작성 의무화

가. 현황 및 문제점

평가 시 등급산정 이유를 항목별로 기술한 세부평가의견 작성을 생략할 수 있도록 되어 있음

- 세부평가의견을 평가요소에서 생략하고 있어 등급산정 근거를 알기 어려워 평가의 질이 낮아지고 확인이 어려움

나. 개선

평가 결과의 근거를 알 수 있도록 세부평가의견 작성 의무화

③ 관대한 평가를 방지하는 기준 마련

가. 현황 및 문제점

은행자체 기술신용평가와 비교해 외부 기술신용평가사의 경우 관대한 등급을 주는 경향이 지속적으로 지적

- 정량평가 점수가 낮음에도 정성평가 점수를 올려 기술등급을 인위적으로 상향하는 일부 사례 발견 → 데이터의 신뢰성 저하
- 자체평가은행보다 정량점수가 낮음에도 동일한 기술등급을 받은 것은 평가사에서 정성점수를 상향하여 관대하게 평가했음을 의미
  * 기술평가모형은 정량 36점, 정성 64점으로 구성되어 평가자 의사가 크게 작용

[은행-TCB사간 등급별 정량평점 비교(2023년 상반기 기준)]

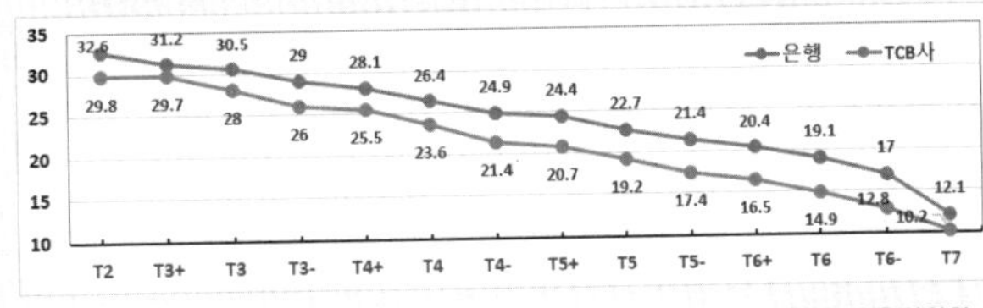

<출처: 금융위원회>

나. 개선

A. 기술신용평가사가 관대한 평가를 하지 못하도록 기술평가의 등급 판정 기준을 강화하고 기술평가 가이던스를 도입
- 등급산출 가이드를 마련하여 정성점수를 과도하게 상향하여 평가 결과를 관대화하는 행위 방지
- 특정 등급에 대한 정량점수 하한치 기준을 마련하여 기술등급 판정기준 보완
  * (예시) T6등급의 경우 정량점수가 12점 이하일 경우 평가 불가

B. 신용정보원에 집중된 정보와 AI기술을 활용하여 평가등급을 가이드해주는 가이던스 모델 개발 추진

C. AI가 학습된 데이터를 바탕으로 특정 기술등급을 제시하고, 평가자는 활용하고 평가하여 평가의 일관성과 신뢰성 확보

2. 기술금융 개선 방안

<출처: 금융위원회>

4) 사후평가 강화

① 기술평가사에 대한 평가 강화
 가. 현황
  A. 신용정보원은 반기별로 기술신용평가사의 평가보고서를 임의로 샘플링하여 평가사의 품질보고서를 평가
  B. 품질심사평가는 품질조직 등 규정 준수에 대한 정성평가와 평가서수준에 대한 정량평가로 구분
   * 정성평가 : 품질조직 등 품질규정 준수 여부에 따라 적정 / 부적정으로 평가
   정량평가 : 평가서 점수가 80점 미만일 경우 미흡, 95점 이상일 경우 우수
 나. 문제점 : 정성평가의 경우 일정 요건을 갖추기만 하면 적정으로 평가되므로 품질관리 수준을 정확하게 측정하기 어려운 측면
 다. 개선
  A. 정성평가를 정량평가로 전환하고, 기존 정량평가와 정성평가를 정량으로 통합해 점수제로 운영
   * 모든 항목을 계량화 하여, 총 점수 80점 미만 미흡, 90점 이상은 우수 부여
  B. 품질평가서의 수준을 평가하기 위한 샘플링 확대(10→30건)

구분			주요 심사 기준	판정
규정화 등	규정화 및 품질관리 책임자		품질관리를 위한 규정 수립 및 관리책임자 운영	정성 → 정량
품질요건	인력요건		전문인력요건 및 검수자 비율에 관한 사항	
	품질관리 체계		조직 체계, 검수자 실명제 실시, 검수이력 관리 등	
	모형관리	모형관리	가이드라인의 모형관리 및 운영 관련 사항을 준수	
		모형안정성 등급집중	등급 분포도 및 집중도 심사(평가 결과가 특정 등급에 쏠림현상이 있는지 검증)	
평가서수준 (샘플링 확대)	평가등급	등급정확성	평가등급 정확성 심사 (평가등급 산출 오류 검증)	정량
		등급적정성	평가등급 적정성 심사 (평가서 세부 의견 검증)	
	평가의견품질		평가의견의 전문성 중심 심사	
	기술금융 적합성		기술금융 대상 적정성 여부	

② 평가서에 대한 평가를 인센티브와 연계
 가. 현황 : 기술신용평가를 받은 대출 잔액을 한은 금융중개지원대출 대출실적에 반영 및 품질심사평가 결과를 정부부처 사업에 활용 중
  A. 한국은행은 기술신용평가를 받은 대출을 금융중개지원대출 실적에 반영하여 시중 은행에 낮은 금리로 자금 제공
   - 2023년 7월 기준, 기술형창업기업지원(기술신용평가를 받은 창업기업에 지원한 만기1년 內 대출)으로 금중대 지원 실적에 반영되는 대출잔액은 총 10.2조 원

2. 기술금융 개선 방안
<출처: 금융위원회>

4) 사후평가 강화

B. 평가결과 보통 이상 등급을 받은 평가사에 대해서는 산업부의 사업재편기업* 평가기관으로 참여할 수 있는 기회 제공

* 기활법에 따라 새로운 사업에 진출하거나 신기술을 도입하는 기업을 지원 → 사업재편이 기술적으로 타당한지 여부를 기술신용평가사가 사전에 심사

나. 문제점 : 품질심사평가 결과에 대한 인센티브는 있지만 패널티가 없어 평가사는 품질개선 노력에 소극적으로 대응

< 그간의 품질심사평가 결과 >

- ㅇ (2022년 상반기 결과) 평가사 : 미흡6 / 자체평가은행 : 우수6, 보통3
- ㅇ (2022년 하반기 결과) 평가사 : 보통3, 미흡3 / 자체평가은행 : 우수6, 보통2, 미흡1
- ㅇ (2023년 상반기 결과) 평가사 : 보통5, 미흡1 / 자체평가은행 : 우수6, 보통2, 미흡1

다. 개선

A. 우수 · 미흡 평가사에 대한 인센티브 및 패널티 부여

B. 공시 : 신용정보원 품질심사평가 결과를 반기마다 외부 공시

C. 인센티브 : 사업재편기업 평가에 참여할 수 있는 평가사를 현행 보통등급 이상 평가사에서 우수등급 평가사로 축소

D. 패널티 : 미흡등급을 받은 평가사의 평가를 받은 대출실적을 한국은행 금융중개지원대출 잔액에서 제외. 미흡평가사의 평가 잔액 제외 시, 은행은 품질심사평가 결과가 우수한 평가사에 물량을 더 많이 의뢰할 것으로 예상

5) 기술금융 규율 체계 정비

① 신용정보법을 개정하여 기술금융의 규율체계 정비

가. 현황

신용정보법은 평가사의 행위규칙에 대해 규정하고 있고 행위규칙 위반 시 과태료 및 신분제재 부과 가능

* 신용정보법 제22조의 6 및 동법 시행령 제18조의 5

나. 문제점

A. 신용평가의 기본원칙을 위반하는 중대한 행위를 함에도, 행위에 대해 제재할 수 있는 근거가 없어 처벌이 어려움

B. 평가사는 타인의 자격증 등을 도용하여 기업이 기술전문인력을 보유하고 있는 것처럼 평가하여 기술금융으로 취급(금감원 검사)

C. 평가사가 신용평가의 근간을 흔드는 중대한 행위규칙을 위반하더라도 기술신용평가 업무 수행 가능(감사원 감사)

2. 기술금융 개선 방안 <출처: 금융위원회>	5) 기술금융 규율 체계 정비	다. 개선 A. 신용정보법에 규정된 행위규칙을 정비하고, 중대한 행위규칙 위반에 대해서는 허가취소 등이 가능하도록 근거 마련 - 기술금융 가이드라인 기술평가 업무규범을 바탕으로, 신용정보법 행위규칙 정비 및 과태료 등의 제재근거 마련 (예시) ①타인의 자격증을 도용하여 허위평가, ②평가자에게 특정 평가결과를 강요하거나 업무 수행과 관련하여 인사상의 불이익을 주는 행위 등을 행위규칙에 추가 B. 은행이 평가사에 평가결과에 대한 부당한 영향을 미치지 못하도록 은행의 행위규칙도 신용정보법에 규정(전술) - 행위규칙 중 신용평가의 근간을 흔드는 중대한 위법행위* 를 행할 경우, 허가취소 등이 가능하도록 근거 마련 * (예시) 관대한 평가결과 암시, 허위평가 행위 등

3. 후속방안

2024년 4월 3일 기술금융 개선방안 시행을 위한 후속조치로서 기술금융 가이드라인 및 3대 평가 매뉴얼(기술신용평가, 품질심사평가, 테크 평가) 개정 작업이 마무리되어 2024년 7월 1일부터 시행되었다.

① 기술기업을 충실히 평가할 수 있도록 기술신용평가(기업의 기술(T)과 신용(CB)을 평가(현재 6개 평가사 및 10개 은행에서 평가중)) 제도 개선

- 우선, 은행이 일반 병 · 의원 및 소매업 등과 같은 非기술기업에 대해 기술금융을 의뢰하지 못하도록 기술금융 대상을 정비하고, 기술신용평가 시 현지조사와 세부평가의견 작성을 의무화하여 기술기업에 대한 평가가 충실하게 이루어질 수 있도록 개선한다. 또한, 은행에서 기술신용평가 의뢰 시 은행 본점에서 지점에 임의 배정하도록 하여 평가사에 대한 은행 지점의 영향력을 배제하고, 평가자 임의대로 관대한 평가를 하지 못하도록 기술신용평가 등급별 정량점수 최소기준 마련 및 AI기술을 활용하여 등급판정 가이드를 제공한다.
- 아울러, 평가자가 조사자료를 허위로 기재하거나 임의로 수정 · 조작하는 등 기술금융의 신뢰성을 저해하는 행위를 하지 못하도록 업무규범을 추가하고, 기타 기술신용평가 운영과정에서 제기된 평가 절차 명확화, 전문인력 요건 정비 및 업무규범 강화 등 추가 개선사항도 함께 마련하였다.

② 품질심사평가(은행 및 평가사에서 평가한 기술신용평가의 품질을 품질관리위원회에서 평가) 변별력 강화를 위해 평가기준 강화 등 제도 개선

- 품질심사평가 판정기준을 모두 점수화(정량)하는 등 품질심사 기준을 강화한다. 아울러, 품질심사평가 결과 우수평가사에는 정책사업 참여기회를 제공하는 반면 미흡평가사의 경우 同 평가사가 평가한 대출잔액을 한은 금융중개지원대출 잔액 실적에서 제외하는 등 환류체계를 강화한다. 또한 은행에서 평가사에 평가물량 배정 시 품질심사평가 결과를 기준으로 평가물량을 배정하도록 하여 평가사 자체적으로 평가품질을 개선하기 위한 유인을 강화한다.

- 이번 개편으로 품질심사평가의 중요도가 높아진 만큼 평가의 공정성을 높이기 위하여 재심의요구권을 신설하고, 기존 3단계로 분류되었던 평가결과를 5단계로 세분화하는 등 추가 개선사항도 함께 마련하였다.

③ 기술금융 본연의 취지가 강화되도록 테크 평가 제도 개선

- 테크 평가 지표에 은행의 기술금융 우대금리 제공 정도를 신규로 추가(16점)하고 기술금융의 신용대출 배점을 확대(20→24점)하는 등 담보 · 매출이 부족하더라도 기술력을 보유한 기업이 대출한도나 금리에서 우대받을 수 있도록 하여, 기술금융 본연의 취지를 강화하였다.

3. 후속방안

- 아울러, 우대금리 지표 추가 등에 따른 변화를 반영하여 기존 테크 평가 지표 배점을 전반적으로 조정하고, 정성평가 배점을 확대하는 등 제도 운영과정에서 제기된 추가 개선 필요사항도 함께 추진한다.

결론

의견 제시

이번 기술금융 개선사항은 연구용역과 전산구축이 필요한 사항을 제외하고 모두 2024년 7월 1일 시행되었다. AI평가등급 가이드는 연구용역이 필요한 사항임에 따라 2025년 1분기부터 시행할 방침이다. 또한 은행에 대한 테크 평가는 전산구축이 우선적으로 필요해 2024년 9월 이후 실적부터 평가한다.

아울러 은행 및 평가사에 대한 품질심사평가는 2024년 하반기 실적에 대해 2025년 상반기 평가부터 적용한다. 은행에 대한 테크 평가 또한 올해 전체 실적에 대해 내년 상반기 평가부터 적용할 예정이다.

금융위원회는 "이번 개선방안 시행으로 기술금융의 신뢰도가 높아지고 기술평가와 신용평가가 결합된 통합여신모형 구축에 필요한 양질의 기술신용데이터가 축적될 것"이라며 "이외에도 금융의 질적 성장을 통해 기술기업에 대한 금융지원이 강화될 것으로 기대된다"고 말했다. 하지만, 이번 개선안 도입이 기술금융의 확대로 이어질지 주목된다. 2024년 7월 2일 은행연합회에 따르면 2023년 4월부터 기술신용대출의 건수는 2023년 9월을 제외하면 꾸준히 하락세를 이어갔기 때문이다. 2023년 4월 82만 3, 753건에 달했던 기술신용대출 건수는 1년 새 13.31% 감소해 2024년 4월 71만 4,098건에 그쳤다. 한 달 뒤인 지난 5월 말에는 그보다 더 감소한 71만 84건을 기록했다.

기술신용대출 잔액도 지난 5월 308조 938억 원으로 전년 동기(317조 3, 759억 원) 대비 2.92% 줄어든 수치다. 2023년 4월에는 327조 4, 149억 원에 달했던 것에 비해 약 19조 원 가량 줄어든 규모다. 은행들이 기술신용대출 취급을 축소한 건 경기 침체, 수출 부진 등 여파로 중소기업의 부실 리스크가 확대된 영향이 컸다. 또 보여주기식 성과에 치중하느라 기술금융 취지에 맞지 않는 대출을 운용한 정황이 드러나면서 제도 자체에 대한 신뢰성이 크게 저하됐다는 지적이다.

금번 기술금융 개선방안과 관련, 금융회사의 혁신적 금융 지원이 얼마나 개선될지에 대해서는 좀 더 시간을 두고 지켜봐야 할 것으로 생각된다.

그 이유는,

첫째, 국내의 창업 · 벤처 생태계 기반이 부족한 상황에서 금융업을 둘러싼 환경 변화와 대내외 위험 요소들이 부각되고 있는 요즘 과연 리스크가 큰 창업 · 벤처기업에 얼마나 많은 금융 지원이 이루어질 수 있을지에 대한 의문

둘째, 과거 IT 버블 붕괴의 경험이 있는 금융회사들이 앞서 언급한 방식의 지원 외에 어떻게 중소 · 벤처기업의 니즈에 부합하는 금융 지원을 추진할 수 있을 지에 대한 의문

셋째, 수요자인 창업 · 벤처기업도 과거 금융회사의 금융 지원에 부정적인 인식이 여전히 남아 있어 금융회사로부터의 자금 조달을 꺼려하는 등 은행권 자금 수요 니즈가 적어 이러한 수요자와 공급자간의 문제점 등이 완전히 해소되지는 않았기 때문이다.

전문가들은 IP금융의 활성화를 위해서는 정책금융에 대한 높은 의존도를 낮추는 한편, 은행 외의 다른 업권에도 역할을 분담해 대출뿐만 아니라 투자 등 다양한 기능이 수행될 수 있도록 추진해야 한다고 주장한다. 은행뿐만 아니라 증권사. 자산운용사도 우수 IP를 발굴하고 혁신기업에 대한 투자 기능을 적극 수행함으로써 역할을 분담할 필요가 있다. 대형 증권사는 IP에 대한 위험투자 기능을 담당하고, 우수 IP를 발굴하기 위해 기술평가에 전문성이 있는 기관과 협업 체제도 구축할 필요가 있다.

<금융기관>

첫째. 금융기관 자체적으로 기술력 평가에 대한 객관성과 담보성을 위하여 전문가의 양성과 이들 전문가들의 평가나 대책이 실무까지 잘 연결되어 질 수 있는 프로세스와 규정의 확립이 필요하다. 특히, 이러한 기술력의 미래 현금창출능력을 예측, 관리할 수 있는 역량이 핵심인 만큼, 세밀한 준비가 필수적이다.

둘째, 기술력 있는 기업 앞 직접 금융지원이 창구에서 원활히 이루어 질 수 있도록 합리적인 면책제도의 도입이 필요하다.

셋째, IP금융은 기존의 기업일반대출이나 운영비대출과는 그 자금의 용도가 확연히 차별화되는 바, IP금융지원 후의 사후관리가 무엇보다 중요하다. 투입된 자금이 실제 기술의 발전과 기술의 완성에 흘러 들어가는 지 확인하는 검증절차를 마련하여야 하며 적극적인 여신관리 업무가 요구된다. 특히 IP금융의 경우 부실화될 경우 금융기관의 피해는 상당할 가능성이 높은 바, 무엇보다 체계적이고 증빙우선의 여신집행이 선행되어야 한다.

03 논술사례

주제 1

기술금융의 문제점과 금융당국의 개선 방안에 대하여 논하라.

답안

서론

최근 기술신용평가 제도의 미흡함에 대한 문제가 대두되면서, 제도가 은행권의 실적 쌓기로 변질되고 있는 것이 아니냐는 지적이 계속되고 있다. 기술금융은 담보나 **매출이** 부족하더라도 기술력을 가진 기업에 대한 대출 한도나 금리를 우대해주는 제도이다. 2014년 기술 금융 도입 이후, 제도는 기술력을 보유한 중소기업의 금융 접근성을 증대했다. 전반적인 양적 성장에도 불구하고, 등급 인플레나 **지원 규모 대비 높은 평가건수 증가율** 등의 세부 지표는 기술 금융의 한계점으로 지적되었다. 이에 본고는 현 기술금융 체계의 문제점 – 금융당국의 개선방안에 대해 논하고자 한다.

재무가

표현이 다소 애매합니다.

본론

현 기술 금융 체계의 문제점

① **기술 평가 모델에 대한 문제점**

세계적으로 활용되는 기술평가지표는 **아이디어-연구개발-시제품-생산-양산** 과정을 가정한 기술사업화 프로세스이다. **특히**, 국내에서는 이를 기술/시장/사업의 세가지 관점에서 해석한

이런 경우
[ ] 나 " "
기호를 활용하면 좋습니다

반면

Goldsmith의 모델이 준용되고 있다. 하지만, 이 모델은 기능적 한계로 대부분의 해외기관에서는 보조적 모델로 쓰인다. 그럼에도 불구하고 해당 모델에 전적으로 의존하고, 개별적 지표의 유의성에만 집중하는 국내 시스템은 기술금융시장의 신뢰도를 하락하게 만든다.

최근에는 기술의 종류, 연구개발 행태, 기술 및 시장의 특성 등이 다양해지고 복잡성이 증가했다. 이는 산업 및 기술별로 기술 사업화 전략이 같지 않으며, 이에 부합하는 평가 모델도 달라져야 한다는 것을 의미한다.

② 은행의 우월적 지위로 인한 기술금융 왜곡

T6등급 이상 대출이 기술금융 실적으로 인정됨에 따라, 은행은 독자적 지위를 이용해 평가사에 대해 불합리한 요구를 했다. 첫째, 비기술기업에 대해서도 평가를 의뢰한다. 둘째, 평가 의뢰시 평가사에 관대한 평가결과를 요청한다. 셋째, 원하는 등급을 제공하는 평가사에게 평가를 의뢰한다.

소위 갑질이라고 할 수 있는 은행의 행태에도 불구하고, 평가사는 좀 더 많은 평가물량을 배정받기 위해 은행의 요구에 부응한다. 이는 비기술기업에 대한 기술평가가 이루어지고, 평가 데이터가 특정 기술등급으로 쏠리도록 하는 결과를 초래했다. 은행과 기술신용평가사 간의 독립성이 필요함을 시사하는 결과이다.

③ 기술금융의 양적 증가로 인한 기술신용평가의 질적 하락 문제

기술금융의 양이 크게 늘어남으로 인해, 은행은 비용절감을 추진했다. 이에 따라, 기술신용평가사 역시 현장 실사 생략 등의 행위로

비용절감을 **위해 노력하면서** 전반적인 질적하락이 발생했다. 기술 금융은 기술평가를 통해 판단한 기업의 미래 가치에 기반한 **금융 행위임에 따라**, 신뢰가 기반이 되어야 한다.

추구하다 보니

금융행위이기 때문에 특히

④ 기술신용평가사의 평가에 대한 제도 미흡

2022년부터 신용정보원이 기술신용평가서에 대한 품질을 평가하는 제도가 실시되었다. 하지만, 신용정보원의 평가에도 불구하고 이를 개선하지 않아도 별다른 불이익이 없다는 것이 문제로 지적된다. 제도가 미흡하기 때문에 평가사들은 제도를 적극 시정하지 않고, 이는 평가에 대한 신뢰도 하락 문제로 직결된다.

결론

금융당국의 대응 방안

① 다양한 이해관계자 협력을 통한 적합한 평가 지표 마련

기술 변화 주기가 빨라지고, 기술간 융합이 다변화됨에 따라 기술-시장-산업을 아우르는 평가 모델이 요구된다. 현재의 평가 모델은 산업 요소의 개별적 유의성**에** 의존하게 된다는 것이 문제점이었다. 기존 모델을 일부 수용하되, 전문가 집단을 내재화해 모델의 변화를 꾀할 필요가 있다. 금융 전문가 집단뿐만이 아니라, 다양한 산업 전문가 집단을 통해 여러 변수들을 고려한 통합적인 지표 마련이 필요하다.

에만

② 은행이 질적 확대에 집중하도록 제도적 개선 필요

T6 등급 이상 대출의 평가서만 있으면 실적으로 인정되는 현 제도는 은행이 양적 확대**에** 집중하도록 만들었다. 비기술기업까지 기

에만

술금융의 대상으로 인정되는 현상은 기술금융이 질적으로 성장할 수 없는 한계점으로 지적된다. 따라서, 은행의 실적 판단 기준을 구체적으로 세부화한 지표를 마련해야 한다. 평가서 제출에 그치지 않고, 제3자를 통해서 은행에 대한 2차 평가를 진행해야 할 필요가 있다. 자금조달의 규모나 관련 사업 조사를 통해 기술금융의 수혜자가 제대로 선정되었는지 조사하는 것은 기술금융의 질적 성장에 기여할 수 있다.

③ 은행과 평가사 간의 독립성 강화

우월적 지위를

은행이 **권력을** 남용해 비기술기업 평가서를 평가사에 의뢰하는 행위가 빈번하다. 이를 방지하기 위해 비기술기업 평가서 적발 시, 은행의 실적 무효화 등의 강력한 제도적 준칙을 마련하는 것이 중요하다. 추가로, 은행과 평가사의 독립적 운영을 위해 은행과 평가사를 중간 연결하는 부서를 마련하는 방식도 고려해 볼 수 있다.

④ 평가 과정에서 <휴먼인더루프> 방식의 도입

평가자들의 정성적 평가로 인해 평가의 정확도가 낮아지는 문제점이 발생한다. 정성적 평가보다는 정략적 평가 위주로 기술기업이 판단될 수 있도록 세부적이고 구체적인 기준을 마련해야 한다. 하지만, 사람이 평가하는 기술평가의 특성상 정성적 평가를 배제하기란 쉽지 않다. 기술기업의 확대와 산업 복잡도 증대를 고려해 AI 모델을 통한 기술등급 평가 방식을 도입할 수 있다. 추가로, 편향성과 제한적 설명 가능성을 가지는 AI의 특성을 고려해 <휴먼인더루프> 방식도 고려해볼 수 있다.

chapter 03 금융환경 변화와 맞춤형 기업금융 지원

01 논제 개요 잡기 [핵심 요약]

서론	이슈언급	고금리 · 고물가 현상이 장기간 지속되고 있어, 기업의 매출 · 영업이익 감소 등 부담이 가중되고 있다. 물론 물가는 점차 하향 안정세, 경기는 수출 중심으로 회복세로 전환되는 등 위기는 진정 국면에 진입할 것으로 평가되고 있으나, 여전히 금리가 높고, IT · 반도체 등 특정 수출산업에 집중된 업황 회복으로 인해 전반적 체감경기는 좋지 않은 상황이다. 한편 우리나라 기업금융 부문의 경우, 2019년 말 이후 기업신용이 GDP 성장에 비해 빠르게 증가하면서 레버리지가 지속적으로 확대되었으며, 과다부채 임계치를 크게 상회하는 등 기업금융은 자금수요 지속 및 코로나 지원정책 등으로 빠르게 증가해 왔다. 특히, 비은행 위주로 기업대출 연체율이 급증하는 가운데, 기업신용위험도 높은 수준으로 지속중인 상황이다. 기업의 성장성과 수익성이 전반적으로 하락하는 가운데, 채무상환능력도 크게 저하된 점도 유의해야 할 대목이다. 따라서 이제는 AI · 로봇 · 신소재 등 산업구조 전환과 글로벌 분절화 · 공급망 재편에 효과적으로 대응하기 위해 과감하고 선제적인 투자가 필요하다. 이에 본지에서는, 기업금융의 현황 및 개선 방안들에 대하여 살펴본 후, 고금리 어려움 극복과 신산업 전환을 위한 맞춤형 기업금융 지원방안들을 도출해 보기로 한다.

<table>
<tr><td rowspan="5">본론</td><td>1. 기업대출 시장 특징 및 리스크</td><td>1) 특징 및 리스크</td><td>① 코로나 발생 이후 국내 기업금융시장은 회사채 발행여건 악화 등으로 대출 비중이 증가하는 한편, 비은행 위주로 기업대출 연체율이 급증하고 기업신용 위험도 높은 수준으로 지속되고 있는 상황이다.
② 대출시장을 기준으로 최근 기업금융의 특징
③ 기업금융시장의 주요 리스크 요인
가. 부동산 · 건설 업종 대출 레버리지가 큰 폭 확대되는 동시에 연체기업 비율이 증가하고 있어 향후 부동산 경기에 따른 부실확대가 가능한 점
나. 기업의 성장성과 수익성이 전반적으로 하락하는 가운데 채무상환 능력도 크게 저하되고 있는 상황
다. 3高(고금리 · 고환율 · 고유가) 장기화 및 체감경기 부진 등 거시경제 환경 악화된 점</td></tr>
<tr><td>2. 맞춤형 기업금융 지원방안</td><td>1) 요약</td><td>은행과 정책금융기관이 적극적으로 협력하여 기업이 처한 경영상황 및 기업규모별 맞춤형 기업금융지원방안 마련
① 우리경제의 경쟁력을 강화하는 초격차 · 주력산업 영위기업에 집중 지원하여 산업구조의 글로벌 경쟁력을 강화
② 국내산업의 밸류체인 강화 및 산업구조 개선을 지원하여 우리경제의 단단한 하부구조를 확립
③ 고금리 등으로 어려움을 겪는 기업의 경영애로를 해소하고 위기기업에는 신속한 정상화 및 실패 후 재기를 지원
④ 은행이 기업금융을 적극 지원하도록 제도 · 인프라 개선</td></tr>
<tr><td rowspan="2">3. 맞춤형 기업금융 지원방안</td><td>1) 신산업 · 혁신성장 및 첨단산업 지원(26조 원)</td><td>[목적]
첨단산업 영위기업은 내부유보자금 등을 통해 투자수요에 대응하고 있으나 필요자금에는 미치지 못하는 상황 → 미래 먹거리의 경쟁우위 확보를 위해 투자를 증가시키는 첨단산업 영위기업에 정부와 은행권이 집중 지원
① 공급망 안정기금(2024년 5조 원)
② 초격차 주력산업 지원(15조 원, 산업은행)
③ 신성장 진출 중견기업 전용 저리대출 프로그램(6조 원, 시중은행)
※ 5대 은행 5조 원 + 산업은행 1조 원</td></tr>
<tr><td>2) 밸류체인 강화 및 산업구조 개선 지원 (30.6조 원)</td><td>[목적]
핵심산업의 소재 · 부품 · 장비를 생산하며 산업구조를 뒷받침하는 중견 · 중소기업의 경쟁력 강화를 위해 다양한 프로그램 마련</td></tr>
</table>

본론	3. 맞춤형 기업금융 지원방안	2) 밸류체인 강화 및 산업구조 개선 지원 (30.6조 원)	- 신사업 진출 및 설비확장을 통해 산업의 허리기능을 원활히 수행할 수 있도록 전용펀드 및 저리 대출 프로그램 제공 - 회사채 등 발행지원을 통해 자본시장 접근성 제고 - 성장 후에도 충분한 자금을 공급받도록 성장사다리 마련 ① 중견기업 전용펀드 및 중소기업用 저리대출 프로그램 (26.3조 원) ※ 5대 은행 프로그램 10조 원 + 정책금융기관 16.3조 원 ② 중견기업의 자본시장 등 다양한 자금조달수단 활용 지원(2조 원)
		3) 고금리 등 경영애로 해소 및 재기 지원 (19.4조 원)	① 고금리 부담 경감 프로그램(17.3조 원) ※ 5대 은행 프로그램 3조 원 + 정책금융기관 14.3조 원 ② 유동성 부족기업: 신속하고 확실한 지원을 통해 정상기업화 (1.7조 원) ③ 재창업기업 : 성실경영 후 실패경험 기업인 ※ 재창업 지원 (0.3조 원)
		4) 기업대출 제도 및 인프라 개선	① 기업금융 확대를 위한 규제합리화 추진 ② 기관간 자료 공유를 통해 은행의 여신심사 효율성 제고
결론	의견제시		고금리, 고환율 환경에서 국내기업의 성장성 및 수익성이 회복되지 않은 가운데 금융비용 부담이 민간 소비 · 투자 등 실물경기 위축으로 연결될 소지가 큰 상황이다. 특히, 기업 채무상환능력 저하로 취약기업 중심으로 부실 확대가 예상된다. 이에 금융당국과 금융기관은 첫째, 부동산 · 건설업 위주 기업대출 확대에 따른 해당 업종 재무건전성 저하, 금융시장으로의 리스크 전이 가능성 등에 사전 대비할 필요가 있다. 둘째, 경기 회복을 위해 금융중개 기능이 필수적으로 요구되는 만큼 일시적 유동성 부족 기업에 대해서는 선별적인 지원이 필요하다. 셋째, 은행권과 비은행권 모두 코로나 시기 비제조업 대출이 제조업대비 빠른 속도로 증가하였고 포트폴리오內부동산 · 건설 비중도 급증했다. 이는 산업발전을 위해 리스크를 부담하고 자금을 공급하는 자금중개기능이 취약하였다는 반증이다. 따라서 주로 제조업에 해당하고 高리스크 · 장기 회수기간의 특성을 보유한 첨단전략 산업, 산업대전환 산업에 대해 정책금융기관을 중심으로 선별적 지원을 강화해야 한다.

02 논제 풀이

서론

이슈 언급 고금리 · 고물가 현상이 장기간 지속되고 있어, 기업의 매출 · 영업이익 감소 등 부담이 가중되고 있다. 물론 물가는 점차 하향 안정세, 경기는 수출 중심으로 회복세로 전환되는 등 위기는 진정 국면에 진입할 것으로 평가되고 있으나, 여전히 금리가 높고, IT · 반도체 등 특정 수출산업에 집중된 업황 회복으로 인해 전반적 체감경기는 좋지 않은 상황이다.

1. 물가상승률(%): (2022년) 5.1 (2023년) 3.6 (2024년 현재까지) 2.6(2024년 하반기 이후 2% 중반 안정 전망, 한국은행)
2. 수출증가율(전년 동월비, %) (2022년 12월)△9.7 (2023년 6월)△6.0 (2023년12월)+5.0
3. 은행권 기업대출 금리(%, 연도 말): (2020년) 2.84 (2021년) 3.14 (2022년) 5.56 (2023년) 5.29

한편 우리나라 기업금융 부문의 경우, '19년말 이후 기업신용이 GDP 성장에 비해 빠르게 증가하면서 레버리지가 지속적으로 확대되었으며, 과다부채 임계치를 크게 상회하는 등 기업금융은 자금수요 지속 및 코로나 지원정책 등으로 빠르게 증가해 왔다. 특히, 비은행 위주로 기업대출 연체율이 급증하는 가운데, 기업신용위험도 높은 수준으로 지속중인 상황이다. 기업의 성장성과 수익성이 전반적으로 하락하는 가운데, 채무상환능력도 크게 저하된 점도 유의해야 할 대목이다.

<출처: KDB미래전략연구소>

따라서 이제는 AI · 로봇 · 신소재 등 산업구조 전환과 글로벌 분절화 · 공급망 재편에 효과적으로 대응하기 위해 과감하고 선제적인 투자가 필요하다. 이미 미국 · EU 등은 생산기지를 인접국 · 우방국으로 옮기고(프렌드쇼어링), 중국 外공급기지 역할 대체지역에 대한 관심이 증가하고 있는 등 외부환경의 변화는 우리에게도 새로운 기회가 될 수 있다는 점에 유념해야 한다. 英「Economist」는 중국의 대안으로 경제발전 수준이 높은 한국 · 일본 · 대만 · 싱가포르, 인구가 많은 인도 · 인니, ASEAN국가(베트남 · 캄보디아 등) 알타시아(Alternative+Asia)를 주목해야 한다고 했다. 따라서 정책당국은 고금리 등 어려운 거시 경제환경에 효과적으로 대응하면서도, 신산업 전환 · 미래먹거리 확보를 통해 글로벌경쟁력 유지를 위한 기업금융 부문 지원을 강화해야 할 때이다.

이에 본지에서는, 기업금융의 현황 및 개선 방안들에 대하여 살펴본 후, 고금리 어려움 극복과 신산업 전환을 위한 맞춤형 기업금융 지원방안들을 도출해 보기로 한다.

본론

1. 기업대출 시장 특징 및 리스크 <출처: KDB미래전략연구소>	1) 특징 및 리스크	① 코로나 발생 이후 국내 기업금융시장은 회사채 발행여건 악화 등으로 대출 비중이 증가하는 한편, 비은행 위주로 기업대출 연체율이 급증하고 기업신용 위험도 높은 수준으로 지속되고 있는 상황이다. ② 대출시장을 기준으로 최근 기업금융의 특징

가. 코로나 발생 이후 운영자금 수요 등으로 대기업 · 중소기업 모두 대출이 크게 확대되고 있다.
나. 비은행 기업대출이 중소기업 중심으로 크게 증가하고 있다.
다. 기업대출은 부동산 · 건설 및 코로나 피해업종 위주로 증가하였다.

1. 기업대출 시장 특징 및 리스크
<출처: KDB미래전략연구소>

1) 특징 및 리스크

③ 기업금융시장의 주요 리스크 요인
가. 부동산 · 건설 업종 대출 레버리지가 큰 폭 확대되는 동시에 연체기업 비율이 증가하고 있어 향후 부동산 경기에 따른 부실확대가 가능한 점
나. 기업의 성장성과 수익성이 전반적으로 하락하는 가운데 채무상환능력도 크게 저하되고 있는 상황
다. 3高(고금리 · 고환율 · 고유가) 장기화 및 체감경기 부진 등 거시경제 환경 악화된 점

2. 맞춤형 기업금융 지원방안
<출처: 금융위원회>

1) 요약

은행과 정책금융기관이 적극적으로 협력하여 기업이 처한 경영상황 및 기업규모별 맞춤형 기업금융지원방안 마련
① 우리경제의 경쟁력을 강화하는 초격차 · 주력산업 영위 기업에 집중 지원하여 산업구조의 글로벌 경쟁력을 강화
② 국내산업의 밸류체인 강화 및 산업구조 개선을 지원하여 우리 경제의 단단한 하부구조를 확립
③ 고금리 등으로 어려움을 겪는 기업의 경영애로를 해소하고 위기기업에는 신속한 정상화 및 실패 후 재기를 지원
④ 은행이 기업금융을 적극 지원하도록 제도 · 인프라 개선

[맞춤형 기업금융 지원방안 요약]

	신산업·혁신성장 첨단산업분야 지원	밸류체인 강화 및 산업구조 개선	경영애로 해소 및 재기지원	지원규모
첨단산업	▶공급망 안정기금 운영(수은, 5조원) ▶초격차 주력산업 지원(산은, 15조원) ▶정책금융기관이 PF방식 자금지원 검토			20조원
중견기업	▶중견기업 전용 저리대출 (5대銀+산은, 6조원)	▶중견기업전용펀드 (5대銀, 5조원) ▶P-CBO(산은·신보, 2조원) ▶성장사다리 보증지원 (5대銀신기보, 2.3조원)	▶고금리·고물가 애로해소 (정책금융 12.3조원)	15.3조원
중소기업	▶신산업 진출 및 설비투자 확대 등 자금지원 (5대銀 5조원+ 정책금융 16.3조원)		▶매출감소 중소기업 금리인하 프로그램 (5대銀·기은, 5조원) ▶신속정상화 및 재기지원 (은행권, 기은, 신보, 캠코 2조원)	40.6조원
지원규모	26조원	30.6조원	19.3조원	75.9조원+@

제도개선 인프라	
	▶ 은행이 정부 등이 보조하는 모험펀드에 투자하는 경우 RWA적용 개선, 담보부 미실행대출에 대한 위험가중치 인하
	▶신용정보원에 집중된 정보를 "산업별" → "기업별" 로 은행에 제공하여 여신심사 지원

※ 총 75.9조원 중 5대 은행은 총 20조원의 프로그램에 참여·지원

<출처: 금융위원회>

3. 맞춤형 기업금융 지원방안 <출처: 금융위원회>	1) 신산업 · 혁신성장 및 첨단산업 지원 (26조 원)	**[목적]** 첨단산업 영위기업은 내부유보자금 등을 통해 투자수요에 대응하고 있으나 필요자금에는 미치지 못하는 상황 → 미래 먹거리의 경쟁우위 확보를 위해 투자를 증가시키는 첨단산업 영위기업에 정부와 은행권이 집중 지원 ① 공급망 안정기금 (2024년 5조 원) 가. 수입선 다변화 · 대체기술 개발 · 국내 유턴기업 및 해외자원 확보 등에 자금이 필요한 기업(선도사업자: 경제안보품목의 안정화계획을 소관부처에 제출하여 선정된 사업자)을 집중 지원(기재부, 수출입은행) 나. 지원 규모 : 기금채권 발행한도 (2024년 하반기 5조 원 예정) 범위 내 다. 지원 일정 : 2024년 6월 '공급망기본법' 시행, 2024년 상반기 중 국회 보증동의, 전담조직(수은) 및 기금심의회 구성 등 통해 하반기 운용 개시 ② 초격차 주력산업 지원 (15조 원, 산업은행) 가. 주력산업 및 신수출 동력산업 중 산업전반에 파급효과가 커 향후 수출증대 효과가 클 것으로 예상되는 5대 분야(반도체, 이차전지, 바이오, 원전, 디스플레이)에 지원 A. 그간 지원 성과 : 2023년 2월 출시 이후 연말까지 6.7조 원 지원되어 수출 대기업 · 관계기업의 부담 경감 中 B. 지원 내용 : 고금리가 지속되는 점을 고려하여 첨단산업 영위기업에 대출금리 최대 △1.2%p 인하, 총 지원규모 확대 C. 지원 규모 : 15조 원 D. 지원 일정 : 2024년 중 계속 지원 나. 첨단전략산업의 대규모 자금수요에 대해서는 정책금융기관 및 민간금융사 등이 함께 참여하는 PF방식 자금지원 검토 A. 지원 대상 : 반도체 · 이차전지 등 대규모 설비투자가 필요한 첨단전략산업 영위 기업 B. 지원 구조 : 수요기업 등이 SPC를 설립하고 대주단(정책금융기관 · 민간금융사 등)은 SPC에 자금을 공급하여 설비 투자 진행 C. 지원 내용 : 일정한 조건을 만족하는 경우 정책금융기관과 민간금융사 등이 함께 대주단으로 참여하여 자금을 공급 ③ 신성장 진출 중견기업 전용 저리대출 프로그램(6조 원, 시중은행) ※ 5대 은행 5조 원 + 산업은행 1조 원 가. 신성장 분야로 신규진출 · 확대 투자를 원하는 중견기업을 위해 최초로 민간은행 중심의 중견기업 전용 저금리 대출프로그램 마련

3. 맞춤형 기업금융 지원방안 <출처: 금융위원회>	1) 신산업 · 혁신성장 및 첨단산업 지원 (26조 원)	나. 지원 규모 : 산업은행과 5대 은행이 각각 1조 원씩 총 6조 원 다. 지원 대상 : 성장잠재력이 높은 9대 테마, 284개 품목으로 구성된 '혁신성장공동기준'에 해당하는 품목 영위 기업을 폭넓게 지원(시스템반도체, 경량화소재, 스마트팩토리 등 최신기술, 산업트렌드 및 정부 정책 등을 반영하여 주기적으로 갱신됨 → 취급은행은 판단가이드를 공유 - 중견기업이 혁신품목을 직접 생산 · 활용하는 경우 뿐만 아니라 해당 품목 관련 전 · 후방산업 업체도 이용 가능) 라. 지원 내용 : 기업의 설비투자, R&D자금, 운영자금 등에 대해 업체당 최대 1, 500억 원까지 1%p 금리를 우대하여 대출 지원. 시설자금 최대 1,000억 원, 운영자금 최대 500억 원
	2) 밸류체인 강화 및 산업구조 개선 지원 (30.6조 원)	**[목적]** 핵심산업의 소재 · 부품 · 장비를 생산하며 산업구조를 뒷받침하는 중견 · 중소기업의 경쟁력 강화를 위해 다양한 프로그램 마련 - 신사업 진출 및 설비확장을 통해 산업의 허리기능을 원활히 수행할 수 있도록 전용펀드 및 저리 대출 프로그램 제공 - 회사채 등 발행지원을 통해 자본시장 접근성 제고 - 성장 후에도 충분한 자금을 공급받도록 성장사다리 마련 ① 중견기업전용펀드 및 중소기업用 저리대출 프로그램(26.3조 원) ※ 5대 은행 프로그램 10조 원 + 정책금융기관 16.3조 원 가. 중견기업 신산업 지원 전용 펀드 : 중견기업이 신사업 진출을 통해 산업생태계의 중심축으로 성장할 수 있도록 최초로 은행권 공동 중견기업전용펀드를 도입 A. 투자 규모 : 최대 5조 원, 1차로 5,000억 원 규모로 조성하고 성과에 따라 운영규모 확대 B. 조성 계획 : 2024년 3분기까지 1차 펀드 결성 완료 후 집행 나. 시중은행이 신산업에 진출하는 중소기업 우대 : 설비투자 확대, 사업재편 및 미래혁신산업 진출을 추진하는 중소기업을 위해 5대 은행이 우대금리로 대출프로그램 제공 A. 대상 신산업으로의 사업구조 전환 및 사업확대 등을 추진하는 중소기업에 대한 신규 설비자금 및 운영자금 지원 B. 은행은 자율적으로 지원상품을 신규개발 또는 기존상품에 우대조건을 적용 하는 방식으로 상품을 제공 C. 지원 내용 : 우대금리 적용(프로그램별 금리감면 최대 △1.0%p) D. 지원 규모 : 5대 은행이 각각 1조 원씩 총 5조 원 다. 정책금융기관이 성장이 필요한 중소기업에게 우대자금지원 : 전략산업을 영위하기 위한 사업확장, 기술력이 우수한 중소기업 등에게 우대조건의 정책금융 자금을 제공

3. 맞춤형 기업금융 지원방안
<출처: 금융위원회>

2) 밸류체인 강화 및 산업구조 개선 지원 (30.6조 원)

A. 지원 대상 : '정책금융지원협의회' 선정 5대 전략분야(글로벌 초격차산업 육성, 미래유망산업, 사업재편, 유니콘 육성 등 영위) 12대 국가 전략기술(반도체 · 디스플레이, 인공지능, 양자, 첨단모빌리티, 차세대원자력, 바이오, 우주 등), 신성장 4.0 영위기업

B. 재무제표 비중을 낮추고 미래추정 영업 이익 등을 고려한 혁신성 · 성장성 기반 여신심사를 통해 기술기반 자금공급(매출이 아닌 투자유치금액 기반 보증한도 우대, IBK창공 · Start-up NEST 등 창업기업용 종합플랫폼 추천기업에 대한 우대조건 대출

C. 지원 내용 : 우대금리 적용(프로그램별 금리감면 최대 △1.5%p) 및 보증료 감면, 최대 보증비율 우대 등

D. 규모 : 산은 5.7조 원, 기은 6.1조 원, 신보 2.5조 원, 기보 2조 원 등 총 16.3조 원

② 중견기업의 자본시장 등 다양한 자금조달 수단 활용 지원(2조 원)

가. 첨단 · 전략산업 자금조달을 위한 P-CBO 발행 지원 : 회사채 발행이 어려운 중견기업의 첨단기술 · 전략사업 수행. 투자자금 조달을 위한 사모사채(P-CBO) 발행 지원

A. 지원 방식 : 중견기업이 사모사채를 발행할 때 유동화증권에 대한 신용보강 지원

B. 지원 규모 : 1.8조 원 *산은 0.3조 원 및 신보 1.5조 원

[사모사채 유동화(P-CBO) 구조도]

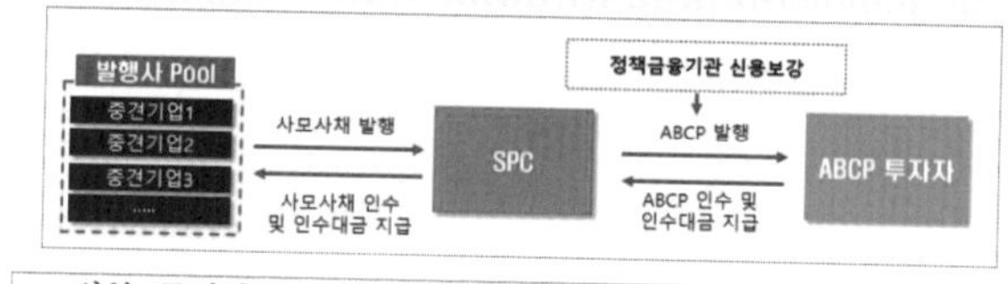

※ 외부 증권사를 통하지 않고 **신보가 직접 유동화증권을 발행**할 수 있도록 하여 발행금리 인하도 추진(신보법 개정사항) (평균 연간 △0.5%p 비용 인하 기대*)

* P-CBO 편입 기업의 평균 조달액 59억원 → 기업당 평균 연 3,000만원 비용축소

<출처: 금융위원회>

나. 매출채권 유동화(팩토링) 지원대상을 중견기업까지 확대

신보(팩터)가 상거래매출채권을 매입하면서 신청기업에 즉시 자금을 제공하고, 채권만기일에 구매기업으로부터 대금 회수 → 신청기업이 신속하게 유동성을 확보하는 장점

A. 중견기업도 팩토링을 이용할 수 있도록 개선하고, 향후 경제상황 및 지원여력을 고려하여 지원대상을 확대

3. 맞춤형 기업금융 지원방안

<출처: 금융위원회>

2) 밸류체인 강화 및 산업구조 개선 지원 (30.6조 원)

B. 우선 매출액 3,000억 원 미만의 중견기업부터 도입 → 지원 대상 점차 확대

C. 지원 규모 : 연간 팩토링 지원 1, 500억 원 중 중견기업 400억 원

다. 성장단계별 보증지원 프로그램(2.3조 원)

※ 5대 은행 1.5조 원 + 신보여력 0.5조 원

A. 은행의 임의출연을 기반으로 신보가 '중소기업 → 중견기업' 성장 단계별 보증지원 프로그램을 통해 기업의 성장사다리 지원

B. 지원 대상 : 매출액과 도약단계를 기준으로 중소기업이 중견기업으로 성장하는 과정에 따라 지원

<중견기업 단계 구분(신용보증기금)>

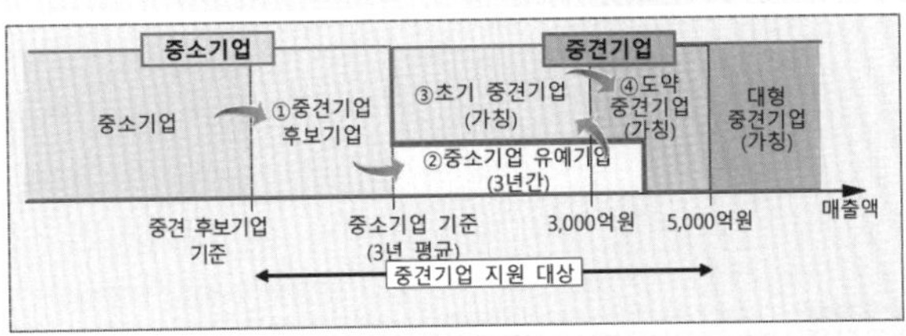

<출처: 금융위원회>

C. 지원 규모 : 2.3조 원 → 신보의 보증여력 0.5조 원 + 기보 보증 여력 0.3조 원 + 5대 은행의 신보임의출연을 통한 협약보증 1.5조 원

D. 지원 내용 : 기업당 최대 보증한도를 확대(100억 원 → 최대 500억 원)하여 중견기업도 보증부 저리자금을 이용한 투자가 가능

E. 출시 시기 : 2024년 상반기 시행

[중소 · 중견기업 성장사다리 맞춤형 보증지원(신용보증기금)]

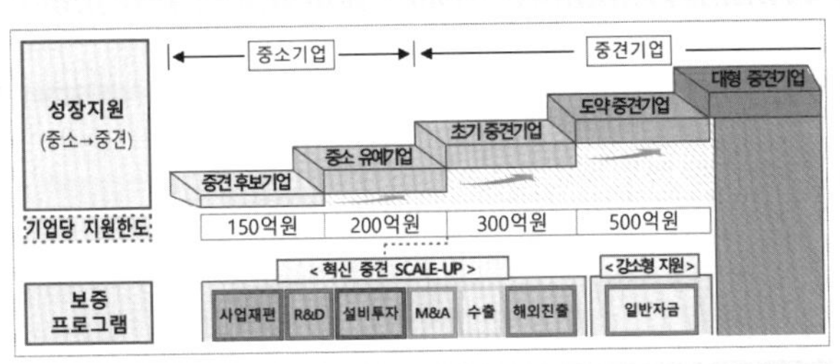

<출처: 금융위원회>

3. 맞춤형 기업금융 지원방안 <출처: 금융위원회>	3) 고금리 등 경영애로 해소 및 재기 지원 (19.4조 원)	① 고금리 부담 경감 프로그램(17.3조 원) ※ 5대 은행 프로그램 3조 원 + 정책금융기관 14.3조 원 가. 매출하락 등을 겪는 중소기업에게 금리인하 특별프로그램(은행권 공동) : 매출하락 등 어려움을 겪고 있는 정상경영 영위 중소기업에 대해 은행권이 공동으로 금리인하 특별프로그램 마련 A. 참여은행 : 기업은행(2조 원) + 5대 은행(총 3조 원) 등 총 5조 원 B. 지원 대상 - 최근 매출하락 등을 경험하여 이자부담이 매우 크지만 영업이익이 발생하는 등 정상영업 영위 중소기업(법인) - 금감원 표준 신용등급체계(10등급 기준) 상 7등급 이상 기업(법인) - 최근 매출 하락을 경험(1년 전 대비 분기매출 혹은 연 매출 하락) - 이자보상배율 1미만(단, 3년 연속 1미만인 한계기업은 제외) - 자본잠식이 아니며 부채비율 400%미만, 영업이익이 양(+)인 정상기업 C. 지원 방식 : 대상 기업이 보유한 대출금리 5.0% 초과 대출에 대해 1년간 금리를 5%까지(최대 2%p 한도)까지 감면 * 정책대출(재정기금대출, 협약대출) D. 지원 시기 : 2024년 4월 1일부터 차주 신청에 따라 즉시 지원 나. 이자상환에 어려움 등을 겪는 중소기업에게 금리유예 지원(기업은행) : 고금리 지속으로 이자상환에 어려움을 겪는 기업을 위해 2년간 가산금리 일부감면 및 유예, 5년 이내 분할상환(기은, 1조 원) A. 이자보상배율이 1미만으로 하락했으나 현금흐름이 양(+)이고 재무개선 가능성이 있는 정상기업에게 당장의 금리부담 경감 지원 B. 유예기간동안 경영이 개선되면 금리 재산정 주기에 가산금리 인하도 기대할 수 있음 다. 정상영업 중인 기업의 고금리 · 고물가 어려움 해소(11.3조 원) : 높은 금융비용 · 고물가로 인해 어려움을 겪고 있는 중소기업을 위한 우대조건 정책자금 제공(산은 2.8조 원, 기은 2.4조 원, 신보 3.1조 원, 기보 1조 원) A. 원자재수급차질 피해(우려) 기업, 중장기 운전자금이 필요한 기업에 대한 장기자금지원, 소기업에 대한 특별지원 등 프로그램별 금리감면 최대 △1.5%p, 보증료 감면 최대 △0.5%p 등 B. 금리 상황에 따라 매 3개월마다 횟수제한없이 변동-고정금리간 전환 가능한 저리의 고정금리 상품 지속 공급(산은 1조 원, 기은 1조 원)

3. 맞춤형 기업금융 지원방안 <출처: 금융위원회>	3) 고금리 등 경영애로 해소 및 재기 지원 (19.4조 원)	C. 고정금리를 선택하는 경우 변동금리 수준까지 최대 △1.0%p 감면 ② 유동성 부족기업: 신속하고 확실한 지원을 통해 정상기업화(1.7조 원) 가. 유동성 부족 직면 은행권 공동 신속지원프로그램 : 은행권 공동으로 일시적인 유동성 부족에 직면한 중소기업에게 상환유예 및 이자감면 등을 통해 신속한 정상화 지원 A. 개요 : 은행권은 시장상황에 따라 중소기업 여신의 과도한 위축을 막기 위해 신속금융지원 프로그램 지원 중(2008년~), 주채권은행의 주기적 신용위험평가 결과 B등급(부실징후가능성)인 경우 기 지원하고 있음 B. 대상 확대 : 2024년에는 일시적 유동성 부족에 직면한 기업뿐만 아니라 일시적 위험에 직면할 것으로 '예상되는 기업도 지원대상에 포함 (예) 재평가시 B등급을 받을 것이 유력하다고 주채권은행이 판단하는 경우 → 현재는 A등급이나 전기 대비 매출액이 10%이상 감소, 현금흐름 음수 등 C. 혜택 강화 : 2024년 신청한 기업들에게는 1년간 가산금리를 면제하여 (현재기준) 3%대 금리를 적용(주요시중은행의 조달금리수준) 나. 부실징후기업 : 경영정상화 가능기업에 신속정상화 지원 A. 구조조정 기업*을 주목적 투자대상으로 하는 유일한 정책펀드인 기업구조혁신펀드(5호) 추가 조성(2024년 1조 원, 캠코) *구조조정기업 - 사전적 구조조정 기업 : 재무구조개선 약정 체결, 재무안정 PEF 투자대상 기업 등 - 사후적 구조조정 기업 : 회생, 워크아웃, 자율협약에 따른 관리절차 개시 기업 B. 부실징후 기업 중 경영정상화가 가능한 기업**에 대해서는 채무조정 및 금리인하 기회 제공, 신규자금도 공급(기은 0.5조 원, 신보 800억 원, 캠코 550억 원) ** 정책금융기관이 경영정상화 가능여부에 대한 평가 후 채무조정 · 신규자금 지급 C. 기업자산 매입 후 재임대***를 통한 유동성 지원 시 자산유동화 방식(CLO: 대출채권담보부증권, 은행이 기업에 제공한 대출채권을 기초자산으로 하여 발행한 유동화증권)을 도입하여 더 많은 자금 공급을 유도(캠코, 800억 원) *** ① 단순 매입(Buy&Hold), ②매입 후 재임대(S&LB) → 동산에 대해서는 임대요율 인하 등 추진 ③펀드투자(LP)

3. 맞춤형 기업금융 지원방안

<출처: 금융위원회>

3) 고금리 등 경영애로 해소 및 재기 지원 (19.4조 원)

③ 재창업기업 : 성실경영 후 실패경험 기업인

※ 재창업 지원(0.3조 원) : 재창업 기업의 5년 생존율은 73.3%로 전체 창업자 생존율 29.2%에 비해 크게 높음 → 기업인의 재기를 지원함으로서 전체 산업의 역동성을 강화

가. 채무 변제중인 기업인의 재창업 지원

A. 신복위의 신용회복절차를 1년 이상 성실히 이행하고 신용보증기금의 책임성실평가*를 통과하는 경우 재창업 보증 제공

B. 고의부도, 채무면탈 등 위법 · 부정행위 없이 성실하게 사업을 영위했는지 평가

나. 신용등급 저하로 어려움을 겪는 기업인의 재창업 지원

A. 현황 : 기업대표가 보증기관 연대보증이 면제되었더라도 폐업후 신용도 문제 등으로 재창업 자금조달이 어려운 경우가 다수

B. 개선 : 기업을 성실하게 운영했지만(책임경영이행약정-과거 보증시점에서 기업인과 보증기관은 금융법규 · 회계처리기준 준수, 횡령 · 배임 · 자금유용 금지 등을 이행할 것이라는 약정 체결 및 컨설팅 병행제공) 어쩔 수 없이 실패한 것이라고 평가되는 경우 신보가 재창업 자금 지원

4) 기업대출 제도 및 인프라 개선

① 기업금융 확대를 위한 규제합리화 추진

가. 은행이 정책성 펀드 등에 출자하는 경우 BIS비율 부담을 경감할 수 있는 위험가중치 하향 적용 요건 활용을 활성화

A. 현행 : 은행이 정책성 펀드 등에 출자 시 일정한 요건을 충족* 하는 경우 위험가중치를 낮게 적용(400% → 100%)할 수 있으나, 은행이 충족 여부를 자체적으로 판단하기 어려워 활용도가 낮은 상황

* 은행업감독업무 시행세칙 일정한 요건 ❶특정 경제분야의 지원을 목적으로 ❷정부가 투자금액에 대하여 보조하고 ❸정부의 감독하에 지분율이나 투자지역 등에 대한 제한을 두고 있는 법적 절차에 따른 주식

B. 개선 : 은행이 정책성 펀드 출자 시 세칙상 요건 충족 여부에 대한 감독당국의 비조치의견서 접수 · 처리를 활성화

나. 보증부 분할실행대출 중 미실행금액에 대한 위험가중치 인하

A. 현행 : 보증서 담보 시설대출(한도 약정)은 보증서를 근거로 사업 진행상황에 따라 대출이 실행 - 실행된 대출금액에 대해서는 0%의 위험가중치를 인정하지만 미실행금액에 대해서는 최대 150%의 가중치 적용(보증서 미인정)

3. 맞춤형 기업금융 지원방안 <출처: 금융위원회>	4) 기업대출 제도 및 인프라 개선	B. 개선 : 보증승인통지서가 발급된 미실행금액*에 대해서도 보증사 위험가중치(0%)를 적용하여 은행의 기업금융지원여력을 확보 * 약정금 총액에 대해 보증승인통지서 존재 + 보증서발급시에만 인출가능한 구조인 경우 다. 차주 신용등급 결정에 대한 개별은행의 자율성을 보장 A. 현행 : 주채권은행이 아닌 은행은 구조조정회생 기업 등에 대한 차주등급 상향 및 충당금 환입이 주채권은행 결정 이후 이루어져 기업금융 지원여력 확보에 어려움 B. 개선 : 차주등급 상향 및 충당금 환입 결정은 은행 자율로 결정 ② 기관간 자료 공유를 통해 은행의 여신심사 효율성 제고 가. 신용정보원에 집중된 기업재무 정보 · 기술력 · 매출 등 정보를 (기존) "산업별" 수준에서 (개선) "품목별 · 기업별로 세분화"하여 은행에 제공하여 여신심사 지원 나. (기존)기업금융은 가계대출(신용등급 · LTV 등 대출을 위한 기초자료가 표준화되어 있어 취급이 용이)과 달리 매출, 영업환경, 기술력, 거래처와의 관계, 시장상황 등 다양한 요소에 따라 성장가능성 · 부실률이 동태적으로 변화. 그러나 이러한 정보를 체계적으로 파악할 수 있는 시스템 부재 → 은행은 담보 · 보증 없는 대출에 소극적일 수밖에 없는 측면 ⇨ (개선) 은행은 여신심사 시 기업에서 제출 받은 자료뿐만 아니라 신정원에 집중된 자료(기업일반정보, 직 · 간접시장 차입정보, 거래정보, 기술력, 관계회사, 동일산업내 위상 등)까지 함께 활용하여 대출심사 효율성 제고. 신정원의 기업금융분석시스템(EFAS)을 고도화하여 은행 제공

결론

고금리, 고환율 환경에서 국내기업의 성장성 및 수익성이 회복되지 않은 가운데 금융비용 부담이 민간 소비 · 투자 등 실물경기 위축으로 연결될 소지가 큰 상황이다. 특히, 기업 채무상환능력 저하로 취약기업 중심으로 부실 확대가 예상된다.

이에 금융당국과 금융기관은,

첫째, 부동산 · 건설업 위주 기업대출 확대에 따른 해당 업종 재무건전성 저하, 금융시장으로의 리스크 전이 가능성 등에 사전 대비할 필요가 있다. 부동산 · 건설 대출 레버리지가 코로나 이후 급격히 확대된 가운데 최근 연체기업비율이 지속 상승 중인 점 등 감안 시, 재무구조 취약 중소건설사 등에 대한 구조조정이 현실화될 가능성이 크기 때문이다. 이에 시장금리, 미분양 증가 등 시장여건, 시공능력 열위 건설사, 취약 사업장부실위험 등 부동산 · 건설 시장에 대한 지속 점검 필요하다. 구체적으로 부동산 PF사업의 수익성 악화 시, PF유동화증권 차환발행 애로가 자금조달 시장전체의 경색으로 전이될 가능성도 상존하므로 일시적 유동성 경색 발생에 대비하여 시장 충격을 완화시킬 수 있도록 PF-ABCP매입 지원 등 정책금융기관의 금융시장 안정자 역할 수행이 지속적으로 요구된다.

둘째, 경기 회복을 위해 금융중개 기능이 필수적으로 요구되는 만큼 일시적 유동성 부족 기업에 대해서는 선별적인 지원이 필요하다. 금융기관이 위험관리 측면을 강조하여 자금공급을 크게 축소하면 기업들의 신용경색 유발 등 경기하강이 가속화될 우려가 높기 때문이다. 다만, 금융기관들은 기업 신용위험 상승에 대비하여 충당금 적립, 자본 확충 등 건전성 유지 노력을 병행할 필요가 있다.

셋째, 은행권과 비은행권 모두 코로나 시기 비제조업 대출이 제조업대비 빠른 속도로 증가하였고 포트폴리오內부동산 · 건설 비중도 급증했다. 이는 산업발전을 위해 리스크를 부담하고 자금을 공급하는 자금중개기능이 취약하였다는 반증이다. 따라서 주로 제조업에 해당하고 高리스크 · 장기 회수기간의 특성을 보유한 첨단전략 산업, 산업대전환 산업에 대해 정책금융기관을 중심으로 선별적 지원을 강화해야 한다. 구체적으로 대기업의 경우 대규모 설비구축에 막대한 자금이 소요되는 반도체, 이차전지 등 첨단 전략산업과 그린 · 디지털 전환 관련 산업 수요에 대해 중점 대응하고, 중소기업은 핵심 소부장 기업, 혁신벤처 등 지원에 집중해야 할 것이다.

일시적 자금부족 기업들의 연착륙을 지원하는 동시에, 첨단전략산업 등에 대한 선별적 · 대규모 지원을 실시함으로써 미래 성장동력 확충이 긴요한 시점이다.

chapter

04 가계부채 리스크와 채무조정

01 논제 개요 잡기 [핵심 요약]

서론	이슈언급	2024년 1/4분기말 기준 가계대출은 1, 767.0조 원으로 2023년 동기대비 1.6% 늘어나며 예년에 비해 크게 낮은 증가율을 기록하였다. 금융당국은 2024년 상반기 가계대출이 GDP 성장률 내에서 안정적으로 관리되고 있다고 평가하면서도, ▲정책성 대출 및 은행권 주담대를 중심으로 가계대출 증가세가 지속되는 가운데, ▲향후 금리 · 주택시장 등 거시경제 여건에 따라 증가폭이 확대될 가능성이 있는 만큼, 가계대출 증가율이 GDP 성장률 범위 내에서 관리될 수 있도록 스트레스 DSR 2단계를 2024년 9월부터 차질없이 시행하는 등 긴장의 끈을 놓지 않고 세심하게 관리해 나갈 것이라고 밝혔다. 문제는 가계대출의 경우 낮은 증가세는 이어가고 있지만, 그간의 금융긴축 지속 및 경기둔화 등으로 인해 연체율은 계속 상승하고 있다는 점이다. 무엇보다 자영업자대출 연체율이 가계대출 연체율보다 가파르게 상승하였으며, 특히 취약차주에서 뚜렷하다. 자연스레 최근 개인채무자의 채무조정 이용도 증가하고 있는데, 2023년의 경우, 신복위 채무조정 신청자는 18.5만 명으로 2006년 이후 최대 수준을 기록하였으며, 법원에의 개인회생 · 파산신청자도 16.2만 명으로 전년대비 23.7% 증가하였다. 이에 본지에서는 개인사업자대출을 포함한 가계부채 연체율 증가 원인과 해결방안, 그리고 개인채무조정 관련 주요 변화점과 나아가야할 방안에 대하여 논하기로 한다.

본론	1. 가계부채	1) 현황	- 가계부채/GDP 비중이 20년 들어 100%를 초과하였다. 2022년 한국의 GDP 대비 가계부채 비중은 105%로, 주요 43개국 중 세 번째로 높은 수준이다. - 가계부채/GDP 증가율이 주요 선진국과 비교 시 매우 빠른 속도이다. IMF가 최근 업데이트한 '세계부채 데이터베이스'에 따르면 2023년 한국의 GDP 대비 가계부채 비율은 108.1%로, 2017년(92.0%)보다 16.2%포인트 늘어난 수치이다. 이는 민간부채 데이터가 집계되는 OECD 회원국(26개국) 중 유일한 두 자릿수대 증가이다. - 더욱이 전월세보증금을 가계부채로 인식하는 여타국가의 관례를 감안하여 우리도 전월세보증금을 가계부채로 인식한다면 약 1,000조 원 정도의 가계부채가 더 증가하게 된다. 이런 경우 우리나라가 스위스를 제치고 가계부채/gdp가 1위가 된다.
		2) 가계부채 증가의 문제점	① 금융취약계층의 상환 포기로 인한 금융 부실 ② 소비 감소에 의한 '부채 디플레이션' ③ 금리 인상기 변동금리와 가산금리로 인한 유동성 리스크
		3) 개인사업자 대출	① 개인사업자대출 연체율의 경우 금번 금리상승기중 코로나19 관련 정책지원 등의 영향으로 상당기간 낮은 수준을 유지하다가 2022년 하반기부터 과거와 달리 가파르게 상승하는 모습을 보였다. ② 가계와 자영업자 모두 신규 연체 차주가 증가한 가운데 이들이 연체 상태를 지속하는 경향이 있다.
		4) 평가 및 시사점	- 최근 가계 및 자영업자 대출의 증가세가 과거에 비해 둔화되었으나, 연체율은 상승 흐름을 지속하고 있다. 특히 자영업자대출 연체율이 가계대출 연체율에 비해 가파르게 상승 중이며, 금번 금리상승기의 경우 과거 상승기와 달리 큰 폭의 대출금리 상승과 서비스업 경기 악화 등이 맞물리면서 자영업자대출 연체율이 빠른 속도로 높아진 것으로 분석된다. - 이에 따라 금융당국은 자영업자의 연체규모가 빠르게 늘어나지 않도록 하기 위해 매출부진 장기화 등으로 채무상환능력이 크게 떨어졌거나 회생가능성이 없는 자영업자에 대해서는 새출발기금 등을 통한 채무재조정을 적극적으로 추진할 필요가 있다.
	2. 개인 채무자 채무조정	1) 개인채무자 채무조정 제도 이용자 증가	- 최근 개인채무자 채무조정제도를 이용하는 인원이 증가하고 있다. 2023년의 경우 신복위 채무조정 신청자는 18.5만 명으로 2006년 이후 최대 수준을 기록, 법원에의 개인회생 · 파산신청자도 16.2만 명으로 전년 대비 23.7% 증가하였다.

<table>
<tr><td rowspan="4">본론</td><td rowspan="4">2. 개인 채무자 채무조정</td><td>1) 개인채무자 채무조정 제도 이용자 증가</td><td>- 이러한 현상은 새출발기금 출범(2022년 10월), 신복위 신속 · 사전채무조정 특례 한시적 도입(2023년 4월) 등 정부의 정책적 노력에 힘입어 지원대상이 확대된 데다가 지난 2년간 글로벌 금리 인상 과정에서 발생한 채무상환부담 증가 등으로 채무조정수요가 늘어났기 때문으로 판단된다.</td></tr>
<tr><td>2) 채무조정 이용자의 특징</td><td>① 최근 채무조정 이용자의 특징은 자영업자 비중이 크게 상승하였다는 점이다.
② 신복위의 경우 채무조정 이용자중에서 자영업자가 차지하는 비중은 2021년 8.6%에서 2023년에는 13.9%까지 크게 증가하였다.</td></tr>
<tr><td>3) 취약차주의 채무상환부담 지속</td><td>- 최근 채무조정수요 증가는 정부의 지원대상 확대 노력에도 기인하지만 취약차주를 중심으로 채무상 환부담이 늘어난 데에도 일부 원인이 있는 것으로 판단된다.</td></tr>
<tr><td>4) 취약계층 채무조정 지원 확대</td><td>① 신복위는 2024년 4월 2일까지 한시적으로 운영하기로 하였던 신속채무조정 및 사전채무조정 특례 제도 운영기한을 연말까지 연장하여 저신용 · 저소득 차주의 채무부담 완화 노력을 강화하고 있다.
② 이에 따라 취약계층은 개인워크아웃에 이어 신속채무조정과 사전채무조정의 경우에도 일반지원 자에 비해 추가적인 지원을 계속 받을 수 있게 되었다.
③ 특히 정부가 추진하고 있는 금융-통신 통합 채무조정으로 통신비 등도 하반기부터 기존 금융채무와 함께 통합 채무조정될 경우 이들 취약계층에게는 실질적인 도움이 될 것으로 예상된다.</td></tr>
<tr><td>결론</td><td>의견제시</td><td colspan="2">최근 급격히 증가한 가계부채는 한국경제의 뇌관이나, 인위적인 감축은 주택시장 및 민간소비를 위축시켜 경제에 큰 부담을 줄 수 있다. 따라서 가계부채의 점진적인 디레버리징을 유도해야 한다. 이를 위한 금융당국의 선제적 대응방안은 다음과 같다.
첫째, 가계부채에 대한 모니터링 강화
둘째, 포용적 금융정책 시행
셋째 고정금리 대출 확대로 가계부채의 질적 개선
넷째, 커버드본드 활성화를 유도
다섯째, 연체의 지속성을 고려해 연체차주에 대한 무분별한 지원의 확대는 재원의 낭비와 차주의 도덕적 해이를 유발</td></tr>
</table>

02 논제 풀이

서론

이슈 언급 2024년 1/4분기 말 기준 가계대출은 1, 767.0조 원으로 2023년 동기대비 1.6% 늘어나며 예년에 비해 크게 낮은 증가율을 기록하였다. 한편 자영업자대출은 1/4분기 말 기준 1,055.9조 원(개인 사업자대출 702.7조 원, 가계대출 353.2조 원)으로, 2023년 동기대비 2.1% 증가하였으며 2022년 하반기 이후 증가세 둔화가 지속되고 있다. 금융당국은 2024년 상반기 가계대출이 GDP 성장률 내에서 안정적으로 관리되고 있다고 평가하면서도, ▲정책성 대출 및 은행권 주담대를 중심으로 가계대출 증가세가 지속되는 가운데, ▲향후 금리 · 주택시장 등 거시경제 여건에 따라 증가폭이 확대될 가능성이 있는 만큼, 가계대출 증가율이 GDP 성장률 범위 내에서 관리될 수 있도록 스트레스 DSR 2단계를 2024년 9월부터 차질없이 시행하는 등 긴장의 끈을 놓지 않고 세심하게 관리해 나갈 것이라고 밝혔다.

[가계 및 자영업자 대출 현황]

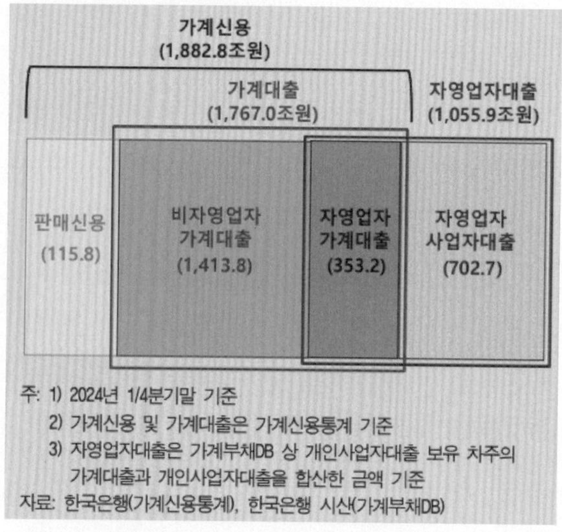

<출처: 한국은행 금융안정보고서>

문제는 가계대출의 경우 낮은 증가세는 이어가고 있지만, 그간의 금융긴축 지속 및 경기둔화 등으로 인해 연체율은 계속 상승하고 있다는 점이다. 무엇보다 자영업자대출 연체율이 가계대출 연체율보다 가파르게 상승하였으며, 특히 취약차주에서 뚜렷하다. 가계대출 연체율이 2022년 2/4분기 말 0.56%에서 2024년 1/4분기 말 0.98%로 상승한 가운데, 자영업자대출 연체율은 동 기간 중 0.50%에서 1.52%까지 약 3배 수준으로 높아졌다.

[가계 · 자영업자 대출 연체율]

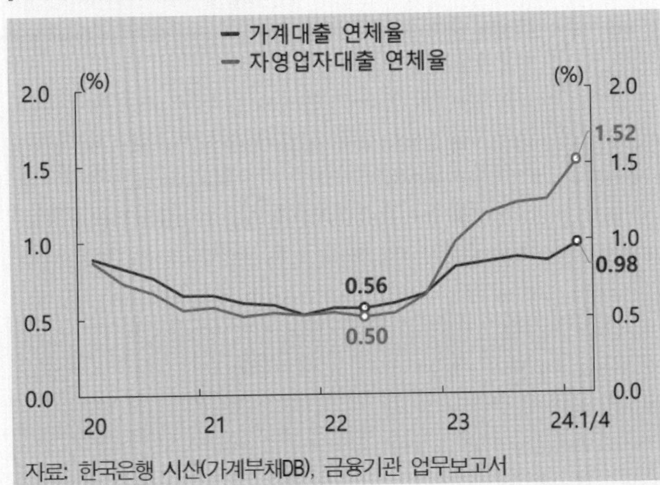

자료: 한국은행 시산(가계부채DB), 금융기관 업무보고서

자연스레 최근 개인채무자의 채무조정 이용도 증가하고 있는데 2023년의 경우 신복위 채무조정 신청자는 18.5만 명으로 2006년 이후 최대 수준을 기록하였으며, 법원에의 개인회생 · 파산신청자도 16.2만 명으로 전년 대비 23.7% 증가하였다.

이에 본지에서는 개인사업자대출을 포함한 가계부채 연체율 증가 원인과 해결방안, 그리고 개인채무조정 관련 주요 변화점과 나아가야할 방안에 대하여 논하기로 한다.

본론

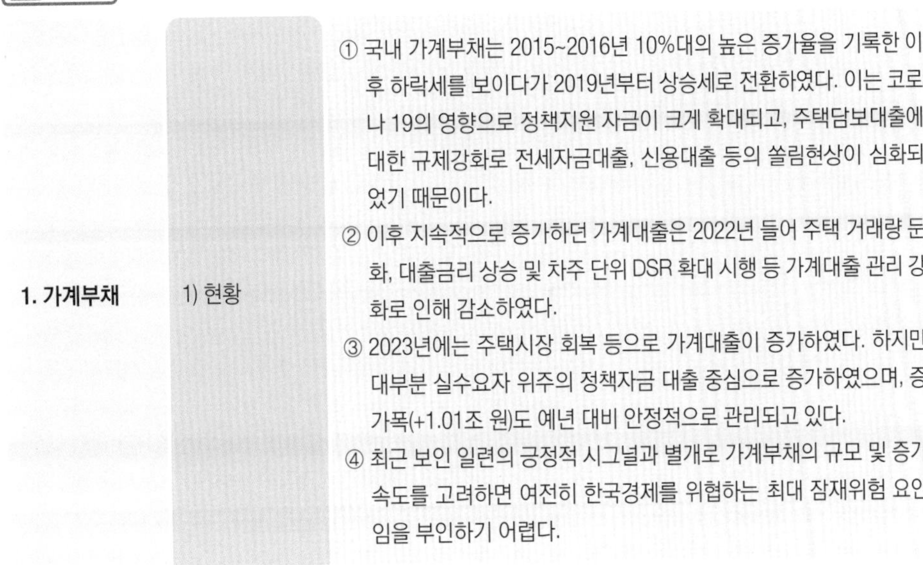

1. 가계부채	1) 현황	① 국내 가계부채는 2015~2016년 10%대의 높은 증가율을 기록한 이후 하락세를 보이다가 2019년부터 상승세로 전환하였다. 이는 코로나 19의 영향으로 정책지원 자금이 크게 확대되고, 주택담보대출에 대한 규제강화로 전세자금대출, 신용대출 등의 쏠림현상이 심화되었기 때문이다. ② 이후 지속적으로 증가하던 가계대출은 2022년 들어 주택 거래량 둔화, 대출금리 상승 및 차주 단위 DSR 확대 시행 등 가계대출 관리 강화로 인해 감소하였다. ③ 2023년에는 주택시장 회복 등으로 가계대출이 증가하였다. 하지만 대부분 실수요자 위주의 정책자금 대출 중심으로 증가하였으며, 증가폭(+1.01조 원)도 예년 대비 안정적으로 관리되고 있다. ④ 최근 보인 일련의 긍정적 시그널과 별개로 가계부채의 규모 및 증가속도를 고려하면 여전히 한국경제를 위협하는 최대 잠재위험 요인임을 부인하기 어렵다.

1. 가계부채	1) 현황	가. 가계부채/GDP 비중이 2020년 들어 100%를 초과하였다. 2022년 한국의 GDP 대비 가계부채 비중은 105%로, 주요 43개국 중 세 번째로 높은 수준이다. 나. 가계부채/GDP 증가율이 주요 선진국과 비교 시 매우 빠른 속도이다. IMF가 최근 업데이트한 '세계부채 데이터베이스'에 따르면 2023년 한국의 GDP 대비 가계부채 비율은 108.1%로, 2017년(92.0%)보다 16.2%포인트 늘어난 수치이다. 이는 민간부채 데이터가 집계되는 OECD 회원국(26개국) 중 유일한 두 자릿수대 증가이다. 다. 더욱이 전월세보증금을 가계부채로 인식하는 여타 국가의 관례를 감안하여 우리도 전월세보증금을 가계부채로 인식한다면 약 1,000조 원 정도의 가계부채가 더 증가하게 된다. 이런 경우 우리나라가 스위스를 제치고 가계부채/gdp가 1위가 된다.
	2) 가계부채 증가의 문제점	① 금융취약계층의 상환 포기로 인한 금융 부실 : 부채는 내수를 운용할 수 있는 수단이지만, 일정 수준을 넘기면 저신용 차주의 가계 재무건전성에 큰 타격을 준다. 금융 취약계층의 채무불이행 확률이 높아지고 신용스프레드는 더욱 상승하게 된다. 이는 금융소비자들의 상환포기로 이어져, 시중은행들과 주택금융공사 등 금융기관들은 자금회수가 어려워진다. 이로 인해 대출기관들은 가계여신의 추가 발행을 주저하게 되고, 대출채권의 부실화와 금융기관 전체의 부실화로 이어질 수 있다. ② 소비 감소에 의한 '부채 디플레이션' : 가계부채가 지속적으로 증가하면 '가계부채 발 디플레이션'에 진입할 수 있다. 디플레이션이 발생하면 가계부채 증가에 따라 가계는 지출, 즉 소비를 줄인다. 이는 기업의 매출에 직접적으로 영향을 주게 되고 더 나아가 기업은 투자 및 생산을 줄이게 된다. 결국 산업 구조조정과 실업으로 이어져 가계의 자산규모를 줄인다. 이처럼 부채 디플레이션이 발생하면 시장이 정체되어 한국 경제 전반에 큰 문제를 야기할 수 있다. ③ 금리 인상기 변동금리와 가산금리로 인한 유동성 리스크 : 국내 가계신용 대출은 약 80%가 변동금리에 기초한 대출이다(한국은행은 50%로 추정). 그리고 고정금리라고 하더라도 상당부분은 옵션부 고정금리인 것으로 보여 실제 변동금리 규모는 더 늘어날 것으로 보인다. 따라서 한국은행이 고금리 기조를 유지할 경우, 고정금리예금과 변동금리대출의 만기불일치로 인한 유동성 리스크가 더욱 커질 것이다. 또한, 가계부채는 만기가 짧고 롤오버 되는 경우가 많기 때문에 향후 시장금리가 상승하면 가계의 채무상환부담은 더욱 커질 것이다. 특히 비은행 가계신용대출이 큰 문제가 될 것이다.

1. 가계부채

3) 개인사업자 대출

<출처: 한국은행 금융안정보고서>

① 개인사업자대출 연체율의 경우 금번 금리상승기중 코로나19 관련 정책지원 등의 영향으로 상당기간 낮은 수준을 유지하다가 2022년 하반기부터 과거와 달리 가파르게 상승하는 모습을 보였다.

가. 특히 금번 금리상승기의 경우 대출금리 상승폭이 상대적으로 컸던 데다 서비스업 경기 또한 2022년 하반기 이후 위축됨에 따라 자영업자의 채무상환능력이 크게 저하되면서 개인사업자대출 연체율이 크게 상승했던 것으로 판단된다.

나. 이외에도 개인사업자의 경우 보유대출 중 비주택담보대출의 비중이 2024년 1/4분기 말 기준 61.8%에 달하는 등 주된 담보대상이 상가 등 상업용 부동산인 점을 감안하면, 2022년 3/4분기부터 지속된 상업용 부동산 시장의 부진 또한 그간의 연체율 상승세에 어느 정도 영향을 미쳤을 것으로 보인다.

다. 최근 가계 및 자영업자 대출 연체율의 상승세는 평균 연체액보다는 연체차주 수 증가에 주로 기인한다. 즉 전체차주에 비해 연체차주가 더 빠르게 증가한 데 주로 기인한 것으로 나타났다.

[가계 · 자영업자 연체차주 수 비중 및 평균 연체액]

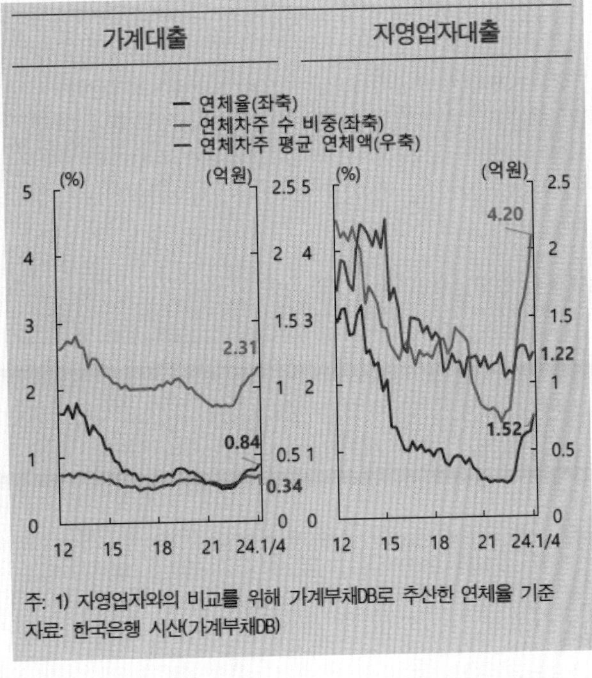

주: 1) 자영업자와의 비교를 위해 가계부채DB로 추산한 연체율 기준
자료: 한국은행 시산(가계부채DB)

1. 가계부채

3) 개인사업자 대출

<출처: 한국은행 금융안정보고서>

② 가계와 자영업자 모두 신규 연체 차주가 증가한 가운데 이들이 연체 상태를 지속하는 경향

가. 최근 증가한 연체차주의 특성을 파악하기 위해 매분기 연체차주를 직전 분기의 연체 여부에 따라 구분하여 살펴본 결과, 가계와 자영업자 모두 신규 연체진입률(전 분기 비연체차주 중 당 분기에 연체로 전환된 차주 비율)이 2022년 이후 상승한 것으로 나타났다.

나. 2024년 1/4분기 말 현재 가계 및 자영업자 대출차주의 신규 연체진입률은 각각 0.63% 및 1.52%로, 2021년 4/4분기 말 (0.43%,0.47%)에 비해 상승하였다.

다. 한편 연체차주의 연체지속률(전 분기 연체차주 중 당 분기에 연체상태를 지속하는 차주 비율)을 살펴보면, 가계 및 자영업자 모두 상승세가 지속되는 모습이다.

[가계 · 자영업자의 연체진입률 및 연체지속률]

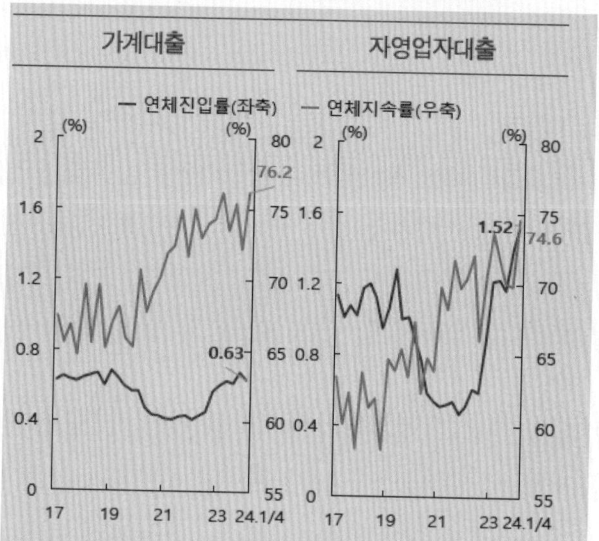

주: 1) 전분기 비연체차주 중 당분기에 연체로 전환된 차주 비율
2) 전분기 연체차주 중 당분기에 연체상태를 지속하는 차주 비율
자료: 한국은행 시산(가계부채DB)

라. 특히 2022년 하반기 이후 긴축적 수준의 대출금리가 상당기간 지속되면서 매분기 신규로 연체에 진입한 차주들이 증가한가운데 이들이 연체에서 벗어나지 못한 상태로 누증되면서 전체 연체차주가 크게 증가한 것으로 추정된다. 이와 같은 연체지속 차주의 누증은 당분간 연체율 상승 압력을 높이는 요인으로 작용할 것으로 보인다.

1. 가계부채	4) 평가 및 시사점 <출처: 한국은행 금융안정보고서>	① 최근 가계 및 자영업자 대출의 증가세가 과거에 비해 둔화되었으나, 연체율은 상승 흐름을 지속하고 있다. 특히 자영업자대출 연체율이 가계대출 연체율에 비해 가파르게 상승 중이며, 금번 금리상승기의 경우 과거 상승기와 달리 큰 폭의 대출금리 상승과 서비스업 경기 악화 등이 맞물리면서 자영업자대출 연체율이 빠른 속도로 높아진 것으로 분석된다. ② 현재로서는 상환능력이 상대적으로 부족하여 연체로 이어질 가능성이 높은 취약차주의 비중이 자영업자를 중심으로 상승하고 있으며, 특히 2022년 하반기 이후 신규로 연체에 진입한 차주가 가파르게 증가한 가운데 이들이 연체상태를 상당 기간 지속하고 있는 만큼, 당분간 자영업자를 중심으로 연체율 상승압력이 지속될 것으로 보인다. ③ 이에 따라 금융당국은 자영업자의 연체규모가 빠르게 늘어나지 않도록 하기 위해 매출부진 장기화 등으로 채무상환능력이 크게 떨어졌거나 회생가능성이 없는 자영업자에 대해서는 새출발기금 등을 통한 채무재조정을 적극적으로 추진할 필요가 있다. ④ 금융당국은 가계 및 자영업자 차주의 소득 및 이자상환부담 등 재무건전성 변화가 금융기관에 미치는 영향에 대한 모니터링 또한 강화해야 할 것이다.
2. 개인채무자 채무조정 <출처: 한국금융연구원>	1) 개인채무자 채무조정 제도 이용자 증가	① 최근 개인채무자 채무조정제도를 이용하는 인원이 증가하고 있다. ② 개인채무자는 신용회복위원회와 법원에 채무조정을 신청할 수 있는데, 2023년의 경우 신복위 채무조정 신청자는 18.5만 명으로 2006년 이후 최대 수준을 기록하였으며, 법원에의 개인회생 · 파산신청자도 16.2만 명으 로 전년대비 23.7% 증가하였다. ③ 이러한 현상은 새출발기금 출범(2022년 10월), 신복위 신속 · 사전 채무조정 특례 한시적 도입(2023년 4월) 등 정부의 정책적 노력에 힘입어 지원대상이 확대된 데다가 지난 2년간 글로벌 금리 인상 과정에서 발생한 채무상환부담 증가 등으로 채무조정수요가 늘어났기 때문으로 판단된다.
	2) 채무조정 이용자의 특징	① 최근 채무조정 이용자의 특징은 자영업자 비중이 크게 상승하였다는 점이다. ② 신복위의 경우 채무조정 이용자중에서 자영업자가 차지하는 비중은 2021년 8.6%에서 2023년에는 13.9%까지 크게 증가하였다. 이는 새출발기금 출범으로 코로나 19로 불가항력적 피해를 입어 대출상환에 어려움을 겪는 자영업자 · 소상공인의 채무조정 신청이 증가하였기 때문으로 판단된다.

1. 가계부채	2) 채무조정 이용자의 특징	③ 새출발기금은 협약에 가입한 금융회사로부터 사업자대출을 받은 자영업자 등을 대상으로 금리감면, 원금조정 등의 채무조정을 지원한다. 2023년의 경우 개인사업자 12, 983명과 법인소상공인 251곳에서 새출발기금 관련 신복위 채무조정을 지원받았다. ④ 금융회사 자체 채무조정제도를 활용한 개인사업자 수도 크게 증가하였다. 국내은행의 '개인사업자대출119를 활용하여 만기연장, 이자감면 등을 지원받은 건수는 2023년 중 약 2.7만 건으로 2022년 대비 56.5% 증가하였다. 특히 6~10등급의 저신용 차주와 5천만 원 이하의 소규모 대출이 2022년 대비 각각 52.2%, 53.5% 증가하는 등 저신용 영세사업자 위주로 지원이 확대되었다.
	3) 취약차주의 채무상환 부담 지속	① 최근 채무조정수요 증가는 정부의 지원대상 확대 노력에도 기인하지만 취약차주를 중심으로 채무상환 부담이 늘어난 데에도 일부 원인이 있는 것으로 판단된다. ② 저소득 또는 저신용이면서 3개 이상의 기관에서 대출을 이용 중인 취약차주의 이자부담비율(연간 이자지급액 / 연간소득)은 금리 상승의 영향으로 2021년 3/4분기 15.1%에서 2023년 2/4분기 20.7%로 크게 상승하였는데 동 수준은 같은 시기 비취약차주의 이자부담비율 대비 각각 두 배 가량 높은 수준을 보이고 있다. ③ 물론 취약차주가 전체 가계대출에서 차지하는 비중(2023년 3/4분기 말 기준)이 차주수 기준 6.5%, 대출잔액 기준 5.2% 수준에 불과하여 금융시스템에 미치는 영향은 크지 않은 것으로 판단되나 취약채무자 개인 입장에서는 채무상환 부담을 상대적으로 크게 느꼈을 것으로 보인다.
	4) 취약계층 채무조정 지원 확대	① 신복위는 2024년 4월 2일까지 한시적으로 운영하기로 하였던 신속채무조정 및 사전채무조정 특례 제도 운영기한을 연말까지 연장하여 저신용 · 저소득 차주의 채무부담 완화 노력을 강화하고 있다. 가. 특히 신속채무조정 특례 신청자 중 상환능력이 현저히 낮은 기초수급자, 장애의 정도가 심한 장애인 및 고령자(만 70세 이상) 등 취약계층의 경우 대출 약정이자율 인하 수준을 추가적으로 확대(30~50% → 50~70%)하여 신속한 재기를 도모하고 있다. ② 이에 따라 취약계층은 개인워크아웃에 이어 신속 채무조정과 사전채무조정의 경우에도 일반지원 자에 비해 추가적인 지원을 계속 받을 수 있게 되었다. ③ 특히 정부가 추진하고 있는 금융-통신 통합 채무조정으로 통신비 등도 하반기부터 기존 금융채무와 함께 통합 채무조정될 경우 이들 취약계층에게는 실질적인 도움이 될 것으로 예상된다.

결론

의견 제시 최근 급격히 증가한 가계부채는 한국경제의 뇌관이나, 인위적인 감축은 주택시장 및 민간소비를 위축시켜 경제에 큰 부담을 줄 수 있다. 따라서 가계부채의 점진적인 디레버리징을 유도해야 한다. 이를 위한 금융당국의 선제적 대응방안은 다음과 같다.

첫째, 가계부채에 대한 모니터링 강화
현재 금융감독원은 금융 부문의 리스크 요인에 선제적으로 대응하기 위해 거시건전성 감독 스트레스 테스트 모형(K-STARS), 금융 산업 조기경부 시스템(K-SEEK), 빅 데이터 기반 거시 금융경제 예측 모형(K-supercast) 등 계량 모형 기반 감독 수단을 갖추고 있다. 이러한 계량 모형들을 점검하여 발생가능한 대내외 위험과 시나리오에 대비하기 위해 거시건전성 감독을 이행해야 한다. 특히, 금년부터는 미래 금리변동위험을 반영하는 스트레스 DSR 제도가 마련될 예정이다.

둘째, 포용적 금융정책 시행

1. 서민 · 실수요자에게 가계부채 규제 예외를 인정하거나, 그들의 실수요를 우대하는 등의 보완이 필요하다.
2. 원리금상환부담이 큰 취약계층에 대한 서민금융상품(햇살론 15, 안전망 대출2, 햇살론 유스(youth) 등)와 중금리대출을 확대해야 한다.
3. 최근과 같은 고금리 시기에는 금융소비자보호법상 금리인하요구권을 내실 있게 활용할 수 있는 방안을 강구해야 한다.

셋째, 고정금리 대출 확대로 가계부채의 질적 개선
우리나라는 정책모기지 시장에 한정되어 장기 · 고정금리 주담대가 취급되고, 정책모기지를 제외한 은행권의 자체 고정금리 대출 비중은 매우 낮다(▲순수고정 2.5%, ▲혼합형 22.0%, ▲변동형 52.4%). 미국, 프랑스 등 해외 주요국은 정부 유관기관의 제도적 지원, 변동금리에 대한 강한 소비자보호 규제 및 장기자금 조달 등을 통해 주담대 시장이 활성화되어 있는 것과 달리, 우리나라는 민간 고정금리 주담대 시장은 활성화되지 못해 여전히 고정금리 대출 비중이 주요국 대비 낮은 상황이다. 따라서 금융기관의 고정금리 목표비중을 상향 조정하여 고정금리 대출을 확대해야 한다.

넷째, 커버드본드 활성화를 유도해야 한다.

다섯째, 연체의 지속성을 고려해 연체차주에 대한 무분별한 지원의 확대는 재원의 낭비와 차주의 도덕적 해이를 유발한다. 따라서 연체 차주에 대한 한시적인 금융지원보다는 연체 상태 재진입을 방지할 수 있는 정책을 고려해야 한다. 또한, 효율적인 재원 분배를 위해 정책에 대한 주기적인 성과 평가 및 개선이 될 수 있도록 감독 당국의 관리가 필요하다. 특히, 취약 차주의 비중이 자영업자를 중심으로 상승하고 있는 만큼, 자영업자 대출 관련 검토가 필요하다. 무조건적인 금융지원은 오히려 연체율 증가 확대를 부추길 수 있다. 매출부진 장기화 등으로 채무상환능력이 크게 떨어졌거나 회생가능성이 없는 자영업자에 대해서 금융기관의 적극적인 지원을 독려할 필요가 있다.

한편, 최근 개인채무조정 관련 제도 변화 특징은 2024년 10월부터 「개인금융채권의 관리 및 개인채무자 보 호에 관한 법률」시행으로 개인채무자가 금융회사에 대해 사적 채무조정을 요청할 수 있게 되었다는 것이다. 금융회사에 3천만원 미만의 채무를 가진 개인채무자는 상환이 어려울 경우 자신의 변제능력에 관한 정보와 필요 자료를 금융회사에 제공하고 채무조정을 요청할 수 있다. 금융회사는 채무자의 변제능력, 채권회수 가능성 및 비용, 재무 건전성에 미치는 영향 등을 고려하여 채무조정 여부를 결정하고 요청을 받은 날로부터 10영업일 이내에 결과를 통보하여야 한다. 채무조정 합의가 성립되지 않을 경우, 개인채무자와 금융회사 간 채무조정 절차가 종료되는데, 이 경우 금융회사가 채무조정 절차가 종료된 개 인채무자를 신복위로 인계함으로써 신복위의 신용상담을 받을 수 있도록 유도하는 절차가 활성화될 필요가 있다. 개인채무자가 신용상담을 통해 이용 가능한 다양한 채무조정수단에 대한 소개를 받아 필요시 활용하는 한편 신복위가 제공하는 취업 · 자활 · 복지 등 다양한 연계서비스도 제공받을 경우 일상으로의 빠른 복귀에 도움이 될 것으로 판단된다.

용어해설

1) **스트레스 DSR** : - DSR은 연간 소득과 원리금 상환액을 기준으로 대출 한도를 산정하는 규제다. DSR은 연소득에서 대출 원리금이 차지하는 비율을 의미한다. 예를 들면, 내 연소득이 1억 원이고 3000만 원의 은행 대출이 있다면 DSR은 30%가 된다. 여기서 DSR 산정 시 계산되는 대출은 주택담보대출(주담대)원리금 뿐 아니라 신용대출, 자동차 할부, 학자금 대출, 카드론 등 모든 대출이 포함된다. 단 소득 외 상환 재원이 인정되는 전세자금대출, 예 · 적금담보대출, 보험계약대출 등은 DSR에 포함되지 않는다. 2024년 6월 현재 은행 대출은 DSR 40%, 비은행 대출은 DSR 50%가 적용된다. 연소득 1억 원인 차주라면 매년 갚아야 할 은행 대출의 원리금이 4000만 원을 넘어서는 안 된다는 의미이다.

- 스트레스 DSR은 기존 DSR보다 더 강력한 규제이다. DSR 산정 시 미래 금리변동 위험을 반영한 '스트레스 금리'를 가산금리로 더해 대출한도를 계산토록 하는 제도이다. 예컨대 대출금리가 5%이고 스트레스 금리가 1.5%라면 대출한도 산정 시 6.5%의 금리를 적용하는 것이다. 단 스트레스 금리는 대출한도를 계산할 때만 적용되는 가상의 금리이기 때문에 실제 차주가 1.5%의 금리를 더 부담해야 하지는 않는다. 스트레스 금리가 가산되면 연간 이자비용이 늘어나기 때문에 자연스레 DSR 비율은 커지기 마련이고 차주가 추가로 받을 수 있는 대출한도는 낮아질 수밖에 없다. 2024년 상반기에는 0.38%의 스트레스 금리가 적용되었다.

정부는 2024년 2월 은행권 주담대를 대상으로 기본 스트레스 금리(1.5%)의 25%를 적용하는 1단계 조치를 도입했다. 그리고 은행 주담대와 신용대출, 2금융권 주담대에 스트레스 금리의 50%를 적용하는 2단계 시행을 2024년 7월에서 9월로 연기했다. 일각에선 이런 연기 조치가 서둘러 대출을 받으라는 신호로 해석됐다는 비판을 제기하기도 했다. 이러한 스트레스 DSR 제도는 2024년 2월 은행권 주담대에서부터 도입되었다. 2단계 적용은 2024년 9월로, 3단계 적용은 2025년 7월 예정되어 있다.

03 논술사례

[제시문]

- 2024년 4월 중 全금융권 가계대출은 전월 대비 +4.1조 원 증가, 2023년 말 대비로는 총 △1.8조 원 감소 -
  - * 증감액(조 원) : (11월)+2.6, (12월)+0.1, (2024년 1월)+0.9, (2월)△1.9, (3월)△4.9, (4월P)+4.1
- 향후에도 긴장의 끈을 놓지 않고 가계대출 증가요인을 면밀히 모니터링하며, 가계부채를 명목 GDP 성장률 이내로 관리해 나갈 계획 -

주제 1

금융감독원의 가계대출 관리 방안에 대하여 논하라.

답안

서론

2024년 6월 한국은행 금융안정보고서에 따르면, 가계 신용은 낮은 증가세를 **지속하고** 있다. 가계 부채는 2024년 1/4분기 말 1, 882.8조 원으로 전년동기대비 **기준으로** 1.6% 늘어났**고**, 전기대비 0.1% 줄어들면서 감소 전환하였다. 하지만, 그간의 금융긴축 지속 및 경기둔화 등으로 인해 연체율이 지속적으로 상승하고 **있다**. **연체는** 경기변동에 대한 차주의 금융취약성과 높은 상관성을 가진다. 이에 본고는 현 가계부채**의** 상황 – 문제점 - 금융감독원의 가계대출 관리 방안에 대해서 **논하겠다.**

| 유지하고
| 구체적으로
| 지만
| 삭제
| 문제는
| 연체율은
| 있다는 점이다
| 삭제
| 논하기로 한다.

본론

1. 현 가계부채 상황

① 주택담보대출 증가세 확대

주택담보대출은 2024년 1분기 중 12.4조 원 증가하였고, 기타대출은 감소폭이 확대되면서 12.6조 원 감소하였다. 주택 구입 관련 자금의 수요가 늘어나고, 정책자금 **공급이 늘어난** 여파이다. 또한, '스트레스 DSR 2단계'가 돌연 9월로 연기되면서 수도권 아파트 거래량은 증가세를 보이고 있다. 주택 거래량이 늘면서 주택담보대출도 늘었다. 가계 전반에 부동산 투자의향이 높아지면, 가계 부채 증가세 **확대에 기여하는** 요인이 될 수 있다. 이처럼 금리 인하에 대한 기대와 **정책과 관련된 변수는** 주택담보대출 증가세를 확대하는 **데 기여한다.**

규제가 완화된

확대를 유발하는(좋은 방향이 아닌 경우에는 기여하는 이 좋은 표현이 아닙니다)

주택정책 완화는

요소가 된다.

② 가계대출 연체율 상승세 지속

고금리 기조가 지속되면서 2022년 하반기부터 가계대출 연체율이 상승하고 있다. 현재 가계대출 연체율은 팬데믹 이전 10년간 **장기 평균의 0.45% 수준이다.** 아직 연체율이 위험하다고 볼 수는 없으나, 상승세를 보이고 있다는 점에서 주시할 필요가 있다. 특히 가계대출 연체율은 주택담보대출보다 신용대출 연체율 상승에서 두드러졌다. 이는 상대적으로 신용이 취약한 차주를 중심으로 연체율이 상승하고 있다는 의미이다.

이 숫자의 의미가 불분명합니다. 장기평균이 1인데 0.45%라는 의미인지?

③ GDP 관련

2024년 1분기 우리나라 가계부채가 3년 반 만에 100% 아래로 떨어졌다. 세계 부채 최신보고서에 따르면, 세계 34개의 나라 GDP 대

비 1분기 가계 부채 비율은 한국이(98.9%)로 가장 높았다. 100% 아래라는 점에서 긴축 통화 정책이 효과를 발휘한 것으로 보이지만, **비율은** 상당히 높은 수준이다. GDP 대비 가계부채 비율이 80%를 넘어서면 경제 성장이나 금융안정을 제약할 수 있다.

| Gdp 대비 비중은

2. 문제점

① 연체율 증가에 따른 건전성 악화

은행 중에서도 인터넷전문은행 및 지방은행의 연체율 상승폭이 크다. 이는 중 · 저신용자, 중소기업 등 취약차주의 비중이 높은 데에 주로 기인한다. 그동안 이들을 위한 코로나 19 금융지원이 한시적으로 금융 안정에 기여했지만, **효력이** 끝난 지금은 이야기가 다르다. 연체율 증가는 중장기적으로 한계차주와 부실채권이 늘어나는 결과를 낳는다. 한계차주와 부실채권이 늘어날 경우 대손충당금 증가 폭이 커질 밖에 없다.

| 위기가

② 부동산관련 가계 대출 수요 급증

앞서 말했듯, 주택 수요 증가와 정책 공급의 변화로 주택담보대출 증가세가 확대되고 있다. 가계 전반에 걸쳐 부동산 투자의향이 높아지는 추세인데, 이는 주택가격상승 기대를 부추긴다. 추가로, DSR 규제 연기로 인해 규제가 적용되지 않은 상황에서 일시적으로 주택 실수요가 증가하고 있다.

| 상술했듯

③ 취약 차주 증가

신용대출 연체율이 주택담보대출에 비해 상승하는 양상을 보이고 있다. 특히, 지난 수년간 대출이 빠르게 확대된 기간에 고위험 차

영끌이나 빚투족의 증가로 인해 |

면, (쉼표) |

주에 대한 대출이 증가했다. **신용대출의 특성을 고려해** 자금이 주식이나 가상화폐 등 투자를 위해 융통한 자금도 상당하는 점을 고려하**여** 건전성이 매우 우려되는 상황이다. 가계 부채 증가세가 완화되는 기조에도 불구하고, 최근에는 대출 부실의 정도와 대출 수요자의 특성이 바뀌었다. 이는 가계 부채 전반에 부정적 여파를 가져올 수 있다.

결론

① 건전성 관리 조치

권고 |

현 가계 부채 상황은 우려할 정도는 아니지만, 최근 가계 및 자영업자 대출 연체율의 상승세는 연체차주 수 증가에 주로 기인하고 있다. 한계 차주와 부실 채권이 늘어나면 대손충당금 폭이 커진다. 이에 대비해 감독 당국은 은행에 경기대응완충자본을 부과하고, 대손충당금 최저 적립률을 상향하도록 **지시**해야 한다. 가계 부문의 부실이 금융기관의 부실로 이어지지 않도록 감독 및 관리가 필요하다.

② 가계 대출 추이에 대한 모니터링 및 정책적 대응

연체는 차주의 극심한 재정적 어려움을 반영한다. 이는 리스크 관리 차원에서 연체 현황을 지속적으로 모니터링 해 나가야 함을 시사한다. 이에 금융 감독원의 여러 감독 수단을 통해 가계 대출 추이를 실시간으로 모니터링한다. 예시로, 거시건전성 감독 스트레스 테스트 모형(K-STARS), 금융 산업 조기경보 시스템(K-SEEK), 빅데이터 기반 거시 금융경제 예측 모형(K-supercast) 등을 통해 가계 대출을 지속적으로 모니터링할 수 있다. 금리 기조, 부동산 대출 수요

급증 등 예상치 못한 상황을 모두 고려한 시나리오 분석 통해 비상 대응계획을 완비해야 한다.

③ 선별된 약차주에 대한 채무조정 활성화로 차주 상환 부담 완화 지원

연체의 지속성을 고려해 연체차주에 대한 무분별한 지원의 확대는 재원의 낭비와 차주의 도덕적 해이를 유발한다. 따라서 연체 차주에 대한 한시적인 금융지원보다는 연체 상태 재진입을 방지할 수 있는 정책을 고려해야 한다. 또한, 효율적인 재원 분배를 위해 정책에 대한 주기적인 성과 평가 및 개선이 될 수 있도록 감독 당국의 관리가 필요하다.

앞 단락과 뒷 단락의 인과과계가 잘 이해되지 않습니다.

취약 차주의 비중이 자영업자를 중심으로 상승하고 있는 만큼, 자영업자 대출 관련 감독이 필요하다. 무조건적인 금융지원은 오히려 연체율 증가 확대를 부추길 수 있다. 매출부진 장기화 등으로 채무상환능력이 크게 떨어졌거나 회생가능성이 없는 자영업자에 대해서 금융기관의 적극적인 지원을 독려할 필요가 있다. 예를 들어, '새출발기금'과 같은 채무 조정 프로그램을 통해 연체율 상승이 완화되도록 감독해야 한다.

나, (쉼표)

사후관리를

④ 부동산 관련 대출 제도적 대책 마련 및 감독

부동산관련 대출을 중심으로 가계 레버리지가 확대될 위험이 높다. 따라서, 부동산 시장 정책의 신뢰성 확보가 필요하다. 특히, DSR 규제 연기 등의 정책 변동은 부동산 수요 급증과 가격 상승 기대를 초래할 수 있으므로 적절한 감독이 필요하다. 추가로, 만기일시상환 비중이 높고 DSR 규제가 적용되지 않는 전세자금대출에 대해서도 제도적 감독이 필요하다.

⑤ 지속적인 가계 대출 취급 실태 조사 및 점검

가계 부채는 신용 시장에 중요한 비중을 차지하고 있는 만큼 지속적인 조사 및 점검이 필요하다. 대출 규제 준수 여부, 여신심사의 적정성, 가계대출 관리체계를 위주로 가계 대출 종합 점검을 주기적으로 진행해야 한다. 추가로, 감독당국은 고정금리 및 분할상환 방식 등 질적 구조 개선 관리현황과 가계 대출 관련 정보통신 시스템 역시 점검할 필요가 있다.

주제 2

소상공인 부채탕감에 대한 의견을 밝히시오.

답안

서론

코로나 19 팬데믹 이후 소상공인 부채 규모가 빠르게 증가하였다. 올해 1분기 현재 자영업자(개인사업자대출, 가계대출)의 전체 금융기관 대출 잔액은 1,033조 7천억 원으로 사상 최대를 기록하고 있다. 그리고 1분기 자영업자의 전체금융기관 연체율은 1.00%로 작년 4분기에 비해 0.35%P 상승하여 2015년 이후 가장 높은 연체율을 기록했다. 이에 정부도 '새출발기금' 등 부채 탕감정책을 통해 소상공인의 고통을 줄이고자 노력하고 있다. 하지만 이러한 부채 탕감정책이 과연 올바른 **것인지** 의문이다. 이에 본고는 소상공인 부채탕감 현황과 부채 탕감으로 인해 발생할 수 있는 부정적 영향, 그리고 그에 대한 해결방안에 대해 논하겠다.

| 정책인지 또는 방향인지

본론

1. 소상공인 부채탕감 현황

정부는 소상공인 부채탕감을 위해 지난해 10월 '새출발기금'을 공식 출범했다. 코로나 19 사태 여파로 부채가 늘어난 자영업자와 소상공인 등을 지원하기 위해 **정부가** 30조 원 규모의 기금을 조성했다. 채무조정은 차주의 연체 상태와 채무 종류 등에 따라 진행된다. 연체 90일 이상 부실 차주의 대출채권에 대해서는 새출발기금이 부실채권을

| 캠코는

매입해 원금을 탕감해주는 '매입형 채무조정'이, 3개월 미만 연체 채무 등에 대해서는 원금 감면 없이 금리와 상환 기간을 조정하는 '중개형 채무조정'이 이루어 진다.

23년 6월 30일 기준 3만 551명이 신청했고, 채무액은 4조 6, 220억원 규모에 달하였다. 신청자 가운데 매입형 채무조정을 7, 462명이 약정 체결했고, 평균 원금 감면율은 약 70%로 집계됐다. 또한 중개형 채무조정은 7, 406명이 채무조정을 확정했고, 평균 이자율 감면 폭은 약 4.5%P 였다.

2. 소상공인 부채탕감으로 인한 부정적 영향

소상공인의 부채를 탕감함으로써 자영업자와 소상공인의 고통은 경감시킬 수 있으나, 이는 사회에 부정적인 영향을 끼칠 수 있다.

첫째, '도덕적 해이'에 대한 논란이다.

개인의 빚을 국가에서 갚아주는 정책은, 자칫 차주에게 고의로 대출을 연체해도 된다는 잘못된 신호를 전달할 수 있다. 본인의 능력으로 충분히 대출금을 상환할 수 있는 차주까지 고의적인 연체를 하는 결과를 낳을 수 있다. 또한 한계 차주를 정부 정책을 통해 인위적으로 구제하는 자체가 부실을 더 키우는 측면이 있다. 한번 구제를 받은 사람들은 또다시 한계 상황에 내몰리는 경우가 많다. 왜냐하면 사업의 경쟁력을 기르는 대신 정책자금 대출에 의존을 하게 되고 차주 본인들의 책임을 회피하며 정부 지원에 의존하기 때문이다.

둘째, '상대적 박탈감'이 형성된다.

부채탕감 정책은 대출금을 성실하게 갚고 있는 차주들에게 상대적 박탈감을 줄 수 있다. 힘든 시기에도 연체 없이 열심히 부채상환을 한 차주들은, 본인의 노력을 부정당하는 느낌을 받을 수 있다. 또한 그들이 어려움을 겪는 상황에서도 정부나 기관으로부터 도움을 받지 못하는 불평등을 느낄 수 있고, 이는 사회적 불평등과 **정의**에 대한 안 좋은 감정을 조장할 수 있다. 그리고 부채를 탕감받지 못하는 사람들이 사회적으로 배제된다고 느끼는 경우, 그들은 사회와의 유대감을 상실하거나 사회적 공동체에서 격리될 수 있다.

| 정의 (Justice)

결론

소상공인 부채탕감으로 인한 부정적 영향의 해결방안

첫째, '타겟팅 및 조건 강화'를 통해 차주를 선별해야 한다.

소상공인 부채탕감의 가장 중요한 것은 부채탕감이 가장 필요한 차주에게 혜택이 돌아가는 것이다. 고의적 연체를 통해 이러한 혜택을 보려는 자들을 걸러내고 정말로 필요한 자들에게 부채를 탕감해야 하는데, 그러기 위해서는 정교한 타겟팅이 필요하다. 먼저 사회적 취약계층을 우선순위로 지원을 해야 한다. 70대 이상 노인, 장애인 등 원금상환 능력이 떨어지는 계층을 최우선순위로 하여 지원을 하며, 차주가 보유한 부채뿐만 아니라 자산조사를 통해 부채 상환능력을 평가해야 한다. 또한 개인뿐만 아니라 가족 단위의 자산조사를 통해 차주 선정을 강화해야 한다. 그리고 고의적 연체자를 걸러내기 위해 정책 개시일 이후 연체 90일 이상 부실차주에게는 조금 더 강화된 조건을 통해 보증심사를 해야 할 것이다.

둘째, '성실부채상환 차주에게 인센티브'를 제공하는 것이다.

부채탕감을 받지 못한 차주들은 상대적 박탈감을 느낄 수 있다. 이는 건강한 금융문화를 저해할 수 있고, 더 나아가 불평등, 비공정 사회로의 불만으로 승화될 수 있다. 이 때문에 어려운 환경 속에서도 성실하게 부채를 상환하는 차주에게는 인센티브를 제공하여 불만을 줄이는 것이 중요하다. 대출받은 이후 연체가 없는 차주에게는 정부가 금리를 보전해주는 상품으로 대환을 할 수 있도록 해야 한다. 신용보증기금, 신용보증재단을 통해 특별상품을 만든 후 차주를 선별하여 금리감면 인센티브를 제공하는 것이다. 또한 성실부채상환 차주에게 원금 거치기간을 늘려주거나, 원금상환 기간을 늘려 상환의 부담을 줄여주는 것도 도움이 될 것이다.

주제 3

가계 부채 증가에 따른 대응방안을 논하시오.

답안

서론

한국은행 자료에 따르면 지난해 4분기 기준 우리나라 GDP 대비 가계부채 비율은 105%로, 스위스 및 호주에 이어 세번째로 높은 수준을 보이고 있다. 12년 사이에 **14번째에서** 11계단이 뛴 것으로 증가 속도도 빠른 상황이다. 그에 따라 가계부채가 우리 경제의 최대 위협 요인 중 하나로 **떠오르고 있다.** 이에 본고는 가계 부채 증가의 원인과 **그에 따른** 대응방안에 대해 논하고자 한다.

| OECD국가 중

| 14위에서

| 떠올랐다.

| 정책적

본론

1. 가계 부채 증가의 원인

① 공급 측면(금융기관)

첫째, 기업대출과 비교했을 때, 가계 대출의 높은 수익성 및 안정성 때문이다. 국내 은행의 수익구조를 살펴보**면** 가계 및 기업대출 등에서 발생하는 이자**이**익에 대한 의존도가 매우 높다. 여기서 가계대출은 고소득 차주 **중심구조** 덕분에 연체율이 낮고 수익성은 높은 편이라, 금융기관은 가계대출을 기업대출보다 선호했다. 또한 바젤규제도 은행이 가계대출 취급을 선호할 유인을 제공하였다. 바젤 규제 하에서의 기업대출에 대한 위험가중치는 20~150%에 달하나 주거용주택담보대출의 위험가중치는 35~50%로 낮아, 가

| 면, (쉼표)

| 수

| 중심 자산운용

계대출 취급 시 자본규제부담이 상대적으로 낮다.

마저

둘째, 가계대출에 대한 규제가 크지 않기 때문이다. 특히 차주 단위 대출 규제가 뒤늦게 이루어진 데다가 상당수의 대출이 동 규제**를** 적용 받지 않아, 가계부채의 증가 원인으로 작용하였다. 주요국에서는 글로벌 금융 위기 이후 가계의 채무상환능력을 초과하는 대출을 억제하기 위해, 차주의 총체적 상환부담을 측정하는 DSR규제를 2012~2014년에 걸쳐 도입하였다. 우리나라에서 DSR은 여신관리지표로서 뒤늦게 활용되었고, 도입 후에도 여전히 대출시점 및 대출종류에 따라 상당수의 대출이 DSR 적용을 받지 않고 있다. 대신 이와 유사한 DTI 규제를 운용하고 있었지**만** 투기지역 등 특정 지역 소재의 주택담보대출 경우에만 한정적으로 적용됐다. **그에 따라** 국내은행이 신규취급한 주택담보대출에서의 DTI 적용 비중은 2013~2022년 중 평균 23%에 그쳤다.

만, (쉼표)

그 결과
(그에 따라 가 너무 많이 나옵니다)

② 수요 측면(가계)

부동산

저금리 기조 장기화에 따른 투자 열풍은 가계 부채 증가로 이어졌다. 글로벌 금융위기 이후 저금리 기조가 장기화되면서 가계의 차입비용 및 안전자산의 실질수익률이 크게 하락하였고, 가계가 여타 자산으로의 투자를 확대할 유인이 형성되었다. 특히 최근에 들어서는 우리나라가 전형적인 저성장 국면에 들어서면서, 젊은 세대에서 이른바 '영끌(영혼까지 끌어모아 투자)'과 '빚투(빚내서 투자)'의 공격적 투자 현상이 심해지면서, 과도한 신용대출이 이어졌다. 금융감독원 자료에 따르면, 지난 1년여간 20~30대 청년층이 영끌 및 빚투로 진 빚이 133조 원을 넘어섰는데, 그 비중이 1년 여간의 전체 담보 및 신용대출과 주식 융자 신규취급액의 30%에 육박했다.

결론

대응방안

이러한 가계 부채의 증가는 당장 금융불안정의 확대를 야기하진 않을 것으로 보인다. 우리나라의 경우 담보대출에 대한 LTV비율이 낮**고** 대출잔액의 대부분을 차지하는 고소득차주의 상환능력이 양호하다. 이러한 점을 감안했을 때, 자산가격 하락 및 금리상승 등이 금융시스템 전반의 건전성 악화로 확산될 가능성은 제한적일 것으로 판단된다. 하지만 부채 과다로 인한 소비위축과 **생산성이 높지 않은** 부문에 대한 대출집중도 심화, 그리고 자산불평등 확대와 같은 문제점을 야기하므로, 가계부채 디레버리징은 필수적인 과제다. 이에 **본지에서는** 다음과 같은 대응방안을 제시하고자 한다.

고, (쉼표)

비생산적

삭제

① 공급측면

첫째, 은행 등 금융기관이 기업대출을 확대할 유인을 제공하는 방안을 검토할 필요가 있다. **예시로**, 기업대출 채권을 집합하여 유동화 시키는 방법이 있다. 국내 유동화증권 시장에서, 기초자산으로서 기업대출이 차지하는 비중이 매우 미미한데, 이를 개선하기 위하여 기업대출 유동화를 전문적으로 지원할 수 있는 기관을 지정하는 방안을 고려할 수 있다. 현재 국내은행의 기업대출 만기는 약 4년 내외에 불과하다. 하지만 기업대출에 대한 등록 유동화증권의 발행이 확대될 경우, 기업대출 만기 장기화 등을 통한 기업의 차환 리스크 축소와 중소기업의 자금애로 완화를 통해, 기업대출 구조가 개선될 수 있을 것으로 기대된다.

일례로

둘째, 금융기관의 대출이 가계부문에 집중되는 것을 완화하기 위한 규제를 강화할 필요가 있다.

DSR 규제정비를 검토해야 한다. 대부분의 대출을 DSR 산정 대상에 포함시키는 한편, DSR 규제 도입 이전 이루어진 대출의 만기연장분에 대해서도 DSR을 점진적으로 적용함으로써, 가계 간 DSR 규제 형평성을 제고해 나가야 한다. 다만 이행과정에서 DSR 상한을 초과하는 차주가 급격하게 늘어날 것으로 예상되는 경우에는, 해당 차주들의 대출상환 만기를 연장하여 신용경색이 발생하지 않도록 하되, 가산금리 적용 등을 통하여 원리금 상환을 유도하는 방안 등을 검토할 수 있다.

가계부문 경기대응완충자본 적립을 시행할 필요가 있다. 부문별 경기대응완충자본은 특정 부문으로 자금쏠림현상이 발생할 경우 해당부문 위험가중자산의 최대2.5%까지 보통주 자본을 추가 적립하도록 하는 **제도이다**.

이 부분은 1.0%를 2024년 5월부터 더 쌓도록 제도화했습니다.

책임한정형 대출상품 공급을 늘려야 한다. 채무자의 책임을 담보주택의 가치로 한정하는 상품이기 때문에, 금융사의 가계대출 심사유인을 강화할 수 있다.

② 수요측면

첫째, 통화정책 측면에서 완화적 통화정책이 경제주체의 과도한 레버리지 활용 및 위험자산투자로 이어지지 않도록 금융안정을 보다 적극적으로 고려하는 한편, 가계가 미래의 금리변동 위험을 과소평가하지 않도록 커뮤니케이션에도 유의할 필요가 있다.

둘째, 청년층에 대한 금융교육을 강화할 필요가 있다. 청소년 금융교육 협의회에 따르면 우리나라 2023년 청소년의 금융이해력 평균점수는 46.8점으로, 낙제 기준인 60점을 크게 밑돌고 있다. 미국 등

선진국들은 공교육에서 금융 교육을 의무화하고 있지만, 우리나라는 입시 위주 교육 중심이기 때문에 금융 교육은 사실상 손을 놓고 있다. 이는 제대로 된 금융교육을 받지 못한 청년들의 과도한 차입 및 투자로 이어지고 있고, 현재의 가계 부채 문제에 일조하고 **있다**.

| 좋은 의견입니다.

chapter 05 금융 · 통신 통합 채무조정

01 논제 개요 잡기 [핵심 요약]

서론	이슈언급		금융채무를 조정 받더라도 통신채무는 신용회복위원회 채무조정 대상이 아니기 때문에 연체자가 경제적으로 재기하는데 제약이 크다는 지적이 현장에서 지속 제기되었다. 채무조정을 받은 분들이 통신채무 상환 부담으로 금융채무를 상환하지 못하는 사례도 발견되었다. 이에 2024년 1월 17일 금융부문 민생토론회에서 금융 · 통신 통합 채무조정을 도입하기로 발표한 이후, 과학기술정보통신부, 금융위원회 등 관계기관이 협업하여 「금융-통신 취약계층 재기지원 방안」이 마련되었고, 2024년 6월 20일 과학기술정보통신부, 금융위원회, 신용회복위원회는 금융 · 통신 통합채무조정과 경제적 재기를 위한 지원프로그램 등을 주요 내용으로 하는 '금융 · 통신 취약계층 재기지원 방안'을 발표했다. 신용회복위원회는 금융 · 통신 취약층 재기지원 방안으로 최대 37만명의 통신 채무자가 혜택을 받을 것으로 기대하고 있다. 이에 본지에서는 금융 · 통신 통합 채무조정의 배경 및 내용 그리고 추후 정책적 방향성에 대해 논하기로 한다.
본론	1. 금융 · 통신 통합 채무 조정	1) 배경	① 고물가, 경제여건 악화 등에 따라 채무를 상환하기 어려운 채무자가 이용하는 신용회복위원회 채무조정과 법원 개인회생이 2022년 이후 빠르게 증가하고 있다. 이들의 연체 사유는 생계비 지출 증가 및 소득감소, 실직 · 폐업 등 외부적 요인이 84%를 차지하고 있다. 취약계층에 대한 금융 · 통신 통합 채무조정과 더불어 종합적 재기 지원이 절실한 상황이다.

본론	1. 금융 · 통신 통합 채무 조정	1) 배경	② 이에 2024년 1월 17일 금융부문 민생토론회에서 금융 · 통신 통합 채무조정을 도입하기로 발표한 이후, 과학기술정보통신부, 금융위원회 등 관계기관이 협업하여 「금융-통신 취약계층 재기지원 방안」을 마련하였다.
		2) 시행	① 6월 21일부터 신용회복위원회에서 금융 · 통신 통합채무조정을 신청하실 수 있으며, 상환여력에 따라 통신채무 원금이 최대 90%까지 감면된다. ② 금번 채무조정의 대상이 되는 채무는 이동통신 3사, 알뜰폰 20개사, 휴대폰 결제사 6개사가 보유한 채무로서, 전체 통신업계 시장점유율의 98%를 차지한다. ③ 이번 통합채무조정 시행 전부터 신복위 채무조정 제도를 이용하던 분들도 기존 채무조정에 통신채무를 추가하여 조정받을 수 있게 된다. ④ 채무조정을 지원받은 이후 3개월 이상 상환액을 납부하지 못하면 채무조정 효력이 취소되어 원래의 상환의무가 다시 발생한다.
		3) 통신채무자들의 성실 상환 · 재기를 위한 종합 지원	일회성 채무조정 지원이 아닌 실질적인 재기를 위해 채무자에게 신용관리 서비스, 고용 · 복지 연계 등 종합지원을 제공한다. ① 취업연계를 통해 근본적인 소득 창출능력을 제고하여 근로시장에 복귀할 수 있도록 지원한다. ② 그간의 연체로 신용도가 많이 하락하여 정상적인 금융활동이 불가능 해진 채무자의 정상적인 금융생활로의 복귀를 지원한다. ③ 경제상황이 보다 어려워 금융지원 외에 복지지원까지 필요할 경우 복지지원도 연계한다. ④ 신복위는 제도를 악용하는 모럴헤저드에 대비해 3단계 심사를 실시한다. 재산조사, 심의, 채권자 동의 등 여러 단계를 거쳐 부정 활용을 막겠다는 의도다. 예를 들어 채무조정 결정 이후 채무자의 부정행위가 발견되는 경우 채무조정 효력을 중단시킨다.
		4) 기대효과	① 최대 37만 명의 통신 채무자가 혜택을 받을 수 있을 것으로 예상된다. ② 그간 채무조정 사각지대에 있던 취약계층이 일상, 경제활동으로 복귀하는 등 경제적 재기가 가능할 것으로 기대된다. ③ 취약층이 재기할 경우 복지재원 소요 등 사회적 비용도 지속적으로 줄어드는 선순환 구조가 형성될 것으로 기대된다.

본론	1. 금융 · 통신 통합 채무 조정	5) 우려점	① 밀린 통신비를 탕감해줌으로써 채무자들이 자립하려는 노력을 기울이지 않을 것이란 우려 ② 통신비를 탕감해주기 위해 통신사에 대한 압박 ③ 통신채무 원금을 감면하는 방식이 도덕적 해이(모럴헤저드)를 부추길 수 있다는 지적 ④ 성실 납부자 입장에서의 형평성 논란과 타 공공요금 체납자들 대비 형평성 논란
결론	의견제시		통신채무조정은 신복위의 숙원 사업이었다. 신복위에서 금융채무를 조정할 때 통신채무도 같이 조정할 수 있도록 하자는 제안이 나오고, 논의가 시작된 지는 10년이 넘었다. 그간 이뤄졌던 신용회복지원책과는 사뭇 다르다. 정권마다 반복돼 '포퓰리즘' 아니냐는 지적을 받는 여타 신용사면과는 달리, 긴 논의 끝에 최초로 시도된 지원책이기 때문이다. 금융기관 빚에 더해 통신채무까지 있는 이들이 지원 대상으로 꼽혔다는 점도 차이점이다. 다만, 논의 10년 만에 시행된 정책이 제대로 작동하려면 살펴야 할 게 몇 가지 있다. 첫째, 가장 대표적인 게 도덕적 해이 문제다. 둘째, 사각지대가 없는지도 봐야 한다. 금융당국 내부에서는 금융 · 통신 통합 채무조정이 "역대 금융정책 중에서 가장 큰 성과 중 하나로 기록될 것"이라는 평가도 나온다. 성공은 자만과 방심을 낳는다. 당국이 기대한 효과를 위해서는 수시로 한계점을 살펴야 한다.

02 논제 풀이

서론

이슈 언급

많은 채무 불이행자들은 현재는 일상생활이 어려운 상황에 처해 있으나, 채무부담을 줄여주어 정상적으로 상환할 수 있는 기회가 주어지면 성실히 상환하려는 의지가 있다. 코로나19, 고물가, 사고 등 불가피한 사유로 발생 · 연체된 채무가 장기화될 경우 통장개설, 카드발급 등 정상적인 경제생활이 어려워지는 것은 물론, 장기간 추심압박에 노출되어 이를 피해 다니는 과정에서 지인, 가족 등 일상생활과 단절될 가능성도 크다. 더욱이 통신채무의 경우 통신이용이 불가능해지면 전화이용이 불가능해지는 만큼, 이를 연체할 정도면 경제생활이 더욱 어려운 분들일 가능성이 높다.

그러나 금융채무를 조정 받더라도 통신채무는 신용회복위원회 채무조정 대상이 아니기 때문에 연체자가 경제적으로 재기하는데 제약이 크다는 지적이 현장에서 지속 제기되었다. 채무조정을 받은 분들이 통신채무 상환 부담으로 금융채무를 상환하지 못하는 사례도 발견되었다. 이에 2024년

1월 17일 금융부문 민생토론회에서 금융 · 통신 통합 채무조정을 도입하기로 발표한 이후, 과학기술정보통신부, 금융위원회 등 관계기관이 협업하여 「금융-통신 취약계층 재기지원 방안」이 마련되었고 2024년 6월 20일 과학기술정보통신부, 금융위원회, 신용회복위원회는 금융 · 통신 통합채무조정과 경제적 재기를 위한 지원프로그램 등을 주요 내용으로 하는 '금융 · 통신 취약계층 재기지원 방안'을 발표했다.

기존엔 금융채무 외 통신요금 및 휴대폰 결제 대금 등 통신채무는 조정할 수 없었으나, 2024년 6월 21일부터 금융채무 조정대상자가 통신채무 조정을 신청하면 다음날 추심이 즉시 중단되며 통신사에 별도로 신청할 필요 없이 신용회복위원회에서 금융채무와 통신채무를 한 번에 조정 받을 수 있게 되었다. 이는 채무자에 대한 소득, 재산심사 등 상환능력을 감안해 원금의 최대 90%를 감면하고 장기분할상환(10년)할 수 있도록 조정하는 등 갚을 수 있는 수준으로 채무를 조정하는 방식인데, 이동통신 3사, 알뜰폰 20개사, 휴대폰결제사 6개사가 보유한 채무가 여기에 해당된다. 신용회복위원회는 금융 · 통신 취약층 재기지원 방안으로 최대 37만 명의 통신 채무자가 혜택을 받을 것으로 기대하고 있다.

이에 본지에서는 금융 · 통신 통합 채무조정의 배경 및 내용 그리고 추후 정책적 방향성에 대해 논하기로 한다.

본론

1. 금융 · 통신 통합 채무 조정

1) 배경

① 고물가, 경제여건 악화 등에 따라 채무를 상환하기 어려운 채무자가 이용하는 신용회복위원회 채무조정과 법원 개인회생이 2022년 이후 빠르게 증가하고 있다. 이들의 연체 사유는 생계비 지출 증가 및 소득 감소, 실직 · 폐업 등 외부적 요인이 84%를 차지하고 있다. 취약계층에 대한 금융 · 통신 통합 채무조정과 더불어 종합적 재기 지원이 절실한 상황이다.

[신복위 채무조정, 법원 회생 · 파산 신청자]

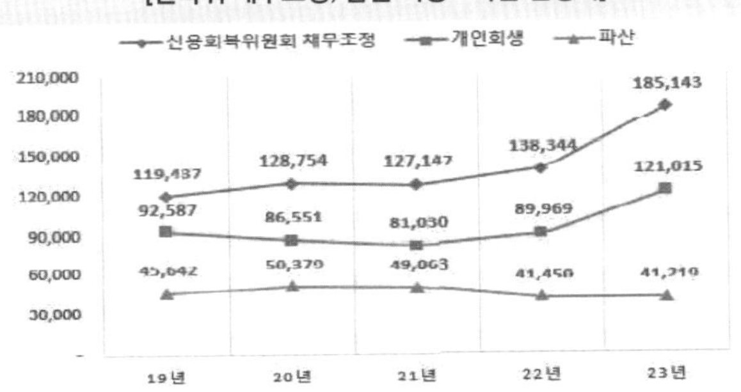

<출처: 금융위원회>

1. 금융 · 통신 통합 채무 조정

1) 배경

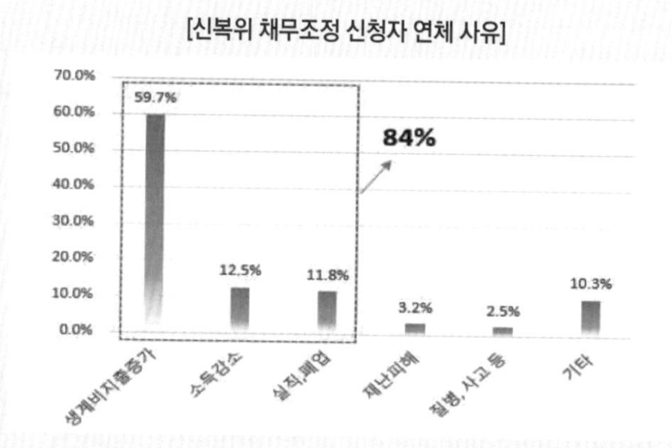

<출처: 금융위원회>

② 이에 2024년 1월 17일 금융부문 민생토론회에서 금융 · 통신 통합 채무조정을 도입하기로 발표한 이후, 과학기술정보통신부, 금융위원회 등 관계기관이 협업하여 「금융-통신 취약계층 재기지원 방안」을 마련하였다.

2) 시행

① 6월 21일부터 신용회복위원회에서 금융 · 통신 통합채무조정을 신청하실 수 있으며, 상환여력에 따라 통신채무 원금이 최대 90%까지 감면된다.

가. 신복위는 금융채무는 채무 조정할 수 있으나, 통신요금 및 휴대폰 결제 대금 등 통신채무는 조정할 수 없었다. 신복위에서 금융채무를 조정 받은 경우 채무자가 통신사에 별도로 신청해야 5개월 분납 지원만 가능하였다.

나. 앞으로는 금융채무와 함께 통신채무도 일괄하여 조정하는 "통합채무조정"을 시행한다. 금융채무 조정대상자가 통신채무 조정을 신청할 경우,

A. 신청 다음날 추심이 즉시 중단된다.

B. 통신사에 별도로 신청할 필요없이 신복위에서 금융채무와 통신채무를 한 번에 조정 받을 수 있으며,

C. 채무자에 대한 소득, 재산심사 등 상환능력을 감안하여, 원금의 최대 90%를 감면하고, 장기분할 상환(10년) 할 수 있도록 조정하는 등 갚을 수 있는 수준으로 채무를 조정한다.

② 금번 채무조정의 대상이 되는 채무는 이동통신 3사, 알뜰폰 20개사, 휴대폰 결제사 6개사가 보유한 채무로서, 전체 통신업계 시장점유율의 98%를 차지한다.

③ 이번 통합채무조정 시행 전부터 신복위 채무조정 제도를 이용하던 분들도 기존 채무조정에 통신채무를 추가하여 조정 받을 수 있게 된다. 금융채무 없이 통신채무만 있는 경우에는 통신사 자체 조정 프로그램을 지원받을 수 있도록 안내할 예정이다.

	2) 시행	④ 채무조정을 지원받더라도 경제적 재기를 위해서 채무자가 지속적으로 상환 의지를 갖고 노력해야 된다. 채무조정을 지원받은 이후 3개월 이상 상환액을 납부하지 못하면 채무조정 효력이 취소되어 원래의 상환의무가 다시 발생한다.
1. 금융 · 통신 통합 채무 조정	3) 통신채무자들의 성실 상환 · 재기를 위한 종합 지원	일회성 채무조정 지원이 아닌 실질적인 재기를 위해 채무자에게 신용관리 서비스, 고용 · 복지 연계 등 종합지원을 제공한다. ① 취업연계를 통해 근본적인 소득 창출능력을 제고하여 근로시장에 복귀할 수 있도록 지원한다. 가. 서민금융통합지원센터를 방문하는 서민 · 취약 계층이 한 자리에서 원스톱(one-stop)으로 고용 · 복지서비스를 제공받을 수 있도록 전국 13개 센터에 고용전담창구를 개설한다. 나. 전국 102개 고용 플러스센터로 연계하여 국민취업지원제도, 내일배움카드 등 고용지원제도를 이용할 수 있도록 지원한다. 다. 구직노력이 확인되는 경우 취업촉진지원금[40세 미만 미취업자 취업 컨설팅(서민금융진흥원) 후 직업훈련비 · 면접비 지원(최대 50만 원)]을 지급하고, 취업 후 일시 완제 시 추가 감면 등 인센티브(채무조정 12개월 성실상환자 일시상환시 원금 15% 추가 감면)도 제공한다. ② 그간의 연체로 신용도가 많이 하락하여 정상적인 금융활동이 불가능해진 채무자의 정상적인 금융생활로의 복귀를 지원한다. 가. 신용점수 상승 방법부터 가계부 작성 노하우 및 재무관리 방법 등 신용상담 및 신용관리를 실시한다. 계좌 압류 해제방법, 카드발급 지원 등을 통해 금융생활 안정을 지원한다. 나. 성실상환으로 신용점수가 상승하는 경우 신용도 개선 격려금(40세 미만 미취업자 신용도 개선 프로그램 이수 후 신용점수 상승 시 50만 원 지급)을 지급하는 등 다양한 인센티브를 통해 채무자의 노력을 뒷받침한다. ③ 경제상황이 보다 어려워 금융지원 외에 복지지원까지 필요할 경우 복지지원도 연계한다. 가. 전국 3, 500여 개 행정복지센터와 연결된 사회보장 정보시스템을 통해 생계 · 주거 · 의료 등 복지지원제도를 제공한다. 나. 장기간 추심 과정에서 겪을 수 있는 어려움을 완화하기 위해 필요한 경우 심리상담도 지원할 예정이다. ④ 신복위는 제도를 악용하는 모럴헤저드에 대비해 3단계 심사를 실시한다. 재산조사, 심의, 채권자 동의 등 여러 단계를 거쳐 부정 활용을 막겠다는 의도다. 예를 들어 채무조정 결정 이후 채무자의 부정행위가 발견되는 경우 채무조정 효력을 중단시킨다.

1. 금융 · 통신 통합 채무 조정	4) 기대효과	① 이번 「금융 · 통신 취약층 재기지원 방안」으로 최대 37만 명의 통신 채무자가 혜택을 받을 수 있을 것으로 예상된다. ② 금융 · 통신 통합채무조정 제도 도입 등을 통해 그간 채무조정 사각지대에 있던 취약계층이 일상, 경제활동으로 복귀하는 등 경제적 재기가 가능할 것으로 기대된다. ③ 취약층이 재기할 경우 복지재원 소요 등 사회적 비용도 지속적으로 줄어드는 선순환 구조가 형성될 것으로 기대된다.
	5) 우려점	① 밀린 통신비를 탕감해줌으로써 채무자들이 자립하려는 노력을 기울이지 않을 것이란 우려 ② 통신비를 탕감해주기 위해 통신사에 대한 압박-> 금번 지원의 경우 정부의 예산 지원은 별도로 없고 통신사들의 참여와 자발적인 채무 조정, 신용회복위원회의 참여로 추진된다. 가. 취지는 좋지만 통신업계 반응은 씁쓸하다. 돈은 통신 사업자가 내는데 생색은 정부가 낸다는 것이다. 한 통신업계 관계자는 통신사들은 기초생활수급자 등 취약계층, 국가유공자, 재해 지역 거주자 등에 대한 요금 감면도 정부 지원 없이 하고 있다며 정부의 취약계층 지원에 동의하고 적극 협력한다는 방침이지만, 채무 원금까지 탕감하는 것은 비용이 발생하는 부분이라 손실이 날 수밖에 없다고 말했다. 나. 또 다른 통신업계 관계자는 "통신업이 공적인 역할이 크다 하더라도 엄연히 민간기업들인데 정부는 여전히 시혜적 역할을 기대하고 있다"며 "통신사들이 매출에 손해를 보면서 취약계층이나 도서 지역 보편 서비스를 하는 것을 당연하게 생각하는 경향이 있다"고 말했다. ③ 통신채무 원금을 감면하는 방식이 도덕적 해이(모럴헤저드)를 부추길 수 있다는 지적 ④ 성실 납부자 입장에서의 형평성 논란과 타 공공요금 체납자들 대비 형평성 논란

결론

의견 제시

통신채무조정은 신복위의 숙원 사업이었다. 신복위에서 금융채무를 조정할 때 통신채무도 같이 조정할 수 있도록 하자는 제안이 나오고, 논의가 시작된 지는 10년이 넘었다. 그간 이뤄졌던 신용회복지원책과는 사뭇 다르다. 정권마다 반복돼 '포퓰리즘' 아니냐는 지적을 받는 여타 신용사면과는 달리, 긴 논의 끝에 최초로 시도된 지원책이기 때문이다.

금융기관 빚에 더해 통신채무까지 있는 이들이 지원 대상으로 꼽혔다는 점도 차이점이다. 통신비나 소액결제대금이 일정 기간 이상 밀리면 전화를 비롯한 통신서비스 자체를 이용할 수 없게 돼 일상생활이 어려워진다. 취업도 휴대폰 본인인증을 거쳐야 가능한 경우가 많아 빚 상환을 위한 자구노력도 힘들게 된다. 앞서 2024년 3월 2,000만 원 이하 빚을 갚은 개인과 개인사업자 전체를 대상으로 시행한 신용사면과 달리 일상생활이 불가능한 수준의 취약계층을 콕 집었다는 점에서 명분이 더해진다.

다만, 논의 10년 만에 시행된 정책이 제대로 작동하려면 살펴야 할 게 몇 가지 있다.

첫째, 가장 대표적인 게 도덕적 해이 문제다. 통신채무조정 또한 다른 신용회복조치와 마찬가지로 '버티면 된다'는 잘못된 인식을 줄 수 있어서다. 당국은 심의위원회 심의 등 3단계에 걸쳐 엄격히 심사하고 고의 연체 사실이 드러나면 효력을 중단하기로 했다. 제도의 성패는 당국이 이같이 마련한 장치가 실제로 잘 작동하는지에 달렸다고 해도 과언이 아니다.

둘째, 사각지대가 없는지도 봐야 한다. 금융채무 없이 통신채무만 가진 사람은 이번 제도의 지원 대상이 아니다. 개별적으로 통신사에 조정 요청을 해야 한다. 문제는 이 과정에서 성실상환 의지가 있는 취약계층을 놓칠 수 있다는 점이다. 실제로 석 달 가량 앞서 진행된 신용사면에 따라 소액 금융채무부터 갚고 규모가 가장 큰 통신채무만 남겨뒀지만, 정작 빚 부담을 덜 수 있는 제도가 나온 뒤에는 금융채무가 없는 상태라 통신채무조정을 신청할 수 없게 된 사례도 나왔다.

금융당국 내부에서는 금융 · 통신 통합 채무조정이 "역대 금융정책 중에서 가장 큰 성과 중 하나로 기록될 것"이라는 평가도 나온다. 성공은 자만과 방심을 낳는다. 당국이 기대한 효과를 위해서는 수시로 한계점을 살펴야 한다.

<출처: 이투데이 유하영 기자>

chapter 06 해외주식 투자자 증가에 대한 검토

01 논제 개요 잡기 [핵심 요약]

서론	이슈언급		2024년 상반기 '서학개미'(해외 증시에 투자하는 국내 투자자)가 보관하고 있는 외화증권 규모가 사상 최고치를 기록했다. 일반 투자자들이 해외주식 투자를 시작한 게 1994년 7월부터다. 2024년 6월 말 기준 해외주식 보유 잔고인 1, 273억 달러는 30년 전 18만 달러에 비하면 70만 배나 증가한 수치다. 향후에도 이렇게 국내 투자의 해외유출이 지속된다면, 단기적으로는 실물 경기 회복 지연과 중장기적으로는 성장 잠재력 약화를 유발할 수 있고, 환율 불안이나 국내 자본시장 발전에도 걸림돌이 될 가능성이 있는 등 부정적인 영향이 클 것으로 예상됨에 따라 적절한 대응책 마련이 필요한 시점이다.
본론	1. 해외주식 투자	1) 현황	① 2024년 상반기 외화주식 보관금액은 2023년 말 대비 23.1% 증가한 946억 4,000만 달러(약 130조 6,000억 원)에 달한다. ② 외화채권은 326억 9,000만 달러(약 45조 1,000억 원)로 19.6% 늘었다. ③ 외화주식의 보유액 대부분은 미국으로 전체 보유액의 90.7%를 차지했다.
		2) 원인	① 코스피 박스권 장세 지속과 해외 주요국 증시의 상승 → 미국 시장의 높은 수익률 ② 세계를 선도하는 대체불가한 세계적 기업 포진

본론	1. 해외주식 투자	2) 원인	③ 미국 주식시장의 높은 투명성과 미국 증시의 주주친화성 ④ 합리적 시장 ⑤ 기업과 투자에 대한 정보 접근이 더 쉬우며, 정보의 질이 더 높다. ⑥ 기축통화인 달러자산에 투자함으로써 내 자산을 보호할 수 있다. ⑦ 한국 증시의 고질적 문제 ⑧ 국내 자본시장 內 대형 투자은행(IB)의 불법 공매도 문제 ⑨ 국내 파생시장 내 상대적인 강력한 제도⑩미국 시장의 경우, 한국과 시차가 존재해 우리나라 주식 시장이 문을 닫은 후에도 거래가 가능해 직장인들에게 매력적인 포인트가 됨.
	2. 영향	1) 긍정적 인 면	① 순대외 금융자산이 플러스(+)면 자산을 팔아 그만큼 달러를 들여올 수 있기에 한국 경제의 외화 방파제 역할을 할 수 있다. ② 국내로 외화 유입 시기에는 환율 급락을 방지하는 역할 ③ 개인투자자의 직접투자 방식에 의한 해외 주식거래가 증가하면서 국내증권업의 해외주식 위탁매매 수수료 수익이 크게 증가
		2) 부정적 인 면	① 당장 국내 투자자들이 해외로 빠져나가면 자본시장이 위축되고, 기업들은 자금 조달에서 차질이 우려된다. ② 거시경제 불안을 야기할 수 있다. ③ 개인 투자자의 해외투자 성향이 너무 적극적이다.
결론	의견제시		향후에도 국내 투자의 해외유출이 지속된다면 단기적으로는 실물 경기 회복 지연과 중장기적으로는 성장 잠재력 약화를 유발할 수 있고, 환율 불안이나 국내 자본시장 발전에도 걸림돌이 될 가능성이 있는 등 부정적인 영향이 클 것으로 예상됨에 따라 적절한 대응책 마련이 필요하다. 첫째, 한국 증시가 '새로 고침'을 해야 한다. 우선, 코리아 디스카운트(한국증시 저평가) 해소를 위해 지배주주와 일반주주 간 이해상충을 제거하고, 상장사들이 주주가치 올리기에 적극 나서야 한다. 둘째, 보다 근본적으로, 혁신 기업이 모여 드는 증시가 돼야 한다. 셋째, 국내외 투자자 입장에서 볼 때 투자 매력이 있는 기업 밸류업 프로그램을 지속적으로 추진하는 한편, 자본시장의 투명성 확보와 개인투자자에 대한 투자 인센티브 확충 등을 통해 국내 자본시장의 기반을 강화할 필요가 있다. 넷째, 국민연금 같은 대형 기관투자자가 국내 주식 투자를 늘려 증시 수급 기반을 든든히 다질 필요가 있다. 증시는 기업 투자 동력이 되는 자금 공급처로서 역할을 해야 한다. 또 개인투자자들의 자산 형성에 기여할 수 있을 때 선순환이 가능할 것이다. 그런 면에서 최근 한국 정부와 거래소가 추진 중인 '기업 밸류업 프로그램'을 계기로 기존 기업들이 기업가치 제고에 '진심으로' 힘을 기울여 주기를 기대한다. 또 새로운 좋은 기업들의 증시 입성도 이어지기를 바란다. 이를 통해 미장(美場)으로 탈출하는 것이 아닌, 한국 증시가 머무를 만한 시장이 될 수 있기를 기대해 본다.

02 논제 풀이

서론

2024년 상반기 미국 주식시장이 인공지능(AI) 등 기술주를 중심으로 급등하면서 '서학개미'(해외 증시에 투자하는 국내 투자자)가 보관하고 있는 외화증권 규모가 사상 최고치를 기록했다. 한국예탁결제원이 2024년 7월 18일 발표한 상반기 국내투자자의 외화증권 보관금액은 1, 273억 3,000만 달러(약 175조 7,000억 원)로 지난해 말보다 22.2% 증가한 사상 최대치다. 반면 한국 증시에서는 개인투자자의 매도세가 이어지고 있다.

일반 투자자들이 해외주식 투자를 시작한 게 1994년 7월부터다. 2024년 6월 말 기준 해외주식 보유 잔고인 1, 273억 달러는 30년 전 18만 달러에 비하면 70만 배나 증가한 수치다. 2020년 코로나 팬데믹을 거치면서 '서학 개미'로 불리는 개인투자자가 급증한 여파다.

향후에도 이렇게 국내 투자의 해외유출이 지속된다면, 단기적으로는 실물 경기 회복 지연과 중장기적으로는 성장 잠재력 약화를 유발할 수 있고, 환율 불안이나 국내 자본시장 발전에도 걸림돌이 될 가능성이 있는 등 부정적인 영향이 클 것으로 예상됨에 따라 적절한 대응책 마련이 필요한 시점이다. 이에 본지에서는 해외 주식 투자 현황 및 원인을 살펴본 후, 우리 경제에 미칠 영향 및 정책적 대응방안에 대하여 논하기로 한다.

본론

1. 해외주식 투자	1) 현황	① 2024년 상반기 외화주식 보관금액은 2023년 말 대비 23.1% 증가한 946억 4,000만 달러(약 130조 6,000억 원)에 달함. ② 외화채권은 326억 9,000만 달러(약 45조 1,000억 원)로 19.6% 늘었다. ③ 외화주식의 보유액 대부분은 미국으로 전체 보유액의 90.7%를 차지했다. 미국 주식 보유액은 858억 1,000만 달러로 2023년 말보다 26.2%나 늘었다. 국내투자자의 해외 주식 보유액 상위 10개 종목은 모두 미국 빅테크 및 지수 추종 상장지수펀드(ETF)로 나타났다. 이들이 차지하는 금액이 전체 외화주식 보유액의 49%(378억 5, 600만 달러)에 달해, 미국 주식에 대한 쏠림이 컸던 것으로 나타났다. ④ 지역별로 보면 미국이 전체 외화증권 보관금액의 73.6%를 차지했다. 더불어 유로, 일본, 홍콩, 중국까지 상위 5개 시장이 전체의 98.3%를 차지했다. ⑤ 개인투자자의 해외주식투자 거래대금도 크게 증가하였으며 해외주식 투자 보관 잔액도 소폭 상승했다. 가. 개인투자자의 해외주식 거래대금은 2024년 1분기 기준 1,026억 달러로 전기 대비 48%의 대폭 증가를 보이며 2021년 4분기 거래대금에 비슷한 수준으로 회복

1. 해외주식 투자

1) 현황

나. 해외주식투자 보관 잔액은 2024년 1분기 기준 838억달러로 전기 대비 9% 증가

[투자주체별 월간 해외주식 순투자 추이]

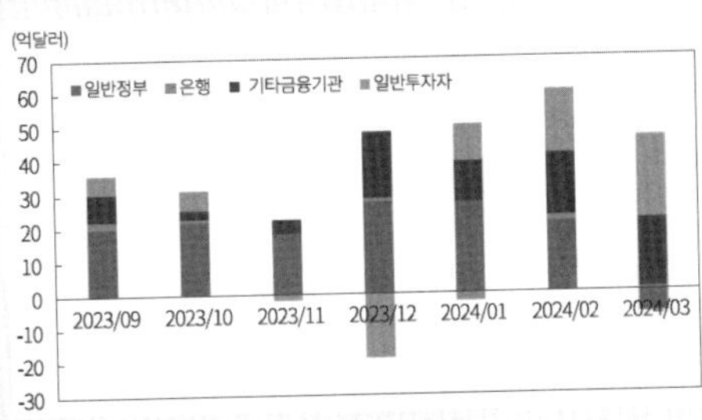

<출처: 한국은행>

[개인투자자 해외주식투자 거래대금]

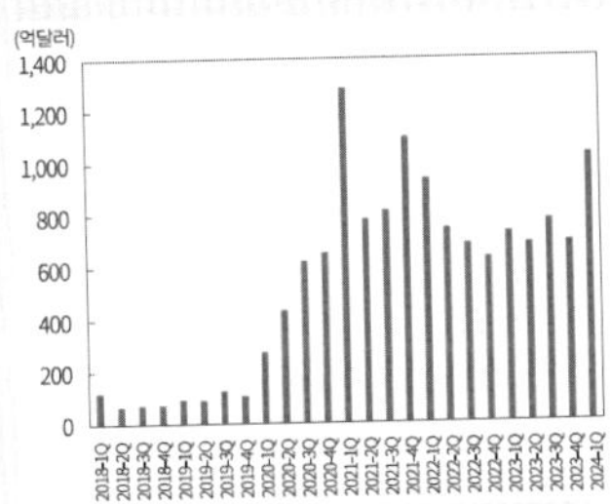

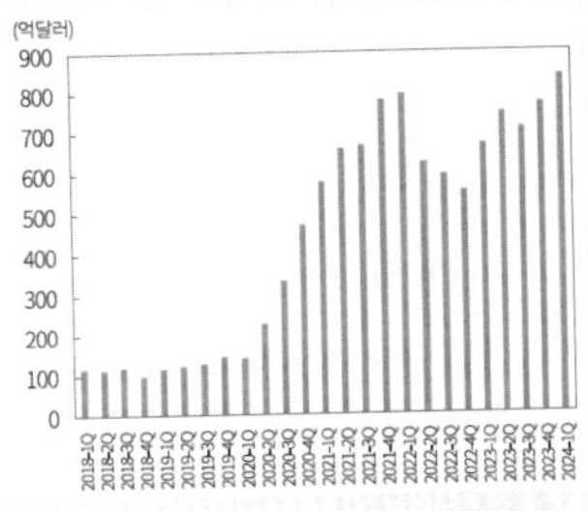

<출처: 예탁결제원>

⑥ 국내 주식 시장의 경우는 기타 외국인을 포함한 외국인이 순매수세를 보이고 있는 반면, 기관투자자와 개인은 순매도세를 보이고 있다.

가. 국제수지 상 증권투자의 경우, 2024년 5월까지 누적 자산(유출) 350.4억 달러로 부채(유입) 242.7억 달러를 약 107.7억 달러 상회

나. 투자자별 국내 주식거래도 2024년 5월까지 누적 기관투자자와 개인은 각각 6.7조 원, 10.8조 원 순매도했으나, 기타 외국인을 포함한 외국인은 17.8조 원 순매수한 것으로 나타남

⑦ 2024년 상반기 미국 증시가 두 자릿수 상승률을 기록했다. 이는 개인투자자 등이 몰린 결과로 분석된다. 실제로 나스닥은 18.13%, S&P500은 14.48% 각각 올랐다. 동 기간 중국(-0.25%), 홍콩(3.94%), 유로존(8.24%)을 모두 따돌렸는데, 코스피 상승률은 5.37%에 그쳤다.

2) 원인

① 코스피 박스권 장세 지속과 해외 주요국 증시의 상승 → 미국 시장의 높은 수익률

2023년 연말 대비 2024년 6월 말 기준 미국 나스닥은 16.6%, 일본 닛케이는 16.0%의 높은 상승세를 보인 반면, 국내 코스피는 4.1% 상승에 그침

1. 해외주식 투자	2) 원인	② 세계를 선도하는 대체불가한 세계적 기업 포진 가. 한국 시장은 반도체, 자동차 등 특정 산업에 치중된 반면, 해외 시장은 다양한 산업군 투자가 상대적으로 용이함 나. 빅 데이터 혁명, 4차 산업혁명, 로봇 혁명을 주도한 기업들, 우리 삶에 변화를 주고, 시간이 흘러도 변함없이 우리 곁에 있는 기업들은 미국 시장에 대부분 있다. 이걸 생각해보면, 미국 주식 투자는 장기적인 관점에서 유리 ③ 미국 주식시장의 높은 투명성과 미국 증시의 주주친화성 미국 기업들은 우리나라에 비해 훨씬 주주 친화적인 정책을 쓴다. 배당도 더 주고, 자사주 매입도 꾸준히 하고, 공시내용도 투명하다. ④ 합리적 시장 가. 미국시장의 경우, 1792년부터 시작되어 현재 세계에서 가장 큰 4경 5,000조 원의 규모를 갖는 가장 활발하고 성숙한 시장이다. 나. 그 결과 우리나라와 같이 작전주, 테마주가 나오기 쉽지 않다. 그 규모가 너무 크기에 작전을 할 방법이 없다. 다. 우리나라 주식시장처럼 묻지도 따지지도 않게 급등하거나 우선주 주식이 아무 이유 없이 급등락할 가능성이 현저히 낮다→"기업의 펀더멘털"이 통하는 시장으로 합리적인 예측을 하고 합리적인 수익을 얻기에 좋은 환경 ⑤ 기업과 투자에 대한 정보 접근이 더 쉬우며, 정보의 질이 더 높다. ⑥ 기축통화인 달러자산에 투자함으로써 내 자산을 보호할 수 있다. 가. 5,000만 명이 겨우 넘는 우리 내수시장에 비해 미국 내수시장은 3억 명이 넘는 규모이다. 기업 가치가 아닌 외부적 요인에 의해 한국 증시가 쉽게 흔들리는 것과 달리, 미국 증시는 탄탄한 내수시장에다가 4차 산업혁명을 주도하는 기술력과 막강한 군사력을 보유하고 있어 각종 리스크에서 상대적으로 자유로운 편이다. ⑦ 한국 증시의 고질적 문제 : 대주 주의 지배력과 이익을 부당하게 강화하던 전환사채 발행이나 일감 몰아주기, 회사 쪼개기 등 기존 주주에게 피해를 줬기 때문이다. 여기에 배당성향과 배당수익율(주가 대비 배당금 비율)도 낮다. ⑧ 국내 자본시장 內 대형 투자은행(IB)의 불법 공매도 문제 가. 시장질서를 교란시키는 불법 공매도의 해악이 근절되지 않기 때문이다. 공매도는 주식을 빌려서 팔고 차후 다시 매수해 갚는 매매기법의 하나로, 그 자체는 불법이 아니다. 문제는 차입을 하지도 않은 상태에서 주식을 먼저 팔아 나중에 이를 정산하는 '사후 차입' 방식이다. 지금까지 적발된 대형 IB들은 이 수법을 주로 이용했다고 한다. 수익을 내기 위해 매도물량을 마구 쏟아내면 주가 하락은 가속화되고 시장의 공정성은 무너지며 시장 질서는 교란된다.

	2) 원인	나. 공매도는 그 자체만으로도 자본과 정보가 부족한 개미투자자들에게는 커다란 벽이다. 거기에 불법 공매도까지 더한다면 제대로 된 시장이라 할 수 없다. 불법 공매도를 엄중 처벌해야 하는 것은 이런 이유다. ⑨ 국내 파생시장 내 상대적인 강력한 제도 : 사전 교육과 기본예탁금 등 국내의 너무 강한 규제가 서학개미의 해외 파생상품 집중을 불러왔다. ⑩ 미국 시장의 경우, 한국과 시차가 존재해 우리나라 주식 시장이 문을 닫은 후에도 거래가 가능해 직장인들에게 매력적인 포인트가 됨.
2. 영향	1) 긍정적인 면	① 코로나 사태 이후 해외 주식에 투자하는 서학개미가 늘어나면서 순대외 금융자산이 급격히 불어났다. 2020년 말 4, 872억 달러(약 673조 8, 500억 원)이던 순대외 금융자산은 3년 3개월 만에 70.5% 증가했다. 순대외 금융자산이 플러스(+)면 자산을 팔아 그만큼 달러를 들여올 수 있기에 한국 경제의 외화 방파제 역할을 할 수 있다. ② 국내로 외화 유입 시기에는 환율급락을 방지하는 역할 ③ 개인투자자의 직접투자 방식에 의한 해외주식거래가 증가하면서 국내 증권업의 해외주식 위탁매매 수수료 수익이 크게 증가 **[국내증권업 해외주식투자 위탁매매수수료수익 추이]** 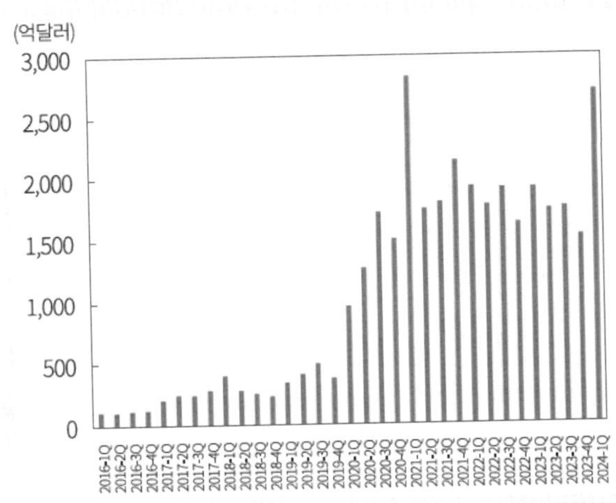 <출처: 금융투자협회>
	2) 부정적인 면	① 당장 국내 투자자들이 해외로 빠져나가면 자본시장이 위축되고, 기업들은 자금 조달에서 차질이 우려된다. 가. 모험자본을 공급하는 자본시장의 역할이 흔들리게 된다. 나. 자금 조달이 힘들어지면 기업의 연구 · 개발(R&D)이 줄어들고, 신규 투자가 막힐 수 있다. 기업의 성장이 꺾이면 실적이 줄어들고, 그 여파는 실물경제로 이어진다. '투자자 외면→자금 조달 차질→신규 사업 중단 · 실적 악화→실물경제 충격→투자자 외면'의 악순환 구조다.

2. 영향	2) 부정적인 면	다. 단기적으로는 실물 경기 회복 지연이, 중장기적으로는 성장 잠재력 약화를 유발할 수 있다. ② 거시경제 불안을 야기할 수 있다. 가. 최근 증권사들은 해외 주식 수요에 대응하기 위해 계속 달러를 사들이고 있다. 달러 수요가 증가하면 달러 강세로 이어질 가능성이 크다. 달러값이 비싸지면, 물가 상승 압력이 커져 인플레이션을 부추긴다. ③ 개인 투자자의 해외투자 성향이 너무 적극적이다. 가. 하이리스크, 하이리턴형의 상품에 몰린다. 2024년 상반기 개인투자자 순매수 상위 10개 종목 중 3개 종목이 주가지수 일일 변동폭의 3배 성과를 따라가도록 설계된 3배 레버리지형 ETF(상장지수 펀드)였다. 나. 2023년 개인투자자가 거래를 많이 한 해외 상위 50개 상품 중 3배 레버리지(인버스 포함)상품 거래액 비중이 무려 60.2% 다. 이게 2024년에는 78.5%로 더 커졌다. 라. 심지어 미국 시장에선 가격제한폭도 없다. 단기 고수익이 될 수도 있지만 '폭망'의 가능성도 그만큼 크다.

결론

의견 제시

향후에도 국내 투자의 해외유출이 지속된다면 단기적으로는 실물 경기 회복 지연과 중장기적으로는 성장 잠재력 약화를 유발할 수 있고, 환율 불안이나 국내 자본시장 발전에도 걸림돌이 될 가능성이 있는 등 부정적인 영향이 클 것으로 예상됨에 따라 적절한 대응책 마련이 필요하다.

첫째, 한국 증시가 '새로 고침'을 해야 한다. 우선, 코리아 디스카운트(한국증시 저평가) 해소를 위해 지배주주와 일반주주 간 이해상충을 제거하고, 상장사들이 주주가치 올리기에 적극 나서야 한다. 국내 투자 환경에 대한 전반적인 검토와 함께 주요국 투자 유인책 분석 등을 통해 우리 기업의 대내투자 확대와 함께 외국인직접투자 유입을 촉진해야 한다.

둘째, 보다 근본적으로, 혁신 기업이 모여 드는 증시가 돼야 한다. 산업 메가 트렌드를 이끌 수 있는 '알짜 기업'이 많은 시장은 투자 잠재력 역시 높다고 할 수 있다. 실제 최근 인터넷, 아이폰에 이어 세 번째 혁명으로 일컬어지는 AI(인공지능)가 만들어 갈 미래에 대한 기대감은 글로벌 증시에 대폭 반영된 전례가 있기 때문이다. 투자와 기업가정신 발휘를 어렵게 하는 각종 규제와 인허가에 대한 손질이 필요하다.

셋째, 국내외 투자자 입장에서 볼 때 투자 매력이 있는 기업 밸류업 프로그램을 지속적으로 추진하는 한편, 자본시장의 투명성 확보와 개인투자자에 대한 투자 인센티브 확충 등을 통해 국내 자본시장의 기반을 강화할 필요가 있다. 금융투자소득세(금투세) 폐지, 개인종합자산관리계좌(ISA) 세제 혜택 확대 등 투자 매력도 제고를 위한 세제 개선도 적극 고려해야 할 것이다.

넷째, 국민연금 같은 대형 기관투자자가 국내 주식 투자를 늘려 증시 수급 기반을 든든히 다질 필요가 있다. 상장 기업들이 연금의 주식 투자금을 받아 신규 투자를 더 늘리고 기업 이익을 배당금으로 연금에 환원하면 국민 경제 선순환에도 기여하게 될 것이다. 국내 증시 시가총액 중 국민연금의 보유 비율은 5.8%인 반면 일본 공적 연금은 일본 증시 시가총액의 25%를 보유 중이다. 코리아 디스카운트 해소와 K밸류업을 위해서라도 국민연금 개혁이 절실하다.

증시는 기업 투자 동력이 되는 자금 공급처로서 역할을 해야 한다. 또 개인투자자들의 자산 형성에 기여할 수 있을 때 선순환이 가능할 것이다. 그런 면에서 최근 한국 정부와 거래소가 추진 중인 '기업 밸류업 프로그램'을 계기로 기존 기업들이 기업가치 제고에 '진심으로' 힘을 기울여 주기를 기대한다. 또 새로운 좋은 기업들의 증시 입성도 이어지기를 바란다. 이를 통해 미장(美場)으로 탈출하는 것이 아닌, 한국 증시가 머무를 만한 시장이 될 수 있기를 기대해 본다.

chapter 07 금융투자소득세

01 논제 개요 잡기 [핵심 요약]

서론	이슈언급	2025년 7월 25일 정부는 '2024년 세법개정안'에서 국내 투자자 보호 및 자본시장 발전을 위해 금융투자소득세(이하 "금투세")를 폐지하고 현행 주식 등 양도소득세 체계를 유지하겠다고 밝혔다. 이에 따라 2025년 1월 1일부터 시행 예정이었던 금투세를 폐지하고 현행 양도소득세 체계를 유지하기로 했다. 금투세는 국내외 주식 · 채권 · 펀드 · 파생상품 등 금융투자와 관련해 발생한 양도차익에 대해 합산 과세하는 제도다. 국내 주식 및 펀드 등 금융투자상품을 통해 5,000만 원 이상의 이익을 냈을 때, 5,000만 원까지 공제 후 금투세 20%, 지방소득세 2%를 합한 22%의 세율이 적용된다. 예를 들면 수익이 3억 원을 넘으면 금투세 25%, 지방소득세 2.5%를 합쳐 27.5%의 세금이 부과된다. 금투세는 당초 2023년 도입 예정이었으나, 여야 합의로 시행이 2년 유예됐다. 금융투자소득세 시행을 앞두고 부자감세 및 과세형평성 제고 등을 위해 시행하여야 한다는 입장과 국내 자본시장에 미치는 영향 등을 고려하여 시행하지 아니하여야 한다는 반대 입장은 여전히 첨예하게 대립하고 있다. 금번 정부가 내건 금투세 폐지를 위해선 소득세법과 조세특례제한법 등 개정이 필요하며, 현재 야당은 여전히 금투세 폐지는 '부자감세라며 비판적인 입장이기에 추후 합의에 이르기까지는 많은 난항이 예상된다. 이에 본지에서는 이처럼 논란이 되고 있는 금융투자소득세의 도입취지 및 긍정적인 면과 부정적인 면을 살펴보고 정책적 대응방안을 논하기로 한다.

<table>
<tr>
<td rowspan="2">본론</td>
<td rowspan="2">1. 금융투자 소득세
<출처: 국회입법조사처></td>
<td>1) 기존 과세 제도의 문제점</td>
<td>① 현행 「소득세법」은 금융투자소득세 시행 전 기준, 기본적으로 금융상품으로부터의 이자 · 배당소득에 대해서는 과세하고 양도소득(자본이득)에 대한 과세는 일부(비상장주식, 상장주식 중 대주주 또는 장외거래분)에서 이루어지고 있다.
② 그러나 금융산업이 발달함에 따라 신종금융상품의 출현 등 금융시장이 급변하는 상황에서 현행 금융세제가 이를 반영하는데 현실적 어려움이 있고 오히려 과세체계를 복잡하게 만드는 요인으로 작용할 수 있다.
③ 이에 2020년 말 금융투자소득에 대해 일원화된 방식으로 과세하는 금융투자소득세를 도입하였다. 이는 「자본시장과 금융투자업에 관한 법률(이하, 자본시장법)」상 원금손실 가능성이 있는 금융투자상품의 실현된 양도소득에 대한 포괄적 과세로의 전환을 의미한다.
④ 금융투자소득세는 양도소득세가 비과세되었던 소액주주의 상장주식과 채권의 양도소득이 과세로 전환하는 등 큰 변화를 가져온다. 이에 도입 당시 시간을 두어 2023년부터 시행할 예정이었으나, 다시 여야 간 합의로 2025년으로 유예하였다</td>
</tr>
<tr>
<td>2) 내용</td>
<td>금융투자소득 과세의 문제점을 해소하기 위하여 2020년 세법개정시 금융투자소득세가 신설되었고, 주요 내용은 다음과 같다.
① 금융투자상품으로부터 발생하는 모든 소득에 대해 하나의 범주로 분류하여 과세방식과 세율을 일원화함으로써 금융자산 투자에 대한 조세중립성을 제고한다.
② 집합투자기구의 모든 손익을 과세대상 소득에 포함하였다.
③ 금융투자소득세 시행 시 주식 양도소득세 과세 확대에 따른 세부담 증가를 고려하여 코스피 · 코스닥 시장에 적용되는 증권거래세 세율을 단계적으로 인하하였다. 금융투자소득세는 2023년 1월 1일부터 시행될 예정이었으나 대내외 시장여건, 투자자 보호제도 정비 등을 고려하여 시행시기를 2년 유예하였다.
④ 금융투자소득세 과세대상은 「자본시장법」상 금융투자상품으로부터 실현된 모든 소득
가. 원금 손실 가능성이 있는 주식 · 채권 · 투자계약증권 양도소득
나. 집합투자증권 환매 · 양도 및 집합투자기구의 해지(환매 등)로 발생하는 이익,
다. 파생결합증권 이익, 파생상품 거래 또는 행위로 발생하는 소득으로 구분된다.
라. 요약하면, 금융투자소득세는 원금 손실 가능성이 있는 금융투자상품의 양도소득에 대해 포괄적으로 과세한다</td>
</tr>
</table>

본론

1. 금융투자 소득세

<출처: 국회입법조사처>

2) 내용

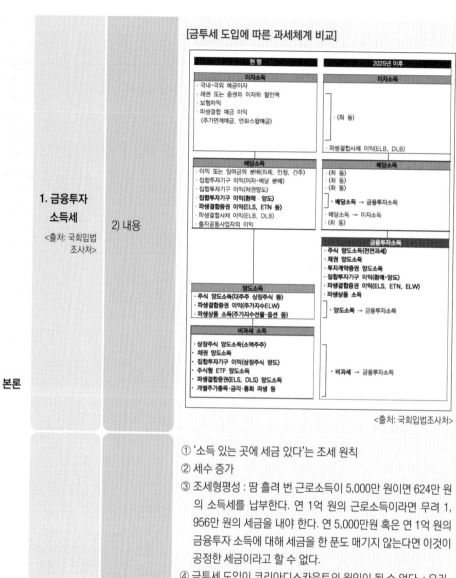

[금투세 도입에 따른 과세체계 비교]

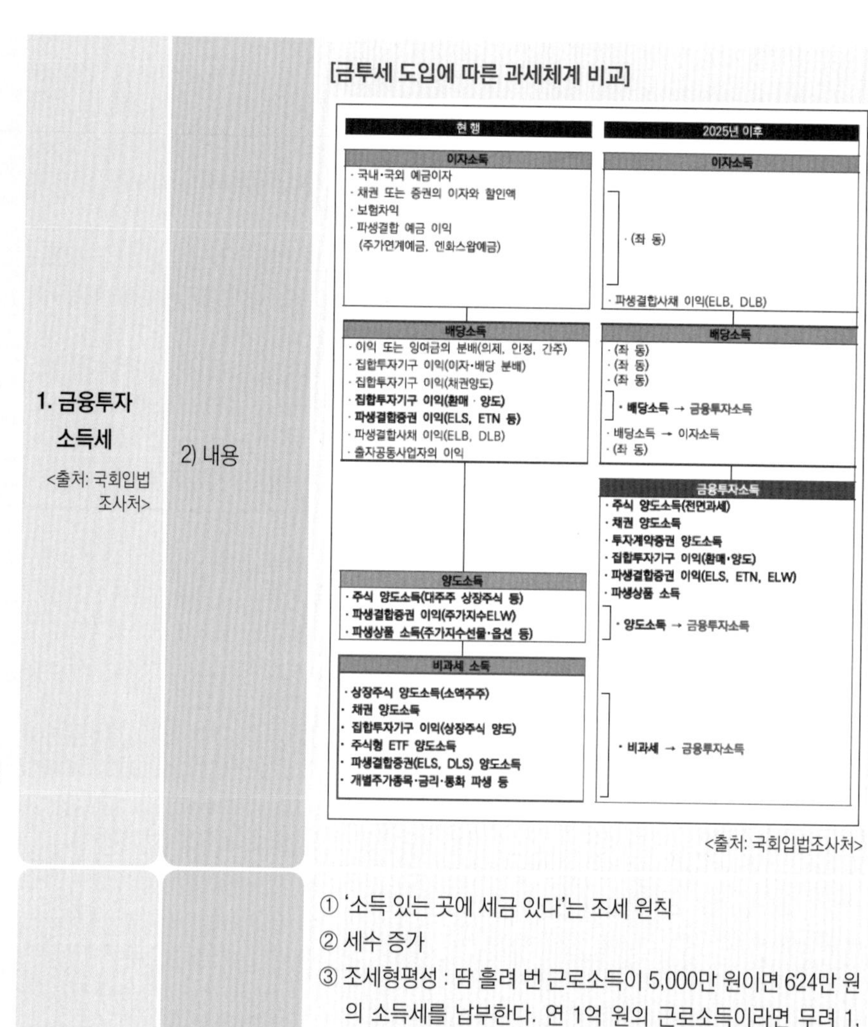

<출처: 국회입법조사처>

2. 쟁점

1) 긍정적인 면

① '소득 있는 곳에 세금 있다'는 조세 원칙

② 세수 증가

③ 조세형평성 : 땀 흘려 번 근로소득이 5,000만 원이면 624만 원의 소득세를 납부한다. 연 1억 원의 근로소득이라면 무려 1,956만 원의 세금을 내야 한다. 연 5,000만원 혹은 연 1억 원의 금융투자 소득에 대해 세금을 한 푼도 매기지 않는다면 이것이 공정한 세금이라고 할 수 없다.

④ 금투세 도입이 코리아디스카운트의 원인이 될 수 없다. : 우리 증시의 코리아 디스카운트가 과연 금투세나 상속세 때문인지도 생각해봐야 한다. 증시는 경제의 미래에 대한 기대를 반영한다. 우리 기업과 산업의 경쟁력 전망이 밝다면 투자는 몰려들기 마련이다. 지배 대주주가 전횡을 일삼고 사익을 편취하는 재벌 대기업들의 독특한 기업지배구조가 더 심각한 문제다. 이 때문에 이사의 주주에 대한 충실의무를 규정하자는 상법개정도 논의되고 있다

⑤ 이미 우리나라는 금투세 로드맵이 가동됨. 2013년부터 상장주식 대주주 과세 기준이 계속 낮춰졌고 거래세도 계속 낮춰 왔음.

본론	2. 쟁점	2) 부정적인 면	① 금투세 찬성론자들은 금투세는 '슈퍼개미'들만 내는 세금으로 중산층 · 서민과는 무관하다고 주장해왔다. 하지만 큰손 투자자와 외국인 투자자의 움직임은 증시를 좌지우지하는 변수인 만큼 개미들과 별개로 생각할 수 없다. 정부가 추산한 금투세 대상자는 전체 주식 투자자의 1%인 15만명에 불과하지만, 이들의 투자금은 150조원에 달한다. 이 금액 중 일부만 해외로 빠져나가도 국내 증시는 타격을 입게 되고 그 피해는 개인투자자에게 돌아간다. ② 외국인 · 기관 세금 깎아주고 개인은 독박과세 : 조세협정에 따라 국내에서 세금을 내지 않는 외국인, 법인세를 내는 기관은 금투세 적용대상이 아니라는 형평성이 문제다. 국내 개인투자자만이 불이익을 받는 기울어진 제도이다. 금투세 시행이야말로 부자감세(기관, 외국인)다. 가. 증권거래세는 주식시장에 참여하는 개인, 기관, 외인이 거래를 발생시키면 부담하는 세금이다. 하지만 금투세의 경우 개인에게만 부담된다. 대한민국 주식시장이 '기관과 외인의 놀이터'라는 말처럼 이들이 훨씬 대자본에 정보력을 갖춘 강자임에도 불구하고 이들에게는 오히려 거래세 인하와 조세가 감면된다. 개인에게만 부과되는 기울어진 세금이 과연 올바르다고 할 수 있나. 나. 이는 결국 기관과 외인의 거래세를 낮추어 주고 그로 인한 부족한 세수를 일부 개인들에게 부담시켜서 세수를 보전하는 것이다. 다. 특히 한국 주식시장에서 기관과 외인은 주로 치고 빠지기 소위 단타라는 투자를 주로 한다. 증권거래세가 줄어들거나 사라지면 오히려 이들은 오히려 매매횟수에 따라 증가하는 증권거래세를 감면받게 되며, 이러한 단타적 접근이 더욱 손쉬워진다. ③ 주식 투자 수익이 연 5,000만 원을 밑돌더라도 개인들에게는 연말정산 혜택이 줄어드는 직접적 부작용도 있다. 연말정산에 적용하는 기본공제 항목에 인적공제가 있는데, 배우자 등 부양가족이 있는 경우 사람 수만큼 공제를 해주는 것이다. 인적공제를 받기 위해서는 근로소득, 양도소득 등을 포함한 연간 소득금액이 100만 원여야 한다. 현행 세법상으로는 대주주가 아닌 투자자가 주식 매매로 거둔 이익은 과세 대상이 아니다. 이자 · 배당소득 등 금융소득도 2,000만 원까지 분리과세가 가능해 과세표준 산정에서 제외된다. 하지만 금투세가 도입되면 금융투자 수익이 소득으로 분류돼 부양가족이 국내 주식과 채권 등에 투자해 연간 100만 원 이상 이익을 얻으면 소득공제를 받을 수 없게 된다.

본론	2. 쟁점	2) 부정적인 면	④ 부동산 가격 급등의 가능성도 배제할 수 없다. ⑤ 이중과세 우려 : 금융소득종합과세로 떼어간 세금에 금투세까지 적용한다면 이중과세의 가능성이 높아진다. 금융투자소득세는 다른 종합소득세와 합산되지 않는다. ⑥ 징수방식의 문제 : 미국 주식의 경우 1년 동안 수익과 손실을 모두 상계해서 그 다음 해에 순수익의 20%를 세금으로 내면 된다. 그런데 금투세는 주식 거래에서 수익이 있을 때마다 미리 원천징수하고, 손실은 그 다음 해에 정산해서 투자자가 신고를 하면 돌려주도록 돼 있다. 실제 순수익의 20%보다 훨씬 더 많은 세금을 먼저 내고 나중에 돌려받는 형식이다. 잠재 이자 등을 고려하면 실제 20%보다 훨씬 높은 세율이다. ⑦ 건강보험료도 우려가 있다. 금투세 도입시 국내 주식 등에 투자해 거둔 이익도 과세 대상으로 바뀌면서, 건강보험료 소득 산정 범위에 포함돼 부담이 커질 수 있다는 우려가 나온다.
		3) 해외사례	미국, 영국, 독일, 일본은 주식 자본이득에 대해 과세함. 반면 한국과 대만은 과세하지 않는다. ① 미국 : 장기보유 자본이득에 대한 저율 분리과세. 주식 배당소득과 자본이득에 대해 소득세가 과세되며, 주식 거래에 대한 증권거래세는 부과되지 않는다. ② 영국 : 영국은 배당소득과 주식 자본이득은 종합소득과 분류되어 과세되고, 각각 다른 과세체계가 적용된다. 배당소득은 투자소득으로 분류되어 소득세가 과세된다. ③ 일본 : 자본이득 저율 분리과세+증권거래세 폐지 ④ 대만 : 주식 자본이득에 대해 과세하지 않는다. 2021년 1월 1일부터 비상장주식, 장외거래 주식, 신흥주식시장에서 거래된 주식 자본이득에 대해 과세된다.
결론	의견제시		이 세상에 완벽한 세금은 없다. 금투세도 장단점이 있다. 국민 의견을 수렴해 도입할 수도, 폐지할 수도 있다. 문제는 정쟁 속에 그 결정이 늘어지면서 불필요한 사회적 혼란이 야기되는 것이다. 당장 금투세 과세에 필요한 전산시스템을 구축해야 할 증권사부터 전전긍긍하고 있다. 증권사들은 2022년에도 컨설팅을 받고 전산시스템을 한창 구축하다가 금투세 유예가 확정되자 이를 중단했다. 이 과정에서 많게는 수십억 원을 날렸다. 금투세 폐지 결정이 나오지 않으면 2024년 3분기 정도부터는 다시 전산 구축에 나서야 한다. 6~9개월의 시간이 걸리기 때문이다. 한 증권사 사장은 시행될지도 안 될지도 모르는 세금 때문에 또 수십억 원을 써야 하는 거냐고 토로했다.

결론	의견제시	금투세가 없어지면 해결될 수 있는 문제지만 끝내 유지되면 대부분 금융소득종합과세 대상자인 사모펀드 개인투자자는 내년부터 이익분배금에 대해 최고 45%의 세금 폭탄을 맞게 된다. 이를 피하기 위해 최악의 경우 약 10조 원~15조 원의 사모펀드를 올해 조기 환매하고 이 과정에서 대량 주식 매물이 나올 수 있다는 게 업계의 우려다. 금투세 폐지 · 시행을 빨리 결정하거나 법을 바꿔 매물 출회를 막거나 분산해야 한다. 금융투자소득세 도입이 자본시장에 미치는 영향을 고려하여야 한다는 견해와 수직적 공평성을 우선하여야 한다는 견해 등이 아직도 대립 중이지만, 상반된 견해가 대립되는 상황에서 금융투자소득세 시행 여부는, 1. 자본시장에 미치는 장단기 영향 2. 국민소득과 자본시장 성숙도가 일정 수준에 도달할 경우 배당 · 양도소득 등 투자동기에 따른 차익거래를 축소시킬 필요가 있는 점 3. 대내외 정책 신뢰도에 미치는 영향 4. 투자자들의 의사결정에 혼란을 야기할 수 있는 점 5. 금융회사 등의 금융투자소득세 시행 관련 시스템 구축 시간 6. 건전한 장기 분산 투자의 정착에 미치는 영향 등을 종합적으로 고려하여 판단하여야 할 것이다. 향후 이러한 요인들을 종합적으로 고려하여 납세의무자의 예측가능성을 제고하고 자본시장의 충격을 완화하면서 주식 자본이득과 배당소득 간 세제중립성과 금융투자상품 간 과세형평성을 향상시켜 자본시장과 금융세제의 선진화에 기여할 수 있는 방향으로 관련 논의가 이루어지길 기대한다.

chapter 08 가상자산이용자보호법

01 논제 개요 잡기 [핵심 요약]

<table>
<tr><td rowspan="1">서론</td><td colspan="2">이슈언급</td><td>2024년 7월 19일부터 이용자의 예치금과 가상자산을 안전하게 보호하고, 불공정거래행위를 처벌하는 내용의 '가상자산이용자보호법'이 시행된다.
구체적인 내용으로는,
1. 가상 자산 및 가상 자산 시장에 대한 정의를 명확히 하고,
2. 미공개 정보나 시세 조종, 무단 입출금 차단 등의 불공정한 행위가 일어나지 못하도록 불공정거래에 대한 형사처벌 요건을 정의하며,
3. 가상자산 사업자에게 비정상적으로 움직이는 이상 거래를 상시 감시하고, 그에 대한 적절한 조치를 취할 수 있는 시스템과 절차를 구비하도록 정의하고 있으며,
4. 가상 자산 사업자가 예치금 분리나, 보험가입 등을 통해 이용자의 자산을 적극적으로 보호하도록 의무사항을 명시하고 있다.</td></tr>
<tr><td>본론</td><td>1. 법의 취지 및 주요 내용</td><td>1) 취지</td><td>① 취지 : 그동안 국내 가상자산시장은 투자자수 기준으로 주식시장의 약 절반에 달할 정도로 급격히 성장해왔으나, 가상자산시장 고유의 취약성과 거래 관련 감시 및 조사체제 공백으로 시세조종, 부정거래 등 불공정거래 위험에 크게 노출되었던 것이 사실이다.
- 하나의 자산이 국내외 복수 거래소에 분산상장
- 개장-폐장 없이 24시간 실시간 거래
- 증권신고서와 같은 공시정보 미약 등</td></tr>
</table>

<table>
<tr><td rowspan="3">본론</td><td rowspan="3">1. 법의 취지 및 주요 내용</td><td>1) 취지</td><td>이에 2023년 7월 18일「가상자산이용자보호법」제정을 통해 시세조종 등 가상자산 불공정거래 조사. 처벌 근거가 마련되었으며, 2024년 7월 19일 동법이 시행되는 즉시 금융당국의 불공정거래 조사업무가 개시
② 이렇게 만들어진 게 가상자산이용자보호법이다. → 기본적으로 가상자산을 투자하는 이들의 자산이 보호되고, 불공정 거래 행위가 방지되기 때문에 시장 공정성 회복 차원에서는 큰 도움이 될 것
③ 구성</td></tr>
<tr><td>2) 주요내용 검토</td><td>가상자산보호법은 철저하게 이용자 보호에 맞춰져 있다. 가상자산보호법은 크게 ▲이용자의 자산 보호, ▲불공정 거래 규제, ▲금융감독의 감독 및 제재 등 3가지를 골자로 만들어진 법안이다.
① 이용자가 투자하기 위한 예치금과 거래소에 예치된 코인에 대한 보호가 의무화된다.
② 사업자는 가격 · 거래량이 비정상적으로 바뀌는 이상거래를 상시 감시하고, 이용자 보호를 위해 적절한 조치를 취해야 하는 의무가 부여된다.
③ 금융당국은 이용자 자산 반환이 제대로 이뤄지지 않는 사업자에 대해 검사를 적극적으로 실시하고 엄중 조치한다는 방침이다.
④ 암호화폐 거래소는 상장된 코인의 신뢰성을 평가하고, 매 6개월마다 검토해야 한다.</td></tr>
<tr><td>3) 문제점</td><td>① 이용자보호법의 핵심인 가상자산은 보호 대상이 아니라는 것이다.
② 가상자산 업계에서는 현재 영업 중인 25개 가운데 10개 또는 4~5개의 거래소만 남을 것으로 내다보고 있다. 소비자선택권 문제와 독과점 문제가 우려되는 대목이다.
③ 가상자산 해킹 등 피해에 대해서는 입증 책임이 이용자에게 있어 이 부분은 보완이 필요하다.
④ 업권 분리 문제 : 가상자산시장에서 한국거래소 역할을 할 수 있는 기구가 마땅치 않다는 점에서 현재 가상자산거래소 협의체인 '닥사(DAXA)'의 역할이 더욱 중요해졌다는 평가가 나오고 있다.
⑤ '가상자산 이용자 보호법'은 가상자산거래소 사업자들에게 '이상거래징후탐지 시스템(FDS)' 구축을 의무화하고 있다. 이번 '가상자산이용자 보호법'에서 규정하고 있는 FDS 시스템의 수준은 현재 시중은행들에서 운영 중인 FDS 혹은 그 이상의 FDS를 갖추도록 요구하고 있다. 거의 식물인간 상태의 '코인마켓 거래소'들에게 구축과 운영에 상당한 투자가 요구되는 최고 수준의 FDS를 의무화하는 것이 최선일지에 대해서는 의문이다.</td></tr>
</table>

본론	1. 법의 취지 및 주요 내용	3) 문제점	⑥ '묻지마 상장'을 방지하기 위한 법제 마련도 향후 과제로 꼽힌다. ⑦ 금번 1단계 입법에서 빠지고 2단계로 미뤄진 공시제도 개선 역시 확인해야 할 항목이다. ⑧ 한편, 금융당국과 가상화폐 업계의 노력에도 불법 코인 리딩방을 비롯한 가상화폐 투자 사기 피해가 빈번하게 발생하고 있다는 점에는 주목해야 할 것이다.
	2. 금융당국 대응 조치 <출처: 금융위원회>		① 금융위원회와 금융감독원 내에 각각 가상자산 불공정거래 조사 전담조직을 신설하였으며(금융위 : 가상자산과(총 9명 규모, 2024년 6월 25일)/금감원 : 가상자산조사국(총 17명 규모, 2024년 1월 9일) ② 가상자산이용자보호법에서 위임한 불공정거래 조사 관련 사항을 구체화하기 위한 하위법규도 마련하였다. ③ 금융당국은 가상자산거래소가 상시 감시를 통해 이상거래를 적출, 심리하고 금융당국에 통보하거나 수사기관에 신고할 수 있도록 업계와 협의하여 이상거래 상시 감시 체계 구축을 지원하였다. 그 결과 현재 대부분 거래소들은 법상 요구되는 이상거래 감시에 필요한 조직, 내규 및 전산시스템 구축을 완료한 상황이다. ④ 2024년 1월부터 금감원 홈페이지 내에 '가상자산 불공정거래 및 투자사기 신고센터'를 운영하여 피해사례를 상시 접수하고 있다. ⑤ 불공정거래 조사 관련 유관기관과의 협력체계도 강화하였다.
결론	의견제시	금번 가상자산이용자보호법은 시장의 투명성과 신뢰도를 높이는 데 기여할 수 있지만, 초기에는 규제 준수에 따른 비용 증가와 일부 코인의 상장폐지로 인한 변동성이 발생할 수 있다. 하지만 장기적으로는 투자자 보호 강화와 시장 안정화로 인해 긍정적인 영향을 미칠 것으로 보인다. 가상자산이용자보호법이 처음으로 시행되는 만큼 '운용의 묘(妙)'가 절실한 것으로 보인다. 처음부터 완벽한 법을 시행하기란 쉽지 않고, 앞으로도 가상자산에 대한 보완이 많이 이뤄져야 할 것이기 때문이다. 중요한 것은 이 법이 첫 적용되는 것인 만큼 가상자산을 위한 보험 상품이라든지 보호법에 적시돼 있는 각종 규제들을 사업자가 현장에서 얼마나 잘 지키는지, 감독 기관은 얼마나 잘 감시하는지 등 운용을 잘 해야만 다음 단계의 논의도 이어질 수 있을 것이다.	

02 논제 풀이

서론

이슈 언급 2024년 7월 19일부터 이용자의 예치금과 가상자산을 안전하게 보호하고, 불공정거래행위를 처벌하는 내용의 '가상자산이용자보호법'이 시행된다.

'가상자산 이용자 보호법'은 2023년 7월 18일 법률 제19563호로 제정되며 국회 본회의를 통과했고, 가상 자산 이용자 자산의 보호와 불공정거래행위 규제 등에 관한 사항을 정함으로써 이용자의 권익을 보호하고, 시장의 투명하고 건전한 질서 확립을 그 목적으로 하고 있다.

구체적인 내용으로는,

1. 가상 자산 및 가상 자산 시장에 대한 정의를 명확히 하고,
2. 미공개 정보나 시세 조종, 무단 입출금 차단 등의 불공정한 행위가 일어 나지 못하도록 불공정거래에 대한 형사처벌 요건을 정의하며,
3. 가상자산 사업자에게 비정상적으로 움직이는 이상 거래를 상시 감시하고, 그에 대한 적절한 조치를 취할 수 있는 시스템과 절차를 구비하도록 정의하고 있으며,
4. 가상 자산 사업자가 예치금 분리나, 보험가입 등을 통해 이용자의 자산을 적극적으로 보호하도록 의무사항을 명시하고 있다.

'소비자보호'에 초점을 맞춘 이 법안은 투자자 피해구제와 불법 행위에 대한 가상자산사업자의 처벌 조항이 신설되면서, 투자자 보호 관점에서 진일보했다는 평가를 받지만 공시제도 강화 등 과제도 산적하다. 국회와 금융당국은 가상자산업에 대한 법 제정이 시급하다는 점에서 서둘러 법안을 마련했지만, 미비된 점은 2025년 하반기 제정으로 예상되는 2단계 법안과 시행령을 통해 충분히 보완하겠다는 입장이다.

즉, 1단계를 통과한 '가상자산법'은 내년까지 이상거래 탐지 주체 ·공시제도 개선 등 해결해야 할 과제도 산적되어 있다.

이에 본지에서는 가상자산이용자보호법의 설립 취지와 문제점, 그리고 이에 대한 해결방안에 대하여 논해보기로 한다.

본론

1. 법의 취지 및 주요 내용	1) 취지	① 취지 : 그동안 국내 가상자산시장은 투자자수 기준으로 주식시장의 약 절반에 달할 정도로 급격히 성장해왔으나, 가상자산시장 고유의 취약성과 거래 관련 감시 및 조사체제 공백으로 시세조종, 부정거래 등 불공정거래 위험에 크게 노출되었던 것이 사실이다. 가. 「특정금융정보법」상 고객확인의무 이행 가상자산 투자자수 : 2021년 말 약 558만 명 → 2023년 말 약 645만 명(cf : 2023년말 기준 국내 상장법인 주식소유자 약 1, 416만 명)

1. 법의 취지 및 주요 내용	1) 취지	나. 취약성 - 하나의 자산이 국내외 복수 거래소에 분산상장 - 개장-폐장 없이 24시간 실시간 거래 - 증권신고서와 같은 공시정보 미약 등 이에 2023년 7월 18일 「가상자산이용자보호법」 제정을 통해 시세조종 등 가상자산 불공정거래 조사․처벌 근거가 마련되었으며, 2024년 7월 19일 동법이 시행되는 즉시 금융당국의 불공정거래 조사업무가 개시되었다. 다. 그동안 가상자산업계를 규율할 수 있는 법안은 '특정 금융거래정보의 보고 및 이용 등에 관한 법률(특정금융정보법)' 뿐이었다. 이를 토대로 가상자산사업자 신고제를 도입하고 투자자 보호를 위한 각종 규제장치가 마련됐지만, 무분별한 가상자산 발행으로 인한 피해 발생을 최소화하기에는 역부족이었다. 이전에 가상자산과 관련해 특정금융정보법 개정안이 적용돼 왔으나, 이용자 보호보다는 불법적인 자금세탁을 막기 위한 법이었기 때문이다. 라. 특히 지난 2022년 테나 · 루나 폭락 사태와 가상자산거래소 FTX 파산 사태가 컸다. 국내외 투자자들의 피해 규모가 천문학적 액수인데 반해, 현행 자금세탁 방지 중심의 규제체계로는 각종 불공정거래행위에 대해 적극적으로 대응하기 어렵고, 사전에 피해를 방지하거나 금융당국이 감독 · 제재, 이용자 피해를 구제하는 데 한계가 있다는 공감대가 형성됐다. ② 이렇게 만들어진 게 가상자산이용자보호법이다. 가. 급한 불부터 끄기 위해 서둘러 마련된 1단계 법안으로 투자자 보호와 불공행위처벌 등에 중점을 뒀다. 나. 2단계 법안은 가상자산 발행과 유통 등에 관한 내용이 포함될 예정이다. → 기본적으로 가상자산을 투자하는 이들의 자산이 보호되고, 불공정 거래 행위가 방지되기 때문에 시장 공정성 회복 차원에서는 큰 도움이 될 것이다. ③ 구성 가. 1단계 가상자산법에서는 ▲이용자 예치금 및 자산을 회사 자산과 분리, 공신력 있는 외부기관에 예치(법 6~7조), 해킹과 전산장애 등의 사고피해 보상을 위한 보험 가입(법 8조), 15년간 거래기록 보관(법9조), 사업자의 임의적 가상자산 임의 입출금 차단 금지(법 111조) 등 이용자 보호, ▲시세조종 및 미공개 정보 이용 등 불공정 거래행위 금지(법 10조), ▲금지행위 위반자에 대한 자본시장법 수준의 벌칙(법 19~22조), ▲이용자 보호 및 불공정 거래행위에 대한 금융당국 검사 및 조치(법 14~18조) 등을 규정하고 있다.

1. 법의 취지 및 주요 내용	1) 취지	나. 아울러 1단계 가상자산법 [부대의견]에서는 가상자산법의 본질에 해당하는 ▲유틸리티 및 스테이블 코인 등 가상자산 구분, ▲가상자산 발행(ICO) 및 유통, ▲가상자산 평가업, 자문 및 공시업 규율, ▲통합 전산망 구축 운영, ▲사고 발생 시 전자금융거래법 수준의 입증책임 전환, ▲사업자 영업행위 규율, ▲은행 실명확인제 점검 및 제도개선 방안 등에 대해 금융당국에서는 전문기관 연구용역 등을 통해 입법 대안 등을 마련해 1단계법 시행 전에 국회에 보고하도록 규정하고 있다.
	2) 주요내용 검토	가상자산보호법은 철저하게 이용자 보호에 맞춰져 있다. 가상자산보호법은 크게 ▲이용자의 자산 보호, ▲불공정 거래 규제, ▲금융감독의 감독 및 제재 등 3가지를 골자로 만들어진 법안이다. ① 이용자가 투자하기 위한 예치금과 거래소에 예치된 코인에 대한 보호가 의무화된다. 가. 기존 가상자산 이용자들은 거래하는 가상자산 사업자(코인거래소)가 파산하면 예치금을 보호받기 어려웠다. 하지만 가상자산호보법이 시행되면 사업자는 이용자의 예치금을 공신력 있는 기관인 은행에 예치 · 신탁해야 한다. 이에 따라 가상자산 이용자들은 설령 코인 거래소가 파산해도 은행으로부터 예치금을 돌려받을 수 있게 됐다. 나. 아울러 예치된 가상자산에 대한 보호도 강화된다. 보호법이 시행되면 사업자는 인터넷에 연결된 '핫월렛'에 보관 중인 가상자산의 경제적 가치 5% 이상을 보상한도로 보험 또는 공제에 가입하거나 준비금을 적립해야 한다. 그러나 가상자산은 엄밀하게는 이용자보호법 테두리 안에 포함되지 않으며, 거래소가 파산해도 돌려받지 못할 수 있어 소비자 주의가 필요하다. (사례) 예로, 1억 원을 입금한 뒤 8,000만 원으로 비트코인을 구매하고 2,000만 원을 예치했는데 거래소가 파산한다면, 예치금은 돌려받을 수 있지만 비트코인을 산 8,000만원은 받지 못할 수도 있다. 다. 사업자가 해킹으로 가상자산을 도난 당한다면, 보험이나 준비금을 통해 이용자에게 보상할 수 있게 장치를 마련한 것이다. 라. 사업자가 보유한 가상자산의 80% 이상을 해킹 등에 비교적 안전한 '콜드월렛'에 보관해야 한다. 마. 거래소가 파산하거나 사업자 신고가 말소되면, 은행은 지급 시기 · 장소 등을 일간신문과 홈페이지에 공고한 뒤 이용자에게 예치금을 직접 지급한다.

1. 법의 취지 및 주요 내용	2) 주요내용 검토	② 사업자는 가격 · 거래량이 비정상적으로 바뀌는 이상거래를 상시 감시하고, 이용자 보호를 위해 적절한 조치 취해야 하는 의무가 부여된다. 그동안 가상자산 시장은 마켓메이킹(MM) 등에 의한 시세조정이 만연했지만, 소비자를 기망한 사기죄를 제외하고는 사실 처벌하기가 마땅치 않았다. 반면 보호법에는 불공정거래 적발 시 기본적으로 1년 이상의 유기징역과 더불어 만일 이익액이 50억 원 이상이면 무기징역에도 처할 수 있게 해 놔 처벌 수위도 높다. 가. 가상자산시장에서 발생한 불공정거래행위는 자본시장과 유사하게 미공개 중요정보 이용행위, 시세조종행위, 사기적 부정거래행위 등이 금지되고 자기 발행 가상자산 거래가 제한된다. 나. 불공정거래행위는 1년 이하 징역 또는 부당이득 3배 이상 5배 이하 벌금 부과 대상이다. 불법 취득 재산은 몰수하며, 몰수할 수 없을 때는 그 가액을 추징할 수 있다. 다. 이러한 규제 준수 부담이 커진 데다, 경영 상황 악화 등으로 영업 종료를 선언한 사업자들이 늘어나는 추세다. 금융위원회에 따르면 2024년 6월 공식적으로 영업 종료 의사를 밝힌 사업자는 코인빗, 캐셔레스트, 후오비코리아, 프로비트, 텐앤텐, 한빗코, 코인엔코인 등 7개사다. 라. 홈페이지 폐쇄 등 영업을 중단한 곳도 오아시스, 비트레이드, 빗크몬 등 3개사다. 다만 이들 3개사는 지난달 금융정보분석원(FIU)과 금융감독원 합동 점검 이후 일부 영업을 재개했다. ③ 금융당국은 이용자 자산 반환이 제대로 이뤄지지 않는 사업자에 대해 검사를 적극적으로 실시하고 엄중 조치한다는 방침이다. 또 이용자에게 돌려주지 않은 자산을 임의로 사용하는 등 불법행위가 적발되는 즉시 수사기관에 통보해 엄정 대응하기로 했다. ④ 암호화폐 거래소는 상장된 코인의 신뢰성을 평가하고, 매 6개월마다 검토해야 한다. 물론 이로 인해 600개 이상의 암호화폐가 상장폐지될 위험이 있고 특히 김치코인(주로 한국에서 개발된 알트코인)들이 대규모로 상장폐지 될 가능성이 높다. 이는 시장에서의 불확실성을 초래할 수 있지만, 동시에 더 신뢰할 수 있는 코인들로 구성된 건전한 시장을 조성하는 데 기여할 수 있다.
	3) 문제점	① 이용자보호법의 핵심인 가상자산은 보호 대상이 아니라는 것이다. 코인의 경우 거래소 자체 재산과 분리해 보관해야 하는 의무만 질 뿐, 거래소가 문을 닫으면 채권자의 압류 등으로 손실을 볼 수도 있다는 뜻이다. 지금의 가상자산이용자보호법은 가상자산에 대한 논의가 아직은 부족한 상태에서 취할 수 있는 현실적인 보호책이다. 가장 좋은 방법은 주식거래 시 한국예탁결제원을 이용하는 것처럼 공신력 있는 기관에 가상자산을 예탁하면 확실히 보호받겠지만, 지금으로서는 불가능한 일이다. 만약 이런 상황에서 예치금과 예치 가상자산 보호를 의무화하는 법이 시행되면 이를 수행할 능력이 없는 사업자는 규제가 될 테니 이용자들은 한층 더 신뢰감을 느끼고 시장에 뛰어들 수 있을 것이다.

1. 법의 취지 및 주요 내용	3) 문제점	② 금융위원회에 따르면 2024년 6월 기준 금융당국에 신고한 가상자산 사업자는 37개다. 이 중 10개가 영업종료 또는 중단 절차를 밟고 있다. 특히 이용자보호법 시행으로 사업자 규제가 강화되는 것에 이어 2024년 10월을 전후로 거래소는 강화된 기준에 맞춰 자격 갱신을 신고해야 한다. 이에 따라 가상자산 업계에서는 현재 영업 중인 25개 가운데 10개 또는 4~5개의 거래소만 남을 것으로 내다보고 있다. 소비자선택권 문제와 독과점 문제가 우려되는 대목이다. ③ 가상자산 해킹 등 피해에 대해서는 입증 책임이 이용자에게 있어 이 부분은 보완이 필요하다. 은행 등에서 전산사고가 나면 은행이 소비자의 중과실을 입증해야 하는데, 가상자산 거래소에서 발생한 해킹 등은 현재 이용자의 몫으로 남아 있다. 이용자가 해킹의 과실을 입증하긴 어려우니, 보상을 받기란 어려운 것이 사실이기에 이 부분은 보완이 돼야 할 것이다. ④ 업권 분리 문제 : 가상자산시장에서 한국거래소 역할을 할 수 있는 기구가 마땅치 않다는 점에서 현재 가상자산거래소 협의체인 '닥사(DAXA)'의 역할이 더욱 중요해졌다는 평가가 나오고 있다. 가. 가상자산 거래소는 현재 상장 · 매매 · 결제 · 보관 업무를 겸하고 있다. 이 때문에 소비자 보호에 초점을 둔 1차 법안에 이어, 2차 법안에서 업권 분리가 쟁점으로 떠올랐다. 나. 자본시장과 금융투자업에 관한 법률(자본시장법)상 한국거래소는 증권 상장 · 매매, 한국예탁결제원은 증권의 집중 예탁 · 결제, 증권 금융회사는 투자자 거래 중개 · 매매 등으로 역할이 나뉜다. 이와 비교할 때 가상자산 거래소는 이해상충 문제에서 자유로울 수 없다는 지적이 나온다. 다. 업계의견 "업권 개별 허가로" : 지금까지 시장을 만들어 온 거래소들이 노력의 대가를 충분히 회수하지 못했는데, 거래소가 경쟁적으로 발전 시켜온 기능들을 한 순간에 앗아가는 건 옳지 않다. 업권을 무조건 나눌 게 아니라, 거래소가 각 업권에 대한 사업 요건을 충족할 경우 해당 업권을 개별 허가하는 방향이 옳다. 라. 시민단체에선 업권 분리를 촉구 : 소비자주권시민회의는 최근 보도자료를 내고 가상자산 거래소는 거래 중개 플랫폼을 제공하는 것에 나아가 가상자산 상장, 가상자산의 예탁 · 매매 · 결제 등의 기능을 모두 수행하고 있다. 거래소 영업의 범위를 중개에 한하도록 제한하고, 가상자산사업자의 기능을 구조적으로 세분화하는 방안이 검토돼야 할 것이다. ⑤ '가상자산 이용자 보호법'은 가상자산거래소 사업자들에게 '이상거래징후탐지 시스템(FDS)' 구축을 의무화하고 있다. 가. FDS는 다양한 방법을 통해 적법하지 않은 거래를 실시간으로 탐지하여 피해가 발생하기 전에 거래를 차단하여 피해를 예방하기 위한 시스템이며, 은행, 증권, 보험, 카드 등 기존 금융업권에서는 이미 수십여 년에 걸쳐 쌓은 경험과 노하우를 바탕으로 다양한 형태의 꽤 효과적인 FDS를 운영 중이다.

1. 법의 취지 및 주요 내용	3) 문제점	나. 문제는 현재 가상자산 거래소는 주식시장이 증권거래소, 증권예탁원 그리고 증권회사로 역할이 구분되어 있는 것과 달리 각각의 가상자산 거래소가 이 세가지 기능을 모두 하고 있는 형태이다. 그러다 보니 주식 시장에서 증권거래소와 증권회사가 역할을 나누어 감시하고 있는 시세조정, 미공개정보이용 및 부정거래와 같은 불공정 거래들을 각각의 거래소들 마다 시스템을 갖추고 인력을 배치하고 운영을 해야 한다. 다. 그런데 만약 작년까지 추진하던 STO(주식형 토큰)를 기존 가상자산 거래소에서 분리하여 기존 증권사가 전담케 하는 방향으로 추진이 된다면 현재 가상자산 시장의 개편이 불가피하고 그러는 와중에 현재 가상자산 거래소들이 구축하고 있는 FDS는 역할에 따라 상당 부분 축소되거나 재구축을 해야 하는 상황이 벌어 질 소지가 있어 보인다. 라. 이번 '가상자산이용자 보호법'에서 규정하고 있는 FDS 시스템의 수준은 현재 시중은행들에서 운영 중인 FDS 혹은 그 이상의 FDS를 갖추도록 요구하고 있다. 예를 들면 업비트의 경우 AI 기반 FDS를 도입하여 24시간 입출금 거래 감시를 진행하고 있고 머신러닝을 이용하여 실시간 이상거래를 학습하여 새 유형의 이상거래까지 탐지할 수 있다고 한다. 빗썸 역시 유사한 형태의 FDS를 구축하여 운영 중이라 한다. 하지만 여타 가상자산거래소들 입장에서는 답답한 상황이다. 특히나 '원화 입출금 거래'를 제도적으로 할 수 없는 그래서 거래건 수가 이상거래탐지 분석모델 구현이나 인공지능 학습을 위해 충분히 확보되지 않은 '코인마켓 거래소'들 입장에서는 그림의 떡이다. 마. 이렇게 거의 식물인간 상태의 '코인마켓 거래소'들에게 구축과 운영에 상당한 투자가 요구되는 최고 수준의 FDS를 의무화하는 것이 최선일지에 대해서는 의문이다. ⑥ '묻지마 상장'을 방지하기 위한 법제 마련도 향후 과제로 꼽힌다. 묻지마 상장은 '상장 대박'을 통해 고수익을 보장한다며 상장 직전에 투자자들을 모아 투자금을 챙긴 뒤 잠적하는 '먹튀 사기'가 대표적이다. 코인 상장을 댓가로 거래소 측에 상장피(Fee) 형태로 뒷돈을 지급하는 '뒷돈 상장' 의혹도 커지고 있는 상황이다. ⑦ 금번 1단계 입법에서 빠지고 2단계로 미뤄진 공시제도 개선 역시 확인해야 할 항목이다. 가. 현재는 각 거래소에 상장된 가상자산은 백서 형태로 공시가 되고 있지만, 공시 기준이 달라 정보 불균형 문제가 해소되지 못하고 있는 실정이다. 나. 예를 들면 과거 테라-루나사태의 경우 스테이블코인의 위험성과 테라의 고유한 투자위험에 대한 공시가 없었고, 국문백서도 사실상 부재한 상태에서 투자자들이 제대로 된 정보를 취득하지 못한 상태에서 투자한 정황이 드러나면서 공시제도 문제가 수면위로 올라왔다.

1. 법의 취지 및 주요 내용

3) 문제점

다. 따라서, 의무공시제도를 도입해 발행인의 공시 범위 및 프로세스를 체계화하고 여러 거래소의 공시 내용을 통합 공시하는 시스템을 구축해야 한다. 발행사의 공시정보를 수집해 검증 및 표준화해 통합 공시를 수행하는 공시시스템 정립도 필요하다(전인태 가톨릭대 수학과 교수).

⑧ 한편, 금융당국과 가상화폐 업계의 노력에도 불법 코인 리딩방을 비롯한 가상화폐 투자 사기 피해가 빈번하게 발생하고 있다는 점에는 주목해야 할 것이다. 우려되는 것은 점점 더 복잡하고 새로운 유형의 사기 유형이 출현하고 있다는 것이다. 이에 가장 중요한 것은 투자자들 스스로 경각심을 가지고 주의를 기울이는 것이다. 가상화폐 사기에 휘말리지 않으려면 투자자들은 먼저 금융정보분석원(FIU)에 국내법상 신고된 가상자산거래소인지 확인하고 이용해야 한다. 온라인 투자방이나 SNS를 통한 투자 권유는 일단 의심해 보는 태도도 필요하다. 또 검증되지 않은 사설 거래소를 이용할 때는 고액 이체를 하지 않는 것이 좋다.

2. 금융당국 대응 조치

<출처: 금융위원회>

① 금융위원회와 금융감독원 내에 각각 가상자산 불공정거래 조사 전담조직을 신설하였으며(금융위 : 가상자산과(총 9명 규모, 2024년 6월 25일)/금감원:가상자산조사국(총 17명 규모, 2024년 1월 9일)

② 가상자산이용자보호법에서 위임한 불공정거래 조사 관련 사항을 구체화하기 위한 하위법규도 마련하였다.

가. 가상자산이용자보호법 시행령 : 2024년 6월 25일 제정

나. 가상자산시장조사규정 및 시행세칙 : 2024년 7월 10일 금융위 의결로 제정 예정

③ 금융당국은 가상자산거래소가 상시 감시를 통해 이상거래를 적출, 심리하고 금융당국에 통보하거나 수사기관에 신고할 수 있도록 업계와 협의하여 이상거래 상시 감시 체계 구축을 지원하였다. 그 결과 현재 대부분 거래소들은 법상 요구되는 이상거래 감시에 필요한 조직, 내규 및 전산시스템 구축을 완료한 상황이다.

가. 이상거래 상시 감시 가이드라인(업계 자율규제) 마련 : 2024년 7월 5일 → 거래소의 매매자료 축적기준 / 이상거래 적출기준 / 이상거래 심리기준 / 혐의사항에 대한 금융당국 통보 및 수사당국 신고기준 등을 모범사례로 제시

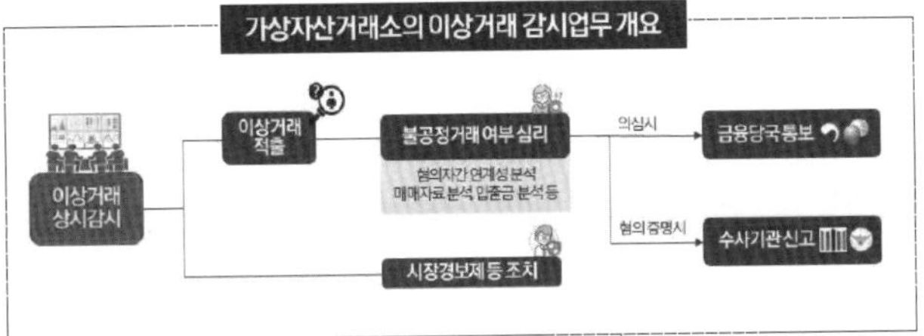

<출처: 금융위원회>

2. 금융당국 대응 조치

<출처: 금융위원회>

④ 2024년 1월부터 금감원 홈페이지 내에 '가상자산 불공정거래 및 투자사기 신고센터'를 운영하여 피해사례를 상시 접수하고 있다. 법시행 이후 신고센터에 접수되는 피해사례 중 불공정거래 조사대상에 해당하는 건에 대해 서는 신속하게 조사가 이루어질 예정이다.

⑤ 불공정거래 조사 관련 유관기관과의 협력체계도 강화하였다. 조사의 후속절차인 수사를 담당하는 검찰과의 협력 강화를 위해 가상자산시장조사기관협의회를 가동(7월 1일 사전회의 개최)하였으며, 디지털정보 조작 등 IT 기술이 결합된 불공정거래에 대응하기 위해 금감원과 한국인터넷진흥원(KISA) 간에 조사 협력을 위한 업무협약*을 체결(6월 27일)하였다.

* [업무협약 주요내용]

가. 가상자산 불공정거래 조사협력 및 정보공유

나. 지갑주소 등의 식별 · 추적을 위한 탐지기법 및 전산자료 공유

다. 가상자산 조사 전문인력 양성을 위한 교류 등

결론

우리나라에 가상자산 시장이 열린 지 4년 여가 지났고, 그 동안 다양한 사건 · 사고가 있었음에도 불구하고 우리나라 가상자산 시장은 아직도 뜨겁고 여러 관련자들의 노력으로 인식도 많이 바뀌고 있다.

한 설문조사에서 금융회사 임원들은 가상자산은 더 이상 투기 수단이 아닌, 디지털 금과 같은 가치저장 수단으로 보고 있으며, 시장의 뜨거운 감자인 비트코인 현물 ETF 상장과 법인의 가상자산 투자에 대해서는 즉시 허용 해야 한다는 인식을 가지고 있는 것으로 나타났다. 그리고 누가 뭐라해도 우리나라는 가상자산 및 블록체인 기술 강국이다. 앞으로 잠재 성장력도 매우 크다고 한다.

금번 가상자산이용자보호법은 시장의 투명성과 신뢰도를 높이는 데 기여할 수 있지만, 초기에는 규제 준수에 따른 비용 증가와 일부 코인의 상장폐지로 인한 변동성이 발생할 수 있다. 하지만 장기적으로는 투자자 보호 강화와 시장 안정화로 인해 긍정적인 영향을 미칠 것으로 보인다.

가상자산이용자보호법이 처음으로 시행되는 만큼 '운용의 묘(妙)'가 절실한 것으로 보인다. 처음부터 완벽한 법을 시행하기란 쉽지 않고, 앞으로도 가상자산에 대한 보완이 많이 이뤄져야 할 것이기 때문이다. 중요한 것은 이 법이 첫 적용되는 것인 만큼 가상자산을 위한 보험 상품이라든지 보호법에 적시돼 있는 각종 규제들을 사업자가 현장에서 얼마나 잘 지키는지, 감독기관은 얼마나 잘 감시하는지 등 운용을 잘해야만 다음 단계의 논의도 이어질 수 있을 것이다. 향후 가상자산 시장에 대한 규제는 보호법에 기재된 '부대의견'을 바탕으로 전개될 가능성이 높다. 스테이블코인을 비롯해 특수관계인이 발행한 가장자산의 거래제한 등 아직 논의할 게 많다. 22대 국회에서는 부대의견을 중심으로 입법적 논의가 이뤄지길 바란다.

03 논술사례

주제 1

가상자산 이용자 보호와 불공정거래 행위 금지, 금융당국 감독 강화 등을 골자로 한 가상자산이용자보호법(가상자산법)이 오는 7월 19일부터 시행됨에 따라 시장의 투명성과 안전성은 높아질 전망이나, 금융기관 및 가상자산사업자는 일부 강화된 규제·제재에 효과적으로 대응해야 할 숙제가 생겼다. 시장에 혼선이 예상되는 이번 입법 조치에 대해 금융감독원의 방안에 대해 기술하라.

답안

서론

2008년 비트 코인의 등장 이**후** 다양한 유형의 가상자산이 금융시장에 등장하였다. 가상 자산은 가상 경제에 존재하는 자산이나, **가상화폐 등의 다양한 유형의 자산을 포함하며, 실체를 갖지 않는다.** 실체가 없는 자산을 분산된 장부기록을 통해 거래하는 행위는 기존에 없는 새로운 거래 **형태를 창조하였다.** 하지만 무형성, 비가시성, 기술에 대한 이용자의 지식 부족은 **가상자산의 투명성을 저하시켜** 이용자들의 리스크를 증진시켰다. **본고에서는** 가상자산이용자 보호법의 구체적인 배경 및 현황, 전망 및 우려, 금융 감독원의 대응 방안에 대해서 기술하고자 한다.

| 후, (쉼표)

| 1.가상경제가 무엇인가요?
2. 세 문단의 인과관계가 각각 어떻게 되는지요?
존재하는 자산이나 → 뒷문장은 반대되는 내용이 나와야 하는 것으로 보입니다만
지금 문단간 연결이 매끄럽지 않은 이유는 "가상화폐 등의 다양한 유형의 자산을 포함하며"가 중간에 위치하다 보니 앞문단과 뒤문단간의 인과관계가 꼬여버렸습니다
"가상자산은 가상경제에 존재하는 자산이나, 실체를 가지고 있지는 않다." 이렇게 쓰셔야 더 깔끔해집니다.

| 형태가 탄생되었다.

| 어떤 의미인가요?

| 이에

| 본고는 또는 본지에서는

| 그리고

| 추진

본론

1. 배경 및 현황

전문성이 고도화가 되고, 시장 환경이 빠르게 변화할수록 **입법은**

| 입법과정은

사후적으로 이루어지는 경향성이 있다. 가상자산 또한 등장 이후 유형이 늘어나고 투자자들의 수는 지속적으로 증가하였지**만** 이에 대한 **법적** 체계성은 **부족**하였다. 가상자산으로 인한 피해는 전세계 투자자들과 **국가에** 혼선을 야기하였다. 이에 따라 **법**의 영역에서 비교적 자유로웠던 가상자산을 제도권 안으로 편입시키려는 노력이 전세계적으로 이루어지고 있다. 지난 5월 미 하원은 가상자산 제도화 법인 '21세기 금융혁신 및 기술 법'(FIT21)을 통과시켰다. EU의 경우 '가상자산시장에 관한 법률'(MiCA)'이 일부 시행되었다.

만, (쉼표)
법리적
미비
그러다 보니 (항상 문장간의 연결에 신경을 쓰시고, 접속어 활용도를 높이는 것이 좋습니다)
금융시스템에
제도

우리나라는 기존에 법 체계 내에서 가상자산에 관한 항목을 부분적으로 추가하는 방식으로 규제를 적용하였다. 또한 민간 사업자 간의 공동 협의체인 DAXA를 통해 가상자산 업계 내에서 자율적으로 규제를 형성해왔다. 하지만 해당 자율 규제의 준수 여부는 전적으로 거래소의 판단에 따른다는 한계점을 지녔으며, 상이한 해석의 여지가 **발생하였다.** 이에따라 금융당국은 앞으로 특정 금융 거래 정보법을 포함한 기존의 법 체계 내 흩어져 있던 법률 조항 항목들을 종합하여 가상자산 이용자보호법을 **시행하여** 투자자 권익보호의 강도를 한층 더 높이고자 하였다.

우리나라의 경우,
많았다.
도입하여

2. 긍정적 효과

전세계적으로 가상자산에 관한 규제가 확립되고 있는 만**큼** 가상자산 이용자 보호법의 필요성은 부정할 수 없는 사실이다. 가상자산 이용자 보호법은 가상자산 시장의 신뢰성을 증진시키**고** 가상자산 시장의 안정성을 제고할 것으로 보인다. 안정적인 가상자산 시장의 확립**은** 다음과 같은 긍정적인 **효과를 낳을 수 있을 것이다.**

큼, (쉼표)
고, (쉼표)
으로
효과가 기대된다.

첫째, 가상자산 시장 참여자들의 피해를 제도적으로, 더욱 견고히

예방할 수 있다. 가상자산이용자 **보호법으로 인해** 가상자산 거래소는 감시체계를 구축하여 불공정 거래로부터 이용자를 보호해야 한다. 또한 콜드 월렛의 비율은 자율규제에 비해 10% 증가하였으며, 가상자산의 예치금을 상계, 압류할 수 없도록 정하였다. 이는 기존 자율규제를 계승 및 강화했다는 점에서 사기, 해킹, 파산으로부터 시장 참여자를 엄격하게 보호할 수 있다.

| 보호법에 따르면

둘째, 대안적인 금융 서비스로서 자리매김할 수 있을 것이다. 법 적용을 통한 가상자산 시장의 안정성 확보는, 투명하고 지속 가능한 시장 환경을 조성하는 데에 기여할 수 있다. 이는 장기적으로, 가상자산에 대한 투자자의 신뢰성을 증진시**켜** 가상자산 시장의 활성화를 도모하는 기회가 될 것이다. 부정한 행위에 대한 규제는 가상자산을 안정적인 투자 **방안의 일부로 포섭함으로써** 다변화된 금융 서비스로 이어질 수 있다.

| 켜, (쉼표)

| 활동으로 끌어들임으로

셋째, 가상자산의 예치금을 활용한 은행의 안전자산 투자 행위는 사회적 효용을 증진시킬 수 있다. 법령에 따라 은행은 예치된 자금을 안전자산에 투자하여, **기존에 은행에 방치되었던** 자금을 효율적으로 운용할 수 있게 되었다. 자율규제에는 예치금 운용에 관련된 내용이 부재했다는 점에서 가상자산 이용자 보호법 적용이 사회적 효용을 위한 가용자산을 확충하는 효과를 불러올 것으로 기대된다. 부수적으로 안전 자산에 대한 투자는 각 경제 주체의 자본 유치의 용이성을 증진시킬 것이다.

| 어떤 의미인지요?

3. 우려

가상자산 이용자 보호법은 현재 **초기**단계이며 법 체계를 안정적으로 구축하기 위해서는 다음과 같은 요소가 더 고려되어야 할 것으

| 1

로 보인다.

첫째, 국가 별로 상이한 규제 적용에 따**라** 한국 가상 시장의 경쟁력이 저하될 수 있다. 가상자산 규제에 관한 법령 제정의 방식과 내용은 국가마다 다르다. 일본의 경우 기존 금융법을 개정하는 방식으로 가상자산 법을 법 체제에 포함시켰으며, 유럽은 가상자산 산업 전체를 관할하는 법을 구축하였다. 중국의 경우 가상자산의 불확정성으로 인하여 가상자산을 금지시켰지**만** 홍콩은 가상자산 시장의 중심지로서의 성장을 목표로 한다. 우리나라는 이용자 보호를 위해 **시급하게 요구되는 사항을** 먼저 제정하였다. 상이한 법적 체제는 해당 국가의 가상자산 시장의 발전에 영향을 미칠 것이다. 가령 사업자가 규제를 준수하기 위해 자원을 더 많이 할당해야 한다**면** 가상자산에 적용되는 기술을 발전할 수 있는 기회를 놓칠 수 있을 것이다.

라, (쉼표)

만, (쉼표)

시급한 사안부터

면, (쉼표)

둘째, 가상자산 이용자 보호법은 거래소의 자원 부족 문제를 야기한다. 가상 자산 거래소는 실질적으로 전체 거래 내역을 적은 인력으로 관리해야 한다는 부담을 갖게 되었다. 초기단계임을 고려한다면 감시 시스템 또한 부족할 것으로 예상된다. 실제로 규제에 따른 자원 한계로 이미 10곳의 가상자산 거래소가 폐업하여 진입장벽으로 작용하였으며, 심사를 거친 거래소에도 규제 준수를 위한 비용이 큰 부담으로 작용할 수 있다.

셋째 가상자산 이용자 보호법은 입법 공백이 클 것으로 예상된다. 이용자보호에 초점을 맞춘 가상자산 이용자 보호법은 가상자산의 발행 → 거래지원 → 유통 중 유통에 대한 규제만이 적용되었다. 즉 거래소 내 코인의 상장여부와 관련한 '거래지원'이나 기술적인 발행 가능성에 대한 기준은 미비하며 법적 공백에 따른 소비자의 피해는 지속될 것으로 보인다.

현재는

결론

결국 가상자산 이용자 보호법 제정에 관련된 우려나 부정적인 관점은 모두 가상자산의 모호성과 해당 법이 초기단계라는 원인으로 귀결된다. 법 적용의 과도기에서 금융 당국에서는 가상자산 이용자 보호법이 유명무실화되지 않도록 시행 중에 그 기반을 다질 필요가 있다.

첫째, 금융당국은 분리된 모니터링 전산 시스템을 체계화하고 시스템 간의 연계방안을 수립할 필요가 있다. 현실적으로 규제 이행에 있어 걸림돌이 되는 감시 의무 이행은 인적 자원의 충당이 필요할 것으로 보인다. 하지만 인적 자원의 충당은 거래소의 부담을 증가시켜 가상자산 거래 **이용을 위한** 수수료를 증가시키고, 가상자산 이용자에게 그 부담이 전가될 수 있다. 이에 따라 금융 감독원은 거래소와 분리된 자체 모니터링 시스템을 구축하여 지속적으로 운영하되, **가상자산 거래소의 전산 시스템과 연계할 방안**을 모색해야 한다. 분리된 시스템 간의 연계는 해킹 및 에러로부터의 취약성을 강화하여 상시 감시 가능한 환경을 제공할 수 있을 것이다. 이는 거래소의 감시 의무 이행과 의심거래 인지에 따른 보고 절차를 간소화하여 인적 자원의 충당 없이도 거래소의 효율적인 운영을 도모할 것이다.

| 삭제

| 무엇과 무엇을 연계하는 것이죠?

둘째, 타국의 가상자산 시장 관련 규제를 지속적으로 모니터링하여 규제를 강화하고 입법 공백을 보완해야 한다. 기술이 산업에 적용되어 안정기에 접어들기 전까지 규제는 불가피하다고 생각한다. 현재 가상자산 이용자 보호법은 자본시장**법**에 비교하였을 때 필수적인 내용만을 포함하였으며, 이 또한 '유통'의 과정만을 다룬다. 규제 확립이 전 국가의 공통의 과제인 만큼 타국의 규제 현황을 지속적으로 모니터링하여, 백서의 기준을 세우는 '발행' 단계, 상장여부를 결정하

| 과

는 '거래지원' 등 전 단계의 법 체제를 구축할 필요가 있다.

마지막으로 자율규제 협의체와의 협력을 통한 선순환의 구조를 형성해야 한다. 선례로, 일본이나 스위스의 경우, 당국에서 자율 규제 기구를 정하고 역할을 규명하여 법 체계를 구축하였다. 또한 가상자산이용자 보호법의 내용은 기존의 DAXA의 자율규제에서 파생된 경우가 많다. 금융감독원은 이에 따라 자율규제 기구와의 협력을 통해 특정 규제가 실질적으로 적용되는 데에 있어 규제의 변화에 따른 시장의 변동성을 최소화하여 안정적으로 가상자산 이용자 보호법을 개선 및 보완의 대안을 제시할 수 있을 것이다.

chapter 09 암호화폐 ETF와 가상자산의 미래

01 논제 개요 잡기 [핵심 요약]

서론	이슈언급		2024년 들어 미국 등 주요국이 암호화폐 현물ETF를 잇따라 승인한 가운데, 글로벌대형은행들이 비트코인 현물ETF 익스포저를 취득하면서 가상자산에 대한 관심이 고조되고 있다. 한편, 국내에서는 가상자산이용자보호법 시행을 위한 하위 법령의 정비작업이 마무리되어 가고, 본격적으로 후속 입법을 추진할 제 22대 국회가 개원한 만큼, 디지털자산 관련 산업 및 기술의 육성에 관한 장기적인 마스터 플랜을 논의할 필요가 커졌다.
본론	1. 암호화폐 ETF	1) 투자현황	2024년 6월 10일 기준 현물 비트코인 ETF의 누적 순유입액은 156억 달러, 총 관리자산은 609억 달러에 달하는 것으로 추산
		2) 투자방식 및 제공 서비스	① 비트코인 현물 ETF투자 ② 비트코인 ETF 중개서비스 ③ 비트코인 ETF 수탁업 참여 타진
		3) 긍정적인 면	① 은행 등 전통 금융기관의 비트코인 현물 ETF 시장 참여는 일반인들의 인식에 긍정적인 영향을 주어 비트코인에 대한 신뢰도를 높일 것 ② 시장 참여자 증가로 가격 안정화 및 변동성 축소 등 시장 성숙도를 향상시킬 것으로 기대 ③ 비트코인이 전통적인 금융시스템에 통합되는 분명한 추세이자 중요한 이정표가 될 것으로 예상

<table>
<tr><td rowspan="4">본론</td><td>1. 암호화폐 ETF</td><td>4) 부정적인 면</td><td>① 은행들의 비트코인 현물 ETF에 대한 익스포저 규모가 상대적으로 미미하고, 아직 전통 금융기관들은 초기 탐색과정에 있는 등 리스크 역시 병존
② 암호화폐의 내재 가치나 투자 안정성에 대한 검증이 아닌 단순 승인이 비트코인 가격 붐을 초래해 피해가 발생할 수 있음을 경고
③ 암호화폐에 대한 규제환경은 여전히 불확실성이 높으며, 규제지침이 명확하기 전까지 은행들은 해당 익스포저를 적극 확대해 나가기 보다는 규정 준수 및 리스크 관리에 중점을 두고 대응할 필요가 높다.</td></tr>
<tr><td rowspan="3">2. 가상자산</td><td>1) 국내 현황</td><td>① 그동안 국내에서의 가상자산 관련 논의는 투기적 거래 수요를 바탕으로 급성장해 온 국내 가상자산거래시장에서 가상자산 이용자를 보호하기 위한 가상자산사업자 규제 및 불공정거래 방지시스템 구축에 중점을 두고 이루어져 왔다.
② 이러한 가운데 2023년 7월에는 가상자산 이용자 보호를 위해 가상자산사업자와 불공정거래 행위 규제에 중점을 둔 가상자산이용자보호법이 제정되어 2024년 7월 19일부터 시행.</td></tr>
<tr><td>2) 글로벌 현황과 국내시장의 한계</td><td>국내의 경우 높은 가격변동성으로 인해 투기적 거래 수요가 대부분을 차지하고, 실물경제적 효용이 낮은 가상자산의 유통구조 규제에 주된 논의가 집중되고 있는 반면, 해외 주요국의 경우 증권화 토큰(STO), 스테이블코인, CBDC 등을 포괄하는 디지털자산의 발행, 유통, 인프라, 정책 등에 관한 체계적 제도정비가 추진되고 있다.</td></tr>
<tr><td>3) 방향</td><td>① 기존의 잡코인(시가총액이 어떤 순위권 안에 들어갈 만큼의 가치가 없는, 즉 가치가 없는 코인)과 구별되는 제도권 가상자산의 발행(ICO)이 국내에서도 가능하도록 제도를 정비함으로써 국내기업들이 해외에서 추진하는 관련 사업들의 국내 귀환(Re-shoring)과 글로벌 기술 및 자본의 국내유치를 유도할 필요가 있다.
② 블록체인, 분산원장 등 가상자산과 유사한 기술적 기반을 활용하는 토큰화 증권(STO)의 발행과 유통이 활성화될 수 있도록 관련 법령의 정비를 서두르고, 전통적 지급결제시스템을 보완하는 스테이블코인 등의 테스트 기반을 마련할 필요가 있다.
③ 디지털자산의 성격과 투자자 유형에 따른 차별화된 규제와 허용범위의 단계적 확대를 통해, 디지털자산 관련 산업과 거래 참가자들의 인식(Crypto-Literacy) 제고를 함께 추진해야 하며, 다양한 나라들의 관련 제도와 구체적 집행사례 등을 참고할 필요가 있다.</td></tr>
</table>

결론	의견제시	암호화폐 ETF 관련, 향후 규제 명확화와 기술 발전으로 비트코인을 비롯한 암호화폐의 제도권 편입이 조금씩 진전을 이룰 것으로 보이는 가운데 은행들은 이를 활용할 수 있는 방안과 관련된 리스크를 탐색하여 신중하게 접근할 필요가 있다. 가상자산 관련, 새로운 기술을 활용한 금융기법과 관련 제도들이 정착해 가는 전인미답(前人未踏)의 과정임에 따라 처음부터 완벽한 시스템 구축을 목표로 하기 보다는 관련 기업, 시장참가자, 규제 당국 등의 적극적인 소통과 협력을 통해 지속적으로 제도 보완을 추진하는 것이 바람직하다.

02 논제 풀이

서론

이슈 언급 2024년 들어 미국 등 주요국이 암호화폐 현물ETF를 잇따라 승인한 가운데, 글로벌대형은행들이 비트코인 현물ETF 익스포저를 취득하면서 가상자산에 대한 관심이 고조되고 있다. 2024년 1월 미국 증권거래위원회가 비트코인 현물 ETF를 승인한 이후, 홍콩, 영국 및 호주 금융당국도 비트코인 및 이더리움 현물 ETF를 신규승인 했다. 2021년 이미 비트코인 및 이더리움 현물 ETF를 승인한 캐나다와 브라질을 포함해 2024년 6월 기준 6개국에서 비트코인과 이더리움의 현물 ETF 거래가 가능하다. 이에 글로벌은행들은 ▲비트코인 현물ETF 직접투자, ▲고액자산가 대상 비트코인 ETF 투자중개서비스, ▲비트코인 ETF 수탁업 참여 타진 등 암호화폐 시장에 적극 대응하며 신규기회를 모색 중이다.

한편, 국내에서는 가상자산이용자보호법 시행을 위한 하위 법령의 정비작업이 마무리되어 가고, 본격적으로 후속 입법을 추진할 제 22대 국회가 개원한 만큼, 디지털자산 관련 산업 및 기술의 육성에 관한 장기적인 마스터 플랜을 논의할 필요가 커졌다. 이미 EU, 영국, 싱가포르, 일본, 홍콩 등 해외 주요국은 가상자산을 큰 틀에서의 디지털자산 규제체계에 편입하는 등 가상자산의 발행 및 유통에 관한 ICT 기술이 향후 금융 패러다임을 변화시키고 금융중심지 지위 강화에 필수적인 기반이 될 것으로 보고 관련 제도를 정비하고 있기 때문이다. 국내의 경우 높은 가격변동성으로 인해 투기적 거래 수요가 대부분을 차지하고, 실물경제적 효용이 낮은 가상자산의 유통구조 규제에 주된 논의가 집중되고 있는 반면, 해외 주요국의 경우 증권화 토큰(STO), 스테이블코인, CBDC 등을 포괄하는 디지털자산의 발행, 유통, 인프라, 정책 등에 관한 체계적 제도정비가 추진되고 있다.

이에 본지에서는 암호화폐 ETF현황 및 금융기관들의 대응방안과 함께, 가상자산시장이 미래금융의 인프라로 활용될 수 있는 ICT 기술 및 관련 산업의 육성 기반으로 전환되기 위한 정책적 방향성을 논하기로 한다.

본론

1. 암호화폐 ETF

<출처: 국제금융센터>

1) 투자현황

① 미국의 은행 등 기관투자자는 매 분기 증권거래위원회에 보유증권 보고서를 제출 → 글로벌 은행들이 보유한 비트코인 현물 ETF 익스포저 공개. 은행들은 2024년 1분기 동안 Grayscale, Blockrock, Fidelity 등 주요 운용사의 비트코인 ETF 익스포저를 신규로 취득.

② 2024년 6월 10일 기준 현물 비트코인 ETF의 누적 순유입액은 156억 달러, 총 관리자산은 609억 달러에 달하는 것으로 추산.

[미국의 주요 비트코인 현물 ETF 밀 운용규모]

Ticker	ETF 이름	발행자	AUM($M)
IBIT	IShares Bitcoin Trust	Blackrock	21,070
GBTC	Grayscale Bitcoin Trust ETF	Digital Currency Group, Inc.	19,720
FBTC	Fidelity Wise Origin Bitcoin Fund	Fidelity	11,980
ARKB	ARK 21Shares Bitcoin ETF	ARK Investment Management LP	3,390
BITB	Bitwise Bitcoin ETF	Bitwise Asset Management, Inc.	2,620
BITO	ProShares Bitcoin Strategy ETF	ProShares	2,090
BITX	Volatility Shares 2x Bitcoin Strategy ETF	Volatility Shares LLC	1,730
HODL	VanEck Bitcoin Trust	VanEck	701
BRRR	Valkyrie Bitcoin Fund	Valkyrie Investments, Inc.	594
BTCO	Invesco Galaxy Bitcoin ETF	Invesco	508

2) 투자방식 및 제공 서비스

① 비트코인 현물 ETF투자 : 북미의 주요 은행들과 일부 유럽은행들을 중심으로 비트코인 현물 ETF를 직접 취득하기 시작.

가. 모건 스탠리는 Grayscale 社의 GBTC에 2.7억 달러 투자 및 Ark Invest 사의 ARKB에도 220만 달러 투자 → 미 대형은행 중 가장 큰 익스포저 보유.

나. JP Morgan은 Blockrock 社의 IBIT 등 여러 비트코인 현물 ETF에 73만 달러 투자.

다. 한편 유럽 대형은행들의 경우 BNP Paribas와 UBS가 Blockrock 社의 IBIT에 각각 4만 달러, 15만 달러를 투자하고 있으나 투자규모가 상대적으로 작음.

② 비트코인 ETF 중개서비스 : 모건 스탠리, BofA, Wells Fargo, UBS 등은 자산관리(WM)고객을 대상으로 비트코인 ETF에 투자할 수 있는 서비스를 제공.

③ 비트코인 ETF 수탁업 참여 타진 : 미국 은행업계를 중심으로 B/S에 부담되는 현재 회계규정의 개정을 통해 은행의 비트코인 현물 ETF 수탁업 진출 방안을 모색.

가. SAB121*의 재검토 및 수정을 고려할 것을 요청.

* SAB121 : 암호화폐 자산 보관 의무에 대한 회계지침. 은행들이 수탁받은 가상자산을 B/S상 보유 자산으로 인식하도록 규정하고 있어 자기자본비율 준수를 위한 비용을 높이고, 대규모 암호화폐 보관 서비스를 제공하기 어렵게 하는 요인으로 지목.

1. 암호화폐 ETF <출처: 국제금융센터>	2) 투자방식 및 제공 서비스	나. 바이든 대통령은 가상자산 투자자를 보호하기 위한 가이드라인이 필요하며, 가산자산과 관련한 증권거래위원회의 감독기능을 제한하는 것이 금융불안과 시장불안을 초래할 수 있다는 이유로 이전 SAB121 개정안에 거부권 행사. 다. 비트코인 ETF 수탁업 참여를 위한 미국 은행업계의 공개 요청 및 정치권 로비 등의 노력은 지속될 것으로 예상되며 향후 결정에 따라 은행권의 비트코인 수탁이 가능할 지 주목.
	3) 긍정적인 면	① 은행 등 전통 금융기관의 비트코인 현물 ETF 시장 참여는 일반인들의 인식에 긍정적인 영향을 주어 비트코인에 대한 신뢰도를 높일 것. ② 시장 참여자 증가로 가격 안정화 및 변동성 축소 등 시장 성숙도를 향상시킬 것으로 기대. ③ 대중의 관심이 높아짐에 따라 금융당국의 적절하고 명확한 규제가 정립되고 있는데, 이는 비트코인이 전통적인 금융시스템에 통합되는 분명한 추세이자 중요한 이정표가 될 것으로 예상. ④ 최근 미 하원을 통과한 FIT 21* 법안은 가상자산 규제 권한을 명확화해 가상자산 전반의 건전성 확보 및 성장 가능성에 긍정적 영향을 줄 것을 기대. * FIT 21 : 21세기 금융혁신 및 기술법. 상품선물거래위원회를 공식적인 가상자산의 주요 규제기관으로 지정하고, 블록체인 네트워크가 기능적이고 분산된 가상자산을 규제하도록 함. 증권거래위원회는 블록체인이 기능적이지만 분산되지 않아 증권으로 분류된 가상자산만 규제하도록 하여, 가상자산 전반의 규제가 완화되는 효과가 있을 것으로 평가.
	4) 부정적인 면	① 은행들의 비트코인 현물 ETF에 대한 익스포저 규모가 상대적으로 미미하고, 아직 전통 금융기관들은 초기 탐색과정에 있는 등 리스크 역시 병존. ② ECB는 미국 증권거래위원회의 비트코인 현물 ETF 승인에 대해 암호화폐의 내재 가치나 투자 안정성에 대한 검증이 아닌 단순 승인이 비트코인 가격 붐을 초래해 피해가 발생할 수 있음을 경고. ③ 암호화폐에 대한 규제환경은 여전히 불확실성이 높으며, 규제지침이 명확하기 전까지 은행들은 해당 익스포저를 적극 확대해 나가기 보다는 규정 준수 및 리스크 관리에 중점을 두고 대응할 필요가 높음. ④ 바이든의 거부권 행사로 SAB121은 미국 의회에서 재차 논의될 예정이나 재통과를 위해서는 양원의 2/3 이상 동의가 필요한 만큼 현실적으로 쉽지 않을 전망.

2. 가상자산 <출처: 한국금융연구원>	1) 국내 현황	① 그동안 국내에서의 가상자산 관련 논의는 투기적 거래 수요를 바탕으로 급성장해 온 국내 가상자산거래시장에서 가상자산 이용자를 보호하기 위한 가상자산사업자 규제 및 불공정거래 방지시스템 구축에 중점을 두고 이루어져 왔음. 가. 2017년 12월 정부의 '가상통화 관련 긴급 대책' 이후 가상자산의 발행 및 거래 관련 부작용을 방지하고, 투자자들을 보호하기 위해 각 부처가 참여하는 범정부 차원의 노력이 추진되었음. 나. 정부의 다각적인 노력에도 불구하고 최근 BitCoin 가격이 급등함에 따라 2024년 3월 11일에는 국내 원화거래소 5곳의 가상자산 거래량이 18.1조 원을 기록하면서 같은 날 KOSPI 거래량 8.9조 원의 2배를 기록하였으며, 금융정보분석원의 조사에 따르면 2023년 6월 말 기준으로 국내 가상자산거래가 가능한 이용자는 606만 명에 이르는 등 가상자산시장의 규모는 계속 성장하고 있음. ② 이러한 가운데 2023년 7월에는 가상자산 이용자 보호를 위해 가상자산사업자와 불공정거래 행위 규제에 중점을 둔 가상자산이용자보호법이 제정되어 2024년 7월 19일부터 시행.
	2) 글로벌 현황과 국내시장의 한계	① 국내의 경우 높은 가격변동성으로 인해 투기적 거래 수요가 대부분을 차지하고, 실물경제적 효용이 낮은 가상자산의 유통구조 규제에 주된 논의가 집중되고 있는 반면, 해외 주요국의 경우 증권화 토큰(STO), 스테이블코인, CBDC 등을 포괄하는 디지털자산의 발행, 유통, 인프라, 정책 등에 관한 체계적 제도정비가 추진되고 있음. ② 이와 관련하여 유럽은 2023년 디지털자산에 관한 포괄적 입법으로 MiCA를 제정하였고, 영국도 2023년 기존의 금융규제법(FSMA 2000)의 규제 대상에 디지털자산을 추가하고 금융 회사 등의 관련 영업을 규제하기 위해 금융규제법 등을 개정하였으며, 싱가포르, 일본, 홍콩 등도 지급결제법, 증권법 등을 개정하여 다양한 유형의 디지털자산에 대한 규제체계를 정비하였음. ③ 2024년 3월 서울에서 개최된 'OECD-금융위원회-한국금융연구원' 공동세미나에서는 각국의 패널들이 가상자산 관련 주요 의제로서 ICO 제도, 스테이블코인의 전망, 분산금융시스템(DeFi)의 규제 실태 등을 논의하였으나, 현재 국내에서는 관련 제도들이 이슈화되지 못하고 있는 상황임. ④ 가상자산이용자보호법의 시행에 따라 가상자산 시장이 미래금융과 관련한 ICT 기술 및 관련 산업의 육성 기반으로 활용될 수 있도록 건전한 발행, 유통구조를 포함하여 디지털자산 전반에 관한 건설적 논의를 지속해 나갈 필요가 있음.

2. 가상자산

<출처: 한국금융연구원>

3) 방향

① 기존의 잡코인(시가총액이 어떤 순위권 안에 들어갈 만큼의 가치가 없는, 즉 가치가 없는 코인)과 구별되는 제도권 가상자산의 발행(ICO)이 국내에서도 가능하도록 제도를 정비함으로써 국내기업들이 해외에서 추진하는 관련 사업들의 국내 귀환(Re-shoring)과 글로벌 기술 및 자본의 국내유치를 유도할 필요가 있음.

가. 글로벌 가상자산시장에서는 독립적인 블록체인 네트워크를 기반으로 하는 Layer 1 코인(가장 많이 알려진 비트코인, 이더리움, 에이다, 솔라나 등이 레이어 1기반의 블록체인이다)과 안정적 가치를 기반으로 지급결제 기능을 강화한 스테이블코인이 주로 거래되고 있으나, 국내에서 거래되는 코인들은 모두 해외에서 발행된 Layer 1 코인과 기타 코인들임.

나. 국내에서는 2017년 12월 정부 방침으로 ICO가 금지됨에 따라 국내에서 거래되는 모든 가상 자산이 해외에서 발행되고 있으며, 최근 네이버 계열 플랫폼인 핀시아와 카카오 계열 플랫폼인 클레이튼은 합병을 통해 향후 아시아 역내 최대 규모 블록체인 생태계 구축을 추진하면서 새로운 사업지로 아랍에미레이트의 아부다비를 선정하였음.

② 블록체인, 분산원장 등 가상자산과 유사한 기술적 기반을 활용하는 토큰화 증권(STO)의 발행과 유통이 활성화 될 수 있도록 관련 법령의 정비를 서두르고, 전통적 지급결제시스템을 보완하는 스테이블코인 등의 테스트 기반을 마련할 필요가 있음.

가. 해외에서는 글로벌 금융회사에 의한 가상자산 발행, 자산 토큰화 등이 추진되고 있으나 국내에서는 2023년 정부의 가이드라인 마련 및 규제샌드박스를 통한 허용 방침에도 불구하고, 규제불확실성으로 인해 STO 사례가 나오지 않고 있으며 관련 법령의 정비도 정체된 상태임.

나. 아직은 실험적인 가상자산의 발행과 유통을 통해 관련 기술의 발전을 도모함과 동시에 블록 체인, 분산원장 등의 기술을 전통적 금융시스템에 접목함으로써 다양한 금융수요를 효율적으로 충족시켜줄 수 있는 토큰화 증권, 스테이블코인 등의 디지털자산에 대한 새로운 실험적 시도가 이루어질 수 있는 제도적 기반 마련을 서두를 필요가 있음.

③ 디지털자산의 성격과 투자자 유형에 따른 차별화된 규제와 허용범위의 단계적 확대를 통해, 디지털자산 관련 산업과 거래 참가자들의 인식(Crypto-Literacy) 제고를 함께 추진해야 하며, 다양한 나라들의 관련 제도와 구체적 집행사례 등을 참고할 필요가 있음.

가. 일본은 가상자산 상장 시 자율규제기관(JVCEA)의 심사절차와 금융청(FSA)의 리뷰절차를 운용하고 있고, 홍콩은 일반투자자가 거래할 수 있는 가상자산 상장 시에는 증권선물감독위원회 (SFC)의 사전심사 절차를 적용하고 있으며, 싱가포르는 가상자산이 일반인의 투자대상으로 부적격함을 강조하고 가상자산 관련 광고 방법 등을 엄격히 제한하고 있음.

2. 가상자산 <출처: 한국금융연구원>	3) 방향	나. 영국의 경우 가상자산을 기존의 금융서비스법(FSMA)의 규제범위에 포함하여 금융감독청(FCA)의 인가(authorized)를 받은 금융회사들이 가상자산을 매매, 중개, 투자자문, 자산운용 등 영업의 대상으로 취급할 수 있도록 허용하였음. 다. 국내에서도 일률적 금지 또는 허용의 접근방식 보다는 디지털자산의 특성, 위험수준, 거래참가자의 범위 등을 고려한 탄력적이고 점진적인 허용여부를 검토하는 것이 바람직해 보임.

결론

암호화폐 ETF 관련, 국내의 경우 금융당국이 비트코인 현물 ETF가 현행법상 금융투자상품이 아니라는 유권해석을 내놓은 바 있으며, 비트코인 현물 ETF 발행이나 비트코인 현물 ETF 중개가 자본시장법에 위배될 소지가 있다고 보고 있어 승은은 쉽지 않은 상황이다. 하지만 가상자산이용자보호법 시행에 따라 점차 제도적인 장치가 마련되고 금융시장의 안정성이나 건전성, 투자자 보호와 관련하여 향후 면밀한 추가 검토가 이루어질 것으로 예상된다. 향후 규제 명확화와 기술 발전으로 비트코인을 비롯한 암호화폐의 제도권 편입이 조금씩 진전을 이룰 것으로 보이는 가운데 은행들은 이를 활용할 수 있는 방안과 관련된 리스크를 탐색하여 신중하게 접근할 필요가 있다. <출처: 국제금융센터>

가상자산 관련, 새로운 기술을 활용한 금융기법과 관련 제도들이 정착해 가는 전인미답(前人未踏)의 과정임에 따라 처음부터 완벽한 시스템 구축을 목표로 하기 보다는 관련 기업, 시장참가자, 규제 당국 등의 적극적인 소통과 협력을 통해 지속적으로 제도보완을 추진하는 것이 바람직하다.

첫째, 가상자산이용자보호법의 시행과정에서도 우선은 법집행에 필요한 최소한의 조직과 설비로 출발한 후 가상자산시장에 이해관계를 갖는 가상자산사업자 및 이용자들의 참여를 통해 관련 시스템을 정비해가는 방안을 모색할 필요가 있다.

둘째, 가상자산이용자보호법은 법제정시부터 디지털자산 관련 후속 입법을 전제로 한 1차 입법으로서 향후 발행, 유통, 공시, 인프라 등 다양한 측면에서의 입법적 보완이 필요함에 따라, 미공개정보 이용, 부정거래 등 호가장(Order Book)의 통합 · 분석 없이도 집행가능한 부분부터 시작해서 불공정거래 조사 실무경험을 반영하여 점진적으로 내실화를 추진하는 것이 바람직하다.

셋째, 특히, 자본시장 불공정거래 모니터링과 유사한 형태의 가상자산 시장감시시스템을 도입하는 것이 이상적이지만, 자본시장의 경우 수십년간의 불공정거래 규제집행 경험을 바탕으로 정책당국과 유관기관간 유기적 협조체제가 구축되었다는 점과, 관련 시스템의 유지에 천문학적 자금이 소요된다는 점에서 고도의 전산설비 구축부터 서두르는 것은 지양해야 할 것으로 보인다. 가상자산이용자보호법의 모델이 된 자본시장 규제의 경우에도 증권의 발행인이 부담하는 발행분담금, 중개기관인 금융투자업자들이 부담 하는 감독분담금, 거래당사자들이 부담하는 유관기관 수수료, 자율규제의 운영에 필요한 회원부담금 등에 의해 시장규제 재원이 조달되고 있다는 점도 고려할 필요가 있기 때문이다.

<출처: 한국금융연구원>

03 논술사례

주제 1

가상자산의 성장에 따른 변화와 그에 대한 대응방안을 논하라.

답안

서론

가상시장 현황

전 세계적으로 '비트코인'을 대표하는 가상시장에 대한 투자 열풍이 유행이었고, 이슈는 지속하고 있다. 미국 블룸버그에서 올해 4월에 거래되고 있는 가상시장 시가총액이 처음으로 2조 달러를 돌파했다고 보도했다. 이어서 5월 26일 기준 가상자산 거래소는 384개, 가상시장 개수는 10,054개로 늘어났다. 반면에 가상시장 시가 총액은 1조 7, 639억 달러로 약 30% 하락하여 가상자산시장의 변동성이 얼마나 큰지 보여줬다. 이러한 문제로 인해 한국뿐만 아니라 미국 같은 주요국에서 가상자산에 대한 규제 감동 방안을 활발하게 논의하고 있으며, 한국에서도 '특정금융정보법'에 따른 규제를 적용하여 가상자산에 대한 매매 차익에 과세를 부과하고 투자자 보호를 위한 대책을 마련하고 있다. 이에 따라 가상시장의 성장에 대한 긍정적 · 부정적 측면과 앞으로 나아가야 할 방향에 대해 논하기로 한다.

| 으로 대표되는

| 가상자산

| 과열되었고

| 이 양상은 현재도

| 는

| 되고

| 가상자산 시장의

| 가상자산 시장의

| 글로벌인가요 미국인가요 한국인가요
이런 부분도 신경 쓰셔야 합니다.

| ?

| 실전용으로는 서론이 깁니다. 좀 줄이시는 것이 좋아 보입니다.

본론

1. 가상자산 성장의 긍정적인 측면

첫째, 가상자산이 새로운 기술을 창출하고 이에 따라 미래 산업 성장에 긍정적인 요소가 될 수 있다. 가상자산시장은 비트코인에 기반한 블록체인 기술을 응용하지만 새로운 방식으로 발행되는 알트코인이 등장하면서 그에 따라 효용 토큰, 증권 토큰 등 다양한 분야로 변화하였다. 이렇게 블록체인 기술의 발전으로 대체 불가능한 토큰, NFT를 만들었다. 이는 가상자산이 미술품, 게임 아이템 등 디지털 소장품에 '고유성'을 인증하는 방식으로, 등록된 미술품이나 게임 아이템을 이용하려면 '토큰'을 비용으로 지급해야 한다. 이렇게 가상자산시장의 성장은 새로운 가치를 창출함으로써, 미래산업의 한 분야로 자리잡을 수 있을 것이란 기대가 있다.

둘째, 중앙은행이 법화로서의 중앙은행 디지털화폐를 개발하도록 촉진하는 계기가 되었다. 미국은 가상자산이 기축통화인 달러를 흔들리게 할 우려가 있어 견제해왔다. 하지만 중국이 달러 패권에서 벗어나고자 '디지털 위안화'를 위한 CBDC(중앙은행 디지털화폐) 상용화에 속도를 높이고 있다. 앞으로 중국에서 상업 활동을 하려면 디지털화폐가 필수라는 것이다. 미국은 이제 달러 패권을 지키기 위해 '디지털 달러화'에 속도를 내야 하는 상황이다. 미국에서도 원래 가상자산이 화폐의 기능을 발휘하지 못한다는 점에서 가상자산의 가치를 기존 통화에 연결한 '리브라(Libra)'가 있었지만, 미국 규제 당국의 승인을 받지 못해 사라졌다. 하지만 아이러니하게 이와 유사한 '스테이블코인(Stablecoin)'이 생겨났고, 결국 2021년 미국 통화감독청(OCC)에서 이제부터 미국 은행들은 블록체인을 통해서 은행의 정식 결제 업무를 처리할 수 있다는 보고를 하였다. 미국도 이제는 이러한 흐름 이

듯 (첨삭: "이렇게" → "이렇듯")

새로운 가치가 무엇인지요 의미가 모호합니다.

달러의 지위를

경제

고안되었지만

이러한 흐름은 중국의 적극적 진출을 의미하나요 대명사를 쓸 경우는 바로 앞 단락을 지칭할 때 주로 사용합니다.

보고를 한 것인지 승인을 한 것인지 보고를 했다면 누구에게 보고를 한 것인지

에

발맞춰 역으로 가상자산이 견제 대상이 아닌 개발해야 할 대상이 된 것이다. 이러한 중앙은행 디지털 화폐(CBDC)의 개발 촉진은 현금 없는 사회로 가는 데 속도를 높였다. 현금 없는 사회가 된다면 네트워크 외부성을 일으킬 것이다. 이 두 가지를 통해 금융 시장에 화폐의 흐름이 많아짐에 따라 금융 시장 활성화를 기대할 수 있다. 또한 지하 경제를 양성화하여 세수의 증가로 인한 건전한 국가 재정 운영이 가능할 것이다.

| 가기 위한

| 이 두 가지는 무엇인가요

| 이 부분은 긍정적인 면 셋째로 분리하심이 좋아 보입니다.

2. 가상자산 성장의 부정적인 측면

가상자산의 급성장으로, 하나의 규제 틀 내로 편입하기에 어려움이 있는 상황이다. 가상자산의 특성상, 규제 감독 당국이 정해지더라도 유관 부처의 협조 없이는 규제 감독이 원활하게 이루어지지 못할 수 있다. 특히 가상자산은 전 세계적으로 거래되는 성질이 있으므로 시세 조종 문제에 대한 대응은 하나의 국가 단독으로는 한계와 어려움이 있다.

| 특성상

이러한 규제에 대한 어려움은 '투자자 보호'에 악영향을 미친다. 현재 한국에서는 가상통화와 관련된 제도적 장치로 '특정금융정보법'만 시행 중이다. 그 사이 거래소에서 해킹 등을 통해 비정상적인 출금 사고가 잇따르고, 거래소에서 매매지연 사태가 발생하는 등 소비자 피해는 끊이지 않고 있다.

결론

대응 방안

한국에서도 가상자산시장에 참여하는 투자자 수가 급증하고, 이에 따라 소비자 피해가 이어지고 있으므로 투자자 등 시장참여자 보호를 위한 방안을 신속하게 마련할 필요가 있다.

첫째, 가상자산의 시세를 조종하는 불법행위를 철저하게 단속하고, 가상자산 사업가의 자격요건을 강화하여 가산자산시장의 '건전성'을 높여야 한다. 이를 위해서는 가상자산을 발행할 때 '백서(White paper)'를 투명하게 공개하도록 할 필요가 있다. 이는 내재적 가치가 없는 가상자산의 특성상, 가상자산의 투명성과 진실성이 보장되지 않으면, 다른 자산에 비해 투자자 보호에 취약해진다. 그러기에 사업 진행이 백서에 적시된 대로 진행되지 않으면 대한 책임을 명확화할 수 있는 제도적 정비가 필요할 것이다.

백서에 대한 의미는 기술을 해주셔야 합니다.

책임은 어떤 것이 있을까요

둘째, 가상자산 투자의 이익에 관해서는 과세하는 것이 타당하다. 불법행위를 통해 벌어들인 소득일지라도 기타 소득으로 간주하여 과세하는 것이 원칙이다. 그에 따라 가상자산 거래가 법적 테두리 내에서 이루어지는지에 대한 여부는 그 소득의 성격만 달라질 뿐, 과세 대상이 되는 것은 분명한 사실이다. 이를 위해 과세를 위한 기초 자료를 확보해야 한다. 한국 국세청에서는 이를 위해 국내 가상통화 거래소와의 협업을 통해 과세 대상자를 걸러 내는 시스템을 적극적으로 활용해야 할 것이다.

정부에서는 금융위원회를 가상통화 관리 주무 부처로 정하고, 자금세탁방지 · 투자자 보호를 위해 취급 업소 보고의 의무화를 통해 규제 감독 체계를 원활하게 작동하게 하려고 한다. 하지만 정부가 이러한 자료로 가상자산 투자자 보호보다는 과세를 위한 정책에 무게 중심을 두고 있다는 논란이 있다. 이에 따라 정부에서는 가상 통화를 제도권으로 끌어들여 규제할 때는 '투자자 보호'가 주요 목적이 되어, 금융 소비자의 피해를 예방하는 데 우선시해야 할 것이다.

주제 2

가상자산의 의미와 영향, 앞으로 나아가야할 방향에 대해 논하라.

답안

서론

2022년 5월경, 개발자 권도형과 신현성이 설립한 테라폼랩스에서 발행한 암호화폐 테라 USD(UST)와 그 가치를 유지하기 위한 자매 코인인 루나(LUNA)가 -99.9999%라는 암호화폐 사상 전무후무한 기록을 세우며 대폭락하였다. 시가 총액이 크고 워낙 투자자가 많았기에 많은 **사람들이** 말 그대로 벼락거지로 전락하는 비극을 낳았다. 이에 새로 **법무부 장관에 취임한 한동훈 장관은** 자신이 부활시킨 '여의도 저승사자' 금융 · 증권 범죄 합동수사단의 1호로 루나 코인 사태를 지정하였다. 비트코인이 처음 시장에 공개되었을 때부터 '암호화폐는 결국 폰지사기나 다단계가 아니냐?'라는 의문은 계속 지적되었다. 이에 본고는 가상자산의 의미와 영향, 앞으로 나아가야할 방향에 대해 논하고자 한다.

| 투자자들

| 한동훈 신임 법무부 장관은

| 이처럼 많은 논란을 낳고 있는

본론

1. 가상자산의 의미

가상자산이란 경제적 가치를 지닌 것으로써 전자적으로 거래 또는 이전될 수 있는 전자적 증표를 **말하는데,** 화폐 · 재화 · 용역 등으로 교환될 수 없는 전자적 증표 또는 그 증표에 관한 정보로써 발행인이 사용처와 그 용도를 제한한 것 등은 제외된다. 즉 가상화폐(Virtual Currency) 내지 암호자산(Crypto assets)이 가상자산에 해당한다.

| 말한다. 반면,

2. 가상자산이 우리 사회에 끼친 긍정적 영향

간주해, 규정했고 있기에

첫째, 새로운 세원 확보이다. 가상자산 소득과세 제도는 2020년 12월 가상자산을 양도하거나 대여함으로써 발생하는 소득을 기타소득으로 **보아** 가상자산 소득금액에서 250만원을 공제한 금액에 20%의 세율로 소득세를 분리과세하도록 **규정함으로써 도입되었고**, 2023년부터 시행될 예정이다. 우리나라는 국제회계기준(IFRS)상 가상자산을 원칙적으로 무형자산으로 분류하고 **있으며**, 상표권 등 무형자산에서 발생한 소득을 기타소득으로 보아 과세하고 있는 현행 소득세 과세체계 등을 고려한 것이다.

둘째, 새로운 시장 개척이다. 가상자산이 새로운 기술을 창출하고 이에 따라 미래 산업 성장에 긍정적인 요소가 될 수 있다. 블록체인 기술의 발전으로 대체불가능한 토큰, NFT가 등장한 것이 그 예이다. NFT는 인간 본연의 수집욕을 자극함으로써 새로운 시장을 개척하고 있다.

ICO란

셋째, 공급측면에서 ICO(Initial Coin Offering)활성화이다. 다양한 블록체인 네트워크상에서 토큰(또는 암호화폐) 발행을 통해 투자금을 모집하는 것으로, VC(Venture Capital)투자를 받거나 크라우드 펀딩을 받는 것과 개념이 유사하다. 미국 증권거래위원회(SEC)는 ICO를 IPO와 유사한 행위로 규정하고 자본시장법을 적용하겠다는 방침을 밝혔다.

3. 가상자산이 우리 사회에 끼친 부정적 영향

폭등이나 폭락

첫째, 가상자산 시장은 등락폭이 없다. 가상자산 시장은 주식시장이나 채권 시장보다는 석유나 곡물시장과 같은 상품시장이나 FX마진같은 외환시장에 가깝다. 최소한의 안정장치조차 없고, **폭등**방지

장치도 없기 때문에 투자자보호에 악영향을 미친다.

둘째, 조작의 위험성이 있다. 가상자산 시장은 현재 소수가 독점하고 있는 암호화폐가 많다. 특정소수가 한정된 물량의 거의 대부분을 쥐고 있다는 것은 특정 소수가 시장을 좌지우지할 수 있다는 것을 뜻한다. 주식 시장에서는 법적으로 금지되어 있는데도 이러한 점을 악용하는 주가조작이 일어나는데 암호화폐는 법마저도 없다.

셋째, 가상자산이 본연의 목적인 화폐로서의 기능을 제대로 못하고 있다. 화폐에는 세가지 본질적인 기능인 교환의 매개, 가치척도, 가치 저장 기능이 있는데 가상자산은 세 가지 중 어느 하나도 만족한다고 **하기** 힘들다. 먼저 교환의 매개 측면에서는 가상자산은 지급수단으로의 활용 사례 및 거래 규모가 제한되어 교환의 매개체로 한계가 있으며, 거래 목적보다는 주로 투기목적으로 보유되고 있다. 또 가치척도 측면에서 가상자산은 높은 가격 변동성, 불확실한 시장가치 등으로 가치척도로 **사용하기** 곤란하다. 마지막으로 가치저장 측면에서 가상자산은 가격 변동성이 매우 높고, 향후 거래에 활용될 것이라는 당사자간 합의에 의존하므로 장기적으로 가치를 저장하는 데 한계가 있다.

| 보기

| 자리매김하기

결론

대응방안

현재 우리나라에서 가상자산 시장에 참여하는 투자자 수가 급증하고 이에 따라 소비자 피해도 늘어나고 있으므로 시장참여자 보호를 위한 방안을 신속히 마련할 필요가 있다.

첫째, 투자자 교육제도가 필요하다. 2021년 12월 말 기준 우리나라 가상자산 시장 규모는 총 55조 2천억 원이며, 우리나라에서 거래되는

| 앞의 첫째와 지금의 첫째는 어떤 관계인지요

가상자산의 종류는 623종, 2021년 하반기 일평균 거래액은 11조 3천억 원으로 상당한 규모이다. 그리고 변동성은 65%로 매우 큰 수준이다. 그러나 아직까지 이러한 가상자산에 대한 성격이나 전망도 알아보지 않고 코인 시장에 뛰어드는 개미들이 너무 많은 반면 리스크에 대해서는 둔감한 경우가 많다. 가상자산 사업자의 신고 · 보고의무가 최근 규정된 만큼 가상자산 투자자들에게 투자 판단에 참고할 수 있는 객관적 정보와 평가 보고서를 제공함으로써 투자자의 알 권리를 보장해 주어야 한다.

둘째, 현재 가상자산소득을 기타소득으로 분류하였는데, 그 이유는 국제회계기준상 가상자산을 원칙적으로 무형자산으로 분류하고 있으며, 현행 과세체계상 무형자산에서 발생한 소득을 기타소득으로 과세하고 있다는 것이다. 그러나 가상자산이 무형자산이라는 이유로 가상자산소득을 기타소득으로 분류하는 것은 가상자산소득에 대해 주로 자본이득세를 과세하는 해외 주요국의 입법례와 부합하지 않으며, 회계 기준상 자산 분류와 세법상 소득 구분이 반드시 일치해야 하는 것은 아니다. 오히려 가상자산은 투자를 위해 보유하거나 거래하는 대상이라는 경제적 성격을 고려할 때 주식과 유사하지만 그 성격이 다른 기타의 금융자산으로써 신종금융자산으로 보는 것이 적절하다. 따라서 가상자산소득은 다음과 같은 이유에서 금융투자소득으로 분류하여 금융투자소득과의 손익 통산 및 결손금 이월공제를 허용하는 방안을 검토할 필요성이 있다.

첫째, 금융투자소득 도입에 따라 기존 양도소득세 과세 대상인 주식 등 양도소득이 2023년부터 금융투자소득으로 분류되어 금융투자소득세 과세 대상에 해당한다.

둘째, 가상자산 역시 금융투자소득세 과세대상인 주식 등 금융투

자상품과 마찬가지로 투자성이 있을 뿐만 아니라 가격 변동성 역시 상당하여 손실 발생 가능성이 크다고 볼 수 있다.

셋째, 가상자산소득을 기타소득으로 보아 과세하기에 결손금의 이월 공제를 허용하지 않고 있는데, 가상자산의 자산성을 인정하여 현재 가상자산의 양도대가에서 취득가액 등을 공제한 양도차익에 대해 소득세를 과세하면서 양도차손에 대한 결손금의 이월공제를 허용하지 않는 것은 모순된다고 할 수 있다.

넷째, 소득세의 산정기준이 되는 담세력은 이익에서 손실을 차감한 순소득에 있는데, 가상자산과 주식 등 금융상품은 차익을 실현하고자 하는 목적의 투자대상이면서 중개 매매에 의해 주로 거래가 이뤄지며 다른 자산에 비해 가격 변동성이 크고 빈번하게 거래가 이뤄지는 등 경제적 성격이 유사하다고 볼 수 있다. 따라서 가상자산 양도손익과 금융상품 양도손익을 서로 통산할 수 있도록 하여 순소득에 대하여 과세하는 것이 담세력에 상응하는 것으로써 조세평등주의에 부합한다고 볼 수 있다.

다섯째, 개인 투자자 보호 목적으로 가상자산소득을 금융투자소득이 아닌 기타소득으로 분류하여 금융투자소득과의 손익 통산을 허용하지 않음으로써 가상자산에 대한 투자를 억제하고자 하는 것은 조세 중립성 원칙에 어긋나며, 오히려 이는 가상자산의 위험성 등에 대한 충분한 정보를 제공하고 개인 투자자 보호 제도 등을 통해 달성하는 것이 더욱 적합하다고 볼 수 있다.

여섯째, 개인들이 가상자산을 가상자산사업자를 통하여 거래하고 있는 현 상황을 고려할 때 가상자산 양도로 발생한 소득은 대부분 가상자산사업자를 통하여 지급될 것이므로 가상자산소득을 금융투자소득으로 분류할 경우 반기별 원천 징수에 의하여 납세의무가 이행된다는 점에서 신고방식보다 납세자의 편의가 제공되는 등 납세 협력 비용이 감소할 뿐만 아니라 과세 관청의 징세 비용도 절감될 수 있다.

정부에서는 가상자산을 규제할 때에는 '투자자보호'가 주요목적이 되어, 금융 소비자의 피해를 예방하는 것을 우선시해야 할 것이다.

chapter 10 전금법 개정과 티몬 · 위메프 사태

01 논제 개요 잡기 [핵심 요약]

서론	이슈언급		2024년 7월 25일 위메프와 티몬에선 셀러 대금 정산 지연이 발생하면서 티몬 본사 사옥에 수 백명의 소비자가 한꺼번에 몰려들어 사옥을 점거한 채 환불을 요청하는 사태가 발생하며 그 여파가 커지고 있다. 2024년 7월 26일 금융감독원이 파악한 티몬과 위메프의 미정산액은 1, 700억 원으로 추정된다. 금감원과 공정거래위원회는 합동조사반을 꾸리고 티메프(티몬 · 위메프) 사태의 중심에 투입해 정산 지연 규모, 판매자 이탈 현황, 이용자 환불 요청 및 지급 상황 등을 조사 중이다. 공정위는 소비자상담센터를 통해 접수된 티몬 · 위메프 관련 소비자 상담은 23일 254건, 24일 1, 300건으로 집계됐다. 이후에도 접수는 꾸준히 이뤄지고 있으며 규모는 급격히 늘어난 것으로 알려졌다. 금번 티몬 · 위메프 정산 지연 사태로 인한 피해가 판매자를 넘어 일반 소비자에게까지 번지는 가운데 충분히 막을 수 있는 사태였다는 아쉬움 섞인 목소리가 커지고 있다. 2023년 '머지포인트 사태' 이후 마련한 제도 개선안(전금법 개정안) 도입을 조금만 서둘렀다면 예방할 수 있었던 문제라는 지적이다.
본론	1. 티몬 · 위메프 사태와 이커머스 시장	1) 사건 개요 및 사건 원인	① 티몬 · 위메프를 비롯한 일부 e커머스 업체는 그 동안 새 매출을 일으켜 앞선 상품 대금을 정산하는 이른바 '돌려막기' 구조로 몸집을 불려 왔다. 예를 들면 2월에 100억 원을 팔아 적자를 봐도 3월에 101억 원을 벌면 2월 치 100억 원을 정산해 줄 수 있는 구조다.

본론	1. 티몬 · 위메프 사태와 이커머스 시장	1) 사건 개요 및 사건 원인	② 하지만, 신규 매출이 계속 일어나야 이 구조를 유지할 수 있고, 막히면 바로 무너지는 것이다. 하지만 최근 정산 지연 사태가 터지면서 티몬 · 위메프는 신뢰 하락에 셀러는 이탈하고, 소비자들의 환불 요청은 쇄도하면서 악순환에 빠졌다.
		2) 구조적 문제점	- 소비자가 플랫폼에서 신용카드 등으로 제품을 구매하면 결제금은 신용카드 회사에서 PG사로 넘어간다. PG 업체는 수수료를 제외한 나머지 금액을 플랫폼에 지급하며 플랫폼은 소비자가 제품을 배송받고 구매 확정을 하면 판매자에게 대금을 정산한다. - 구매자가 환불을 신청하면 대금은 반대로 판매자에서 플랫폼과 PG · 카드사를 거쳐 소비자에게 돌아간다. 만약 플랫폼이 지불능력을 상실하면 PG 업체가 손실을 고스란히 떠안는 구조다. 상황이 이렇다 보니 PG사 입장에서는 플랫폼이 자금난에 빠지면 서비스를 중단할 수밖에 없다는 설명이다. - 문제는 PG사가 결제 취소와 신규 결제 등 결제 서비스를 막아버리면 소비자가 피해를 볼 수 있다는 점이다. 구매자는 결제 취소 방식이 아닌 계좌이체 등의 방식으로 플랫폼으로부터 직접 환불을 받아야만 한다. 티몬과 위메프도 현재 계좌이체 방식으로 환불을 진행하고 있다. - 이와 더불어 셀러 대금 정산 시스템도 개선이 필요하다는 지적이 제기된다. 티몬은 현재 플랫폼을 통해 물건이 판매되면 그 달 말일을 기준으로 40일 이후에 셀러들에게 대금을 지급한다. 티몬과 위메프가 완전자본잠식 상태로 적자 행진을 이어가고 있음에도 사업을 확장할 수 있었던 것은 이 같은 정산 구조 때문이라는 게 업계의 분석이다.
		3) 금융당국 대책	① 금감원은 카드업계 등에 소비자 피해 최소화를 위해 취소 · 환불에 적극 응해줄 것을 요청하는 한편, 티몬 · 위메프의 자본건전성 · 유동성을 보다 면밀히 감독, 제재할 수 있도록 '규제 사각지대'를 해소하는 대책 마련에도 착수하기로 했다. ② 티메프 미정산 1, 700억 원 검증 '돌려막기' 의혹 규명 ③ 카드사 등 협조 구해 소비자 피해 최소화 ④ 제도개선 추진 ⑤ 정부는 이번 사태가 기본적으로 위메프와 티몬에게 과실과 책임이 있는 만큼 이들에게 책임 있는 자세로 해결방안 마련을 위해 나서줄 것을 재촉구하는 한편, 선량한 소비자와 판매자를 최우선으로 보호하기 위해 가용한 자원을 최대한 동원하여 적극 지원하기로 하였다.

본론	1. 티몬 · 위메프 사태와 이커머스 시장	4) 국내 주요 e커머스 점검	① 한국경제인협회에 따르면 2023년 e커머스 시장은 228조 9,000억 원 규모다. 쿠팡은 매출 30조 원으로 몸집을 키우고 있으며 이마트 연결 자회사 SSG닷컴과 G마켓, 롯데쇼핑의 롯데온은 적자 폭을 줄이는 데 주력하고 있다. 반면 11번가는 강제매각 절차를 밟고 있다. ② 금번 사태로 판매자 피해에 따른 타 e커머스의 연쇄 붕괴도 우려되고 있다. ③ 금융당국은 티몬 · 위메프의 정산 지연 사태와 관련해 국내 주요 e커머스 플랫폼을 상대로 정산 및 판매자 동향 파악을 진행하고 있다. ④ 실제로 티몬의 자본총계는 -6, 386억 원으로 자본잠식 상태에 빠져있다. 누적 결손금 규모도 1조 2, 364억 원에 달한다. 2023년 회계연도 감사보고서를 제출하지 않아 확인이 어렵지만 결손금 규모는 더 늘어났을 것으로 추정된다. 위메프의 자산총계 역시 지난해 기준 -2, 398억 원의 자본잠식 상태이고, 누적 적자인 결손금 규모가 7, 559억 원에 달한다. 사실상 2개 기업의 자본잠식 규모를 합치면 8, 800억 원에 달하고, 결손금 총합도 약 2조 원 수준이다. ⑤ 시장 안팎에서는 e커머스 플랫폼의 신뢰도를 평가하는 핵심 요소로 재무 건전성이 급부상할 것으로 관측한다. ⑥ 현재 e커머스 시장에서 2024년 상반기 기준 흑자를 내는 e커머스 기업으로는 쿠팡, 컬리, 오아시스마켓, 무신사, 야놀자 등을 꼽을 수 있다. ⑦ 반면 자본잠식과 더불어 결손금이 발생한 플랫폼으로는 동대문 여성 패션앱 '에이블리'를 운영하는 에이블리코퍼레이션과 네이버의 손자회사인 리셀 플랫폼 '크림'(KREAM), 명품 플랫폼 '발란' 등이 거론된다.
	2. 전금법 개정안 <2023년 8월>	1) 배경	
		2) 내용	개정안의 주요 내용은 ▲선불업 감독범위 확대, ▲선불충전금 별도관리 의무화, ▲선불업자 영업행위 규칙 신설, ▲소액후불결제 겸영 허용 등이다. ① 선불업 감독 대상을 확대하고, 선불업자 등록 면제기준이 강화된다. ② 이용자의 선불충전금에 대한 보호장치가 마련됐다. ③ 선불업자에 대한 영업 규제가 일부 완화됐다.

<table>
<tr><td rowspan="2">본론</td><td rowspan="2">2. 전금법 개정안 <2023년 8월></td><td>2) 내용</td><td>④ 법 개정을 통해 선불업 규제 사각지대를 축소하고, 이용자의 선불충전금을 안전하게 보호할 수 있을 것이다.
⑤ 국회 본회의를 통과한 법 개정안은 정부의 법률 공포 절차를 거친 뒤 1년 후인 오는 2024년 9월 시행됐다.</td></tr>
<tr><td>3) 한계점
<출처: 하나금융 경영연구소></td><td>① 선불충전금의 전액 외부예치를 의무화하지 않아 여전히 공백 영역이 존재한다.
② 소액후불결제의 연체정보 미공유로 연체관리가 어렵고 이용자의 도덕적 해이를 유발할 가능성이 있다.
③ 선불전자지급수단의 범위가 확대되었지만 적용대상은 확정되지 않아 불확실성이 높다.</td></tr>
<tr><td>결론</td><td>의견제시</td><td colspan="2">전자금융거래법 개정과 관련,
첫째, 우리나라도 주요 선진국의 글로벌 스탠다드에 맞도록 전금법 전면 개정이 시급하다. 현 전금법은 혁신적인 결제서비스의 제도권 수용을 어렵게 하여 다양한 디지털 결제 서비스 출현을 제약한다. 기존 아날로그 방식에 맞춰 설계된 금융인프라와 제도가 디지털 혁신과 안정에 한계로 작용하고 있다. 금융플랫폼이 일상화되었지만 금융플랫폼에 대한 법적 정의조차 없으며, 이들에 대한 영업행위 규율도 규정되어 있지 않다.
둘째, 전자금융업자가 금융업에 지대한 영향을 미치고 있음에도 불구하고 전금법에서 금융회사로 인정하지 않아 금융소비자보호법이 적용되지 못하는 한계가 존재한다. 전금법에서 전자금융업자도 금융회사로 인정하여 전자금융업자든 금융회사든 동일한 기능을 하는 서비스를 제공받는 소비자가 동일한 보호를 받을 수 있도록 해야 한다. 디지털 신기술 발전의 이면에서 발생하는 부정결제사고, 사이버공격에 대응하기 위해 소비자 보호와 직결되는 금융보안(Cyber Security)의 시스템적 중요성이 나날이 증대되어 관련 제도 정비가 시급하다.
셋째, 금융회사 등이 전자금융업무나 클라우드 등 데이터자산 관리 · 운영업무를 제3자에게 위탁하는 경우 금융보안을 고려한 업무위탁관리체계를 마련해야 한다. 특히 위탁업무가 금융시스템의 안정성 등에 중대한 영향을 미치는 경우 감독당국이 수탁자에 대한 자료제출요구, 조치명령권 등을 할 수 있도록 규정하여 제3자 리스크에 대한 관리 · 감독을 강화할 필요도 있다.</td></tr>
</table>

02 논제 풀이

서론

이슈 언급 2024년 7월 25일 위메프와 티몬에선 셀러 대금 정산 지연이 발생하면서 티몬 본사 사옥에 수 백명의 소비자가 한꺼번에 몰려들어 사옥을 점거한 채 환불을 요청하는 사태가 발생하며 그 여파가 커지고 있다. 티몬 · 위메프 등 e커머스 플랫폼은 통상 전자상거래업과 전자지급결제대행(PG)업을 함께 영위하고 있다. PG업은 플랫폼이 물품 · 서비스 판매 후 결제 대금을 받아 판매자에게 일정 기간 후 대금을 전달하는 방식이다. 티몬 · 위메프의 경우 소비자들이 결제하면 1~2달 가량 대금을 보관했다가 정산을 완료해 왔다. 그런데 결제 대금을 판매자에게 전달하는 시기가 위메프 측의 착오로 지연됐고, 판매자들이 물품 · 서비스 제공을 중단하면서 소비자 피해가 확산했다. 더욱이 티몬과 위메프는 재무적으로 완전자본잠식 상태로 자체적인 환불여력은 없는 것으로 보인다. 비록 2024년 7월 26일 '판매 대금 미정산 사태'의 중심에 선 위메프에 이어 티몬도 환불 현장 접수를 시작했지만, 플랫폼에 입점한 6만여 영세 소상공인들은 여전히 불안에 떨고 있다. 첫날 환불 규모가 30억 원 수준에 불과하고 추가 환불 조치가 전액 이뤄질 수 있을지 미지수여서 환불이 시작됐다는 소식에도 안심할 수 없어서다. 사건이 터지자 위메프 본사에 직접 등장한 류화현 위메프 대표는 소비자들을 직접 대면하고 여행 상품 구매자들을 위주로 신속한 환불 절차에 돌입했다. 티메프 경영진이 환불 '의지'를 드러내는 동시에 환불 '능력'이 부족한 상황까지 드러낸 셈이다 보니 영세업체의 불안감은 여전하다. 7월 26일 금융감독원이 파악한 티몬과 위메프의 미정산액은 1, 700억 원으로 추정된다(추후 조사에서는 1조 원이 넘은 것으로 보도됨). 금감원과 공정거래위원회는 합동조사반을 꾸리고 티메프(티몬 · 위메프) 사태의 중심에 투입해 정산 지연 규모, 판매자 이탈 현황, 이용자 환불 요청 및 지급 상황 등을 조사 중이다. 공정위는 소비자상담센터를 통해 접수된 티몬 · 위메프 관련 소비자 상담은 23일 254건, 24일 1, 300건으로 집계됐다. 이후에도 접수는 꾸준히 이뤄지고 있으며 규모는 급격히 늘어난 것으로 알려졌다.

금번 티몬 · 위메프 정산 지연 사태로 인한 피해가 판매자를 넘어 일반 소비자에게까지 번지는 가운데 충분히 막을 수 있는 사태였다는 아쉬움 섞인 목소리가 커지고 있다. 2023년 '머지포인트 사태' 이후 마련한 제도 개선안(전금법개정안) 도입을 조금만 서둘렀다면 예방할 수 있었던 문제라는 지적이다. 오는 2024년 9월 15일 전자금융거래법(전금법) 개정안 시행을 앞두고 정부와 국회는 다시 한번 '사후약방문'이라는 비판을 피하기 어렵게 됐다. 2024년 9월 시행될 전금법 개정안에 따르면 전금업자는 선불충전금 발행 잔액이 30억 원 이상이거나 연간 총발행액이 500억 원을 넘어서면 충전금 잔액 100%를 별도로 관리해야 한다. 자본잠식에 빠진 업체들이 상품권깡을 유도해 유동성을 확보하는 등의 사태를 예방하겠다는 취지였다.

이에 본지에서는 이번 티몬 · 위메프 사태의 원인 및 이커머스 시장 현황에 대해 알아본 후, 추후 전자금융거래법의 방향에 대해 논하기로 한다.

본론

1. 티몬 · 위메프 사태와 이커머스 시장

1) 사건 개요 및 사건 원인

① 티몬 · 위메프를 비롯한 일부 e커머스 업체는 그 동안 새 매출을 일으켜 앞선 상품 대금을 정산하는 이른바 '돌려막기' 구조로 몸집을 불려왔다. 예를 들면 2월에 100억 원을 팔아 적자를 봐도 3월에 101억 원을 벌면 2 월 치 100억 원을 정산해 줄 수 있는 구조다.

[오픈마켓 상품 구조(예시 여행상품)]

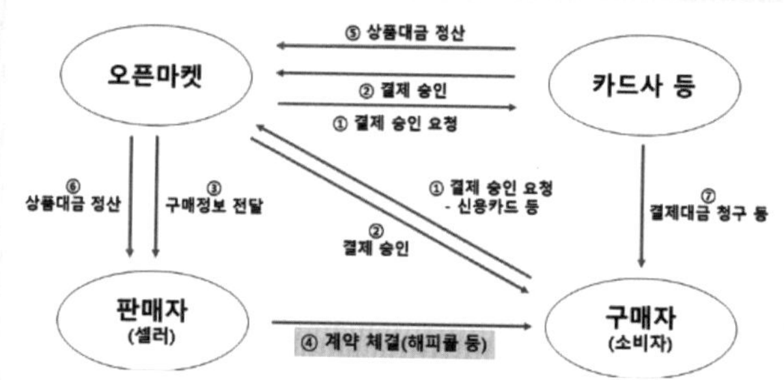

<출처: 금융감독원>

② 하지만, 신규 매출이 계속 일어나야 이 구조를 유지할 수 있고, 막히면 바로 무너지는 것이다. 하지만 최근 정산 지연 사태가 터지면서 티몬, 위메프는 신뢰 하락에 셀러는 이탈하고, 소비자들의 환불 요청은 쇄도하면서 악순환에 빠졌다.

③ 티몬과 위메프는 싱가포르 기반 e커머스 큐텐의 계열사다. 큐텐은 2022년 티몬을 시작으로 위메프, 인터파크커머스, 위시, AK몰 등 국내외 e커머스를 연이어 인수했다. 이는 큐텐의 물류 자회사 큐익스프레스의 미국 나스닥 상장을 위한 것이었다. 상장을 위해 무리한 인수 합병에 자금을 쏟아 부은 결과 자본잠식이던 쇼핑몰들 재무 상태가 점점 더 악화됐다. 위메프의 2023년 매출액은 1, 385억 원으로 2022년 대비 28% 줄었다. 같은 기간 영업손실은 500억 원 불었다. 자본총계는 마이너스 2, 398억 원으로 완전 자본잠식에 빠졌다. 티몬의 2022년 기준 자본총액은 마이너스 6, 386억 원이다. 2024년 4월 제출 마감인 2023년 감사보고서는 제출도 못했다. 위메프 · 티몬은 현금 부족으로 입점 업체들에 대금을 지연 지급하는 상황까지 발생했다. 셀러에게 줘야 할 대금을 쇼핑몰 인수 대금에 사용한 탓이었다.

④ 급기야 티몬은 한 달 뒤 발송하는 선결제 상품권을 저렴한 가격에 할인 판매하면서 고객으로부터 미리 받은 돈을 셀러 대금 지급에 활용했다. 티몬과 위메프는 한 달여 전부터 이번 사태 직전까지 최대 9.2% 할인한 가격으로 막대한 금액의 선불충전금과 문화상품권을 팔아 치웠다.

<table>
<tr>
<td rowspan="2">1. 티몬 · 위메프 사태와 이커머스 시장</td>
<td>1) 사건 개요 및 사건 원인</td>
<td>할인된 가격으로 상품권을 구매하고 이를 현금화해 차익을 남기는 '상품권깡'으로 수익을 보고자 한 '상테크족'들의 구매가 이어졌다. 일각에선 이해하기 어려울 정도의 파격적인 할인율을 두고 "유동성 문제를 타개하려고 상품권깡을 유도해 부족한 현금을 돌려막기하는 것"이란 우려 섞인 비판이 이어졌지만 판매는 계속됐다. 그럼에도 정산을 못 받는 사례가 잇따르자 '셀러런'까지 발생하게 되었다.
⑤ 상품권 업체들은 물론 주요 유통업계 등도 이탈했다. 큐익스프레스 상장에만 몰두한 나머지 계열사의 재무 상태 개선은 뒷전으로 미뤘다는 지적이다. 이탈이 가속화되고 현금 유동성 막히면서 큐텐그룹의 연쇄 부도설까지 흘러나오고 있다. 큐텐그룹 e커머스 계열사가 법원에 파산 신청을 하면 법원에서 선임한 파산관재인이 남은 자산 등을 조사한 뒤 이를 처분해 채권자, 즉 대금을 정산 받지 못한 셀러 등에게 배분하는 과정을 밟게 될 전망이다.
⑥ 자금줄이 막힌 중소 여행사나 상품 판매사, 상품권 업체들 사이에서는 연쇄 도산에 대한 우려가 고조되고 있다.
⑦ 주요 여행사들은 티몬 · 위메프와 계약 해지 통보 수순을 밟고 있다. 하나투어는 입장문을 통해 "고객 피해를 최소화하고자 7월 31일까지 출발하는 예약은 예정대로 진행하되 8월 1일 이후 출발 예약은 모두 취소하기로 했다"면서 티몬 · 위메프와 체결된 모든 계약을 해지하겠다고 통보했다.</td>
</tr>
<tr>
<td>2) 구조적 문제점</td>
<td>① 티몬과 위메프의 판매자 대금 정산 및 구매자 환불 지연 사태를 계기로 e커머스 플랫폼의 결제 시스템에 손실 전가를 제어할 수 있는 장치를 보완할 필요성 높아졌다. 현재 시스템은 플랫폼이 지급불능 상태에 처할 경우 그 손실과 피해를 결제대행(PG) 업체나 소비자가 그대로 떠안게 되는 구조기 때문이다. 아울러 사실상 판매 대금 '돌려막기'가 가능한 e커머스 업계의 정산 구조도 뜯어고쳐야 제2의 티몬 · 위메프 사태를 방지할 수 있다는 주장도 나온다.
② 소비자가 플랫폼에서 신용카드 등으로 제품을 구매하면 결제금은 신용카드 회사에서 PG사로 넘어간다. PG 업체는 수수료를 제외한 나머지 금액을 플랫폼에 지급하며 플랫폼은 소비자가 제품을 배송 받고 구매 확정을 하면 판매자에게 대금을 정산한다.
③ 구매자가 환불을 신청하면 대금은 반대로 판매자에서 플랫폼과 PG · 카드사를 거쳐 소비자에게 돌아간다. 만약 플랫폼이 지불 능력을 상실하면 PG 업체가 손실을 고스란히 떠안는 구조다. 상황이 이렇다 보니 PG사 입장에서는 플랫폼이 자금난에 빠지면 서비스를 중단할 수밖에 없다는 설명이다.</td>
</tr>
</table>

1. 티몬 · 위메프 사태와 이커머스 시장

2) 구조적 문제점

[티몬 정산 구조]

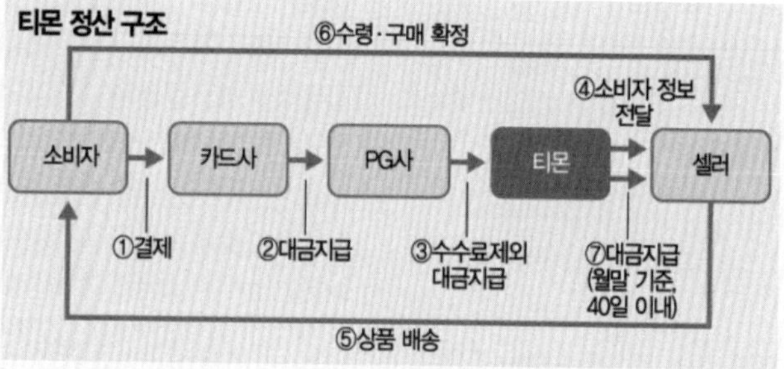

티몬 정산 구조
⑥수령 · 구매 확정
④소비자 정보 전달
소비자
카드사
PG사
티몬
셀러
①결제
②대금지급
③수수료제외 대금지급
⑦대금지급 (월말 기준, 40일 이내)
⑤상품 배송

④ 문제는 PG사가 결제 취소와 신규 결제 등 결제 서비스를 막아버리면 소비자가 피해를 볼 수 있다는 점이다. 구매자는 결제 취소 방식이 아닌 계좌이체 등의 방식으로 플랫폼으로부터 직접 환불을 받아야만 한다. 티몬과 위메프도 현재 계좌이체 방식으로 환불을 진행하고 있다.

⑤ PG 업체가 결제 취소를 막고 플랫폼마저 환불을 해주지 않으면 소비자는 카드사에 청약철회권과 할부항변권을 행사할 수 있다. 이는 소비자들이 구입한 물품이나 서비스에 문제가 생길 경우 결제를 취소하거나 할부 잔액을 지불하지 않을 수 있는 권리다. 청약철회권이나 할부항변권이 수용될 경우 카드사는 PG 업체에 구상권을 청구한다. PG 업체는 플랫폼으로부터 대금을 받아 카드사에 지급하는데 플랫폼이 지급 불능 상태에 빠지면 카드사 역시 자금 회수가 불투명해진다.

⑥ PG사가 발을 빼면 플랫폼은 플랫폼대로 더한 위기 상황에 내몰리게 된다. 신규 결제 서비스가 막히면 현금 유동성 확보 채널을 잃게 되는 것은 물론이다. 자금을 마련해 환불에 나서더라도 오류가 발생할 가능성이 적지 않다. 실제 이날 인터넷상에는 '환불 금액을 세 번 중복해 받았다' '할인이 적용되지 않은 금액을 돌려받았다' 등의 글이 잇따라 올라왔다.

⑦ 업계에서는 문제 발생 시 손실 전가를 막기 위한 장치를 마련하지 않을 경우 제2의 티몬 · 위메프 사태가 발생할 수 있다고 지적한다. 복잡한 구조로 자금이 오가다 보니 취소 요청이 몰릴 경우 제대로 대응하기 어렵다는 지적이다. 플랫폼으로 하여금 일부 예치금을 보유하도록 해야 한다는 주장도 나온다. e커머스 업체들이 판매 금액의 일정 부분은 예치금으로 보유하도록 해 유동성 문제가 터지지 않도록 해야 할 것이다.

⑧ 이와 더불어 셀러 대금 정산 시스템도 개선이 필요하다는 지적이 제기된다. 티몬은 현재 플랫폼을 통해 물건이 판매되면 그 달 말일을 기준으로 40일 이후에 셀러들에게 대금을 지급한다. 월초에 상품이 팔렸다면 최대 70일 이후에 셀러에게 대금이 정산되는 셈이다. 티몬과 위메프가 완전자본잠식 상태로 적자 행진을 이어가고 있음에도 사업을 확장할 수 있었던 것은 이 같은 정산 구조 때문이라는 게 업계의 분석이다.

1. 티몬 · 위메프 사태와 이커머스 시장	3) 금융당국 대책	① 금감원은 카드업계 등에 소비자 피해 최소화를 위해 취소 · 환불에 적극 응해줄 것을 요청하는 한편, 티몬 · 위메프의 자본건전성 · 유동성을 보다 면밀히 감독, 제재할 수 있도록 '규제 사각지대'를 해소하는 대책 마련에도 착수하기로 했다. ② 티메프 미정산 1, 700억 원 검증 '돌려막기' 의혹 규명 ③ 카드사 등 협조 구해 소비자 피해 최소화 가. 금감원은 티몬 · 위메프 소비자들의 피해를 최소화하기 위해 카드사나 전자지급결제대행(PG)사, 여행사들에 소비자들의 결제취소 · 환불 요구에 적극 응할 수 있도록 협조를 당부할 예정이다. 카드사의 경우 별도로 소집해 소비자 피해 최소화를 위해 지원해 줄 것을 요청할 계획이다. 나. 금감원은 소비자 · 판매자 민원을 신속히 접수할 수 있도록 민원접수 전담창구를 설치, 운영에 들어갔다. 상품권 및 여행상품 등 결제와 관련된 카드사 등에서도 고객 민원에 대응할 수 있는 체계를 마련해나갈 계획이다. 다. 공정위는 환불 지연 · 거절 등으로 인한 소비자 피해구제 및 분쟁조정 지원을 위해 한국소비자원에 전담팀을 운영하는 한편, 집단분쟁조정을 준비하고 있다. 추후 상황을 감안해 민사소송도 적극 지원할 예정이다. ④ 제도개선 추진 : 금감원은 티몬 · 위메프가 수년째 자본잠식에 빠져있는 상황에서 제대로 된 관리 · 감독이 없었다는 비판에 대해 제도개선을 추진하기로 했다. 가. 현행 전자금융감독규정은 티몬 · 위메프 같은 PG사에 대한 자기자본 등 건전성 · 유동성에 대한 경영지도기준을 두고, 경영개선협약(MOU)을 체결할 수 있도록 하고 있다. 하지만, 전자금융거래법상 PG사에 대해서는 경영개선권고나 경영개선명령 등을 내릴 수 있는 근거 조항이 없는 상황이다. 현재로선 전자화폐업자만 경영개선권고 등 적용이 가능하다. 나. 이커머스 플랫폼에서 소비자의 구매에 따라 카드사→PG사→이커머스업체→판매자 순서로 구매대금이 결제, 정산되는 구조에 대해서도 유관부처와 협의를 통해 개선방안을 마련할 계획이다. 양 당사자(소비자 · 판매자) 간의 결제가 바로 이뤄지는 게 아니라 카드사, PG사 등 여러 단계를 거쳐서 결제가 이뤄지다 보니까 그 중에 한 군데라도 지급 불능 상황이 발생하면 연쇄적으로 리스크가 전이되는 문제가 있었기 때문이다. 최근 국제기구에서 활발하게 방안을 논의하고 있어 벤치마킹해 제도 개선방안을 마련해 나갈 것이다.

1. 티몬 · 위메프 사태와 이커머스 시장

3) 금융당국 대책

다. 2024년 9월 선불충전금을 100% 외부 관리하도록 하는 전금법 개정안이 시행되더라도 티몬처럼 상품권을 위탁 판매하는 경우는 적용되지 않는 등 사각지대에 대해서는 사실관계를 검증한 후에 필요하면 보완대책을 검토할 방침이다.

라. 정산자금 관리체계 강화도 추진한다. 정산을 위해 유입된 자금은 정산에만 사용될 수 있도록 은행 등 금융회사와 에스크로(결제대금예치업) 체결을 유도할 예정이다.

⑤ 정부는 이번 사태가 기본적으로 위메프와 티몬에게 과실과 책임이 있는 만큼 이들에게 책임 있는 자세로 해결방안 마련을 위해 나서줄 것을 재촉구하는 한편, 선량한 소비자와 판매자를 최우선으로 보호하기 위해 가용한 자원을 최대한 동원하여 적극 지원하기로 하였다.

가. 소비자 피해방지를 위해 여행사 · 카드사 · 전자지급결제대행사(PG사) 등과 긴밀한 협조를 통한 카드결제 취소 등 신속한 환불 처리를 지원하고, 이미 구매한 상품권의 경우에는 사용처 및 발행사 협조 아래 소비자가 정상적으로 사용하거나 환불될 수 있도록 유도할 계획이다. 또한 신속한 피해구제를 위해 민원접수 전담창구(금감원 · 소비자원)를 운영하고, 여행 · 숙박 · 항공권 분야 피해 소비자를 대상으로 집단분쟁조정 신청 접수(8월 1일~8월 9일, 소비자원)도 진행한다.

나. 판매대금을 받지 못해 어려움을 겪고 있는 중소기업 · 소상공인을 대상으로 중진공 · 소진공을 통한 긴급경영안정자금 2,000억 원, 신보 · 기은 협약프로그램 3,000억 원을 포함해 총 5, 600억 원+α 규모*의 유동성을 투입하고, 대출 만기연장 및 기술보증지원을 통해 금융애로 해소를 지원한다.

다. 경영난 극복을 위해 소득세 · 부가세 납부기한을 최대 9개월까지 연장하는 등 세정 지원을 적극 확대하는 한편, 타 온라인 플랫폼 입점 지원 및 항공사 · 여행사 간 협의를 바탕으로 항공권 취소수수료 면제도 지속 확대될 수 있도록 지원할 계획이다.

* 중진공 · 소진공 2,000억 원, 기은 · 신보 3,000억 원, 여행사 지원 600억 원 등

4) 국내 주요 e커머스 점검

① 한국경제인협회에 따르면 2023년 e커머스 시장은 228조9000억 원 규모다. 쿠팡은 매출 30조 원으로 몸집을 키우고 있으며 이마트 연결 자회사 SSG닷컴과 G마켓, 롯데쇼핑의 롯데온은 적자 폭을 줄이는 데 주력하고 있다. 반면 11번가는 강제매각 절차를 밟고 있다.

② 금번 사태로 판매자 피해에 따른 타 e커머스의 연쇄 붕괴도 우려되고 있다. 이른바 셀러 경영난으로, 이들의 자금순환이 어려워지면 타 플랫폼 운영에도 차질을 빚을 수 있다. 한편, e커머스 시장이 재편될 가능성도 제기된다. 온오프라인 구분이 없어진 데다 오픈마켓과 버티컬,

1. 티몬 · 위메프 사태와 이커머스 시장

4) 국내 주요 e커머스 점검

직매입 플랫폼 등 급격히 확대된 e커머스 시장을 둘러싸고 비즈니스 형태나 플랫폼 간 이동 변화가 예상되기 때문이다. 모바일인덱스에 따르면 2024년 상반기 e커머스 이용자 수에서 쿠팡 3,058만 명, 11번가 830만 명, 테무 648만 명, 알리익스프레스 631만 명, G마켓 503만 명, 티몬 410만 명, 위메프 383만 명, 컬리 325만 명, 롯데온 249만 명 순이다. 티몬과 위메프가 800만 명에 육박해 탈 큐텐에 따른 유입 효과가 작지 않을 것으로 예상된다.

③ 금융당국은 티몬 · 위메프의 정산 지연 사태와 관련해 국내 주요 e커머스 플랫폼을 상대로 정산 및 판매자 동향 파악을 진행하고 있다. 점검 대상에는 종합 e커머스 업체는 물론 '전문몰'로 불리는 일부 버티컬 플랫폼들이 포함된 것으로 알려졌다. 정부의 점검 대상은 ▲지연 정산 여부, ▲입점사 이탈 여부, ▲미정산 잔액, ▲선불충전금 등이다. 특히 이번 사태가 티몬 · 위메프의 취약한 재무구조에서 촉발됐다는 점에서 '유동자산 현황'을 집중적으로 살피고 있다.

④ 실제로 티몬의 자본총계는 -6, 386억 원으로 자본잠식 상태에 빠져있다. 누적 결손금 규모도 1조 2, 364억 원에 달한다. 2023년 회계연도 감사보고서를 제출하지 않아 확인이 어렵지만 결손금 규모는 더 늘어났을 것으로 추정된다. 위메프의 자산총계 역시 지난해 기준 -2, 398억 원의 자본잠식 상태이고, 누적 적자인 결손금 규모가 7, 559억 원에 달한다. 사실상 2개 기업의 자본잠식 규모를 합치면 8, 800억 원에 달하고, 결손금 총합도 약 2조 원 수준이다.

⑤ 시장 안팎에서는 e커머스 플랫폼의 신뢰도를 평가하는 핵심 요소로 재무 건전성이 급부상할 것으로 관측한다.

⑥ 현재 e커머스 시장에서 2024년 상반기 기준 흑자를 내는 e커머스 기업으로는 쿠팡, 컬리, 오아시스마켓, 무신사, 야놀자 등을 꼽을 수 있다.

⑦ 반면 자본잠식과 더불어 결손금이 발생한 플랫폼으로는 동대문 여성 패션앱 '에이블리'를 운영하는 에이블리코퍼레이션과 네이버의 손자회사인 리셀 플랫폼 '크림'(KREAM), 명품 플랫폼 '발란' 등이 거론된다.

가. 에이블리는 2015년 법인 설립 후 2022년까지 7년 연속 적자가 이어져 누적 결손금만 2,042억 원에 달한다. 부채총계는 1, 672억 원으로 1, 129억 원인 자산 총계보다 많아 -543억 원 수준의 자본잠식에 빠져 있다.

나. 2023년 명품 수요 급감으로 매출액이 반토막 난 '발란' 역시 지난해 말 기준 -77억 원 수준의 자본잠식과 미처리 결손금이 785억 원가량 쌓여있는 것으로 나타났다. 에이블리와 발란은 자금 수혈이 시급한 상황에서 중국 최대 전자상거래 기업인 알리바바그룹으로부터 투자 유치를 진행 중인 것으로 알려졌다.

1. 티몬 · 위메프 사태와 이커머스 시장	4) 국내 주요 e커머스 점검	다. 네이버 크림의 경우, 2023년 기준 자산총계가 -2, 580억 원 수준의 자본잠식 상태다. 2020년 서비스 론칭 이후 쌓인 누적 결손금이 3, 414억 원에 달하지만 실질 지배기업인 네이버로부터 수백억 원씩 자금을 차입 받아 버텨내는 상황이다. ⑧ "재무 건전성이 취약한 업체에 대해 리스크를 면밀히 분석해 소비자들에 피해가 가지 않도록 제도를 마련해야 한다. 티몬 · 위메프와 같은 사태를 예방하거나 사후 관리할 수 있는 방안이 필요해 보인다" <서지용 상명대 경영학부>
2. 전금법 개정안 <2023년 8월>	1) 배경	① 디지털 금융을 규율하는 전자금융거래법(이하 전금법)은 스마트 폰이 대중화되기 전인 2006년 제정된 이후 전산사고 등의 배상책임이나 금융보안 등 일부 규정만 10여 차례 개정하고 큰 변화 없이 유지되고 있어 디지털 금융에 대한 새로운 변화를 전혀 수용하지 못했었다. 2020년과 2021년 각각 전금법 전면개정안이 발의되었지만 수년째 계류되었다. ② 전금법 전면개정안이 국회에 계류되던 시기인 2021년 머지포인트 사태가 발생했다. 가. 머지포인트는 2020년 5월~2021년 8월 적자 누적 상태에서 '무제한 20% 할인'을 내세워 머지포인트 상품권을 팔아 선불충전금(머지머니) 규모를 늘리고 돌려막기로 자금을 운용하다 대규모 환불 요청 사태를 빚었다. 나. 기존 가입자가 쓴 포인트 대금을 가맹점에 정산해 줄 때 후순위 신규 가입자가 낸 대금을 끌어다 쓴 것이다. 그러다 신규 자금이 유입되지 못하면서 결국 재정난에 처해 운영을 중단했다. 당시 머지포인트가 돌려주지 못한 소비자 돈은 1,000억 원에 달했다. ③ 전금법 전면개정이 지연되고 머지포인트 사태 재발장지를 위해 제도 마련 필요성이 지속적으로 제기되자 2023년 8월 전금법 일부를 개정하여 선불충전금을 안전하게 보호할 수 있게 하고, 선불업자의 소액후불결제를 정식 제도화하였다.
	2) 내용	개정안의 주요 내용은 ▲선불업 감독범위 확대, ▲선불충전금 별도관리 의무화, ▲선불업자 영업행위 규칙 신설, ▲소액후불결제 겸영 허용 등이다. ① 선불업 감독 대상을 확대하고, 선불업자 등록 면제기준이 강화된다. 가. 선불전자지급수단의 업종 기준이 삭제돼고, 전자식으로 변환된 지류식 상품권도 선불전자지급수단에 포함된다. 나. 선불전자지급수단이 등록 의무 기준을 가맹점 수 10개에서 1개로 줄여 등록 대상 기업이 늘어난다.

2. 전금법 개정안 <2023년 8월>	2) 내용	다. 다만 영세사업자 보호를 위해 발행 잔액 및 총발행액이 일정 규모 이하일 경우 등록 의무를 면제될 예정이다. ② 이용자의 선불충전금에 대한 보호장치가 마련됐다. 가. 이제부터 선불업자는 선불충전금의 50% 이상에 해당하는 금액으로서 대통령령으로 정하는 금액을 신탁, 예치 또는 지급보증보험의 방식으로 별도관리해야 한다. 나. 아울러 선불업자가 지켜야 하는 영업행위 규칙을 신설됐다. 예컨대 가맹점을 정당한 이유 없이 이용자에게 불리하게 축소하거나 선불전자지급수단의 이용 조건을 변경하는 경우 선불충전금 잔액의 전부를 지급한다는 내용을 약관에 포함하고, 이용자에게 통지해야 한다. ③ 선불업자에 대한 영업 규제가 일부 완화됐다. 가. 선불충전금이 부족한 경우 그 부족분에 대해 선불업자 스스로의 신용으로 가맹점에게 그 대가를 지급할 수 있도록 하는 '소액후불결제업무'가 겸영업무로서 허용된다. 나. 그간 혁신금융서비스를 통해 네이버파이낸셜 · 카카오페이 · 토스 3사는 규제 특례를 적용 받아 30만 원(카카오페이는 15만 원)의 한도 내에서 소액후불결제 서비스를 제공 중이었다. 앞으로는 해당 서비스를 선불업 회사들도 취급할 수 있다. 서비스 영위를 위한 세부 규정 등 필요 사안은 대통령령으로 정할 예정이다. ④ 법 개정을 통해 선불업 규제 사각지대를 축소하고, 이용자의 선불충전금을 안전하게 보호할 수 있을 것이다. ⑤ 국회 본회의를 통과한 법 개정안은 정부의 법률 공포 절차를 거친 뒤 1년 후인 오는 2024년 9월 시행할 예정이다.
	3) 한계점 <출처: 하나금융경영연구소>	① 선불충전금의 전액 외부예치를 의무화하지 않아 여전히 공백영역 존재 : 2023년 8월 개정 전금법(2024년 9월 시행)은 선불충전금을 예치, 신탁, 지급보증보험 등 안전한 방법으로 별도 관리를 의무화하여 이용자보호를 대폭 강화하였다. 그러나 외부예치 의무화를 도입하였으나 외부 예치는 선불충전금 100%가 아닌 50%이상인 금액(정확한 비중은 시행령에서 정함)만 적용되고, 나머지 금액은 외부예치 의무가 없어 여전히 이용자 보호를 받지 못한다. ② 소액후불결제의 연체정보 미공유로 연체관리가 어렵고 이용자의 도덕적 해이를 유발 가능성 가. 혁신금융서비스 형태로 운영되던 선불업자의 소액후불결제업무(BNPL, Buy Now Pay Later)도 전금법 개정에 포함시켰다. 다만 소액후불결제의 연체정보 공유는 이번 개정에 포함되지 않으면서 사업자간 연체정보를 공유할 수 없다.

2. 전금법 개정안 <2023년 8월>	3) 한계점 <출처: 하나금융경영연구소>	나. 금융권은 5만 원 이상 3개월 이상 연체될 경우 한국신용정보원을 통해 연체정보가 등록되고, 여신사업자간 정보를 공유하여 건전성을 제고하는데 반해 후불결제업자는 연체정보 미공유로 연체관리에 어려움을 겪을 수 있다. 또한 연체된다고 하더라도 신용점수에 영향이 없기 때문에 이용자들의 도덕적 해이가 발생할 수 있으며, 1인당 이용가능 업체수를 제한하지 않아 다중채무와 같은 부실도 나타날 수도 있다. ③ 선불전자지급수단의 범위가 확대되었지만 적용대상은 확정되지 않아 불확실성이 높음 : 선불전자지급수단의 업종 기준(구입가능한 재화용역이 2개 업종이어야 선불수단에 해당)을 삭제하여 범용성이 높은 지급수단임에도 불구하고 구입 가능한 재화 또는 용역의 범위가 1개 업종이라는 이유로 관리 대상에서 배제되지 않도록 하여 이용자 보호를 대폭 강화하였다. 발행된 포인트를 제3의 업체나 서비스, 재화 구입에 쓸 수 있는 경우 가령 항공 마일리지나 게임 머니도 전금법 대상에 포함될 가능성도 있으나 구체적 대상은 시행령에서 정하도록 하고 있다. 만약 시행령에서 선불전자지급수단으로 인정할 경우 포인트의 50% 이상을 외부 예치해야 하므로 포인트 규모가 큰 기업은 재정부담이 매우 커지는 상황이지만, 9월 시행예정인 법의 시행령이 아직까지 공개되고 있지 않아 기업의 불확실성이 매우 큰 상황이다.

결론

의견 제시

위메프 · 티몬 사태의 피해자는 두 회사 플랫폼을 통해 상품을 구매한 소비자와 판매자 양측이다. 소비자들은 상품 가격을 결제했지만, 판매회사로 대금이 전달되지 않았기 때문이다. 특히 여행상품 판매가 많았던 탓에 여름 휴가철을 맞아 혼란은 더욱 커지고 있다. 소비자들이 위메프와 티몬 본사에 몰려가 환불을 요구하는 사태가 벌어졌고, 일부 고객들에 대해서는 환불이 이루어졌다. 하지만 앱이나 웹사이트를 통한 환불 대기 인원이 여전히 많은 상황이어서 환불 지연 사태는 당분간 이어질 것으로 보인다. 이번 사태는 싱가포르 소재 큐텐그룹의 유동성 위기가 계열사인 위메프 · 티몬에 영향을 미치면서 시작됐다. 두 회사는 고객이 결제한 대금을 최대 두 달 후에 판매자에게 정산해주는 시스템으로 운영돼 왔다. 그런데 큐텐이 사업을 급속히 확장하면서 두 회사의 정산 대금을 끌어다 쓰는 바람에 일이 터진 것이다. 더 큰 문제는 소비자들에게 직접적인 피해가 돌아가고 있다는 점이다. 휴가철을 앞두고 여행상품권 등의 구매가 취소되면서 소비자들은 발만 동동 구르고 있다. 두 쇼핑몰에선 현재 신용카드 결제가 안 되고, 결제를 취소해도 환불이 어렵다. 애먼 소비자들만 날벼락을 맞은 셈이다.

위메프 · 티몬 두 회사는 공정거래위원회가 관할하는 통신판매 중개업자다. 머지 사태를 겪고도 그 동안 공정위가 전자상거래 업계에 아무런 제약도 하지 않고 무슨 재발방지책을 세웠는지 묻지 않을 수 없다. 정작 공정위는 "미정산 문제는 민사상 채무불이행 문제"라며 무책임한 태도를 보이다가, 대통령실 지시를 받고 나서야 현장점검에 나섰다. 금융감독원도 뒤늦게 이들 업체의 현금 유동성 모니터링에 착수했다. 피해가 걷잡을 수 없이 커지는데, 관련 당국이 제도적 한계만 언급하면서 한가하게 손 놓고 있을 때가 아니다. 이번 사태는 전자상거래의 구조적 허점을 드러냈다. 전자상거래는 판매대금 정산 기간 · 관리 등에 대한 법 규정이 전혀 없다. 감독 사각지대에 놓여 있는 것이다. 이참에 결제 금액을 쌈짓돈처럼 꺼내 쓸 수 없도록 허점을 보완할 대책을 마련해야 한다. 공정거래위원회와 금융위원회 · 금감원은 중소 입점업체를 위한 긴급경영안정자금 지급 방안을 찾고 있는데, 줄도산을 막을 신속한 대책을 마련해야 한다. 필요하다면 대주주에게도 적절한 책임을 물어야 한다. 한국소비자원은 소비자 피해 구제를 위한 집단분쟁 조정 절차를 서둘러야 한다.

한편, 전자금융거래법 개정과 관련,

첫째, 우리나라도 주요 선진국의 글로벌 스탠다드에 맞도록 전금법 전면 개정이 시급하다. 현 전금법은 혁신적인 결제서비스의 제도권 수용을 어렵게 하여 다양한 디지털 결제 서비스 출현을 제약한다. 기존 아날로그 방식에 맞춰 설계된 금융인프라와 제도가 디지털 혁신과 안정에 한계로 작용하고 있다. 금융플랫폼이 일상화되었지만 금융플랫폼에 대한 법적 정의조차 없으며, 이들에 대한 영업행위 규율도 규정되어 있지 않다.

둘째, 전자금융업자가 금융업에 지대한 영향을 미치고 있음에도 불구하고 전금법에서 금융회사로 인정하지 않아 금융소비자보호법이 적용되지 못하는 한계가 존재한다. 전금법에서 전자금융업자도 금융회사로 인정하여 전자금융업자든 금융회사든 동일한 기능을 하는 서비스를 제공받는 소비자가 동일한 보호를 받을 수 있도록 해야 한다. 디지털 신기술 발전의 이면에서 발생하는 부정결제사고, 사이버공격에 대응하기 위해 소비자 보호와 직결되는 금융보안(Cyber Security)의 시스템적 중요성이 나날이 증대되어 관련 제도 정비가 시급하다.

셋째, 금융회사 등이 전자금융업무나 클라우드 등 데이터자산 관리 · 운영업무를 제 3자에게 위탁하는 경우 금융보안을 고려한 업무위탁관리체계를 마련해야 한다. 특히 위탁업무가 금융시스템의 안정성 등에 중대한 영향을 미치는 경우 감독당국이 수탁자에 대한 자료제출요구, 조치명령권 등을 할 수 있도록 규정하여 제3자 리스크에 대한 관리 · 감독을 강화할 필요도 있다.

다만 다만 정부 당국이 지나치게 제재하거나 시장장벽을 높일 경우 e커머스 시장이 위축될 수 있어 신중해야 한다. 시장에서 각각의 플랫폼의 규칙을 정해 거래하는 게 더 효율적일 수도 있다. 지금의 사태를 예방하기 위해 '족쇄'를 달면 전체 온라인 플랫폼 생태계가 활성화하는 데 악영향을 미칠 수 있기 때문이다.<이동일 세종대 교수>

chapter 11 제4인터넷전문은행과 인터넷 전문은행의 문제점과 방향성

01 논제 개요 잡기 [핵심 요약]

서론	이슈언급		제4인터넷전문은행 인가를 따내기 위한 경쟁이 본격화되었다. 현재까지 제4인터넷전문은행 인가에 도전 의사를 밝힌 곳은 ▲소소뱅크, ▲유(U)뱅크, ▲KCD(한국신용데이터)뱅크, ▲더존뱅크 등 4곳이다. 이들은 각각 컨소시엄을 구성해 인가에 도전할 계획이다. 제4인터넷전문은행을 놓고 금융권에선 기대와 우려의 시선이 엇걸리고 있다.
본론	1. 제4인터넷 전문은행	1) 선정시기와 경쟁현황	① 선정시기 ② 경쟁 현황 : 2024년 들어 제4인터넷은행 인가전 참여 의사를 밝힌 컨소시엄은 KCD뱅크, 더존뱅크, 유뱅크, 소소뱅크 등 4곳에 이른다. 이들 모두 소상공인과 자영업자를 대상으로 하는 특화은행 목적으로 설립된다. 우리은행과 NH농협은행, IBK기업은행 등 기존 인터넷은행에 지분이 없는 시중은행들도 출사표를 던지면서 인가 경쟁이 한층 치열해졌다.
		2) 은행이 유치경쟁에 뛰어든 이유	① 시중은행들이 제4인뱅 출범에 경쟁적으로 투자에 나선 배경에는 인터넷전문은행 3사의 수익성이 꼽힌다. ② 2024년 1분기 카카오뱅크의 순이익은 1, 112억 원으로 전년 동기대비 9.1% 증가했으며, 케이뱅크도 같은 기간 순이익이 507억 원으로 388%가 증가했다. 토스뱅크 또한 148억 원의 순이익을 거뒀다.

본론	1. 제4인터넷 전문은행	2) 은행이 유치경쟁에 뛰어든 이유	③ 이를 통해 해당 인터넷전문은행에 지분을 보유한 시중은행들은 높은 투자 수익을 거뒀다. ④ 인터넷전문은행들의 직원 1인당 생산성이 시중은행보다 높다는 점도 투자에 있어 매력적이라는 평가다. ⑤ 제4인터넷전문은행들이 기존 인터넷전문은행과 달리 중소기업 · 소상공인 특화 은행으로 출범될 것으로 보여지면서 시중은행들이 보유하지 못한 빅데이터를 확보할 수 있는 시너지 효과도 기대된다. ⑥ 기존 인터넷전문은행들이 시장의 예상과 달리 빠르게 흑자전환에 성공한 부분도 시중은행들의 투자 참여를 촉진하게 한 배경이다.
		3) 논란	① 은행권 진입 장벽 낮추는 게 '혁신'인가? ② 인터넷전문은행 원래의 목적대로 영업을 하고 있는 것인가?
	2. 인터넷전문 은행 현황	1) 총자산 및 손익현황	① 총자산 : 2017년 4월 케이뱅크가 최초 영업을 개시한 이후 2023년 말 3사 합계 기준 총자산 101.5조 원(임직원 수 2, 438명) 규모로 성장 ② 손익 : 2023년 당기 순이익은 카카오뱅크 3, 549억 원, 케이뱅크 128억 원이며, 토스뱅크는 △175억 원 적자 시현
		2) 자금조달 및 운용현황	① 조달 : 인터넷은행은 운용자금을 대부분 원화예수금(68.0조 원)을 통해 조달하며, 예수금 대부분이 소매예금(93.8%) ② 운용 : 대출채권 47.3조 원(59.5%), 유가증권 26.3조 원(33.1%) 등으로 운용 중이며, 대출채권 대부분이 가계대출(95.2%)
		3) 자산건전성	① 연체율 : 2022년 말 인터넷은행의 원화대출금 연체율은 0.62%로 시중은행(0.21%)보다 높은 편
		4) 자본적정성	2023년 말 기준 BIS 비율은 카카오뱅크 30.29%, 케이뱅크 13.18%, 토스뱅크 12.80%로 규제비율을 상회
		5) 중 · 저 신용자 대출	① 2022년 실적 : 인터넷은행 3사 모두 중저신용자 대출 비중 25% 이상 * (카카오) 25.4%, (케이) 25.1%, (토스) 40.4%
		6) 인터넷전문은행의 방향	① 규제 틀 혁신 : 금융회사가 법규정에 얽매이지 않고 자유롭게 IT(정보기술)를 도입할 수 있도록 금융회사와 IT회사의 자율성을 보장하는 방향으로의 규제환경 조성.

본론	2. 인터넷전문 은행 현황	6) 인터넷 전문은행의 방향	② 오프라인 위주의 금융제도의 개편. 가. 한국형 인터넷 전문은행 모델 마련 나. 투자형 크라우드펀딩의 제도적 기반을 구축 다. 빅데이터 분석을 통한 새로운 금융서비스 기반 창출 마련 ③ 보안기술이 뒷받침되어야 함. ④ 기존 은행과 차별화되는 서비스 창출 : 다양한 마케팅 정보, 신용정보 분석 기법, 금융 IT를 통한 저비용 구조 구축→중금리 대출 시장에서 핵심 역할 기대 중(기존은행의 영역에서 직접 경쟁했던 영국의 에그뱅크는 수년 전 도산). ⑤ 안전한 빅데이터 활용 방안 마련 : 최근 비식별조치 된 빅데이터의 활용이 허용됨. ⑥ 지금은 중금리대의 신용대출에 집중하고 있지만 대출을 확대하려면 결국 담보 대출을 취급해야 함. ⑦ 인터넷전문은행이 기존 은행과 차별화된 신용평가를 통해 얼마나 건전성을 유지할 수 있을지. ⑧ 민원응대에 대한 다양한 채널 고민.
결론	의견제시		인터넷전문은행들은 출범 이후 빠른 성장세를 보여왔다. 인터넷뱅크의 장점을 살려 소비자 편익을 앞세운 다양한 혁신적인 서비스를 선보여 왔다. 모바일 금융 서비스 혁신 경쟁을 촉진시키는 메기 역할을 톡톡히 했다. 이에 새로운 인터넷전문은행 등장은 이러한 혁신 서비스 경쟁의 활시위를 당기는 역할을 할 것으로 기대된다. 특히 인가 준비 기업들이 대부분 소상공인 특화 금융 서비스를 앞세우고 있는 만큼 이를 타깃으로 한 다양한 서비스가 기대된다. 다만 기대만큼 우려의 시선도 적지 않다. 첫째, 신규 사업자들이 충분한 자본력을 갖추고 있을지가 의문이라는 시선이 적지 않기 때문이다. 둘째, 인가 도전 사업자 대부분은 소상공인 특화 은행을 지향하고 있다. 인터넷전문은행 설립 취지를 고려한 전략으로 풀이된다. 문제는 소상공인 중심의 영업으로 충분한 수익성과 건전성을 확보할 수 있느냐다. 셋째, 인터넷전문은행은 설립 초기 막대한 자금이 소요되기에 수익성을 안정화하는 과정이 녹록치 않다. 이에 <정책당국>은 금융산업에 활기를 불어넣을 촉매 중 하나로 인터넷전문은행 도입을 적극 받아들여 적극적으로 실행에 옮겨야 할 것이다. 또한 금융기관과 IT기업들의 자발적인 핀테크 활성화를 위한 생태계 조성을 위한 노력이 필수적일 것이다. 첫째, 인터넷전문은행의 사업모델에 대한 심사를 강화하고 업무역량 및 인프라 정도를 평가하여 사업모델에 적합한 업무범위를 부여하는 방안 강구해야 한다. 둘째, 금융시스템 리스크를 최소화하기 위해 은행-비금융회사 간 전략적 제휴의 활성화 방안도 고려하여야 한다.

결론	의견제시	셋째, 핀테크 활성화와 관련된 예상되는 문제점에 대해서는 철저한 대책이 강구되어야 한다. 발등에 불이 떨어진 <기존 은행>들은 국내외에서 새로운 생존법을 모색해야 한다. 첫째, 인터넷 전문은행에 참여하지 않은 은행들은 자체 모바일 플랫폼을 출시 둘째. 글로벌 진출 가속화 셋째. 금융지주사 체제를 적극 활용 넷째. 적극적인 리스크 관리 다섯째. 오프라인 채널의 차별화를 고민 여섯째. 민원응대의 차별화 추진 을 통한 차별화 전략을 추구해야 할 것이다.

02 논제 풀이

서론

이슈 언급 제4인터넷전문은행 인가를 따내기 위한 경쟁이 본격화되었다. 현재까지 제4인터넷전문은행 인가에 도전 의사를 밝힌 곳은 ▲소소뱅크, ▲유(U)뱅크, ▲KCD(한국신용데이터)뱅크, ▲더존뱅크 등 4곳이다. 이들은 각각 컨소시엄을 구성해 인가에 도전할 계획이다. 제4인터넷전문은행을 놓고 금융권에선 기대와 우려의 시선이 엇걸리고 있다.

제4인터넷은행 설립은 금융당국이 2023년 7월 '은행권 경영 · 영업 관행제도 · 개선방안'을 통해 은행 신규 인가 문턱을 낮추면서 불붙기 시작했다. 당국은 은행권의 과점체제 해소, 경쟁 촉진, 소비자 편익 증진 차원에서 인터넷은행 추가 인가 가능성을 내비쳤다. 이전까지 당국의 인가 신청 방침을 발표해야 신청 접수 및 심사를 받을 수 있었는데, 이러한 심사 방식이 은행권 경쟁 촉진의 일환으로 상시화하는 방식으로 변경되면서 신규 인가 신청 문턱이 한층 낮아진 셈이다.

하지만, 2024년 6월 13일 한국금융연구원 주관으로 열린 '인터넷전문은행 도입 성과 평가 및 시사점' 세미나가 당국의 제4인뱅 인가기준 마련에 속도를 더할 것이라는 애초의 금융권 기대와 달리, 오히려 제동 역할을 했다는 말이 나온다. 세미나에서 학계와 당국은 기존 인뱅 3사가 은행산업의 디지털화를 촉진시키는데 기여했지만, 정작 핵심목표인 ▲중저신용자대출 등 포용금융 확대, ▲메기 효과 등 은행산업 경쟁 촉진 면에서는 아쉬움을 드러냈다. 일각에서는 은행산업 촉진을 위한 제4인뱅 출범은 시기상조라는 지적도 있다. 기존 인뱅3사가 주택담보대출 경쟁을 통한 수익성에 매몰하며 기존 시중은행과 차별화가 없는 사업모델에 대한 비판이 거세지면서 제4인뱅 무용론마저 나온다.

금융당국 역시 2024년 내 제4인뱅을 출범시키겠다는 확고한 계획을 가진 건 아닌 것으로 보인다. 이미 주요과제 중 하나인 지방은행의 시중은행 전환을 마무리한 상황에서 다급하게 제4인뱅을 추진할 필요성이 없기 때문이다.

이때문에 금융권 일각에서는 금융당국이 국감을 앞두고 인뱅 인가기준을 발표하기보다는 세미나 내용을 토대로 학계와 업계 의견 등을 더 수렴한 뒤 신중하게 기준을 검토 · 마련할 것으로 내다보고 있다. 이처럼 금융권의 화두인 제 4인터넷전문은행 설립 추진 상황 및 금융권이 유치 경쟁에 뛰어든 이유에 대해 알아본 후, 인뱅 3사의 현황 및 인터넷 전문은행의 중장기적인 정책적 방안에 대하여 논하기로 한다.

본론

1. 제4인터넷 전문은행	1) 선정시기와 경쟁현황	① 선정시기 가. 2024년 7월 금융위원회는 기존 인터넷은행 3사(카카오뱅크 · 케이뱅크 · 토스뱅크)에 대한 경쟁도 평가를 바탕으로 2024년 4분기에야 새로운 인가 기준안을 마련할 계획이다. 나. 금융당국 관계자는 "인터넷은행 3사 평가 결과에 따라 제4인터넷은행 인가가 필요한 환경인지부터 따져봐야 한다"면서 "(추가 인가가) 급한 상황은 아니기 때문에 2024년 9월 국정감사 이후 살펴볼 것"이라고 말했다. 다. 평가 기준은 과거 인터넷은행 설립 때와 동일하게 공개할 예정인데, 내부적으로 진행해야 하는 절차를 감안하면 물리적으로 2025년 초에나 가능할 것으로 보인다. ② 경쟁 현황 : 2024년 들어 제4인터넷은행 인가전 참여 의사를 밝힌 컨소시엄은 KCD뱅크, 더존뱅크, 유뱅크, 소소뱅크 등 4곳에 이른다. 이들 모두 소상공인과 자영업자를 대상으로 하는 특화은행 목적으로 설립된다. 우리은행과 NH농협은행, IBK기업은행 등 기존 인터넷은행에 지분이 없는 시중은행들도 출사표를 던지면서 인가 경쟁이 한층 치열해졌다. 가. 우리은행은 KCD뱅크 컨소시엄에 투자의향서를 제출했다. 우리은행은 이미 케이뱅크에 투자해 지분 약 12%를 보유하고 있는데, 이번 제4인뱅 컨소시엄에 투자의향서를 전달하면서 인터넷은행과의 시너지 확대에 나선 것으로 보인다. KCD뱅크 설립을 추진 중인 한국신용데이터(KCD)는 200만 명에 달하는 소상공인 · 자영업자가 이용하는 경영 관리 앱 '캐시노트'를 운영하고 있다. 우리은행은 KCD뱅크 컨소시엄 참여를 통해 소상공인 금융지원을 확대한다는 복안이다. 나. 신한은행은 전사적자원관리(ERP) 전문기업인 더존비즈온이 추진 중인 '더존뱅크' 컨소시엄 참여를 긍정적으로 검토 중이다. 더존비즈온은 ERP 거래 기업만 13만 곳에 달하는 만큼 중소기업 데이터 보유량이 상당하다. 더존뱅크 컨소시엄은 기존 은행이 확장하기 어려웠던 중소기업 · 소상공인 영역의 특화은행으로, 포용금융 · 혁신

금융을 추진해 나가겠다는 포부다. 최근 신한은행과 더존비즈온은 협업 성과도 냈다. 양사가 함께 설립한 핀테크 전문 계열사 테크핀 레이팅스가 '기업신용등급제공업' 본허가를 획득한 것이다. 이에 테크핀레이팅스는 기업금융에 특화한 국내 1호 신용평가(CB) 플랫폼 사업자가 됐다.

다. 기업은행은 유뱅크 컨소시엄 참여를 검토 중이다. 유뱅크 컨소시엄은 상생 협업을 추구한다는 방향성 아래, 참여기업을 ICT · 금융 · 스타트업 · 전통 기업 등으로 조화롭게 구성했다. 현재 유뱅크 컨소시엄에는 렌딧 · 루닛자비스앤빌런즈(삼쩜삼) · 트래블월렛 · 현대해상 등이 참여하고 있다. 특히 해당 컨소시엄은 고객 타깃을 외국인 · 고령층까지 넓히고, 자체 개발한 신용평가모형을 활용하겠다는 복안이다. 기업은행도 중소기업 · 소상공인 포용금융 실현에 기여할 수 있다는 점에서 참여를 긍정적으로 검토 중이다. 기업은행은 관계자는 "중기 소상공인 금융 지원 확대 등 포용금융을 강화하고자 이번 컨소시업 참여를 검토하게 됐다"며 "기업은행의 중소기업 · 소상공인 금융 노하우를 인터넷 전문은행에 접목해 경영상 어려움이 있는 중소기업 · 소상공인의 안정적인 성장을 지원할 수 있는 방법을 찾아볼 것"이라고 설명했다.

1. 제4인터넷 전문은행 1) 선정시기와 경쟁현황

라. 소소뱅크엔 NH농협은행이 지분 투자 방식으로 참여할 것으로 보인다. 이들 은행은 인터넷은행 사업을 통해 디지털 전환을 촉진시키고 업무 효율성을 극대화할 수 있을 것으로 기대하고 있다.

③ 제 4 인터넷전문은행에 참여하지 않는 은행

가. KB국민은행과 하나은행, 우리은행의 경우 기존 인터넷전문은행의 지분을 보유하고 있다. KB국민은행은 카카오뱅크 지분 4.88%를, 하나은행은 토스뱅크 지분 8.97%, 우리은행은 케이뱅크 지분 12.6%를 소유하고 있다.

나. 이 중 우리은행의 경우 KCD뱅크 컨소시엄 인가 경쟁에 뛰어들며 두 번째 인터넷전문은행 지분을 보유하기 위해 나섰다.

[인터넷은행 3사의 주요 주주사]

케이뱅크		카카오뱅크		토스뱅크	
BC카드	33.72%	카카오	27.16%	비바리퍼블리카	38.39%
우리은행	12.58%	한국투자증권	27.16%	이랜드월드	10.00%
베인캐피탈	8.19%	국민연금공단	5.58%	한화투자증권	10.00%
MBK파트너스	8.19%	우리사주조합	0.62%	하나은행	7.78%

<출처: 한국금융>

1. 제4인터넷 전문은행

2) 은행이 유치경쟁에 뛰어든 이유

① 기존 케이뱅크 · 카카오뱅크 · 토스뱅크 등 인뱅 3사가 안정적인 영업을 이어나가자, 시중은행 또한 투자성과와 기업대출 강화 등을 기대하고 새로운 도전에 나서는 모습이다. 이처럼 시중은행들이 제4인뱅 출범에 경쟁적으로 투자에 나선 배경에는 인터넷전문은행 3사의 수익성이 꼽힌다.

② 2024년 1분기 카카오뱅크의 순이익은 1, 112억 원으로 전년동기대비 9.1% 증가했으며, 케이뱅크도 같은 기간 순이익이 507억 원으로 388%가 증가했다. 토스뱅크 또한 148억 원의 순이익을 거뒀다.

③ 이를 통해 해당 인터넷전문은행에 지분을 보유한 시중은행들은 높은 투자 수익을 거뒀다.

가. 국민은행은 지난 2022년 8월 블록딜을 통해 지분 3.14%를 매각하며 4, 251억 원의 투자금액을 회수했다. 이는 2016년 카카오뱅크 컨소시엄에 참여해 2, 293억 원을 투자한 것에 비하면 약 2배의 수익을 거둔 것이다.

나. 우리은행도 케이뱅크가 IPO(기업공개)에 성공한다면 보유하고 있는 지분의 가치가 더욱 높아질 것으로 전망된다.

④ 인터넷전문은행들의 직원 1인당 생산성이 시중은행보다 높다는 점도 투자에 있어 매력적이라는 평가다. 인터넷전문은행 3사의 1인당 생산성 평균액은 2022년 39.4% 증가했지만 5대 시중은행은 같은 기간 28.8% 감소했다.

[인터넷전문은행 3사의 1인당 생산성]

인뱅3사	2023년 1분기	2024년 1분기	증감률
케이뱅크	1억5000만원	1억8000만원	20%
카카오뱅크	1억3600만원	1억3600만원	0.70%
토스뱅크	1억2000만원	2억4900만원	107.50%

<출처: 한국금융>

가. 세부적으로 인터넷전문은행 3사 중 가장 높은 생산성을 보이는 곳은 토스뱅크다. 토스뱅크의 2024년 1분기 직원 1인당 충당금 적립 전 이익은 2억 4, 900만 원으로 2023년 같은 기간보다 107.5% 증가했다. 같은 기간 케이뱅크도 1억 8,000만 원으로 약 20% 가까이 늘었으며, 카카오뱅크는 0.7%로 소폭 증가했다.

⑤ 이 같은 수익성 외에도 제4인터넷전문은행들이 기존 인터넷전문은행과 달리 중소기업 · 소상공인 특화 은행으로 출범 될 것으로 보여지면서 시중은행들이 보유하지 못한 빅데이터를 확보할 수 있는 시너지 효과도 기대된다.

⑥ 기존 인터넷전문은행들이 시장의 예상과 달리 빠르게 흑자전환에 성공한 부분도 시중은행들의 투자 참여를 촉진하게 한 배경이다.

1. 제4인터넷 전문은행

3) 논란

① 은행권 진입 장벽 낮추는 게 '혁신'인가?

가. KB · 하나 · 신한 · 우리 · NH 5대 시중은행 중심으로 굳어진 은행업계에 새로운 사업자를 투입한다. 그러기 위해 진입 장벽을 낮춘다. 윤곽이 나온 '은행권 경영 · 영업 관행 · 제도 개선 방안'은 정치권이나 시장에서 고평가 받는 '메기론'에 초점을 맞췄다. 하지만 은행 간 경쟁을 유도한다면서 시장을 왜곡하지 않나 하는 의문점이 존재한다. 기존 금융회사의 시중은행 전환 허용, 그리고 인터넷 전문은행이나 지방은행에 대한 신규 인가 추진이 은행권 과점 체제를 허물 수 있을까 하는 것부터 그렇다.

나. 현행 과점상태는 IMF 외환위기 이래 정부가 은행 대형화 정책을 추진한 결과물이기 때문이다. 자금력과 적절한 사업 계획을 인정받아 갑작스럽게 태어난 은행은 얼마간 생기를 불러모을 것이다. 그러나 뒤로 갈수록 경쟁구도에서 자생하기도 힘들 수 있다. 은행의 핵심 기능인 수신 및 지급결제 부문에서의 경쟁 촉진은 자칫 소모적 상황만 연출할 수 있다. 비슷한 은행을 하나 더 늘려서 시중은행 과점체제 해소에 미칠 실익은 크지 않을 것이다.

다. 은행권 개혁에는 물론 공감하지만, 제도 개선이 금융당국 의도대로 단시일 내 안정적 · 실효적 경쟁 촉진이 가능할지는 제로베이스(원점)에서 다시 생각해볼 문제다. 스몰 라이선스(소규모 인허가) 도입이나 특화전문은행(챌린지뱅크) 등은 미국 실리콘밸리은행(SVB) 파산 사태와 크레디트스위스(CS) 사태 이후 사실상 물 건너 간 마당이다. 무엇보다 은행을 선진화 할 비전이 안 보인다. 가령 대구은행 등의 체급을 키울 수야 있겠지만 기존 틀을 갈아엎을 유효성 있는 신규 플레이어가 되기에는 한계가 따를 수밖에 없다.

라. 1992년 국영기업 돈까지 끌어들여 야심 차게 인가한 평화은행이 지금 어떻게 되었나. 인터넷은행이 처음 탄생할 때 역시 메기처럼 판을 흔들 거라고 믿었었다. 고객을 잘 모으는 제4의 인터넷전문은행도 킬러 콘텐츠 없이 탄생한다면 결국 아무도 떨지 않는다. 글로벌 은행을 키울 이슈보다는 5대 시중은행의 과점 체제 깨기에 과도하게 집중해 있다. 경쟁 촉진자로서의 메기와 미꾸라지를 헷갈려선 안 된다. 은행권 진입 장벽을 낮춰 시장 참여자를 늘리는 것 그 자체가 혁신은 아니다.

② 인터넷전문은행 원래의 목적대로 영업을 하고 있는 것인가?

가. 기존 인뱅3사가 은행산업의 디지털화를 촉진시키는데 기여했지만 정작 핵심목표인 ▲중저신용자대출 등 포용금융 확대, ▲메기 효과 등 은행산업 경쟁 촉진 면에서는 아쉬움을 드러냈다. 일각에서는 은행산업 촉진을 위한 제4인뱅 출범은 시기상조라는 지적도 있다. 이처럼 기존 인뱅3사가 주택담보대출 경쟁을 통한 수익성에 매몰하며 기존 시중은행과 차별화가 없는 사업모델에 대한 비판이 거세지면서 제4인뱅 무용론마저 나온다.

1. 제4인터넷 전문은행	3) 논란	나. 아울러 2024년 9월 예정된 국정감사가 인뱅 신규인가 기준 마련을 더 지연시킬 수 있다는 분석도 나온다. 올해 정무위원회 국감을 앞두고 은행권 횡령사고와 홍콩H지수 ELS 사태, 책무구조도 도입으로 내부통제 문제가 최대 화두로 거론되고 있지만 제4인뱅 필요성에 대한 이견이 제기될 가능성도 배제할 순 없는 상황이다. 과거 인뱅 출범을 앞두고 국감에서 특혜 의혹, 심사절차 미흡 등으로 금융당국이 질타를 받은 사례들이 있다. 이때문에 금융권 일각에서는 금융당국이 국감을 앞두고 인뱅 인가기준을 발표하기보다는 세미나 내용을 토대로 학계와 업계 의견 등을 더 수렴한 뒤 신중하게 기준을 검토 · 마련할 것으로 내다보고 있다. 다. 제4인터넷은행의 인가 취지는 중저신용자 대출 공급이다. 하지만 일부 은행들은 자체적으로 제시한 중저신용자 대출 목표치를 달성하는 데 실패하기도 했다. 금융당국이 2024년부터 3년간 중저신용자 대출공급 목표치를 '평잔 30% 이상'으로 사실상 하향한 것도 같은 맥락이다. 라. 특히, 최근엔 인터넷은행들이 주택담보대출 확대 기조로 방향을 틀면서 취지가 퇴색했다는 지적도 나온다. 이들 3사의 2024년 1분기 주담대 총액은 총 31조 3, 960억 원이었다. 직전분기와 비교하면 5조 원, 전년 동기 대비로는 2배로 뛴 수준이다. 이 과정에서 본업인 중저신용자 대출은 줄어드는 추세다. 2024년 1분기 중저신용대출 공급액은 약 1조 4, 700억 원 수준에 그쳤는데, 이는 각 은행의 2024년 분기 평균 공급액을 하회하는 수준이다. 당국이 2024년부터는 개인사업자 신용대출과 보증부 서민금융대출의 보증 한도를 초과한 대출잔액도 중저신용자 대출 비중에 포함시키기로 했고 범위가 늘었는데도 공급은 오히려 줄어들고 있는 상황이다.
2. 인터넷 전문은행 현황	1) 총자산 및 손익현황	① 총자산 : 2017년 4월 케이뱅크가 최초 영업을 개시한 이후 2023년 말 3사 합계 기준 총자산 101.5조 원(임직원 수 2, 438명) 규모로 성장 * 총자산(조 원) : (2017년 말) 7.2 →(2018년 말) 14.3 →(2019년 말) 25.3 →(2020년 말) 31.0 →(2021년 말) 63.7 →(2022년 말) 79.5 →(2023년 말) 101.5 가. 특히 인터넷전문은행 특유의 사용자 친화적인 모바일 서비스 등을 바탕으로 빠르게 고객 기반 확보 * 고객수(2022년 말) : 케이뱅크 849만 명, 카카오뱅크 2,042만 명, 토스뱅크 543만 명 나. 2023년 말 인터넷은행 총자산(101.5조 원)은 국내은행(3, 570조 원)의 2.2% 수준 ② 손익 : 2023년 당기순이익은 카카오뱅크 3, 549억 원, 케이뱅크 128억 원이며, 토스뱅크는 △175억 원 적자 시현 * 케이뱅크 및 카카오뱅크도 출범 초기에는 적자 기록

2. 인터넷 전문은행 현황

2) 자금조달 및 운용 현황

① 조달 : 인터넷은행은 운용자금을 대부분 원화예수금(68.0조 원)을 통해 조달하며, 예수금 대부분이 소매예금(93.8%)

* 인터넷전문은행 원화예수금 현황(2022년 말 기준) (단위: 조 원)

구분	케이	카카오	토스	합계
원회예수금	14.6	33.1	20.3	68.0

② 운용 : 대출채권 47.3조 원(59.5%), 유가증권 26.3조 원(33.1%) 등으로 운용 중이며, 대출채권 대부분이 가계대출(95.2%)

3) 자산건전성

① 연체율 : 2022년 말 인터넷은행의 원화대출금 연체율은 0.62%로 시중은행(0.21%)보다 높은 편

* 인터넷은행의 가계신용대출 연체율(0.77%) 기준으로 볼 때 시중은행(0.38%)과 지방은행(1.12%) 사이에 위치

* 가계신용대출(28.2조 원)은 인터넷은행 원화대출금(47.3조 원) 중 가장 높은 비중(59.6%) 차지

4) 자본적정성

2023년 말 기준 BIS 비율은 카카오뱅크 30.29%, 케이뱅크 13.18%, 토스뱅크 12.80%로 규제비율을 상회

* 총자본 규제비율은 10.5% (단, 토스는 바젤 I 기준 8.0% 적용 → 3년간 바젤 III 적용 유예

5) 중·저 신용자 대출

① 2022년 실적 : 인터넷은행 3사 모두 중저신용자 대출 비중 25% 이상

* (카카오) 25.4%, (케이) 25.1%, (토스) 40.4%

[인터넷전문은행 중저신용자 신용대출 비중주) 추이]

(단위 : %, %p)

구 분	'21말(A)	'22말(B)	증감(B-A)	비 고(목표 비중) '22말	비 고(목표 비중) '23말
케 이	16.6	25.1	8.5	25.0	32.0
카카오	20.8	25.4	4.6	25.0	30.0
토 스	23.9	40.4	16.5	42.0	44.0
합 계	**17.1**	**29.1**	12.0	-	-

주) 중저신용자 신용대출 비중 = 중저신용자 신용대출 잔액 ÷ 전체 신용대출 잔액

<출처: 금융위원회>

6) 인터넷 전문은행의 방향

① 규제 틀 혁신 : 금융회사가 법규정에 얽매이지 않고 자유롭게 IT(정보기술)를 도입할 수 있도록 금융회사와 IT회사의 자율성을 보장하는 방향으로의 규제환경 조성.

② 오프라인 위주의 금융제도의 개편

가. 한국형 인터넷 전문은행 모델 마련

나. 투자형 크라우드펀딩의 제도적 기반을 구축

다. 빅데이터 분석을 통한 새로운 금융서비스 기반 창출 마련

2. 인터넷 전문은행 현황	6) 인터넷 전문은행의 방향	③ 보안기술이 뒷받침되어야 함: 망 분리기술(내부 업무용 PC와 외부 소통용 PC가 사용하는 망을 분리), 백신, 정보 유출방지, 문서 암호화 등 기존의 보안 체제는 그대로 적용되어야 할 것. 데이터센터 문제나 재해에 대한 대응 매뉴얼 구축 필요. 은행 앱 사용시 다른 앱이 접근하는 것을 차단하는 통제기술 개발 필요. ④ 기존 은행과 차별화되는 서비스 창출 : 다양한 마케팅 정보, 신용정보 분석 기법, 금융 IT를 통한 저비용 구조 구축→ 중금리 대출 시장에서 핵심 역할 기대 중(기존은행의 영역에서 직접 경쟁했던 영국의 에그뱅크는 수년 전 도산). ⑤ 안전한 빅데이터 활용 방안 마련: 최근 비식별조치 된 빅데이터의 활용이 허용됨. ⑥ 지금은 중금리대의 신용대출에 집중하고 있지만 대출을 확대하려면 결국 담보 대출을 취급해야 함 → 앞으로 인터넷전문은행이 담보 대출을 어떤 형태로 운용, 확대할지에 따라 생존 여부가 판가름 날 가능성도 있음. ⑦ 인터넷전문은행이 기존 은행과 차별화된 신용평가를 통해 얼마나 건전성을 유지할 수 있을지 문제 : 인터넷전문은행이 먼저 출범했던 해외의 경우를 보면 리스크 관리를 제대로 하지 못해 문을 닫는 업체들이 많음. 기존 은행들과 경쟁하면서 생존하려면 리스크 관리를 철저하게 해야 함. ⑧ 민원응대에 대한 다양한 채널 고민.

결론

인터넷전문은행은 혁신적인 금융 서비스 도입과 시장 경쟁 촉진, 중저신용자 포용금융 실천이라는 명분 아래 2017년 시장에 등장했다. 인터넷전문은행들은 출범 이후 빠른 성장세를 보여왔다. 인터넷뱅크의 장점을 살려 소비자 편익을 앞세운 다양한 혁신적인 서비스를 선보여 왔다. 모바일 금융 서비스 혁신 경쟁을 촉진시키는 메기 역할을 톡톡히 했다. 이에 새로운 인터넷전문은행 등장은 이러한 혁신 서비스 경쟁의 활시위를 당기는 역할을 할 것으로 기대된다. 특히 인가 준비 기업들이 대부분 소상공인 특화 금융 서비스를 앞세우고 있는 만큼 이를 타깃으로 한 다양한 서비스가 기대된다.

다만 기대만큼 우려의 시선도 적지 않다.

첫째, 신규 사업자들이 충분한 자본력을 갖추고 있을지가 의문이라는 시선이 적지 않기 때문이다. 설립 인가를 받기 위한 자본금은 250억 원이 필요하다. 하지만 실제 인가를 얻기 위해선 최소 5,000억 원에서 1조 원 이상의 자본 조달이 필요할 것으로 보고 있다. 또한 지속적인 사업 유지를 위해선 추가 자본 조달이 필요할 수 있다.

셋째, 인터넷전문은행은 설립 초기 막대한 자금이 소요되기에 수익성을 안정화하는 과정이 녹록치 않다. 앞서 인터넷전문은행 3사도 설립 초기 몇 년간 대규모 적자를 면치 못했다. 치열한 경쟁이 펼쳐지고 있는 은행업권에서 신규 사업자가 틈새시장을 공략해 지속가능성을 확보할지 지켜봐야 할 전망이다.

이에 <정책당국>은 금융산업에 활기를 불어넣을 촉매 중 하나로 인터넷전문은행 도입을 적극 받아들여 적극적으로 실행에 옮겨야 할 것이다. 또한 금융기관과 IT기업들의 자발적인 핀테크 활성화를 위한 생태계 조성을 위한 노력이 필수적일 것이다.

첫째, 인터넷전문은행의 사업모델에 대한 심사를 강화하고 업무역량 및 인프라 정도를 평가하여 사업모델에 적합한 업무범위를 부여하는 방안 강구해야 한다. 기존 은행과 동일한 업무범위를 적용하되, 업무수행 역량에 대한 심사를 통해 업무별 라이센스를 부여해야 할 것이다. (일본의 경우 은행별 사업모델의 특화가 잘 이루어진 편) 즉, 인터넷전문은행의 경우 특화된 수익모델의 확보가 성패의 열쇠가 될 것이다.

둘째, 금융시스템 리스크를 최소화하기 위해 은행-비금융회사 간 전략적 제휴의 활성화 방안도 고려하여야 한다. 물론 시장 참여자의 자발적 의지에 따라 진행되어야 할 부분이나 일본 사례와 같이 초기단계에서 공동 지분 참여 사례가 많았던 점을 참고하면 좋을 것이다.

셋째, 핀테크 활성화와 관련된 예상되는 문제점에 대해서는 철저한 대책이 강구되어야 한다. 경제력 집중에 따른 폐해를 매우 심각한 경제문제로 인식하는 미국은 은행이 산업자본을 지배하는 것보다 기술개발력이나 시장지배력을 가진 거대 산업자본이 은행을 지배하는 것에 대해 규제와 감독의 촉각을 세워왔다. 또한 그린스펀 미국 연방준비위원회 전 의장은 금융과 산업간 시너지 효과가 분명치 않은 상황에서 비은행의 은행업 진출을 허용하는 것은 득보다 실이 많다고 전제한 뒤, 특히, IT관련 산업이 금융업에 진출하고자 하는 경우 시장의 수요보다 동 산업이 갖는 기술적 문제점을 면밀히 점검할 필요가 있다고 강조한 바 있다. 핀테크 발전에 있어 보안성 문제가 무엇보다 중요함을 말해주는 대목이라 하겠다.

<인터넷 전문은행>은,

첫째, 예대업무 마케팅, 가격경쟁력 위주의 획일화된 방식이 아닌 '고객경험 제고' 중심의 혁신적 비즈니스 모델 창출이 중요하다. 특히, 최근 핀테크, 빅데이터 분석 기술을 접목한 고객 맞춤형 서비스, 편의성 · 속도 개선, Fun 요소의 부각 등 비가격 경쟁력의 중요성이 부각되고 있기 때문이다.

둘째, 안정적 초기자본 · 지배구조를 마련하고, 비금융주력자의 영업기반을 활용할 필요가 있다. 해외사례에 비추어 볼 때 대규모 IT인프라 투자비 회수 및 규모의 경제 달성 까지는 상당한 시간이 소요되므로 충분한 초기자본 확보가 필수적이기 때문이다. 비금융주력자의 고객기반과 플랫폼 인프라, 핀테크기업과의 업무제휴 등을 활용하여 혁신 성장동력을 마련할 필요가 있다.

셋째, 비대면영업의 특성상 부실심사(신용리스크), 예금 중도해지(유동성리스크), 보안 사고(운영리스크) 등 다양한 리스크에 노출될 가능성이 있으므로, 자산건전성 제고를 위한 내부통제 · 신용평가시스템 마련 등 리스크관리 역량 강화 필수적이다.

(출처: KDB산업은행 미래전략연구소)

발등에 불이 떨어진 <기존 은행> 들은 국내외에서 새로운 생존법을 모색해야 한다. 국내는 물론 해외에서도 치열한 경쟁을 피할 수 없다. 이런 가운데 그룹의 강점을 십분 살린 계열사간 협업이 은행계 금융그룹의 새 수익 대안이 되고 있다. 인터넷전문은행은 몸집이 가볍지만 기존 금융그룹의 다양한 상품 진용은 '넘사벽'이다. 따라서 계열사간 시너지를 내는 원펌(One Firm) 조직문화를 확산해나가야 할 것이다. 금융 계열사간 공동 투자하면 자금 확보가 쉬운데다, 그룹간 우량 자산에 대한 이익을 공유할 수 있다. 사업주인 기업도 금융수요를 원샷에 해결하는 장점이 있다. 수직 계열사간 협업모델이 아니라면 해외진출시 동종 은행간 전략적 제휴도 괜찮다. 해외 실물부동산 투자뿐 아니라 프로젝트금융PF시장 진출 시 금융사들이 공동 신디케이션 형태로 참여하면 그만큼 리스크를 낮출 수 있다.

구체적으로,

첫째, 인터넷 전문은행에 참여하지 않은 은행들은 자체 모바일 플랫폼을 출시
둘째, 글로벌 진출 가속화
셋째, 금융지주사 체제를 적극 활용
넷째, 적극적인 리스크 관리
다섯째, 오프라인 채널의 차별화를 고민
여섯째, 민원응대의 차별화 추진
을 통한 차별화 전략을 추구해야 할 것이다.

chapter 12 대구은행 시중은행 전환

01 논제 개요 잡기 [핵심 요약]

서론	이슈언급		금융위원회는 2024년 5월 16일 제9차 정례회의를 열고 대구 · 경북권 중심의 지방은행인 대구은행의 시중은행 전환을 위한 은행업 인가를 의결하였다. 이번 대구은행의 시중은행 전환은 새롭게 진출하는 영업구역 중심으로 은행간 경쟁이 촉진되고, 이에 따른 소비자 후생 증가를 목적으로 전격적으로 이루어졌다. 하지만 우려의 목소리도 크다. 5대 시중은행의 5분의 1 수준인 규모, 최근 건전성과 자본 비율이 약화한 점, 직원들이 유령 계좌를 만들어 중징계 처분을 받는 등 내부 통제의 문제점도 있다. 여기에 인터넷 전문 은행의 추격도 만만치 않아 오히려 생존을 걱정해야 할 처지라는 분석도 나온다.
본론	1. 시중은행 전환에 따른 의의	1) 대구은행이 시중은행 전환 추진 이유	① 정부는 신규플레이어 진입을 통한 은행권 경쟁촉진을 위해 지방은행의 시중은행 전환을 추진 ② 대구은행은 현재의 제한된 지역 중심 영업으로는 성장에 한계가 있다고 판단하고 시중은행 전환을 추진 **[시중은행 VS 지방은행 차이]** ① 영업망 ② 은행은 동일인이 최대로 보유할 수 있는 지분 제한을 두고 있다. 시중은행은 10%, 지방은행은 15%로 차이가 있다. ③ 통상 지방은행이 시중은행으로 전환했을 때 가장 크게 달라지는 점은 영업 구역의 확대와 자금 조달비용 완화다.

<table>
<tr><td rowspan="3">본론</td><td rowspan="2">1. 시중은행 전환에 따른 의의</td><td>2) iM 대구은행 행보</td><td>① iM뱅크는 시중은행(전국구)으로 새 출발함에 따라 영업망을 넓히기로 했다. 앞으로 3년간 수도권과 충청 · 강원 등에 영업점 14곳을 신설한다.
② iM뱅크는 신규 개설 거점 점포에서 '금융 실험'에도 나선다. 1호 거점 점포 원주지점은 디지털 경쟁력 강화를 위해 현금 시재금이 없는 '캐시리스(Cashless) 점포'로 운영하는 방안을 검토 중이다. 아울러 원주 지역 소상공인 · 개인사업자를 대상으로 하는 상품도 출시해 '현지화'에 적극 나선다.
③ iM뱅크는 지역 소상공인 등을 위한 중신용자 대출을 비롯해 최근 늘어나고 있는 외국인 대상 상품도 강화할 복안이다.
④ 영업망의 한계를 극복하기 위해 온라인과 오프라인 점포도 결합할 방침이다.
⑤ 도(道) 단위 거점 점포를 중심으로 기업금융(IB) 강화도 노린다.
⑥ iM뱅크는 영업시간 연장 특화점포인 'Time+뱅크'를 기존 영업시간 마감 시간인 오후 4시에 3시간을 연장해 운영하기로 했다.
⑦ iM뱅크는 다양한 형태의 점포를 통해 전국 고객과의 접점을 늘릴 방침이다.
⑧ iM금융지주는 대주주 증자를 통해 5년간 7,000억 원의 자본을 확충하기로 했다</td></tr>
<tr><td>3) 제 2 지방은행의 시중은행 전환 가능성</td><td>- 지방은행 한 관계자는 "시중은행으로 전환하려면 대주주인 산업자본 지분을 줄여야 하지만, 현재로선 대주주와 논의해 지분율을 줄여 시중은행으로 전환하는 것을 검토하지 않고 있다"고 말했다.
- 시중은행으로 전환해도 크게 실익이 없다는 시각도 있다. 시중은행으로 전환하면 전국에 점포를 개설할 수 있어 지역거점이라는 한계를 넘어 공격적으로 영업이 가능해진다. 이미 지방은행들은 수도권(서울 · 인천 · 경기)을 포함해 이미 전국구로 영업을 하고 있다.</td></tr>
<tr><td>2. 쟁점</td><td>1) 지방은행의 시중은행 이전이 시장 내 메기역할이 가능한지</td><td>① 규모 면에서 대구은행은 5대 시중은행의 5분의 1 수준이다.
② 최근 시중은행 전환을 염두에 두고 무리하게 덩치를 키우는 과정에서 건전성과 자본 비율도 악화했다.
③ 가계 대출 연체율도 높아지고, 2024년 1분기 국제결제은행(BIS) 자기자본비율도 직전 분기보다 악화했다.
④ 2024년 4월에는 직원들이 고객 몰래 유령 계좌를 만들어 은행이 업무 일부 정지 3개월의 중징계 처분을 받는 등 내부통제에도 문제점을 드러냈다.
⑤ 인터넷전문은행의 성장 속도는 가파르다. 전국 영업망 확대를 위해 온라인 영업에 주력해야 할 대구은행의 강력한 경쟁자다.</td></tr>
</table>

본론	2. 쟁점	2) 대구 · 경북권 기업에 대한 대출 축소 등 자금공급이 감소하는 것 아닌지	① 대구은행은 시중은행 전환 이후 수도권 영업을 통해 이익창출능력을 제고하고, 이를 지역소재기업에 대한 자금공급 재원으로 활용하는 등 지역 경제 활성화를 위해 노력한다는 계획이다. ② 수도권 등 다른 지역에서 영업을 확대함에 따라 대구 · 경북권에서의 여신 '비중'은 감소할 수 있으나, 대구 · 경북권 여신 '공급규모'는 지속 확대해 나갈 계획이다.
		3) 대구은행의, 건전성 악화 우려는 없는지?	① 대구은행의 現 자본적립 수준 및 자본확충 계획 등 감안 시 건전성 악화 우려는 크지 않아 보인다. 현재 대구은행은 자본적정성 관련 규제비율 대비 충분한 여유자본을 적립하고 있다. ② 시중은행 전환 이후 DGB금융지주 증자를 통해 5년간 7,000억 원의 자본을 확충할 계획이다.
결론	의견제시	정부가 예대마진 수익에 의지해 온 은행권에 메기를 풀어 경쟁력을 강화하겠다는 것은 그동안 고질적인 문제로 지적돼 온 과점체제의 심각성을 방증하는 것이기도 하다. 대구은행이 시중은행으로 성공하려면, 어려운 숙제를 풀어야 한다. 첫째, 증자를 통한 자산 건전성 제고다. 둘째, 점포 수도 훨씬 적다. 대구은행의 영업점이 198개인데, 4대 시중은행은 600~800개다. 인터넷전문은행의 장점을 키워 약한 영업망을 보완해야 한다. 셋째, 지방은행으로 쌓아온 '관계형 금융'(기업과 밀접 관계로 얻은 비재무 정보를 신용평가에 반영) 경험을 살려 중소기업 · 소상공인 맞춤형 금융서비스로 시중은행의 새로운 모델을 개발해 나가야 할 것이다. 넷째, '디지털 경쟁력 강화'에 주력해야 한다. 자체 비대면채널(App) 고도화, 외부플랫폼과 제휴 확대 등을 통해 고객 접근성을 개선하고, 비용을 절감하여 낮은 금리의 다양한 상품을 소비자에게 제공해 은행권 경쟁 확산이라는 전환 취지에 부합해야 할 것이다. 다섯째, 지방에 본점을 둔 시중은행*'으로서 시중은행 전환 이후에도 대구 · 경북권 기업에 대한 자금공급을 확대하는 등 지역경제 활성화를 위해서도 지속적으로 노력해야 할 것이다.	

02 논제 풀이

서론

이슈 언급 금융위원회는 2024년 5월 16일 제9차 정례회의를 열고 대구 · 경북권 중심의 지방은행인 대구은행의 시중은행 전환을 위한 은행업 인가를 의결하였다. 1992년 평화은행 인가 이후 32년만에 새로운 시중은행이 출범하게 된 셈이다. 신한은행, 우리은행, 하나은행, 한국씨티은행, KB국민은행, SC제일은행에 이은 일곱 번째 시중은행이다. 대구은행은 시중은행 전환을 기점으로 이름을 iM뱅크로 바꿨다. 지방은행의 한계를 벗어난 iM뱅크는 전국구 영업을 위해 영업점 확대와 온라인 영업을 강화해 경쟁력을 확보해 나갈 방침이다.

이번 대구은행의 시중은행 전환은 새롭게 진출하는 영업구역 중심으로 은행간 경쟁이 촉진되고, 이에 따른 소비자 후생 증가를 목적으로 전격적으로 이루어졌다.

하지만 우려의 목소리도 크다. 5대 은행의 독과점 체제가 공고해지고 비효율이 늘어난다는 이유로 현 정부는 집권 초부터 은행권 경쟁 촉진과 금리체계 개선 등을 위해 '은행업 상시 진입 허용'을 추진했다. 그 첫 결실이 대구은행이다. 하지만 2024년 2월 대구은행이 시중은행 전환 인가를 신청했을 때부터 은행권의 경쟁을 촉진할 메기 역할을 맡을 수 있을지 기대보다 회의적 시선이 더 컸다. 뿐만 아니다. 5대 시중은행의 5분의 1 수준인 규모, 최근 건전성과 자본 비율이 약화한 점, 직원들이 유령 계좌를 만들어 중징계 처분을 받는 등 내부 통제의 문제점도 있다. 여기에 인터넷 전문 은행의 추격도 만만치 않아 오히려 생존을 걱정해야 할 처지라는 분석도 나온다.

이에 본지에서는 대구은행의 시중은행 전환에 따른 의의와 쟁점사항들을 살펴본 후 안정적인 시중은행 안착을 위한 정책적 방안을 제언하기로 한다.

본론

1. 시중은행 전환에 따른 의의	1) 대구은행이 시중은행 전환 추진 이유	① 정부는 신규플레이어 진입을 통한 은행권 경쟁촉진을 위해 지방은행의 시중은행 전환을 추진하겠다고 '2023년 7월 5일 「은행권 경영 · 영업관행 · 제도 개선방안」 발표함. 은행업 영위 경험이 있는 주체(지방은행)가 업무영역 · 규모 등을 확대하는 것으로, 단시일 내 은행업권 내에서 안정적 · 실효적 경쟁 촉진이 가능할 것으로 기대한다. ② 대구은행은 현재의 제한된 지역 중심 영업으로는 성장에 한계가 있다고 판단하고 시중은행 전환을 추진한다. 가. 지방인구 감소와 지역 소멸, 지방경제 침체는 지방은행의 쇠락과 위기를 의미한다. 대구은행의 시중은행 전환은 생존을 위한 것으로 달리 선택의 여지가 없었을 것이다.

1. 시중은행 전환에 따른 의의	1) 대구은행이 시중은행 전환 추진 이유	나. 지방은행의 영업구역 제한을 벗어나 다수의 고객이 분포한 수도권 및 지방은행이 없는 충청 · 강원 등으로 영업을 확장하여 새로운 성장기회를 모색할 계획이다. 과거 대구은행은 수도권, 경상도권에서만 영업 중(강원, 충청, 전라, 제주지역은 현재 영업구역이 아님)이다. 관계형 금융 등 지방은행의 장점을 살린 차별화된 전략을 수립하여 시중은행으로 안착을 도모할 계획이다. **[시중은행 VS 지방은행 차이]** ① 영업망 가. 시중은행은 일반은행 중 전국적인 점포망을 두고 영업하는 은행을 말한다. 넓은 네트워크를 활용해 개인과 기업 고객을 대상으로 여 · 수신 업무와 지급 결제 기능 등을 한다. 나. 반면 지방은행은 전국을 영업 구역으로 하지 않고, 정해진 권역에서만 지점을 개설할 수 있는 은행이다. ② 지방은행은 1967년 정부가 지방 금융지원을 위해 '1도 1은행' 정책을 시행하면서 생겨났다. 지방은행은 정관에 따라 본점 소재지 해당 시 · 도와 특별시, 광역시에서만 영업을 할 수 있다. 지난 2015년 이후에는 금융위원회가 규제 완화 차원에서 지방은행의 경기 지역 지점 개설을 허용하기도 했다. ③ 은행은 동일인이 최대로 보유할 수 있는 지분 제한을 두고 있다. 시중은행은 10%, 지방은행은 15%로 차이가 있다. 금산분리 규제에 따라 산업자본이 은행 지분을 보유하더라도, 의결권 있는 지분을 특정 비중 이상 가질 수 없다. 이 기준이 시중은행(4%)이 지방은행(15%)보다 더 엄격하다. ④ 통상 지방은행이 시중은행으로 전환했을 때 가장 크게 달라지는 점은 영업 구역의 확대와 자금 조달비용 완화다. 실제로 대구은행은 지방은행으로 영업 중이던 2023년 시중은행과 신용등급이 'AAA'로 같음에도 선순위채권은 시중은행보다 4bp(0.04%포인트), 후순위채권과 신종자본증권은 21~25bp씩 높은 금리로 조달된 바 있다.

	시중은행	지방은행
영업 구역	전국	본점 소재지 해당 사·도 특별시·광역시 경기도(2015년 이후)
자본금 요건	1000억원 이상	250억원 이상
비금융주력자 주식보유한도	4% 초과보유 금지	15% 초과보유 금지
동일인 지분보유한도	10% 초과보유 금지	15% 초과보유 금지

1. 시중은행 전환에 따른 의의	2) iM 대구 은행 행보	① iM뱅크는 시중은행(전국구)으로 새 출발함에 따라 영업망을 넓히기로 했다. 앞으로 3년간 수도권과 충청 · 강원 등에 영업점 14곳을 신설한다. 1호 오프라인 거점 점포는 강원도 원주로 정했다. 2 · 3호 거점 점포로는 수도권인 동탄과 충청북도 청주가 유력하게 검토되고 있다. 이 같은 거점 점포 개점 지역들은 모두 DGB대구은행 시절에는 지점이 없던 곳들이다. iM뱅크는 향후 3년간 전국에 영업점 14개를 신설하겠다는 목표를 가지고 있다. 2024년 3월 말 현재 iM은행은 국내 영업점(출장소 포함)이 198개인데 특히 지방은행이었던 만큼 대구 · 경북에 179개가 쏠려있다. 수도권은 9개이며 호남 · 충청 · 강원에는 영업점이 없었다. ② iM뱅크는 신규 개설 거점 점포에서 '금융 실험'에도 나선다. 1호 거점 점포 원주지점은 디지털 경쟁력 강화를 위해 현금 시재금이 없는 '캐시리스(Cashless) 점포'로 운영하는 방안을 검토 중이다. 아울러 원주 지역 소상공인 · 개인사업자를 대상으로 하는 상품도 출시해 '현지화'에 적극 나선다. ③ iM뱅크는 이 같은 금융 실험을 바탕으로 새로 개설되는 거점 점포 등 전 점포에서 지역 소상공인 등을 위한 중신용자 대출을 비롯해 최근 늘어나고 있는 외국인 대상 상품도 강화할 복안이다. 시중은행으로의 전환을 기점으로 외부 인력 수혈에도 적극 나선다. iM뱅크는 지난 달 초 원주 지역 전문계약직 공개채용을 실시했다. 지점장도 채용 대상이다. 지원 요건으로 '강원도 지역 금융기관 영업점 근무 경력 2년 이상'을 명시해 현지 금융 사정을 잘 아는 이를 뽑겠다는 방침이다. ④ 영업망의 한계를 극복하기 위해 온라인과 오프라인 점포도 결합할 방침이다. iM뱅크는 인터넷전문은행처럼 비대면 플랫폼을 강화해 경영 효율을 극대화하겠다는 전략이다. 은행권 디지털화가 가속화되면서 기존 시중은행도 수도권 영업점이 필요 이상으로 많아 발생하는 비효율로 점포 축소를 추진하고 있는 만큼 iM뱅크도 비대면 영업 전략을 추진한 것으로 분석된다. ⑤ 도(道) 단위 거점 점포를 중심으로 기업금융(IB) 강화도 노린다. 거점 점포에는 일반 고객 대상 창구가 없으며 1인 지점장과 기업금융전문가(PRM)가 일한다. 1인 지점장은 은행 내에서 공모를 통해 선발되며 PRM은 외부 경력자를 대상으로 뽑을 방침이다. 새롭게 점포를 여는 지역에선 지역을 잘 아는 PRM이, 기존 영업구역에선 1인 지점장이 거점 점포에 대기한다. 특히 기업대출의 경우 '관계형 금융서비스'를 추진해 당장 기업이 어렵더라도 기업의 미래 잠재력 등을 보고 대출을 내주거나 대출금리를 낮추고 한도를 늘리기로 했다.

	2) iM 대구 은행 행보	⑥ iM뱅크는 영업시간 연장 특화점포인 'Time+뱅크'를 기존 영업시간 마감 시간인 오후 4시에 3시간을 연장해 운영하기로 했다. 특화점포인 'Time+뱅크' 점포를 시행 1호점으로 대구 동성로 지점을 저녁 7시까지 운영한다. 'Time+뱅크'는 오전 9시부터 오후 4시까지 기존과 같게 은행 업무를 처리하고, 연장 시간인 오후 4시부터 저녁 7시까지는 금융상담업무를 중심으로 입 · 출금, 각종 제신고 등의 업무를 처리하게 된다. ⑦ iM뱅크는 다양한 형태의 점포를 통해 전국 고객과의 접점을 늘릴 방침이다. 'Time+뱅크'를 비롯해 찾아가는 이동점포, 편의점 제휴점포, 5일장 디지털점포, 시니어 특화점포 등 금융편의 향상을 위한 프로젝트를 추진 중으로 기존 점포와 다른 새로운 형태의 점포 도입을 위해 다양한 시도를 준비하고 있다. ⑧ iM금융지주는 대주주 증자를 통해 5년간 7,000억 원의 자본확충을 하기로 했다. 4,000억 원 규모의 신종자본증권과 2,000억원 규모의 회사채 발행, 유보이익 등을 활용해 재원을 조달하기로 했다. 아울러 iM은행은 요구불예금을 확대하기 위해 시중은행 출범과 함께 연 20% 적금을 출시했다.
1. 시중은행 전환에 따른 의의	3) 제 2 지방은행의 시중은행 전환 가능성	① 업계에선 BNK금융그룹과 JB금융그룹이 가진 지방은행들 가운데서 두 번째 시중은행 전환 사례가 나올지에 주목하고 있다. 특히 BNK금융 계열사인 부산은행을 두고 이전부터 시중은행 전환 가능성에 대한 목소리가 꾸준히 나오고 있다. 가. 하지만 당사자인 BNK금융과 JB금융은 두 곳 모두 시중은행 인가 조건인 지배구조 요건을 충족하지 못해 시중은행 전환을 고려할 수가 없다는 입장이다. 나. 지방은행이 시중은행으로 인가를 받으려면 충족해야 할 조건은 자본금과 지배구조 등 크게 두 가지다. A. 은행법 제 8조(은행업의 인가)에 따르면 금융위 인가를 받아 은행업을 경영하려는 자는 1,000억 원 이상의 자본금을 확보해야 한다. BNK부산은행, BNK경남은행, iM뱅크, 전북은행, 광주은행 등 5개 지방은행 모두 자본금 1,000억 원 이상으로 시중은행 전환을 위한 자본금 요건은 충족된다. B. 두 번째 조건은 산업자본(비금융주력자)의 지분 보유 한도다. 은행법은 시중은행의 산업자본 지분 보유 한도를 4%로 제한하고 있다. 두 번째 조건까지 충족하는 은행은 iM뱅크가 유일하다. iM뱅크를 보유한 DGB금융그룹의 주요 주주는 OK저축은행(8.49%), 국민연금(7.99%), 삼성생명(3.35%) 등이다. 앞서 삼성생명은 DGB금융의 지분 7%가량 보유했지만, 2019년 지분을 매각하며 4% 아래로 하락했다. 경남은행의 모회사인

1. 시중은행 전환에 따른 의의	3) 제 2 지방은행의 시중은행 전환 가능성	BNK금융은 롯데그룹 및 특수관계인이(10.42%)이, 전북 · 광주은행의 모회사인 JB금융은 삼양그룹(14.14%)이 대주주다. 만약 이들 지방은행이 시중은행 전환을 시도하려면 대주주 지분을 4% 이내로 줄여야 한다. ② 지방은행 한 관계자는 "시중은행으로 전환하려면 대주주인 산업자본 지분을 줄여야 하지만, 현재로선 대주주와 논의해 지분율을 줄여 시중은행으로 전환하는 것을 검토하지 않고 있다"고 말했다. ③ 시중은행으로 전환해도 크게 실익이 없다는 시각도 있다. 시중은행으로 전환하면 전국에 점포를 개설할 수 있어 지역거점이라는 한계를 넘어 공격적으로 영업이 가능해진다. 다만 수도권을 중심으로 영업망을 크게 확대한다고 해도 시중은행과의 체급 차이로 인해 영업망을 넓히기 쉽지 않을 것이라는 이유다. ④ 이미 지방은행들은 수도권(서울 · 인천 · 경기)을 포함해 이미 전국구로 영업을 하고 있다. 2023년 말 기준 광주은행이 20개, 전북은행 11개, 부산은행은 12개, 경남은행은 9개, 대구은행은 9개 등 수도권에 점포를 보유하고 있다.
2. 쟁점	1) 지방은행의 시중은행 이전이 시장 내 메기역할이 가능한지	iM뱅크가 기존 시중은행의 독과점을 흔들고 어깨를 나란히 하기까지는 다소 시간이 걸릴 것으로 전망된다. 자산규모 등 이미 기존 시중은행들과의 '덩치' 차이가 크기 때문이다. ① 규모 면에서 대구은행은 5대 시중은행의 5분의 1 수준이다. iM뱅크의 국내 영업지점 수는 2023년 말 기준 142곳에 불과하다. 전국구 영업을 하는 시중은행과 비교하면 지점 수는 5분의 1 수준이다. 4대 은행의 지점 수를 보면 ▲국민은행 703곳, ▲우리은행 615곳, ▲신한은행 609곳, ▲하나은행 533곳 등이다. ② 최근 시중은행 전환을 염두에 두고 무리하게 덩치를 키우는 과정에서 건전성과 자본 비율도 악화했다. 전국 영업 기반을 확대하기 위해 주택담보대출 비중을 꾸준히 늘려왔는데, 이 과정에서 인터넷은행보다도 낮은 대출금리를 유지해 수익률이 축소됐다. ③ 가계 대출 연체율도 높아지고, 2024년 1분기 국제결제은행(BIS) 자기자본비율도 직전 분기보다 악화했다. ④ 2024년 4월에는 직원들이 고객 몰래 유령 계좌를 만들어 은행이 업무 일부 정지 3개월의 중징계 처분을 받는 등 내부통제에도 문제점을 드러냈다. ⑤ 인터넷전문은행의 성장 속도는 가파르다. 카카오뱅크는 2024년 1월 시작된 주담대 대환 대출과 전월세보증금 대출을 통해 빠르게 시장을 확대하고 있다. 그 결과 2024년 1분기 사상 최대 실적을 거두며 대구은행의 턱밑까지 따라왔다. 전국 영업망 확대를 위해 온라인 영업에 주력해야 할 대구은행의 강력한 경쟁자다.

1) 지방은행의 시중은행 이전이 시장 내 메기역할이 가능한지

[은행 현황(2024년 1/4분기 기준)]

(단위: 조, %)

구분		총자산 등			자본 적정성 등			ROA 등		
		총자산	자본금	자기자본	BIS비율	고정이하 여신	연체율	ROA	NIM	순이익
5대 시중은행	우리	518	3.6	29.0	15.92	0.21	0.28	0.70	1.50	0.7576
	국민	624	2.0	39.4	17.35	0.33	0.25	0.30	1.87	0.3892
	신한	606	7.9	36.5	17.65	0.26	0.32	0.65	1.64	0.7684
	하나	590	5.4	34.5	17.38	0.24	0.29	0.63	1.55	0.7516
	대구	72	0.7	5.3	16.40	0.72	0.64	0.62	2.02	0.1101

2) 대구 · 경북권 기업에 대한 대출 축소 등 자금공급이 감소하는 것 아닌지

① 대구은행은 시중은행 전환 이후 수도권 영업을 통해 이익창출능력을 제고하고, 이를 지역소재기업에 대한 자금공급 재원으로 활용하는 등 지역 경제 활성화를 위해 노력한다는 계획이다.

② 수도권 등 다른 지역에서 영업을 확대함에 따라 대구 · 경북권에서의 여신 '비중'은 감소할 수 있으나, 대구 · 경북권 여신 '공급규모'는 지속 확대해 나갈 계획이다.

2. 쟁점

3) 대구은행의, 건전성 악화 우려는 없는지?

① 대구은행의 現 자본적립 수준 및 자본확충 계획 등 감안 시 건전성 악화 우려는 크지 않아 보임. 현재 대구은행은 자본적정성 관련 규제비율 대비 충분한 여유자본을 적립하고 있다.

[주요은행 자본비율 현황('23년말 기준)]

(단위 : %, %p)

	보통주자본			총자본		
	규제비율(A)	은행비율(B)	버퍼(B-A)	규제비율(C)	은행비율(D)	버퍼(D-C)
대구은행	7.00	13.59	6.59	10.50	16.53	6.03
신한은행	8.00*	14.62	6.62	11.50*	18.08	6.58
하나은행	8.00*	16.06	8.06	11.50*	17.93	6.43
우리은행	8.00*	13.16	5.16	11.50*	16.03	4.53
국민은행	8.00*	14.91	6.91	11.50*	18.08	6.58

* 시스템적 중요 은행(D-SIB)의 경우 1%p 추가자본 적립 필요

② 시중은행 전환 이후 DGB금융지주 증자를 통해 5년간 7,000억원의 자본을 확충할 계획이다.

가. DGB지주는 신종자본증권(4,000억 원) 및 회사채(2,000억 원) 발행, 유보이익 등을 활용하여 재원을 조달할 계획이다.

나. DGB금융지주 신용도 AAA, '20년 이후 신종자본증권 6, 160억 원 발행

③ 대구은행은 시중은행 전환 이후 연체율 등 자산건전성 관리를 고려하여 자산규모를 점진적으로 확대해 나가는 한편, 신용평가 모형 고도화, 기업여신 자동심사 시스템 등을 통한 본점 통할 기능 강화 등 여신심사 및 사후관리를 강화할 예정이다.

결론

의견 제시 정부가 예대마진 수익에 의지해 온 은행권에 메기를 풀어 경쟁력을 강화하겠다는 것은 그동안 고질적인 문제로 지적돼 온 과점체제의 심각성을 방증하는 것이기도 하다. 사실 그간 은행들은 정부의 인가만 있으면 별다른 영업 없이도 제 발로 찾아오는 고객들에게 돈을 빌려주고 손쉽게 이자수익을 거둘 수 있었다. 정부가 인가를 비롯한 다양한 제재 권한을 쥐고 있기에 은행은 정부 눈치를 볼 수밖에 없으며, 이런 상황에서 관치와 과점체제가 수십 년째 굳어진 것은 어쩌면 당연한 일이다.

대구은행은 시중은행 전환을 기점으로 이름을 iM뱅크로 바꿨다. 야심 차게 첫발을 내딛은 iM뱅크는 정부의 바람대로 기존 은행 산업의 과점체제를 깨부수는 메기가 될 수 있을까? 전망은 비관적이다. 은행업은 브랜드 비즈니스다. 대구 · 경북지역에 특화된 지방은행이 전국구 시중은행으로 전환됐다고 하루아침에 고객이 몰려들지는 않는다.

대구은행이 시중은행으로 성공하려면, 어려운 숙제를 풀어야 한다.

첫째, 증자를 통한 자산 건전성 제고다. 2023년 12월 말 기준, 대구은행의 자기자본은 5조 3, 984억 원이다. 국민은행(40조 8, 427억 원), 신한은행(35조 3, 107억 원), 하나은행(33조 1, 955억 원), 우리은행(27조 8, 276억 원) 등은 자기자본이 대구은행보다 5~7.5배 많다.

둘째, 점포 수도 훨씬 적다. 대구은행의 영업점이 198개인데, 4대 시중은행은 600~800개다. 인터넷전문은행의 장점을 키워 약한 영업망을 보완해야 한다.

셋째, 지방은행으로 쌓아온 '관계형 금융'(기업과 밀접 관계로 얻은 비재무 정보를 신용평가에 반영) 경험을 살려 중소기업 · 소상공인 맞춤형 금융서비스로 시중은행의 새로운 모델을 개발해 나가야 할 것이다.

<출처: 매일신문 오피니언>

넷째, '디지털 경쟁력 강화'에 주력해야 한다. 자체 비대면채널(App) 고도화, 외부플랫폼과 제휴 확대 등을 통해 고객 접근성을 개선하고, 비용을 절감하여 낮은 금리의 다양한 상품을 소비자에게 제공해 은행권 경쟁 확산이라는 전환 취지에 부합해야 할 것이다.

다섯째, 지방에 본점을 둔 시중은행*'으로서 시중은행 전환 이후에도 대구 · 경북권 기업에 대한 자금공급을 확대하는 등 지역경제 활성화를 위해서도 지속적으로 노력해야 할 것이다. 전국 영업망 강화로 인해 지역 기업의 대출이 축소되거나, 지역 공헌 활동이 줄 것을 걱정하는 목소리가 있다. 대구은행은 '본점은 대구시에 둘 것'을 명시한 금융당국의 인가 부대조건을 잊어서는 안 된다. 이는 대구은행이 시중은행 전환 후에도 대구경북 경제 활성화 역할에 충실하라는 주문이기 때문이다. 전국에서 창출한 이익을 지역경제 활성화와 역내 기업 활력 제고에 우선적으로 써야 한다는 의미다.

이제 더 이상 은행의 경쟁상대는 은행이 아니다. 정책당국은 단순히 지방은행의 시중은행 전환이라는 손쉬운 방법으로 은행 혁신을 주도할 것이 아니라, 관치와 과점체제 등 기존의 방식에서 벗어나 디지털 시대에 부응하는 '챌린저 뱅크'(Challenger Bank)의 도입에도 정책력을 집중해야 할 때이다.

chapter

13 AI 규제법

01 논제 개요 잡기 [핵심 요약]

서론	이슈언급	2024년 3월 13일 가결된 'AI 규제법'은 EU 27개국 회원국 승인 과정을 거쳐 2024년 말부터 2027년까지 단계적으로 시행될 예정이다. 금번 EU 규정(안)의 핵심 목적은 유럽연합 역내 시장의 혁신과 고도화를 지원하면서, 인간 중심의 신뢰할 수 있는 AI에 대한 이해를 높이고 AI 시스템의 악영향으로부터 인간의 건강, 안전, 기본적인 권리, 민주주의 등을 높은 수준에서 보호하는 것이다. 또한, AI 기반 상품 및 서비스의 회원국간 자유로운 이동이 보장될 수 있도록 공공 보건 및 안전, 기본 권리 등을 침해하지 않는 수준에서 AI관련 프로그램(AI시스템)을 규제하기 위함이다. 특히, 금번 EU 법안에는 '유해한' AI 시스템에 관한 폭넓은 규제안을 담고 있다. 또한, AI의 위험성을 분류하고 투명성을 강화하며, 규정을 준수하지 않는 기업에는 벌금을 부과하는 내용이 담겼다. 기업의 국적과 관계없이 EU 시장에 AI 시스템을 서비스하는 모든 기업이 AI법의 적용 대상이다. 시장 출시 이전의 연구 및 개발에는 적용되지 않는다. EU가 'AI 규제법'을 만든 이유는, 첫째, AI를 사용하는 과정에서 생길 수 있는 부작용으로부터 내부 국민들을 보호하기 위함이다. 둘째, EU내 AI 기술 경쟁력을 제고하려는 의도도 담겨있다. EU의 경우에는 자국 AI 스타트업은 규제 샌드박스를 통해 규제를 유예해주지만, 미국 기업인 구글, 애플, 메타 등을 강하게 제재하고 있다.

본론	1. EU의 AI규정안에 대한 ECB의 주요 의견 검토	1) 배경	① EU는 인공지능(Artificial Intelligence, 이하 "AI") 관련 규정(안)을 이미 2021년 4월 마련한 후, AI 관련 규정(안)의 입법절차를 진행 중일 때, 이의 일환으로 ECB에도 이에 대한 의견을 요청. ② EU 기능조약 제 127조 제 4항 및 제 282조 제 5항에 의거 ECB의 업무범위에 속하는 법규가 제안되는 경우 ECB의 의견을 청취해야 함(ECB는 필요시 의견서 제출 가능). ③ ECB는 동 규정안에 대한 검토를 마치고 의견서를 채택(2021년 12월 29일).
		2) ECB 의견	① EU의 AI 규정의 입법 취지 및 네거티브 규제 형태의 접근방식에 대해 전반적으로 동의. ② 통화 · 금융감독 정책 여건과 관련하여서는 ECB의 독립성 보장을 강조. ③ 이외 규제 범위, 기존 금융감독 업무와의 통합, 시장감시 기능 등과 관련해서도 의견을 제시. 가. 규제 범위 A. 금융기관의 많은 일상적 업무가 영향을 받지 않도록 규제 대상 AI 시스템을 합리적으로 조정. B. 개인 신용평가에 활용되거나, 책임자의 감독 하에 선형적. 논리적 회귀방법만을 사용하는 AI 시스템 등의 경우, 고위험 AI 시스템에서 제외. C. AI 시스템의 구체적 규제목록*(common specifications)은 그 내용에 따라 금융기관의 일상적 신용평가 업무에 중대한 영향을 미칠 수 있으므로 관련 논의 시 ECB를 협의 기관에 포함하고, 동 목록 확정 시까지 규제 적용을 유예.
	2. 영국 "Artificial Intelligence and Machine Learning(2022년 10월 발표)	1) 배경	① 금융부문에서도 AI의 규제 · 감독을 위한 검토가 진행되고 있는데, 가장 앞서 있는 국가는 영국임. ② 영국에서는 2022년 10월 금융서비스 부문에서의 ▲AI 이용에 관한 잠재적인 이익과 위험, ▲현행 규제의 AI 적용 가능성, ▲추가적인 정책 조치의 필요성 등을 정리한 "Artificial Intelligence and Machine Learning"을 발표하였음.
		2) 내용	① 데이터 ② 모델 ③ 거버넌스

본론	3. AI 확산의 위험과 정책적 방안	1) 위험	① 미시적 위험 가. 제한적 설명가능성(limited explainability) 나. 편향(bias)의 문제 혹은 공정성 부족의 문제 다. 강건성(robustness) 부족 문제 라. 개인정보 및 사이버 보안 문제 ② 거시적 혹은 시스템적 위험 가. 획일성 나. 네트워크 상호연결성 다. 규제공백 라. 기타
		2) 그간의 대응	AI 규율 수단 중 시장 자율적 민간 윤리 가이드라인이 가장 약하고, 공적 성격의 윤리 가이드라인이 중간, 법적 규제가 가장 강한 수단이며, AI 등장 이전의 금융모델 관리 지침도 일부 영향력을 가짐. ① AI 이전 세대의 금융모형 관리 지침 ② AI 일반에 대한 규율 ③ 금융 AI에 대한 규율 ④ 현재까지는 AI의 위험성에 대한 대응이 주로 AI 윤리적 접근에 기반한 시장자율적 혹은 공적 가이드라인을 통해 이루어짐.
		3) 향후 정책 방향	① 금융시스템 전체를 아우르는 AI 네트워크 현황을 파악하기 위한 노력부터 시작해야 한다. ② AI 사용과 관련한 위험을 관리하기 위해 필요 시 AI 사용과 관련한 개별 금융회사 및 금융시스템 차원의 위험성에 부합하는 수준으로 완충자본을 활용하는 것도 검토할 수 있다. ③ 금융 AI 사용에 인간이 개입하는 <휴먼인더루프> 방식의 거버넌스 구조를 도입해야 한다. ④ 금융회사의 AI 모형 사용에 대한 모형위험관리 지침을 마련하여 배포해야 한다. ⑤ 이외에도 사후 정책개입 방안의 마련 등 다양한 정책과제들이 검토되어야 한다.
결론	의견제시	금번 EU의 AI 규제법 제정과 관련해서, 우리도 이제는 좀 더 본격적으로 AI에 대한 사회적 공론 제기와 규제적 접근이 필요할 때이다. 구체적으로는 AI 확산이 시스템 위험을 유발할 가능성을 조기에 차단하고, 유사시 신속하게 대응하기 위해 다양한 정책과제를 선제적으로 도입하는 한편 관련 글로벌 논의에도 적극 참여해야 할 것이다.	

02 논제 풀이

서론

이슈 언급 2024년 3월 13일 가결된 'AI 규제법'은 EU 27개국 회원국 승인 과정을 거쳐 2024년 말부터 2027년까지 단계적으로 시행될 예정이다. 금번 EU 규정(안)의 핵심 목적은 유럽연합 역내 시장의 혁신과 고도화를 지원하면서, 인간 중심의 신뢰할 수 있는 AI에 대한 이해를 높이고 AI 시스템의 악영향으로부터 인간의 건강, 안전, 기본적인 권리, 민주주의 등을 높은 수준에서 보호하는 것이다. 또한, AI 기반 상품 및 서비스의 회원국간 자유로운 이동이 보장될 수 있도록 공공 보건 및 안전, 기본 권리 등을 침해하지 않는 수준에서 AI관련 프로그램(AI시스템)을 규제하기 위함이다. 특히, 금번 EU 법안에는 '유해한' AI 시스템에 관한 폭넓은 규제안을 담고 있다. 또한, AI의 위험성을 분류하고 투명성을 강화하며, 규정을 준수하지 않는 기업에는 벌금을 부과하는 내용이 담겼다. 기업의 국적과 관계없이 EU 시장에 AI 시스템을 서비스하는 모든 기업이 AI법의 적용 대상이다. 시장 출시 이전의 연구 및 개발에는 적용되지 않는다.

AI Act 법안에 따르면 EU는,

첫째, AI 활용 분야를 '허용할 수 없는 위험', '높은 위험', '제한된 위험', '낮은 위험' 등 총 4단계의 등급으로 나눠 차등 규제한다.

구분	내용
허용할 수 없는 위험으로 원천 금지	- 조작이나 기만 기술 등을 사용하거나, 나이와 장애 또는 사회적 취약성을 이용하는 AI 시스템을 금지한다. - 개인의 특성 · 행동과 관련된 데이터로 점수를 매기는 '사회적 점수 평가'(social scoring)나 원격 생체인식 식별 시스템 사용 등이 대표적이다. - 다만, 강간 · 테러와 같은 중대 범죄 용의자 수색 등 예외적인 경우에 일부 허용되지만 이 경우에도 법원의 사전 허가를 받도록 하는 등 가용 범위를 크게 제한했다.
고위험	- 의료, 교육, 선거, 핵심 인프라, 자율주행 등은 높은 위험으로 분류된다. 또한, 법 집행, 국경관리 등 국가주요시스템과 관련된 AI도 포함되며, AI 기술 사용 시 반드시 사람이 감독해야 한다 - 고위험 AI 시스템 제공자 등에 대한 규제로는, 품질 관리 체계의 정비, 자동생성 로그(logs) 유지, 즉각적인 시정조치의 실시, 감독 당국에 대한 정보 제공 등이 있다.
제한된 위험	- 투명성 의무가 부과된다. - 범용 AI(사람과 유사한 수준 또는 그 이상의 지능을 갖춘 범용 AI)를 개발하는 기업에 해당된다. - EU 저작권법을 반드시 준수해야 하며, EU가 '시스템적 위험'으로 규정한 사고 발생을 방지하기 위한 위험관리시스템 구축도 필수다. - AI 학습 과정에 사용한 콘텐츠를 명시하는 등 별도의 정보 공개 · 고지 의무도 부과된다.
낮은 위험	- 상기 분류에 해당되지 않는 최소한의 위험만을 야기하는 시스템(현재 사용 중인 대부분의 시스템이 해당). 신규 법적의무 부과 없다(정보보호법 등 기존법규 적용).

둘째, 법 위반 시 경중에 따라 글로벌 매출의 1.5%에서 최대 7%에 해당하는 과징금이 부과될 수 있다.

EU가 'AI 규제법'을 만든 이유는,

첫째, AI를 사용하는 과정에서 생길 수 있는 부작용으로부터 내부 국민들을 보호하기 위함이다.

둘째, EU내 AI 기술 경쟁력을 제고하려는 의도도 담겨있다. EU의 경우에는 자국 AI 스타트업은 규제 샌드박스를 통해 규제를 유예해주지만, 미국 기업인 구글, 애플, 메타 등을 강하게 제재하고 있다 다만 기술·산업계에선 금번 EU의 AI규제법 시행이 AI 기술 개발 혁신을 저해할 수 있다는 우려도 나온다.

이에 본지에서는 금번 EU의 AI규제법이 금융산업에 미칠 영향을 중점적으로 알아본 후, 이에 대한 정책적 대응방안에 대하여 논하기로 한다.

본론

<table>
<tr>
<td rowspan="2">1. EU의 AI규정안 에 대한 ECB의 주요 의견 검토
<출처: 한국은행 프랑크 푸르트 사무소></td>
<td>1) 배경</td>
<td>① EU는 인공지능(Artificial Intelligence, 이하 "AI") 관련 규정(안)을 이미 2021년 4월 마련한 후, AI 관련 규정(안)의 입법절차를 진행 중일 때, 이의 일환으로 ECB에도 이에 대한 의견을 요청.
② EU 기능조약 제 127조 제 4항 및 제 282조 제 5항에 의거 ECB의 업무 범위에 속하는 법규가 제안되는 경우 ECB의 의견을 청취해야 함(ECB는 필요 시 의견서 제출 가능).
③ ECB는 동 규정안에 대한 검토를 마치고 의견서를 채택(2021년 12월 29일).</td>
</tr>
<tr>
<td>2) ECB 의견</td>
<td>① EU의 AI 규정의 입법 취지 및 네거티브 규제 형태의 접근 방식에 대해 전반적으로 동의.
가. ECB는 중요성이 점차 커지고 있는 AI 시스템에 대응하여 공공이익을 보호하고 통일된 규제를 마련한다는 AI 관련 유럽연합 규정의 목적 및 도입 필요성에 공감하고 환영.
나. 특히 AI 기반 기술혁신은 금융산업의 새로운 도전과제이자 기회가 될 수 있다는 점을 인식.
다. 다만 금융시장 특성을 이용한 회원국별 규제차익이 발생하지 않도록 규제 적용의 비차별성 확보에 유념할 필요.
② 통화·금융감독 정책 여건과 관련하여서는 ECB의 독립성 보장을 강조.
가. 통화정책
ECB와 회원국 중앙은행이 AI 시스템 을 활용하는 과정에서 유럽데이터보호감독관*(이하 "EDPS")의 감시. 감독을 받게 되는 경우에도 EU 조약에 규정된 ECB의 독립성이 보장될 필요.
* European Data Protection Supervisor(유럽의회 및 EU이사회에 의해 임명)</td>
</tr>
</table>

1. EU의 AI규정안에 대한 ECB의 주요 의견 검토 <출처: 한국은행 프랑크푸르트 사무소>	2) ECB 의견	나. 통화정책 관련 조사분석, 지급결제시스템 운영 등과 관련하여 향후 ECB의 AI 프로그램(application) 활용이 예상되는 만큼, 유럽연합의 AI 규제가 이러한 ECB의 정책수행에 대한 장애요인이 되지 않도록 조치해 줄 것을 요청*. * EDPS의 AI 시스템에 대한 광범위한 감독 및 제재 권한으로 인해 EU 조약상 보장된 ECB의 독립성이 침해되지 않도록 수정(안)을 요구 다. 건전성 감독 ECB가 금융기관 단일감독체계(SSM) 하에서 위임 받은 업무를 수행하는 감독당국으로 기능하는 점을 고려하여, AI 규정(안)을 통해 새로운 업무를 위임 받지 않음을 명확히 할 것을 제안*. * 일부 업무의 담당기관을 ECB로 표기하여 오해 소지가 있는 조항에 대해 수정 요청 ③ 이외 규제 범위, 기존 금융감독 업무와의 통합, 시장감시 기능 등과 관련해서도 의견을 제시. 가. 규제 범위 A. 금융기관의 많은 일상적 업무가 영향을 받지 않도록 규제 대상 AI 시스템*을 합리적으로 조정. * 규정(안)은 AI 시스템을 통계적 방법, 머신러닝(machine learning) 방식 등을 사용하여 컨텐츠, 전망, 권고 또는 결정 등의 결과물을 생성하도록 개발된 소프트웨어로 정의. B. 개인 신용평가에 활용되거나, 책임자의 감독 하에 선형적, 논리적 회귀방법만을 사용하는 AI 시스템 등의 경우, 고위험 AI 시스템에서 제외*. * 개인 신용점수 산정 시스템 등 신용평가 업무에 활용되는 대부분의 시스템이 고위험 AI 시스템 규제 적용대상에 포함 C. AI 시스템의 구체적 규제목록*(common specifications)은 그 내용에 따라 금융기관의 일상적 신용평가 업무에 중대한 영향을 미칠 수 있으므로 관련 논의 시 ECB를 협의 기관에 포함하고, 동 목록 확정 시까지 규제 적용을 유예. * 동 요건은 추후 관련 기관과의 협의를 거쳐 확정하도록 EU집행위에 위임 나. 기존 금융감독 업무와의 통합 A. 중복규제 방지를 위해 기존 금융감독 지침(최소자본규정)의 일부 건전성 규제를 활용하는 방안 지지. * 유럽 은행연합회(EBF)는 이미 엄격한 건전성 규제의 적용을 받고 있는 금융부문에 대해서는 규제 대상 AI 시스템을 축소하고(targeted approach) 일상적인 신용평가 시스템 등에 대해서는 규제적용 면제를 제안.

1. EU의 AI규정안에 대한 ECB의 주요 의견 검토 <출처: 한국은행 프랑크푸르트 사무소>	2) ECB 의견	B. 다만 중복규제 방지 조치가 금융기관 건전성 규제를 약화*시키는 방향으로 작용하지 않도록 유의할 필요. * 예를 들어 최소자본규정(CRD)에서는 고위험 AI 시스템의 아웃소싱에 대해서도 동일한 규제를 적용하고 있으나, AI 규정(안)은 고위험 AI 시스템의 제공자와 사용자 간의무를 차별화함으로써 아웃소싱 금융기관에 상대적으로 낮은 규제를 적용. 다. 시장감시 기능 : ECB의 권한이 금융기관 건전성 감독에 제한되는 점을 고려하여 금융시장에서 이용되거나 금융기관이 제공. 사용하는 AI 시스템에 대한 시장감시는 ECB의 업무범위에 속하지 않는다는 점을 명확히 할 필요. 회원국 국내법에 따라 시장감시 권한을 부여 받은 일부 중앙은행 또는 감독당국(SSM 회원기관)이 시장감시 기능을 수행하는 것은 위임을 통해 가능.
2. 영국 "Artificial Intelligence and Machine Learning(2022년 10월 발표) <출처: 한국금융연구원>	1) 배경	① 금융부문에서도 AI의 규제 · 감독을 위한 검토가 진행되고 있는데, 가장 앞서 있는 국가는 영국임. ② 영국에서는 중앙은행인 영란은행(Bank of England), 건전성감독기구(Prudential Regulation Authority), 금융행위규제기구(Financial Conduct Authority)가 2022년 10월 금융서비스 부문에서의 ΔAI 이용에 관한 잠재적인 이익과 위험 ▲현행 규제의 AI 적용 가능성, ▲추가적인 정책 조치의 필요성 등을 정리한 "Artificial Intelligence and Machine Learning"을 발표하였음. ③ AI 서비스 중단에 따른 영향의 허용 범위를 사전에 설정하고, 심각한 중단이 발생한 경우 이에 따른 악영향을 일정 범위 내에서 제어할 수 있도록 대비책을 마련해 두어야 함.
	2) 내용	① 데이터 : 데이터는 AI의 중요한 요소이며, 품질이 나쁘거나 부적절한 데이터는 해당 데이터에 의존하는 모든 프로세스를 손상시킬 수 있음. 가. 이와 관련한 규제로는 바젤은행감독위원회(Basel Committee on Banking Supervision : BCBS)의 "Principles for effective risk data aggregation and risk reporting"을 제시하고 있는데, 동 원칙은 데이터의 정확성, 무결성, 완전성, 적시성, 적응성 확보 등을 요구하고 있음. 나. 한편 장애 등으로 인한 AI 시스템 중단 시, 데이터를 보존할 수 있는 능력인 데이터 복원력(Data Resilience)도 중요하다고 지적함. ② 모델 : 아울러 AI 모델이 개발되는 방식과 그 활용목적이 적합한지를 포함하여 AI 모델에 대한 객관적인 견해가 제시되기 위해서는 AI 모델의 검증(Model validation) 단계가 필요함.

2. 영국 "Artificial Intelligence and Machine Learning(2022년 10월 발표) <출처: 한국금융연구원>	2) 내용	가. 이와 관련하여서는 국제증권감독기구(International Organization of Securities Commissions : IOSCO)의 "The use of artificial intelligence and machine learning by market intermediaries and asset managers" 보고서를 제시하고 있는데, 동 보고서는 규제 당국이 AI 이용에 의해 야기되는 기본적인 복잡성과 체계적인 위험을 반영한 모든 테스트를 포함하여 지속적으로 AI를 검증하기 위해 관련 알고리즘(Algorithm)을 적절하게 테스트하고 모니터링해야 한다고 명시하고 있음. 나. 한편 기업이 AI 개발, 테스트, 배포, 모니터링 및 제어에 대한 감독을 책임지도록 하기 위해서는 고위관리자 및 인증제도(Senior Managers and Certification Regime : SM&CR)를 적용해야 한다고 지적함. ③ 거버넌스 가. IOSCO는 같은 보고서에서 AI와 관련한 명확한 책임 라인과 함께 문서화된 내부 거버넌스의 틀을 요구하고 있으며, AI의 배포 및 업데이트 승인을 위해서는 관련 기술 및 지식을 보유한 고위관리자를 지정해야 한다고 명시하고 있음. 나. AI의 문제발생으로 금융서비스 부문 전체가 운영이 중단되는 것을 예방하고, 동 사태가 발생하였을 때 대응 및 복구할 수 있는 능력인 운영탄력성(Operational resilience)도 중요한 규제 대상임.
3. AI 확산의 위험과 정책적 방안	1) 위험	① 미시적 위험 : AI가 가져올 수 있는 미시적 차원의 위험성은 주로 AI의 과용이나 오용, 혹은 오작동이 특정 집단에 속하는 개인들, 일례로 AI의 사용자나 혹은 AI를 이용한 서비스의 최종 고객 등에게 미치는 직접적인 악영향에 대한 것임. 가. 제한적 설명가능성(limited explainability) : 다른 이름으로 <투명성 부족>이라 불리는 문제임. AI가 학습을 통해 계속 진화하면서 개발자나 사용자, 규제당국이 AI의 작동원리와 취약점을 파악할 수 있는 능력이 지속적으로 저하됨. 모형의 의사결정과 결과물에 대한 설명이 불가능하고, 잘못된 부분을 파악하거나 조정이 어렵게 되면 다양한 문제가 야기됨. 이는 AI 기반의 금융서비스에 대한 신뢰도 저하 및 부정적 결과에 대한 책임소재가 불분명해지는 문제 발생. 이를 해결하기 위해 설명가능(explainable) AI를 구현하기 위한 노력이 진행 중이며, 소기의 성과를 올리고 있으나 아직 해결할 문제들이 남아있는 것으로 평가됨.

3. AI 확산의 위험과 정책적 방안

1) 위험

나. 편향(bias)의 문제 혹은 공정성 부족의 문제 : 데이터에 내재된 편향, 모형에 반영된 개발자나 사용자의 편향 등이 모형 분석 결과의 편향으로 나타날 가능성에 대한 우려가 존재함. AI가 부적절한 데이터 세트를 사용할 경우, 편향된 결과를 생성하여 신용 배분, 차별적 대출 등 편견과 사회적 불평등을 심화시킬 가능성.

다. 강건성(robustness) 부족 문제 : AI가 학습데이터와 상이한 데이터에 직면해서도 안정적 결과를 산출할 수 있는가의 문제로 AI 역량에 대한 신뢰도에도 영향을 끼침. 금융에서도 대안적 데이터 사용과 관련한 강건성 문제가 제기됨.

라. 개인정보 보호 및 사이버보안 : AI의 데이터 집약적인 특성으로 인하여 개인 정보 및 기밀성 침해 위험이 증가하고, 사이버보안 위험 및 해킹의 위험도 존재.

② 거시적 혹은 시스템적 위험 : 최근 논의는 AI가 확산됨에 따라 오용이나 오작동, 명백하거나 의도된 잘못 없이도 금융안정성이 위협받을 수 있다는 주제로 확대됨. 아직까지는 금융시장의 폭락이나 시스템 위험 발생 등과 AI 간의 연관성을 직접적으로 입증할 만한 사건은 발생하지 않았음. 일각에서는 2020년 3월 16일에 코로나19와 관련하여 금융시장에 발생한 소규모 폭락 사건이 AI 확산과 연관이 있다고 주장하고 있음(MIT의 Andrew Lo 교수는 전세계 주요 지수들이 12~13% 가량 급락한 해당 사건이 Quant Meltdown이라고 불리는 2007년도의 사건과 완전히 동일한 유형의 사건이지만 AI 모형으로 인해 더 빠르고 더 심각하고 더 광범위하게 벌어졌다고 주장함). AI 확산으로 인한 금융안정성 위협 문제를 다루고 있는 연구들이 공통적으로 지적하는 문제 유발요인은 획일성(uniformity), 네트워크 상호연결성(network interconnectedness), 그리고 규제공백(regulatory gaps)의 세 가지로 정리될 수 있음.

가. 획일성

A. 획일성은 다수의 AI, 혹은 AI로부터 도움 받은 다수의 시장참여자가 동시에 혹은 일정 기간에 걸쳐 유사한 결정을 내림으로써 시장에 획일적인 결과가 초래되는 상황을 지칭함. 획일적 행위가 시장을 지배하게 되면 경기순응성(pro-cyclicality) 위험 또는 자기강화형(self-reinforcing) 시장 급등락이 초래되고, 결국 시스템 위험으로 이어질 수 있음.

B. 금융에서 AI 확산이 획일성을 유발하는 통로로는 ▲데이터에 기인한 획일성, ▲소수 AI 모형이 시장에서 지배적 위치를 차지함에 따른 획일성, ▲상이한 AI 모형 간에 발생하는 획일성을 들 수 있음.

3. AI 확산의 위험과 정책적 방안	1) 위험	C. 시장지배력을 가진 소수의 데이터 · AI모델 제공자 활동이 금융시장에 집중될 경우, 동일한 데이터 세트 학습에 따른 예측 결과 간의 상관관계 상승 및 유사한 알고리즘의 사용이 증가 - 데이터수집 · 제공과 AI모델 개발에는 막대한 양의 자본력과 기술이 필요하므로 규모의 경제와 네트워크 효과에 의해 소수의 빅테크기업에 의존하게 될 가능성이 높음 ⇨ 의사결정의 획일화 및 군집행동(herding behavior) 발생으로 경기 순응성과 시장 변동성이 확대되고 스트레스 상황에서 유동성 부족과 급격한 폭락을 초래할 가능. 나. 네트워크 상호연결성 A. 네트워크 상호연결성은 AI, 데이터 제공업체, AI 사용기업 간에 복잡한 네트워크가 형성되고 이를 통해 모두가 연결된 상황을 지칭함. 획일성을 촉발하는 중요 원인인 동시에 획일성이 촉발한 위험이 전체 시스템으로 빠르게 전파되게 하는 환경 요인으로도 작용함. B. 특정 데이터 제공 업체에 대한 의존도, 소수 과점업체가 제공하는 AI 모형에 대한 의존도 등이 심화될수록 더욱 강화됨. 시장지배적 데이터 제공업체 또는 AI 서비스 업체는 결국 네트워크상의 단일 장애점(single point of failure : 시스템 구성 요소 중에서, 동작하지 않으면 전체 시스템이 중단되는 요소)화하게 됨. C. 시장지배력을 가진 소수의 데이터 · AI모델 제공자 활동이 금융시장에 집중될 경우, 동일한 데이터 세트 학습에 따른 예측 결과 간의 상관관계 상승 및 유사한 알고리즘의 사용이 증가 - 데이터수집 · 제공과 AI모델 개발에는 막대한 양의 자본력과 기술이 필요하므로 규모의 경제와 네트워크 효과에 의해 소수의 빅테크기업에 의존하게 될 가능성이 높음 → 의사결정의 획일화 및 군집행동(herding behavior) 발생으로 경기 순응성과 시장 변동성이 확대되고 스트레스 상황에서 유동성 부족과 급격한 폭락을 초래할 가능. 다. 규제공백 A. 규제공백은 AI가 확산되고 이에 따라 금융도 빠르게 변모하는데, 감독시스템의 변화 속도는 이를 따라잡지 못함에 따라 실제 현실과 규제 · 감독시스템 사이에 일정한 간극이 초래되는 상황을 지칭함. B. 당국은 AI 확산으로 인한 시스템 위험 요인이 임계치까지 누적되는 상황을 간파하지 못하여 시스템 위험이 현실화될 수 있음. 핀테크나 빅테크, 서비스형 AI 업체 등에 대한 AI 관련 규제 강도 차이로 인해서도 규제공백이 발생할 수 있음.

3. AI 확산의 위험과 정책적 방안	1) 위험	라. 기타 그 외에도 시장의 복잡성 증가에 따른 문제 등 시스템 위험을 상승시킬 새로운 요인들이 계속 등장할 수 있음. 일례로 사람들이 AI를 이해하지 못하여 투자를 포기하고, AI는 이를 나쁜 신호로 간주하여 투자를 중단하는 악순환이 발생할 수도 있음.
	2) 그간의 대응	AI 규율 수단 중 시장 자율적 민간 윤리 가이드라인이 가장 약하고, 공적 성격의 윤리 가이드라인이 중간, 법적 규제가 가장 강한 수단이며, AI 등장 이전의 금융모델 관리 지침도 일부 영향력을 가짐. ① AI 이전 세대의 금융모형 관리 지침 가. 각국은 모형위험관리 지침을 마련하여 금융회사의 모형 사용에서 발생할 수 있는 위험을 관리해오고 있음. 각국의 감독당국은 이러한 모형의 선정과 운용에서 발생할 수 있는 위험을 어떻게 관리할 것인가에 대한 지침(model risk management guideline)이나 원칙(principle)을 마련하여 제시하고 있음. 나. 내부적으로 해당 지침에 따라 잘못된 모형의 사용이나 모형의 오용 등 다양한 오류로부터 발생할 수 있는 위험을 관리하거나 혹은 모형의 선정과 사용 등에 대한 당국의 사전·사후적 검증을 거치도록 함. ② AI 일반에 대한 규율 가. 각국의 다수 단체, 협회, 기업 등이 자발적으로 윤리 가이드라인을 발표해오고 있음. 나. 많은 국가들에서 공적인 성격의 윤리 가이드라인이 발표되고 있음. 2019년 유럽집행위원회가 발표한 신뢰할 수 있는 AI 윤리 가이드라인이나 일본 정부의 AI 개발 가이드라인(2017년), 인간 중심의 AI 사회 원칙(2019년) 등을 사례로 들 수 있음. 다. 법적 규제의 대표적 사례로는 현재 입법이 통과된 EU의 AI 규제법(Artificial Intelligence Act)(안)을 들 수 있음. 미국에서도 2023년 10월 Biden 대통령이 AI의 개발과 사용에 있어서의 안전성, 보안성, 신뢰성을 위한 행정명령에 서명함. ③ 금융 AI에 대한 규율 가. 금융에 특화된 공적 윤리 가이드라인의 대표적 사례는 2018년 싱가포르 통화청이 발표한 FEAT 원칙을 들 수 있음. 금융에서 인공지능과 데이터 분석에 기반한 의사결정을 내릴 때 지켜야 할 원칙(공정성, 윤리성, 책임성, 투명성)을 제시함. 싱가포르 통화청은 이를 보완하기 위해 2022년 FEAT 원칙에 대한 평가방법론을 담은 다섯 편의 백서와 소프트웨어 툴키트를 발표함.

		나. 우리나라도 금융위원회가 주축이 되어 다양한 규율 체계를 단계적으로 도입해오고 있음. 로보어드바이저 테스트베드(2016년) 도입을 필두로 금융분야 AI 가이드라인(2021년), 금융분야 AI 개발 · 활용 안내서(2022년), AI 기반 신용평가모형 검증체계(2023년), 금융분야 AI 보안 가이드라인(2023년)을 발표함. ④ 현재까지는 AI의 위험성에 대한 대응이 주로 AI 윤리적 접근에 기반한 시장자율적 혹은 공적 가이드라인을 통해 이루어짐. 가. AI 기술, 개별 알고리즘 및 사용자 활동과 관련된 윤리적 원칙을 세우거나 정부 개입을 통해 자발적 움직임을 유도하는 데 초점을 맞춤. 나. 하지만 AI 윤리학은 본연의 접근법이 제약으로 작용하여 AI의 시스템 위험, 위험을 유발하는 행위나 환경에 대한 평가 등에 소극적이었음. 다. 기존 논의를 주도한 AI 윤리학에서는 윤리적 책임을 묻기 위해 고의성, 행위가 결과에 영향을 미치는 방식에 대한 인식, 특정 결과를 유도할 수 있는 통제 여부 등 행위와 결과 간의 연결고리를 필요로 함.
	2) 그간의 대응	
3. AI 확산의 위험과 정책적 방안	3) 향후 정책 방향	① 금융시스템 전체를 아우르는 AI 네트워크 현황을 파악하기 위한 노력부터 시작해야 한다. 가. 구체적으로는 AI 확산의 시스템 위험성 평가와 대책 마련을 담당할 전담 조직을 마련하여, 글로벌 논의 동향 모니터링 및 평가 시스템 운영과 정책과제의 발굴 작업 등을 담당하도록 해야 한다. 나. AI 윤리학 분야에서 유일하게 AI의 금융시스템 안정성에 대한 위협과 해법을 연구한 Svetlova(2022년)는 금융안정성 문제를 다루는 조직의 필요성을 제시함. 금융에서의 AI와 관련한 금융안정성 문제를 윤리적 관점에서 다루는 전담기관을 신설하거나, 아니면 해당 업무를 업권별로 운영되고 있는 협회 등의 기존 조직에 위탁하는 방안을 제안함. 다. 구체적 방법론의 하나로 AI가 유발할 수 있는 시스템 위험에 영향을 미칠 수 있는 현재와 미래의 직간접적 환경 전반을 포괄하는 경관평가(landscape assessment)를 제시함. 라. 한편 금융학계에서는 Gensler & Bailey(2020년)가 금융시스템 전반에 걸쳐 획일적인 의사결정 행태가 형성되고 있는지를 평가하기 위해 시스템 전반에 대한 평가(horizontal review)의 도입 필요성을 제기함. 모형의 사용, 예측결과에 기반하여 이루어지는 의사결정, 이에 따라 이루어지는 금융회사의 실제 행동 등에 대하여 모든 금융회사와 금융 관련 비금융회사 전체에 대한 평가를 수행함. 이를 위해 전체 금융 네트워크에서 사용되는 모든 데이터와 소프트웨어들 간의 관계를 보여주는 관계도 작성이 필요함.

3. AI 확산의 위험과 정책적 방안	3) 향후 정책 방향	마. 우리나라도 이러한 작업을 수행할 방법과 타임라인에 대해 개략적으로라도 논의를 시작해 볼 수 있는 상황이라고 판단됨. A. 단기적으로는 AI 확산의 시스템 위험성을 논의하기 위해 다양한 전문가들과 이해관계자들이 참여하는 협의체를 출범시킬 수 있음. B. 중기적으로는 해당 협의체에서 논의된 내용을 바탕으로 실제 관련 데이터의 수집과 관리, 정기 시스템 평가 업무 등을 하나 또는 복수의 조직에 위임하여 평가 시스템 개발과 파일럿 운영을 시도함. C, 충분한 준비 작업이 완료되면 궁극적으로 협의체에서 논의된 내용들을 실제로 수행할 전담 기관을 설립하거나 혹은 전술한 기관 중 하나를 전담 위탁기관으로 지정하여 글로벌 논의 동향 모니터링 및 평가 시스템 개선, 실제 평가작업, 정책과제 발굴 등을 수행함. D. 전담기관과 병행하여 AI 업체, 금융회사 및 비금융 금융회사, 학계, 정부 등이 참여하는 위원회를 구성하여 운영함. · 이를 통해 관련 글로벌 논의에서도 핵심적 위치를 차지할 수 있음. ② AI 사용과 관련한 위험을 관리하기 위해 필요 시 AI 사용과 관련한 개별 금융회사 및 금융시스템 차원의 위험성에 부합하는 수준으로 완충자본을 활용하는 것도 검토할 수 있다. 가. AI로 인한 금융안정성 위협에 노출된 거의 대부분의 금융회사에 대해 시스템 차원의 추가적 위험 증가분에 상응하여 상향 조정된 완충자본 수준을 요구함. 나. 영국, 노르웨이, 핀란드, 스웨덴, 벨기에, 네덜란드 등이 담보대출과 관련하여 개별 은행의 완충자본을 내부평가모형에 입각한 수준보다 상향하여 적용하는 조치를 취한 바 있다는 점을 참고할 수 있음. ③ 금융 AI 사용에 인간이 개입하는 <휴먼인더루프> 방식의 거버넌스 구조를 도입해야 한다. 가. 구체적으로는 금융 AI의 활용에 인간이 개입하는 "휴먼인더루프" 방식 채택을 의무화하는 방안에 대해서도 검토할 수 있을 것이다. 나. Zetzsche et al.(2020년)은 AI가 유발할 수 있는 미시적 · 거시적 문제들을 해결하기 위해 금융회사에서 사용하는 AI의 작동 방식에 인간이 개입해야 한다고 주장함. 금융회사에 대한 내부통제 일반의 경우와 유사하게 AI 운영 전반의 실무를 책임질 주요업무집행책임자를 선임.

3. AI 확산의 위험과 정책적 방안	3) 향후 정책 방향	다. AI의 기능과 한계에 대한 정보비대칭성 해결을 위해 독립적인 AI 심의위원회를 구성하여 책임자의 업무를 지원함. 라. 우리도 주요업무집행책임자의 임면과 관련하여 지배구조법 제8조의 대통령령으로 정하는 주요업무에 AI의 도입과 운영 및 감시 업무를 포함시켜 금융 AI의 활용에 휴먼인더루프를 적용시킬 수 있을 것임. ④ 금융회사의 AI 모형 사용에 대한 모형위험관리 지침을 마련하여 배포해야 한다. 가. 해외사례를 참조하여 우리 실정에 맞는 금융회사의 정량모형 사용에 따른 위험관리 방안을 마련하고, 이를 지침화하여 배포해야 할 것임. 나. 그리고 이러한 지침은 모형의 개발절차에서부터 모형에 대한 내부통제, 분석결과의 해석과 사용이나 데이터 보안 등 모형의 채택과 사용 전반에 걸친 내용을 다루고 있어야 하며, 심층학습 등 최신 AI 모형의 특성도 충분히 반영하고 있어야 할 것임. ⑤ 이외에도 사후 정책개입 방안의 마련 등 다양한 정책과제들이 검토되어야 한다. 가. 금융회사의 AI 기반의 모형을 채택할 경우, 기존의 모형을 폐기하지 말고 일종의 백업모형으로 운영하도록 하고 이러한 내용을 지침에도 반영해야 함. 백업모형은 AI 모형의 설명가능성에도 도움이 되며, 만약 AI 모형의 오작동과 같은 문제가 발생할 경우에도 활용할 수 있을 것임. 기존에 이용되던 모형들에 대해서도 사용된 데이터와 함께 보관하도록 할 필요가 있으므로, 자료와 모형에 대한 보존기간을 정하고 이를 지침 등에 명기해야 할 것임. 나. 금융관련 비금융회사들에 대한 규제 방안 마련 : AI 서비스, 클라우드 컴퓨팅 또는 데이터 제공업체 등 금융 관련 비금융회사들에 대해서도 금융회사의 내부모형에 대한 위험관리 수준에 상응하는 규제를 부여할 필요가 있음. 다. 다양한 규제대안의 제시 : 당국의 AI 표준이나 AI 관련 규제가 오히려 모형 개발과정에서 획일성을 확산시키는 단초를 제공할 수도 있음. 따라서 금융회사나 금융 관련 비금융회사들에게 하나의 표준이나 규제가 아닌 복수의 표준이나 규제 순응 방식을 제안할 필요가 있음. 라. 사후 정책개입 방안 A. 실제 위기가 발생할 경우를 대비하여 위기관리를 위한 사후 정책개입 방안을 미리 마련해 놓을 필요가 있음. 일종의 서킷브레이커, 소위 비상정지(kill switch) 장치와 회생계획 등을 미리 설계하고, 도입해 놓는 것이 바람직할 것임.

3. AI 확산의 위험과 정책적 방안	3) 향후 정책 방향	B. AI에 기인하는 시스템 위기에도 중앙은행이 최후의 대부자로서 기능할 필요가 있을 가능성에 대비하여 관련 조항을 미리 검토해야 함. C. 서비스형 AI 제공 업체들에게도 금융회사에 준하는 회생 · 정리계획을 마련하도록 요구하고, AI 모형이 금융회사들의 회생 · 정리계획 진행 시에도 계속 작동할 수 있도록 조치할 것을 요구해야 함.

결론

의견 제시

금번 EU의 AI 규제법 제정과 관련해서, 우리도 이제는 좀 더 본격적으로 AI에 대한 사회적 공론 제기와 규제적 접근이 필요할 때이다.

첫째, AI 리스크 관리를 위한 금융 규제는 선제적으로 고민해야 한다. 규제 범위 관련, 금융안정성, 시장건전성 등에 시스템리스크를 유발할 수 있는 AI 리스크를 규제에 편입하되, 혁신을 억제하지 않도록 그 외의 리스크는 시장 메커니즘을 통하여 효과적으로 관리할 필요가 있다.

둘째, AI의 위험은 금융소비자보호, 개인정보보호 등의 다양한 분야에서 대두하고 있어, 기술적 · 사회적 · 윤리적 고려 사항을 통합하여 포괄적 대응이 필요하다.

셋째, 규제 원칙 관련, AI의 빠른 발전속도를 고려하여 잠재적 위험을 예측하고 선제적으로 완화할 수 있는 규제 원칙을 수립할 필요가 있다.

넷째, 국제 공조가 중요하다. AI로 발생하는 위험은 범국가적인 영향을 끼치고 있어, 국제적 기준 마련과 국제적 협력을 통한 대응이 필요하기 때문이다.

구체적으로는 AI 확산이 시스템 위험을 유발할 가능성을 조기에 차단하고, 유사 시 신속하게 대응하기 위해 다양한 정책과제를 선제적으로 도입하는 한편 관련 글로벌 논의에도 적극 참여해야 할 것이다.

AI 확산이 시스템 위험을 초래할 경우, 사회적 고통이 너무 크다는 점을 인식하고, 우리 앞에 놓인 위험에 대해 이해하고 막아낼 방법을 찾아내고자 최선의 노력을 경주해야 할 것이다. 이러한 노력은 궁극적으로 AI의 보다 빠른 확산과 안정적 사용을 위한 시장 신뢰의 형성에도 도움이 될 것이라고 판단되기 때문이다.

모든 문제는 우리가 AI에 대해 충분히 이해하지 못하다는 사실에 기인하며, 특히 AI 확산에 따른 금융안정성 위협은 '알려지지 않은 불확실한 일(un-known unknowns)'에 해당함을 유의할 필요가 있다.

<출처: 예금보험연구소>

AI가 실물경제에 미치는 영향 시나리오

BIS는 AI의 발전이 실물경제에 미칠 잠재적 영향을 두가지 시나리오로 제시하고, 금융 안정성에 대한 파급 효과와 위험을 검토하여 AI 시나리오가 현실화될 경우를 대비한 비상계획(contingency plan) 마련 필요성을 강조하고 있다.

---

1. 낙관적 AI 시나리오(Optimistic AI Scenario)

① AI의 발전이 생산성을 크게 높여 장 · 단기적으로 생산 · 소비 · 투자를 크게 늘릴 수 있으며, 단기적인 공급 충격으로 디플레이션이 발생할 수 있으나 장기적으로 인플레이션의 효과 (Occupational, Industry, and Geographic Exposure to AI, Felten and R Seamans, 2023) - 이는 골디락스 상황(Goldilocks situation)으로 이어져 성장을 저해할 수 있는 인구 고령화, 글로벌 공급망의 변화 등의 영향을 완화시킬 것으로 예상.

② 다만, 일부 업무 자동화로 인해 발생할 수 있는 일자리 감소는 소비자의 소비 패턴과 소비자 및 기업의 대출 상환 능력에 영향을 미칠 수 있으므로, 금융 부문에서는 이러한 대체로 인한 자원 재배치를 지원할 필요.

2. 파괴적 AI 시나리오(Disruptive AI Scenario)

① AI 기술 고도화로 인간이 수행하는 대부분 업무가 자동화되어 생산량의 급격한 증가와 노동력의 심각한 평가 절하로 실물경제에 큰 타격(Scenario Planning for an A(G)I Future, Korinek, 2023년).

가. 노동력의 평가절하 관련 정책적 조치가 없을 경우, 대규모의 채무 불이행 위험이 발생하여 금융위기의 원인이 될 수 있고, 노동 시장 약화로 인한 정부의 세수 감소로 정부부채의 지속가능성에 대한 불확실성 증대.

나. AI 기반 신규기업으로의 경제체제 전환이 빠르게 진행되어 기존 기업의 파산 위험을 초래하고, 디지털 기술의 승자독식 현상(Winner-takes-all effects)이 강화.

* OpenAI의 CEO, 샘 알트먼(Sam altman)은 최근 특정 사업 분야를 빠르게 장악할 수 있는 수조 달러 규모의 기업이 인간의 노동력 없이 곧 등장할 것으로 예상.

다. 경제 성장 및 물가 상승이 가속화되면 금리가 대폭 상승하여 신용의 질이 저하되고, 대규모의 채무 불이행이 발생하여 금융기관의 건전성 저하.

라. 국가 간의 기술격차는 새로운 형태의 '정보 격차(Intelligence divide)'를 초래하여 심각한 교역조건 악화 가능성(AI, Globalization, and Strategies for Economic Development, Korinek and Stiglitz, 2021년).

03 논술사례

주제 1

2024년 상반기 신용보증기금 신입직원 약식논술사례

주제

인공지능(Artificial Inteligence)은 자율주행자동차, MS社의 Copilot과 같은 자동화된 온라인 비서(automated online assistants), 가상현실경험(virtual reality experiences) 등의 형태로 우리의 일상 삶에 빠르게 침투하고 있고 이전에는 기계 혹은 프로그램으로 대체할 수 없다고 생각되었던 분야에서 사람을 대체해 나가고 있습니다. 신용보증기금도 2022년부터 실시간 동태적 데이터를 활용한 빅데이터, AI기반의 지능형 기업 분석시스템인 BASA(Business Analytics System on AI)를 오픈하여 경영환경을 입체적으로 분석하여 온라인 기업진단과 컨설팅 솔루션을 중소기업에 제공하고 있습니다.

AI를 활용한 서비스는 단시간 내에 기업의 현황을 분석하고 경영개선 솔루션을 산출하여 중소기업에 기업 분석보고서를 실시간으로 제공할 수 있으나, 일각에서는 부정적 영향에 대한 우려도 제기하고 있습니다. 특히, EU의회는 세계 최초로 'AI 규제법'을 최근 통과시켰고 EU 27개국 장관들의 최종 승인을 거쳐 'AI 규제법'을 올해 연말부터 단계적으로 시행할 것으로 보입니다. 지원자가 생각할 때, AI를 활용한 디지털 전환이 초래할 수 있는 위험 요소를 신용보증기금의 BASA 서비스와 연계하여 구체화하여 제시한 후 이를 극복할 수 있는 방안에 대하여 약술하여 주시기 바랍니다.

* ‘AI 규제법’ 최종안은 인간이 AI의 위험성을 통제, AI가 학습 과정에 쓴 콘텐츠를 명시, 원격 생체인식 식별 사실상 금지 등의 내용을 담고 있음

[답안사례 1]

가. AI를 활용한 디지털 전환이 초래할 수 있는 위험 요소

1. 제한적 설명가능성

AI모형 알고리즘의 결과에 기반한 의사결정과 행동을 설명하기가 어렵다는 것이다. 초기 설계 후 딥러닝으로 자체적으로 학습하기 때문에, 결과물을 제공할 뿐 왜 그런지, 즉 WHY를 알기는 어렵다. 기금 BASA의 경우, 매일 기업분석결과 재산출을 통해 동태적 기업상태를 파악할 수 있지만, 만약 전날과 결과가 차이가 있을 경우, 왜 그런지에 대한 이유는 명확히 알기가 어렵다.

2. 체계적 위험발생 가능성

오용, 오작동 없이도 시스템적 위험으로 번질 수 있다는 것이다. 이는 AI의 ‘일방향성’, ‘연결성’에 기인하는데, 다수의 유사한 여건의 이용자가 동일 AI모형을 사용할 시, 획일적 결과가 강화되어 차별성이 낮아지고, 쏠림현상 등으로 인해 이것이 시스템 위험으로 이어질 수 있다는 것이다. 기금의 BASA 또한 AI를 기반으로 하는 만큼, 데이터 축적이 야기할 수 있는 AI모형의 자기강화는 경계해야할 부분일 것이다.

3. 의사결정 편향 및 디지털 만능주의

학습 데이터의 편향성과 자율시스템의 오작동으로 인한 의사결정 왜곡문제에 유의해야할 것이다. 특히 기금의 주요고객인 중소기업의 경우, 평가 시 정성적 정보의 중요성이 큰 만큼, 디지털 기술이 항상 정확하게 평가한다는 '디지털 만능주의'를 경계할 필요가 있다.

나. 정책적 대응방안

첫째, AI모형 리스크 관리 가이드라인을 제작하고 배포하는 것이다.

AI는 데이터 품질향상, 효율성 제고등을 통해 기업평가시스템의 수준을 몇 단계 진보시켰다는 평가를 받고 있지만, 리스크에 대한 비판이 존재하는 것도 사실이다. 특히 제한적 설명가능성으로, 결과물에 대해 설명책임을 다하지 못하는 것은 금융기관의 신뢰성 손상과도 직결될 수 있기 때문에 심도 깊은 논의가 필요하다.

이에, 결과물의 해석 및 사용, 데이터 보안 프로세스 등의 내용을 담은 AI모형 리스크 관리 가이드라인을 마련하는 것이 필요하다. 추가로, 심층학습, 생성형 AI등 최신 트렌드를 지속적으로 반영하여 설명가능성을 제고하는 것이 필요할 것이다.

둘째, 금융시스템 전체를 조망하는 'AI 안전성 검토 전담조직'을 신설하는 것이다.

기존 금융시스템의 경우, 개별 이용자 및 알고리즘이 특정 법과 규제에 부합하는지 여부에 대해 통제해왔고, 위반 시 패널티를 주는 등의 조치가 행해졌다. 그러나, 방대한 데이터를 기반으로 하는 AI의 특성상 향후 개별적 문제상황을 일반화하기란 더욱 어려워질 것으로 예상된다.

이에 사회적 관점에서, 금융시스템 전체를 조망하고, AI확산의 위험성과 대응방안을 마련할 전담조직을 마련하는 것이 필요하다. 단기적으로는 클라우드 서비스업체, 학계, 금융회사 등 다양한 이해관계자들이 참여하여 위험성에 대해 논의하고, 장기적으로는 논의된 내용을 바탕으로 AI평가시스템 고도화, 모니터링 시스템 개선, 신규 정책과제 발굴 등의 작업을 수행할 수 있을 것이다.

셋째, 정량적, 정성적 정보를 효과적으로 수집하고 이를 균형 있게 AI시스템에 효과적으로 반영할 수 있는 방안을 고민해야 할 것이다. 특히 정성정보의 경우, 투입정보와 산출정보가 목적에 부합하게 산출되었는지 지속적으로 모니터링하고, 미흡할 시 촘촘히 보완해 나가야할 것이다.

[답안사례 2]

BASA 서비스가 초래할 수 있는 위험 요소와 신용보증기금의 극복방안은 아래와 같습니다

투명성과 설명 가능성: AI 시스템의 의사결정 과정은 종종 '블랙박스'로 인식되어, 그 판단 근거가 외부에서 쉽게 이해되거나 검증되지 않습니다. BASA를 통한 기업 진단 결과도 그 근거나 과정이 검증되지 않을 경우, 신뢰성에 대한 의문이 생길 뿐만 아니라 이러한 불투명성은, 신용보증기금이 AI의 취약점과 문제점을 파악하는 능력도 저하시킬 수 있습니다.

한편, EU의 고위험 AI 시스템에 대한 규제법의 핵심 요소 중 하나는 설명 가능성입니다. 이에 대응하여 신용보증기금은 AI의 의사결

정 프로세스를 확인할 수 있도록 AI 결정 논리와 과정을 문서화하고, 관련 정보를 투명하게 공개해야 합니다. 즉, 내부 메커니즘을 개방하고, 결정 근거를 설명할 수 있는 시스템을 도입해야 합니다. 또한, AI의 결정을 전문가가 검토할 수 있는 '휴먼 인 더 루프' 시스템을 도입해, 인간의 감독을 강화함으로써 해당 위험을 최소화할 수 있습니다.

데이터 품질과 편향성: BASA는 신용보증기금이 수집한 기업 정보를 근거로 작성되기 때문에, 데이터 풀 자체의 한계와 그에 따른 편향성은 불가피합니다. 데이터의 편향성은 AI 분석 결과에 영향을 미쳐 잘못된 경영 조언으로 이어질 수 있습니다. 특히, 소상공인 대상 AI 경영진단은 주 소비자 특성상, 결과 오류가 큰 피해로 이어질 수 있으므로 더욱 주의가 필요합니다.

이를 극복하기 위해 체계적인 데이터 관리 프로세스를 수립하고, 데이터 거버넌스를 강화해야 합니다. 데이터 품질을 지속 모니터링하고, 편향 최소화를 위해 '편향 감지 및 수정 알고리즘'을 적용하여 패턴을 실시간으로 관찰하고 관리할 수 있습니다. 또한, 연속적인 서비스를 필요로 하는 금융 분야의 특성상, 지속적인 업데이트와 시스템 관리를 통해 연속성과 복원력을 확보해야 합니다.

규제 준수와 법적 제한: AI 규제법 확산에 따라 규제 및 법적 책임은 AI 시스템 활용의 필수적인 고려사항이 되었습니다. BASA는 대량의 기업 데이터를 처리하고 분석하며, 이는 AI 규제법의 '제한된 위험'에 속합니다. 이 과정에서 개인정보가 포함된 데이터의 취급이 EU GDPR과 같은 엄격한 데이터 보호 법규를 위반할 수 있습니다.

이에, 신용보증기금은 AI 개발과 운용 전반에 걸쳐 윤리적 가이드라인을 적용하고 적극 활용해야 합니다. 더불어 감독 기관과의 협력을 강화해, BASA 운영이 관련 법 및 국내 규제에 따라 이루어지고 있는지 지속적으로 확인해야 할 것입니다. 한편, 데이터 보호 및 개인정보 보호 강화를 위해서도 데이터 암호화, 접근 제어, 데이터 무결성 검증 등의 기술적 조치를 강화할 수 있습니다.

신용보증기금의 BASA 서비스는 혁신적이지만, 투명성 부족, 데이터 편향성, 규제 미준수 등의 위험도 내포하고 있습니다. 지속적인 모니터링과 정책 개발 로 AI 확산의 위험을 조기에 감지하고 대응하여, 금융 시장의 투명성과 신뢰성을 높이는 데 기여해야 합니다.

chapter 14 생성형 AI 확산과 대응방안

01 논제 개요 잡기 [핵심 요약]

서론	이슈언급	향후 AI 기술이 금융서비스에서 광범위하게 사용될 가능성이 높아지고 있는 만큼 AI 신뢰도를 높이고, 위험을 체계적으로 관리할 수 있는 장치 마련이 뒷받침될 필요가 커졌다.	
본론	1. AI 리스크	1) AI 활용도 확산과 관련 리스크 분석 필요성	추후 AI 기술이 발전하고 규제가 완비되어도, 생성형 AI와 금융업의 특성상 모든 종류의 리스크에 완벽하게 대비할 수 없어 리스크를 세분화하여 분석하고 대응방안을 마련할 필요가 있다. 인프라 장애나 서비스 운영 미숙, 인적오류 등으로 인한 Tech Risk는 이미 발생사례가 다수 보고되고 있는 반면, 생성형 AI의 금융서비스 적용은 아직 도입 초기단계로 리스크가 현실화되지 않았고 관련 규제도 정리되지 않았음.
		2) 리스크의 종류와 파급효과	① 데이터 관련 리스크 ② 산출물 관련 리스크 ③ 시장 변동성 확대 리스크

결론	의견제시	첫째, 내부 데이터의 유출, 악용방지뿐 아니라 외부의 AI모델과 트레이닝 데이터를 활용할 때에도 금융기관의 목적과 상황에 적합하고 편향이나 오염의 가능성이 없는지 항시 점검해야 한다. 둘째, 생성형 AI를 중요한 업무에 높은 빈도로 투입할수록 결과물의 팩트체킹을 위한 인간의 점검빈도를 높이거나 별도의 외부 서비스를 활용하는 등 환각 현상에 대비해야 한다. 셋째, 빅데이터 활용과 적시성 등 AI · 알고리즘 트레이딩의 장점을 수용해 시장 대응력을 개선하는 한편, AI 트레이딩의 보편화가 초래할 수 있는 시장의 동조화와 변동성 확대에 대비해야 한다. <출처: 우리금융경영연구소>

02 논제 풀이

서론

이슈 언급 국내 금융당국은 최근 생성형 AI 기술에 따른 금융권의 AI 활용이 가속화됨에 따라 망분리 규제 완화 등 관련 규율체계 개선을 논의 중으로, 향후 광범위하게 이용될 수 있는 AI 활용을 위해 위험관리 체계 마련이 선행되어야 할 것으로 판단된다. 구체적으로 금융당국은 금융분야에서 AI 활용이 안전하게 확대되고 정착할 수 있도록 2021년 「금융분야AI 가이드라인」을 마련하였으며, 2022년 8월에는 '금융분야 AI 활용 활성화 및 신뢰확보 방안'을 통해 로드맵을 제시하고 이에 따른 다양한 후속조치를 수행 중이다.

다만 현재 망분리 및 데이터 결합 규제로 인해 금융권 내 생성형 AI 활용에 제약이 있어, 금융권의 AI 활용도 제고를 위해서는 관련 규제를 완화시켜야 한다는 의견이 지속됨에 따라, 금융당국은 망분리 적용 업무, 시스템 등을 세분화하여 전자금융거래와 무관한 영역에서는 규제를 완화,해제하는 방안을 고려하는 등 금융권 망분리 제도 개편 계획을 발표했다.(금융위원회, 2024년 7월 8일, 김소영 금융위 부위원장)

따라서, 향후 AI 기술이 금융서비스에서 광범위하게 사용될 가능성이 높아지고 있는 만큼 AI 신뢰도를 높이고, 위험을 체계적으로 관리할 수 있는 장치 마련이 뒷받침될 필요가 커졌다.

이에 본지에서는 금융업계의 AI 도입관련 종류와 대응방안에 대하여 논하기로 한다.

본론

1. AI 리스크	1) AI 활용도 확산과 관련 리스크 분석 필요성 <출처: 우리금융경영연구소>	① 2022년 12월 ChatGTP의 등장 이후 생성형 AI기술이 급속도로 발전하며 금융업계에서도 업무의 전 영역에서 생산성 향상과 비용 절감을 위해 AI를 활용하기 시작했다. 생성형 AI는 기존에 학습된 데이터를 바탕으로 새로운 콘텐츠를 생산해 낼 수 있어 금융 상품과 서비스 개발, 시장 분석과 투자 전략 수립, 고객 분석·분류와 마케팅, 고객 응대 등 업무의 전 영역에서 널리 적용 가능하다. 가. JPMC는 연간 10억 달러를 투자해 금융정보 분석서비스 IndexGPT를 개발. 나. Morgan Stanley와 Netwest는 AI 가상비서를 통해 고객별 맞춤형 서비스를 제공. ② 최근 들어 AI의 활용도 확산에 따른 리스크에 대한 우려가 제기되고 있으며, 주요국은 AI 기술에 대한 통제력 확보와 보안 강화 정책을 수립 중이다. 가. IMF(2023년)는 생성형 AI가 금융업에서 개인정보 유출, 잘못된 의사결정, 시장교란 등을 통해 금융시장의 신뢰성과 안전성에 실질적 위험을 미칠 수 있다고 지적. 나. 미국, EU, 한국 등은 AI 규제 법률을 제정하거나 유관 기관을 확정하고 보안가이드라인을 발표하고 있으며, 주로 개인정보 보호와 차별금지 등에 집중. A. 미국의 소비자금융보호국(CFPB)는 금융업계에서 AI를 활용하는 과정에서 데이터 유출 등 보안 위험이나 잘못된 정보가 생성·유포되는 등의 리스크에 대해 모니터링. B. EU가 2024년 3월 제정한 AI법은 생성형 AI가 HR 등에 활용될 경우의 차별금지 등에 대한 구체적인 조항을 포함. C. 금융감독원은 '금융분야 AI가이드라인'(2021)에서, 금융산업의 책임성, 데이터의 정확성과 안전성, 서비스의 투명성과 공정성, 소비자 권리 보장 원칙을 발표. 또한, 금융분야 AI활용 활성화 및 신뢰확보방안'(2022)에서는 데이터 확보지원과 AI 제도 점검, AI 검증체계구축 방안을 추가 발표. ③ 2024년 5월 한국과 G7 국가들, 호주와 UN, OECD, EU 대표와 각국의 글로벌기업들이 참가한 'AI 서울 서밋'에서는 AI의 개발과 적용에서 안전과 혁신, 포용의 원칙을 확립하고 주요국들이 합동으로 협력해 나갈 것을 공표했다. ④ 추후 AI 기술이 발전하고 규제가 완비되어도, 생성형 AI와 금융업의 특성상 모든 종류의 리스크에 완벽하게 대비할 수 없어 리스크를 세분화하여 분석하고 대응방안을 마련할 필요가 있다. 인프라 장애나 서비스 운영 미숙, 인적오류 등으로 인한 Tech Risk는 이미 발생사례가 다수 보고되고 있는 반면, 생성형 AI의 금융서비스 적용은 아직 도입 초기단계로 리스크가 현실화되지 않았고 관련 규제도 정리되지 않았다.

1. AI 리스크	2) 리스크의 종류와 파급효과	① 데이터 관련 리스크 : AI 시스템의 인풋이 되는 데이터 관리와 관련해 개인정보 유출 등 프라이버시 문제뿐만 아니라, 유입 데이터가 보편·공정성을 잃는 편향(bias)이나 악의적으로 아웃풋을 조작하기 위한 데이터 오염(poisoning) 등의 위험이 높다. 가. 개개인의 데이터가 익명화 되어서 취급·저장된다 해도 데이터가 담고 있는 정보를 통해 해당 개인의 신원을 역추적해 특정이 가능할 수 있어 데이터 유출 방지가 중요. 나. 트레이닝 데이터의 내용이나, 데이터를 프로세스하는 알고리즘, 아웃풋을 해석하고 적용하는 인식과정에서 보편·공정성이 훼손될 가능성이 있음(데이터 편향). 온라인 마케팅에 보편화된 검색엔진 최적화(SEO, Search Engine Optimization) 테크닉이 AI 트레이닝 데이터에 영향을 주기 위해 사용될 가능성이 높으며, 이에 따라 데이터 편향 위험이 상승. AI 모델에 주입된 데이터와 아웃풋의 정확한 인과관계를 설명할 수 없는 AI의 특성(lack of explainability)도 데이터 편향이나 데이터 오염에 대한 정확한 진단과 교정을 어렵게 하는 요인이 됨. 다. 시스템과 보안의 취약부문을 악용해 AI 모델을 무력화하거나 아웃풋을 조작하기 위해 외부에서 편향된 데이터를 주입하는 데이터 오염(poisoning)의 가능성도 존재. 이용되고 있는 AI 모델의 구조와 사이버보안 프로토콜에 대해 알고 있는 인사이더(조직 내부인이나 정보를 입수한 개인/단체)가 데이터 오염을 시도할 경우 공격이 수월하게 이루어질 수 있고 피해가 큼. 라. 금융기관의 의사결정은 개인이나 기업고객의 재무에 결정적인 영향을 미칠 수 있으며, 금융시장을 교란시키는 파급효과를 초래할 수도 있어 이해 당사자들이 데이터 처리 과정에 개입해 결과를 조정하려는 인센티브가 존재. ② 산출물 관련 리스크 : 인풋 데이터의 문제가 없더라도, 생성형 AI의 내재적 특성상 주어진 질문에 대해 사실이 아니나 그럴듯한 답변을 제시하는 환각 (Hallucination)현상이 발생해 잘못된 산출물(아웃풋)을 생성할 가능성이 있다. 환각 현상은 주어진 질문에 대해 사실이 아니나 그럴듯한 답변을 꾸며내어 대답하는 것으로, 생성형 AI를 활용하는 산업계에서 실질적인 피해와 신뢰저하 사례가 발생하기도 했다. **(사례 1)** 2024년 2월, 캐나다 행정재판소는 Air Canada AI챗봇이 사실과 다른 내용을 고객에게 안내한 부분에 대해 기업이 책임을 지고 고객에게 환불해야 한다고 결정. **(사례 2)** 2023년 6월 미국의 맨해튼 지방법원은 뉴욕주 변호사 2명이 ChatGPT를 이용해 작성한 법원 제출 서류에서 6건의 사실이 아닌 거짓 판례를 인용한 것에 대해 5천 달러의 벌금을 부과.

1. AI 리스크

2) 리스크의 종류와 파급효과

가. 생성형 AI는 작동 원리상 "학습을 바탕으로 새로운 결과를 생성하고" "대규모 데이터를 압축해 프로세스하며" "자연스러운 답변 생성을 위해" 결과를 취사선택하는 성질이 있어 근본적으로 환각을 완전히 제거할 수 없음.

나. 양질의 데이터를 대량으로 학습한다 해도 항상 기존의 데이터와 일치하지 않는 질문이 발생하며, 저장공간의 한계로 데이터를 압축·복구하는 과정에서 유실이 발생하고 팩트와 유사하나 거짓된 답변 생성이 불가피.

다. 질문이 복잡할수록, 기존에 많이 논의되지 않은 내용일수록 환각이 발생할 확률이 높으며, 2024년 5월 현재 생성형 AI들이 환각으로 잘못된 산출물을 생산할 확률은 평균 2.5% ~ 22%로 나타남. OpenAI의 최신 프리미엄 서비스인 GPT 4 Turbo의 환각 비율이 2.5%로 가장 낮으며 GTP 4가 3.0%, Microsoft의 Orca-2-13b는 3.2%, Meta가 제공하는 Llama 3 70B가 4.5% 등.

라. 금융시장에 구조적인 변화나 예기치 못한 상황이 발생할 경우 환각 현상으로 생성형 AI가 잘못된 의사결정을 내려 상당한 피해를 미치고 금융기관의 신뢰가 훼손될 가능성 존재.

③ 시장 변동성 확대 리스크 : AI시스템의 인풋(데이터)과 아웃풋(산출물)의 문제가 없더라도 다수의 금융기관이 동일·유사한 AI모델을 활용해 금융시장에 참여하면 주어진 뉴스에 동일한 포지션을 취하는 투자 규모가 확대되어 버블·버스트 사이클이 심화될 수 있다.

가. 알고리즘 트레이딩은 미국 주식 거래의 60~73%, 유럽의 60%, 아시아의 45%를 차지하고 있고 생성형 AI의 발전으로 금융기관뿐 아니라 일반 투자자들에게까지 급격히 확산.

나. AI 모델의 발전으로 기존의 단순한 예측형 알고리즘에서 벗어나 더 많은 데이터를 활용해 실시간으로 고도화된 분석을 수행할 수 있으며, 일반인들도 생성형 AI를 이용해 알고리즘 제작이 가능.

다. AI를 활용한 트레이딩 알고리즘은 주어진 경제·금융환경과 데이터를 바탕으로 빠른 속도로 각종 자산의 매수·매도 포지션을 결정해 동일 AI를 이용하는 다수의 투자자가 일시에 같은 결정을 내리면 시장 변동성이 급격히 확대.

라. AI 모델도 인터넷 검색이나 웹 커머스와 같이 이용자가 많을수록 서비스의 질이 개선되는 네트워크 효과(network-effect)가 있어, 최종적으로 가장 우수한 소수의 서비스를 대다수 고객이 이용할 가능성이 높음 → 시장의 시스템 리스크가 증가하는 것으로 AI·알고리즘 트레이딩을 이용하지 않는 투자자나 금융기관도 위험에 노출.

 결론

의견 제시 금융기관들은 AI를 적극 도입해 업무혁신을 이루고 효율성을 향상시키는 동시에, AI의 확산이 초래할 수 있는 리스크를 인식, 이해하고 자체적인 대비 · 대응방안을 마련할 필요가 있다.

첫째, 내부 데이터의 유출, 악용방지 뿐 아니라 외부의 AI모델과 트레이닝 데이터를 활용할 때에도 금융기관의 목적과 상황에 적합하고 편향이나 오염의 가능성이 없는지 항시 점검해야 한다. 특히, 임직원이나 업무상 협력 관계로 내부 시스템에 접근하기 용이한 인물 · 조직의 부주의나 고의로 데이터의 유출 · 편향 · 오염이 발생하지 않는지 모니터링을 강화해야 한다.

둘째, 생성형 AI를 중요한 업무에 높은 빈도로 투입할수록 결과물의 팩트체킹을 위한 인간의 점검빈도를 높이거나 별도의 외부 서비스를 활용하는 등 환각 현상에 대비해야 한다.

셋째, 빅데이터 활용과 적시성 등 AI · 알고리즘 트레이딩의 장점을 수용해 시장 대응력을 개선하는 한편, AI 트레이딩의 보편화가 초래할 수 있는 시장의 동조화와 변동성 확대에 대비해야 한다.

한편, 최근 대한상공회의소가 실시한 '금융권 AI 활용현황과 정책개선 과제 조사'(2024년 6월 20일) 결과에 따르면 2021년 금융위원회가 발표한 '금융분야 AI 가이드라인'에 대해 '내용이 추상적이어서 활용하기 어렵다'(53.4%)거나 '잘 모르겠다'(37.8%)라는 평가가 대다수로 나타났다.
따라서, 정책당국은 기존 금융분야 AI 가이드라인의 추상적인 내용, 모호함 등으로 실제 적용에 어려움을 겪고 있다는 의견을 고려하여, 보다 구체적이고 모범사례를 포함하여 실무적으로 유용하도록 가이드라인을 개선하는 것을 검토해 볼 수 있다.

<출처: 우리금융경영연구소>

chapter 15 망분리 규제

01 논제 개요 잡기 [핵심 요약]

서론	이슈언급		지난 2024년 7월 19일, 전 세계 주요 서비스가 멈추는 대규모 먹통 사태가 발생했다. 이번 사태로 해외에서는 일부 금융기관이 직격탄을 맞았다. 반면, 한국의 경우 다른 국가에 비해 피해 규모가 크지 않아 주목을 받고 있다. 일각에서는 은행 등 금융회사는 망분리 규제가 적용돼 핵심 서비스가 외부망과 연결되지 않은 점도 피해가 발생하지 않은 이유라 언급한다. 내부망과 외부망을 나눠 운영하는 '망분리 제도'가 효자 역할을 했다는 것이다. 하지만 실제 국내 50개 금융사 최고경영자(CEO)와 디지털 전략 최고책임자(CDO)들이 디지털 전환을 가로막는 장애물로 망 분리 규제를 꼽았다. 현재 내부망과 외부망을 엄격히 분리해 놓은 것이 금융사들의 혁신적인 금융 상품과 서비스 개발을 불가능하게 하고 있다는 이유에서다.
본론	1. 망분리 규제	1) 의미 및 배경	① 의미 ② 망분리 규제 도입 배경 ③ 망분리는 물리적 망분리와 논리적 망분리로 나뉜다.
		2) 현황	① 국내 시중은행은 망 분리 규제로 자체 시스템을 구축, 운영하고 있다. ② 따라서 현재 금융기관의 내부 컴퓨터로는 생성 AI나 클라우드, 오픈소스, SaaS(Software as a Service · 서비스형 소프트웨어) 등 같은 외부 서비스와 데이터를 활용할 수 없다.

<table>
<tr><td rowspan="3">본론</td><td>1. 망분리 규제</td><td>2) 현황</td><td>③ 해킹 등 금융시스템을 안전하게 보호하는 데는 기여했지만 클라우드나 AI와 같은 신기술 적용에는 장애요인으로 작용한다.</td></tr>
<tr><td rowspan="2">2. 문제점 및 방안</td><td>1) 문제점</td><td>① 전 세계가 '초연결 시대'에 접어든 만큼 획일적인 망 분리 정책은 개선해야 한다는 의견이 나온다. 특히 챗 GPT로 대표되는 생성형 AI를 이용한다면 훨씬 고객의 필요에 맞는 서비스나 상품을 구상하고 만들어낼 수 있을 텐데 망이 분리돼 개발자들이 효율적으로 활용하지 못하고 있다.
② 핀테크 업체들은 망분리 규제를 진입장벽으로 꼽는다. 망분리를 구축할 수 있는 대형 금융회사만 사업을 독점하게 된다는 것이다.
③ 망분리는 물리적으로 가장 높은 수준의 보안이다. 하지만 물리적 분리가 모든 보안을 해결하지는 않는다.
④ 늘어나는 망분리 문의</td></tr>
<tr><td>2) 대안
<출처: 투이 컨설팅></td><td>① 필요성 : '차단' 아닌 '통제' 중심 규제 전환 필요성이 크다.
② 방안
가. 데이터를 중심으로 망을 분리하는 방법이 있다.
나. 최신 보안 기술을 도입하는 것이다.
다. 해외 사례처럼 망분리의 개념을 네트워크 간 연계 차단이 아닌 통제의 관점으로 접근하는 것도 방법이다.</td></tr>
<tr><td>결론</td><td>의견제시</td><td colspan="2">강력한 망분리 규제로 인해 금융권이 그간 각종 사이버위험으로부터 안전하게 보호되어 왔다는 점은 부인할 수 없다. 일례로 2017년 전 세계적으로 대규모 랜섬웨어(ransomware) 공격이 발생했으나, 국내 금융권은 실질적인 피해가 발생하지 않았다. 하지만, 클라우드 이용 확대, 재택근무 증가 등 금융 IT 환경이 급변하는 상황에서 망분리 규제가 업무에 큰 애로사항으로 작용한다는 의견이 지속 제기됐다. 보안과 편의성은 양립할 수 없는 칼과 방패 같은 모순 성격이 있다. 이 둘을 100% 다 만족할 수 있는 방안을 찾아야 한다. 민관이 신기술 활용과 제도개선을 두고 묘안을 찾아 나가야 할 것이다.
망분리 규제 자체를 없애는 것이 아니라 개발 업무에 한정해서 요건을 완화하거나 개발 서버 접속 단말기에 대한 임시비밀번호(OTP) 기반 물리 인증 적용 등이 대안이 될 수 있다. 또 모든 전산업무 등을 클라우드로 전환, 보안은 강화하되 업무 효율성을 높이는 방안도 고려해 볼만하다. 규제 완화와 함께 사후 규제를 강화하는 것도 검토 대상이다.
<출처: 전자신문></td></tr>
</table>

02 논제 풀이

서론

이슈 언급 지난 2024년 7월 19일, 전 세계 주요 서비스가 멈추는 대규모 먹통 사태가 발생했다. 이번 사태는 글로벌 보안기업 크라우드 스트라이크가 보안 소프트웨어 '팰컨'을 업데이트하는 과정에서 MS 운영체제와 충돌을 일으키며 발생했다. 이번 사태로 해외에서는 일부 금융기관이 직격탄을 맞았다. 영국에서는 런던증권거래소와 메트로은행이 일부 서비스 장애를 겪었고, 이스라엘 중앙은행과 호주 대형 시중은행들도 시스템 오류 피해를 봤다. MS 운영체제가 적용된 은행 입출금 및 신용카드 결제 전산망이 마비된 탓이다. 반면, 한국의 경우 다른 국가에 비해 피해 규모가 크지 않아 주목을 받고 있다. 시중은행 등 국내 은행은 장애가 발생한 해외 서버를 이용하지 않거나, MS 클라우드가 아닌 다른 클라우드 서비스를 사용하면서 현재까지 관련 피해나 문제가 발생하지 않았다. 일각에서는 은행 등 금융회사는 망분리 규제가 적용돼 핵심 서비스가 외부망과 연결되지 않은 점도 피해가 발생하지 않은 이유라 언급한다. 내부망과 외부망을 나눠 운영하는 '망분리 제도'가 효자 역할을 했다는 것이다.

하지만, 이런 긍정적 분위기에도 불구하고 2024년 7월 금융당국은 기존의 망분리 규제에 대해 유연성을 부여하는 방향으로 단계적 개선을 추진하겠다고 밝혔다. 금융보안의 패러다임을 '자율적이고 능동적인 보안'의 형태로 전환해야 한다"며 망분리 규제의 유연성 부여에 대해 설명했다. 실제 국내 50개 금융사 최고경영자(CEO)와 디지털 전략 최고책임자(CDO)들이 디지털 전환을 가로막는 장애물로 망 분리 규제를 꼽았다. 현재 내부망과 외부망을 엄격히 분리해 놓은 것이 금융사들의 혁신적인 금융 상품과 서비스 개발을 불가능하게 하고 있다는 이유에서다. 이에 본지에서는 디지털금융 및 금융혁신을 막는 장애물로 여겨지는 망분리 규제 도입의 배경 및 문제점에 대해 알아본 후, 정책적 대응방안에 대하여 논하기로 한다.

본론

1. 망분리 규제	1) 의미 및 배경	① 의미 : 망분리란, 외부의 침입으로부터 내부 전산 자원을 보호하기 위해 네트워크망을 이중화시켜, 업무용(내부망PC)과 개인용(인터넷PC)으로 분리하는 것을 말한다. ② 망분리 제도 도입 배경 가. 2011년 4월 농협에서 전산 장애 사태, 2012년 3월 주요 언론과 기업의 전산망 마비 사태 당시 사태의 원인은 보안업체 서버를 통해 악성코드에 공격당한 것이 원인으로 추정되었다. 이는 내부망과 외부망이 분리되지 않아, 외부에서 악성코드를 내부 시스템에 심어 놓을 수 있는 환경이 문제의 원인으로 지적되었다.

나. 그 후 지난 2013년 12월, 전자금융감독규정에 망분리 규제가 제정되었다. 이에 따라 모든 금융회사, 전자금융업자는 망분리 규제를 적용 받게 되었다. 개인정보 유출이 대형 사고로 이어지는 금융 분야의 특수성에 의한 피해를 막기 위함이었다.

전자금융감독규정 **제15조(해킹 등 방지대책)**

① 금융회사 또는 전자금융업자는 정보처리시스템 및 정보통신망을 해킹 등 전자적 침해행위로부터 방지하기 위하여 다음 각 호의 대책을 수립 · 운용 하여야 한다.

3. 내부통신망과 연결된 내부 업무용시스템은 인터넷(무선통신망 포함) 등 외부통신망과 분리 · 차단 및 접속 금지(단, 업무상 불가피하여 금융감독원장의 확인을 받은 경우에는 그러하지 아니하다) <개정 2013. 12. 3.>

5. 전산실 내에 위치한 정보처리시스템과 해당 정보처리시스템의 운영, 개발, 보안 목적으로 직접 접속하는 단말기에 대해서는 인터넷 등 외부통신망으로부터 물리적으로 분리할 것(단, 업무 특성상 분리하기 어렵다고 금융감독원장이 인정하는 경우에는 분리하지 아니하여도 된다.) <신설 2013. 12. 3., 개정 2015. 2. 3.>

<출처: 투이컨설팅>

1. 망분리 규제

1) 의미 및 배경

③ 망분리는 물리적 망분리와 논리적 망분리로 나뉜다. 전자금융감독규정에 의해 금융권은 물리적 망분리를 하도록 명시하고 있다. 장비 구축과 보안 업무의 증가로 비용 부담은 커졌지만, 물리적으로 차단된 상황이기 때문에 악성코드나 바이러스 유입 가능성은 적어졌다. 규제가 적용되기 시작한 그때는 망분리가 최선의 방법으로 여겨졌다.

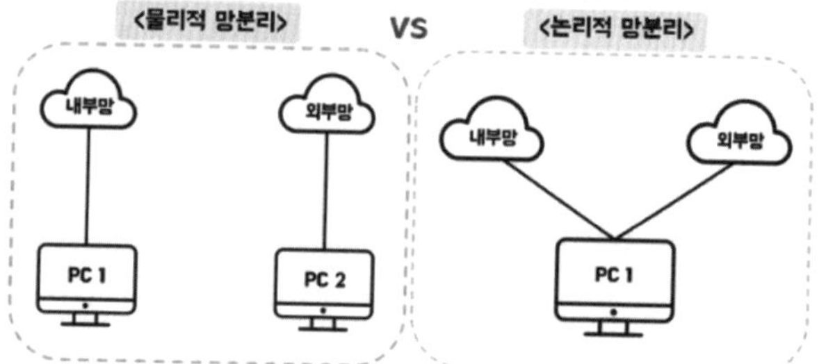

가. 물리적 망분리는 개인당 두 개의 PC를 사용하거나 전환 스위치로 망을 분리하는 방식, 네트워크 카드를 두 개 탑재한 PC를 사용하는 방안 등이 있다. 일반적으로는 인터넷PC와 내부망PC를 별도로 두 대 설치하는 방식을 사용한다. 물리적 망분리의 장점은 완벽한 망분리가 지원돼 내부망의 안전성이 높다는 점이다. 하지만 개인당 두 대의 PC를 사용하는 것은 비용이 많이 들고, PC의 수가 물리적으로 많아지면서 발열로 인해 업무환경도 악화된다는 단점이 있다.

1. 망분리 규제	1) 의미 및 배경	나. 2013년에 들어서는 물리적 망분리보다 논리적 망분리를 선호하는 추세다. 논리적 망분리는 일종의 가상화 영역의 망분리로, 개인당 한 대의 PC에서 내부망과 외부망을 분리하는 방식이다. 논리적 망분리는 기반 환경 구축에 대한 관리 및 운영비용이 물리적 망분리보다 저렴하다는 장점이 있다. 하지만 웜이나 바이러스 유입이 가능하고 내부망에서 인터넷망으로 바로 연결될 수 있다는 보안의 위험이 있다는 단점이 있다.
	2) 현황	① 국내 시중은행은 망 분리 규제로 자체 시스템을 구축, 운영하고 있다. 주요 금융거래는 자체 데이터 서버를 이용하는 방식이다. KB국민은행과 신한, 하나, 우리은행은 자체 데이터센터를 기반으로 주요 금융 서비스를 운영하고 있다. H농협은행은 국산 서비스인 네이버클라우드를 사용하고 있다. ② 따라서 현재 금융기관의 내부 컴퓨터로는 생성 AI나 클라우드, 오픈소스, SaaS(Software as a Service · 서비스형 소프트웨어) 등 같은 외부 서비스와 데이터를 활용할 수 없다. ③ 국내에서는 MS 클라우드인 '애저'의 사용률이 낮다는 점도 7월 사태를 피해가는 데 한몫했다. 과학기술정보통신부에 따르면 지난해 기준 국내 클라우드 서비스 이용률은 아마존웹서비스(AWS)가 60.2%로 가장 높았고, 이번에 문제가 발생한 MS의 애저가 24%로 뒤를 이었다. ④ 해킹 등 금융시스템을 안전하게 보호하는 데는 기여했지만 클라우드나 AI와 같은 신기술 적용에는 장애요인으로 작용한다.
2. 문제점 및 방안	1) 문제점	① 금융권에 망분리 규제가 도입된 지 11년이 지났다. 11년의 시간 동안 많은 것들이 달라졌다. 인공지능(AI), 클라우드 등 금융 산업에 활용할 수 있는 기술들이 눈부시게 발전했지만 정작 우리 금융사들은 망 분리 규제로 인해 이를 제대로 활용하지 못하고 있다. 따라서, 전 세계가 '초연결 시대'에 접어든 만큼 획일적인 망 분리 정책은 개선해야 한다는 의견이 나온다. 초연결 시대는 글로벌 클라우드 서비스 공급업체(CSP)와 소프트웨어 플랫폼, 보안 공급업체, 이용자가 서로 연결된 시대를 뜻한다. 한국이 외국 클라우드 서비스에 대해 지나치게 장벽이 높은 탓에 AI 서비스 개발에 제한을 받고 있다. 특히 가. 챗 GPT로 대표되는 생성형 AI를 이용한다면 훨씬 고객의 필요에 맞는 서비스나 상품을 구상하고 만들어낼 수 있을 텐데 망이 분리돼 개발자들이 효율적으로 활용하지 못하고 있다. 금융사들이 사고를 내 도입된 규제이니만큼 금융사들이 적극적으로 풀어달라고 하지도 못하고 있어 디지털 경쟁에서 계속 뒤처지고 있다.

2. 문제점 및 방안	1) 문제점	② 핀테크 업체들은 망분리 규제를 진입장벽으로 꼽는다. 망분리를 구축할 수 있는 대형 금융회사만 사업을 독점하게 된다는 것이다. 부담을 줄이기 위해 논리적 망분리를 구축한 핀테크 기업들은 벌금을 부과 받았다. 2021년 카카오페이는 망분리 이행 위반 등을 포함해 과태료 6, 960만 원을, 토스를 운영하는 비바리퍼블리카는 망분리 이행 위반 등이 적발돼 과태료 3, 720만 원을 부과 받았다. ③ 망분리는 물리적으로 가장 높은 수준의 보안이다. 하지만 물리적 분리가 모든 보안을 해결하지는 않는다. 예를 들어 사람에 의한 보안 사고는 물리적 망분리로도 막을 수 없다. 망분리만이 최선의 수단은 아니라는 것이다. 해외의 경우, 보안 방법을 하나로 정해주기 보다는 보안 수준을 감독하는 경향이다. ④ 늘어나는 망분리 문의 가. 금융권에 따르면 2024년 1월~5월 중 금융회사들의 전체 비조치 의견 문의 41건 중 1/3인 14건이 망분리에 관한 문의로 집계됐다. 비조치 의견 문의는 은행, 증권, 카드, 보험, 전자금융 등 전체 분야에서 이뤄지고 있는데 전자금융 그 중에서도 특정 사안인 망분리가 큰 부분을 차지하고 있는 것이다. 나. 금융위원회, 금융감독원이 운영하는 금융규제민원 사이트에 따르면 2024년 1월 3일 첫 비조치 의견 문의도 망분리 위반 여부를 묻는 것이었다. 이어 1월 11일에는 금융 분야 클라우드 컴퓨팅 서비스 이용에서 망분리 관련된 문의가 있었다. 5월 28일에는 망간 자료전송을 이용한 파일전송 아키텍쳐의 규정 준수 여부를 확인해달라는 지적도 있었다. 5월에만 7건의 망분리 관련 문의가 이어졌다. 다. 현재 금융위, 금감원은 '금융부문 망분리 태스크포스(TF)를 구성해 2024년 4월 12일 1차 회의를 개최한 바 있다. 금융당국은 망분리 적용 업무, 시스템 등을 세분화해 전자금융거래와 무관한 영역에서는 규제를 완화, 해제하는 방안을 고려 중이다.

[국내 망 분리 규제 도입과 완화 현황]

시기	내용
2013년 3월	악성코드 유포로 금융·언론사 전산망 마비(3·20 사태)
2013년 12월	전자금융거래법 개정 통해 망 분리 규제 도입
2022년 11월	연구·개발망에 대한 망 분리 예외 허용
2023년 9월	내부망 클라우드 기반 SaaS 활용 특례 부여
2024년 4월	금융위원회 망 분리 규제 합리화 논의 착수

<출처: 금융위원회>

2. 문제점 및 방안	1) 문제점	① 필요성 가. '차단' 아닌 '통제' 중심 규제 전환 필요성이 크다. 나. 물리적인 망분리 규제 완화는 소비자보호 이슈와도 연관돼 일제히 풀기엔 부담이 있다. 전문가들은 비전자금융거래 업무 등에서 확대해 활용하거나 업무의 성격과 데이터의 중요도에 따라 차등화된 망분리 정책이 필요하다고 제안한다. 현재는 불가능한 IT인력의 재택근무 등 원격 근무를 업무성격에 따라 허용해 개발환경을 개선해주는 것도 필요 요인이다. ② 방안 가. 데이터를 중심으로 망을 분리하는 방법이 있다. A. 내부망을 아예 차단하는 것이 아니라 데이터를 중요도 순으로 나눠서 저장하는 방법이다. B. 데이터를 중요도에 따라 분류하고 이에 따라 중요한 데이터는 폐쇄망에, 그렇지 않은 데이터는 인터넷망에 저장해 활용할 수 있도록 하는 것이다. C. 현재 한국의 도메인 중심(망분리) 보안 정책에서 해외의 데이터 중심 보안 정책으로 가도록 해야 한다는 것이다. **[도메인 중심의 망분리 / 데이터 중심 망분리 개념도]** <도메인 중심의 망분리>: 업무망 (기밀, 분석할 데이터) / 외부망 (분석 도구) <데이터 중심의 망분리>: 망1 (분석할 데이터, 분석 도구) / 망2 (기밀) <출처: 한국금융신문> 나. 최신 보안 기술을 도입하는 것이다. A. 예를 들어, 글로벌 보안 시장은 제로 트러스트 시대를 향하고 있다. 제로 트러스트는 모든 접근을 의심하고 점검 · 모니터링한다는 개념의 보안 운영 방법이다. B. 이는 망분리보다 훨씬 진화된 보안책으로 평가된다. 글로벌 보안 시장은 매우 빠른 속도로 변화하고 있는데 국내는 이러한 변화를 따라가지 못하고 있다. 우리도 과거를 살고 있는 규제를 완화하고 보다 적극적으로 최신 보안 기술을 도입해야 한다.

2. 문제점 및 방안	2) 대안 <출처: 투이 컨설팅>	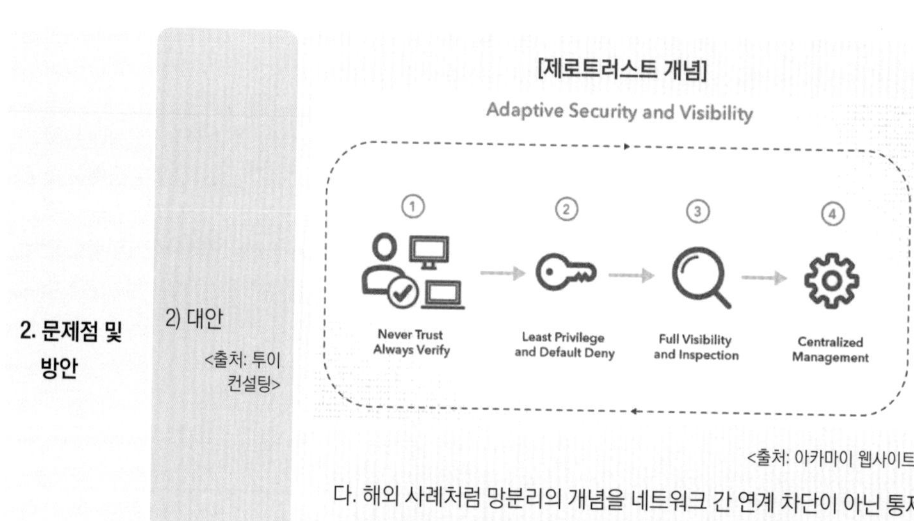 다. 해외 사례처럼 망분리의 개념을 네트워크 간 연계 차단이 아닌 통제의 관점으로 접근하는 것도 방법이다. 해외는 직접적 · 구체적인 규제보다는 가이드라인 등을 통해 망분리의 효과성을 권고하는 수준이거나, 망분리에 준하는 높은 수준의 보안 대책을 자체 적용 · 운용토록 하고 있다.

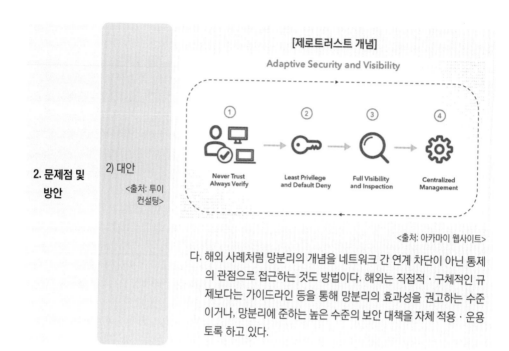

<출처: 아카마이 웹사이트>

결론

의견 제시 강력한 망분리 규제로 인해 금융권이 그간 각종 사이버위험으로부터 안전하게 보호되어 왔다는 점은 부인할 수 없다. 일례로 2017년 전 세계적으로 대규모 랜섬웨어(ransomware) 공격이 발생했으나, 국내 금융권은 실질적인 피해가 발생하지 않았다. 하지만, 클라우드 이용 확대, 재택근무 증가 등 금융 IT 환경이 급변하는 상황에서 망분리 규제가 업무에 큰 애로사항으로 작용한다는 의견이 지속 제기됐다.

그간 망분리 규제는 보안 강화와 편의성 제고라는 입장이 양립하면서 수십년째 규제 개선을 하지 못하고 있는 실정이다. 특히 과거 코로나19 유행 시기에도 강력한 망분리 규제로 인해 금융사는 물론 스타트업, 많은 중소기업이 재택근무 등 효율적인 업무를 가로막는 요인으로 꼽히기도 했다. 보안성 강화를 위해 내부망과 외부망에 각각 연결된 물리적 PC를 2대 놓고 사용하다 보니, 개발업무 등을 원격으로 할 수 없어 업계는 지속적으로 규제완화 요청을 해왔다. PC 2대 사용에 따른 불편함, 운영비용 부담이 꾸준히 제기됐고 지난해 핀테크업계 등은 강력한 규제 개선을 정부에 요청하기도 했다. 획일적인 물리적 망분리를 대체할 수 있는 대안이 필요한데, 사실 이를 대체할 수단이 마땅치 않았다. 어찌됐든 정부가 십수년간 운영되던 공공망분리 제도에 대해 문제점을 인식하고 논의의 폭을 넓혔다는 것은 환영할 일이다. 보안과 편의성은 양립할 수 없는 칼과 방패같은 모순 성격이 있다. 이 둘을 100% 다 만족할 수 있는 방안을 찾아야 한다. 민관이 신기술 활용과 제도개선을 두고 묘안을 찾아 나가야 할 것이다. 망분리 규제 자체를 없애는 것이 아니라 개발 업무에 한정해서 요건을

완화하거나 개발 서버 접속 단말기에 대한 임시비밀번호(OTP) 기반 물리 인증 적용 등이 대안이 될 수 있다. 또 모든 전산업무 등을 클라우드로 전환, 보안은 강화하되 업무 효율성을 높이는 방안도 고려해 볼만하다. 규제 완화와 함께 사후 규제를 강화하는 것도 검토 대상이다.

"클라우드를 사용하는 것은 AI 개발 등을 위해 효과적으로 자원을 관리하려는 목적"이라며 "망분리 덕분에 (MS의 클라우드를 사용하지 않아) 국내 금융권이 안전했다는 의견이 설득력을 얻을 수는 있지만, 혁신하지 않는 것을 안전하다 할 수는 없다. <권헌영 고려대 정보보호대학원 교수>

<출처: 전자신문>

chapter 16 부동산 PF 금융리스크

01 논제 개요 잡기 [핵심 요약]

서론	이슈언급		2010년대 중반부터 저금리, 부동산시장 호조 등으로 크게 늘어난 우리나라의 부동산PF 익스포저는 2022년 이후 부동산 경기 및 건설업황이 부진해지면서 건전성에 대한 우려가 증대되고 있다. 부동산PF는 사업 성격상 금융기관, 건설회사, 부동산개발회사 등 다양한 부문이 연계되어 있는 데다 PF대출의 유동화 과정에서 자본시장과도 연결되면서 부실화될 경우 금융시스템 전반에 영향을 미칠 수 있다.
본론	1. 부동산 PF 금융현황	1) 부동산PF 관련 금융권 익스포저 현황	부동산PF 관련 금융 익스포저(2023년 말 약 230조 원 수준, PF대출, PF유동화증권 보증 등 포함)는 금융기관으로부터 자금을 직접 조달한 PF대출(브릿지론 및 본PF 대출), 부동산PF 유동화증권에 대한 보증, 부동산신탁사의 익스포저로 구분할 수 있다. 은행 및 비은행금융기관 (새마을금고 포함)의 부동산PF 익스포저가 대부분을 차지하고 있으며, 부동산신탁사의 부동산PF 관련 익스포저(부동산신탁사의 경우 직접 익스포저 외에 책임준공 관련 우발채무도 보유하고 있다)도 일부 포함되어 있다. ① 부동산PF 대출 ② 증권사의 PF유동화증권에 대한 보증 ③ 부동산신탁사의 신탁계정대

본론	1. 부동산 PF 금융현황	2) 부동산PF 익스포저 관련 리스크 점검	부동산PF는 토지매입, 분양 · 착공 · 준공 등의 사업단계를 거치며 다양한 이해관계와 리스크 요인이 발생한다. 특히 사업단계별 필요자금을 금융회사로부터 조달하면서 금융부문과 연계되며, PF대출 채권의 유동화, 토지신탁, 책임준공 확약 등을 거치면서 자본시장, 부동산신탁사, 부동산 · 건설 회사 등으로 연계성이 확장된다. ① 부동산PF 대출의 질적 악화 ② 중소형 증권사의 PF채무보증 건전성 저하 ③ 부동산신탁사의 우발채무 현실화 우려 ④ 건설사의 재무건전성 저하<출처: 한국은행 금융안정보고서>
		3) 평가	① 부동산PF 금융 익스포저는 현재 우리나라 금융시스템이 직면하고 있는 주요 리스크 요인 중 하나로 평가된다. ② 이에 따라 금융기관 PF대출의 건전성이 악화된 가운데 PF사업에서의 주요 신용보증 주체인 증권사, 부동산신탁사 및 건설사의 우발채무가 현실화되는 과정에서 여타 금융부문으로 리스크가 확대될 가능성에 유의할 필요가 있다. ③ 특히 이들 기관의 유동성 부족이 우려되거나, 건전성이 악화되는 경우 관련 익스포저를 보유한 금융기관의 손실이 발생할 수 있으며, 투자심리가 위축되면서 금융시장에 영향을 미칠 가능성도 배제할 수 없다. ④ 다만 그 동안 충당금 적립 확대, 자본확충 등 금융당국의 지속적인 관리감독 강화와 금융기관의 유동성 확보 노력 등으로 금융기관의 손실흡수력이 제고된 점을 고려할 때 PF사업장의 잠재리스크가 현실화되어 시스템리스크로 확대될 가능성은 낮은 것으로 판단된다
		4) 금융당국의 대책	① 금융당국은 2024년 5월 14일 부동산 PF와 관련하여 '사업성이 충분한 정상 PF사업장은 사업추진에 필요한 자금이 원활히 공급될 수 있도록 지원하고 사업성이 부족한 일부 PF사업장은 금융회사, 시공사 등 참여자가 스스로 재구조화 · 정리해나갈 수 있도록 유도'하는 정책방향을 발표하였다. ② 동 방안에는 PF사업성 평가기준 개선을 통한 엄정한 판별(사업장 옥석 가리기), PF보증확대 등 정상 사업장에 대한 금융공급 확대, 부실 PF사업장에 대한 자율매각, 상각, 경 · 공매 등 정리 유도 등의 내용이 포함되어 있다. ③ 특히 부실 PF사업장의 경 · 공매 활성화를 위해 유동성 지원을 위한 은행 · 보험사의 공동출자 신디케이트론(1~5조원 규모) 조성, PF정상화펀드 자금 투입 등을 추진할 예정이다.

<table>
<tr><td rowspan="3">본론</td><td rowspan="3">2. 부동산 PF 금융의 구조적 문제</td><td>1) 시행사의 자금력 부족</td></tr>
<tr><td>2) 수(受)분양자의 자금으로 사업비 충당</td></tr>
<tr><td>3) 시공사의 신용에 대한 의존도</td></tr>
<tr><td>결론</td><td>의견제시</td><td>부동산 PF금융 부실위험이 금융시스템 안정에 충격을 줄 가능성을 배제하기 위해서는,
첫째, 일시적인 유동성 경색이 관련 정상 기업과 금융기관의 신용 리스크로 전이되지 않도록 정책당국과 시장참가자가 협력
둘째, 이와 함께 주택부문에서의 미분양 해소 지원, 규제 완화 등을 통해 주택 수요 기반을 안정화
셋째, 금융기관 등은 경쟁적 자금회수를 자제하는 한편, 대손충당금 적립 확대 및 자본확충 등을 통해 부실 확대 가능성에 선제적으로 대응.
넷째, 사업 전망이 양호한 정상 사업장의 경우 다양한 금융지원을 통해 원활한 사업 진행을 지원할 필요가 있다. 반면 위험 사업장에 대해서는 시행사 및 시공사, 대주단 등 사업 관계자 간 합리적 책임 분담을 통해 사업 진행 여부를 자율적으로 판단하도록 유도하고, 필요 시 정리 작업이 신속하게 진행될 수 있도록 민간 및 공공 금융기관의 부실채권 매입 프로그램을 준비해야 한다.
우리나라 부동산 PF 구조를 개선하기 위해서는,
첫째, 시행사의 자본요건을 강화하고, 인센티브 제공을 통해 다양한 형태의 파트너십 구조를 유도하여 부동산개발의 초기자본을 확충하도록 할 필 요가 있다.
둘째, 다양한 재무적 투자자의 참여를 유도하는 것은 초기 자본금의 확충뿐 아니라 부동산 PF사업 에 대한 평가를 사업성 자체에 대한 평가 중심으로 정착하게 하는 데 도움이 될 수 있다.
셋째, 우리나라 주거용 부동산개발 시 선분양비율을 줄이거나 중도금 납입 비중을 축소하여 수분양자의 자금이 사업비로 사용되는 것을 개선해 나갈 필요가 있다.</td></tr>
</table>

02 논제 풀이

서론

이슈 언급 2024년 1분기 부동산 프로젝트파이낸싱(PF) 관련 대출 연체액이 2조 6,000억 원 증가한 것으로 나타났다. 특히 저축은행의 토지담보대출 연체율이 1분기 말 기준 20%를 돌파하는 등 건전성 악화 우려가 커졌다. 금융당국은 2024년 8월 말까지 금융사가 제출한 구조조정 대상 사업장에 대한 정리 계획을 확정하고 9월부터는 경 · 공매를 비롯해 본격적으로 수술 작업에 나설 계획이다. 앞서 금융당국은 2024년 7월 5일까지 만기 연장 3회 이상, 연체 또는 연체 유예가 있는 사업장에 대한 사업성 평가 결과를 금융사에서 제출 받았다. 금융당국 지시에 따라 금융사들은 사업성 평가 결과 최종 등급이 유의(사업 진행 차질) 혹은 부실 우려(사업 진행 곤란) 등급에 해당하는 모든 사업장에 대해 재구조화 · 정리 계획 제출을 준비하고 있다.

윤 정부 2대 금융위원장 김병환 금융위원장 또한 취임사를 통해 "부동산 PF, 가계부채, 자영업자 대출, 제2금융권 건전성 등 현재 직면하고 있는 4대 리스크를 속도감 있게 해소해 나가겠다"고 했다.

[2024년 3월 말 기준 부동산 PF금융 연체 현황]

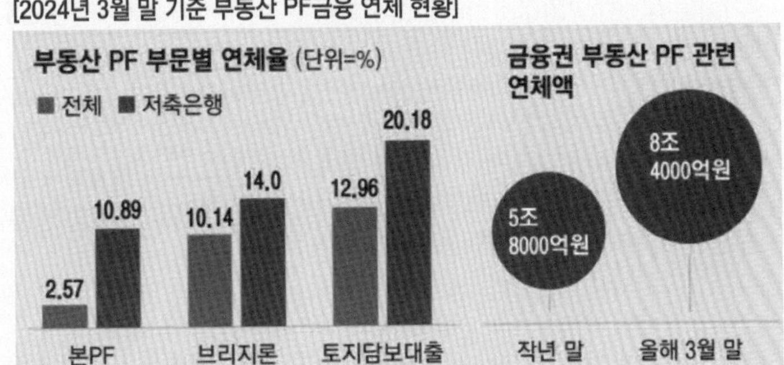

<출처: 매일경제/ 금감원]

금융권에서는 부동산 PF 연체액 규모를 감안하면 제1 · 2금융권에서만 7조~8조 원의 물량이 구조조정 대상이 될 것으로 예상한다. 여기에 3조 원 안팎의 새마을금고 보유 부실 대출을 더하면 경 · 공매 등을 통해 부실을 털어야 할 물량은 11조 원 가량이 될 것으로 관측된다.

2010년대 중반부터 저금리, 부동산시장 호조 등으로 크게 늘어난 우리나라의 부동산PF 익스포저는 2022년 이후 부동산 경기 및 건설업황이 부진해지면서

건전성에 대한 우려가 증대되고 있다. 부동산PF는 사업 성격상 금융기관, 건설회사, 부동산개발회사 등 다양한 부문이 연계되어 있는 데다 PF대출의 유

동화 과정에서 자본시장과도 연결되면서 부실화될 경우 금융시스템 전반에 영향을 미칠 수 있다.

이에 본지에서는 부동산 PF 금융 현황 및 리스크 요인에 대해 알아본 후, 정책적 대응방안을 논하기로 한다.

본론

1.부동산 PF 금융현황

<출처: 한국은행 금융안정보고서>

1) 부동산PF 관련 금융권 익스포저 현황

부동산PF 관련 금융 익스포저(2023년말 약 230조원 수준. PF대출, PF유동화증권 보증 등 포함)는 금융기관으로부터 자금을 직접 조달한 PF대출(브릿지론 및 본PF 대출), 부동산PF 유동화증권에 대한 보증, 부동산신탁사의 익스포저로 구분할 수 있다. 은행 및 비은행금융기관 (새마을금고 포함)의 부동산PF 익스포저가 대부분을 차지하고 있으며, 부동산신탁사의 부동산PF 관련 익스포저 (부동산신탁사의 경우 직접 익스포저 외에 책임준공 관련 우발채무도 보유하고 있다)도 일부 포함되어 있다.

[PF부동산금융 관련 금융 익스포저]

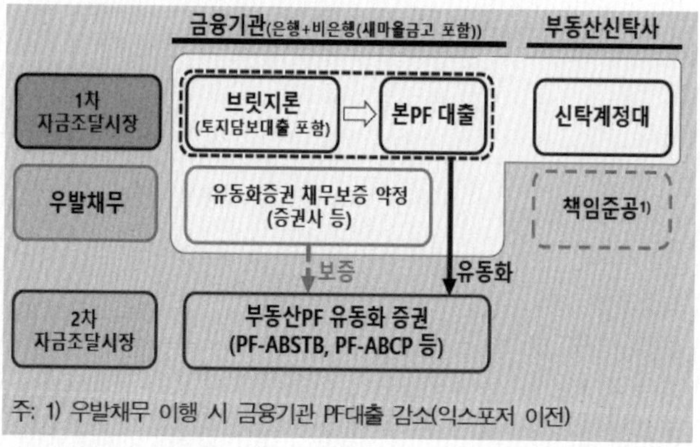

금융기관(은행+비은행(새마을금고 포함))
부동산신탁사
1차 자금조달시장
브릿지론 (토지담보대출 포함)
본PF 대출
신탁계정대
우발채무
유동화증권 채무보증 약정 (증권사 등)
책임준공1)
보증
유동화
2차 자금조달시장
부동산PF 유동화 증권 (PF-ABSTB, PF-ABCP 등)

주: 1) 우발채무 이행 시 금융기관 PF대출 감소(익스포저 이전)

<출처: 한국은행 금융안정보고서>

① 부동산PF 대출

가. 2024년 1/4분기말 금융회사의 부동산PF 대출잔액은 134.2조 원으로, 2020년~2022년 중 비은행권을 중심으로 빠르게 늘어나다가 2023년부터 증가세가 크게 둔화되고 있다. 이는 2022년 하반기 이후 주택매매가격이 하락하는 등 부동산시장이 부진해진 가운데 금융기관이 자산건전성 관리 강화 등을 위해 부동산PF에대한 신규대출 취급을 자제한 데 주로 기인한다.

나. 한편 부동산PF 대출의 연체율은 2024년 1/4분기 말 3.55%로 2021년 이후 지속적으로 상승하고 있다. 증권사, 저축은행 및 여신전문금융회사(이하'여전사')가 타 업권 대비 높은 수준을 나타내고 있으며, 특히 저축은행의 상승세가 빠른 편이다.

1.부동산 PF 금융현황

<출처: 한국은행 금융안정보고서>

1) 부동산PF 관련 금융권 익스포저 현황

다. 부동산 경기 부진의 영향 등으로 연체율은 당분간 상승세를 보일 수 있으며, 경 · 공매 등을 통한 금융기관의 부실 PF대출 정리가 원활히 이루어지지 않을 경우 추가 상승할 가능성도 있다.

라. 다만 과거 저축은행 PF부실 사태와 비교해보면 PF대출 연체율이 당시에 비해 크게 낮은 수준이다.

[부동산PF 대출 추이]

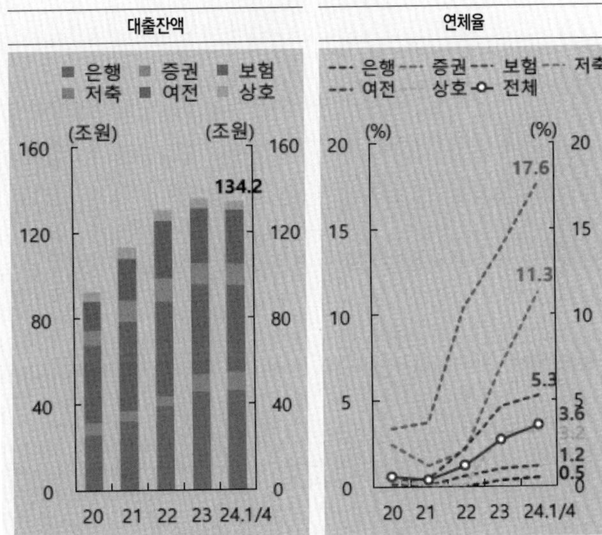

<출처: 금융감독원>

② 증권사의 PF유동화증권에 대한 보증

가. 증권사의 PF유동화증권에 대한 보증규모는 2024년 1/4분기 말 현재 18.2조 원으로 전체 PF유동화증권 발행잔액(39.2조 원)의 절반 수준이다.

나. 증권사의 PF채무보증은 2022년 4/4분기 중 PF-ABCP시장 불안, 부동산시장 부진 등의 영향으로 줄어든 데 이어, 2023년 이후 일부 증권사들이 유동화증권에 대한 채무보증을 대출로 전환하면서 상당 폭 감소하였다.

다. 한편 증권사 PF채무보증의 건전성은 저하되고 있다. 잠재 부실 징후를 나타내는 요주의 여신비율이 2022년 이후 빠르게 높아지고 있는 가운데 고정이하 여신비율도 금융감독당국의 자산건전성 분류 강화 권고 등으로 큰 폭 상승하였다.

1.부동산 PF 금융현황

<출처: 한국은행 금융안정보고서>

1) 부동산PF 관련 금융권 익스포저 현황

[부동산PF 유동화증권]

보증주체별 잔액

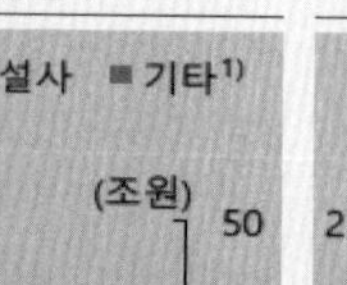

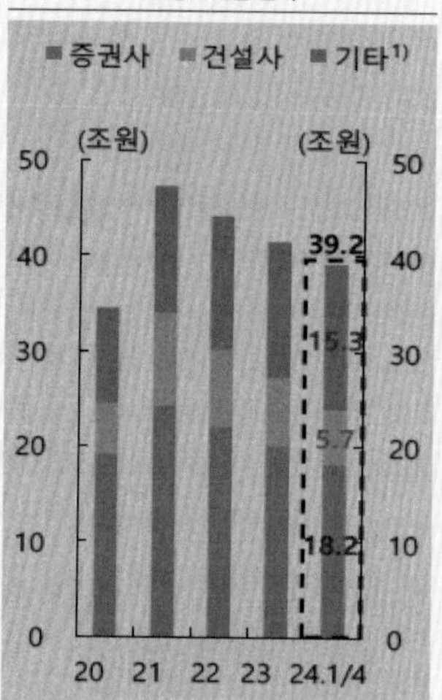

증권사 PF채무보증 건전성

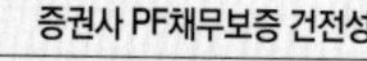

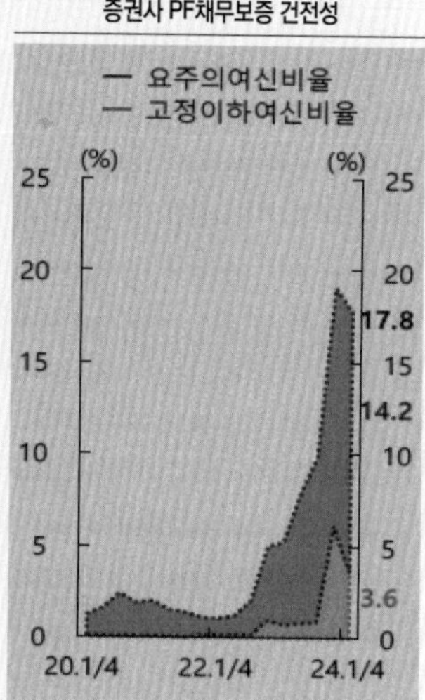

주: 1) 증권사 외의 금융기관 및 지자체 등

<출처: 금융투자협회, 연합인포맥스, 금융기관 업무보고서>

③ 부동산신탁사의 신탁계정대[1]

가. 부동산신탁사의 토지신탁[2] 중 차입형 및 책임준공형 관리형(이하'책준형')토지신탁에 투입된 부동산신탁사 자금(신탁계정대도 금융회사의 부동산 PF 익스포저에 해당한다.

나. 신탁계정대는 주로 분양성과가 저조한 차입형 토지신탁에서 발생하나, 최근에는 책준형 토지신탁에서도 증가하고 있다. 이는 공정률이 계획 대비 낮거나 시공사의 도산 등으로 부동산신탁사가 책임준공 의무를 이행하는 경우가 늘어난 데 기인한다.

다. 2024년 1/4분기 말 부동산신탁사의 신탁계정대 잔액은 5.4조 원으로, 2022년 이후 금융계열 신탁사를 중심으로 빠르게 증가하였다. 이에 따라 총자산에서 신탁계정대가 차지하는 비중이 상승하고 있으며, 외부 차입의 증가로 부채비율도 높아지는 등 부동산신탁사의 재무부담이 가중되고 있다.

2) 부동산PF 익스포저 관련 리스크 점검

부동산PF는 토지매입, 분양 · 착공 · 준공 등의 사업단계를 거치며 다양한 이해관계와 리스크 요인이 발생한다. 특히 사업단계별 필요자금을 금융회사로부터 조달하면서 금융부문과 연계되며, PF대출 채권의 유동화, 토지신탁, 책임준공 확약 등을 거치면서 자본시장, 부동산신탁사, 부동산 · 건설 회사 등으로 연계성이 확장된다.

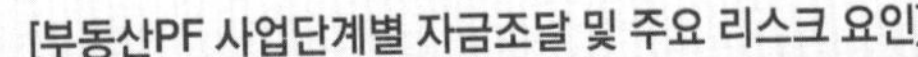

[부동산PF 사업단계별 자금조달 및 주요 리스크 요인]

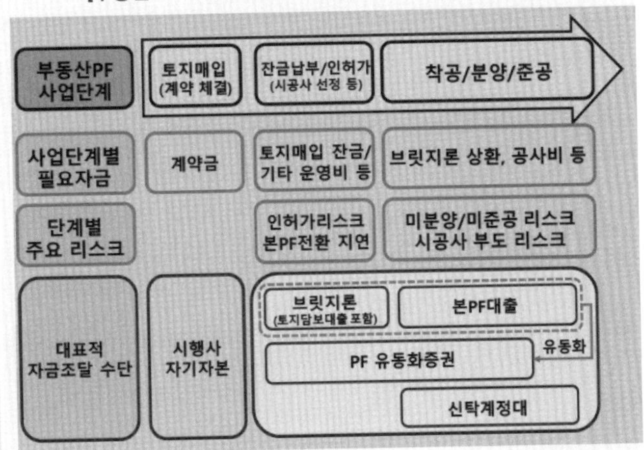

1.부동산 PF 금융현황

<출처: 한국은행 금융안정보고서>

2) 부동산PF 익스포저 관련 리스크 점검

① 부동산PF 대출의 질적 악화 : 부동산PF 대출은 사업단계별로 사업인가 전 토지매입 자금 등을 공급하는 브릿지론과 사업인가 후 브릿지론 상환 및 공사비 등에 사용되는 본PF대출로 구분된다.

가. 이 중 브릿지론의 경우 토지매입뿐 아니라, 사업 인허가, 본PF대출로의 전환 등이 불확실하여 상대적으로 리스크가 크다. 부동산PF 대출을 브릿지론과 본PF대출로 나눠 살펴보면 질적 측면에서 다소 저하된 것으로 판단된다. 브릿지론의 경우 부동산경기 부진, 부동산PF 관련 신용경계감 확산 등으로 본PF대출로 전환되지 못하고 만기를 연장하는 경우가 늘어나면서 대출기간이 장기화되고 금리도 높아진 것으로 파악된다. 이러한 대출기간 장기화 및 대출금리 상승 등은 사업비용 및 금융비용 누증을 통해 PF의 사업성을 저하시켜 관련 대출의 부실가능성을 높이는 요인으로 작용할 수 있다.

나. 본PF로 전환되면 브릿지론 단계에 비해 사업추진 가능성 측면에서 리스크는 다소 줄어드는 면이 있다. 다만 본PF대출도 시공사 또는 시행사 도산에 따른 공사 중단 · 지연으로 준공되지 못하거나, 분양률이 저조할 경우 PF사업 전반의 자금흐름 악화로 부실화될 위험이 있다. 최근 종합건설업의 부도 및 폐업신고 건수가 증가하고 회생신청 건수도 늘어나는 등 시공사 리스크에 대한 우려가 커지고 있다.

1.부동산 PF 금융현황
<출처: 한국은행 금융안정보고서>

2) 부동산PF 익스포저 관련 리스크 점검

다. 전반적인 부동산시장 부진, 공사비 증대에 따른 분양가 상승 등으로 사업장의 평균 분양률이 하락하는 등 미분양 리스크도 증대되고 있다. 특히 지방 소재 사업장의 경우 분양률이 수도권에 비해 크게 낮은 편이다. 최근 분양시장 여건을 보면 전국 미분양주택 수가 2023년 2월을 정점으로 감소세를 보이다가, 2023년 11월 이후 지방 및 수도권 모두에서 재차 증가하고, 준공 후 미분양도 2020년 6월 이후 가장 높은 수준을 보이고 있다. 이에 따라 입지여건 등이 불리한 사업장의 경우 미분양에 따른 리스크가 증대될 수 있다.

[부동산PF 대출 중 본PF대출 관련 리스크 지표]

평균 분양률[1]

미분양주택 추이

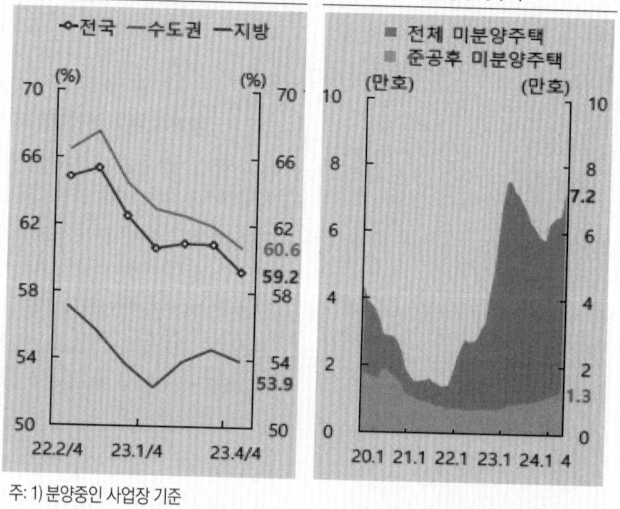

주: 1) 분양중인 사업장 기준

<출처: 한국은행 금융안정보고서>

② 중소형 증권사의 PF채무보증 건전성 저하

가. PF유동화증권 발행은 부동산PF 사업과 자본시장 간 연계성을 높여, 단기자금시장의 충격이 PF대출에 영향을 주는 통로로 작용한다.

나. PF유동화증권에 대한 증권사의 채무보증을 증권사 규모별로 나눠 살펴보면,

A. 2024년 1/4분기 말 중소형 증권사의 자기자본 대비 채무보증 비율은 33.0%로 2022년 6월 말(46.5%) 대비 상당 폭 감소하였다.

B. 전체 PF채무보증 중 브릿지론 비중(33.0% → 27.9%)과 중 · 후순위 비중(78.6% → 72.3%)도 하락하였다.

1.부동산 PF 금융현황

<출처: 한국은행 금융안정보고서>

2) 부동산PF 익스포저 관련 리스크 점검

C. 그러나 대형 증권사에 비해 리스크가 큰 브릿지론이나 중 · 후순위 비중이 여전히 크게 높은 수준이며, PF채무보증의 건전성 저하 속도도 빠른 편이다.

D. 이에 예상치 못한 외부 충격으로 단기금융시장 전반에 유동성 경색이 나타날 경우 증권사의 유동성 리스크가 확대 될 가능성이 있으므로 중소형 증권사를 중심으로 유동성 상황을 지속적으로 살펴볼 필요가 있다.

다. 증권사 전체적으로 볼 때 PF채무보증을 보유한 증권사들이 대체로 현금 등 유동성 자산을 충분히 확보하고 있으며, PF채무보증의 상당부분(2024년 1/4분기 말 기준 65.1%)을 손실흡수능력이 큰 대형 증권사가 보유하고 있어 증권사의 PF채무보증 현실화에 따른 영향은 제한적일 것으로 예상된다.

[중소형 증권사의 PF채무보증 리스크]

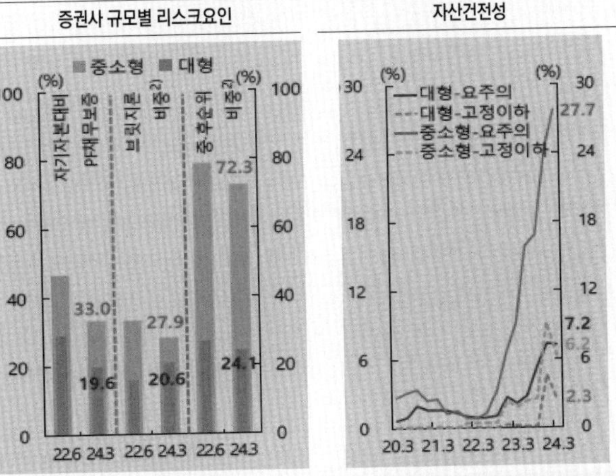

주: 1) 종투사의 경우 대형, 그 외 증권사의 경우 중소형으로 구분
2) 전체 PF 채무보증 대비

<출처: 금융기관 업무보고서>

③ 부동산신탁사의 우발채무 현실화 우려

가. 부동산신탁사의 토지신탁 중 차입형 토지신탁은 부동산신탁사가 개발비용을 직접 조달하는 등 시행사 역할을 수행하며, PF사업장에 투입한 공사비 등 신탁계정대 잔액 범위에서 미준공 · 미분양에 따른 리스크를 부담한다. 다만 차입형 토지신탁의 경우 일반적으로 선분양을 통해 분양수익 규모가 일정 수준 확정되는 등 발생 가능한 손실 규모가 상대적으로 제한적이다.

1.부동산 PF 금융현황 <출처: 한국은행 금융안정보고서>	2) 부동산PF 익스포저 관련 리스크 점검	나. 책준형 토지신탁은 PF사업장 시공사가 준공기한을 지키지 못하면 부동산신탁사에 책임준공 의무가 발생한다. 부동산신탁사는 일정 기한(통상 건설사의준공기한 + 6개월) 내에 대체 시공사 선정 등을 통해 준공을 마무리해야 하며, 그렇지 못할 경우 책임준공 약정에 따라 대주단의 손해배상 책임이 발생하면서 부동산신탁사의 우발채무가 현실화될 수 있다. 책준형 토지신탁은 신용도가 낮아 자체 책임 준공 확약이 어려운 시공사가 주로 참여하며, 비아파트 주거시설 및 상업시설 등 부동산 경기에 상대적으로 민감한 시설의 비중이 높아 차입형 토지신탁에 비해 리스크가 높은 편이므로, 부동산신탁사의 책임준공기한 미준수로 인한 우발채무 현실화 가능성에 유의할 필요가 있다. ④ 건설사의 재무건전성 저하 가. 건설사는 부동산PF 공사를 진행하는 시공 주체이자 PF 대출 및 유동화증권에 대한 보증을 제공하는 신용공여자로서, 부동산PF 관련 리스크가 확산되는 과정에서 중요한 매개로 작용할 수 있다. 건설사의 과도한 채무보증 및 재무건전성 저하에 따른 부실화는 해당 건설사가 참여하고 있는 여타 PF사업장의 공사 중단 등으로 확대될 수 있으며, 이는 부동산PF 금융 익스포저 전반의 건전성을 악화시키는 요인으로 작용할 수 있다. 나. 주요 건설사(시공능력순위 40위 이내 건설사 중 금융감독원이 마련한 '책임준공 우발부채 주석 공시 모범사례'에 따라 공시한 24개사)의 PF채무보증 규모는 2023년 말 40.5조 원이며, 책임준공약정을 포함할 경우 126.0조 원으로 큰 폭 확대된다. 건설사들의 주요 재무지표를 살펴보면 2023년 중 이자보상배율 및 유동비율이 하락한 가운데 부채비율도 상승하는 등 이자지급능력, 유동성, 안정성 측면에서 재무건전성이 저하되었다. 다. 특히 재무건전성이 취약한 건설사(이자보상배율 1 미만, 유동비율 100% 미만 또는 부채비율 200% 상회하는 기업)의 비중이 모두 전년 대비 확대되면서 건설업 전반의 재무여력이 약화된 것으로 평가된다. 또한 신규 수주 및 인허가 위축 등의 영향이 본격화되면서 건설사의 수익성 부진도 당분간 지속될 것으로 예상된다. 라. 이러한 상황에서 부동산시장 부진, 건설비 상승 등으로 부동산PF 사업 진행이 원활하지 않을 경우 우발채무 현실화를 통해 건설사의 유동성이 저하될 가능성이 있으며, 중소형 · 지방 소재 건설사의 경우 특히 유의할 필요가 있다.

2) 부동산PF 익스포저 관련 리스크 점검

[건설사의 재무건전성 관련 지표]

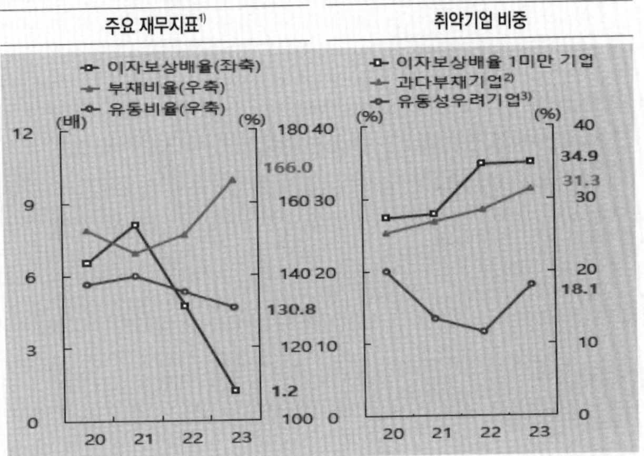

주: 1) 연도별 상장기업(일부 비상장기업 포함)의 평균값 기준
2) 부채비율 200% 상회(완전자본잠식 기업 포함)
3) 유통비율 100% 미만

<출처: 한국은행 금융안정보고서>

1.부동산 PF 금융현황

<출처: 한국은행 금융안정보고서>

3) 평가

① 부동산PF 금융 익스포저는 현재 우리나라 금융시스템이 직면하고 있는 주요 리스크 요인 중 하나로 평가된다. 최근 증가세가 둔화되기는 하였으나, 익스포저 금액이 여전히 230조원 규모로 큰 가운데 부동산 시장의 부진이 지속되고 건설원가 상승 등으로 PF사업성이 저하되면서 부실위험이 다소 증대된 상황이다.

② 이에 따라 금융기관 PF대출의 건전성이 악화된 가운데 PF사업에서의 주요 신용보증 주체인 증권사, 부동산신탁사 및 건설사의 우발채무가 현실화되는 과정에서 여타 금융부문으로 리스크가 확대될 가능성에 유의할 필요가 있다.

③ 특히 이들 기관의 유동성 부족이 우려되거나, 건전성이 악화되는 경우 관련 익스포저를 보유한 금융기관의 손실이 발생할 수 있으며, 투자심리가 위축되면서 금융시장에 영향을 미칠 가능성도 배제할 수 없다.

④ 다만 그동안 충당금 적립 확대, 자본확충 등 금융당국의 지속적인 관리 감독 강화와 금융기관의 유동성 확보 노력 등으로 금융기관의 손실흡수력이 제고된 점을 고려할 때 PF사업장의 잠재리스크가 현실화되어 시스템리스크로 확대될 가능성은 낮은 것으로 판단된다

⑤ 또한 최근 금융감독당국이 발표한 부동산PF 연착륙 방안도 금융기관 PF익스포저에 대한 객관적 자산건전성 분류, 부실 사업장에 대한 재구조화 · 정리 촉진 등을 통해 PF관련 시장의 불확실성 및 리스크를 완화할 수 있을 것으로 기대된다.

1.부동산 PF 금융현황 <출처: 한국은행 금융안정보고서>	3) 평가	⑥ 향후 각 금융기관은 손실흡수력을 추가적으로 강화하는 한편, 예기치 못한 충격에 대비하여 충분한 유동성을 확보할 필요가 있다. 또한 연체율이 빠르게 상승하고 있는 일부 비은행업권의 경우 부실 자산에 대한 경 · 공매 등을 통해 적극적으로 리스크를 관리해 나가야 할 것이다.
	4) 금융당국의 대책	① 금융당국은 2024년 5월 14일 부동산 PF와 관련하여 '사업성이 충분한 정상 PF사업장은 사업추진에 필요한 자금이 원활히 공급될 수 있도록 지원하고 사업성이 부족한 일부 PF사업장은 금융회사, 시공사 등 참여자가 스스로 재구조화 · 정리해나갈 수 있도록 유도'하는 정책방향을 발표하였다. ② 동 방안에는 PF사업성 평가기준 개선을 통한 엄정한 판별(사업장 옥석가리기), PF보증확대 등 정상 사업장에 대한 금융공급 확대, 부실 PF사업장에 대한 자율매각, 상각, 경 · 공매 등 정리 유도 등의 내용이 포함되어 있다. 가. 한국자산관리공사 캠코는 약 1조 원 규모의 캠코 PF 펀드를, 금융권은 최대 5조 원 규모의 신디케이트론을 각각 조성해 PF 사업장을 지원하고 있다. 나. PF 사업 지원에 참여한 금융사들은 당국으로부터 건전성 평가 등에 대한 한시적인 금융 규제 완화 조치를 받는다. 금감원은 개별 부실 사업장에 오는 8월 초까지 정리 계획을 제출하라는 지침을 전달한 상황이다. ③ 특히 부실 PF사업장의 경 · 공매 활성화를 위해 유동성 지원을 위한 은행 · 보험사의 공동출자 신디케이트론(1~5조 원 규모) 조성, PF정상화 펀드 자금 투입 등을 추진할 예정이다.
2. 부동산 PF 금융의 구조적 문제	1) 시행사의 자금력 부족에 따른 브릿지론과 본PF의 연계	① 부동산개발은 1. 토지매입과 인허가 단계, 2. 개발과 분양이 시작되는 시공 및 공사 단계, 3.준공 후 단계로 구분할 수 있다. ② 우리나라의 경우, 일정 요건만 충족하면 부동산개발업자로 등록하여 부동산개발에 참여할 수 있는데(자본금 법인 3억 원, 개인 6억 원을 갖추고 부동산개발업을 등록할 수 있는데 2022년 말 기준 2, 715개가 등록되어 있으며, 미등록 개발업체까지 포함하면 6만 여 개 수준이다) 보통 총사업자금의 5%에서 10% 수준의 적은 자본금으로 토지매입을 시도한다. ③ 대표적인 우리나라 거주용 부동산인 아파트 개발사업의 경우, 시행사가 총사업자금의 10% 정도를 출자하여 초기 사업비와 토지매입금의 일부로 사용하고, 토지매입 금액의 70%에서 90% 이상은 금융기관의 브릿지론을 이용하여 조달한다.

2. 부동산 PF 금융의 구조적 문제

1) 시행사의 자금력 부족에 따른 브릿지론과 본PF의 연계

④ 반면 미국의 경우 다양한 형태의 부동산개발 방식이 발달하여 있는데 일반적으로 시행사가 GP(General Partner), 투자자가 LP(Limited Partner)로 참여하는 LLC(Limited Liability Company)를 구성하고 총사업비의 20%에서 30% 정도 수준의 초기 자본금을 마련한다. 토지매입을 위한 담보대출의 경우 LTV는 40%에서 50% 정도 수준인데 이는 미국의 경우 PF 같은 비소구 대출의 LTV를 최대 60%로 제한하고 있기 때문에 한도를 넘지 않는 선에서 시장에서 형성된다.

⑤ 얼핏 보면 사업 초기에 금융기관으로부터 대출받아 토지를 구입하는 구조는 우리나라와 미국이 비슷해 보인다. 하지만 시행사(혹은 시행사가 설립하는 SPC)의 초기 자금력 차이로 인해 우리나라의 경우 건설단계에서 조달하는 본PF의 자금으로 토지구입자금을 상환하는 반면, 미국은 LLC 등이 투자자들로부터 추가 자금을 확보해 대출금을 모두 상환하고 토지 담보를 해제한 후 건설자금만 조달한다는 큰 차이점이 있다.

⑥ 즉 우리나라는 본PF가 건설자금에만 쓰이는 것이 아니라 브릿지론의 상환재원으로 연결되어 있으며, 이로 인해 본PF 단계에서의 자금조달 부담이 크고 유사시 각 대출의 대출기관이 나 투자자 간 위험이 전이될 위험 또한 크다.

2) 수(受)분양자의 자금으로 사업비 충당

① 우리나라 부동산 PF가 미국 등 주요국의 PF와 또 다른 큰 차이점은 수분양자의 자금으로 사업비를 충당하는 것이 일반적이라는 점이다.

② 우리나라 대규모 주거용 부동산개발은 보통 착공 직후 선분양이 이뤄지는데, 수분양자의 계약금과 중도금대출의 상당 부분이 사업비로 사용된다. 이 때문에 수분양자는 토지 및 건물의 담보권에 있어 대주단과 우선순위가 비슷하게 되며, 수분양자 보호를 위한 주택도시보증공사(HUG)의 분양보증으로 인해 대주단은 유사시 보증기관에 담보물의 소유권을 이전해야 하는 등 온전한 담보권 확보가 어렵다.

③ 더욱이 우리나라는 과거 주택가격 상승 기간에 수분양자가 분양권 취득을 통해 이익을 얻어왔기 때문에 분양권 취득 시 가격 프리미엄을 기대하는 경우가 많다. 따라서 주택가격 하락이 예상되면 수분양자가 줄어들어 사업비 조달에 직접적인 악영향을 미치게 되며, 미분양 비율이 너무 높은 경우 공사가 중단되기까지 한다.

④ 미국, 미국, 캐나다, 영국, 호주 등에도 선분양 방식의 부동산개발이 존재하는데, 수분양자의 자금을 사업비로 활용하지 않는다.

가. 우리나라에서는 매우 일반적인 수분양자의 중도금 납입이 없으며, 수분양자는 분양 물건 5%에서 10% 수준의 계약금만 지불하는데 이는 보통 제3기관에 예치되고 사업비로 사용되지 않는다.

	2) 수(受)분양자의 자금으로 사업비 충당	나. 또한 분양계약은 개인 간의 계약으로 보아 개인이 계약금에 대해 사적 보험을 들도록 하고 있어 보증기관에 담보물에 대한 권리가 이전되지 않는다. 다. 미국의 분양형 콘도미니엄 사업의 경우 건설자금 대출 시 대주단이 50% 이상의 선분양비율을 요구하는데 선분양은 사업비 확보 목적이 아닌 사업성을 증명하는 용도로 선분양비율이 높을수록 대출 이자율도 낮아진다. 따라서 수분양자의 자금 이 건설자금으로 쓰이는 우리나라와 달리 대출기관이 토지와 건물에 대한 담보권을 확실히 보장받을 수 있게 된다.
2. 부동산 PF 금융의 구조적 문제	3) 시공사의 신용에 대한 의존도	① PF는 기본적으로 미래의 수익을 기반으로 하는 자금조달 방식이지만, 미국의 부동산개발 역시 불확실성이 크기 때문에 이로 인한 손실을 줄이기 위해 금융기관이 건설자금 대 시 담보 및 신용보강을 요구한다. 일반적으로 순자산이 일정 규모 이상이고 자산의 상당 부분이 유동자산인 보증인을 요구하는데, 보통 매입한 토지와 모기업의 자산 등이 담보로 제공되며, 상업용 부동산 개발의 경우에는 사업성에 기초한 금융기관 등의 투자확약(Take-out Commitment)을 기반으로 건설자금 대출이 실행된다. 또한 필요에 따라 금융기관 등이 신용공여를 제공하기도 하며, 보증회사(Surety Company)를 통해 건설에 대한 지급보증(Payment Bond)이나 이행보증(Performance Bond) 등을 약정하거나 유동화증권 발행 시 스폰서 은행 등이 유동성 및 신용공여, 채권보증회사(monoline)가 보증을 통해 신용등급을 높이기도 한다. ② 우리나라 부동산개발 역시 개발의 불확실성으로 인해 다양한 신용보강이 동반되는데 글로벌 금융위기 이후 신용보강 주체가 다양해지기는 했으나, 책임준공확약 등 시공사의 신용보강을 기반으로 한다는 점에서 미국과 큰 차이가 있다. 특히 우리나라 본PF의 대주단은 토지비용 상환, 수분양자 자금의 사업비 사용 등으로 토지 및 건물에 대한 온전한 담보권 확보가 어렵기 때문에 신용보강을 더욱 요구하게 된다. ③ 글로벌 금융위기 이후 지급보증 등 시공사의 직접적 신용보강은 많이 줄어들었으나 여전히 시공사의 신용도에 대한 의존도는 높다고 볼 수 있다. ④ 대표적으로 브릿지론이나 PF의 대주단은 시공사의 신용등급, 시공능력평가순위 등을 토대로 대출 여부를 결정하고 시공사의 책임준공이나 조건부 채무인수 등을 요구하는 경우가 많다. ⑤ 또한 유동화증권 발행 시에도 유동화증권의 신용등급이 시공사의 신용등급과 연계되는 경우가 대부분이며, 증권사가 제공하는 매입보증 등은 시행주체나 시공사의 신용등급 하락 시 의무가 면책되는 구조인 경우가 많다

 결론

의견 제시 부동산 PF금융 부실위험이 금융시스템 안정에 충격을 줄 가능성을 배제하기 위해서는,

첫째, 일시적인 유동성 경색이 관련 정상 기업과 금융기관의 신용 리스크로 전이되지 않도록 정책당국과 시장참가자가 협력하여 단기유동성 공급 등을 통해 시장의 불확실성을 완화하는 노력을 지속할 필요가 있다.

둘째, 이와 함께 주택부문에서의 미분양 해소 지원, 규제 완화 등을 통해 주택 수요기반을 안정화시키고 관련 사업보증을 강화하는 한편, 중장기 유동성 공급채널 확보 등을 통해 사업이 원활하게 진행될 수 있도록 해야 할 것이다.

셋째, 금융기관 등은 경쟁적 자금회수를 자제하는 한편, 대손충당금 적립 확대 및 자본확충 등을 통해 부실 확대 가능성에 선제적으로 대응할 필요가 있다. 중장기적으로는 과도한 리스크 추구 행태를 차단하기 위해 금융기관의 부동산 PF금융 취급 한도 등에 대한 관리를 강화해야 할 것이다.

넷째, 특히 부동산PF 대출 부실 확대를 방지하기 위해서는 정부 및 금융당국이 기 추진하고 있는 바와 같이, 사업 전망이 양호한 정상 사업장의 경우 다양한 금융지원을 통해 원활한 사업 진행을 지원할 필요가 있다. 반면 위험 사업장에 대해서는 시행사 및 시공사, 대주단 등 사업 관계자 간 합리적 책임 분담을 통해 사업 진행 여부를 자율적으로 판단하도록 유도하고, 필요시 정리 작업이 신속하게 진행될 수 있도록 민간 및 공공 금융기관의 부실채권 매입 프로그램을 준비해야 한다.

한편, 우리나라 PF 구조의 문제는 개발 규모 대비 금융시장의 자금 부족의 문제라기 보다는 대규모 개발에 따른 위험을 분산할 다양한 투자자나 기관의 부족 문제로 보는 것이 더 정확할 것이다

따라서 우리나라 부동산 PF 구조를 개선하기 위해서는,

첫째, 시행사의 자본요건을 강화하고, 인센티브 제공을 통해 다양한 형태의 파트너십 구조를 유도하여 부동산개발의 초기자본을 확충하도록 할 필 요가 있다. 브릿지론과 본PF 사이의 상환 연결고리를 끊기 위해서는 미국처럼 초기 자기자본으로 사업에 필요한 토지를 매입하고 이를 담보로 공사자금을 조달하는 것이 필요하기 때문이다. 또한 사업주체의 자본력을 높여야 손실이 발생했을 때, 사업참여 주체가 이를 우선적으로 감당할 수 있어 부동산 PF 부실로 파급되는 것을 막을 수 있을 것이다

둘째, 다양한 재무적 투자자의 참여를 유도하는 것은 초기 자본금의 확충뿐 아니라 부동산 PF사업에 대한 평가를 사업성 자체에 대한 평가 중심으로 정착하게 하는 데 도움이 될 수 있다. 현재 우리나라 부동산 PF에서는 자금조달이나 대출채권의 유동화 시 시공사의 신용등급과 신용보강이 가장 중요한 평가항목으로 작용하는 등 사업성보다는 시공사의 신용에 의존하는 경향이 크다. 반면 미국의 투자자나 금융기관은 모기업 등의 신용보강을 요구하기는 하지만 향후 임대 수입이나 선분양비율을 통해 확인한 수요 등을 투자를 결정하는 핵심 요소로 본다.

셋째, 우리나라 주거용 부동산개발 시 선분양비율을 줄이거나 중도금 납입 비중을 축소하여 수분양자의 자금이 사업비로 사용되는 것을 개선해 나갈 필요가 있다. 대규모 주거단지 위주의 부동산 개발 환경과 부동산금융 시장의 발달 정도, 소비자의 개발이익에 대한 선호 등을 고려할 때 전면적인 후분양 전환 등은 어려울 것으로 예상된다. 하지만 선분양비율을 축소하고, 중도금 비중을 줄여 나가 토지 및 부동산의 담보가치와 개발이익에 대한 평가에 기반한 부동산금융이 발달할 수 있는 환경을 조성 해야 할 것이다.

<출처 : 한국금융연구원>

 용어해설

1. **신탁계정대** : 부동산신탁사가 공사비 등을 지출할 목적으로 고유계정에서 신탁계정으로 대여한 금액을 회계처리하는 계정이다

2. **토지신탁** : 토지신탁은 토지를 수탁하여 아파트 등을 개발하고 분양 · 임대하는 신탁으로 크게 <차입형> · <책임준공형 관리형> · <일반 관리형>으로 구분할 수 있다. 차입형 토지신탁은 부동산신탁사가 부동산 개발사업에 소요되는 자금을 직접 조달하는 형태이며, 책임준공형 관리형 토지신탁은 개발사업에 소요되는 비용을 위탁자 등 제3자가 부담하는 관리형 토지신탁에 부동산신탁사의 책임준공확약이 추가된 토지신탁을 의미한다. 일반 관리형 토지신탁의 경우 신탁재산관리 외 추가 책임이 발생하지 않는다.

03 논술사례

주제 1

부동산 PF금융 부실 위험과 금융당국의 대응방안에 대해 논하라.

답안

서론

금융권이 사업 다각화와 수익성 제고를 위해 PF 대출을 공격적으로 늘리면서, 2020년 92.5조 원이던 부동산 PF 대출 잔액은 2023년 말 135.6조 원으로, 3년사이 46.6% 증가했다. 실제로 올해 초 중견 건설업체 태영건설이 워크아웃을 신청하면서, 부동산 PF 부실화에 대한 위기감이 고조됐다. 부동산 PF는 자금의 규모가 크고 실물 경제 및 금융시장과의 연계성이 크기 때문에, 부동산 PF 부실이 경제 전반에 미칠 부정적인 파급효과를 배제하기 어렵다. 따라서 본고는 부동산 PF의 개념과 현황에 대해 알아보고, 국내 부동산 PF 대출의 구조적 문제점을 분석한 뒤, 금융당국의 대응방안을 제시해보고자 한다.

본론

1. 부동산 PF의 정의 및 현황

부동산 PF대출은 부동산 개발의 사업성을 담보로 자금을 조달하고, 해당 사업에서 발생하는 현금흐름을 상환재원으로 하는 금융방식이다. 이는 사업 인가 전 토지매입 자금을 조달하는 브릿지론과 사업인가 후 준공시점까지 브릿지론 상환 및 공사비 등을 공급하는 본

| 미래

PF대출로 구분된다.

2023년 12월 말 기준 금융권 부동산 PF 대출의 연체율은 2.70%로, 2021년 이후 지속적으로 상승하고 있다. 국내 부동산 PF의 현황은 다음과 같다.

첫째, 고금리 기조 이후 사업성이 악화되고 있다. 2010년대 후반부터 2021년 무렵까지 부동산 경기가 활성화되면서, 금융기관과 시행사들의 대출 및 사업 영업 경쟁이 심화되었다. 그 결과 브릿지론, 비**아파트**, 비수도권 등의 영역까지 프로젝트 취급 상품이 확대되었다. 그러나 2022년 이후 인플레이션과 함께 미국의 연준이 자이언트 스텝 등으로 금리를 인상하기 시작하면서, 국내 대출금리도 빠르게 상승했다. 즉, 저금리 시대에 활성화되었던 부동산개발 사업의 금융비용이 크게 증가하게 된 것이다. 또한, 고금리는 가계의 대출 부담 역시 가중시키면서' 악성 미분양' 물량이 증가하는 등 주택 수요도 위축시켰다. 이에 부동산 개발 사업의 사업성이 크게 **악화됐다**.

주거

PF금융의 위기는 고금리로
1. 분양성 악화
2. 금융비용 증가
3. 원자재 가격 상승
4. 주택버블 해소
등을 꼽고 있습니다.

둘째, 원자재 가격 상승 역시 부동산 PF의 사업성을 악화시키고 있다. 러 · 우 전쟁, 미 · 중간 갈등으로 건축 시멘트 등 원자재 비용이 상승하고 있다. 이에 건설사는 이전 예산으로 시공을 마무리하는 것이 어려워졌다.

결과적으로 PF대출 차주들의 대출상환 능력 저하로, 이에 대한 익스포져가 큰 제2금융권의 자산건전성이 흔들리고 있다. 또한, 과거 PF대출 부실사태를 겪었던 은행권이 PF대출에 보수적인 태도를 보이는 상황에서, 본PF를 취급할 수 있는 대주단이 줄어들면, 브릿지론의 본PF 전환이 어려워지며 채무불이행 우려가 가중될 수 있다.

이미

대규모

2. 국내 부동산 PF 대출의 구조적 문제점

① 시행사의 자금력 부족에 따른 브릿지론과 본PF의 연계

국내에서 시행사 설립 시 필요한 자본금 요건은 각각 법인 3억 원, 개인 6억 원 수준이다. 자본금 요건을 충족하면 시행사는 사업시의 평균 5~10% 정도만 투자하고, 나머지는 금융사 대출 및 수분양자 중도금으로 사업비를 확보하여 PF 사업을 할 수 있다. 시행사의 초기 자금력이 부족하기 때문에, **건설단계에서 조달하는 본PF 자금이 건설자금에만 쓰이는 것이 아니라** 브릿지론의 상환재원으로 연결되어 있다. 이로 인해 본PF 단계에서의 자금조달 부담이 크고 유사시 각 대출의 대출기관이나 투자자 간에 위험이 전이될 위험이 크다.

본 PF는 토지비 금융비 기타사업비로 충당되며
실제 선분양이 시작되는 시점부터는 분양대금으로 본PF 상환시작 및 건설비 재원으로 활용됩니다.

② 수분양자의 자금으로 사업비 충당

우리나라 대규모 주거용 부동산개발은 보통 착공 직후 선분양이 이뤄지며, 수분양자의 계약금과 중도금대출의 상당 부분이 사업비로 사용된다. 따라서 토지 및 건물의 담보권이 있는 수분양자는 대주단과 우선순위가 비슷하게 되며, 수분양자 보호를 위한 HUG(주택도시보증공사)의 분양보증으로 인해 대주단의 유사시 보증기관에 담보물의 소유권을 이전해야 하는 등 온전한 담보권 확보가 어렵다. 또한, 우리나라는 과거 주택가격 상승 기간에 수분양자가 분양권 취득을 통해 이익을 얻어왔기 때문에, 분양권 취득 시 가격 프리미엄을 기대하는 경우가 많다. 따라서 주택가격 하락이 예상되면 수분양자가 줄어들어 사업비 조달에 직접적인 악영향을 미치게 되며, 미분양 비율이 너무 높은 경우 공사가 중단되기도 한다.

③ 시공사의 신용에 대한 높은 의존도

부동산개발은 불확실성이 크기 때문에 다양한 신용보강이 동반되는데, 글로벌 금융위기 이후 신용보강 주체가 다양해지기는 했으나, 여전히 대부분이 시공사의 신용보강을 기반으로 한다. 특히, 국내 본PF 대주단은 토지비용 상환, 수분양자 자금의 사업비 사용 등으로 토지 및 건물에 대한 온전한 담보권 확보가 어렵기 때문에 신용보강을 더욱 요구하게 된다. 그럼에도 브릿지론이나 PF의 대주단은 시공사의 신용등급, 시공능력평가순위 등을 토대로 대출 여부를 결정하고 시공사의 책임준공이나 조건부 채무인수 등을 요구하는 경우가 많다는 점에서 시공사의 신용도에 대한 의존도가 높다고 볼 수 있다. 따라서 시공사는 부실 사업장에 대해서도 공사를 완료해야하는 부담이 발생하며, 이에 따른 우발채무가 실제로 현실화할 가능성이 높아지게 된다. 대표적으로 태영건설도 이러한 우발채무 부담으로 워크아웃을 신청하였다.

결론

금융당국의 대응방안

우리나라 PF 부실위험을 근본적으로 해결하기 위해서는 국내 PF 금융만의 독특한 구조를 개선해나가야할 것이다. 이와 더불어 PF금융 부실위험이 금융시스템으로 전이되지 않도록 선제적으로 대응해야 할 것이다.

① 국내 부동산 PF 구조개선

우리나라 부동산 PF구조 문제는 대규모 개발에 따른 위험을 분산할 다양한 투자자나 기관이 부족한 측면이 강하다. 따라서

국내 부동산PF 구조를 개선하기 위해서는,

첫째, 기획재정부 주도하에 시행사의 자기자본비율을 최소 20% 수준으로 제고해야 한다. 브릿지론과 본PF 사이의 상환 연결고리를 끊기 위해서는, 미국처럼 초기 자기자본으로 사업에 필요한 토지를 매입하고 이를 담보로 공사자금을 조달하는 것이 필요하다. 또한, 사업주체의 자본력이 높아야 손실이 발생했을 때 사업참여 주체가 이를 우선적으로 감당할 수 있기 때문에, 부동산 PF 부실로 파급되는 것을 막을 수 있다.

둘째, 주거용 부동산개발 시 선분양비율을 줄이거나 중도금 납입 비중을 축소하여 수분양자의 자금이 사업비로 사용되는 것을 개선해 나갈 필요가 있다. 대규모 주거단지 위주의 부동산 개발 환경과 부동산금융 시장의 발달 정도, 소비자의 개발이익에 대한 선호 등을 고려할 때 전면적인 후분양 전환은 어려울 것으로 예상된다. 하지만 선분양비율을 축소하고, 중도금 비중을 줄여 나가 토지 및 부동산의 담보가치와 개발이익에 대한 평가에 기반한 부동산금융이 발달할 수 있는 환경을 조성해야 할 것이다.

다양한 FI의 참여를 허용하도록 해야 합니다.

셋째, 인센티브 제공을 통해 다양한 형태의 파트너십 구조를 유도해야 한다. 다양한 재무적 투자자의 참여는, 초기 자본금 확충 뿐 아니라 부동산 PF 사업에 대한 평가를 사업성 자체에 대한 평가 중심으로 정착하게 하는 데 도움이 될 수 있다. 현재 금융당국은 'PF 사업장 정상화 지원펀드'를 통해 민간의 참여를 유도하고 있다.

② 금융시스템으로의 위험성 전이 방지 방안

현재 부동산 PF부실의 위험도는 과거 PF부실사태와 비교해

이 부분이 문제로 보입니다.

볼 때, 부실의 정도가 크지 않고 금융기관의 복원력도 매우 양호한 것으로 평가된다. 하지만, 과거 부동산 PF대출 부실 학습효과로 위험회피 행태가 심화된 상황에서 **자본시장과 부동산 PF대출 간 연계성이 높아지고 있고,** 자본력이 상대적으로 부족한 비은행권의 익스포저가 확대된 상황이기 때문에 여전히 위험요인이 존재한다. 따라서

첫째, 일시적인 유동성 경색이 관련 정상 기업과 금융기관의 신용 리스크로 전이되지 않도록, 이해관계인들의 협력이 필요하다. 현재 금융당국은 'PF 대주단 협약'을 추진 중에 있다. 이를 통해 경쟁적 자금회수를 막고, 단기 유동성을 공급하여 시장의 불확실성을 완화할 수 있을 것이다.

둘째, 부동산 PF 대출 사업장에 대한 실태조사와 건전성 분류를 통한 선별적 지원이 필요하다. 선별적인 업체 구분을 통해 사업 전망이 양호한 정상 사업장의 경우 다양한 금융지원을 통해 원활한 사업 진행을 지원할 필요가 있다. 반면, 사업성 부족 판단을 받은 사업은 단계적 구조조정 절차를 밟도록 독려하여 부실 위험을 조금씩 터트려 해소해야 한다.

셋째, 금융권의 대손충당금 적립 및 자본확충을 유도해야 한다. '23년말 결산 시 예상손실을 100% 인식하여 충당금을 적립하고, 부실 사업장을 신속히 매각 정리하거나, 과거 최악의 상황에서의 경험 손실률 등을 감안하여 단계적으로 충당금 적립을 강화할 수 있다. 또한, 경 · 공매등 손실보전 과정에서 담보가치를 엄정하게 산정하는 등의 노력이 **필요하다**.

결론 부분은 크게 손볼 곳이 안 보입니다.

다만, 증권사의 유동화 금융방식에 대한 리스크와 비주거부문/중소형 건설 사업장에 대한 PF 금융검토 강화는 필요합니다.

주제 2

부동산 PF대출 리스크 증가에 따른 정책기관의 역할을 논하라.

답안

 서론

최근 부동산 PF대출 리스크가 뜨거운 감자다. 지난해 '레고랜드' 사태 이후 잠잠해지는 듯했던 부동한 PF대출 리스크가 다시 확대되는 분위기이다. 주요 금융사의 부동산 PF대출 연체율이 급증했기 때문이다. 금융권 부동산PF 대출연체율이 2%를 넘었다. 3개월 새 0.82%P 증가한 것이다. 특히, 증권사 부동산 PF대출 연체율이 15.88%로 위험한 수준에 다달았다. 만약 2023년 하반기 부동산 시장이 흔들릴 경우, 금융시스템 전체의 위기로 확산될 수 있다는 우려가 나온다. 이에 본고는 국내 PF대출의 정의 및 현황 그리고 부동산PF 시장의 리스크를 살펴본 후 정책적 방안에 대해 논하고자 한다.

삭제하셔도 무방합니다.

PF금융 규모와 파급력을 감안할 때,

본론

부동산 PF대출의 정의 및 현황

부동산 PF대출은 부동산개발사업의 사업성을 담보로 자금을 조달하고, 해당 사업에서 발생하는 현금흐름을 상환 재원으로 하는 금융방식이다. 사업단계에 따라 사업인가 전 토지매입 자금 등을 공급하는 브릿지론과 사업인가 후 준공 시점까지 브릿지론 상환 및 공사비 등을 공급하는 본 PF대출로 구분된다. 차주인 시행사는 본PF로 브릿지론을 상환하고, 착공 이후 분양 또는 자산매각에 의해 발생하는 수입으로 본PF 대출을 상환하는 구조로 이루어져 있다.

현재 부동산 PF시장은 부동산 개발시장 호황으로 약 5년간 2배로 급증했다. 금융위에 따르면 지난 3월 말 기준 금융권 전체의 부동산 PF 대출잔액은 131조 원으로 2017년 말 66.2조 원 대비 약 2배 이상 증가했다. 이는 글로벌 금융위기 발생 직전인 2008년 대출잔액(76.8조 원)의 1.7배로 부동산 개발시장 호황에 힘입어 최근 5년간 증가율은 연평균 15%를 상회한다. 특히, 비은행권의 부동산 PF대출이 크게 증가했다. 2017년 말 대비 2022년 9월 대출잔액은 은행이 1.8배에 불과하나 보험사 2.0배, 저축은행 2.5배, 여신전문회사 4.3배로 비은행권 PF대출이 특히 급증했다. 그리고 비은행권 PF 대상 영역이 브릿지론, 비아파트, 비수도권 등으로 확대되었다. 금융권 내 PF 금융주선 경쟁이 심해지면서 증권사 등이 브릿지론을 포함한 사업 초기 자금대출에 적극적으로 참여했다. 또한 오피스텔, 지식산업센터, 오피스, 호텔 등 아파트 외 개발산업, 비수도권의 주거 상품 개발 등으로 PF의 대상 영역도 **확대되었다**.

이런 문단의 경우 첫째, 둘째로 풀어쓰시는 것이 더 좋습니다. 접속어에 대한 고민을 많이해야 되기 때문입니다. 아니면 예를 들면
1. 규모
2. 취급기관
3. 사업영역
이런 식으로 아예 나눠서 기술하실 것을 권합니다.

부동산PF 시장의 구조적 리스크

부동산 PF시장은 크게 세 가지의 구조적 리스크를 지니고 있다.

첫째, 'PF대출 상환 리스크'이다. 금리인상 및 레고랜드 사태등으로 금융시장 경색이 본격화되면서 PF대출 시장이 위축되었다. 2022년부터 국내 기준금리가 3.25% 오르면서 부동산 PF대출 금리도 상승했다. 2021년도 말 0.25%에 불과했던 기준금리는 2023년 3월 3.50%로 급등하면서, 부동산 PF 유동화 증권 금리도 같은 기간 2.44%에서 5.23%로 상승했다. 또한 레고랜드 등 채무불이행 사례가

증가, 건설사 도산 등으로 PF대출채권의 부실화 우려가 커지면서 금융기관이 PF대출에 보수적 태도를 지속하고 있다. 이로 인해, 브릿지론의 본PF 전환이 어려워지면서 채무불이행 우려가 확대되고 있다. 그리고 개발비용의 증가 및 분양시장 침체 또한 PF대출 상환리스크를 증가시키고 있다. 글로벌 공급망 위축, 중대재해처벌법 도입 등으로 자재비, 인건비 등 건설원가가 크게 상승한 반면 주거 분양 및 상업용 부동산 투자가 위축되며 개발사업의 수익성을 하락시키기 때문이다.

둘째, 'PF대출 연체율 상승 리스크'이다. 금융권의 부동산 PF대출 연체율은 올해 3월 말 기준 2.01%로 지난해 12월 말의 1.19%보다 0.82%P 급증했다. 부동산 시장이 최악인 상황에서 금융권 전체의 부동산 PF대출잔액이 늘고 있고 연체율마저 2%를 넘었다는 건 사업장 곳곳에서 문제가 심각하다는 이야기다. 업권별로 보면 지난해 12월 말과 비교해 올해 3월 말 부동산 PF대출 잔액이 가장 많이 늘어난 곳은 은행으로 2조 2천억 원이었고 증권도 8천억 원이 증가했다. 반면 보험과 저축은행은 각각 4천억 원, 여신전문금융사는 7천억 원이 감소했다. 업권별 올해 3월 말 부동산 PF 연체율은 증권사가 심각한 수준이었다. 증권사의 부동산 PF대출 연체율은 15.88%로 2020년 말 3.37%, 2.21년 말 3.71%에 비해 10%P 넘게 급등했다. 지난해 12월 말의 10.38%와 비교해서도 5.5%P나 뛰었다. 한마디로 부동산 PF 부실이 임계치에 도달한 셈이다. 더불어 저축은행과 카드사, 캐피탈사 등도 연체율이 증가하며 안전지대는 없다는 것을 알려준다,

셋째, '비아파트 영역 리스크'이다. 금융위기 이후 비은행권에서 비아파트 사업을 대상으로 PF대출을 크게 확대했다. 2022년 6월 기준 여신전문회사, 증권사, 저축은행의 PF대출에서 아파트 외 대출이 차

지하는 비중은 각각 65.5%, 78.4% 84.9%로 금융위기 직후인 10년말 저축은행과 증권사의 비아파트 PF대출 비중은 50% 내외였으나 최근 크게 증가했다. 비아파트 사업장의 비중이 높을수록 업체의 부실화 리스크도 증가하는 경향이 있다. 비아파트는 본PF로의 전환이 상대적으로 어렵다. 수요자가 적고 분양성이 떨어지기 때문이다. 이 때문에 비아파트 사업은 은행, 보험 등 본PF 참여율이 높은 기관이 선호하지 않아 금융시장이 위축되는 시기에는 본PF로의 전환이 어렵다. 통상 비아파트 사업장의 대출 비중과 고위험 사업장 대출 비중은 비례관계에 있다.

결론

부동산 PF대출 리스크 관리를 위한 정책적 방안

부동산 금융시스템의 안정성을 유지, 관리하는 것은 매우 중요하다. 우리나라 국민의 자산 포트폴리오의 큰 비중을 차지하는 것이 바로 부동산이고, 부동산 시장의 붕괴는 우리나라 경제에 막대한 영향을 끼친다. 이를 해결하기 위해선,

첫째, '수익구조개선'이 필요하다. 지금 부동산 PF시장의 문제는 분양/매각 수익 → 본 PF 상환 → 브릿지론 상환의 선순환이 깨진 것이다. 토지비, 공사비, 금융비용 등 개발원가는 상승한 반면, 분양, 매각시장 부진으로 매출 불확실성이 커지며 개발사업의 수익구조가 약화됐다. 2020년과 비교할 때 2022년 말 아파트 실거래가지수는 1.7% 하락한 반면, 건축자재는 35.8% 상승, 임금은 10.1% 상승, 토지가는 7.0% 상승했다. 이 때문에 개발사업의 수익성 미확보로 본PF 진행을 위한 시공사 및 대주단 확보가 난항을 겪고 있다. 그리고 금융기관의 PF취급 기준과 함께 대형 건설사의 시공 참여 조건 또한 강화되었

다. 따라서 수익구조 개선이 어려우면 브릿지론 부실 확산은 불가피할 것이다. 개발원가 인하를 통한 분양/매각 가격 경쟁력 확보가 브릿지론의 본PF 전환을 위한 선결 조건이다. 단기간 내 분양/매각 시장 회복이 쉽지 않은 상황에서 브릿지론의 단순 만기연장은 임시방편일 뿐이고, **원가 절감** 등을 통해 가격 경쟁력을 확보하는 사업 재구조화가 필요하다.

> 원가절감은 건물 품질 저하 우려도 생깁니다. 그리 좋은 방안만은 아닙니다.

둘째, '정부 정책을 통한 리스크 완화'이다. 정부는 공공 금융기관의 대출, 보증 및 분양시장 활성화를 통해 건설사 등에 대한 지원을 강화해야 한다. 부동산 PF 리스크가 건설사/신탁사로 파급되지 않도록 산업은행, 기업은행, 신용보증기금 등 공공금융기관 중심으로 건설사 등에 정책 금융을 공급해야 한다. 또한 신탁사 리스크 경감을 위해 대체 시공사 Pool구축, 책임준공형 신탁 제도 개선 등을 추진해야 한다. 그리고 부동산 정책으로 전매제한 및 실거주의무 완화 등 분양시장 규제를 완화해 미분양 증가에 대응해야 한다. 분양시장의 활성화를 유도하여 자연스럽게 미분양 문제 해결이 중요하다. 지방 미분양 주택 구입시 취득세, 종합부동산세, 양도소득세 감면, 공공기관의 미분양 주택 매입 등을 통해 부동산 시장을 활성화하여 미분양 해소에 지원해야 **한다**.

> 좋습니다만 건설사 지원은 좀 고민해봐야 할 것 같습니다. 건설사 지원보다는 사업장별 철저한 모니터링을 통한 사업장별 지원 여부를 결정하는 것이 더 좋아 보입니다.

마지막으로 'PF 사업장에 대한 맞춤형 지원'이다. PF 사업장에 대해서도 등급 구분 및 맞춤형 지원을 통해 부실화 확산을 방지할 수 있다. PF 사업장을 '정상', '사업성 우려', '부실 우려' 사업장으로 구분하여 등급에 맞는 지원을 통해 부실 리스크 관리를 효율적으로 해야 한다. '정상' 사업장은 공공기관 대출 보증을 확대하고 '사업성 우려' 사업자는 PF 대주단 협약 개정, 민간 자율의 사업 재구조화, 캠코 공동 정상화 펀드 등 추진하여 부실 우려 등급으로 넘어가지 않도록 도와야 한다. 그리고 '부실 우려' 사업장은 매각을 지원하여 조속한 조치가 취해질 수 있도록 노력한다. 획일화된 지원보다는 위처럼 세분화하여 지원함으로써 조금 효과적인 리스크 관리를 기대할 수 있을 것이다.

chapter

17 마이데이터 2.0

01 논제 개요 잡기 [핵심 요약]

<table>
<tr><td>서론</td><td>이슈언급</td><td colspan="2">2024년 4월 4일(목), 금융위원회는 금융회사, 핀테크사 등 마이데이터 사업자들과 금융협회, 금융감독원, 신용정보원, 금융결제원, 금융보안원, 금융연구원 등 유관기관이 참여한 가운데 「마이데이터 2.0 추진 방안」을 발표하였다.
마이데이터 2.0 추진 방안은 그 동안의 운영과정을 통해서 개선해야 할 점들을 검토하여, 금융위원회는 마이데이터 정보확대, 영업 활성화, 이용자 편의성 제고, 마이데이터 정보보호라는 4가지 분야를 중심으로 구성되었다. 금번 발표된 마이데이터 2.0이 시행되면 오프라인 영업의 허용, 가입 유효기간의 연장, 일괄조회의 허용, 결합기준의 명확화 등 영업환경 개선이 기대된다. 따라서 국내은행은 기존 네트워크 및 비즈니스와의 연계를 통해 시너지를 강화함으로써 관련 수익성을 개선해야 하며, 개인정보 유출 등 사고의 방지를 위해 최선의 노력을 기울일 필요가 크다.</td></tr>
<tr><td rowspan="2">본론</td><td rowspan="2">1. 마이데이터 서비스</td><td>1) 개요</td><td>① 마이데이터 개념(본인신용정보관리업(신용정보법 제2조 9호의 2))
② 마이데이터 서비스 이용절차</td></tr>
<tr><td>2) 현황</td><td>- 마이데이터 서비스는 오직 모바일 채널을 통해서만 제공이 허락되었는데, 마이데이터 사업권을 취득한 금융회사, 핀테크, 빅테크 등이 마이데이터 전용앱이 아닌, 기존의 자사 앱에 마이데이터 서비스를 탑재하면서 다수의 개인이 부지불식간(不知不識間) 이용 중임.</td></tr>
</table>

본론

1. 마이데이터 서비스

2) 현황

- 마이데이터를 통해 금융권 전체에 산재된 자산, 부채, 지출 등의 정보를 한 눈에 볼 수 있게 되면서 이용자는 미인지 자산을 발견할 수 있으며, 각종 신용정보를 토대로 자산 포트폴리오 및 금융상품 추천, 대출 갈아타기, 신용점수 관리, 카드 추천 등의 서비스도 이용할 수 있음.

3)문제점

① 마이데이터 이용자의 금융자산 · 부채, 거래내역이 불완전하게 제공

② 오프라인 영업 및 겸영 · 부수업무 제한 등으로 서비스 확장이 제약

③ 이용자의 정보 관리가 어렵고 번거로운 절차로 인한 불편함 발생

④ 제3자 정보 제공 및 장기 미사용자 정보 등에 대한 정보유출 우려

⑤ 마이데이터 사업자로서 국내은행의 마이데이터 이용 관련 시장 점유율은 높지 않으며, 소극적 영업으로 인해 마이데이터 사업 관련 수익성도 좋지 않음.

2. 마이데이터 2.0

1) 추진 방안

분류	추진목표
마이데이터 정보 확대	전체 금융자산 조회, 결제내역 상세정보 제공, 공공마이데이터 활용 확대
마이데이터 영업 활성화	오프라인 가입·조회·활용, 겸영·부수업무 유연화, 결합기준 명확화, 정기적 전송범위 구체화
이용자 편의성 제고	어카운트인포 연계 통한 계좌 폐쇄, 동의 절차 간소화, 본인정보 관리 강화, 가입 유효기간 연장, 청소년 이용 개선
마이데이터 정보보호	제3자 제공 시 보안 강화, 미활용 마이데이터 삭제, 장기 미접속자 정보보호

2) 평가

- 이에 따라 마이데이터 서비스의 이용을 위한 가입과 철회를 간소화하고, 마이데이터를 통한 계좌의 해지 기능도 추가하면서 이용자의 편의성이 높아질 것으로 기대되며, 장기 미접속 시 정보를 자동으로 삭제하는 등 정보보호 기능도 강화될 예정임.
- 오프라인 영업을 허용하는 방안은 디지털 취약계층을 배려한 정책이나, 국내은행을 포함한 금융회사 입장에서는 점포 이용객의 전체 자산을 파악하여 초개인화된 자산관리 서비스를 제공하거나 자사를 이용하는 타사 주거래 고객을 유인하는 등 수익 확대의 기회이기도 함.
- 만기 1년의 가입 유효기간을 최대 5년까지 연장하는 방안은 이용자의 편의성 개선 효과도 있으나, 매년 실시되던 마케팅이 최대 5년에 한 번으로 줄어드는 효과가 있어 국내은행을 포함한 모든 마이데이터 사업자들의 비용 감소 효과가 예상됨.
- 이용자가 마이데이터 가입 시 모든 금융회사 상품을 일괄 조회할 수 있도록 하는 방안도 이용자의 편의성 개선방안이지만, 마이데이터 사업자의 입장에서는 마이데이터 정보의 가치가 높아지고 맞춤형 서비스의 개발 및 제공이 쉬워지는 효과가 있음.

본론	2. 마이데이터 2.0	2) 평가	- 사업자가 기존에 보유한 정보와 마이데이터로 취합된 정보의 결합기준을 명확화 한 부분은 국내은행 입장에서 타겟마케팅, 대출심사를 위한 분석, 인공지능 개발용 데이터로의 활용 등을 용이하게 함으로써 디지털 경쟁력 강화 효과가 있음.
결론	의견제시	국내 금융기관들은, 첫째, 오프라인 점포를 통해 마이데이터를 이용하는 고객은 고령층과 거주 외국인 등 기존 이용객 과 다른 신규 이용객일 가능성이 높으므로 이들 대상의 통합 자산관리 서비스와 해외송금 등을 늘리기 위해 상담역량 강화, 취급 금융상품의 다양화, 수수료 경쟁력 확보 등 준비가 필요하다. 둘째, 같은 고객이라도 거액 거래이거나 상품이 복잡하거나 투자 위험도가 크면 온라인보다 오프라인을 선호하는 경향이 있어 기존 마이데이터 고객의 점포 유인을 통한 매출 확대 가능성도 존재하므로 모바일 채널을 통한 오프라인 상담 예약, 모바일 거래 및 상담 내역의 오프 라인 공유 등 모바일 채널과 오프라인 채널 간 연계를 강화해야 할 것이다. 셋째, 이제는 은행도 디지털 환경에서 빅테크나 핀테크와 경쟁하고 있으므로, 마이데이터 정보의 취합 및 결합, 동 정보의 분석 및 활용 등을 확대하고 관련 인력과 예산을 확충함으로써 마이데이터 2.0을 디지털 경쟁력 강화의 기회로 삼아야 한다. 넷째, 오프라인 점포에서 개인정보의 유출, 특정상품의 무리한 판매로 인한 분쟁 등이 이슈가 되는 순간 마이데이터 서비스의 허용 채널이 다시 모바일로 제한될 수 있다. 따라서 개인정보 보호, 정보차단벽(Chinese wall)과 신의성실 등 이해상충 방지, 실명확인과 딥페이크(deep fake) 탐지 등 사기 방지, 직원 교육, 접근권한 관리, 사고 시 책임자 지정, 사고 시 피해보상 등 각종 내부통제 시스템을 선제적으로 마련할 필요가 있다.	

02 논제 풀이

서론

IT 인프라가 잘 갖춰진 한국은 데이터 산업이 성장하기에 최적의 조건을 갖추고 있음에도 불구하고, 지난 20년 동안 데이터를 활용하는 것 대신 데이터 보호에만 집중해온 결과, 국내의 디지털금융 전환은 금융 분야 클라우드 및 망분리 규제에 큰 영향을 받을 수밖에 없었다.

2013년에 공공데이터 법이 시행되면서 데이터 활용이 촉진되긴 했지만, 본격적인 데이터 활용 제도의 추진은 데이터 3법 개정에 이르러서야 비로소 시행됐다. 데이터 3법은 ▲개인정보보호위원회의 개인정보보호법, ▲금융위원회의 신용정보법, ▲방송통신위원회의 정보통신망법을 의미하며, 2018년 11월 발의 후, 여러 가지 의견 수렴을 거쳐 2020년 1월에 개정 및 8월 시행됐으며, 2022년 1월에는 API 방식의 마이데이터로 확대되었다.

마이데이터 사업이란, 개인신용정보 전송요구권 행사를 전제로 여러 곳에 흩어져 있는 개인신용정보를 통합해 개인에게 제공하는 사업이다. '내 손 안의 금융비서'로 대변되는 금융 마이데이터 서비스는, 은행은 물론 기타 금융회사, 핀테크, 빅테크 등의 앱에 탑재되어 금융정보를 통합 조회하여 제공하는 서비스이며, 이용자의 자산 및 부채 통합관리, 지출 관리, 맞춤형 금융상품 추천, 신용점수 관리 등에 활용되고 있다. 하지만 국내은행의 마이데이터 서비스는 시장점유율도 낮고, 수익성도 좋지 않은 상황이 지속되다 보니, 2024년 4월 4일(목), 금융위원회는 금융회사, 핀테크사 등 마이데이터 사업자들과 금융협회, 금융감독원, 신용정보원, 금융결제원, 금융보안원, 금융연구원 등 유관기관이 참여한 가운데 「마이데이터 2.0 추진 방안」을 발표하였다.

마이데이터 2.0 추진 방안은 그 동안의 운영과정을 통해서 개선해야 할 점들을 검토하여, 금융위원회는 마이데이터 정보확대, 영업 활성화, 이용자 편의성 제고, 마이데이터 정보보호라는 4가지 분야를 중심으로 구성되었다. 금번 발표된 마이데이터 2.0이 시행되면 오프라인 영업의 허용, 가입 유효기간의 연장, 일괄조회의 허용, 결합기준의 명확화 등 영업환경 개선이 기대된다. 따라서 국내은행은 기존 네트워크 및 비즈니스와의 연계를 통해 시너지를 강화함으로써 관련 수익성을 개선해야 하며, 개인정보 유출 등 사고의 방지를 위해 최선의 노력을 기울일 필요가 크다.

이에 본지에서는 마이데이터 서비스 현황과 문제점, 그리고 마이데이터 2.0의 내용에 대해 알아본 후, 금융기관의 대응방안에 대하여 논하기로 한다.

본론

1. 마이데이터 서비스	1) 개요	① 마이데이터 개념(본인신용정보관리업(신용정보법 제2조 9호의 2)) 가. 마이데이터 사업자는 금융회사 등이 보유한 개인신용정보를 수집(개인정보주체가 선택 · 동의한 금융회사의 정보에 한정) · 종합하여, 신용정보주체(금융소비자)가 조회 · 열람할 수 있도록 서비스를 제공. 나. 신용정보주체가 개인신용정보 전송요구권(정보주체가 자신의 정보를 제3자에게 전송시켜 줄 것을 요구할 수 있는 권리) 행사, 열람청구 등 자신의 정보권리를 스스로 행사하도록 함으로써 정보주권을 강화. 다. 금융소비자가 자신의 금융자산 · 거래내역 등을 종합적으로 관리할 수 있도록 조력하는 서비스가 마이데이터 사업자의 본업임. 라. 부수적으로 동 정보를 활용해 맞춤형 금융상품 비교 · 추천, 신용점수 올리기, 대환대출 등 소비자 편익을 돕는 서비스 제공 중.

1. 마이데이터 서비스

1) 개요

② 마이데이터 서비스 이용절차

가. (전송요구) 정보주체가 정보제공자(예: 금융회사)가 보유한 자신의 신용정보를 구체적으로 지정하여 전송요구.

나. (본인인증) 정보주체는 본인인증을 통해 개별 정보제공자 또는 다수의 정보제공자에게 전송요구권 행사 가능.

다. (정보전송) 정보제공자는 기존의 스크래핑 방식이 아닌 사전에 정해진 방식에 따라 마이데이터 사업자에게 정보전송.

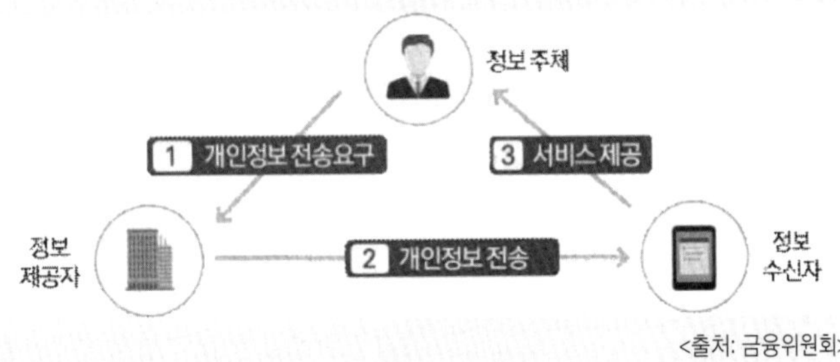

<출처: 금융위원회>

2) 현황

① 2020년 8월 데이터 3법의 개정에 따라 모든 개인은 자신의 신용정보에 대한 전송요구권을 획득한 반면, 모든 금융회사는 개인이나 개인을 대리하는 마이데이터 업자의 요구에 따라 해당 개인의 신용정보를 송출할 의무가 생겼으며(국내은행을 포함한 모든 금융회사들은 데이터 제공기관으로서 개인의 신용정보를 송출하며, 이 중 마이데이터 면허를 취득한 금융회사들은 마이데이터 사업자로서 고객의 신용정보 전송을 요구하는 역할까지 담당함), 2022년 1월 관련 서비스가 공식으로 출범함.

② 마이데이터 서비스는 오직 모바일 채널을 통해서만 제공이 허락되었는데, 마이데이터 사업권을 취득한 금융회사, 핀테크, 빅테크 등이 마이데이터 전용 앱이 아닌, 기존의 자사 앱에 마이데이터 서비스를 탑재하면서 다수의 개인이 부지불식간(不知不識間) 이용 중임.

③ 마이데이터를 통해 금융권 전체에 산재된 자산, 부채, 지출 등의 정보를 한눈에 볼 수 있게 되면서 이용자는 미인지 자산을 발견할 수 있으며, 각종 신용정보를 토대로 자산 포트폴리오 및 금융상품 추천, 대출 갈아타기, 신용점수 관리, 카드 추천 등의 서비스도 이용할 수 있음.

3) 문제점

① 마이데이터 이용자의 금융자산 · 부채, 거래내역이 불완전하게 제공.

가. 마이데이터 이용 시 본인의 금융자산 · 부채 내역에 대해 일괄조회(마이데이터 가입시 금융회사 및 상품을 개별 선택하도록 의무화)가 제한됨에 따라, 장기 미사용 계좌 등의 금융자산 등의 조회가 어려움.

나. 이용자가 자신이 결제한 내역을 확인하려고 해도 일부 결제수단에 따라서는 상세한 거래내역에 대한 정보가 미제공.

* 사례: 00음식점에서 짜장면, 탕수육 구매시 "짜장면 외 1 / 이니시스(PG사명)" 표기

1. 마이데이터 서비스

3) 문제점

② 오프라인 영업 및 겸영 · 부수업무 제한 등으로 서비스 확장이 제약.

가. 오프라인에서 가입이 불가능함에 따라 고령층 등 모바일 환경에 익숙하지 않은 소비자는 마이데이터 서비스 이용이 어려운 상황.

나. 마이데이터로 수집한 정보의 결합기준이 명확하지 않고, 비금융 회사의 업무에 대한 겸영 등이 제한되어 새로운 서비스 출시가 곤란.

③ 이용자의 정보 관리가 어렵고 번거로운 절차로 인한 불편함 발생.

가. 마이데이터로 조회되는 자산에 대해 이용자의 적극적인 관리(조회 후 불필요한 계좌를 관리하기 위해서는 별도로 금융회사 앱을 설치할 필요)가 어렵고, 서비스 가입 이후 동의를 철회하는 과정 등이 불편.

나. 지나치게 많은 동의 절차와 1년으로 제한되는 가입 유효기간 등으로 인해 이용이 번거로움.

④ 제3자 정보 제공 및 장기 미사용자 정보 등에 대한 정보유출 우려.

가. 제3자 정보 제공 시 사후관리(마이데이터 사업자의 데이터 판매는 금감원의 부수업무 사전신고 대상이나, 판매 이후 이용자가 제3자 정보 제공을 철회 시 해당 정보 삭제 여부를 확인하기 어려움) 장치가 미흡하여 개인신용정보가 유출 · 악용될 수 있다는 우려가 존재.

나. 장기 미사용자의 정보가 파기 되지 않고 마이데이터 플랫폼에 지속 저장되어 보안 등 관리 측면에서 부담으로 작용.

⑤ 마이데이터 사업자로서 국내은행의 마이데이터 이용 관련 시장점유율은 높지 않으며, 소극적 영업으로 인해 마이데이터 사업 관련 수익성도 좋지 않음.

가. 마이데이터 서비스의 누적 가입자는 2022년 1월부터 2023년 말까지 총 1.1억 명(중복가입 포함)이고 통합조회 요청 및 정기적 전송(데이터의 정기적 업데이트에 동의한 고객을 위해 정기적으로 이루어지는 전송) 등에 따른 전송 건수는 3, 800억 건을 상회함.

나. 2023년 말 기준 12개의 국내은행을 포함하여 핀테크(24개), 금융투자회사(10개), 카드사(8개), 보험사(3개), 할부금융(2개), 신평사(2개), 상호금융(1개), 공공기관(1개), 통신 및 IT회사(6개) 등 총 69개사가 마이데이터 서비스를 제공하고 있음.

다. 이용자의 요청에 따른 데이터 수신 건수(활성화 고객 수와 직결되는 지표)를 기준으로 국내은행의 마이데이터 시장점유율은 매우 낮으며, 빅테크의 시장점유율이 절대적으로 높은 상황임. 또한 국내은행을 포함한 국내 금융회사들은 광고와 비교추천 등 마이데이터 관련 영업에 소 극적이어서 마이데이터 사업자로서 연간 천억원을 상회하는 적자를 기록하고 있으며, 정보제공기관으로서의 역할 및 관련 비용까지 감안할 경우[2024년부터 마이데이터 전송을 유료화하여, 마이데이터 사업자들이 정보제공기관의 비용을 분담할 예정이나, 2023년 기준 전체 비용의 22.1%만 마이데이터 사업자들이 부담하고 나머지 77.9%의 비용은 은행을 비롯한 정보제공기관들이 부담(금융권에서는 은행의 비용이 가장 큰 것으로 알려짐)] 적자 폭은 더 큰 상황임.

1. 마이데이터 서비스	3) 문제점

[마이데이터사 영업 현황 (2022년 기준)]

(단위 : 억 원)

구분	영업수익	신용정보 통합관리	겸영업무 등[주1]	영업비용	인건비·마케팅	수수료	기타	영업이익 (손실)
핀테크·IT	21,224	46	21,178	22,635	5,851	8,261	8,523	△1,411
상위3사[주2]	20,367	-	20,367	20,253	4,146	7,973	8,134	114
금융회사[주3]	56	-	56	1,342	1,061	133	148	△1,286
합 계	**21,280**	**46**	**21,234**	**23,977**	**6,912**	**8,394**	**8,671**	**△2,697**

주 : 1) 대출중개, 데이터분석, 광고홍보, 전자금융 등 본인신용정보 관련 겸영·부수업무
2) 네이버파이낸셜, 카카오페이, 비바리퍼블리카(토스)
3) 금융회사의 경우 해당 금융관계법률에서 허용된 고유업무 등 관련 영업수익은 제외

<출처: 한국금융연구원>

라. 상기 표에서 보듯이 은행을 포함한 금융회사들은 마이데이터 사업자로서 2022년 중 총 1, 286억 원의 적자를 기록했는데, 데이터 제공기관으로서 데이터를 송출할 의무가 있으므로, 관련 의무를 수행하는 과정에서 IT 네트워크 구축비, 네트워크 유지비, 인건비 등 각종 비용도 발생하기 때문에 실제로는 관련 적자 규모가 더 클 것으로 추정됨.

2. 마이데이터 2.0	1) 추진 방안 <출처 : 금융위원회>

< 추 진 방 향 >

◇ **금융플랫폼**으로서의 기능 강화를 위해 **❶마이데이터 정보 확대, ❷영업 활성화, ❸이용자 편의성 제고, ❹마이데이터 정보보호** 추진

	추진목표		세부과제	비고
1. 마이데이터 정보 확대	가. 전체 금융자산 조회	⇒	▸ 가입시 금융자산 일괄 조회 ▸ 휴면예금·보험금 조회·환급	시스템
	나. 결제내역 상세 정보 제공	⇒	▸ 전금업자가 PG사로부터 상세내역을 받아 제공	전금법 시행령
	다. 공공마이데이터 활용 확대	⇒	▸ 공공정보를 활용한 서비스의 확대 추진	관계부처 협의
2. 마이데이터 영업 활성화	가. 오프라인 가입·조회 활용	⇒	▸ 대면 영업 등에 따른 절차 및 내부통제방안 마련	감독규정 가이드라인
	나. 겸영·부수업무 유연화	⇒	▸ 겸영·부수업무 범위 및 사전신고제 개선	신정법 시행령
	다. 결합기준 명확화	⇒	▸ 마이데이터와 他데이터 간 결합허용	감독규정 가이드라인
	라. 정기적 전송범위 구체화	⇒	▸ 정기/비정기 전송에 따른 전송범위 차별화	가이드라인
3. 이용자 편의성 제고	가. 어카운트인포 연계	⇒	▸ 소액(100만원) 비활동성(1년미만) 계좌 해지·잔고이전	시스템
	나. 동의 절차 간소화	⇒	▸ 2단계를 1단계로 개선	가이드라인
	다. 본인정보 관리 강화	⇒	▸ 가입내역 및 제3자 제공 조회·철회 기능 신설	시스템·가이드라인
	라. 가입 유효기간 연장	⇒	▸ 1년에서 최대 5년까지 선택	가이드라인
	마. 청소년 이용 개선	⇒	▸ 법정대리인 동의 연령을 19세에서 14세로 정비	감독규정
4. 마이데이터 정보보호	가. 제3자 제공시 보안 강화	⇒	▸ 「마이데이터 안심 제공 시스템」을 통한 활용·삭제	시스템·감독규정
	나. 미활용 마이데이터 삭제	⇒	▸ 이용자의 삭제 요청권 보장	감독규정 가이드라인
	다. 장기 미접속자 정보보호	⇒	▸ 전송 중단(6개월), 정보 삭제(1년) 도입	

2. 마이데이터 2.0

2) 평가

<출처: 한국금융연구원>

[추진방향 요약]

분류	추진목표
마이데이터 정보 확대	전체 금융자산 조회, 결제내역 상세정보 제공, 공공마이데이터 활용 확대
마이데이터 영업 활성화	오프라인 가입·조회·활용, 겸영·부수업무 유연화, 결합기준 명확화, 정기적 전송범위 구체화
이용자 편의성 제고	어카운트인포 연계 통한 계좌 폐쇄, 동의 절차 간소화, 본인정보 관리 강화, 가입 유효기간 연장, 청소년 이용 개선
마이데이터 정보보호	제3자 제공 시 보안 강화, 미활용 마이데이터 삭제, 장기 미접속자 정보보호

<출처: 한국금융연구원>

2024년 4월 발표된 마이데이터 2.0은 이용자의 편의성 및 정보보호 기능의 강화가 주요 내용이나, 국내은행 입장에서 오프라인 영업의 허용과 가입 유효기간의 연장, 일괄조회의 도입, 결합 기준의 명확화 등 수익성 개선으로 이어질 수 있는 내용도 다수 포함됨.

① 마이데이터 2.0은 금융 마이데이터 서비스 도입 후 2년이 경과한 시점에서 민 · 관 합동으로 TF를 결성하여 3개월 간 이용자와 사업자, 정보제공기관들의 민원을 골고루 청취한 후 마이데이터의 생태계 활성화를 위한 방안을 도출한 결과물임.

② 이에 따라 마이데이터 서비스의 이용을 위한 가입과 철회를 간소화하고, 마이데이터를 통한 계좌의 해지 기능도 추가하면서 이용자의 편의성이 높아질 것으로 기대되며, 장기 미접속 시 정보를 자동으로 삭제하는 등 정보보호 기능도 강화될 예정임.

③ 오프라인 영업을 허용하는 방안은 디지털 취약계층을 배려한 정책이나, 국내은행을 포함한 금융회사 입장에서는 점포 이용객의 전체 자산을 파악하여 초개인화된 자산관리 서비스를 제공하거나 자사를 이용하는 타사 주거래 고객을 유인하는 등 수익 확대의 기회이기도 함.

④ 만기 1년의 가입 유효기간을 최대 5년까지 연장하는 방안은 이용자의 편의성 개선 효과도 있으나, 매년 실시되던 마케팅이 최대 5년에 한번으로 줄어드는 효과가 있어 국내은행을 포함한 모든 마이데이터 사업자들의 비용 감소 효과가 예상됨.

⑤ 이용자가 마이데이터 가입 시 모든 금융회사 상품을 일괄 조회할 수 있도록 하는 방안도 이용자의 편의성 개선방안이지만, 마이데이터 사업자의 입장에서는 마이데이터 정보의 가치가 높아지고 맞춤형 서비스의 개발 및 제공이 쉬워지는 효과가 있음.

⑥ 사업자가 기존에 보유한 정보와 마이데이터로 취합된 정보의 결합기준을 명확화 한 부분은 국내은행 입장에서 타겟마케팅, 대출심사를 위한 분석, 인공지능 개발용 데이터로의 활용 등을 용이하게 함으로써 디지털 경쟁력 강화 효과가 있음.

결론

의견 제시

금번 마이데이터 2.0 추진방안의 기대효과와 의의는 다음과 같다.

첫째, 종합 금융플랫폼으로 확대 기반을 마련했다는 점이다.

자산현황을 일괄 조회하고, 불필요한 계좌를 해지하는 등 이용자가 더 많은 정보를 손쉽게 통합 관리할 수 있게 됨 → 높은 보안과 소비자 보호 강화를 바탕으로 全금융업권 플랫폼으로 성장

둘째, 안심하고 사용할 수 있는 데이터 생태계를 조성했다는 점이다.

마이데이터 정보 삭제 등을 통해 마이데이터 사업자 및 제3자가 대규모로 집적한 개인신용정보에 대한 이용자의 불안감을 해소 → 장기적으로 이용자들이 마이데이터를 신뢰할 수 있는 기반 마련

셋째, 혁신적 서비스의 출현을 유도했다는 점이다.

마이데이터 사업자의 정보 활용 범위 확대 등을 통해 모든 금융 소비자들이 데이터기반 맞춤형 금융서비스를 받을 수 있게 됨 → 금융 · 비금융 회사들의 참여를 통한 다양한 서비스 제공을 독려

이에 국내 금융기관들은,

첫째, 오프라인 점포를 통해 마이데이터를 이용하는 고객은 고령층과 거주 외국인 등 기존 이용객 과 다른 신규 이용객일 가능성이 높으므로 이들 대상의 통합 자산관리 서비스와 해외송금 등을 늘리기 위해 상담역량 강화, 취급 금융상품의 다양화, 수수료 경쟁력 확보 등 준비가 필요하다.

둘째, 같은 고객이라도 거액 거래이거나 상품이 복잡하거나 투자 위험도가 크면 온라인보다 오프라인을 선호하는 경향이 있어 기존 마이데이터 고객의 점포 유인을 통한 매출 확대 가능성도 존재하므로 모바일 채널을 통한 오프라인 상담 예약, 모바일 거래 및 상담 내역의 오프 라인 공유 등 모바일 채널과 오프라인 채널 간 연계를 강화해야 할 것이다.

셋째, 이제는 은행도 디지털 환경에서 빅테크나 핀테크와 경쟁하고 있으므로, 마이데이터 정보의 취합 및 결합, 동 정보의 분석 및 활용 등을 확대하고 관련 인력과 예산을 확충함으로써 마이데이터 2.0을 디지털 경쟁력 강화의 기회로 삼아야 한다.

넷째, 오프라인 점포에서 개인정보의 유출, 특정상품의 무리한 판매로 인한 분쟁 등이 이슈가 되는 순간 마이데이터 서비스의 허용 채널이 다시 모바일로 제한될 수 있다. 따라서 개인정보 보호, 정보차단벽(Chinese wall)과 신의성실 등 이해상충 방지, 실명확인과 딥페이크(deep fake) 탐지 등 사기 방지, 직원 교육, 접근권한 관리, 사고 시 책임자 지정, 사고 시 피해보상 등 각종 내부통제 시스템을 선제적으로 마련할 필요가 있다.

<출처: 한국금융연구원>

03 논술사례

주제 1

신용보증기금의 마이데이터 활용 방안에 대해 기술하시오.

서론

2022년 1월 마이데이터 서비스가 도입되었다. 신용정보법의 개정으로 정보 주체가 마이데이터 사업자를 통해, 여러 금융회사에 분산된 개인신용정보를 통합하여 조회가 가능해졌다. 여러 분야에서 마이데이터 활용 가능성이 있으나, 특히 금융산업에서의 가능성을 주목하고 있다. 신용보증기금 또한 마이데이터 활용을 통해 업무의 효율을 높이고 조금 더 다양한 서비스를 제공할 수 있을 것으로 예상된다. 이에 본고는 마이데이터의 의미, 마이데이터의 금융산업 활용 사례 그리고 신용보증기금에서의 활용 방안에 대해 논하고자 한다.

본론

마이데이터의 의미

마이데이터란 정보 주체인 개인이 본인의 정보를 적극적으로 관리, 통제하며 개인의 생활에 능동적으로 활용하는 과정을 뜻한다. 쉽게 말해 개개인이 직접 자신의 데이터를 어느 기관에 얼마나 제공하고, 어떻게 활용하는지 결정하는 것이다. 이전까지 기업들은 자체적으로 얻은 데이터만 사업에 활용할 수 있었다. 하지만 마이데이터 사

업의 시작으로 기업은 개인이 동의한 경우 다른 기업으로부터 데이터를 공유받아 사업에 활용할 수 있게 됐다.

그 결과 금융 마이데이터 사업은 빠른 속도로 성장하고 있다. 가입자 수는 2022년 9월 기준 총 5, 480만 명으로 2022년 1월 1, 418만 명 대비 약 4배 수준으로 증가하였고, API 일평균 전송건수 역시 2022년 초 2.74억 건에서 2022년 9월 말 3.84억 건으로 가입자의 사용도 더 활발해졌다. 한편, 제공되는 정보의 범위도 개인연금, 퇴직연금, 예금, 대출, 투자상품, 카드, 보험 등 기존 492개 항목에서 공적연금 및 건강보험 납부 내역 등 720개로 늘어났다.

마이데이터의 금융산업 활용 사례

첫째, '통합자산관리 플랫폼'을 구축할 수 있다.

하나의 서비스에서 은행의 거래내역 데이터, 카드사의 사용 내역 데이터, 보험사의 보험 가입 여부 데이터, 증권사의 투자내역 데이터 등 다양한 데이터를 모아 한번에 보여주고, 관리할 수 있게 플랫폼을 구축할 수 있다. 본인이 사용하는 여러 금융사의 어플을 사용하는 대신, 하나의 채널을 통해 편리하고 효율적인 자산관리가 가능해졌다. 현재 농협은행 스마트뱅킹 앱에 탑재된 '개인종합자산관리 플랫폼'은 국내 은행권 최대 자산 커버리지 플랫폼으로, 106개 금융기관의 자산 정보를 수집하고 은행, 증권, 보험, 카드, 저축은행, 연금, 부동산, 자동차 등 흩어져 있는 자산 현황을 편리하게 조회가 가능하다.

| 각각

| 일례로

둘째, '맞춤형 추천'으로 소비자에 맞는 금융상품 추천이 가능하다.

마이데이터 사업자는 개인의 데이터를 다른 고객의 데이터와 쉽게 비교할 수 있다. 또한 다른 기업들이 가진 데이터와 마이데이터 사업자가 가진 데이터를 비교할 수 있다. 이렇게 활용할 수 있는 데이터가 늘어나면서 더욱 정확하고 효과적인 개인 추천이 가능하다. 예를 들어 현재 뱅크샐러드 앱에서는 은행, 카드, 증권, 보험, 페이머니, 할부금융권 등 258개 금융기관을 연결하여 맞춤형 서비스를 제공하고 있다. 마이데이터 API를 통해 수집한 뱅크샐러드 전체 고객의 금융상품 가입 현황을 분석하여, 특정 조건에서 고객이 혜택을 가장 많이 받을 수 있는 금융상품 정보를 제공하고 있다.

결론

신용보증기금에서의 마이데이터 활용 방안

마이데이터를 이용한 데이터의 이동이 자유로워지면서 신용보증기금에서의 활용 가능성 또한 높아졌다.

첫째, '신용평가 및 보증 심사 개선'이 가능하다.

신용보증기금은 개인의 금융 거래 이력, 신용 점수, 수입 및 지출 패턴 등의 마이데이터를 활용하여 신용평가 및 보증 심사과정을 개선할 수 있다. 기존의 보증 심사과정에서는 보증 신청 업체의 데이터를 얻기 위해서는 시간과 비용이 들었다. 하지만 마이데이터를 활용한다면 이러한 시간과 비용을 절약하여 조금 더 효율적인 심사가 가능할 것이다. 또한 정보의 신뢰성이 상승하여 효과적 보증 심사가 가능할 것이다. 차주 본인이 제출하는 정보에는 조작 가능성이 존재한다. 본인에게 유리한 정보만을 수집하여 제출하거나, 불리한 정보를 고의로 수정하여 정보를 제공할 수 있다. 그러나 마이데이터를 활용한다면 다양한 금융기관, 공공기관으로부터 직접 자료를 받아 심사를 진행할 수 있어, 신뢰성 있는 정보를 이용해 보증 심사가 가능하다.

개인사업자 또는 법인의 대표에 대한

둘째, '사후 모니터링'의 효율성, 효과성을 높일 수 있다.

대출은 실행되는 것보다 사후 모니터링이 더욱더 중요하다. 정교

하고 강화된 심사를 통해 보증을 한다고 하더라도, 대출금 용도변경, 차주 신용상태 변화, 불법적 활동 등을 수시로 모니터링하여 확인해야 한다. 마이데이터를 활용한다면 이러한 사후 모니터링을 효율적, 효과적으로 할 수 있다. 차주의 동의를 받은 후 대출 관련 금융거래 내역, 대표자의 신용상태, 업체의 사법적 **리스크** 등의 정보를 주기적으로 제공 받아 상황에 맞는 조치를 취함으로써 대출의 부실위험을 줄일 수 있다.

| 체납

chapter 18 은행의 중소기업 지원 및 정책적 방안

01 논제 개요 잡기 [핵심 요약]

서론	이슈언급	재무건전성이 우량한 중소기업이나, 수출기업위주의 무역금융지원 또는 부동산이나 신용보증서 담보, 회사나 경영자의 재무융통성만을 감안한 안전성 위주의 기존 자금 지원 방식만으로는 은행의 다각화된 수익성 채널에 대한 중소기업의 니즈(needs)에 대하여 한계상황에 도달한 것처럼 보임	
본론	1. 중소기업 지원 배경	1) 중소기업의 입장	복잡해진 경제시스템으로 인한 중소기업 경영환경의 변화로, 금융기관에 대한 니즈를 자금지원에만 국한시키지 않고 금융기관이 보유한 강점을 활용하여 안정적 수익활동을 유지하고자 하는 욕구 증가
		2) 은행의 입장	저성장으로 인한 중소기업의 부실은 은행의 건전성을 악화시킴 → 해당 중소기업에 대한 문제점과 경영현황에 대한 사전정보의 취득으로 선제적 대응의 필요성 대두 은행의 강점인 국내외 네트워크와 장기간에 구축된 고객정보와 고객 신뢰관계를 활용 → 중소기업의 자금지원 뿐만 아니라 경영, 영업부문의 지원을 통한 크로스 판매의 촉진과 수익확충 전략 설정 필요

<table>
<tr><td rowspan="7">본론</td><td rowspan="2">**2. 금융부문 지원**</td><td>1) 신설기업, 계속기업 금융지원</td><td>① 중소기업 정책금융 활성화
② 자산담보부 대출(ABL: Asset Based Lending)
③ 동산금융
④ 환경, 기술, 고령화 등 성장부문 사업에 대한 각종 인증 대출</td></tr>
<tr><td>2) 부실기업 금융 지원</td><td>① 중소기업 재생펀드
② 부실기업 자금지원 상담 전문부서 설치</td></tr>
<tr><td rowspan="2">**3. 비금융 부문 지원**</td><td>1) 영업지원</td><td>① 비즈니스매칭 서비스
② 해외사업 자문서비스</td></tr>
<tr><td>2) 경영지원</td><td>① 기업 라이프사이클 맞춤형 경영컨설팅
② 사업승계지원
③ IPO, M&A 지원</td></tr>
<tr><td rowspan="3">**4. 혁신 - 벤처기업 지원**</td><td>1) 방향</td><td></td></tr>
<tr><td>2) 정부의 역할</td><td>① 규제 완화
② 혁신 창업 생태계 조성
③ 기업의 질적 성장을 위한 금융 지원이 확대될 수 있도록 금융회사의 지원 자율성을 보장</td></tr>
<tr><td>3) 금융회사의 역할</td><td>① 수익과 리스크 관리 차원에 서의 접근이 아닌 기업 비즈니스 사이클내에서 기업이 필요로 하는 자금을 적재적소에 효율적으로 배분하는 금융 본연의 역할을 수행해야 함
② VC 커뮤니티와의 협업
③ 대학, 공공기관 등과의 협업을 활성화
④ 외부 엑셀러레이터 및 VC와의 긴밀한 제휴를 통해서 기업 선별 등 부족한 역량보안</td></tr>
<tr><td>결론</td><td>의견제시</td><td colspan="2"><금융기관>
① 자금지원
② 영업지원과 경영지원
③ 은행 간 경쟁심화
④ 기업부실
⑤ 금융의 트랜드 변화
⑥ 수수료수익</td></tr>
</table>

02 논제 풀이

서론

이슈 언급

최근 중소기업 육성지원에 대한 금융기관의 여러 가지 방안과 전략에 대한 논의가 활발하다. 사실 그 동안 국내 금융기관의 중소기업 지원은 담보 위주의 자금지원에 국한된 경향이 있었다. 재무건전성이 우량한 중소기업이나, 수출기업위주의 무역금융지원 또는 부동산이나 신용보증서 담보, 회사나 경영자의 재무융통성만을 감안한 안전성 위주의 기존 자금지원 방식만으로는 은행의 다각화된 수익성 채널에 대한 중소기업의 니즈(needs)에 대하여 한계상황에 도달한 것처럼 보인다. 이에 자금부문뿐만 아니라, 비자금부문의 지원을 포함한 은행의 중소기업 지원전략에 대하여 논하기로 한다.

본론

1. 중소기업 지원 배경	1) 중소기업의 입장	① 현황 가. 기업 성장의 어려움 : 2000년 이후 대기업과 중소기업간 성장성, 수익성의 격차가 벌어졌다. 나. 다양한 리스크 문제 대두 : 경영문제, 판로개척, 영업위험 등에 대한 Risk가 대두되었다(인재부족, 문제해결을 위한 자체 시스템 부재, 인구고령화, 경영자고령화, 신기술개발 및 활용국내 및 해외판로 개척). 다. 2008년 글로벌 금융위기 이후 중소기업금융의 절대적 위치를 차지하는 은행이 중소기업대출 비중을 축소하면서 자금수요를 충당하기 어려운 상황이다. 글로벌 금융위기 이후 강화된 은행 건전성 기준 적용과 불안정한 경기상황에 따른 신용 익스포져 축소를 위한 은행들의 보수적 대출행태에 기인한다. ② 은행서비스에 대한 중소기업의 입장 가. 복잡해진 경제시스템으로 인한 중소기업 경영환경의 변화로, 금융기관에 대한 니즈를 자금지원에만 국한시키지 않고 금융기관이 보유한 강점을 활용하여 안정적 수익활동을 유지하고자 하는 욕구가 증가했다. 나. 중소기업은 대기업에 비해 금리, 만기 등 차입조건이 불리하고 경기 위축 시에 우선 회수대상이 되기 때문에 대출시장의 불안정성이 존재한다.
1. 중소기업 지원 배경	2) 은행의 입장	① 현황 가. 예대마진의 감소 : 2000년 이후 저성장, 저금리 기조와 은행간 경쟁 심화로 은행의 주요 수입원인 예대마진에 의한 이자수익이 저하됐다.

1. 중소기업 지원 배경	2) 은행의 입장	나. 금융기관 입장에서 중소기업은 취약한 경영자원으로 인해 신용리스크가 높고, 신용파악 자체가 어려워 역선택이나 도덕적 해이와 같은 시장 실패 가능성이 높다. ② 중소기업에 대한 은행의 입장 가. 저성장으로 인한 중소기업의 부실은 은행의 건전성을 악화시킴 → 해당 중소기업에 대한 문제점과 경영현황에 대한 사전정보의 취득으로 선제적 대응의 필요성이 대두되었다. 나. 은행의 강점인 국내외 네트워크와 장기간에 구축된 고객정보와 고객신뢰관계를 활용 → 중소기업의 자금지원뿐만 아니라 경영, 영업부문의 지원을 통한 크로스 판매의 촉진과 수익확충 전략 설정이 필요하다.
2. 금융부문 지원	1) 신설기업, 계속기업 금융지원	① 중소기업 정책금융 활성화 가. 정책금융의 의미 : 정책금융은 좁게는 중앙정부, 지자체, 공공기관의 재정을 이용한 투 · 융자로 한정하고, 넓게는 신용보증과 한국은행 금융중개지원대출을 포함한다. 나. 신용보증 및 보험활성화 : 정부 및 지자체 출자기관인 신용보증기금, 기술보증기금, 지역신 용보증재단이 중소기업의 신용 또는 담보의 보강을 통해 해당 기업이 은행으로부터 대출을 받을 수 있도록 지원하는 제도이다. 다. 금융중개지원대출 : 금융기관이 취급한 중소기업 대출실적을 토대로 총액 한도 내에서 한국은행이 은행별로 저리자금을 지원한다. 무역금융, 신용대출지원, 영세자영업자지원, 기술형창업지원, 지방중소기업지원 등 5가지 하위프로그램이 존재한다. 라. 중소기업진흥공단 정책자금대출 : 중소기업청이 위탁 운영하며, 중소기업기본법 상의 중소기업에 대해 저리의 자금을 <공단추천 - 은행대출>의 대리대출 방식과 <공단 직접대출 방식>으로 진행한다. 중진공 홈페이지에서 융자신청, 접수, 융자대상 결정 후 중진공(직접대출) 또는 금융회사(대리대출)에서 신용 또는 담보부(보증서 포함) 대출을 실행한다. 마. 정책금융공사 간접(on-lending)대출 : 정책금융공사가 지원대상 중소기업에 대한 가이드라인을 제시하고 자금을 금융회사에 공급하며, 금융회사는 대상 중소기업을 발굴, 심사하여 대출실행 여부 및 대출금리를 결정한다. 바. 산업은행의 간접(on-lending)대출 : 산업은행 지원대상 중소기업에 대한 가이드라인을 제시하고 자금을 금융회사에 공급하며, 금융회사는 대상 중소기업을 발굴, 심사하여 대출실행 여부 및 대출금리를 결정. 대출 대상은 금감원 표준신용등급 체계상 6 ~ 11등급에 해당하는 중소기업으로 사업년도 매출실적이 10억 원 이상인 기업이 거래은행에서 신청한다. ② 자산담보부 대출(ABL: Asset Based Lending) : 기업이 보유한 재고와 매출채권 등을 담보로 한 대출 증대 → 사업 수익자산 활용 → 자금조달원의 확대

2. 금융부문 지원	1) 신설기업, 계속기업 금융지원	Cf. 신설기업의 경우, 기업자산 구성에서 부동산보다는 매출채권 비중이 많다. - 은행 입장에서는 신규대출증대와 기업경영실태를 보다 자세하게 파악 → 신용리스크 관리에 대한 강화 ③ 동산금융 가. 활성화의 필요성 A. 부동산이 없는 창업기업이나 중소기업 등도 동산자산은 보유하고 있을 것이므로, 동산금융의 활성화는 성장 가능성이 있는 창업 · 중소기업 등의 자금조달에 기여할 수 있다. B. 기업이 성장하면 동산자산 또한 증가할 가능성이 높아 강화된 담보력에 기초하여 성장자금을 원활히 공급받을 수 있게 될 것이다. 나. 활성화 저해요인 제도적으로 2010년 6월 10일 「동산 · 채권 등의 담보 에 관한 법률」이 제정(2012년 6월 11일 시행)되어 은행 권에서도 2012년 8월부터 동산담보대출 서비스를 제공하였으나, 동산금융은 현재까지는 좋은 담보로서 평가 받지 못했고, 그에 따라 활발히 이용되지도 못하였던 바, 그 이유로는 다음과 같은 점이 지적되었다. A. 담보가 은행의 건전성을 높이고 기업에 자금편의를 제공하기 위해서는 '평가 – 관리 - 회수' 상의 용이성이 충족되어야 할 것이다. 그러나, 첫째로 '평가' 면에서 동산은 감가상각 등으로 시간경과에 따른 가치변동이 심하고, 하나의 동산이 등기 없는 양도담보에 중복 제공되는 등 권리관계의 파악이 쉽지 않다. B. '관리' 면에서 훼손 · 이동 등에 취약하여 담보관리를 위한 추가비용이 발생할 수 있다. C. '회수' 면에서도 민간 매각시장이 부족하여 법원 경매에만 의존하는 등 공급자와 수요자의 매칭에 장기간이 소요된다는 문제가 있다. D. 법적 · 제도적 권리보호장치 또한 미흡하다는 한계도 있다. 첫째, 담보물의 반출 · 훼손에 대한 벌칙 등이 법률에 구비되어 있지 않다. 둘째, 담보물이 변형되었을 경우 담보권을 상실할 수 있다는 문제가 있다. 이와 함께 부동산담보와 달리 경매 시 담보권자의 신청 없이는 배당을 받지 못하며, 공시의 불완전성으로 담보권이 제대로 보호되지 못할 우려가 있다는 점 등도 문제로 지적되었다. 다. 방향 A. 관련 법안을 개정하고 데이터를 취합할 수 있는 시스템 구축에 힘쓸 계획이다. B. 법무부와 함께 동산 · 채권담보법을 개정할 예정이다. 법이 개정되면 동산 · 채권 · IP 등을 한 개의 담보로 취급해 대출을 내어줄 수 있는 `일괄담보제도`가 도입된다. C. 상호등기가 없는 소규모 개인사업자들도 동산담보를 활용할 수 있도록 한다.

2. 금융부문 지원	1) 신설기업, 계속기업 금융지원	D. 담보물을 고의적으로 훼손한 경우 처벌할 수 있는 조항이 신설되었다. E. 돈을 빌려준 은행 모르게 제3채권자가 경매를 신청할 경우에도 자동적으로 은행이 처분금액의 일부를 돌려받을 수 있도록 하는 안전장치도 마련했다. F. 캠코의 동산담보 일관매입 약정 ④ 환경, 기술, 고령화 등 성장부문 사업에 대한 각종 인증 대출 : 은행이 정한 인증 획득기업에 대한 대출취급 및 우대서비스 실시(그린산업 관련 기업, 고령자 고용기업 등) 가. 성장사업 어시스트 펀드 조성 : 환경, 자원, 문화, 지역개발 등 나. 지적재산 활용 전문가 양성 : 재무제표만으로 판별할 수 없는 기업의 성장가능성에 대한 전문적인 평가가 필요하다.
	2) 부실기업 금융지원	① 중소기업 재생펀드 - 부실중소기업을 대상으로 은행, 지자체, 정부의 지원 - 민관펀드로 부실중소기업 자금지원, 과다부채매입, 재생계획지도 → 중소기업 경영 정상화 도움 ② 부실기업 자금지원 상담 전문부서 설치 - 자금지원 책임자 및 리더 양성 → 자금지원 상담체계구축
3. 비금융부문 지원	1) 영업지원	① 비즈니스매칭 서비스 - 풍부한 정보와 비즈니스 인맥을 바탕으로 한 입지장소와 정보제공서비스 - 신규판매처 소개 : 거래조건 맞는 기업을 소개한다. - 비즈니스 링크 개최, 대규모 박람회(식품, 농업, 통신 등), 기업들 간의 간담회, 상담회, 일대일 매칭 서비스를 제공 → 은행 입장에서는 매칭계약을 통한 수수료 수익 확대를 기대한다. ② 해외사업 자문서비스 : 해외 거점망을 보유한 대형은행 중심으로 해외진출 사전단계, 진출 후 사업확장단계, 사업철수단계 등 단계별 자문지원
	2) 경영지원	① 기업 라이프사이클 맞춤형 경영컨설팅 창업기 — 창업, 신사업 지원 성장기 — 다양한 경영과제 지원 성숙기 — 사업 재생 지원 전환기 — 사업 승계 지원 - 중소기업의 경우, 당면한 경영과제에 대한 단독 해결능력 부족 - 금융기관의 경영컨설팅으로 은행은 해당기업의 사전 리스크를 파악 → 채권부실 예방가능

3. 비금융부문 지원	2) 경영지원	② 사업승계지원 - 상속이나 증여를 통하여 그 기업의 소유권과 경영권을 다음 세대에 이전 - 중소기업이 동일성을 유지하면서 경제활성화에 기여토록 유도 - 후계자문제, 경영권 안정을 위한 주주구성검토, 납세자금확보, 주가 대책 등 ③ IPO, M&A 지원
	1) 방향	중소기업 금융과 관련해 정부와 금융회사는 제도적 걸림돌을 제거하고 기업이 체감할 수 있는 지원 방안을 추진해야 한다. 중소기업 금융의 성공은 정부 주도로만은 어렵다는 것을 잘 알고 있으며, 자금의 수요자인 기업과 공급자인 금융회사가 서로 이 문제에 대해 대응 방안을 모색하고 어떻게 해결해 나아갈 것인지에 대한 아이디어 및 의견을 공유해 정부 정책에 반영시켜야 한다.
	2) 정부의 역할	① 기업의 혁신성과 금융회사의 금융 지원을 이끌어 내기 위한 규제 완화에 적극 나설 필요가 있으며, ② 국내의 혁신 창업 생태계 조성을 주도하고 활성화시키는 노력을 지속할 필요가 있다. ③ 금융회사의 지원 실적을 양적 기준으로 평가하는 방식은 지양하고 기업의 질적 성장을 위한 금융 지원이 확대될 수 있도록 금융회사의 지원 자율성을 보장해 기업 성장에 기여하도록 유도해야 한다.
4. 혁신 - 벤처기업 지원	3) 금융회사의 역할	금융회사는 획일적이고 따라하기식 전략이 아닌 차별화된 접근법이 필요하다. 최근 국내 주요 금융그룹들은 정부의 혁신금융을 지원하기 위해 혁신위원회를 설립해 컨트롤 타워로서 지원 실적을 직접 모니터링하고 체계적으로 지원하기 위한 방안을 고민하고 있는 모습이다. 또한 4차 산업혁명에 따른 기술 변화에 대응하고 경쟁에서 살아남기 위해 자체 기술력 향상을 위해 사내벤처, 외부 스타트업과의 협업 등을 강화하며 적극적인 투자 방안도 함께 모색하고 있다. 결국 생산적 금융은 보여주기식 지원이 아닌 금융회사도 경쟁에서 살아남기 위한 하나의 전략이 되어가고 있는 것이다. 결국 금융회사는 기존 대출 방식의 획일적인 정책 지원에서 탈피하여 기술력 있는 기업을 발굴 · 육성 · 투자하며, 창업 · 벤처기업 니즈에 부합하는 금융 서비스를 제공할 수 있는 다각적인 방안을 고민해 봐야 할 것이다. ① 수익과 리스크 관리 차원에 서의 접근이 아닌 기업 비즈니스 사이클 내에서 기업이 필요로 하는 자금을 적재적소에 효율적으로 배분하는 금융 본연의 역할을 수행해야 한다. 이를 위해 금융회사는 그룹 내 지원 vehicle을 통해 기업 성장 단계별 지속적인 금융 지원이 가능하도록 체계화된 지원 프로세스를 구축하고 있어야 한다. 그런 의미에서

생산적 금융 활성화는 결국 기업성장단계(Growth Cycle)별 금융지원이 중요한 실행요소가 될 것으로 보인다. 이른바, 기업 Growth Cycle은 크게 창업 – 성장 – 회수 - 재도전 단계로 구분되며, 금융기관도 기업 Growth Cycle별로 다양한 지원을 추진해 온 경험이 있어, 정부의 생산적 금융 활성화에 대응하기 위한 아래의 4가지 방안을 모색 중이다.

가. 초기단계의 창업 · 벤처기업 지원으로는 은행이나 기업차원의 인큐베이터 프로그램 실시 및 금융권 기술금융 등 대출 지원방식이,

나. 성장단계에서는 기술금융을 통한 지속적인 자금 공급, 일시적 경영애로를 겪고 있는 기업에 대한 운전 · 생산 · 판매자금 대출 등이 유효한 수단으로 꼽힌다.

다. 투자 · 회수 관점에서는 선별기업에 대한 직접투자와 성장사다리펀드를 통한 중간회수가 가능하고, M&A 중개 및 IPO 주선 역량 강화를 통한 시장 참여를 넓혀 나가는 것이며,

라. 기업 재도전 단계의 금융지원은 크게 대출을 통한 직접지원과 재기지원펀드 등을 활용한 간접지원이 가능하며 외부 VC 및 관련 전문기관과의 협업을 통한 금융지원 방안도 고려된다.

4. 혁신 - 벤처기업 지원

3) 금융회사의 역할

〈표 4〉 **벤처투자자본의 분류 및 개념**

구분	내용
비즈니스 인큐베이터 (Business incubator)	· 개념 : 스타트업에 사무공간 등 인프라를 제공하는 사업자 · 유래 : 1959년 설립된 바타비아 산업센터(Batavia industrial center)
액셀러레이터 (Accelerator)	· 개념 : 경영·기술 컨설팅 지원과 창업자금 지원을 하는 투자육성 회사 · 유래 : 2005년 설립된 Y-Combinator
벤처캐피탈 (Venture capital)	· 개념 : 타인으로부터 '자금을 모집'하여 '신기술 기업에 투자'하는 자본, 일반적으로 '스타트업에 투자하는 사모펀드'의 의미를 가짐 · 유래 : 1946년 사모펀드의 형태로 설립된 미국의 ARDC(American Research and Development Corporation)
엔젤캐피탈 (Angel capital)	· 개념 : 예비창업자, 초기창업자에게 대상으로 투자하는 자금력 있는 개인 또는 개인들의 모임으로 직접투자 또는 펀드 운용 · 유래 : 1920년대 미국 브로드웨이에서 오페라 공연을 후원한 자본가

자료 : 과학기술정책연구원(2016), "창업대중화의 주역, 액셀러레이터" 재구성

② 창업 · 벤처기업은 중소기업에 비해 부실 위험이 높고 기업 재무정보 부족, 기술 평가의 어려움 등이 존재하나 VC 커뮤니티와의 협업으로 리스크 최소화가 가능해진다. 이에 금융기관들은 투자 시 기술과 기업(업종)에 대한 분석 및 심사 역량이 요구되나 전문 인력의 양적 부족 문제가 상존해 우수 VC와의 제휴를 통한 기업 선별능력을 제고할 필요가 있어 보인다.

③ 대학, 공공기관 등과의 협업을 활성화시켜 다양한 성공사례를 발굴 · 전파하여 창업 · 벤처 생태계 조성에 기여해야 한다. 금융회사는 차별화된 전략으로 정부의 생산적 금융 정책에 적극 동참할 필요가 있기 때문이다.

4. 혁신 - 벤처기업 지원	3) 금융회사의 역할	④ 외부 엑셀러레이터 및 VC와의 긴밀한 제휴를 통해서 기업 선별 등 부족한 역량을 보완하고, 기업에 대한 중장기 금융지원을 통해 주거래 손님화를 모색해야 할 것이다. 뿐만 아니라 성장기에 진입한 기업 대상의 경영자문 및 글로벌지원 등의 서비스 개발도 필요하다. ➜ 정부와 금융회사 그리고 기업은 생산적 금융이라는 장거리 레이스에서 서로 견제하고 소극적으로 대응할 것이 아니라 서로 협업하고 적극적인 자세로 임하며 생산적 금융을 기업과 금융회사의 성장 기반이자 국가의 신성장 동력으로 활용해야 할 것이다. 앞으로 국내에서도 많은 유니 콘 기업의 성공 사례가 나올 수 있도록 생산적 금융이 중소 · 벤처기업의 성장 기반이 되고 국가의 신성장 동력으로 작용할 수 있기를 기대해 본다.

결론

의견 제시 이상으로 은행의 중소기업 지원과 관련한 은행의 다양한 기법들을 금융부문, 비 금융부문으로 구분하여 검토하여 보았다.

<정부>
중소기업에 대한 직접적인 보증지원뿐만 아니라, 해당 금융기관에 적절한 인센티브를 제공함으로써 다양한 방면에서의 중소기업 지원이 이루어 질 수 있도록 노력하여야 한다.

<금융기관>
① 자금지원 : 종전 금융기관의 핵심기능이었던 자금지원은 기존의 담보대출방식에서 벗어나 대출상품을 세분화하거나 기업의 성장성을 신속히 파악하기 위한 은행자체의 평가시스템을 개발하여 우량중소기업 확보에 적극성을 견지하여야 하며, 반면 경영이 부진한 중소기업 등에 대하여는 정부보증을 활용한 대출이나 민관펀드의 조성을 통한 선별적인 지원이 이루어 질 수 있도록 하여야 한다.
② 영업지원과 경영지원 : 금융기관이 단순히 자금중개 기능에서 벗어나 중소기업 경영을 적극적으로 지원하고 당면문제를 해결해 줌으로써, 기업의 성장을 도모함과 동시에 은행도 새로운 비즈니스 모델을 만드는 계기로 적극 활용하여야 한다. 은행은 이러한 지원이 무난히 이루어 질 수 있도록 적절한 면책제도와 전문가 양성으로 실제 창구에서 실효적인 업무가 이루어 질 수 있는 토대를 마련하여야 한다.
③ 은행 간 경쟁심화
가. 이익 중심 경영 지향 : 고객별, 상품별, 거래단위 별로 수익성 분석 → 이익이 많은 분야에 우선순위를 두고 이익원천의 효율성을 높이는 영업지향
나. 영업점 자율경영 정착 : 각 영업점마다 영업환경과 고객기반이 다름 → 각자의 특성에 맞는 영업전략 수립 후 실행

다. 저수익 영업점에 대한 과감한 통폐합 : 필요 이상의 본점 부서 직원들에 대하여 영업점 발령으로 영업점 영업강화와 리스크 관리 동시 해소
라. 낮은 부분으로부터의 실질적 영업 개선 : 평소 일상적인 업무에서 느끼는 불편함이나 고객의 작은 불만으로부터 새로운 아이디어를 모아서 서비스의 질과 업무효율성을 제고

④ 기업부실
가. 선제적인 신용리스크 관리 : 이제껏 거래기업에 대한 부실징후를 인지해도 지점계수의 유지나 여타 사유로 인하여 부실위험을 방치. 이는 손실을 초래한 가장 큰 원인 → 이를 도덕적 해이로 규정하고, 적극적인 사후관리 업무 감사 강화
나. 구태의연한 여신심사 프로세스 개선 → 심사역만의 판단이 아닌 리스크관리부, 여신관리부의 통합 의사결정

⑤ 금융의 트렌드 변화
가. 내부 프로세스의 지속적 업그레이드 필요 : 하루가 다르게 바뀌고 있는 금융의 트렌드 → 새로운 상품과 서비스에 대한 고객의 니즈를 만족시키기 위해 주관부서는 창의적인 아이디어를 발굴, 검토해서 실행할 필요가 있다.
나. 디지털 금융 부문에 대한 선도지위 획득 노력 : 디지털 금융 부문에서 시장을 선도할 수 있도록 상품 및 서비스 개선. 스마트 고객확보가 핵심영업활동으로 자리 잡을 수 있도록 해야 한다.
다. 인터넷전문은행 출범 관련 지속적인 모니터링을 통해 장, 단점 분석 및 이를 은행의 전략에 적극 반영해 나가야 한다.

⑥ 수수료수익
가. 역무부문(외환업무와 수출입업무)의 수수료 체계에 대한 제고와 개선
나. 자산관리분야에 대한 지속적 관심과 시스템구축으로 수수료 수익 증대를 위한 전략적 접근
다. 기업이나 개인에 대한 재무설계 및 컨설팅 업무 수수료
라. 부동산 신탁업 진출로 신탁수수료 수익 증대
마. 플랫폼을 통한 타 산업과의 연계로 새로운 수익원 확보
바. 트랜젝션 뱅킹 활성화

1) **히든챔피언**(Hidden champion) : '작지만 강한 기업'. 대중에게 잘 알려져 있지는 않지만 각 분야에서 세계시장을 지배하는 우량 수출형 중소기업을 말한다. 국내에서는 기술력이 앞서고 성장가능성이 큰 중소기업을 가리키는 말로 통상 쓰인다. 비록 규모는 작으나 틈새시장을 적절히 공략하고 파고들어 세계 최장의 자리에 오른 회사들을 일컫는다.
Cf. 스몰 자이언츠(Small giants) : 작지만 강한 강소기업으로, 기술력으로 승부하는 수출 5,000만 달러 이상의 한국형 중소기업을 말한다.
2) **지적재산** : 노하우를 포함한 다양한 유무형의 자산을 말한다.

03 논술사례

주제 1

은행 수익구조 개선방안에 대하여 제시하라.

답안

서론

삭제 |
이제는 오히려 |

요즘 은행 점포가 **임대** 건물 1층에서 2층으로 이전하고 있다. 경쟁적으로 지점 수를 늘리던 시중은행들은 중복된 지점의 통폐합을 단행하고 있다. 오랜 저금리 기조로 인해 순이자마진(NIM)을 주 수익원으로 삼는 은행들의 수익성이 크게 악화되었기 때문이다. 또한 인터넷 은행 등 핀테크 물결은 규제로 인해 신규진입자가 드물던 은행업의 진입장벽을 낮추어 은행 산업의 경쟁이 치열해질 것으로 예상된다. 본고는 은행 수익성 악화의 원인과 개선방안에 대해 논하고자 한다.

본론

은행 수익성 악화는 크게 세 가지 측면에서 그 원인을 살펴볼 수 있다. 첫째, 글로벌 금융위기 이후 전세계적으로 경기부양정책이 실시되면서 미국, 일본 등의 국가에서는 양적 완화와 함께 저금리 정책이 시행되었다. 우리나라에서도 이에 발 맞추어 기준금리를 계속 인하하면서 여수신 금리의 시간차 때문에 순이자마진이 급감했다. 국내 은행의 수익구조가 아직 수수료 등 기타 수익원보다는 순이자마진에

편중되어 있는 상황에서 이는 은행 전체의 수익성에 큰 영향을 미쳤다. 둘째, 정부에서 서민지원정책으로 수수료를 인하하는 방안을 내면서 은행 수익 중 수수료의 비중은 더욱 줄어들었다. 자문서비스 등에 대한 수수료 비중이 높은 해외 은행과는 달리 다양한 자문서비스에 대한 정당한 수수료에 대한 인식이 부족한 국내 금융환경에서 이러한 정책은 은행 수익원의 편중을 더욱 심화시켰다. 또한 '녹색금융'이라는 이름으로 수익성과 건전성이 검증되지 않은 산업에 대한 정책적 여신 밀어주기로 인해 은행의 부실이 심화되었다. 셋째, 비대면 채널이 확대되면서 인터넷 사이트 등 플랫폼 구축에 커다란 비용이 소요되었다. 대면서비스 비용은 대부분 점포의 고정비용으로 이용고객이 줄어도 크게 절감되지 않는 반면, 인터넷 뱅킹 및 폰 뱅킹의 플랫폼 및 보안 시스템 구축은 많은 비용이 소요되어 은행 전반의 수익성을 악화시켰다.

이러한 수익성 악화 문제를 해결하기 위해 은행은 다음의 세 가지 대응책을 고려할 필요가 있다. 첫째, 이미 규모적인 면에서 포화 상태에 이른 가계 금융보다는 기업금융을 통해 새로운 수익원을 창출해야 한다. 기존의 담보, 보증에 의존하던 기업금융에서 지식재산, 기술에 의존하는 기업금융으로 그 외연을 넓혀야 한다. '세일즈 앤 라이선스 백' 제도를 도입하여 지식재산을 통한 금융을 활성화 시키거나 관계형 금융을 통해 기존의 정량적 여신심사에 정성적인 심사기준을 더하여 보다 정확한 심사 시스템을 구축할 필요가 있다. 이는 기업금융으로 인한 부실을 줄이고 수익성을 제고시킬 수 있을 것이다. 둘째, 가계부채 및 부실기업 대출에 대한 신용리스크 관리를 더욱 철저하게 해야 한다. 건전성과 수익성은 동전의 양면으로 아무리 많은 이익을 내더라도, 여신에서 큰 손실을 보면 수익성은 악화될 수 밖에 없다. 현재 한국 경제에는 3년째 영업이익으로 이자비용도 감당하지 못하는 좀비기업들이 꾸준히 늘어나고 있다. 미국 금리 인상에 따른 여파를 최소화하기 위해 이러한 부실기업 대출을 탄력적으로 조정할 필요가 있다. 또한, 대부분 변동금리, 거치식 상품인 가계부채를 고정금리, 분할 상환 상품으로 전환을 유도하여 대외변수로 인한 충격을 미리 대비해야 한다. 구체적으로는 변동금리 상품에 스트레스 금리(+1.0% ~ 2.0%)를 적용하여 고객의 부실이 은행에 전이되는 것을 방지해야 한다. 셋째, 빅데이터를 활용하여 고객의 행동패턴을 분석하고 1대1 맞춤형 금융상품 추천 서비스를 실시해야 한다. 인터넷 은행, 메신저 결제 시스템 등 ICT 기업의 금융업 도전이 가시화 되고 있는 가운데 은행도 그 동안 축적해 온 고객의 금융 데이터와 행동패턴을 활용하여 신규진입자들과의 경쟁에서 우위를 점해야 한다. 또한 인터넷 은행을 무조건 경쟁자로만 볼 것이 아니라 플랫폼 제공 등을 통해 협력하여 새로운 비즈니스 생태계를 구축해 나가야 한다. 이는 산업규모를 확장시켜 기존 은행의 **수익성도 제고할 것이다.**

이런 경우
1. 금융부문 지원
2. 비금융부문 지원
으로 나누어 구성을 잡으셔도 좋습니다.

결론

'파도를 막을 수는 없지만 파도를 타는 법을 배울 수 있다.'는 말이 있다. 중국 경기 둔화 및 미국 금리 인상 예고 등 대외변수와 가계부채 및 부실기업 대출 등 대내변수의 불안정성 가운데서도 은행들이 이러한 산업 변화에 대해 선제적, 전략적으로 대응한다면 분명 현재의 수익성 악화 상황을 타개하고 IP 금융, 관계형 금융, 부실채권 대비, 신 금융생태계 구축을 통해 새로운 성장동력을 얻을 수 있을 것이다.

주제 2

은행권 연체율상승과 건전성 우려에 대한 본인의 의견을 밝히고 감독원의 정책방안을 제시하라.

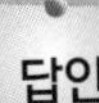

답안

서론
- 현재 연체율 상황

본론
- 연체율과 은행의 건전성 상태 bis 지수 , npl, 연체율 등
- 연체율 상승 원인 : 금리가 너무 높아서
  금리가 높은 원인 : 팬데믹 상황 때 양적완화를 통한 재정정책을 수행, 러시아-우크라이나 전쟁의 장기화로 인한 석탄, 석유 등의 값이 폭등하면서 인플레이션으로 이어짐, 인플레이션으로 원자재 가격 인건비 등 모든것이 상승. 인플레이션을 잡기위해 금리를 높임, 이스라엘 -하마스사태로 인플레이션이 발생할 것으로 예상

결론
- 감독원의 정책방안

서론

최근 새마을금고의 다중채무자의 연체율이 3.6%가 넘는 **등의 상황을 비롯해** 5대 은행의 연체율**이 역대 최고라는** 뉴스들이 쏟아지고 있다. 지난 3월 실리콘밸리뱅크의 파산으로 뱅크런의 위험성이 강조되는 가운데도 연체에 대한 관리가 소홀했다는 지적을 피해갈 수 없었다. 연체율이 **증가하면서** 은행들은 자산건전성을 유지하기 위해 부실채권을 상각하거나 매각했는데 그 규모가 올해 **3, 2**조 원을 넘어

| 코로나때 늘어난 소상공인, 중소기업 기업대출도 한 몫을 합니다. 통상 이런 위기 때 정책적으로 늘어난 여신은 여신심사가 소홀했을 가능성이 높기 때문에 통상 2~3년 후 부실여신이 되는 경우가 많습니다.

| 등, 제 1금융권인

| 역대최고는 아닙니다. 과장된 표현입니다.

| 도

| 오르면서

| 3.2

글쎄요. 한국은행의 최근 보고서도 연체율이 오르고 있지만 아직 은행의 자본의 건전성과 대손충당금적립비율 등을 감안히 우려할 수준은 아니라고 보고 있습니다. 서론에서 너무 위기로 몰아간 느낌입니다.

1.

2

3.

서론이 너무 깁니다. 지금의 절반 정도로 줄이시길 바랍니다..

서면서 작년 같은기간 1조 5천억 원, 작년 연간규모 2조 2천 7백억 원을 이미 상회한 금액이다. 이와 같은 수치들로 보았을 때 은행의 연체율 상승과 건전성은 우려가 되는 상황을 맞이했다고 **판단된다.** 따라서 본고는 연체율과 은행의 건전성 현황과, 연체율이 상승하는 원인, 금융감독원의 정책방안에 대해 **분석하겠다.**

본론

연체율과 은행의 건전성 현황

[ ]

기준점을 알려주셩 은행인지 저축은행 포함인지

출

나타났다.(만연체는 안 좋은 습관입니다)

이 부분도 정확히 밝혀주세요

? 어떤 의미인지 모르겠습니다.

금융당국에 따르면 7월 말 **원화 대출 연체율은** 0.39%로 전년 7월 말 대비 0.17%p가 오른 수치이며 그 중에서도 가계대**출** 연체율은 0.71%로 작년대비 0.34%p가 증가한 것으로 **나타났으며 금융권 전체** 연체율은 2023년 6월 기준 2.17%로 나타났다. 금융당국은 **금융자원 종료** 등의 영향으로 연체 증가 속도가 더 빨라질 것으로 예상하고 있으며 은행의 자산건전성 제고를 위한 부실채권의 상각, 매각도 더 늘어날 것으로 예측하고 있다. 부실채권 등의 상각, 매각으로 고정이하 여신의 비율이 약간 낮아졌지만 현재 0.26%로 작년 같은기간이 0.21%인 것과 비교하면 0.05%p가 높은 것을 알 수 있다.

대두되었다.

인플레이션이 원인이 되어

는

삭제

하락해

분양시장도 급격하게 위축되었기 때문이다.

나, (쉼표) 만연체인 경우 쉼표로 끊어주시면 좋습니다

가계대출 뿐만아니라 부동산 pf의 연체율의 심각성도 **많은 논란이 되었다.** 2020년 부동산 pf연체율은 3.37%에 불과했지만 현재 17.28%인 것을 보면 그 심각성을 알 수 있다. 부동산 pf의 위기**도 인플레이션으로 기반하여** 발생했다. **인플레이션이 발생하면서** 원자재 가격이 폭등했고, 금리는 상승하면서 부동산 가격이 **떨어져 부동산 시장의 위험성이 급격하게 커졌기 때문이다.** 현재 부동산 pf 대주단 협약을 통해 신규자금지원, 만기연장 등을 통해 정상화를 진행 하고 있으**나** 여전히 고금리가 예상되는 현재 부동산 pf의 위기론 또한 연

체율의 상승에 주된 원인이 되었다.

| 연체율 상승의 원인

[ ]

이러한 연체율의 상승은 고금리에 기인한다. 팬데믹 상태일 때 각국은 양적 재**정**정책을 **수행했고**, 작년 러시아와 우크라이나 전쟁이 발발하고 전쟁이 장기화되면서 석탄, 유가 등의 가격**이** 폭등하면서 인플레이션이 발생하였다. 인플레이션을 잡기위해 미국의 **기준금리가 상승하면서** 전 세계의 금리가 오르게 되었고 이에 **대출 금리가** 높아져 **은행에 빌린 돈을 못갚는 상황이 증가하면서** 연체율이 상승한 것이다. 여기에 더해 이스라엘-하마스 사태가 발생하면서 국제유가가 오를 것으로 예상**되며 인플레이션이 발생할 것으로 예상되면서 금리를 쉽게 내리지 못하는 상황이 유지되어** 고금리 상황이 더 이어져 은행의 연체율도 더 오를 것으로 전망된다.

| 완화
| 수행해 시중에 통화량이 크게 증가한 상황에서
| 도
| 이러한
| 기준금리 인상정책 때문에
| 우리의 대출금리도
| 차주들의 이자상환 부담이 커지면서
| 최근에는
| 되기에
| 현재의
| 삭제

작년 금융권의 유동성 확보를 위해 예금금리 인상이 공격적으로 진행 되며 금융시장의 불안을 초래한 것도 금리인상의 주요 원인 중 하나로 꼽혔다. 지난 해의 경우 세계 각국이 기준금리를 가파르게 인상하는 과정이었고, 중도개발공사 이슈, 흥국생명 외화 신종자본증권 이슈등 국내에서 예상치 못한 이슈들이 발생하면서 자금시장의 불안을 야기하였고, 부동산 pf 위기론이 대두되면서 은행들은 유동성을 확보하기 위해 금융권의 자금확보 경쟁이 발생하면서 예금금리의 공격적인 인상이 진행되었었다.

| 이 부분은 그리 중요 인자라는 느낌이 들지 않습니다.

이렇게 발생한 인플레이션과 그에 따른 금리의 인상이 은행의 연체율을 상승하고 자산건전성을 악화시키는 원인이 되어 금융시장의 불안정을 야기한다.

결론

결론 : 금융감독원의 대응방안

[ ]

금융감독원은 이러한 원인들이 발생하지 않도록 다음의 정책을 수행할 필요가 있다.

첫째, 뱅크런과 같은 사태가 발생하지 않도록 유동성 상황을 고려한 위험관리에 중점을 두**고** 은행의 자산건전성 지표의 점검에 더욱 엄격하게 관리해야 한다. 또한 은행의 내부통제 **전반의** 자체점검을 요구하고 그 이행여부를 엄격하게 체크해야 한다.

고,(쉼표) 만연체는 쉼표를 잘 활용하시면 좋습니다.

삭제

둘째, 금융권의 자금확보 경쟁을 방지하기 위해 은행들이 수신에만 의존하여 유동성을 보존하지 않도록 채권 발행의 유연성을 확보할 수 있도록 **도움을 주어야 한다.**

제도를 손질해야 할 것이다.

현재 금융당국은 지난해와 같은 시장 불안이 되풀이될 가능성은 낮다고 판단하고 있지만, 이스라엘 -하마스 사태와 같은 외부 충격의 발생으로 인해 언제든 시장 불안이 심화될 수 있는 만**큼** 금융감독원은 국내시장의 취약요인에 대한 선제적인 대응을 계속해 나가야 한다.

큼,(쉼표)

chapter

19 2024년 은행의 주요지표 분석 및 방향성

01 논제 개요 잡기 [핵심 요약]

서론	이슈언급	전반적으로 금융기관들은 자본적정성 및 유동성 측면에서 양호한 복원력을 유지하고 있다. 또한 정부·감독당국 및 한국은행도 최근 부동산PF 연착륙 방안 등을 통한 불확실성 완화 및 지정학적 리스크의 국내 금융시장 전이 방지를 위해 적극 협력하며 대응하였다. 다만, 단기적으로는 취약부문의 채무상환부담 누증, 부동산PF 부실 우려, 금융기관의 자산건전성 저하, 주요국 통화정책 기조 등 대외 여건 관련 불확실성 증대 등의 리스크 요인이 지속되고 있다. 아울러 중장기적으로는 민간신용 레버리지가 여전히 높은 수준인 상황에서 향후 가계부채 누증 재개 등 금융 취약성이 증대될 위험도 잠재해 있다.	
본론	1. 은행	1) 총자산/건전성/수익성 현황 및 평가(2024년 1/4분기)	① 자산 증가세 확대 ② 자산건전성 다소 저하 ③ 수익성저하 ④ 평가 최근 중소기업대출을 중심으로 기업부문 연체율이 상승하고 있는 데다 과거 금리 상승기에 비해 고정이하여신 규모도 빠르게 증가하고 있어 신용리스크가 점차 높아지고 있다. 취약부문의 대손비용 증가는 은행의 리스크 관리 강화로 인한 대출공급 위축으로 이어질 수 있어, 대손충당금 적립 등 미래의 부실 가능성을 선제적으로 반영하여 기간별 수익구조를 평탄화하는 노력이 필요하다.

<table>
<tr><td rowspan="7">본론</td><td rowspan="2">1. 은행</td><td>2) 손실흡수능력/유동성 현황(2024년 1/4분기)</td><td>은행의 복원력은 양호한 수준을 지속하였다. 손실흡수능력을 나타내는 자본적정성 비율이 감독기준을 크게 상회하고, 대손충당금적립비율과 손실흡수력을 보완하기 위한 대손준비금이 높은 수준을 유지하고 있다. 자금유출에 대한 대응능력을 나타내는 유동성비율도 모든 은행에서 감독기준을 상회하였다.
① 손실흡수능력 양호한 수준 유지
② 유동성 대응능력</td></tr>
<tr><td>3) 연체율</td><td>- 2024년 5월 말 국내은행 연체율은 0.51%로 상승흐름을 이어가고는 있으나 상승폭은 다소 둔화되는 모습.
- 신규연체율이 전월에 이어 0.12%로 머물고 있는 가운데 연체채권 정리규모는 확대.
- 국내은행 연체율은 아직 코로나 이전 장기(2010년~2019년) 평균연체율 0.78%에 비해 여전히 낮은 수준이며, 국내은행의 손실흡수능력도 과거 대비 크게 개선.
- 다만, 고금리 지속 등으로 취약차주를 중심으로 연체율 상승세가 지속될 가능성에 대비하여, 은행은 취약차주에 대한 채무조정 등을 활성화하는 한편, 적극적인 연체채권 정리(상 · 매각 등) 및 대손충당금의 충실한 적립을 지속적 추진해 나가야 함.</td></tr>
<tr><td rowspan="5">2. 은행의 생존 전략 검토</td><td>1) 예대마진</td><td></td></tr>
<tr><td>2) 비이자수익</td><td></td></tr>
<tr><td>3) 핵심 비즈니스 강화</td><td></td></tr>
<tr><td>4) 전사적 디지털 혁신</td><td></td></tr>
<tr><td>5) 해외진출</td><td></td></tr>
<tr><td>결론</td><td>의견제시</td><td colspan="2">첫째, 신 수익원 개발 노력이 시급하다.
둘째, 자산관리 역량 강화에 매진해야 한다.
셋째, IT 기술에 기반한 신사업 추진도 모색해야 할 때이다.
넷째, 해외영업을 더욱 확대해 나가야 한다.
지속 가능한 수익창출 핵심역량을 강화하기 위해서는,
첫째, 신중하게 수수료 현실화를 고려해야 한다.
둘째, 자산 포트폴리오 다각화에 힘써야 한다.
셋째, 비용 효율화를 추구해야 한다.
넷째, 리스크관리 강화에도 매진해야 한다.
다섯째, 금융 소외자들을 새로운 고객으로 편입하는 등 차별화된 서비스를 실시, 고객의 니즈를 충족하여 고객으로부터 공감대를 형성해야 한다.</td></tr>
</table>

02 논제 풀이

서론

이슈 언급 2024년 5월 현재 금융기관의 건전성은 금융업권 간에 다소 차별화된 모습을 보이고 있다. 은행, 보험은 자산 증가세가 확대된 가운데 수익성도 양호한 수준을 유지하였다. 반면, 상호금융, 저축은행 등 비은행예금 취급기관의 경우 부실채권 증가에 따른 대출태도 강화 등으로 인해 자산 증가세가 크게 둔화되고 수익성 악화도 지속되었다. 증권 및 여신전문금융회사는 자산이 증가세를 보이고 있으나 수익성이 대체로 저하되었다.

한편 자산건전성은 모든 금융업권에서 악화되었는데, 은행의 경우 적극적인 부실채권 정리 노력 등에 힘입어 고정이하 여신비율 상승세가 제약되는 모습이나, 비은행업권에서는 부동산PF 부진 지속 등으로 인해 고정이하 여신비율이 상대적으로 큰 폭 상승하였다.

[금융업권별 고정이하 여신비율]

<출처: 금융기관 업무보고서>

전반적으로 금융기관들은 자본적정성 및 유동성 측면에서 양호한 복원력을 유지하고 있다. 또한 정부 · 감독당국 및 한국은행도 최근 부동산PF 연착륙 방안 등을 통한 불확실성 완화 및 지정학적 리스크의 국내 금융시장 전이 방지를 위해 적극 협력하며 대응하였다.

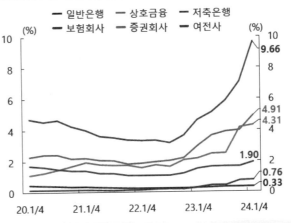

다만, 단기적으로는 취약부문의 채무상환부담 누증, 부동산PF 부실 우려, 금융기관의 자산건전성 저하, 주요국 통화정책 기조 등 대외 여건 관련 불확실성 증대 등의 리스크 요인이 지속되고 있다. 아울러 중장기적으로는 민간신용 레버리지가 여전히 높은 수준인 상황에서 향후 가계부채 누증 재개 등 금융 취약성이 증대될 위험도 잠재해 있다.

이에 본지에서는 은행을 중심으로 주요지표를 살펴본 후, 은행들이 나가야 할 정책적 방안에 대하여 논하기로 한다.

본론

1. 은행

1) 총자산/건전성/수익성 현황 및 평가(2024년 1/4분기)

<출처: 한국은행 금융안정보고서 (2024년 6월)>

한국은행 금융안정보고서의 은행부문은 일반은행(시중, 지방은행 및 인터넷전문은행)을 분석대상으로 하며, 영업모델이 상이한 특수은행(산업, 기업, 수출입, 농협 및 수협은행)은 분석대상에 포함하지 않는다

① 자산 증가세 확대

가. 일반은행의 총자산은 2024년 1/4분기 말 2, 431.7조 원으로 2023년 동기대비 4.6% 증가하여 2023년 3/4분기(–0.7%) 이후 증가세가 확대되고 있다.

나. 자산항목별로는 기업대출 증가세가 이어지면서 대출채권이 전년동기대비 5.2% 증가하였으며, 유가증권은 전년동기대비 8.0% 증가하였으나 2023년 3/4분기(10.1%)에 비해 증가폭은 감소하였다.

다. 반면 현금 및 예치금(–4.2%)은 고금리로 인한 현금성 자산 보유 유인 축소로 2023년 상반기 이후 감소세를 나타냈으나 감소폭은 2023년 3/4분기(–22.4%) 대비 크게 완화되었다.

[일반은행 총자산 규모])

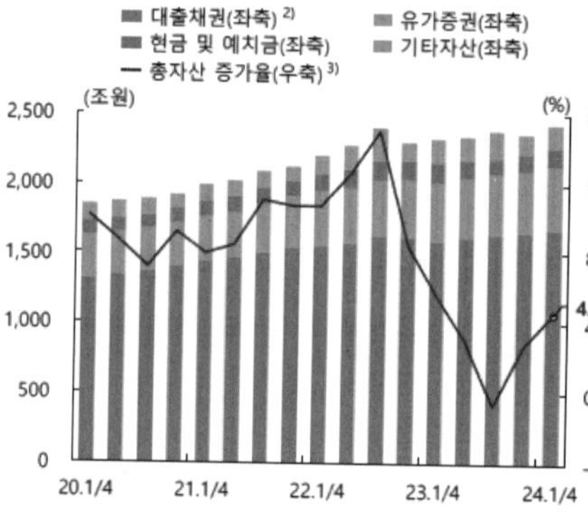

주: 1) 은행계정 기말 잔액 기준
2) 원화대출, 외화대출 및 환매조건부채권 매수 등에 대한 대손충당금 차감 후 잔액 기준
3) 전년동기대비
자료: 일반은행 업무보고서

라. 대출채권(원화대출금 기준) 증감을 차주별로 살펴보면, 2024년 1/4분기 중 가계대출은 4.8조 원, 기업대출이 18.7조 원(대기업 8.6조 원, 중소기업 10.1조 원) 증가하였다.

A. 가계대출은 주택매매수요 회복51) 등의 영향으로 증가세(전년동기대비 3.9%)가 지난해 3/4분기 (0.2%)에 비해 소폭 확대되었다.

B. 기업대출의 경우 은행의 대출영업 강화 등 공급요인과 기업의 운전 및 시설자금 수요 증가 등이 맞물리면서 대기업 및 중소기업 모두 증가세를 보였다. 특히 대기업 대출은 전년동기대비 27.1% 증가하면서 가파른 증가세를 이어갔다.

[일반은행 대출 증감 규모 및 대출 증가율]

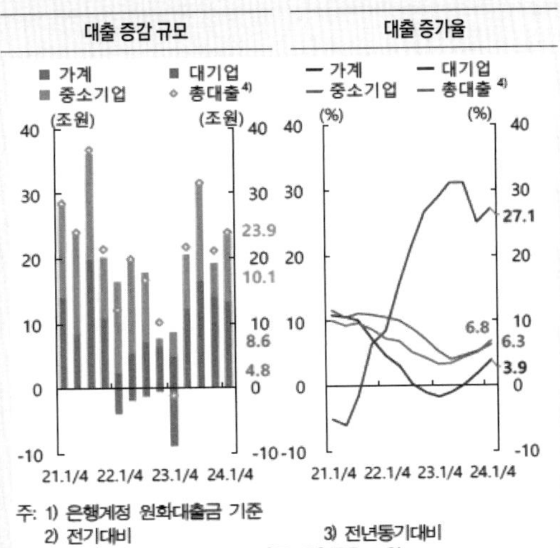

주: 1) 은행계정 원화대출금 기준
2) 전기대비 3) 전년동기대비
4) 가계, 기업, 공공 및 기타자금 대출금을 포함
자료: 일반은행 업무보고서

1. 은행

1) 총자산/건전성/수익성 현황 및 평가(2024년 1/4분기)

<출처: 한국은행 금융안정보고서(2024년 6월)>

② 자산건전성 다소 저하 : 일반은행의 자산건전성을 나타내는 지표인 고정이하여신비율은 2024년 1/4분기 말 0.33%로 2023년 3/4분기 이후 완만하게 상승하고 있다.

가. 신규 고정이하여신이 증가하고 있음에도 불구하고 은행들의 적극적인 부실채권 정리 노력 등으로 고정이하 여신비율의 상승세가 제약되는 모습이다.

나. 2024년 1/4분기 중 일반은행의 고정이하 여신 신규발생 및 부실채권 정리 규모는 각각 2.6조 원, 2.2조 원으로 지난해 3/4분기(2.3조 원, 2.1조 원) 대비 소폭 증가하였다.

[부실채권 발생 · 정리 실적 및 고정이하 여신비율]

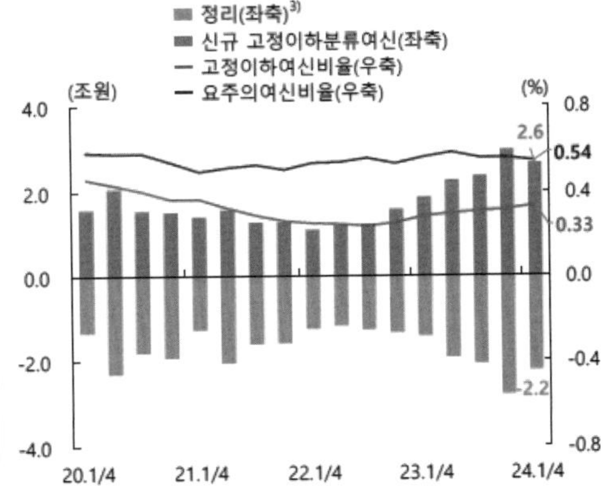

주: 1) 기간중 기준 2) 기말 기준
3) 회수, 대손상각, 매각, 건전성재분류, 채권재조정 등 포함
자료: 일반은행 업무보고서

1. 은행

1) 총자산/건전성/수익성 현황 및 평가(2024년 1/4분기)

<출처: 한국은행 금융안정보고서 (2024년 6월)>

다. 차주별로 보면, 가계 및 중소기업의 고정이하 여신비율은 2024년 1/4분기 말 각각 0.27%,0.45%로 지난해 3/4분기 대비 각각 0.01%포인트,0.06%포인트 상승하였다. 대기업의 경우 고정이하여신비율이 0.20%로 상대적으로 낮은 수준을 보이고 있다.

[일반은행 차주별 고정이하 여신비율]

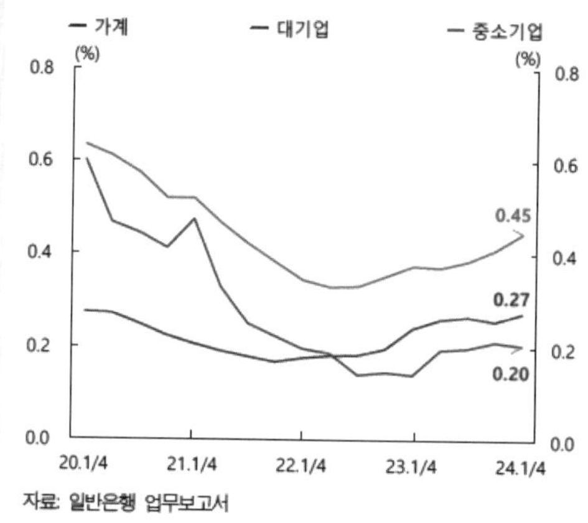

자료: 일반은행 업무보고서

③ 수익성 저하

가. 일반은행의 수익성은 전년대비 저하되었다. 총자산순이익률(ROA, 연율환산 기준)은 2024년 1/4분기 0.57%로 일회성 손실 발생 등으로 전년동기(0.71%)에 비해 하락하였다. 순이자마진(NIM)은 2024년 1/4분기 1.76%로 고금리 상황이 이어지면서 높은 수준을 기록하고 있다.

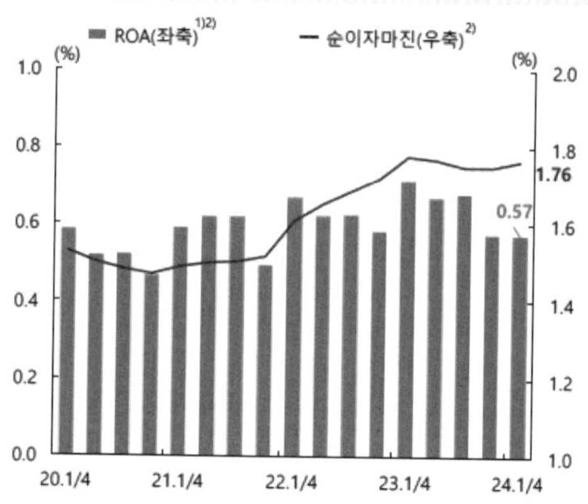

주: 1) 대손준비금 전입전 금액 기준
2) 누적 분기 실적을 연율로 환산
자료: 일반은행 업무보고서

나. 일반은행의 당기순이익은 2024년 1/4분기 중 3.4조 원으로 전년 동기대비 0.7조 원 감소하였다. 순이익 증감 요인을 살펴보면, 이자이익이 소폭증가(+0.4조원)하였으나 유가증권 평가이익이 0.9조 원 감소하였다. ELS 배상금 등의 기타손실이 1.5조 원 증가하면서 당기순이익 감소 요인으로 작용하였다.

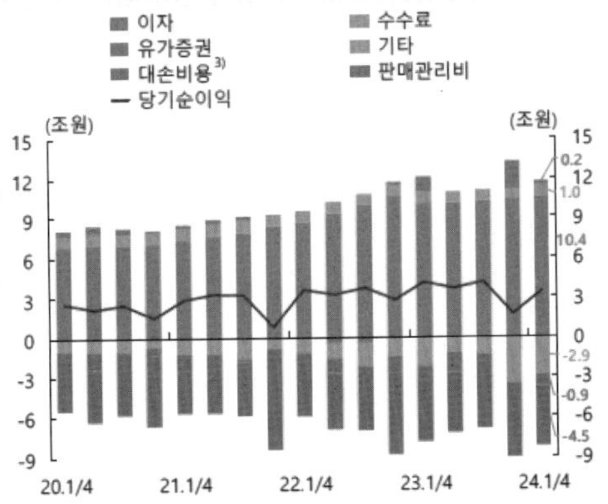

주: 1) 대손준비금 전입전 금액 기준
2) 기간중 기준
3) 대손상각비, 충당금 순전입액 및 대출채권 매매손익 포함

자료: 일반은행 업무보고서

1. 은행

1) 총자산/건전성/수익성 현황 및 평가(2024년 1/4분기)

<출처: 한국은행 금융안정보고서 (2024년 6월)>

④ 평가

가. 금번 금리상승기에는 과거보다 기업대출이 크게 증가하면서 대출 증가세를 주도하였는데, 기업대출의 부실 정도도 크지 않아 수익성에 유리하게 작용하였다.

나. 금번 금리상승기중 예대금리차도 2010년 이후로 가장 크게 확대(+38bp)되면서 높은 이자수익을 유지할 수 있었다.

다. 다만, 향후 취약부문에서 발생하는 대손비용 규모 및 예대금리차 축소 정도가 은행 수익성에 영향을 줄 것으로 보인다.

라. 최근 중소기업대출을 중심으로 기업부문 연체율이 상승하고 있는데다 과거 금리 상승기에 비해 고정이하 여신 규모도 빠르게 증가하고 있어 신용리스크가 점차 높아지고 있다. 취약부문의 대손비용 증가는 은행의 리스크 관리 강화로 인한 대출공급 위축으로 이어질 수 있어, 대손충당금 적립 등 미래의 부실 가능성을 선제적으로 반영하여 기간별 수익구조를 평탄화하는 노력이 필요하다.

마. 은행들의 기업대출 취급 확대는 실물경제 지원을 위해 필요하나, 그 과정에서 산업별 리스크를 철저히 관리해야 할 것이다.

1. 은행

2) 손실흡수능력/유동성 현황(2024년 1/4분기)

<출처: 한국은행 금융안정보고서(2024년 6월)>

은행의 복원력은 양호한 수준을 지속하였다. 손실흡수능력을 나타내는 자본적정성 비율이 감독기준을 크게 상회하고, 대손충당금적립비율과 손실흡수력을 보완하기 위한 대손준비금이 높은 수준을 유지하고 있다. 자금유출에 대한 대응능력을 나타내는 유동성비율도 모든 은행에서 감독기준을 상회하였다.

① 손실흡수능력 양호한 수준 유지

가. 일반은행의 자기자본비율(BIS 기준 총자본비율)과 보통주자본비율은 각각 17.6%, 15.1%로 2023년 3/4분기 말 (18.0%, 15.3%)대비 소폭 하락하였다.

나. 이는 일회성 손실(ELS배상금 등) 등으로 당기순이익이 축소된 데 주로 기인한다. 은행별로 보면 모든 은행이 감독기준(10.5%, D-SIB 11.5%)을 크게 상회하였다.

[일반은행 바젤III 기준 자본비율 및 자기자본비율 변동 요인]

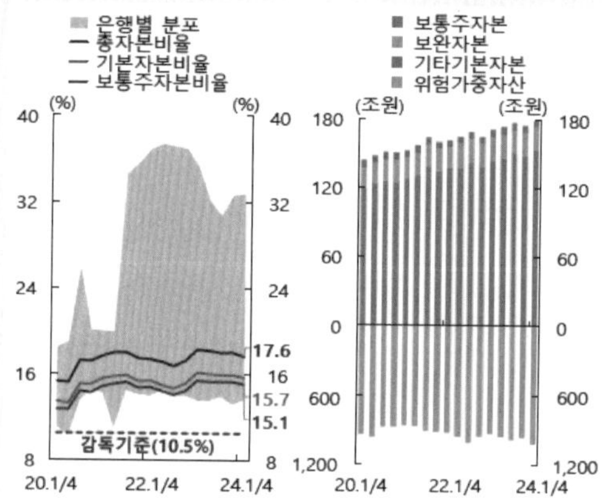

주: 1) 2024년 1/4분기부터 토스뱅크 포함
2) 기말 기준
3) 2024년 규제기준: 보통주자본비율 7%, 기본자본비율 8.5%, 총자본비율 10.5%(D-SIB의 경우 각각 8%, 9.5%, 11.5%)
4) 24.5월 이후 경기대응완충자본(1%)이 규제기준에 추가

자료: 일반은행 업무보고서

다. 일반은행의 단순기본자본비율(용어해설1)은 2024년 1/4분기 말 5.7%로 지난해 3/4분기 말(5.8%)과 비슷한 수준을 유지하였다. 은행별로 보면 모든 은행이 감독기준(3%)을 상회하고 있다.

[일반은행 단순기본자본비율]

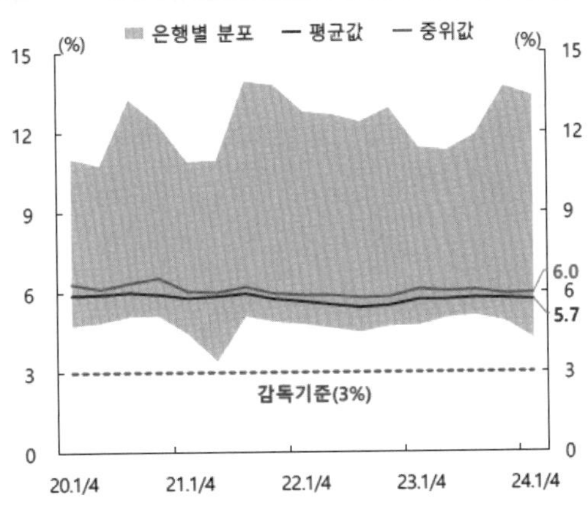

주: 1) 2024년 1/4분기부터 토스뱅크 포함
2) 기본자본(보통주자본+기타기본자본)/총익스포저, 기말 기준
자료: 일반은행 업무보고서

1. 은행

2) 손실흡수능력/유동성 현황 (2024년 1/4분기)

<출처: 한국은행 금융안정보고서 (2024년 6월)>

라. 예상손실에 대한 흡수능력을 나타내는 대손충당금적립비율(대손충당금/고정이하여신)은 2024년 1/4분기 말 213.2%로 지난해 3/4분기 말(217.7%) 대비 4.5%포인트 하락하였다. 이는 연체율 상승 등으로 대손충당금을 추가로 적립(+1.1조 원)하였으나 고정이하여신도 증가(+0.6조 원)한 데 기인한다. 손실흡수력을 보완하기 위해 감독규정상 여신건전성 분류기준에 따라 적립하는 대손준비금(용어해설2)은 금융감독당국의 지속적인 제도 개선 등으로 2024년 1/4분기 말 10.7조 원으로 높은 수준을 유지하고 있다.

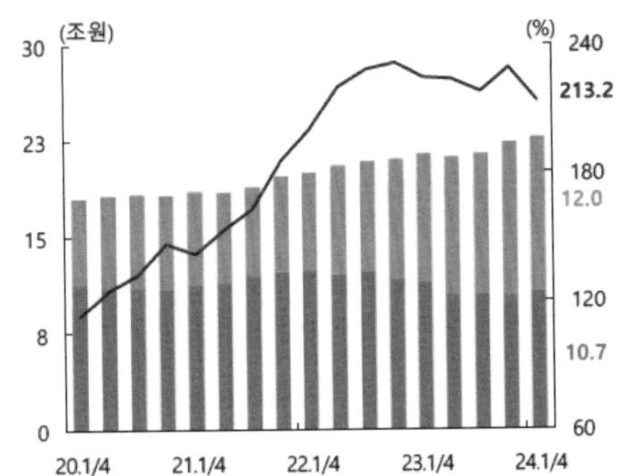

주: 1) 기말 기준
2) 대손충당금적립비율=대손충당금/고정이하여신
자료: 일반은행 업무보고서

1. 은행	2) 손실흡수능력/유동성 현황(2024년 1/4분기) <출처: 한국은행 금융안정보고서(2024년 6월)>	② 유동성 대응능력 가. 유동성커버리지비율(LCR: Liquidity CoverageRatio : 향후 30일간 순현금유출액 대비 고유동성자산으로 계산되며 분자인 고유동성자산은 월중 평잔 기준이다)은 2024년 4월 중 112.4%로 지난해 9월(110.9%) 대비 1.6%포인트 상승하였다. A. 이는 LCR 규제 정상화에 대비해 은행들이 국채 매입을 확대함에 따라 고유동성자산이 늘어난 데 주로 기인한다. 나. 대부분 은행에서 규제 완화전 감독기준(100%)을 상회하고 있다. B. 외화유동성 대응여력을 나타내는 외화 LCR(외화 LCR은 바젤 III 규제는 아니나 은행들이 스트레스 상황에서도 실물 부문에 안정적으로 외화를 공급할 여력을 확보하기 위해 국내에서는 2017년 1월부터 공식 규제로 도입되었다(규제기준 월 평균 80%). 수출입은행, 인터넷전문은행 및 외화부채 규모가 작은 일부 지방은행(광주은행, 제주은행)을 제외한 대부분 은행에 적용되고 있다.)은 2024년 4월 중 131.1%로 지난해 9월(149.1%) 대비 18.0%포인트 하락하였다. 이는 타 은행에 예치한 외화예금 감소에 따른 순현금유출액 증가에 주로 기인한다. 은행별로 보면 모든 은행들이 감독기준(80%)을 상회하고 있다. 나. 은행 자금조달 구조의 장기적인 안정성을 나타내는 순안정자금조달비율(NSFR: Net Stable Funding Ratio : NSFR은 은행들의 단기 도매자금조달에 대한 과도한 의존을 제한하기 위해 장기 운용자산의 일정 부분을 안정적인 부채 및 자 본으로 조달토록 규제한다)은 2024년 1/4분기 말 117.2%로 개별 은행 모두 감독기준(100%)을 충족하였다.
	3) 연체율 <출처: 금융감독원 보도자료>	① 현황 : 2024년 5월 말 국내은행의 원화대출 연체율(1개월 이상 원리금 연체기준)은 0.51%로 전월 말(0.48%) 대비 0.03%p 상승. [전년 동월 말(0.40%) 대비 0.11%p 상승] 가. 2024년 5월 중 신규연체 발생액(2.7조 원)은 전월(2.6조 원) 대비 0.1조 원 증가하였으며, 연체채권 정리규모(2.0조 원)는 전월(1.5조 원) 대비 0.5조원 증가. 나. 2024년 5월 중 신규연체율(2024년 5월 중 신규연체 발생액/2024년 4월 말 대출잔액)은 0.12%로 전월(0.12%)과 동일 [전년 동월(0.10%) 대비 0.02%p 상승] * 신규연체율(%):(2023년 5월)0.10 → (2024년 1월)0.13 → (2024년 2월)0.13 → (2024년 3월)0.11 → (2024년 4월)0.12 → (2024년 5월)0.12

1. 은행

3) 연체율

<출처: 금융감독원 보도자료>

원화대출 연체율 추이('13.1월~'24.5월)

[출처: 금융감독원 보도자료]

국내은행 원화대출 부문별 연체율 추이

(단위 : %, %p)

구 분	연체율 시계열 ('14.1월~'24.5월)	'21.5말	'22.5말	'23.5말 (A)	'24.3말	'24.4말 (B)	'24.5말 (C)	증감	
								전년동월 (C-A)	전월 (C-B)
기업대출		0.41	0.27	0.43	0.48	0.54	0.58	0.15	0.04
대기업		0.38	0.18	0.12	0.11	0.11	0.05	△0.07	△0.06
중소기업		0.42	0.29	0.51	0.58	0.66	0.72	0.21	0.06
중소법인		0.57	0.37	0.55	0.61	0.70	0.75	0.20	0.05
개인사업자		0.25	0.20	0.45	0.54	0.61	0.69	0.24	0.08
가계대출		0.20	0.19	0.37	0.37	0.40	0.42	0.05	0.02
주택담보대출		0.12	0.11	0.23	0.25	0.26	0.27	0.04	0.01
가계신용대출등		0.37	0.38	0.75	0.73	0.79	0.85	0.10	0.06
원화대출계		0.32	0.24	0.40	0.43	0.48	0.51	0.11	0.03

[출처: 금융감독원 보도자료]

② 평가

가. 2024년 5월 말 국내은행 연체율은 0.51%로 상승흐름을 이어가고는 있으나 상승폭은 다소 둔화되는 모습.

구 분	'23.8월	**'23.9월**	'23.10월	'23.11월	**'23.12월**	'24.1월	'24.2월	**'24.3월**	'24.4월	'24.5월
연체율	0.43%	**0.39%**	0.43%	0.46%	**0.38%**	0.45%	0.51%	**0.43%**	0.48%	0.51%
전월 변동	+0.04%p	△0.04%p	+0.04%p	+0.03%p	△0.08%p	+0.07%p	+0.06%p	△0.08%p	+0.05%p	+0.03%p

* 통상 분기말(연말)에는 은행의 연체채권 정리(상 · 매각 등) 확대로 연체율이 큰 폭 하락하는 경향

나. 신규연체율이 전월에 이어 0.12%로 머물고 있는 가운데 연체채권 정리규모는 확대.

다. 국내은행 연체율은 아직 코로나 이전 장기(2010년~2019년) 평균연체율 0.78%에 비해 여전히 낮은 수준이며, 국내은행의 손실흡수능력도 과거 대비 크게 개선.

구 분 (%)	'17년말	'18년말	'19년말	'20년말	'21년말	'22년말	'23년말	'24.3말
대손충당금적립률	93.6	104.2	112.1	138.3	165.9	227.2	214.0	203.1

라. 다만, 고금리 지속 등으로 취약차주를 중심으로 연체율 상승세가 지속될 가능성에 대비하여, 은행은 취약차주에 대한 채무조정 등을 활성화하는 한편, 적극적인 연체채권 정리(상 · 매각 등) 및 대손충당금의 충실한 적립을 지속적 추진해 나가야 함.

2. 은행의 생존 전략 검토

1) 예대마진

① 원래 은행 예대마진은 금리와 비슷하게 움직이는 경향이 있는데, 이는 최근 기준금리, 시장금리 등이 상승하면서 예대마진이 확대되고 있음. 그 이유는,

가. 은행예금의 경우 중장기 상품이 많아, 시장 금리를 비탄력적으로 반영하는 반면, 은행 대출금리는 주로 3개월 변동금리가 (주담대의 경우 일부 고정금리가 있지만, 기업대출과 가계대출의 경우 변동부금리대출이 많음)많아 시장금리를 탄력적으로 반영하기 때문에 생기는 현상임.

나. 특히 금리의 영향을 거의 받지 않는 요구불예금의 경우 금리민감도가 미미함.

② 금융당국의 규제가 많은 가계대출에 대한 경쟁완화도 은행 예대마진 상승의 한 요인임.

③ 코로나 19 등으로 인한 매출부진에 따른 차주들의 신용위험 증가, 은행들의 중금리대출 확대 등도 예대마진 상승에 기여하는 요인임.

④ 그러나 최근 경기 부진에 따른 소상공인, 중소기업의 매출부진 등 은행 입장에서는 잠재부실 상승 가능성에 대비해, 예대마진 확대로 늘어난 이익을 향후 부실 확대에 대비하는 완충 역할로 적극 활용할 필요가 있음.

2) 비이자수익

① 비이자수익

가. 대고객 수수료의 경우, 무료 또는 원가 이하로 제공되는 서비스가 많으므로 이를 현실화하는 과정에서 고객의 저항에 부딪힐 가능성.

나. 인터넷전문은행, 핀테크 기업 등의 등장으로 은행산업 내 경쟁이 심화되고 있어 수수료율을 높이는 데 한계점 존재.

다. 방카, 펀드판매 수수료 등 대리사무취급수수료는 경기나 금융시장 변동성에 크게 좌우되는 특성이 있음.

라. 대출조기상환수수료와 같은 벌칙적 성격의 수수료는 정책당국과 금융소비자간의 의견차이가 존재해 논란의 여지가 있음.

<출처: 한국금융연구원>

마. 한국은 수수료에 인색한 문화가 있어 수수료 수취에 용이하지 않는 환경.

바. 차별화된 서비스를 제공해야 수수료 수취가 용이한데, 모든 은행이 유사한 서비스를 제공하는 까닭에 수수료 수취가 쉽지 않음.

사. 수수료 원가에 대한 정확한 산출 시스템 미비.

② 방향성

가. 수수료이익은 자본조달 부담이 크지 않으며, 최근 BIS자기자본비율 규제가 강화되는 상황에서 위험자산을 확대하지 않고 수익창출이 가능하다는 점에서 중요성이 커지고 있음.

나. M&A, 포괄적인 전략적 제휴, 전문인력 확보 등을 통해 비은행 자회사의 역량을 강화하고 은행과 비은행 자회사와의 유기적인 협력체제를 구축하여 수수료 수취를 위한 내부 역량을 확보할 필요가 있음.

2. 은행의 생존 전략 검토	2) 비이자수익	다. 내부적으로는 매트릭스 형태의 영업방식을 정착시키고 옴니채널을 통한 고객접근이 용이하게 조치함으로써 고객점유율을 높이는 노력이 병행되어야 함. 라. 정책당국은 국내 은행그룹의 벤처투자나 비금융 플랫폼 확대를 통해 새로운 비이자 수익원을 확보할 수 있도록 금융산업의 안정망만 고려하여 신사업 추진에 유보적 의견을 제시하기 보다 유연성을 발휘하여 적극 지원할 필요가 있음. <출처: 한국금융연구원> 마. 은행들도 수수료의 현실화를 기업금융부문부터 점차적으로 확대해 나가, 수수료 수취 반감을 누그러뜨릴 노력을 병행해야 함. 사. 영업 외 시간에 대한 서비스의 수수료는 높이고, 영업 내 시간의 서비스는 낮춰줌으로써 서비스 수수료 수취에 대한 당위성을 확보하려는 노력을 해야 함. 아. 추후 중기관련 컨설팅, 자문 등의 수요가 증가할 것에 대비해서 전문인력과 전문성을 확충하고 경쟁은행과의 차별화를 선행한 후 관련 자문 수수료 취득을 확대해야 할 것임.
	3) 핵심 비즈니스 강화	① 국내은행은 경영환경 악화에 대응하여 핵심 비지니스 경쟁력을 강화하고, 초개인화 서비스 등 차별화된 서비스를 개발할 필요가 있다. 가. 가계금융의 경우, 대출 위주 영업에서 대출과 자산관리 서비스를 연계하는 서비스로 전환할 필요가 있으며. 고객 개인을 넘어 패밀리 서비스를 강화. 나. 기업금융의 경우, 심사 및 사업성 평가 역량을 제고함으로써 신규 고객을 발굴하고, 최신 IT기술을 활용하여 비재무 정보를 분석함으로써 재무정보가 부족한 고객을 신규로 유치. 다. 오프라인 점포 및 온라인 채널을 유기적으로 활용하여 고객 개인의 독특한 금융니즈를 파악하고 이를 충족하는 서비스를 제공하는 '금융의 초개인화'를 추진. 라. 핵심 비즈니스 강화, 차별화된 서비스 개발을 위해 은행 그룹 자회사와의 협업을 강화.
	4) 전사적 디지털 혁신	① 코로나 19에 따른 언택트 시대 도래와 마이데이터 및 빅테크 등 신규사업자 진입에 대응하여 국내은행은 채널의 디지털화를 넘어 상품, 서비스, 내부조직, 인사, 기업문화 등 종합적인 측면에서 전사적 디지털 혁신에 본격적으로 나설 필요가 있다. ② 디지털 혁신이 성공하려면 차별화된 목표고객, 새로운 서비스 형태, 기존 상품과의 구분 등을 이끌어 낼 수 있도록 내부조직과 기업문화, 독립적인 운영방식 등이 함께 할 필요가 있다.

<table>
<tr><td rowspan="2">2. 은행의 생존 전략 검토</td><td>4) 전사적 디지털 혁신</td><td>③ 플랫폼 경쟁력의 강화 : 특히, 빅테크를 중심으로 한 생활연계형 플랫폼은 최근 정보와 축적된 지식, 리테일 및 유통, 투자 및 보험, 문화 및 예술 등에 총체적으로 접근할 수 있는 실시간형 거래에 해당. 국내 금융그룹은 금융과 비금융을 연계할 수 있도록 외부 플랫폼과의 협업은 물론 핀테크의 플랫폼에 대한 전략적 투자 또는 공동서비스 개발 등 다양한 연계방안을 모색해야 한다.</td></tr>
<tr><td>5) 해외진출
<출처: 금융감독원 보도자료></td><td>① 국내 은행 해외진출 현황
가. 2023년 말 현재 국내은행의 해외점포는 총202개(41개국)로 전년 말(207개, 41개국) 대비 5개 감소.
나. 2023년 중 2개 점포 신설, 7개 점포 폐쇄로 총 점포수가 감소하였는데, 이는 주로 현지법인 · 지점 신설에 따른 기존 사무소 폐쇄에 기인.
다. 점포 종류별로는 지점이 88개로 가장 많고, 현지법인(60개), 사무소(54개) 順.
라. 국가별로는 베트남(20개) 소재 해외점포가 가장 많고, 미국 · 중국(각 16개), 미얀마(14개), 홍콩(11개) 등 順.
마. 지역별로 아시아 점포가 총 137개로 전체 해외점포의 67.8%를 차지하며, 미주29개(14.4%), 유럽27개(13.4%), 기타9개(4.5%) 順.
② 해외점포 재무현황(※사무소를 제외한 현지법인 및 지점 기준)
가. 자산규모 : 2023년 말 현재 국내은행 해외점포의 총자산은 2, 101.9억 달러로 전년 말(2,031.4억 달러) 대비 70.5억 달러 증가(+3.5%)
※ 2023년 말 국내은행 총자산(은행계정) 3, 672조 원 대비 7.4% 수준[전년말(7.2%) 대비 0.2%p 상승]
나. 국가별로는 미국(343.5억 달러)이 가장 크고, 중국(299.4억 달러), 홍콩(258.5억 달러) 등 順이며, 전년 말 대비 일본(+18.3억 달러), 미국(+17.3억 달러), 영국(+14.9억 달러) 등에서 크게 증가.
③ 자산건전성
가. 2023년 말 현재 국내은행 해외점포의 고정이하 여신비율은 1.74%로 전년 말(1.51%) 대비 0.23%p 상승.
※ 2023년 말 국내은행의 고정이하 여신비율 0.47% [전년 말(0.40%) 대비 0.07%p 상승]
나. 캄보디아(+2.81%p), 미국(+1.33%p) 등은 상승한 반면, 인도네시아(△1.22%p), 일본(△0.43%p), 싱가포르(△0.23%p) 등은 하락.
④ 수익성
가. 2023년 중 국내은행 해외점포 당기순이익은 1, 330만 달러로 전년(991만 달러) 대비 340만 달러 증가(+34.3%).
※ 2023년 국내은행 당기순이익(21.2조 원) 대비 8.1% 수준[전년(6.8%) 대비 1.3%p 상승]</td></tr>
</table>

2. 은행의 생존 전략 검토	5) 해외진출 <출처: 금융감독원 보도자료>	나. 이는 금리상승 등에 따른 이자이익 증가(+186만 달러) 및 부실채권매각* 등 비경상적 요인으로 인한 비이자이익 증가(+295만 달러)에 기인. * 국민 부코핀은행의 부실채권매각손익 : (2022년) △1.0억 달러 → (2023년) +0.5억 달러 다. 총자산순이익률(ROA)은 0.63%로 전년(0.49%) 대비 0.14%p 상승. 라. 국가별로는 중국(+125만 달러), 베트남(+65만 달러) 등에서 순이익이 증가한 반면, 미국(△156만 달러), 캄보디아(△152만 달러) 등은 순이익 감소 ※ 인도네시아는 적자폭 크게 감소(2022년 △507만 달러 → 2023년 △103만 달러)

결론

의견 제시

은행산업은 이제 더 이상 내수산업이 아니다. 그리고 은행원은 더 이상 사무직이 아니다. 자리를 지키기보다는 자리를 과감히 박차고 나와 눈을 세계로 돌리고 없던 사업부문을 창조해내고 파이를 넓혀 나갈 시점이다. 고령화라는 위기는 자산시장의 대중화로 돌파하고, 국내시장의 한계는 해외로 눈을 돌려 돌파하고, 핀테크라는 암초는 적극적으로 뭉침으로 돌파해 나가야 한다.

이에 은행들은 최우선적으로 아래와 같은 수익성 중심의 사업구조 개편을 시작해야 한다. 지속가능한 수익창출 핵심역량을 강화하기 위해서는 다음과 같은 부문에 대한 개선노력이 필요하다.

첫째, 신 수익원 개발 노력이 시급하다. 저금리와 고령화 등에 따른 자산관리 역량 제고 및 자문서비스 수수료 창출이 가능한 사업모델 구축 등 안정적인 신 수익원 개발 필요하다.

둘째, 자산관리 역량 강화에 매진해야 한다. 고령화 등에 따라 신 성장사업으로 부상하고 있는 자산관리 분야의 역량을 강화하여 차별화된 서비스를 제공함으로써 신탁보수 등 관련 비이자수익을 확대할 필요가 있다. 다만, 안정적 수익 창출을 위해서는 상품판매 위주보다는 자문 서비스 수수료 창출이 가능한 사업모델 구축이 필요하다.

셋째, IT 기술에 기반한 신사업 추진도 모색해야 할 때이다. 플랫폼 사업 다각화 등 IT기반을 통한 저비용, 고효율 수익원 발굴은 이제 필수과제이다. 특히, 플랫폼은 제품을 개발하거나 판매할 때 공통적으로 활용하는 요소를 뜻하며, 이를 기반으로 아이디어를 더해 다양한 서비스를 제공할 수 있는 등 수익 포트폴리오를 다양화할 수 있을 것으로 기대되기 때문이다.

넷째, 해외영업을 더욱 확대해 나가야 한다. 대출 축소 등 성장의 한계에 직면한 일본 은행들은 성장가능성이 높은 아시아 지역을 중심으로 지분인수, 전략적 제휴 등을 통하여 해외진출을 확대한 전례가 있다. 일본 메가뱅크 총대출의 25%가 해외에서 발생되고 해외부문의 이익기여도가 35% 증가했다는 점을 상기해야 한다.

뿐만 아니다. 지속 가능한 수익창출 핵심역량을 강화하기 위해서는 다음과 같은 부문에 대한 개선노력이 필요하다.

첫째, 신중하게 수수료 현실화를 고려해야 한다. 은행 고유서비스(송금, 예금계좌 관련)에 대한 수수료 현실화를 통한 안정적인 수입원을 확보할 필요가 있기 때문이다. 미국의 경우 예금계좌 관련 서비스료가 비이자이익의 38%를 차지하며, 일본도 은행 고유 서비스 관련 수수료가 19%를 차지하고 있다.

둘째, 자산 포트폴리오 다각화에 힘써야 한다. 대출에 치중되어 있는 자산 포트폴리오를 다각화하고 이자이익의 경우에도 은행별 고유의 강점을 토대로 대출자산 포트폴리오도 다각화할 필요가 있다.

셋째, 비용 효율화를 추구해야 한다. 성장이 정체될수록 비용효율성이 중요한 데다, 핀테크 스타트업의 등장 등으로 업권내 경쟁이 치열해짐에 따라 수익성에 위협이 되는 고비용. 저효율의 구조를 개선할 필요가 있기 때문이다. 전통적 영업점 방식에서 모바일 채널로 급속히 전환되는 등 급변하는 금융거래 환경 등을 감안하여, 조직을 효율적으로 운영 하고 비용을 감소하기 위한 방안을 적극 추진할 필요가 있다.

넷째, 리스크관리 강화에도 매진해야 한다. 대내외 불확실성 증대와 경기회복 지연 장기화 등 현 상황을 감안할 때 대출확대보다는 기존 대출 등에 대한 리스크 관리 강화를 통해 대손비용을 최소화함으로써 수익성을 방어할 필요가 있기 때문이다.

다섯째, 금융 소외 자들을 새로운 고객으로 편입하는 등 차별화된 서비스를 실시, 고객의 니즈를 충족하여 고객으로부터 공감대를 형성해야 한다. 은행들은 신용공여에 대한 적절한 대가와 금융서비스에 대한 합리적인 보상을 지켜주는 제도를 지키는 한편, 4차 산업 스타트 업에 대한 전략적인 출자를 실시함으로써 다양한 고객들을 만족시킬 수 있어야한다. 특히 핀테크에 대해 익숙지 못한 고령층이 새로운 금융 소외자로서 부상하며, 이들에 대한 맞춤형 인터넷 뱅킹 서비스를 실시할 수도 있다. 이와 같은 노력은 새로운 고객층을 발굴함과 동시에 국민과 정부가 요구하는 금융 기관의 사회적 책임에 따른 공공성을 실현시킬 수 있다.

용어해설

1) **단순자기자본비율** : 단순기본자본비율은 은행 부문의 과도한 레버리지 확대를 제한함으로써 유사시 급격한 디레버리징으로 인한 위기가 증폭되는 문제를 방지하기 위해 도입되었다. 동 비율은 총익스포저를 기준으로 산출되기 때문에 위험가중자산에 기반한 최저자기자본 규제를 보완하는 데 목적이 있다. 우리나라에서는 2015년 1/4분기부터 보조지표로 공시된 후 2018년부터 동 규제가 시행되었으며, 2020년 1월부터는 인터넷전문은행에도 적용되었다.

2) **대손준비금** : 대손준비금은 회계기준상 대손충당금에 더해 감독규정상 여신건전성 분류기준에 따라 적립하는 제도로, 현행 기업여신의 경우 최저적립률은 정상 0.85%, 요주의 7%, 고정 20%, 회수의문 50%, 추정손실 100%를 적용하고 있다. 이와 함께 2023년 11월 금융감독당국은 경기상황에 따라 대손충당금 및 대손준비금 적립수준이 부족하다고 판단될 경우 추가적립을 요구할 수 있는 「특별대손준비금 적립요구권」을 감독규정화 하였다.

<출처 : 금융감독원>

2024년 3월31일 현재 은행 주요 경영지표(단위: 백만 원)

구분	기초 재무정보				주요 경영지표			
	총자산	총부채	자기자본	당기순이익	BIS비율	고정이하 여신비율	ROA	NIM
경남은행	51,119,552	47,633,648	3,485,904	94,595	14.89	0.46	0.51	1.92
광주은행	30,379,898	28,222,080	2,157,818	66,157	15.66	0.54	0.82	2.80
국민은행	525,999,765	490,883,289	35,116,476	442,456	17.35	0.33	0.60	1.86
농협은행주식회사	405,644,914	383,019,545	22,625,369	416,066	17.70	0.39	0.45	2.00
대구은행	72,314,490	67,536,764	4,777,726	81,414	16.40	0.72	0.51	2.01
부산은행	77,843,689	72,150,009	5,693,680	129,568	16.65	0.44	0.50	1.93
수협은행	56,011,154	52,149,252	3,861,902	77,125	14.78	0.75	0.44	1.70
신한은행	468,378,199	437,990,193	30,388,006	614,081	17.65	0.26	0.57	1.63
우리은행	442,617,569	417,995,698	24,621,871	721,439	15.92	0.21	0.54	1.49
전북은행	22,579,588	20,763,226	1,816,362	43,340	14.60	0.95	0.78	2.77
제주은행	7,250,377	6,666,786	583,591	-396	19.58	1.25	0.07	2.10
주식회사 카카오뱅크	60,386,232	54,234,705	6,151,527	91,527	28.82	0.45	0.72	2.18
주식회사 케이뱅크	26,307,763	24,389,508	1,918,255	50,694	13.70	0.87	0.07	2.39
중소기업은행	416,183,187	386,594,154	29,589,033	588,600	14.94	1.12	0.60	1.74
토스뱅크 주식회사	30,617,576	29,088,713	1,528,863	14,813		1.19	-0.07	2.48
하나은행	488,957,439	458,776,591	30,180,849	682,767	17.38	0.24	0.70	1.54
한국산업은행	331,154,898	290,329,454	40,825,443	593,134	13.88	0.82	0.78	0.34
한국스탠다드차타드은행	86,745,489	81,465,972	5,279,517	64,072	21.10	0.43	0.30	1.65
한국씨티은행	40,230,051	34,394,540	5,835,511	88,337	32.74	1.09	0.60	2.92

chapter 20 디지털 런 (Digital Run)

01 논제 개요 잡기 [핵심 요약]

서론	이슈언급		디지털 뱅크 런은 전통적 방식보다 규모가 크고 매우 빠른 속도로 일어나 은행의 신속한 대응이 어렵다. 모바일뱅킹의 발달과 SNS 사용의 대중화를 통한 공포감 확산이 뱅크 런을 촉발하여 초고속 파산으로 이어졌다는 연구 결과가 발표되는 등 SNS 기반 뱅크 런이 금융시스템에 새로운 위험요소가 될 수 있으므로 위험관리가 필요하다는 목소리가 높아졌다. 또한, 최근의 SVB, CS 등 은행 위기 상황은 개별 국가와 글로벌 금융시장 구분없이 위기 상황의 전파 속도가 과거에 비해 크게 빨라졌음을 보여주었다. 우리나라는 IT기술 발달로 모바일 · 인터넷 금융거래가 활성화되어 있는 만큼 주요국 사례를 통해 나타난 취약성에 더욱 면밀한 대응이 필요한 상황이다. 이에 본지에서는 디지털 뱅크 런 사태의 재발 방지를 위한 금융시스템 강화 방안들에 대하여 논하기로 한다.
본론	1. 뱅크 런	1) 뱅크 런 원인 및 속성	① 은행 파산의 원인 가. 은행 건전성과 관계된 문제로 재무상태표의 차변(자산가치)에 문제가 생기는 경우다. 즉 은행이 보유한 자산가치의 폭락으로 자본잠식이 발생하는 경우다. 나. 은행 유동성과 관계된 문제로 은행 재무상태표의 대변(현금성자산)과 관계되어 발생한다. 차변 쪽의 보유자산 부실에 대한 우려로 대변 쪽에서 대규모 예금인출사태가 벌어질 때, 이에 상응할 만큼 충분한 현금성 자산을 보유하지 못해 파산하는 경우가 이에 해당한다.

본론	1. 뱅크 런	1) 뱅크 런 원인 및 속성	② 경로 : 정리하면 차변에 기인한 파산은 은행의 탐욕(greed)에 의해 발생하고 펀더멘털과 관계된 반면, 대변에 따른 파산은 예금자의 공포(panic)에 기인한 만큼 펀더멘털과 관계가 없을 수도 있다. 가. 차변 문제는 펀더멘털과 관계 있는 만큼 대응이 상대적으로 용이하다. 나. 반면 대변 쪽에서 발생하는 뱅크 런의 경우는 예금자들의 공포를 불식해야 하므로 대응이 훨씬 어렵다. ③ 뱅크 런, 은행업 속성과 공포의 결합 가. 뱅크 런이 이렇게 빈번히 발생하는 이유는 본질적으로 은행은 단기예금을 장기대출로 전환하다 보니 대규모 예금인출이 발생할 경우 대출 회수로 대응할 수가 없어 뱅크 런을 피할 도리가 없게 된다. 나. 문제는 예측이 불가능하다는 것이다. 다. 뱅크 런이 무서운 것은 바로 뱅크 런이 일어난다는 공포 자체가 진짜 뱅크 런을 가져온다. 라. 뱅크 런은 은행업의 유동성 변환이란 업의 본질과 공포라는 심리적 현상의 결과물이다. ④ 일단 뱅크 런이 발생하면 산불과 유사하기 때문에 무엇보다 초동대응이 관건이며, 이때 중앙은행의 역할이 가장 중요하다.
		2) 디지털 런 <출처: 자본시장연구원>	① 디지털 뱅크 런 우려 ② 위험 관리 필요성 가. 디지털 뱅크 런은 전통적 방식보다 규모가 크고 매우 빠른 속도로 일어나 은행의 신속한 대응이 어렵다. 나. SNS 기반 뱅크 런이 금융시스템에 새로운 위험요소가 될 수 있으므로 위험관리가 필요하다는 목소리가 높아지고 있다. ③ 각국의 대응방안
		3) 디지털화와 은행의 불안정성	은행의 디지털화가 예금의 점착성(stickiness, 예금자가 은행의 시장 지배력 · 편의성 · 관성 등으로 인해 시장보다 낮은 예금금리에도 거래를 지속하는 경향)을 감소시켜 금리 상승 시 은행의 안정성이 저해될 수 있음. ① 예금 유출 확대 : 디지털 뱅킹의 발전은 예금의 이동 비용 감소 및 예금의 점착성 약화로 이어지며, 이에 따라 예금자들의 금리 민감도가 증가하면서 금리 상승 시 예금유출이 심화. ② 은행의 안정성 약화 : 일반적으로 금리 상승은 예금 프랜차이즈 가치(예금의 점착성 덕분에 은행이 시장보다 낮은 예금금리를 지급할 수 있는 능력에서 비롯되는 무형 자산의 가치) 상승으로 이어지며, 이는 은행의 자산가치 하락에 대한 헷지(hedge) 효과로 작용하는데 디지털화는 이러한 효과를 약화시킴.

<table>
<tr><td rowspan="2">본론</td><td rowspan="2">1. 뱅크 런</td><td>3) 디지털화와 은행의 불안정성</td><td>③ SVB 파산 사례 재조명 : 디지털-브로커 은행이었던 SVB는 2022년 금리 상승 시 예금 수요가 더욱 민감하게 반응하여 예금 유출이 심화되었고, 예금 프랜차이즈 가치 하락과 대규모 자산 평가손실이 결합되어 결국 파산에 도달.</td></tr>
<tr><td>4) 디지털 런 - 우리의 대응방안</td><td>① 디지털 런 관련 가짜 뉴스 사례
② 제도 개선의 필요성 부각
③ 한국의 디지털 뱅킹 현황
④ 개선 방향성
가. 한국은행
A. 사전 안전장치로 지급결제 보증을 위한 은행의 담보자산 비율을 높이는 방안을 검토하고 있다.
B. 즉, 디지털 런에 따른 파산으로 은행이 지급결제 불능 상태에 빠질 것에 대비해 사전 안전장치를 더욱 강화하겠다는 뜻으로 풀이된다.
나. 예금보험공사 : '예금자보호한도 상향 논의'도 탄력을 받고 있다.
다. 통화 · 금융당국이 사후적으로 어떻게 하면 신속하게 시장에 신뢰를 심어줄 수 있을지 고민해야 한다.</td></tr>
<tr><td>결론</td><td>의견제시</td><td colspan="2">우리나라 정책당국도,
첫째, 금융기관들에 대한 스트레스 테스트 실시 등을 통해 복원력을 수시로 점검하고,
둘째, 금융기관들이 유사시를 대비하여 충분한 자본 여력을 확보하도록 유도해 나가야 할 것이다.
셋째, 금융기관들이 디지털 런에 대비할 수 있도록 자금조달 구조를 점검하고 SNS를 통한 뱅크 런 발생시 신속하게 유동성이 공급될 수 있는 방안을 마련할 필요가 있다.
한편, 가짜 뉴스로 은행 건전성에 대한 우려가 촉발되고 그런 우려가 공포로 확산할 경우 어떤 은행도 디지털 런을 피할 수 없다. 이에 대한 강경한 대응과 함께 신속하고 강력한 신뢰 구축장치가 시급한 이유가 여기에 있다.</td></tr>
</table>

02 논제 풀이

서론

SVB 등이 파산하게 된 1차적 원인으로 자금 조달 및 운용 측면에서 특정 부문에 대한 집중도가 지나치게 높아 위험분산이 제대로 이루어지지 않았던 점을 들 수 있다. SVB의 경우 국채 일변도의 투자로 금리 급등에 따른 대규모 손실 발생이 불가피했으며, 소수 벤처기술기업의 거액예금 의존도가 높아 뱅크 런에도 더 취약할 수밖에 없었던 것이다.

특히 이번 위기 국면에서 소셜미디어 확산과 금융서비스 혁신의 결합으로 뱅크 런이 전례 없이 빠른 속도로 진행되었던 점을 주목할 필요가 있다. 은행손실에 대한 우려가 제기되자마자 이 소식이 SNS를 통해 급속히 전파되었고, 이에 예금주들이 모바일 뱅킹 등을 이용해 동시다발적으로 인출을 시도하면서 자산 규모 수천억 달러 규모의 은행들이 단 수일만에 파산 상황에 직면하게 된 것이다. 정책당국이 재할인창구 등 통상적인 유동성 공급 방식으로 대응할 시간적 여유를 확보하기 어려웠던 이유다.

디지털 뱅크 런은 전통적 방식보다 규모가 크고 매우 빠른 속도로 일어나 은행의 신속한 대응이 어렵다. 모바일뱅킹의 발달과 SNS 사용의 대중화를 통한 공포감 확산이 뱅크 런을 촉발하여 초고속 파산으로 이어졌다는 연구 결과가 발표되는 등 SNS 기반 뱅크 런이 금융시스템에 새로운 위험요소가 될 수 있으므로 위험관리가 필요하다는 목소리가 높아졌다. 또한, 최근의 SVB, CS 등 은행 위기 상황은 개별 국가와 글로벌 금융시장 구분없이 위기 상황의 전파 속도가 과거에 비해 크게 빨라졌음을 보여주었다.

우리나라는 IT기술 발달로 모바일 · 인터넷 금융거래가 활성화되어 있는 만큼 주요국 사례를 통해 나타난 취약성에 더욱 면밀한 대응이 필요한 상황이다.

이에 본지에서는 디지털 뱅크 런 사태의 재발 방지를 위한 금융시스템 강화 방안들에 대하여 논하기로 한다.

본론

1. 뱅크 런	1) 뱅크 런 원인 및 속성 <출처: 중앙일보 안동현 서울대 경제학과 교수 칼럼>	① 은행 파산의 원인 : 은행파산은 끊임없이 발생해왔다. 다만 대공황이나 스태그플레이션 그리고 2008년 금융위기에서 보듯, 특정 시점에 은행파산이 집중되는 경향이 있다. 이는 은행파산의 가장 큰 특성이 전염성에 있다는 점을 시사한다. 은행 파산의 원인으로는 크게 두 가지가 있다. 가. 첫 번째는 은행 건전성과 관계된 문제로 재무상태표의 차변(자산가치)에 문제가 생기는 경우다. 즉 은행이 보유한 자산가치의 폭락으로 자본잠식이 발생하는 경우다. 과거 1800년대와 1900년대 초 영국과 미국에서 빈번히 발생했고, 2008년 금융위기 때는 주로 투자은행에서 일어났다. 최근 크레디트스위스가 동일한 이유로 무너졌다.

1. 뱅크 런

1) 뱅크 런 원인 및 속성

<출처: 중앙일보 안동현 서울대 경제학과 교수 칼럼>

나. 두 번째 원인은 은행 유동성과 관계된 문제로 은행 재무상태표의 대변(현금성자산)과 관계되어 발생한다. 차변 쪽의 보유자산 부실에 대한 우려로 대변 쪽에서 대규모 예금인출사태가 벌어질 때, 이에 상응할 만큼 충분한 현금성 자산을 보유하지 못해 파산하는 경우가 이에 해당한다.

② 경로

가. 차변 쪽의 자산 부실로 인한 은행 파산은 크게 두 가지 경로를 타고 번진다.

A. 한 은행의 부실이 지급결제 망을 타고 다른 은행에 전파되거나 은행 간 대차관계로 부실이 전염되는 경우다.

B. 부실은행이 대응 과정에서 보유자산을 헐값에 처분하는 '파이어 세일'로 인해 유사 자산을 보유한 다른 은행마저 부실화되는 경우다. 2008년 금융위기는 주로 이 두 번째 경로를 타고 전이됐다.

나. 대변 쪽에서 발생하는 뱅크 런의 전염경로는 바이러스성 공포(viral panic)다. 한 은행에서 뱅크 런이 발생할 경우 공포가 전이되어 다른 은행으로 뱅크 런이 확산하는 것이다.

다. 정리하면 차변에 기인한 파산은 은행의 탐욕(greed)에 의해 발생하고 펀더멘털과 관계된 반면, 대변에 따른 파산은 예금자의 공포(panic)에 기인한 만큼 펀더멘털과 관계가 없을 수도 있다.

A. 차변 문제는 펀더멘털과 관계 있는 만큼 대응이 상대적으로 용이하다. 실제 금융감독당국의 시스템 리스크 관리에서 핵심 금융규제는 대부분 이를 방지하는 데 집중되어 있다. 국제결제은행(BIS)의 자기자본 규제를 비롯해 보유자산의 위험을 통제하는 고강도의 건전성 규제가 그것이다.

B. 반면 대변 쪽에서 발생하는 뱅크 런의 경우는 예금자들의 공포를 불식해야 하므로 대응이 훨씬 어렵다. 17세기 영국에서 지불준비금제도가 도입되었고, 1933년 미국에서 예금자보호제도가 도입되었지만 여러 제도 도입 후에도 뱅크 런을 막는 데는 역부족이었다.

③ 뱅크 런, 은행업 속성과 공포의 결합

가. 뱅크 런이 이렇게 빈번히 발생하는 이유는 본질적으로 은행업이 가진 '업의 속성' 때문이다. 일반적으로 예금자는 단기로 자금을 빌려주려는 데 비해 기업 · 가계는 장기로 자금을 빌리고자 한다. 예금자의 단기 공급을 대출자의 장기 수요로 변환해주는 유동성 전환(liquidity transformation)이 은행업의 본질이다. 이런 변환을 통해 확보된 자금이 궁극적으로 기업의 산업자금과 가계의 부동산 · 신용대출의 원천이 되어 경제성장의 밑거름으로 작용한다. 그런데 단기예금을 장기대출로 전환하다 보니 대규모 예금인출이 발생할 경우 대출 회수로 대응할 수가 없어 뱅크 런을 피할 도리가 없게 된다.

1. 뱅크 런

1) 뱅크 런 원인 및 속성

<출처: 중앙일보 안동현 서울대 경제학과 교수 칼럼>

나. 문제는 뱅크 런을 일으키는 대규모 예금인출이 펀더멘털과 관계가 없는 공포에 기인하는 만큼 예측이 불가능하다는 것이다. 특히, 대변 쪽 뱅크 런의 경우, 한두 명이 뛰기 시작하면 그걸 보고 다른 사람들도 뛰기 시작한다. 정작 왜 뛰어야 하는지는 중요하지 않다. 그저 타인들이 뛰는 행위를 목격한 것 자체가 공포를 유발해 같이 뛰기 시작한다. 이런 식으로 은행 붕괴로 이어진다.

다. 뱅크 런이 무서운 것은 바로 자기충족 예언(self-fulfilling prophecy)이라는 점이다. 즉 뱅크 런이 일어난다는 공포 자체가 진짜 뱅크 런을 가져온다. 미시경제학에서 말하는 전형적인 조정실패(coordination failure) 현상이다. 조정이 일어나 모두 동시에 뛰는 것을 멈추면 사고가 일어나지 않는 '더 좋은 균형(the good equilibrium)'에 도달할 수 있지만, 조정이 되지 않으면 '파국의 균형(the bad equilibrium)'에 이르게 된다. 이렇게 공포가 매개체인 만큼 어떤 경우에 뱅크 런이 발생할지 사전 예측이나 예방이 불가능하다.

라. 종합하면, 뱅크 런은 은행업의 유동성 변환이란 업의 본질과 공포라는 심리적 현상의 결과물이다. 따라서 금융규제를 통해서도 해결할 수 없다. 예금보험 한도나 지급결제 담보비율 상향 조정과 같은 사전 대비책이나 인출금지 명령과 같은 사후 대책까지 언급되고 있지만, 이런 미시 방안들은 약간의 도움만 될 뿐이다.

④ 일각에서 언급하고 있는 '인출금지 명령(bank holiday)'은 그 기간 경제를 마비시킬 뿐만 아니라 오히려 공포심을 더 부추길 수도 있다. 1933년 루스벨트 대통령의 인출금지 명령이 부분적으로 성공한 것처럼 보이지만, 실제 성공 이유는 그것이 아니라 100% 예금보장을 선언해 예금이 안전하다는 믿음을 줬기 때문이다.

⑤ 이번 SVB사태를 '디지털 런'으로 부르면서 마치 기존의 뱅크 런과 차별화된 것으로 보지만, 인출 속도가 빠르다는 점 외에는 경제적으로 동일하다. 일단 뱅크 런이 발생하면 산불과 유사하기 때문에 무엇보다 초동대응이 관건이며, 이때 중앙은행의 역할이 가장 중요하다.

가. 역사적으로 중앙은행은 뱅크 런을 막기 위한 '최후의 대부자' 역할을 기대하고 도입되었다. 그런 만큼 일단 발화한 은행에 대한 신속한 유동성 지원에 나서야 한다. 은행 자산을 담보로 유동성을 지원하든, 인출된 예금만큼 현금을 예치해 주든, 신속한 조치로 뱅크 런이 다른 은행으로 확산하는 것을 원천 봉쇄해야 한다.

나. 해당 은행의 구조 조정은 뱅크 런을 막은 다음에 진행해도 충분하다. 무엇보다 궁극적으로 공포와의 싸움이기 때문에 이를 극복하기 위해서는 공포를 불식할 수 있는 신뢰 구축이 유일한 해결책이다.

2) 디지털 런

<출처: 자본시장 연구원>

① 디지털 뱅크 런 우려

가. 미국 연준은 금번 SVB사태 등에서 정부와 협력하여 연쇄적인 뱅크 런과 파산을 막기 위해 비보호예금을 지원하는 한편, 기금조성을 통해 유동성 위기에 처한 은행들의 신속한 지원에 나서며 시스템 리스크 확산 가능성을 차단했다.

1. 뱅크 런

2) 디지털 런

<출처: 자본시장 연구원>

나. 그러나 온라인 및 모바일뱅킹의 발달로 대규모 고객 예금이 단시간에 인출되는 디지털 뱅크 런 사태가 잇따라 발생하면서 은행 부문에 대한 금융불안 우려는 여전히 지속되고 있다.

② 위험 관리 필요성

가. 디지털 뱅크 런은 전통적 방식보다 규모가 크고 매우 빠른 속도로 일어나 은행의 신속한 대응이 어렵다.

나. 모바일뱅킹의 발달과 SNS 사용의 대중화를 통한 공포감 확산이 뱅크 런을 촉발하여 초고속파산으로 이어졌다는 연구 결과가 발표되는 등 SNS 기반 뱅크 런이 금융시스템에 새로운 위험요소가 될 수 있으므로 위험관리가 필요하다는 목소리가 높아지고 있다.

[역사적 뱅크 런 발생규모와 속도]

은행명	뱅크런 시작 날짜	예금보호 비중 (%)	총 예금인출 비중 (%)	인출 기간
컨티넨탈 일리노이은행	1884. 5. 7	15	30	10일(7영업일)
워싱턴뮤추얼은행	2008. 9. 8	74	10.1	16일(12영업일)
와코비아은행	2008. 9. 15	61	4.4	19일(15영업일)
실버게이트은행	2022. 4분기	11	52	약 7일 미만
실리콘밸리은행	2023. 3. 9	6	25+62*	1일+익일
시그니처은행	2023. 3. 10	10	20+9*	1일+익일
퍼스트리퍼블릭은행	2023. 3. 10	32	57	약 7-14일(5-10영업일)

주 : *는 익영업일에 인출될 예정이었으나 영업일이 아니었기에 실제로 발생하지 않은 예상 인출 비중

[출처: 자본시장연구원]

[뱅크 런 사태에 따른 주요국 대응 방안]

국가	주요 내용
미국	· 계좌 유형에 따른 예금보호 차등 적용: 기업 결제계좌의 예금보호 한도 상향 · 예금보험기금 손실 확충: 대형은행 대상 특별 평가 수수료 부과 · 자본금 요건 강화: 대형은행 대상 자본금 요건 상향
영국	· 예금보호 한도 상향: 현재 한도 85,000파운드에서 상향 · FSCS의 사전 준비금 확충: 은행 파산 시 예금 인출 속도를 높이기 위한 일환 · 부실은행 정리 방식의 검토 및 수정
EU	· 모든 예금에 대해 은행 파산 시 동등한 법적 우선순위 부여 · 일시적으로 높은 예금잔액에 대한 보호 수준 강화 · 예금보험 대상을 공공기관, 전자화폐기관, 지급기관, 투자회사 등으로 확대 · 부실 중소형 은행의 원활한 시장 퇴출을 위한 예금보험기금의 활용

<출처: 자본시장 연구원>

3) 디지털화와 은행의 불안정성

<출처: 예금보험공사>

은행의 디지털화가 예금의 점착성(stickiness, 예금자가 은행의 시장 지배력 · 편의성 · 관성 등으로 인해 시장보다 낮은 예금금리에도 거래를 지속하는 경향)을 감소시켜 금리 상승 시 은행의 안정성이 저해될 수 있음

① 예금 유출 확대

디지털 뱅킹의 발전은 예금의 이동 비용 감소 및 예금의 점착성 약화로 이어지며, 이에 따라 예금자들의 금리 민감도가 증가하면서 금리 상승 시 예금유출이 심화

1. 뱅크 런	3) 디지털화와 은행의 불안정성 <출처: 예금보험공사>	가. 예금자는 은행의 시장 지배력, 편의성, 관성 등으로 인해 금리 변동에 민감하게 반응하지 않고 은행이 시장금리보다 낮은 예금금리를 지급하더라도 거래를 지속하는 경향이 있으며, 이로 인해 예금은 높은 점착성(stickiness)을 보유 나. 그러나 최근 디지털 뱅킹의 발전은 예금의 이동 및 대체 가능성을 확대함에 따라 예금의 점착성을 감소시켜 예금 특성 및 예금자 행태에 변화를 초래 다. 디지털 은행의 예금이 금리 변동에 더 민감하게 반응하는 원인은 디지털화가 예금자의 예금 이동 비용을 감소시킬 수 있고, 이로 인해 예금의 점착성이 약화되면서 '뱅크 워크(bank walk) : 디지털 뱅킹의 발전으로 예금자들이 모바일 앱 등을 통해 더 높은 이자를 제공하는 대체 수단(MMF 등)으로 쉽고 빠르게 이동하는 현상을 의미하며, 전통적인 뱅크 런(bank run)과는 구분되는 개념'가 발생하기 때문 라. 이에 대응하여 디지털 은행은 시장금리 상승시 예금금리를 非 디지털 은행보다 더 많이 인상함으로써 예금 유출을 방지하고자 노력 ② 은행의 안정성 약화 : 일반적으로 금리 상승은 예금 프랜차이즈 가치(예금의 점착성 덕분에 은행이 시장보다 낮은 예금금리를 지급할 수 있는 능력에서 비롯되는 무형 자산의 가치) 상승으로 이어지며, 이는 은행의 자산가치 하락에 대한 헷지(hedge) 효과로 작용하는데 디지털화는 이러한 효과를 약화시킴. 가. 단기부채(예금)와 장기자산(대출, 투자)의 만기 변환을 통해 수익을 창출하는 은행 산업은 금리 상승 시 자산가치 하락 위험(이자율 위험)에 노출. 나. 예금 프랜차이즈 가치는 이러한 이자율 위험에 대한 헷지(hedge) 역할을 수행함으로써 은행의 안정성 유지에 중요 요소로 작용. 디지털-브로커은행은 전통 은행에 비해 금리 상승 시 예금 프랜차이즈 가치 상승폭이 낮음. → 디지털화로 인해 금리 상승 시 예금 프랜차이즈 가치의 상승이 자산가치 하락 영향을 상쇄시키는 효과가 축소됨으로써 은행의 안정성이 저해될 수 있음을 시사. ③ SVB 파산 사례 재조명 : 디지털-브로커 은행이었던 SVB는 2022년 금리 상승 시 예금 수요가 더욱 민감하게 반응하여 예금 유출이 심화되었고, 예금 프랜차이즈 가치 하락과 대규모 자산 평가손실이 결합되어 결국 파산에 도달.
	4) 디지털 런 – 우리의 대응방안	① 디지털 런 관련 가짜 뉴스 사례 가. 2023년 3월 말 인터넷전문은행인 토스뱅크가 온라인 커뮤니티 게시판을 중심으로 때아닌 위기설에 휩싸이면서 일부 금융소비자들이 예금을 인출하거나 계좌를 해지하는 등 소규모 디지털 런 해프닝이 발생했다. 일부 예금주들은 돈을 다른 은행 계좌로 이체하고 화면을

1. 뱅크 런	4) 디지털 런 - 우리의 대응방안	캡처해 SNS 등을 통해 게시하는 '인증'에 나서면서 이슈를 확대재생산하기도 했다. 나. 2023년 4월에도 OK저축은행, 웰컴저축은행 등 국내 주요 은행에서 부동산 프로젝트파이낸싱(PF) 관련 1조 원 결손이 발생해 지급정지에 나설 예정이라는 가짜뉴스가 나돌았다. 곧 지급정지 조치가 단행되는 만큼 서둘러 계좌 잔액을 모두 인출하라는 내용의 게시물이 빠르게 퍼져 나가자 해당 저축은행과 관련 협회가 직접 진화에 나섰다. 다. 금융감독원도 이번 가짜뉴스 사태에 대해 "두 저축은행 모두 자기자본 비율이 규제 비율을 크게 상회하고 2022년에 이어 올 1분기 순이익이 예상된다"면서 "해당 기관들이 악성 루머 관계자에 대해 고발 등 법적 조치를 진행 중"이라고 강조했다. 금감원은 '합동 루머 단속반'을 확대해 악의적인 뜬소문 생성과 유포 행위를 집중 감시하고 유관 금융회사의 건전성 현황 파악에도 주력한다는 방침을 세웠다. ② 제도 개선의 필요성 부각 가. 국내의 경우 뱅크 런 사태를 계기로 예금보호 한도 상향에 대한 논의가 본격화되고 있는 가운데 금융당국은 2023년 8월 말 예금자보호제도 전반에 대한 개선책을 발표할 계획으로, 금융안정성과 소비자보호 간 조화를 고려한 제도 마련이 필요하다. 나. SVB 파산 사태 이후 디지털 런에 대한 위기감이 수면 위로 떠오르자, 관계당국도 상황을 예의 주시하며 긴장하고 있다. 당국은 금융규제 완화와 새로운 디지털 금융시스템 도입을 추진하고 있는데, 디지털 런에 대한 우려가 커지면서 추진 중인 정책에 영향을 미칠 수도 있다. A. 당국이 검토 중인 '스몰라이선스'의 경우, 비은행의 소액결제시스템 전면 참가 허용에 한국은행이 제동을 걸기도 했다. 한은은 "고객 체감효과는 미미한 반면 디지털 런 발생 위험 확대 등으로 지급결제시스템의 안정성이 저하될 수 있다»고 우려한다. B. 디지털화폐(CBDC) 도입과 관련해서도 금융불안 리스크 발생 시 '디지털 런'이 일어날 확률이 높아진다는 지적도 부각되고 있다. ③ 한국의 디지털 뱅킹 현황 가. 최근 인터넷전문은행의 도입, 코로나19가 촉발한 비대면 체제의 확대 등으로 국내 모바일뱅킹 이용자 수가 증가하며 온라인 금융서비스 이용이 일상화되었다. 나. 2022년 말 기준 국내 모바일뱅킹 등록 고객수와 이용건수, 이용금액 모두 2019년 이후 지속적인 증가세를 나타냈으며, 이에 따라 전체 인터넷뱅킹 이용실적 중 모바일뱅킹이 차지하는 비중은 85.4%(건수), 18.6%(이용금액)를 기록하며 점차 높아지고 있다. 다. 다만 모바일뱅킹 이용금액 및 인터넷전문은행의 평균 예금액은 소매고객 중심으로 분산되어 있어 크지 않은 수준으로 미국 은행의 파산 사태가 국내 금융시장에 직접적으로 미친 영향은 미미한 것으로 분석되었다.

1. 뱅크 런	4) 디지털 런 - 우리의 대응방안	라. 그러나 향후 디지털 뱅크 런이 발생하지 않도록 금융당국은 금융안정을 목표로 사전에 보완장치를 마련해 나가야 한다는 목소리가 높아지고 있으며 이의 일환으로 예금보호 한도 상향에 대한 논의가 본격화될 전망이다. <출처: 자본시장연구원> ④ 개선 방향성 가. 한국은행 A. 사전 안전장치로 지급결제 보증을 위한 은행의 담보자산 비율을 높이는 방안을 검토하고 있다. 한은 결제망에 들어오는 기관은 지급보증을 위한 담보 자산이 있는데, 결제하는 양이 늘어날 때 담보도 늘릴 필요가 있다. 한은은 현재 70% 수준인 지급결제 담보비율을 수년 내 100%까지 점진적으로 올리겠다는 계획인데 이 계획을 더욱 앞당길 가능성이 높아졌다('지급결제'란 계좌이체와 어음, 수표, 신용카드 등 임의 형식으로 이뤄지는 자금이체 행위를 말한다. 지급결제는 지급인이 거래 은행에 맡겨놓은 돈을 수취인에게 지급해 달라고 요청해 이뤄지는데 은행은 수취인에게 돈을 우선적으로 지급하고, 한은 당좌계좌를 통해 타 은행으로부터 자금을 받게 된다. 자금은 결제 건마다 발생하지 않고, 일일 단위 차액으로 거래된다. 그런데 만약 한 은행이 파산하기 시작해 돈을 내지 못할 경우 30%의 미결제 금액이 발생하게 돼 다른 은행들이 미결제 손실 부담을 떠안는 구조다). B. 즉, 디지털 런에 따른 파산으로 은행이 지급결제 불능 상태에 빠질 것에 대비해 사전 안전장치를 더욱 강화하겠다는 뜻으로 풀이된다. 나. 예금보험공사 A. '예금자보호한도 상향 논의'도 탄력을 받고 있다. 지난 2001년에서 멈춰선 예금자보호 한도가 20년 넘게 묶여 있어 시대에 맞게 보호한도 확대가 필요하다는 주장이다. 이미 대부분 예금은 현재 '5000만 원 한도' 내에서 안전하다는 통계가 나오기도 했지만, 이런 논의는 내 예금이 안전하지 않다는 심리를 안정시키는 데 도움을 줄 수 있다는 데서 의의가 있다는 관측이다. B. 국내 예금보호 한도는 GDP 등을 근거로 책정하여 2001년 2천만원에서 5천만원으로 상향된 이후 23년째 유지되고 있는 가운데 예금보호 한도를 초과하는 예금 비중은 꾸준히 상승하며 2022년말 기준 전체 예금액의 66.5%를 기록. 다른 나라와 예금자 보호한도를 비교해 보면, 2023년 기준 우리나라의 1인당 GDP 대비 예금자 보호한도는 1.2배로 미국(3.1배), 영국(2.2배), 일본(2.1배) 등보다 훨씬 낮다. 미국은 1인당 25만 달러(약 3억4725만원), 영국은 8만5000파운드(약 1억4911만원), 일본은 1000만 엔(약 8660만원)까지 보호한다. 이와 비교해 5000만 원은 너무 적다는 의견이 나온다. C. 최근 예금보호 한도의 상향을 추진하는 내용의 예금자보호법 개정안이 올해만 8개가 잇따라 발의했다.

1. 뱅크 런	4) 디지털 런 - 우리의 대응방안	D. 금융당국은 2023년 8월 말 예금보호 한도를 포함해 예금자보호 제도 전반에 대한 개선책을 발표할 계획으로, 예금보험기금에 대한 예금자의 신뢰 확보를 통해 위기 상황에서 뱅크 런을 방지할 수 있는 실효성 있는 제도의 마련이 필요하다. E. 예금보호 한도의 상향 시 부보금융회사의 부담이 가중될 수 있는 만큼 부보금융회사의 리스크를 정교하게 측정하고 평가하며 적정한 보험료를 책정하는 것이 중요할 것으로 판단된다. F. 문제는 은행 등 금융사는 예금보호한도 상향에 부정적이다. 예금보험료를 더 내야 하기 때문이다. 금융당국도 모럴 해저드(도덕적 해이)를 우려한다. 재무건전성이 낮지만 금리가 높은 저축은행 등으로 예금이 몰릴 수 있기 때문이다(은행, 보험사, 증권사, 저축은행 등 금융사는 만일의 사태에 대비해 예보에 예금보험료를 낸다. 이런 금융사를 부보(附保) 금융사라 부른다. 보험료율은 업종마다 다르다. 재무 구조가 탄탄한 은행은 예금액 대비 0.08%만 낸다. 보험사와 증권사는 0.15%, 저축은행은 0.4%를 낸다). G. 예금보호한도는 소득과 물가 등을 고려하면 손을 볼 때가 됐다. 금융은 신뢰를 먹고 산다. 그 어느 때보다 내 예금은 안전하다는 믿음을 고객에게 심어줄 필요가 있다. 1억 원으로 올리는 게 바람직하다. 부작용이 우려된다지만 고객 신뢰 확보에 비하면 부차적인 문제다. 만약 한도 상향으로 예금 쏠림 부작용이 우려된다면 업권별로 한도를 차등 적용하는 것도 검토할 만하다. 내가 맡긴 예금을 철통같이 지키려면 금융사가 내는 예금보험료율 인상이 불가피하다. 그 여파로 대출금리가 높아지거나 예금금리가 낮아질 수 있다. 이는 고객이 감수해야 할 부분이다. 다. 이러한 선제적 예방뿐 아니라, 이슈가 불거졌을 경우 통화 · 금융당국이 사후적으로 어떻게 하면 신속하게 시장에 신뢰를 심어줄 수 있을지 고민해야 한다. 오랜 금융 역사에서 알 수 있듯이 사람들이 공포감에 휩싸여서 뱅크 런이 발생할 때 이를 사전에 알고 막아낸다는 것은 사실상 불가능한 일이다. 결국 정부에서 유동성에 문제가 없다는 것을 적극적으로 시장에 알림으로써 공포 도미노 현상이 발생하지 않게 하는 것이 중요하다(서울대 안동현 경제학과 교수). A. 일단 디지털 런이 발생하면 무엇보다 초동대응이 관건이며, 이때 중앙은행의 역할이 가장 중요하다. 역사적으로 중앙은행은 뱅크 런을 막기 위한 '최후의 대부자' 역할을 기대하고 도입되었다. 그런 만큼 일단 발화한 은행에 대한 신속한 유동성 지원에 나서야 한다.

1. 뱅크 런	4) 디지털 런 - 우리의 대응방안	B. 은행 자산을 담보로 유동성을 지원하든, 인출된 예금만큼 현금을 예치해 주든, 신속한 조치로 뱅크 런이 다른 은행으로 확산하는 것을 원천 봉쇄해야 한다. C. 해당 은행의 구조 조정은 뱅크 런을 막은 다음에 진행해도 충분하다.

결론

의견 제시 정책당국은 디지털 런 발생이전에 선제적으로 각 부문별 시장 상황을 미시적으로 모니터링하면서 이상 징후 발생시 이를 조기에 포착하여 대응함으로써 시장에 과도한 불안 심리가 조성되지 않도록 관리해 나갈 필요가 있다.

최근의 위기 상황에서 각국의 정책당국은 전례 없이 신속하고 전격적인 조치를 활용해 위기를 조기 진화하였다. 발표 당시 해당 조치들에 대해 투자자와 금융기관의 도덕적 해이를 유발할 수 있는 과도한 지원이라는 비판이 제기되기도 하였다. 하지만 현재까지는 시장 심리를 조기에 안정시킴으로써 당초 예상보다 적은 지원으로 소기의 목적을 달성할 수 있었다는 평가가 보다 많은 지지를 받고 있는 것으로 보인다.

한편 지난 글로벌 금융위기 이후 각국 정책당국은 금융기관의 복원력과 유동성 제고를 위해 지속적인 노력을 기울여왔다. 그러나 최근 예상을 크게 상회하는 금리변동 등 극심한 스트레스 상황 하에서는 기존의 규제와 대비가 충분치 않을 수 있다는 점이 드러났다. 또한 디지털뱅킹 활성화, SNS를 통한 정보공유 등을 통해 새롭게 나타나는 리스크 요인에 대한 선제적 대응이 필요하다는 점이 부각되었다.

따라서 앞으로 우리나라 정책당국도,
첫째, 금융기관들에 대한 스트레스 테스트 실시 등을 통해 복원력을 수시로 점검하고,
둘째, 금융기관들이 유사시를 대비하여 충분한 자본 여력을 확보하도록 유도해 나가야 할 것이다.
셋째, 금융기관들이 디지털 런에 대비할 수 있도록 자금조달 구조를 점검하고 SNS를 통한 뱅크 런 발생시 신속하게 유동성이 공급될 수 있는 방안을 마련할 필요가 있다.

한편, 뱅크 런이든 디지털 런이든 결국은 궁극적으로 공포와의 싸움이기 때문에 이를 극복하기 위해서는 공포를 불식할 수 있는 신뢰 구축이 유일한 해결책이다. 차변의 실질적 펀더멘털이 중요한 것이 아니다. 차변에 문제가 있다는 뉴스나 루머로 인해 대변 항목에서 사달이 발생하는 현상, 이것이 뱅크 런의 본질이다.
디지털 세상에는 온갖 루머와 가짜 뉴스가 횡행한다. 정작 무서운 것은 이것이다. 가짜 뉴스로 은행 건전성에 대한 우려가 촉발되고 그런 우려가 공포로 확산할 경우 어떤 은행도 디지털 런을 피할 수 없다.
이에 대한 강경한 대응과 함께 신속하고 강력한 신뢰 구축장치가 시급한 이유가 여기에 있다

[윤석헌 칼럼] 바람직한 예금자보호제도 개선방향 <한겨레신문>

예금보험공사는 2023년 3월부터 금융위원회, 업계, 전문가 등으로 '예금자보호제도 개선 태스크포스(TF)'를 꾸려 예금자보호제도 개선 방안을 논의 중이다. 현재 국내 금융사는 보호예금 등의 평잔에 은행은 0.08%, 증권사 · 종금사 · 보험사는 각각 0.15%, 저축은행은 0.40%의 예보료를 매년 적립한다. 그 대가로 예보는 유사시 금융사별로 고객 1인당 5천만원 한도로 원리금 합계액 지급을 보장한다. 티에프 논의는 두가지를 포함하는데, 첫째는 연금저축, 사고보험금, 중소기업퇴직연금기금에 일반예금과 별도의 한도(5천만원)를 적용하는 방안이다. 둘째는 금융사별 개인 한도를 1억원으로 증액하고 예금보험료를 인상하는 방안이다. 별도 한도에 관해서는 지난 7일 금융위가 시행령 개정안 입법예고를 마쳤고, 티에프는 전체 논의 결과를 조만간 국회에 보고할 예정이다.

우선, 연금저축 등에 별도 한도를 적용하는 방안은 상품의 경쟁력 제고 효과가 기대되나, 예금보험을 배경으로 판매확대 경쟁 심화 가능성도 우려된다.

다음, 한도증액은 예금자 보호 일부 확대가 기대되나 예보제도의 바람직한 개선 방향으로 보기는 어렵다. 예보제도는 금융시장 불안정에서 예금자를 보호하는 역할과 금융사의 도덕적 해이, 특히 고위험추구 행위를 제어하는 사전적 위험관리 역할까지 두가지를 목표로 한다. 예금자 보호 관련해서 요즘 디지털 경제에서 에스엔에스(SNS)로 소문이 빠르게 확산하고 스마트뱅킹으로 자금이체가 빛의 속도로 이뤄지면서 뱅크런 위험이 증가하는데, 이를 막기 위한 한도증액 효과는 제한적일 뿐이다. 정보와 금리에 민감한 비부보 및 한도 초과 예금자들이 뱅크런을 촉발할 가능성이 크기 때문이다. 그렇다고 뱅크런 차단을 위해 전액 지급보장으로 전환하는 것도 올바른 해결 방안은 아니다. 전액보장은 사전적 위험관리라는 예보제도의 두번째 역할에 차질을 불러오기 때문이다. 즉 전액보장 아래서 예

금자는 자신의 예금이 안전하다는 생각에 금융사 감시 유인이 사라지고 오히려 고금리를 요구해, 금융사의 고위험추구라는 도덕적 해이를 부추기게 된다. 한도증액도 마찬가지인데, 보호한도가 늘어나면서 금융사의 도덕적 해이 가능성이 커진다.

지난 3월12일, 미국의 재닛 옐런 재무장관은 실리콘밸리은행 파산 이후 뱅크런이 확산하는 급박한 상황에서 '모든 예금에 대해 포괄적 보험과 전액보장'을 약속했다. 25만달러라는 보호예금 법상 한도를 파기하고 모든 예금을 보호하겠다는 것이다. 그러나 법상 한도 파기는 예보제도의 핵심인 신뢰를 무너뜨린다는 비판이 제기되면서, 열흘 뒤 '포괄적 보장은 없고 예금보호 관련 어느 것도 고려하지 않고 있다'고 정정했다. 만약 이번에 미국이 법상 한도를 파기했더라면 예보제도는 신뢰를 잃고 향후 전액보장만이 뱅크런을 막을 수 있는 막다른 상황에 부닥칠 뻔했다. 옐런 장관의 정정 발언이 현명했던 이유다.

한국에서는 1997년 말 외환위기 직후 2천만원이던 보호한도를 전액보장으로 변경한 적이 있었다. 이는 당시 불안정한 금융시장 수습을 위한 한시적 조치였고 이듬해 8월 원상복귀했다. 그리고 지난달 5일 화도새마을금고와의 합병 소식이 알려지면서 남양주동부새마을금고에서 뱅크런이 발생했다. 이에 김주현 금융위원장은 취임 1주년 기자간담회 자리에서 "정부 차원의 모든 조치가 이뤄질 것이며, 새마을금고 예금자들의 재산상 손실이 절대 발생하지 않을 것"이라고 공언했는데, 새마을금고 예금에 대한 전액보장 약속으로 읽혀 사태 진정에 기여한 것으로 평가된다. 그러나 금고중앙회의 5천만원 보호한도는 의미가 퇴색됐고 전액보장에 대한 기대감이 높아졌기에, 최근 금고의 고금리 특판상품 출시 소식이 아직 눈에 보이지 않는 위험을 알려준다는 '탄광 속의 카나리아' 울음일까 우려된다.

이제 한도증액의 비용과 편익 배분을 살펴보자. 우선 한도증액의 수혜자로 보이는 보호예금자는 한도증액에 따른 예보료 인상 부담으로 예금금리 하락을 감수해야 하고 사후에 한도증액의 편익을 얻는다. 비보호예금자는 직접적인 변화가 없다. 한편 금융사는 예보료 인상분을 보호예금자에게 떠넘겨 직접적인 부담에서 벗어난다. 다만 한도증액으로 금융사 자산운용에 대한 시장의 감시가 약화해 고위험자산 운용 확대가 예상되는데, 이는 금융사에 이득이다. 성공 때 이득은 해당 금융사 차지이나 실패 때 손실은 동일 권역 내 금융사들 간에 분담돼 결국 모든 예금자의 부담으로 귀결될 것이기 때문이다.

이런 상황에서 한도증액보다 오히려 금융사의 위험추구 억제가 절실한데, 대안으로 세가지 방안을 고려할 수 있다. 첫째는 자본금 추가 예치 요구다. 금융당국은 단기적으로 배당을 줄여 자본금을 더 쌓도록 요구할 수 있고, 중장기적으로 자본금 추가 예치를 요구할 수도 있다.

둘째, 금융사 파산 때 자산 가치를 보호예금자와 비보호예금자로 나눠 배분하는 방식은 사전적으로 예금자 행태 및 금융사 자산 선택에 영향을 끼친다. 배분 방식으로는 비례분할 방식과 보호예금 우선변제 방식이 있는데, 우리나라는 전자를 택하고 있다. 이를 후자로 전환해 보호예금자를 우선 변제하면, 비보호예금자의 금융사 감시가 강화돼 금융사 위험추구 유인을 감소시킬 수 있다.

셋째, 차등보험료율제를 활성화하는 방안이다. 예보는 매년 권역별로 금융사의 경영 및 재무상황 등을 평가하고 예보료율에 반영해 보험료를 차등화한다. 다만 예보법(제30조의2)에서 개별 금융사 차등평가등급 등 요율 관련 사항의 일반공개를 금지하고 있어 제도 운용의 실효성이 낮다. 따라서 평가등급을 공개해 금융사 위험추구 유인을 감소시켜야 한다. 이는 예보가 추구하는 사전적 위험관리자 기능 구현의 첩경이 될 것이다.

예금자보호제도 개선은 뱅크런 예방 자체보다 금융사들의 위험추구를 억제하여 금융시장 안정을 도모하는 게 바람직한 방향이다. 뱅크런은 금융시장 불안정 신호라는 의미도 있기 때문이다.

연재윤석헌 칼럼

03 논술사례

사례 1

예금보험 한도 확대에 대한 본인의 의견을 제시하시오

예금보험공사는 최근 예금자보호법 시행령 개정안을 발표해 연내 시행을 추진할 계획이라고 밝혔다. SVB 사태 이후 디지털 뱅크런에 대한 우려가 커졌고, 이의 일환으로 예금자 보호 한도 상향에 대한 논의가 본격화 되었다. 찬성 측은 물가 상승률, 비보호 예금액 증가로 한도 상향을 주장하는 반면, 반대측은 도덕적 해이 확대, 금융회사 및 소비자의 비용 부담이 우려된다고 주장한다. 이에 본고는 현행 예금보호한도의 문제점을 살펴보고, 이에 대한 개선방안에 대해 논하고자 한다.

본론

[본론 1. 예금자 보호 한도의 문제점]

| 기존 예금자 보호 한도 문제점은 아래와 같다.

첫째, 경제 성장 및 국내외 금융환경의 변화에도 불구하고 2001년에 설정된 5천만원의 보호한도는 그대로 유지되고 있어, 제도의 실효성이 저하될 우려가 있다. G7 국가와 비교시 우리나라 1인당 GDP 대비 예금보호한도는 1.4배로 낮은 수준이며, 경제가 성장하며 보호한도를 초과하는 예금의 비중도 꾸준히 상승해 왔다.

| 대외적으로는

| 대내적으로는

둘째, 도덕적 해이와 사고 보험금 보장, 적립금 분포 등 금융 권

역별 특성에 따른 고려 없이, 동일한 보호한도를 적용하는 것은 소비자 보호에 부적절하다. 금융 안정성 측면에서 유동성 및 시스템 리스크가 클수록 보호한도도 높아져야 뱅크런을 예방할 수 있지만, 현행 제도는 이를 반영하지 못하고 있다. 실제로, 유동성 위험이 상존하는 은행의 적립금 보호 비중은 보험 등 부문에 비해 낮게 나타난다.

셋째, 업권별 동일한 보호한도의 적용은 고위험 · 고수익 추구를 통한 소비자의 도덕적 해이를 유발한다. 이 상태에서 한도 상향 시, 금융기관의 건전성 보다는 높은 수익을 추구하는 예금자의 도덕적 해이로 예금 쏠림 현상이 나타날 수 있다. 특히 저축은행은 대부분이 예금보호한도 까지만 예금되고 있다는 점을 고려하면, 저축은행 등으로의 예금 이동으로 인해 이들 금융기관의 위험추구 자산 운용을 확대시킬 수 있다.

종합해보면, 보호한도 개선을 위해서는 소비자보호와 금융안정이라는 예금보험제도의 근본 목적을 감안하되, 권역별 특성과 객관적인 평가에 의해 개선방안을 마련해야 한다. 보호한도 상향 시, 경제 전반에 영향을 줄 수 있는 도덕적 해이, 예금보험료 인상 등 부정적 요인도 함께 고려해야 한다.

[본론 2. 예금보호한도 개선 방안]

첫째, 은행 예금 보호한도는 1억원으로 상향 조정해야 한다. 은행은 다른 금융회사에 비해 예금 사고 발생 시 그 파급력이 더 크게 확대될 수 있으며, 금융 안정성과 경제 성장 등을 고려해서 필요한 조정

이다. 한도 내에서 보호 받는 소비자 비중은 지난 15년 동안 98% 수준에서 유지되고 있으나, 전액 보호되는 적립금 보호 비중은 2004년 39%에서 2019년 25% 수준으로 낮아졌다. 소수의 고액 예금자들이 불안전하게 보호되므로 유사 시 이들 예금이 대량 인출되어 유동성 위기로 이어질 수 있다.

둘째, 저축은행의 경우 보호한도를 유지해야 한다. 저축은행은 현행 보호한도로 전액 보호되는 소비자 비중이 98%, 금액 비중은 약 75%로 충분하다. 추가로 한도 상향 시 도덕적 해이가 우려되고, 과도한 보험료 부담으로 수익성 **악화가 초래될 수 있다.** 특히 저축은행을 중심으로 최근 PF 대출이 확대되는 등 고위험 추구 성향이 두드러진다. 이는 은행에 비해 상대적으로 경영자의 도덕적 해이가 크게 작용할 가능성이 있음을 시사한다. 따라서 저축은행은 현행 한도를 유지해 대다수의 예금자를 보호하고, 보호받지 않는 소수의 예금자에 의해 규율되는 것이 IADI의 권고에도 부합하다.

| 악화도 우려된다.

셋째, 보험의 경우 사고 발생 시 보험금을 청구할 수 있는 권리가 있기 때문에 은행 상품과 다른 틀에서 보호가 이루어질 필요가 있다. 이에 최근 개정안에서는 해지환급금과 사고보험금을 구분하여 각각 보호 한도를 지정하고, 퇴직 연금에 대해서도 별도 보장한다. 금융투자 상품 역시 현재 보호 비중이 높은 것으로 나타나 한도 상향의 필요성은 크지 않다.

결론

예금보험제도 안에서 각 업권별 특성을 고려해 예금보험금의 지급 한도를 차등화 할 필요가 있다. 현행 예금보험한도는 각 금융회사의 영향력, 사업 특성을 고려하지 않아 제도의 효과성에 문제가 있기 때문이다. 예금보험공사는 사후 부실 정리 위주 기능에서 나아가 금융소비자를 제도적으로 보호하는 기구로서의 발전을 지향해야 한다. 예금보험한도를 변화하는 환경에 맞춰 효율적으로 개선하는 것이야말로, 사전 금융기구로 발전하는 첫걸음이 될 것이다.

사례 2

디지털 뱅크런 방지와 대응방안에 대해 논하라.

서론

지난 3월 **실리콘밸리은행이 파산하며 세계를 충격에 빠뜨렸다.** '유동성 전환'**이라는** 전통적인 은행의 파산 경로와 유사하지만, 이번 사건에서 두드러진 점이 있었다. 바로 디지털 뱅크런이다. 3월 9일부터 은행 앱과 인터넷을 통해 420억 달러(원화로 약 56조) **규모가** 순식간에 빠져나가며, 미국 16위 은행이 단 36시간만에 시장에서 퇴출되었다. 이렇게 기술 **발달과 더불어** 디지털 뱅크런이 화두에 오름에 따라, **본지는** 디지털 뱅크런의 의미와 원인, 각 국의 대응방안, 문제점, 그리고 **우리나라가** 나아가야 할 대응방안 순서로 논하고자 한다.

| 미국의 실리콘밸리은행이 파산했다. 이는
| 실패라는
| 규모의 예금이
| 발달로 인한
| 본지에서는
| 우리 정책당국이

본론

본론에서는 디지털 뱅크런의 의미와 원인, 각 국의 대응방안, 그리고 문제점 순서로 분석하고자 한다.

| 로

[본론 1. 디지털 뱅크런의 의미와 원인]

뱅크런(Bank-Run)은 통상 은행의 재무건전성이 의심될 때, 금융소비자들이 **본인들의 예금을 인출하여 보호하기 위해** 은행으로 달려간다는 의미에서 처음 등장하였다. 하지만, 이제는 이 뱅크런에 '디지털'이라는 **용어가** 붙었다. 직접 은행으로 달려가기보**다 디지털을** 통해 대규모 예금 인출을 시도하는 현 시대의 트렌드를 **반영하기 위**

| 본인들의 예금 인출을 위해
| 단어가
| 다, (쉼표)
| 디지털적 수단을
| 반영했기 때문이다.

해서이다.

이번 SVB 사태에서 디지털 뱅크런을 초래한 원인은 세 가지로 지목된다.

첫째로, 뱅크런의 속성 그 자체 – 은행업의 유동성 리스크이다.

라, (쉼표)

실리콘밸리은행뿐만 아니**라** 거의 대부분의 은행은 단기 예금을(대변) 장기 대출(차변)로 전환하여 자금을 운용하는 방식을 택하고 있다. 이러한 **이유로**, 역사적으로도 단기 예금 인출에 대응하기 위한 대출 회수가 순조롭게 진행되지 않아 뱅크런이 발생하는 경우가 잦았다. 이번 경우도 마찬가지이다. 실리콘밸리은행은 단기 **예수금을 투자할 당시**, 포트폴리오의 55%를 미국 장기채에 투자하고 **있었기 때문에 유동성 리스크에 놓여 있었다**. 급격한 금리인상을 버티지 못하고 **채권의** 평가 손실이 확정 손실이 되며, 재무건전성에 문제가 있다는 신호를 시장에 주게 된 **것이 첫번째 요인이다.**

금융의 원리 때문에

장기

예수금을 바탕으로 자산을 운영하는 과정에서

있었다. 문제는 미 연준의

채권가격이 폭락함에 따라 채권

부실규모의 증가가

것이다.

둘째로, 공포심이다. 공포심은 전염되며, 디지털 뱅크런을 촉발하는 주요 기제로 작용하였다. 재무건전성에 문제가 있다는 신호를 확인한 금융소비자들은 본인의 예금 자금을 보호하기 위해 한시라도 빨리, 그리고 옆에 **사람**보다 빠르게 이 돈을 다른 은행으로 옮기고 싶어한다. 금융시스템을 효율적으로 바꾸고, 금융소비자들의 편의를 증진시켰다고 평가받는 디지털 전산 시스템(모바일 뱅킹 등)이 이 공포심과 만나며 세계에서 가장 빠른 은행 파산을 이끌었다.

예금자

이러한.

셋째로, 공포심의 재확산이다. 전세계의 금융 소비자들은 **문제의** 심각성과 이를 회피하고자 하는 마음을 소셜미디어를 통해 확산시켰다. 미디어뿐만 아니라, 트위터 X, 페이스북, 인스타그램, 텔레그

SVB 위기의

램 **등으로 비롯되는** 전세계 금융소비자가 모일 수 있는 커뮤니티에서 이러한 소식은 빠르게 확산되었다. 그리고, 그 소식을 접한 소비자는 그 자리에서 곧바로, 심지어는 비행기 좌석에서 예금을 인출하기도 하였다.

| 등,

이러한 공포심의 재확산 과정은 '23년 상반기 우리나라 토스뱅크와 새마을금고의 사건에서도 찾아볼 수 있다. 토스뱅크는 적자운영과 선이자상품의 출시로 국내 직장인 커뮤니티인 '블라인드'에서부터 뱅크런 우려가 확산되었다. 새마을금고도 마찬가지다. 각종 미디어에서 연체율 관련 기사를 쏟아내었고, 유튜브 영상으로도 새마을금고 부실 우려에 대한 영상이 **재생산, 확대되며** 많은 예금 인출 시도가 발생하였다.

| 확대, 재생산되며

[본론 2. 각 국의 대응방안]

이번 SVB 뱅크런 사태로 직접적인 피해를 입은 미국, 영국의 경우를 살펴보고자 한다.

미국의 대응방안

① 기업결제계좌의 예금보험한도 상향조정

이것은 은행이 위기 상황에 봉착했을 **때** 급작스러운 예금 이탈 방지 및 기업의 자금운용 부담을 덜어주기 위한 목적으로 추진하였다.

| 이는

| 때, (쉼표)

② 비보장예금 보호와 특별 수수료 부과

미국 연방 예금 보험 공사(FDIC)와 연준은 추가적인 예금 이탈과 연쇄적인 은행의 부도를 막기 위해 예금 전액 보호라는 강수를 두었다. 이를 위한 유동성 공급과, 은행 파산 비용을 충당하기 위해 FDIC는 비보장예금 보호의 혜택을 받는 대형 은행들로부터 특별 수수료를 청구하여 기금의 95%를 확충하고자 하였다.

영국의 대응방안

① 예금보호한도 상향 조정

영국은 실리콘밸리 영국 지사가 파산한 이후 7일간 예금 인출이 불가한 상황에 놓이게 되었다. 그 결과, 기존 보호 기준인 85, 000 파운드 이상의 예금이 잠재적 손실을 입게 되었다. 따라서, 미국 예금 보호 한도보다 크게 낮은 수준인 기존 85, 000 파운드를 그 이상으로 확대해야 한다는 필요성이 제기되었다.

② 영국 예금 보험 공사(FSCS)의 사전준비금 확충

유동성 위기에 대응하여 FSCS는 사전 준비금 규모를 확충하여, 예금자들이 은행 파산 시 보호받을 수 있다는 신뢰를 주고 뱅크런의 확률을 낮추고자 하는 움직임을 보이고 있다.

구조상 이 내용이 본론 2로 배치하심이 더 좋아 보입니다.

[본론 3. 디지털 뱅크런의 문제점]

디지털 뱅크런이 기존의 뱅크런과 다르게 심각한 점은, 규모와 속도 측면에서 압도적이라는 것이다.

첫째로, 규모 측면이다. 지난 6월 발간한 자본시장연구원의 리포트에 의하면, 총 7건의 역사적 뱅크런 **사건을 살펴볼 수 있다.** 글로벌 금융위기 이후, 즉 디지털 전산망이 확대되기 전과 후로 기준을 나

사건을

뉘서 **볼 필요가 있다.** 총 4건의 뱅크런 사태가 '20년 이후 벌어졌다. 모두 디지털 뱅크런의 일환으로, 그 총 예금인출 비중은(예상 인출 비중 포함) 평균 50%가 넘었다. 반면, '20년 이전 뱅크런은 3건으로, 평균 총 예금인출 비중이 11~12% 정도로 뱅크런의 규모 면에서 큰 차이를 보인다.

| 분석했다.

둘째로, 속도 측면이다. 이는 인출 기간 소요 일수를 확인하면 파악할 수 있다. '20년 이전의 뱅크런 3건은 모두 10일 이상의 인출 기간이 소요 되었으며, 은행이 뱅크런에 대응할 시간을 가질 수 있었다. 그러나, '20년 이후 4건은 빠르면 하루만에 인출이 끝나버리는 압도적인 속도로 은행이 이에 대응하기 불가능한 수준이었다.

결론

금융당국의 대응방안

금융당국의 대응방안은 사전적 대응방안과 사후적 대응방안으로 나누어 제시하고자 한다.

사전적 대응방안

① 예금 보호 한도 상향

현재 우리나라 예금 보호 한도는 5천만원으로 23년째 변화없이 이어져오고 있다. 예금 보호 한도는 GDP에 근거하여 책정되는데, 이는 '01년에 확립된 기준으로 **현 시대에** 맞게 다시 재정될 필요가 있다. 현재 예금 보호 한도를 초과하는 예금 잔액은 '22년 기준 전체 예금액의 66.5%를 차지하며, 이 비중이 더 늘어날수록 뱅크런 위기에 금융 소비자들이 입을 손

| 현재 경제규모에

금융소비자들은

해는 더 커질 수 있다. **금융 소비자들은 이 한도에 비추어,** 본인의 예금 잔액이 보호받지 못한다고 판단하면, 이는 뱅크런으로 이어질 것이기 때문에 5천만원이라는 한도는 더 늘릴 필요성이 있다.

② 루머 잡기-공포 확산 저지

간주해,

삭제

따라서

앞서 서술한 토스 뱅크와 새마을금고의 뱅크런 우려는 현재 잠식된 상황이다. 그러나 뱅크런 우려를 촉발한 것은 바로 가짜뉴스로 인한 은행 건전성 우려, 그리고 시장의 공포심 확산이었다. 금융 당국은 이러한 가짜 뉴스의 근원지를 빠르게 파악해야 한다. 또한, 가짜 뉴스를 뱅크런이라는 거대한 금융 시장의 위기를 촉발할 수 있는 심각한 범죄로 **받아드려** 그에 상응하는 **막대한** 과태료 부과 등 엄중한 처벌이 필요할 것이다. 이를 위해 가짜 뉴스 전담 대응반을 운영하여 뱅크런 공포심 리스크의 사전적 관리를 유지해야 할 것이다.

③ 예수금 모니터링 시스템 자동화

적시성이 떨어지는

등

상황이 예상되면

예금보험공사는 빠른 시일 내에 저축은행 예수금 모니터링 시스템을 수기에서 자동화로 전환해야 한다. **적시성을 갖추지 못한** 모니터링 시스템은 한 발 늦을 수밖에 없다. 적시성을 갖추기 위해 설정 기준을 넘긴 대규모 인출이나, 중도 해지율이 높아지는 비상 **상황에** 알람으로 빠르게 문제 상황을 파악할 수 있는 시스템을 갖춰야 할 것이다.

사후적 대응방안

금융 당국은 발생한 인출 금액만큼, 은행 자산을 담보로 유동성을 지원하거나, 또는 미국의 경우를 벤치마킹하여 **일단은** 예금 전액 보호라는 초강수로써 확실한 초기 진화가 필요하다. 공포는 신뢰로 막아야 한다. 위기 상황이 다른 금융권으로 번져 금융 위기로 이어지지 않게 하는 것이 중요하다. 사태를 일으킨 은행의 구조조정 및 패널티는 상황이 진정된 이후 고민해도 늦지 않다.

| 삭제

디지털 뱅크런은 사실상 미리 예측하고 대응하기 불가능한 디지털 전환 시대의 하나의 현상이다. 공포심에 의해 이제는 단 하루만에 은행이 파산하는 시대가 도래했기 때문에, 금융 소비자, 금융기관, 그리고 금융당국은 서로 신뢰하고 협력해야 디지털 뱅크런에 적절하게 대응할 수 있을 것이다. 디지털 뱅크런의 극복, 그것은 신뢰 사회 구축으로부터 시작될 수 있다.

이러한 마무리 멘트보다는 본론에서 한국의 디지털금융 현황이라든지 다른 선진국보다 높은 비중의 디지털뱅킹 현황을 언급해, 더 높은 수준의 방지 시스템이 필요함을 어필하는 것이 좋아 보입니다.

chapter 21 금융기관 자본성증권 리스크 점검

01 논제 개요 잡기 [핵심 요약]

서론	이슈언급		크레디트스위스(CS)의 코코본드(AT1) 상각이 자본성증권을 향한 의심의 시선을 남겼지만, 이에 아랑곳하지 않고 국내 금융회사들은 자본 확충을 위해 자본성 증권 발행이라는 카드를 포기할 수 없는 모습이다. 금융회사들이 자본성증권 발행을 추진하는 건 지속적인 자본 확충의 필요성 때문이다. 하지만 자본성증권을 통한 은행권의 자본확충을 두고 조기 상환 및 이자 부담 등을 고려할 때 자본의 질이 떨어진다는 우려 또한 제기된다. 특히 금융기관이 자본성증권의 조기상환이나 차환발행 과정에서 자금조달이 원활하지 않을 경우 높은 금리를 부담해야 하는 상황도 발생할 수 있다. 따라서 본지에서는 국내 금융기관의 자본성증권 발행 현황및 잠재리스크를 살펴보고 정책적 방안을 도출해 보기로 한다.
본론	1. 자본성 증권	1) 특징 및 현황	① 구분 ② 발행현황 : 2022년 말 현재 국내 전체 금융기관의 자본성증권 발행잔액은 신종자본증권 42.6조 원, 후순위채 46.8조 원 등 총 89.4조 원이다.

본론	1. 자본성 증권	2)리스크 요인	자본성증권은 금융기관 부실 시 공적자금을 통한 지원(bail-out)에 앞서 투자자의 손실분담원칙(bail-in)을 통해 금융기관의 복원력을 강화시킨다는 점에서 금융시스템 안정성 제고 및 납세자 보호 측면에서 긍정적인 역할을 한다. 그러나 최근 국내 금융기관의 자본성증권 발행이 크게 확대되면서 관련 리스크에 대한 우려도 점증하고 있다. 조기상환 여부에 따른 자본비율 관리부담 이자(배당)지급 부담 가중 원금 상각 및 이자 미지급 가능성
결론	의견제시		자본성증권은 금융기관과 투자자 모두에게 부담이되는 상황을 초래할 수 있다. 이에 따라, 국내 금융기관들은 자본성 강화를 위해 우선 보통주 자본을 통한 자본확충 노력을 강화하고, 자본성증권 발행은 보통주를 통한 자본확충이 어려운 경우에 한해 보완적으로 활용할 필요가 있다. 아울러, 대부분의 자본성증권은 자본을 구성하는 여타 항목에 비해 자본성이 열위에 있다. 이에 자본성증권의 영구채성격을 강화하여 자본의 질을 제고할 수 있는 제도적 여건이 마련될 필요가 있다. 한편, 개인고객 투자자가 앞서 살펴본 자본성증권에 대한 위험을 충분히 인지하지 못할 수 있으므로 금융기관은 일반 고객을 대상으로 자본성증권에 내재된 위험을 충분히 설명하여 불완전판매가 발생하지 않도록 유의하는 가운데 자본성증권 공시자료에 대한 접근성 제고를 위한 노력도 지속해야 할 것이다.

02 논제 풀이

서론

이슈 언급

크레디트스위스(CS)의 코코본드(AT1) 상각이 자본성증권을 향한 의심의 시선을 남겼지만, 이에 아랑곳하지 않고 국내 금융회사들은 자본 확충을 위해 자본성 증권 발행이라는 카드를 포기할 수 없는 모습이다. 상각형과 비상각형 등 증권의 성격에는 다소 차이가 있어도 금융지주와 보험사, 카드사까지 자본성 증권 발행을 서두르고 있다. 금융회사들이 자본성증권 발행을 추진하는 건 지속적인 자본 확충의 필요성 때문이다. 금융지주와 은행은 바젤Ⅲ 도입으로 강화된 자본 인정요인을, 보험사는 IFRS17과 신지급여력제도(K-ICS) 도입에 따라 재무 건전성을 강화할 유인이 생겼기 때문이다.[1]

그 동안 은행, 은행지주회사 및 보험회사 등 국내 금융기관들은 그간 자본관리 수단으로 자본성증권을 적극적으로 활용해왔다. 그러나 2023년 4월 크레디트 스위스의 정리과정 중 조건부신종자본증권이 전액 상각되면서 자본성증권에 대한 투자심리가 악화되었고, 자본성증권을 통한 은행권의 자본확충을 두고 조기 상환 및 이자 부담 등을 고려할 때 자본의 질이 떨어진다는 우려 또한 제기된다. 특히 금융기관이 자본성증권의 조기상환이나 차환발행 과정에서 자금조달이 원활하지 않을 경우 높은 금리를 부담해야 하는 상황도 발생할 수 있다.

일반적으로 자본성증권은,

1. 금융기관이 배당 지급에 대한 재량권을 갖고 영구채로 발행되는 신종자본증권과 이자를 의무적으로 지급하고 만기 5년 이상으로 발행되는 후순위채로 구분
2. 특정요건(trigger event) 발생시 상각되거나 보통주로 전환되는 조건부자본증권과 이러한 조건이 없는 비조건부자본증권으로 구분된다.

따라서 본지에서는 국내 금융기관의 자본성증권 발행 현황및 잠재리스크를 살펴보고 정책적 방안을 도출해 보기로 한다.

본론

1. 자본성 증권

<출처: 한국은행 금융안정보고서>

1) 특징 및 현황

① 구분

	신종자본증권	후순위채
만기	30년 이상(영구)	5년 이상
이자(배당)지급	재량	의무
회계처리	자본(지분증권)	부채(채무증권)
상각/전환 여부	조건부[1] (특정요건 발생시 상각 또는 보통주 전환)	
	비조건부[2] (상각 또는 전환 조건 없음)	
자본유형	기본자본 또는 보완자본	
변제순위	후순위채보다 후순위	예금 및 일반채권보다 후순위

주: 1) 은행은 2013년 12월 도입된 바젤Ⅲ기준에 따라 조건부자본요건으로 발행된 신종자본증권과 후순위채를 자본으로 인정
2) 2022년말 현재 비은행금융기관 발행 자본성증권은 모두 비조건부

[출처: 한국은행 금융안정보고서]

② 발행현황 : 2022년 말 현재 국내 전체 금융기관의 자본성증권 발행잔액은 신종자본증권 42.6조 원, 후순위채 46.8조 원 등 총 89.4조 원이다.

가. 발행주체별로 살펴보면,

A. 은행 및 은행지주회사 발행잔액이 총 62.3조 원이며, 그 중 신종자본증권(31.5조 원)과 후순위채(30.8조 원)가 각각 절반 내외의 비중을 차지하고 있다. 특히, 2018년 이후 고수익증권에 대한 투자수요가 증대되는 가운데 레버리지비율 규제(2018년 도입) 준수를 위한 기타기본자본 확충 필요성이 높아지면서 은행권의 신종자본증권 발행이 꾸준히 늘고 있다.

1. 자본성 증권

<출처: 한국은행 금융안정보고서>

1) 특징 및 현황

B. 비은행금융기관의 자본성증권 발행잔액은 2022년 말 현재 27.1조 원으로 보험회사(17.9조 원)가 가장 많으며, 증권회사(6.1조 원), 여신전문금융회사(3.1조 원)순이다.

[국내 금융기관의 자본성증권 발행잔액]

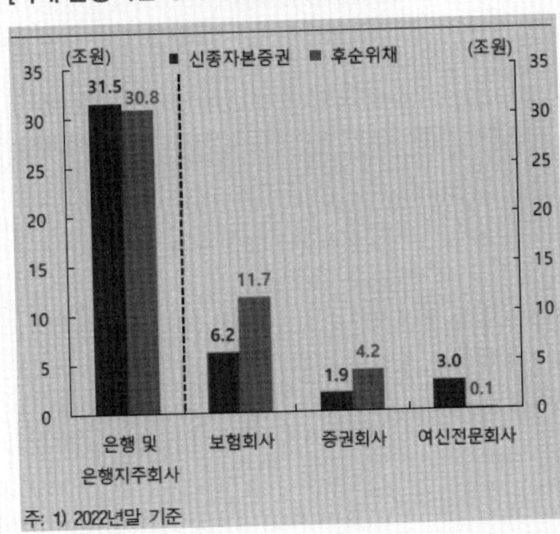

[출처: 한국은행 금융안정보고서]

나. 증권 종류별로는

A. 후순위채가 전체 자본성증권의 60%가량을 차지하며, 특히 보험회사의 경우 신종자본증권에 비해 후순위채를 보다 적극적으로 활용하고 있다.

B. 이는 보험회사 자본규제상 기본자본에 대한 별도의 규제비율이 없어 기본자본으로 인정되는 신종자본증권보다 보완자본이더라도 발행금리가 낮은 후순위채권을 더욱 선호하기 때문이다.

다. 투자자별 보유 규모를 살펴보면,

A. 신종자본증권에 대한 투자는 주로 증권사를 중심으로 이루어진 반면, 후순위채는 보험회사의 투자 비중이 높은 것으로 나타났다.

B. 자본성증권 유형별로 투자자 분포가 상이한 점은 보험회사 등에 비해 위험회피성향이 낮은 증권사가 후순위채보다 상대적으로 리스크는 크나 수익률이 높은 신종자본증권에 더욱 적극적으로 투자하기 때문으로 해석된다.

2) 리스크 요인

자본성증권은 금융기관 부실 시 공적자금을 통한 지원(bail-out)에 앞서 투자자의 손실분담원칙(bail-in)을 통해 금융기관의 복원력을 강화시킨다는 점에서 금융시스템 안정성 제고 및 납세자 보호 측면에서 긍정적인 역할을 한다. 그러나 최근 국내 금융기관의 자본성증권 발행이 크게 확대되면서 관련 리스크에 대한 우려도 점증하고 있다.

1. 자본성 증권

<출처: 한국은행 금융안정보고서>

2) 리스크 요인

① 조기상환 여부에 따른 자본비율 관리부담

가. 발행 금융기관은 기 발행 자본성증권에 대한 조기상환, 차환발행, 대체수단 활용 등이 원활하게 이루어지지 않을 경우, 자본비율 관리에 어려움이 발생할 수 있다.

나. 특히, 조기상환 시점에서 유상증자 등의 자본확충이 여의치 않은 금융기관은 높은 발행금리 등 비우호적인 조건으로 자본성증권을 차환해야 할 수 있다.

다. 이에 더해, 투자심리 위축으로 자본성증권에 대한 수요가 충분치 않은 경우에는 금융기관이 차환발행 대신 현금성자산 등을 활용하여 상환함으로써 자본적정성 유지뿐만 아니라 유동성관리 측면에서도 부담 요인으로 작용할 수 있다.

라. 이러한 점을 고려하여, 국내 금융기관이 발행한 자본성증권 전체에 대한 차환발행이 어려워지는 극단적인 상황을 가정하여 자본성증권 상환에 따른 자본비율 하락 정도를 시산해 본 결과, 자본확충 관련 자본성증권에 대한 의존도가 높은 보험업권의 자본비율이 더 크게 하락하며, 특히 자본비율이 규제기준(100%)을 하회하는 일부 보험회사들은 리스크관리에 더욱 유의할 필요가 있는 것으로 나타났다.

[국내 금융기관 자본성증권 상환시 자본비율 하락 정도]

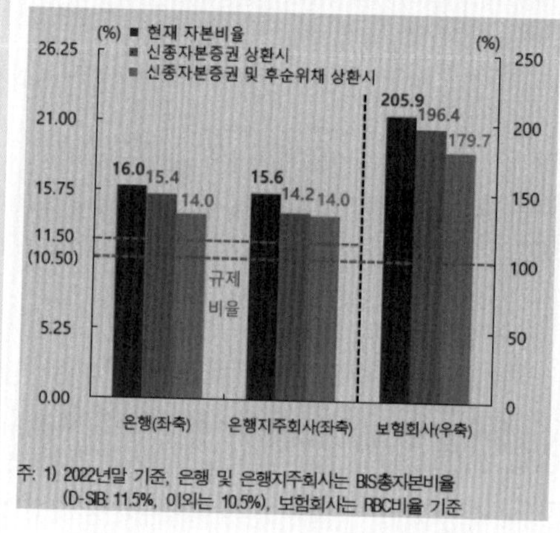

주: 1) 2022년말 기준, 은행 및 은행지주회사는 BIS총자본비율 (D-SIB: 11.5%, 이외는 10.5%), 보험회사는 RBC비율 기준

[출처: 한국은행 금융안정보고서]

② 이자(배당)지급 부담 가중

가. 국내 금융기관의 자본성증권 발행 확대에 따른 이자(배당)지급액 증가는 발행 금융기관의 당기순이익, 이익잉여금의 감소를 통해 재무건전성에 부정적인 영향을 미칠 수 있다.

1. 자본성 증권 <출처: 한국은행 금융안정보고서>	리스크 요인	나. 2022년 중 국내 금융기관의 자본성증권 이자(배당)부담률을 보면, 은행권이 5.7%, 보험업권이 9.4%로, 은행권에 비해 보험업권의 이자(배당)부담 비용이 큰 것으로 나타난다. 특히, 일부 보험회사는 세전당기순손실을 기록하거나 이자(배당)부담률이 20%를 상회하고 있어, 이에 대한 지속적인 모니터링이 필요할 것으로 보인다. ③ 원금 상각 및 이자 미지급 가능성 가. 투자자 입장에서 자본성증권은 특정요건(trigger event)(용어해설3) 발생시 원금이 상각되거나 이자지급이 제한되는 리스크에 노출될 수 있다. 해외에서는 이러한 리스크가 부각된 사례가 있으나, 국내 금융기관의 경우 원금 상각 및 이자미지급 요건의 엄격성, 양호한 경영현황 등을 감안할 때 현재로서는 관련 리스크는 크지 않은 것으로 평가된다. 나. 원금 상각 가능성을 보면, 비은행금융기관의 경우 현재 발행된 자본성증권이 모두 비조건부여서 원금 상각 가능성은 없으며, 조건부자본증권을 발행하는 은행 및 은행지주회사의 경우에도 원금 상각과 관련된 특정요건이 다른 나라에 비해 엄격한 데다 금융당국이 국제기준과 동일한 보통주우선의 손실보전원칙을 견지하고 있어 원금 상각발생 가능성은 매우 낮다. 다. 한편, 이자 미지급은 신종자본증권에서 발생할 수 있는데, 부실금융기관 지정, 경영개선권고 · 요구 · 명령 등의 조치를 받은 경우 또는 사전에 지정된 경영성과 및 재무구조 등을 충족하지 못하는 경우 이자지급이 제한될 수 있음에 유의할 필요가 있다.

결론

국내 금융기관은 최근 자본성증권을 자본확충 수단의 하나로 활발히 활용하고 있으나, 금융경제 여건에 따라 발행 금융기관과 투자자 모두에게 부담이되는 상황을 초래할 수 있다. 이에 따라, 국내 금융기관들은 자본성 강화를 위해 우선 보통주 자본을 통한 자본확충 노력을 강화하고, 자본성증권 발행은 보통주를 통한 자본확충이 어려운 경우에 한해 보완적으로 활용할 필요가 있다.

아울러, 대부분의 자본성증권은 발행 시 부여되는 콜옵션 및 비은행금융기관의 스텝업(step-up) 조항(용어해설 4)이 조기상환 유인으로 작용할 수 있어, 자본금, 이익잉여금 등 자본을 구성하는 여타 항목에 비해 자본성이 열위에 있다. 이에 자본성증권의 영구채성격을 강화하여 자본의 질을 제고할 수 있는 제도적 여건이 마련될 필요가 있다.

한편, 개인고객 투자자가 앞서 살펴본 자본성증권에 대한 위험을 충분히 인지하지 못할 수 있으므로 금융기관은 일반 고객을 대상으로 자본성증권에 내재된 위험을 충분히 설명하여 불완전판매가 발생하지 않도록 유의하는 가운데 자본성증권 공시자료에 대한 접근성 제고를 위한 노력도 지속해야 할 것이다.

<출처: 한국은행 금융안정보고서>

용어해설

1) **바젤Ⅲ** : 규제목적상 자본성증권 자본유형을 업권별로 살펴보면 은행 및 은행지주회사의 경우, 바젤Ⅲ기준에 따른 인정요건을 갖추어 발행하는 신종자본증권은 기타기본자본(Additional Tier 1)으로, 후순위채는 보완자본(Tier 2)으로 분류된다. 보험회사가 발행한 신종자본증권은 기본자본, 후순위채는 보완자본으로 분류되며, 증권회사와 여신전문금융회사의 경우 신종자본증권과 후순위채 구분 없이 각각 영업용순자본 및 보완자본으로 분류된다.

2) **레버리지비율** : 레버리지비율'은 바젤Ⅲ 하에서 등장한 자본완충력 개념이다. 기본자본(Tier1)을 대출자산과 파생상품 · 부외항목 등 감독목적 재무제표상의 모든 위험노출액(총 익스포저 · EAD)으로 나눠 구한다. 바젤 Ⅲ 체계는 리스크에 기반한 자본규제의 보완수단으로서 단순하고, 투명 하며, 리스크에 기반하지 않은(non-risk based) 레버리지비율 규제를 도입한다. 레버리지비율 규제의 도입 목적은 다음과 같다. Δ급격한(destabilising) 디레버리징으로 인하여 금융시스템 및 경제 전반에 피해를 주지 않도록 은행의 과도한 레버리지를 억제, Δ 단순하면서 리스크에 기반하지 않은 보완수단(backstop)을 마련함으로써 리스크에 기반한(risk based) 자본규제를 강화이다. 레버리지비율은 자본(분자)을 익스포저(분모)로 나눈 값(%)으로 정의된다. 레버리지비율 = 자본(Tier1)/익스포저. 바젤위원회는 병행운영기간(parallel run period) 동안 현재 3%인 레버리지 최소규제비율을 계속 점검할 계획이다. 2018년 1월 1일부터 레버리지비율 규제가 시행되었다.

3) **특정요건** : 「금융산업의 구조개선에 관한 법률」 등에 따라 부실금융기관으로 지정되거나 발행 은행이 조건부자본증권을 발행할 당시 발행 은행의 경영성과 또는 재무구조와 관련하여 미리 정한 일정한 요건을 충족하게 된 경우가 해당한다. 2022년 말 국내 은행 및 은행 지주회사의 보통주자본비율은 각각 13.5%, 12.6%로 부실금융기관 평가대상 선정기준(2.3%)에 비해 매우 높은 수준이다.

4) **스테업 조항** : 채권발행 이후 일정기간(통상 5 ~ 10년)이 경과하면 금리를 상향조정하는 조항으로 신용도가 낮은 회사의 채권이나 만기가 긴 채권 발행 시 종종 적용된다.

신한은행 후순위채에 쏠리는 눈…보험사까진 '글쎄'

<출처: 연합인포맥스 2024.3.5>

크레디트스위스(CS) 사태로 주춤했던 외화 자본성증권(신종자본증권 · 후순위채) 조달 움직임이 한국물(Korean Paper) 시장에서도 감지되고 있다. 첫 주자는 달러화 후순위채 조달을 준비하고 있는 신한은행이다.

후순위채의 경우 콜옵션이 부여되지 않은 형태 등도 많아 글로벌 시장에서도 신종자본증권 대비 금리 측면의 이점이 드러나고 있다. 이후 신종자본증권 및 금융기관 전반으로의 확산이 이뤄질 수 있을지 관심이 쏠린다.

◇신한은행 후순위채로 재개 움직임, 시장 가늠자

5일 투자은행(IB) 업계에 따르면 신한은행은 올 상반기 발행을 목표로 달러화 후순위채 조달을 준비하고 있다. CS 사태 등으로 KP 시장에서도 한동안 자본성증권 발행이 중단됐으나 차츰 재개 가능성이 드러나는 모습이다.

달러화 신종자본증권 · 후순위채는 2022년 상반기까지만 해도 은행과 금융지주, 보험사 등 금융기관의 주요 자본확충 수단이었다.

일반 기업 역시 부채비율 상승을 통제하기 위해 간혹 발행에 나서곤 했으나 이보다는 자본 비율을 규제 기준에 맞춰야 하는 금융기관의 조달 수요가 더욱 많았다.

하지만 2022년 11월 흥국생명의 달러화 신종자본증권 콜옵션 행사 번복과 이듬해 3월 CS의 AT1 채권이 전액 상각되면서 분위기가 달라졌다. 특히 CS 사태는 주식보다도 채권이 후순위로 밀려난 이례적 상황이었던 탓에 이후 자본성증권 시장은 급속히 얼어붙었다.

다만 지난해 하반기부터 글로벌 금융시장에서는 자본성증권 발행이 재개되기 시작했다. 지난해 11월에는 스위스 은행 UBS가 35억달러어치 대규모 신종자본증권(AT1 · 코코본드) 발행에 성공해 CS가 촉발한 'AT1 채권 포비아'가 누그러진 듯한 분위기를 보이기도 했다.

반면 한국물 시장에서는 여전히 발행이 이뤄지지 않았다. 2022년 6월 교보생명이 발행한 5억달러 규모의 신종자본증권이 마지막이었다.

원화 시장에서의 자본성증권 발행이 용이했던 데다 달러채 시장에서의 금리 수준이 비교적 높았던 터라 조달 유인이 크지 않았다는 설명이다.

신한은행이 올 상반기 후순위채로 포문을 열면서 한국물 자본성증권 조달 또한 활기를 되찾을지 관심이 쏠린다. 국내 자본성증권 시장의 규모가 상대적으로 크지 않다는 점에서 금융기관 입장에서도 꾸준한 발행을 위해선 해외 시장까지 활용할 수밖에 없다.

글로벌 시장에서는 신종자본증권보다는 후순위채 조달이 비교적 수월한 상황이다. 신종자본증권의 콜옵션 등을 둘러싼 리스크가 부각됐던 만큼 관련 조건을 설정하지 않을 수 있는 후순위채에 대한 신뢰가 상대적으로 빨리 회복되고 있다는 설명이다.

업계 관계자는 "해외 시장에 신종자본증권 또한 발행되곤 있지만 여전히 쿠폰이 높다"며 "후순위채의 경우 콜옵션을 설정하지 않은 형태도 많다 보니 투자자들이 요구하는 리스크 프리미엄이 상대적으로 낮다"고 말했다.

◇신한은행 흥행 기대감…후속 발행 이어질까

오랜만의 한국물 자본성증권 복귀전이지만 신한은행의 흥행에는 무리가 없을 것이란 관측이 나온다. 한국물의 경우 선순위채 중심이긴 했지만, 연초 흥행세를 보이기도 했다.

오히려 후순위채의 절대 금리 이점이 부각되면서 인기를 끌 것이란 시각도 나온다. 연내 금리 인하 기대감 속에서 투자자들은 금리가 조금이라고 상단일 때 높은 수익률의 채권을 매수하고자 열중하고 있다.

신한은행의 성사 이후 이외 은행과 금융지주 등도 달러화 자본성증권 조달을 주시할

것으로 보인다. 다만 보험사까지 재개될 수 있을지에는 아직 의구심이 일고 있다.

보험사의 경우 아직 해외 시장에서도 자본성증권 발행이 없었다는 후문이다. 은행 등에 비해 신용등급 등이 낮아 온기가 퍼지는 데 시간이 걸리는 모양새다.

유통물 금리가 높은 수준을 유지하고 있는 데다 발행물이 없어 스프레드 축소는 물론 적정 시장 가격을 파악하기조차 어려운 실정이다. 국내 보험사의 경우 기존에 찍은 달러화 자본성 증권의 콜옵션 행사까지 여유가 남아있어 당장의 발행 유인도 크지 않다는 설명이다.

출처 : 연합인포맥스(https://news.einfomax.co.kr)

"재무건전성 높여라"...보험사들, 후순위채 · 신종자본증권 발행

<출처: 아시아경제 2024.7.31>

최근 국내 보험업계에 자본 확충 바람이 불고 있다. 보험사들이 신종자본증권이나 후순위채 발행, 유상증자 등으로 재무건전성을 높이려는 움직임이 두드러지고 있는 것이다. 이는 보험사의 건전성 지표인 지급여력비율을 높이고 경제 불확실성 증대에 따른 선제 대응을 하기 위해서로 풀이된다.

31일 금융감독원에 따르면, 주식위험 등 시장리스크 증가로 보험사들의 요구자본이 늘어나면서 지급여력 상황은 다소 악화했다. 올해 1분기 보험회사의 지급여력비율은 223.6%로 직전 분기인 232.2% 대비 8.6%포인트 하락한 것으로 나타났다. 지급여력비율은 가용자본을 요구자본(보험사가 가입자에게 지급해야 하는 금액)으로 나눈 값이다. 보험업법상 최소 기준치는 100%이며, 감독당국은 150% 이상으로 유지할 것을 권고하고 있다.

이에 대응하기 위해 보험사들은 다양한 방식으로 자본을 확충하고 있다. 현대해상은 지난달 5000억원 규모로 후순위채 발행에 성공했다. 교보생명 역시 다음 달 7000억원 규모의 후순위채를 발행할 예정이다. 지난해 5월 이후 약 1년 만이다. 후순위채는 기술적으로는 부채지만, 만기가 통상 10년이라 보험업법상 일부를 자본으로 인정받는다.

또한 지난 5월 1000억원 규모의 신종자본증권을 발행했던 하나손보에 이어 한화생명도 이달 5000억원의 신종자본증권을 발행했다. 신종자본증권은 만기가 통상 30년 이상으로 긴 채권이라 영구채라 불리기도 하며, 회계 처리 시 자본으로 인식되는 자본성 증권이다. 발행사의 재무상태가 악화할 경우 원금을 주식으로 전환하거나 상각할 수 있는 조건이 붙어있어 채권과 주식 사이의 성격을 띤다고 볼 수 있다.

하나손보와 같은 하나금융지주의 계열사인 하나생명도 지난 25일 이사회를 통해 2000억원의 유상증자를 결의한 바 있다. 남궁원 하나생명 사장은 재무 건전성 개선과 더불어 영업기반 확보에 나선다는 계획을 밝혔다.

이처럼 보험사들의 자본확충 움직임이 활발해지고 있는 것은 단순히 규제 대응을 넘어 미래 성장을 위한 기반 마련의 의미도 있다. 충분한 자본을 확보함으로써 새로운 사업 기회를 모색하고, 예상치 못한 리스크에 대비할 수 있기 때문이다.

서지용 상명대 경영학부 교수는 "재무 건전성 관리 측면에서 자금 조달이 필요하다고 판단한 보험사들 위주로 자본 확충이 이뤄지고 있다"며 "지급여력비율의 당국 권고치가 150%이지만 200% 이상으로 맞추려는 보험사들이 많아진 데다, 당분간 금리 변동성이 있을 전망이라 요구자본이 늘어날 수 있기 때문에 선제적으로 대응하려는 것으로 보인다"고 설명했다.

chapter 22 생활금융 플랫폼

01 논제 개요 잡기 [핵심 요약]

서론	이슈언급		은행들이 제공하는 비금융서비스는 여전히 만족할 만한 성과를 내지 못하고 있다. 특히 '생활'은 비금융 서비스이므로 이를 금융과 결합시키기 위해서는 규제 장벽이 낮아야 하는데, 관련 사업 추진에 법적인 제약이 너무 많다. 업무위탁이나 제휴를 통해 시도하고 있으나 정보 활용 등에서 제약이 많다. 규제 샌드박스를 통해 배달앱 등 일부 은행이 직접 수행하는 비금융 서비스가 허용되고는 있으나 한시적 제도라 불확실성이 크다. 은행을 보유한 빅테크는 모빌리티 업체를 인수하여 은행 서비스와 결합이 용이하나, 은행은 모빌리티 업체를 인수할 수 없어 '기울어진 운동장'은 여전하다. 이에 본지에서는, 생활금융 플랫폼의 필요성과 방안에 대하여 논하기로 한다.
본론	1. 생활금융 플랫폼	1) 배경 및 필요성 <출처: 하나금융 경영보고서>	① 배경 ② 필요성 ③ 구조변화에 따른 은행 고객의 어려움, 금융만으로는 부족
		2) 해외 은행의 Beyond Banking 사례 <출처: 하나금융 경영보고서>	이미 많은 해외 은행들은 'Beyond Banking'을 핵심 경영 아젠다로 삼고 금융-비금융 융복합 서비스를 강화하고 있다. 저성장, 고령화, ESG 환경에서 은행의 역할이 단순히 자금중개를 넘어 국가와 개인, 기업의 지속가능한 성장을 돕는 것으로 확대되는데 이를 구현하기 위해서는 비금융 서비스가 반드시 필요하다는 인식을 경영전략에 적극 반영한 결과다.

본론	1. 생활금융 플랫폼	2) 해외 은행의 Beyond Banking 사례 <출처: 하나금융 경영보고서>	① 일본 은행들은 낙후된 지역경제를 활성화시키기 위해 다양한 비금융서비스를 제공하면서 지역과 상생을 추구하고 있다. ② 핵심 산업의 생산성 향상을 위해 금융과 비금융이 융합된 종합서비스를 지원하기도 한다. ③ 은행들은 기업들이 ESG 추진에 어려움이 없도록 금융 및 비금융이 복합된 지원을 강화하고 있다. 탄소감축 설비로의 전환계획을 설계해 주고 필요 자금도 지원하고 있다
		3) 금산분리(은산분리) 논란	금융당국은 금산분리 제도에 대하여 고민 중이다. <금산분리 찬성 의견> <금산분리 반대 의견>
결론	의견제시	국내 은행이 롤모델로 삼고 있는 싱가포르 DBS의 융복합 서비스도 규제완화가 있었기 때문에 가능했다. 당국은 금산분리 방안을 고민하고 있다. 이제 은행의 비금융 서비스 범위를 확대하여 사회적인 문제에 적극 대응하고 고객의 서비스 접근성을 향상시킬 수 있게 되기를 기대한다. 원래의 목적 달성을 위한 도구로써의 은산분리가 아닌, 반(反)재벌 정서를 근간으로 규제 그 자체를 이념화하고 있다는 점이다. 유례없이 강도 높은 규제로 변모한 은산분리 원칙이, 생활금융 플랫폼이라는 금융 현실과 점차 괴리되고 있는 건 이 때문이다.	

02 논제 풀이

서론

이슈 언급

은행은 다른 업권과 달리 다양한 사업 확장이 쉽지 않다. 고객이 맡긴 돈을 기본으로 사업을 영위하다 보니, 은행법에 명시된 은행업무와 그 외 부수업무만 할 수 있다. 그런데 최근 몇 년 사이 업권 간 경계가 무너지면서, 금융당국도 은행들이 새로운 사업에 진출할 수 있는 기회를 다양하게 열어주고 있다. 그러자 은행들도 본연의 영역에서 벗어나 다양한 생활서비스에 도전하고 있다. 주요 은행장들이 '생활금융 플랫폼'으로 진화를 선언한 배경도 여기에 있다는 분석이다.

다만 시중은행이 직접 할 수 있는 부수업무로 허가 받지 못한 영역이 아직 많다 보니, 다른 업종과 제휴를 통해 생활금융 플랫폼으로 진화를 시작하고 있다. 하지만 은행들이 제공하는 비금융서비스는 여전히 만족할 만한 성과를 내지 못하고 있다.

특히 '생활'은 비금융 서비스이므로 이를 금융과 결합시키기 위해서는 규제 장벽이 낮아야 하는데, 관련 사업 추진에 법적인 제약이 너무 많다.

업무위탁이나 제휴를 통해 시도하고 있으나 정보 활용 등에서 제약이 많다. 규제 샌드박스를 통해 배달앱 등 일부 은행이 직접 수행하는 비금융 서비스가 허용되고는 있으나 한시적 제도라 불확실성이 크다.
은행을 보유한 빅테크는 모빌리티 업체를 인수하여 은행 서비스와 결합이 용이하나, 은행은 모빌리티 업체를 인수할 수 없어 '기울어진 운동장'은 여전하다.
이에 본지에서는, 생활금융 플랫폼의 필요성과 방안에 대하여 논하기로 한다.

본론

1. 생활 금융 플랫폼
<출처: 하나 금융경영 보고서>

1) 배경 및 필요성

① 배경

가. 은행업을 둘러싼 환경이 급변하는 가운데 한국 경제는 저성장, 고령화, ESG라는 구조적 변화에 직면하고 있다. 은행 고객들의 어려움은 이제 금융만으로는 해결되기 어려우며, 다양한 비금융서비스가 필요하다.

나. 이미 해외 은행들은 'Beyond Banking'을 내세우며 금융-비금융 융합서비스를 다양하게 제공하고 있다. 국내 은행들도 금융-비금융 융합서비스를 통해 개인의 후생 제고, 기업의 성장 지원 등 사회적 기여를 강화해야 한다.

다. 이를 위해 금산분리 완화가 차질없이 진행될 필요성이 있다.

② 필요성

가. 사회의 디지털 전환이 가속화되는 가운데 빅테크들의 금융업 침투와 각종 온라인 중개서비스의 등장 등 은행 업무를 해체(unbundling)하는 위협이 가속화되고 있다.

나. 공공성에 대한 요구와 기대도 커지고 있다. 가트너는 2030년까지 은행 80%가 플랫폼 사업자 등에 종속되어 폐업하거나 흡수될 것이라 예견하고 있다.

다. 여기에 급격한 고령화와 이에 동반된 저성장, 그리고 ESG라는 국가적 이슈이면서 은행 고객과도 직결되는 이슈가 부상하고 있다.

→ 은행들은 뱅킹앱 고도화와 상품 역량 강화 등의 노력으로 수성하고 있으나, 이제는 고객의 어려움을 종합적으로 돕고 사회적 아젠다 해결에도 기여할 필요가 있다.

③ 구조변화에 따른 은행 고객의 어려움, 금융만으로는 부족

가. 빅테크의 등장으로 MZ 세대를 비롯한 모든 고객들은 손안에서 한번에, 내가 있는 곳에서 알아서 맞춤형 서비스를 받기 원한다. 해외여행을 떠나는데 여행사 계약과 환전, 여행보험 가입을 일일이 손품, 발품 팔아야 하는 것은 매우 불편한 일이다. 이들 눈에 금융서비스와 비금융 서비스의 구분은 무의미하다.

1. 생활 금융 플랫폼 <출처: 하나 금융경영 보고서>	1) 배경 및 필요성	나. 고령층의 니즈는 더욱 절실하다. 고령층은 자산운용 및 관리, 자산 승계, 의료 및 돌봄 서비스 등 금융과 비금융을 넘나들며 매우 복합적인 도움이 필요하나, 서비스 제공자들은 철저히 분리되어 고령자가 일일이 발품을 팔아야 한다. 치매 등으로 건강이 악화되면 관련 도움을 찾아다니기조차 힘들다. 스마트폰 이용도 매우 어렵기만 하다. 다. 소상공인들의 어려움도 크다. 자금조달 외에도 경영, 판매 등 과제가 산적하다. 특히 기존 신용평가 시스템으로는 은행들이 자금을 공급하기 어렵다. 상거래 플랫폼에서의 활동 데이터나 결제 데이터를 활용하는 대안신용평가가 필요하다. 그러나 은행은 플랫폼이나 상거래를 직접 영위할 수 없어 제휴를 통해 데이터를 확보해 보려 하지만, 절차의 용이성이나 활용도 측면에서 어려움이 많다. 소상공인의 경영활동을 돕고 판로를 개척하는 일에도 도움이 절실하다. 라. 중소기업들은 중요성을 더하고 있는 ESG 경영을 위한 관리역량이나 탄소 저감을 위한 투자 여력이 부족하다. 관련 제도를 따라가기도 벅차다. 은행으로부터 자금 지원은 물론 필요하고, 탄소배출량 측정부터 배출권 거래, 컨설팅 등의 서비스를 체계적으로 받기 원한다.
	2) 해외 은행의 Beyond Banking 사례	이미 많은 해외 은행들은 'Beyond Banking'을 핵심 경영 아젠다로 삼고 금융-비금융 융복합 서비스를 강화하고 있다. 저성장, 고령화, ESG 환경에서 은행의 역할이 단순히 자금중개를 넘어 국가와 개인, 기업의 지속가능한 성장을 돕는 것으로 확대되는데 이를 구현하기 위해서는 비금융 서비스가 반드시 필요하다는 인식을 경영전략에 적극 반영한 결과다. ① 일본 은행들은 낙후된 지역경제를 활성화시키기 위해 다양한 비금융서비스를 제공하면서 지역과 상생을 추구하고 있다. 가. 히로시마 은행은 인재소개업을 통해 인력부족이 심각한 중소기업의 경영을 지원하고있다. 지역 상사를 운영하기도 한다. 나. 홋카이도 은행 등은 지역 특산품을 지역 외 소비자와 연결하는 상거래 플랫폼을 운영하고 있다. ② 핵심 산업의 생산성 향상을 위해 금융과 비금융이 융합된 종합서비스를 지원하기도 한다. 가. 인도 State Bank of India는 'YONO Krishi'라는 농업플랫폼을 운영한다. 이 플랫폼에서는 첨단 농업데이터를 통해 신용평가 모델을 향상시켜 금융지원을 강화하고, 자재 및 장비 중개, 맞춤형 자문 등 농업에 관한 종합적인 서비스를 제공하여 많은 농업관련 소상공인이 나 중소기업들이 이용하고 있다. ③ 은행들은 기업들이 ESG 추진에 어려움이 없도록 금융 및 비금융이 복합된 지원을 강화하고 있다. 탄소감축 설비로의 전환계획을 설계해 주고 필요 자금도 지원하고 있다. .

	2) 해외 은행의 Beyond Banking 사례	가. BNP Paribas는 'ClimateSeed'라는 탄소배출권 거래 플랫폼을 통해 기업이 탄소배출량을 상쇄하고 유엔 지속가능발전목표 (SDGs)에 기여할 수 있도록 지원한다. 나. 일본 SMBC는 탄소배출량 측정 회사(Sustana)를 설립하여 관련 서비스를 제공하고 있다
1. 생활 금융 플랫폼 <출처: 하나 금융경영 보고서>	3) 금산분리 (은산분리) 논란	금융당국은 금산분리 제도에 대하여 고민 중이다. **<금산분리 찬성 의견>** 실물기업은 위험추구를 통해 상품과 서비스를 생산 및 공급한다. 반면 금융은 자금을 중개하고 위험을 관리한다. 그리고 양자 간 견제와 균형을 통해 경제가 발전하게 되는 것이다. 그런데 만약 은산 결합으로 실물기업이 은행의 주인이 되면 자신의 위험추구를 위해 은행을 수단으로 사용할 가능성이 높아진다. 그 결과 다음과 같은 비용 발생이 우려된다. ① 은산결합은 예금 등 금융자원이 실물기업의 위험추구 행위에 사용될 가능성을 높일 수 있다. 뿐만 아니라 경쟁업체 자금지원을 꺼리는 등 대출의 공정성 담보를 어렵게 만들 수도 있다. 즉 은행이 실물기업의 사금고로 전락할 가능성이 우려된다. ② 은산결합은 이해상충 문제를 일으킴. 일례로 어떤 기술회사가 인터넷전문은행의 대주주가 되었다고 하면 이 기술회사는 만약 스스로의 기술개발과 고객의 기술개발 지원 간 상충이 생긴다면 어떤 선택을 할 것인가? 기술회사로서 자신에게 유리한 선택을 한다면 형평성에 어긋난다. 은행으로서 고객의 손을 들어준다면 비난은 면하겠지만 스스로 기술개발을 포기하는 상황이 벌어질 것임. 어느 쪽도 바람직하지 않은데, 바로 은산결합의 폐해다. ③ 시스템리스크를 확대한다. 은산결합은 은행과 기업의 동시파산 가능성을 높인다는 점에서 대기업 비중이 큰 한국경제에 심각한 시스템리스크 요인이 될 수 있다. 2008년 글로벌 금융위기 이후 선진국들이 대마불사 위험의 통제에 적극 나서고 있는 상황에서 우리가 은산결합을 추구한다는 것은 글로벌 추세와 동떨어진 것이다. 가. 산업자본이 예금 수신과 상업 여신을 수행해 저축은행을 소유한 사례가 있다. 저축은행이 곧 대주주의 '사금고'였고 도산으로 끝 맺었다. 2011년 저축은행 사태와 같이 인터넷전문은행들이 대주주에게 신용 공여를 할 가능성이 있고, 대주주 기업이 부실화되면 은행 부실로 이어진다. 즉, 2011년 상호저축은행 대규모 파산 사태는 대주주가 상호저축은행을 사금고화해서 운영할 수 있다는 점을 방증하고 있다. 나. 2013년 동양증권 사태도 마찬가지. 동양증권은 계열사를 지원하기 위해 금융소비자에게 피해를 덮어씌웠고 총 1조 3, 000억 원 중 1조 원 가까이 없어져 4만여 명이 돈을 잃었다.

1. 생활 금융 플랫폼 <출처: 하나 금융경영 보고서>	3) 금산분리 (은산분리) 논란	④ IT기업이 아닌 금융기관도 인터넷전문은행을 할 수 있다. 은행, 증권회사, 보험회사 등 여타 금융기관도 ICT인력을 채용해 인터넷전문은행 기술 혁신을 주도할 수 있다는 점에서 정보통신기술 기업에 인터넷전문은행 대주주 지위를 인정해 줄 필요가 있나는 반문이 존재한다. 따라서, 은산분리를 허무는 것은 득보다 실이 훨씬 큰 것으로 판단됨. 따라서 은산분리를 유지하면서 도입방법을 찾는 게 타당할 것이다. **<금산분리 반대 의견>** ① 금산분리는 일부에서 주장하듯이 보편화된 정책이 아니며, 금융산업 규제의 세계적 추세는 사전적 규제의 완화 및 사후적 규제의 강화로 변하고 있다. 가. 최근 미국이나 유럽에서 금융과 일반 산업이 결합한 세계 유수의 기업들이 경쟁적으로 뛰어들면서 핀테크(금융+기술) 산업이 급속도로 발전하고 있다. 나. 그런데도 국내에서는 은산분리 규제를 완화하면 대주주의 사금고가 될 수 있다는 우려로 생활금융 플랫폼 발전을 더디게 한다. ② 사금고화 유인의 소멸 가. 우리의 산업 규모나 투자처를 찾지 못한 수백조원에 이르는 사내 유보금과 회사패 발행 등 자금조달의 대안이 있는 현 상황에서 금융의 사금고화 유인은 거의 없다. 나. 더군다나 지금은 과거처럼 산업이 일방적으로 금융을 지배하는 시대가 아니라 오히려 금융이 산업을 지배하는 시대가 됐다. 이러한 때에 과거의 경제력 집중 폐해를 염려해 은산분리를 강조하는 것은 시대착오적 발상이다. 다. 동일인여신한도 규제와 일감몰아주기 규제 등과 같이 사금고화를 예방할 수 있는 각종 법 · 제도들이 존재한다. → 사전적 소유 규제인 현행 은산분리 규제는 엄격한 자격 심사를 전제한 승인제와 사후 규제인 효율적인 금융 감독으로 대체돼야 한다.

결론

의견 제시

국내 은행이 롤모델로 삼고 있는 싱가포르 DBS의 융복합 서비스도 규제완화가 있었기 때문에 가능했다. 2017년 싱가포르 금융당국은 은행이 비금융 사업에 투자할 수 있도록 규제를 완화하였다. 이에 따라 DBS는 제휴와 자체 사업을 결합하여 주택, 여행, 자동차, 유틸리티 등 다양한 마켓 플레이스를 구축하였다. 일본도 저성장, 고령화, ESG등 급변하는 환경에 대응하기 위해 사회적 신뢰가 크고, 광범위한 네트워크를 보유한 은행이 비금융 서비스를 제공하는 것이 바람직하다는 결론을 내리고 은행의 업무범위를 확대하였다.

당국은 금산분리 방안을 고민하고 있다. 이제 은행의 비금융 서비스 범위를 확대하여 사회적인 문제에 적극 대응하고 고객의 서비스 접근성을 향상시킬 수 있게 되기를 기대한다. 물론 은행이 비금융 사업을 영위할 경우, 은행 본체의 수익성과 안정성에 위험 요인이 될 가능성은 주의해야 한다. 이를 사전에 차단할 수 있도록 투자한도를 규제하거나 사후 심사를 강화하는 방식 등 섬세한 제도 설계가 뒷받침되어야 한다.

모든 규제는 선의(善意)로 포장된다. 공동체가 지향해야 할 이상적 가치를 구현하는 수단으로 규제는 동원된다. 규제로 인해 파생되는 부작용은 그 앞에선 모두 부차적인 문제일 뿐이다. 그래서 규제는 이상의 덫에 갇히곤 한다. 선의로 출발한 규제는 의도치 않는 결과를 초래하고 맹목적 환상은 비극을 잉태하는 법이다. 이것이 바로 규제의 역설이다.

산업자본과 은행자본의 분리, 이른바 은산분리는 물론 금융시스템의 안정과 공정을 지향한다. 시스템 리스크를 유발할 수 있는 대규모 금융기관들을 통제하고 금융 · 산업자본간 이해충돌을 막는 장치다. 반면 획일적이고 경직된 적용은 오히려 금융부문의 효율과 활력을 떨어뜨린다. 은산분리의 양면성이다.

문제는 은행산업의 건전한 발전이라는 원래의 목적 달성을 위한 도구로써의 은산분리가 아닌, 반(反)재벌 정서를 근간으로 규제 그 자체를 이념화하고 있다는 점이다. 유례없이 강도 높은 규제로 변모한 은산분리 원칙이, 생활금융 플랫폼이라는 금융 현실과 점차 괴리되고 있는 건 이 때문이다

금융산업은 대표적인 규제산업이다. 가장 바람직한 금융규제의 형태는 시장의 창의성이 백분 발휘되도록 자율적 경쟁체제를 유지하면서도 금융시장 안정을 유지하는 것이다. 이를 위해서는 규제당국의 선진화된 전문적 모니터링 능력이 필수적이다. 필요한 규제의 정도와 모니터링 능력은 서로 반비례 관계를 갖고 있다. 모니터링 능력이 높아질수록 필요한 규제의 정도는 작아진다. 향후 금융규제의 핵심은 규제당국이 엄청난 속도로 발전하는 기술을 어떻게 수용해 나가면서 감독기능을 높이고 규제를 완화해 갈 것인가 하는 점이다. 규제당국의 조직체계 역시 이러한 관점에서 고려되는 것이 바람직하다.

범죄가 우려된다고 야간에 전면 통행금지를 시행하면 범죄 발생 가능성은 줄어들겠지만 이는 미래지향적이지 못하다. 이보다는 새로운 기술을 이용해 가로등도 환히 밝히고 CCTV도 설치하고 경찰력도 강화하면서 자유로운 통행을 점진적으로 용인하는 것이 발전적인 방향일 것이다. 기술발전을 적극 수용하는 선도적인 금융규제만이 우리나라 금융소비자가 양질의 종합적 금융서비스를 받을 수 있는 길을 열어줄 수 있을 것이다.

chapter 23 디지털화와 은행의 혁신

01 논제 개요 잡기 [핵심 요약]

서론	이슈언급		은행 디지털 전환의 트렌드는 모바일 우선 전략, 마찰 제거를 통한 고객경험 개선, AI · 머신러닝 · 오픈 뱅킹의 활용 등으로 요약된다. 동시에 디지털 방식의 금융거래가 확대됨에 따라 사이버 보안 강화가 최우선 과제가 될 전망이다. 한편, 금융 디지털화는 금융포용을 촉진함과 동시에 금융배제를 일으킬 수 있는 요인으로 작용할 수 있다. 이에 본지에서는 금융기관 디지털금융의 트렌드를 살펴보고, 금융포용성 증진을 위한 방안에 대하여 모색하기로 한다.
본론	1. 디지털전환과 트렌드	1) 필요성 및 현황	① 필요성 : 업무 효율성 제고와 고객만족 향상을 위해 디지털 전환은 은행업에서 여전히 중요하다. ② 현황 : 디지털 전환의 성숙도에 영향을 미치는 주요 요인은 Δ 조직의 규모와 복잡성, Δ 디지털기술에 대한 투자수준, Δ 시행 중인 규정준수 수준, Δ 고객 요구 수준 등이다.
		2) 트렌드	은행 디지털 전환 트렌드는, 1. 모바일 우선 전략 2. 마찰 제거를 통한 고객경험 개선 3. AI · 머신러닝 · 오픈뱅킹의 활용 등으로 요약된다.

본론	1. 디지털전환과 트렌드	3) 방향	① 향후 은행의 디지털 전환에서 최우선 과제는 AI 및 머신러닝을 활용한 사이버 보안강화로 국내 금융사들은 관련 기술 개발 및 투자에 지속적인 관심을 둘 필요가 크다. ② 국내 금융사들도 AI 및 머신러닝을 활용한 고급 보안기술 개발과 투자에 지속적인 관심을 가지고 빠르게 변화하는 금융 환경에 능동적으로 대응할 필요가 있다. ③ 해외 금융회사는 AML · 여신 · 마케팅 업무에 레그테크를 도입해, 1. 대용량 데이터의 신속한 처리 2. 인적 오류 방지 3. 프로세스 효율화 등을 달성해야 한다. ④ 국내 4대 은행도 신기술을 활용해 내부통제의 신속화 · 객관화 · 효율화를 달성하고 있으나, 규제신설, 새로운 유형의 거래 등장 등 금융환경 변화를 감안해 레그테크 시스템의 고도화 방안을 강구할 필요가 있다.
	2. 은행의 차세대 비즈니스 모델	1) 은행업 + 디지털 플랫폼	① 최근 은행들은 적극적인 디지털화를 통해 수익성 제고 노력을 하고 있음. 은행의 차세대 비즈니스모델은 [은행업 + 디지털플랫폼]의 형태가 될 것으로 전망됨 ② 은행은 예금과 대출 상품 이외의 안전한 결제기능을 제공함으로써 금융중개 기능과 다양한 고객정보의 축적을 통한 정보생산 기능의 시너지 효과를 통해 성장하였음 가. 은행들은 은행계좌를 통한 결제가 크게 증가하면서 고객관련 정보가 누적되고, 점포를 중심으로 한 결제 네트워크가 확대되면서 이용자의 편리성이 제고됨에 따라 성장을 이룰 수 있었음 나. 그러나 최근 들어 고객의 은행계좌를 통한 결제 이용이 줄어들고, 이에 따라 축적되는 정보의 양도 줄어들고 있음 ③ BaaS 국내금융그룹은 특화된 서비스 제공과 이종산업과의 파트너십 구축을 통해 BaaS 사업모델의 성공적 정착이 필요 A. BaaS 상품 개발시, 단순 뱅킹서비스 대신, KYC 솔루션 · 자산관리(세금, 회계) 등 차별화된 API 서비스를 개발할 필요 B. 성공적인 사업모델의 정착을 위해 이종산업과의 파트너십 구축이 요구됨. 고객 유입이 확대되고 있는 이종산업(전자상거래, 여행 · 숙박 등)과의 적극적인 파트너십을 통해 고객 기반을 확대할 수 있음

본론	2. 은행의 차세대 비즈니스 모델	2) 전사적 디지털 혁신	디지털 역신은 단순히 '채널의 디지털화'를 넘어 상품 및 서비스의 차별화와 내부조직, 인사, 기업문화 등의 전사적 혁신을 요구 ① 채널 혁신 ② 조직 · 백오피스 혁신 ③ 인사혁신 ④ 플랫폼 경쟁력의 강화 ⑤ 자회사와의 디지털 관계 강화
		3) 아날로그의 중요성	① 디지털 플랫폼 업체가 [결제+]의 개념으로 금융산업 전반에서 존재감을 높여가고 있는 가운데, 은행업계가 디지털 플랫폼 업체에 비해 더 나은 부가가치를 창출하기 위해서는 무엇보다 은행직원의 판매능력 향상이 중요하다는 지적 ② 은행이 취급하는 금융상품. 서비스가 다양해지는 가운데 앞으로 은행직원의 판매능력 향상이 수익개선을 위한 최우선 과제가 될 가능성이 높음. 은행은 다양해지는 금융상품, 서비스를 자행직원을 육성해 높일 것인지, 다른 업태의 인력을 활용해 판매력을 높일 것인지를 결정해야 함
	3. 금융포용	1) 선진국 현황	선진국에서는 금융 디지털화가 혁신을 통해 금융포용을 촉진하는 요인임과 동시에 금융배제(fi-nancial exclusion)를 일으키는 요인이 될 수 있다. 선진국의 경우 금융배제는 복잡한 형태를 띄고 있는데, Kempson et al.(2000)에 의하면 지리적 제약에 의한 배제 이외에도 접근배제, 조건배제, 가격배제, 마케팅배제, 자기배제 등에 의한 배제 등을 고려할 수 있다.
		2) 세계은행의 The Global Findex Database 데이터를 이용해 현재 일본에서 디지털 금융서비스가 어떤 사회계층에서 이용되고 있는지를 고찰	① 연령별 ② 성별 ③ 교육수준별 ④ 결과 가. 고령층, 저교육층, 무직자, 여성들은 금융 디지털화에서 금융배제의 대상이 될 잠재적 위험이 높은 계층이다. 나. 고졸과 비교해 대졸 이상에서는 디지털 금융행동 확률이 11.3% 포인트 높고, 중졸 이하에서는 15.6% 포인트 낮다. 다. 취업자와 비교해 무직자는 디지털 금융행동 확률이 13.0% 포인트 낮다. 라. 저연령층에 비해 고연령층에서, 또한 남성에 비해 여성에서 디지털 금융행동의 확률이 낮아진다.

본론	3. 금융포용	3) 방향	① 디지털 금융행동 경험이 부족한 계층은 금융배제의 대상이 될 잠재적 리스크가 상대적으로 크며, 이들은 사회적 약자로서 격차와 불평등에 노출되기 쉬운 계층과도 중복된다. ② 중장기적으로 금융 디지털화를 추진하는 과정에서 특정 계층 즉 사회적 약자를 중심으로 한 금융배제가 발생할 가능성이 존재하며, 이들에 대한 세심한 배려가 필요하다.
결론	의견제시		정부 차원에서는, 첫째, 강력한 디지털전환 담당 컨트롤타워 역할을 해야 할 필요가 있다. 둘째, 디지털 격차를 해소하기 위해 노력해야 할 것이다.. 셋째, 제조업/IT 융합형 체계를 강화해야 할 것이다. 금융기관 차원에서는, 첫째, 오픈 이노베이션의 환경을 구축할 필요가 있다. 둘째, 적극적인 벤치마킹의 필요가 있다.

02 논제 풀이

서론

이슈 언급 비전통적인 플레이어들의 등장 이후 은행은 치열한 경쟁 속에서 디지털 전환을 통해 빠르게 변화하는 금융 생태계에 대응해 왔다. 그러나 상당한 성과에도 불구하고 디지털 전환의 성숙도는 금융기관별로 차별적이며 여전히 디지털 전환이 필요하다. 올해 은행 디지털 전환의 트렌드는 모바일 우선 전략, 마찰 제거를 통한 고객경험 개선, AI · 머신러닝 · 오픈 뱅킹의 활용 등으로 요약된다. 동시에 디지털 방식의 금융거래가 확대됨에 따라 사이버 보안 강화가 최우선 과제가 될 전망이다.

<출처: 하나금융경영연구원>

한편, 금융 디지털화는 금융포용을 촉진함과 동시에 금융배제를 일으킬 수 있는 요인으로 작용할 수 있다. 특히 개발도상국과 달리 금융배제가 복잡한 형태로 나타나는 선진국에 있어서는 금융 디지털화가 사회적 약자에게 미칠 수 있는 부정적 영향을 억제하면서 금융포용을 전개하는 것이 중요한 과제로 부각되었다.

<출처: 한국금융연구원>

이에 본지에서는 금융기관 디지털금융의 트렌드를 살펴보고, 금융포용성 증진을 위한 방안에 대하여 모색하기로 한다.

본론

1. 디지털전환과 트렌드 <출처 : 하나금융 경영연구원>	1) 필요성 및 현황	① 필요성 : 업무 효율성 제고와 고객만족 향상을 위해 디지털 전환은 은행업에서 여전히 중요하다. 가. 핀테크, 빅테크 등 비전통적인 플레이어들의 등장 이후, 치열한 경쟁 속에서 은행은 디지털 전환을 통해 빠르게 변화하는 금융 생태계에 대응 중이다. 나. 은행은 디지털 전환으로 업무 프로세스를 간소화하고 자동화하여 운영 효율성을 제고함으로써 미래대응역량을 향상시키고 고객경험을 개선시키는 방향으로 진행 중이다. 다. 최근 기업대출과 같은 전통적인 은행이 강점을 갖고 있는 영역에서의 경쟁도 더욱 심화되고 있어 디지털 전환노력을 가속화할 필요가 커졌다. ② 현황 가. 디지털 전환 과정에서 상당한 성과를 거두었으나, 금융기관별 성숙도는 차별적이다. 디지털 전환의 중요성이 더욱 강조됨에 따라 많은 금융기관은 최근 몇년간 디지털 기술에 대한 투자와 고객경험 개선에 적극적으로 투자하고 있다. 나. 디지털 전환 추진에 있어 전통적인 금융기관은 내부적인 개발 외에도 핀테크 및 빅테크 등 경쟁업체와의 파트너십을 통해 시스템과 프로세스를 개선하고 있다. 다. 글로벌 리서치 업체 Digital Banking Report의 조사결과에 따르면 디지털 전환과정에서 상당한 성과를 거두었으나 금융기관별 성숙도는 규모에 따라 차별적. 대형 금융기관일수록 높은 수준의 성숙도를 보인 반면, 소규모 금융기관은 약간의 성공에 그쳤고, 중간 규모(100억 ~ 1, 000억 달러) 금융기관은 가장 낮은 수준으로 조사된다. 라. 디지털 전환의 성숙도에 영향을 미치는 주요 요인은 Δ 조직의 규모와 복잡성, Δ 디지털기술에 대한 투자수준, Δ 시행 중인 규정 준수 수준, Δ 고객 요구 수준 등이다.
	2) 트렌드	은행 디지털 전환 트렌드는, 1. 모바일 우선 전략 2. 마찰 제거를 통한 고객경험 개선 3. AI · 머신러닝 · 오픈뱅킹의 활용 등으로 요약된다. 가. 모바일 디바이스 사용자가 증가함에 따라 모바일 사용자에 최적화된 서비스 및 상품 개발 등 모바일 우선 전략이 더욱 강조된다. 나. 프로세스의 단순화, 하나의 앱을 통한 다양한 연결(정보탐색, 쇼핑, 게임) 등 고객 접촉면에서 마찰을 최소화하는 것이 고객경험 개선의 핵심 키워드이다.

1. 디지털전환과 트렌드 <출처 : 하나금융경영연구원>	3) 방향	① 향후 은행의 디지털 전환에서 최우선 과제는 AI 및 머신러닝을 활용한 사이버 보안강화로 국내 금융사들은 관련 기술 개발 및 투자에 지속적인 관심을 둘 필요가 크다. 가. 글로벌 은행 리더들은 향후 3 ~ 5년 간 디지털 전환의 최우선 과제로 사이버 보안(96%), 모바일경험(91%), 모바일 채널(87%), 데이터 분석(83%) 등을 선정했다. 나. 반면, 사물인터넷(38%), 블록체인(27%), 가상 및 증강현실 · Metaverse(25%) 등은 상대적으로 관심이 적은 것으로 조사됐다. ② 국내 금융사들도 AI 및 머신러닝을 활용한 고급 보안기술 개발과 투자에 지속적인 관심을 가지고 빠르게 변화하는 금융 환경에 능동적으로 대응할 필요가 있다. 가. 디지털 방식의 금융거래가 확대됨에 따라 사이버 위협으로부터 고객 데이터를 보호하고 안전하게 유지하는 것이 은행의 주요 경쟁력으로 부상될 가능성이 크다. ③ 해외 금융회사는 AML · 여신 · 마케팅 업무에 레그테크를 도입해, 1. 대용량 데이터의 신속한 처리 2. 인적오류 방지 3. 프로세스 효율화 등을 달성해야 한다. ④ 국내 4대 은행도 신기술을 활용해 내부통제의 신속화 · 객관화 · 효율화를 달성하고 있으나, 규제신설, 새로운 유형의 거래 등장 등 금융환경 변화를 감안해 레그테크 시스템의 고도화 방안을 강구할 필요가 있다. 가. 우리은행 : AI기반 이상거래탐지시스템을 운영 중이며(2019년), 보이스피싱 모니터링시스템(2020년)과 글로벌통합 AML 시스템(2020년), 불완전판매 적발 시스템(2020년)을 개발하고 수출입 선적서류 심사 검토업무에 AI기술을 적용(2020년)했다. 나. KB국민은행 : 영업점 내부통제 강화 방안의 일환으로, AML 업무지원 챗봇(2020년)과 스마트시재관리기(2021년)를 개시했다. 다. 신한은행 : 정보보호 관리체계와 현장점검업무를 전산화하는 레그테크 시스템(2018년)을 도입한 이후, 자금세탁 위험도 측정모델(2020년), 이상행동탐지 ATM(2022년) 등을 출시했다. 라. 하나은행 : AML 업무에 집중해 의심거래보고(STR) 고도화(2019년)와 국외 AML거래 모니터링 시스템 업그레이드(2020년) 작업을 완료했으며, 뱅킹앱에 보이스피싱 탐지기능을 탑재(2023년 3월)했다. <출처 우리금융경영연구소>

2. 은행의 차세대 비즈니스 모델

<출처 : 한국금융연구원>

1) 은행업 + 디지털 플랫폼

① 최근 은행들은 적극적인 디지털화를 통해 수익성 제고 노력을 하고 있다. 은행의 차세대 비즈니스모델은 [은행업 + 디지털플랫폼]의 형태가 될 것으로 전망된다.

가. 차세대 은행 비즈니스 모델은 고객의 유치, 유지는 디지털 플랫포머와 협업, 제휴을 통해 해결하고, 결제, 수신 · 여신 업무의 집행은 은행이 담당하며, 이를 관리하는 시스템은 플랫폼으로서의 은행(Banking as a platform, BaaP)과 제휴하는 형태가 될 것이다.

나. BaaP란 결제 등의 실행과 관련된 시스템의 제공 등 플랫폼 기능을 수행하는 은행을 말하는 데, 최근 글로벌 주요은행들은 BaaP로의 전환을 위해 API 개발자용 포털 개발, 신기술 관련 API 활용 등 오픈뱅킹을 선제적으로 도입하며 핀테크 기업과의 협업을 모색하고 있다.

은행의 차세대 비즈니스 모델

[자료: 다이와종합연구소. "인간의 '연결하는 힘'에서 차세대 은행 비즈니스 모델은 꽃핀다", 2020 신춘호, Vol. 37]

② 은행은 예금과 대출 상품 이외의 안전한 결제기능을 제공함으로써 금융중개 기능과 다양한 고객정보의 축적을 통한 정보생산 기능의 시너지 효과를 통해 성장하였다.

가. 은행들은 은행계좌를 통한 결제가 크게 증가하면서 고객관련 정보가 누적되고, 점포를 중심으로 한 결제 네트워크가 확대되면서 이용자의 편리성이 제고됨에 따라 성장을 이룰 수 있었다.

나. 그러나 최근 들어 고객의 은행계좌를 통한 결제 이용이 줄어들고, 이에 따라 축적되는 정보의 양도 줄어들고 있으며, 장기적인 초저금리 환경에서 예대마진이 축소됨에 따라 비용절감을 위해 점포네트워크를 축소해야 하는 결과가 나타나고 있다.

2. 은행의 차세대 비즈니스 모델 <출처 : 한국금융연구원>	1) 은행업 + 디지털 플랫폼	③ BaaS 활용 가. BaaS(Banking as a Service)란 라이센스를 소유한 은행이 제3자 기업에게 API 형식의 은행 서비스나 인프라를 제공하는 비즈니스 모델 나. BaaS 사업모델 참여자는 라이센스 소지자(license holder), 서비스 제공자(provider), 브랜드(brand) 기업으로 구성 BaaS 사업 모델 Brand or Consumer of BaaS / BaaS provider / License holder / API / Banking capability (and/or embedded BPO) / Bank API <출처: 우리금융경영연구소> 다. 은행은 이자이익에 편중된 포트폴리오를 다각화하고, 잠재적 고객을 확보하는 방안으로 BaaS를 활용할 수 있음. 또한, BaaS 모델을 통해 은행을 포함한 금융회사는 수수료를 안정적으로 확보하고, 최종 고객이 자사 금융 상품으로 유입되는 효과를 기대 라. BaaS 시장은 우호적 규제 환경이 조성된 선진국을 중심으로 성장. 해외와 국내은행의 BaaS 모델은 차이가 있음. A. 사업진출 방식 해외에서는 은행의 핀테크 출자, 인수가 비교적 활발하게 진행되고 있으나, 국내는 규제상 제약으로 제휴를 통한 시장 진입이 일반적 B. 활용범위 해외 은행이 제공하는 API 서비스는 기본적인 뱅킹서비스부터 기업대출, 카드 · 월렛, KYC까지 다양하나, 국내은행은 기본 뱅킹서비스를 위주로 전개 C. 서비스영역 해외에서는 은행이 제공하는 API 서비스가 핀테크사의 금융 상품 · 플랫폼 개발과 비금융회사의 업무용 프로그램 개발에 모두 활용되고 있으나, 국내의 경우 후자에 활용. 금융당국은 은행권 경쟁 촉진을 위해 규제 장벽을 완화하려는 움직임을 보이고 있어, 은행의 BaaS 시장 진출 기회와 서비스 활용범위가 확대될 가능성

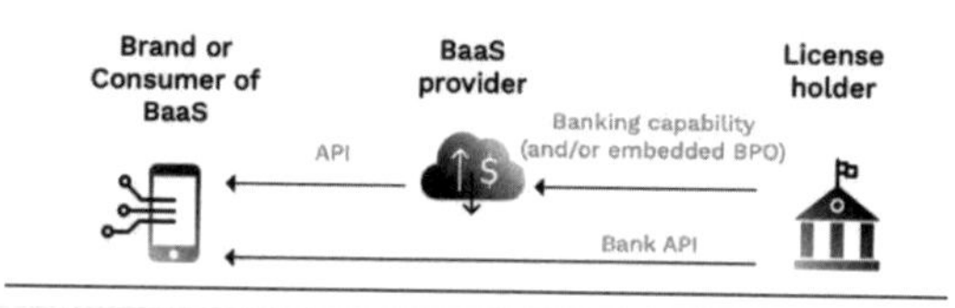

2. 은행의 차세대 비즈니스 모델
<출처 : 한국금융연구원>

1) 은행업 + 디지털 플랫폼

라. 최근 금융당국은 은행의 부수업무 규제 완화와 위탁업무 범위 확대를 검토하고 있는 상황으로, 규제 완화 시 BaaS 시장 진출 기회와 서비스 활용범위가 확대될 것으로 기대. BaaS 시장은 향후 꾸준한 성장세가 예상되며, 은행은 성장 한계를 극복하고 잠재적 고객 기반을 확대하는 방안으로 활용할 수 있음. 현행 은행법은 은행의 업무범위를 은행업무 · 부수업무 · 겸영업무 등으로 분류

* 부수업무는 포지티브(열거주의) 방식으로 운영되고, 그 외의 업무는 혁신금융서비스 지정 등을 통해 가능

* 금융위원회는 핀테크 관련 업무를 은행의 부수업무로 인정하는 방안과, 은행의 본질적 업무 범위를 합리적으로 조정하는 방안을 고려 중.

마. 국내금융그룹은 특화된 서비스 제공과 이종산업과의 파트너십 구축을 통해 BaaS 사업모델의 성공적 정착이 필요

A. BaaS 상품 개발시, 단순 뱅킹서비스 대신, KYC 솔루션 · 자산관리(세금, 회계) 등 차별화된 API 서비스를 개발할 필요

B. 성공적인 사업모델의 정착을 위해 이종산업과의 파트너십 구축이 요구됨. 고객 유입이 확대되고 있는 이종산업(전자상거래, 여행 · 숙박 등)과의 적극적인 파트너십을 통해 고객 기반을 확대할 수 있음

2) 전사적 디지털 혁신
<출처 : 한국금융연구원>

디지털 혁신은 단순히 '채널의 디지털화'를 넘어 상품 및 서비스의 차별화와 내부조직, 인사, 기업문화 등의 전사적 혁신을 요구한다. 왜냐하면 JP Morgan chase의 모바일 뱅크인 Finn의 실패사례(1년 만에 서비스 중단)에서 보듯이 기존 상품과 서비스의 차별화가 이루어지지 않거나 목표고객에 대한 기존조직의 이해나 기업문화의 변화 없이는 실패하기 때문이다.

① 채널 혁신

우선 오프라인의 기능적 재편과 개인화 서비스의 확충, 고객별 채널의 전문화, 그리고 채널의 개방성 확보에 초점을 둘 필요가 있다.

② 조직 · 백오피스 혁신

가. 디지털금융 하에서의 업무경쟁력은 디지털조직의 시장적 위상과 리스트관리, 백오피스 업무역량을 재편, 강화해 나가는 것이 조직 측면의 핵심과제에 해당한다.

나. 특히, 리스크 조직은 디지털 기반의 데이터 경제와 핀테크를 결합한 새로운 금융서비스를 개발, 관리, 운용할 수 있는 가장 핵심적인 조직이 될 수 있도록 지원해 나갈 필요가 있다.

	2) 전사적 디지털 혁신 <출처 : 한국금융연구원>	③ 인사혁신 디지털 전문가에 의해 주도되는 새로운 직급체계와 업무분담 체계, 그리고 디지털 기반의 성과를 공유할 수 있는 평가체계를 필요로 한다. ④ 플랫폼 경쟁력의 강화 외부기관과의 협력, 은행 간 공동개발 및 전략적 투자 등을 통한 개방형 체계 구축과 비금융기관에 금융서비스를 결합할 수 있는 협업확대 등을 통해 플랫폼 형 영업을 강화할 필요가 있다. ⑤ 자회사와의 디지털 관계 강화 그룹 및 지주회사에 의한 디지털 통합은 내부경쟁의 완화 및 전략적 협업을 통해 내부비용을 절감하고 역량의 집중을 통한 디지털 전환에 초점을 맞춘다. 예를 들면, 은행의 경우, 취약한 온라인 결제나 소기업 금융 등을 카드사의 온라인 결제 또는 캐피탈 사와의 소기업 여신 등과 결합하는 형태로 디지털 서비스의 확충이 가능하다.
2. 은행의 차세대 비즈니스 모델 <출처 : 한국금융연구원>	3) 아날로그의 중요성	① 디지털 플랫폼 업체가 [결제+]의 개념으로 금융산업 전반에서 존재감을 높여가고 있는 가운데, 은행업계가 디지털플랫폼 업체에 비해 더 나은 부가가치를 창출하기 위해서는 무엇보다 은행직원의 판매능력 향상이 중요하다는 지적이다. 가. 디지털화는 판매채널의 다양화라는 측면에서는 중요한 전략이지만, 그것만으로는 온라인상에서 부가가치가 높은 판매채널을 창출 할 수 없다. 나. 온라인상에서 판매채널의 생산성을 향상시키기 위해서는 사람과 디지털의 융합을 어떻게 하는지가 최대 관건이다. 다. 은행 내에 새로운 기술을 도입하는 부서를 설립하는 방식으로 디지털화에 대응하는 것이 아니라, 현장에서 사람과 디지털 기술을 융합시켜 판매능력을 강화하는 방안을 구축하는 것이 중요하다. ② 은행이 취급하는 금융상품이나 서비스가 다양해지는 가운데 앞으로 은행직원의 판매능력 향상이 수익개선을 위한 최우선 과제가 될 가능성이 높다. 은행은 다양해지는 금융상품, 서비스를 자행직원을 육성해 높일 것인지, 다른 업태의 인력을 활용해 판매력을 높일 것인지를 결정해야 한다. ③ 한편, 점포 정리를 통해 점포당 생산성을 높이고, 양질의 아날로그 정보를 수집, 활용하여 상품, 서비스 판매능력을 향상시킬 필요가 있다.

2. 은행의 차세대 비즈니스 모델 <출처 : 한국금융연구원>	3) 아날로그의 중요성	가. 양질의 아날로그 정보란, 디지털 정보로는 얻을 수 없는 보다 개인적인 고객정보를 말하며, 은행이 상품, 서비스 판매능력을 높이기 위해서는 기존에 은행이 보유하고 있는 아날로그 정보의 활용이 수익 개선에 더 큰 도움이 될 것이라는 분석이다. 나. 이와 같은 양질은 아날로그 정보를 수집하기 위해서는 고객과의 신뢰관계가 무엇보다 중요하며, 신뢰관계가 강할수록 더 부가가치가 높은 고객정보를 수집할 수 있다. 다. 고객과의 신뢰관계를 강화할 수 있다면 고객의 라이프 사이클에 맞추어 상품, 서비스의 시기적절한 제공이 가능해져 과도한 금리 및 수수료 경쟁으로부터도 벗어날 수 있을 것이다.
3. 금융포용 <출처 : 한국금융연구원>	1) 선진국 현황	선진국에서는 금융 디지털화가 혁신을 통해 금융포용을 촉진하는 요인임과 동시에 금융배제(fi-nancial exclusion)를 일으키는 요인이 될 수 있다. ① 선진국의 경우 금융배제는 복잡한 형태를 띄고 있는데, Kempson et al.(2000)에 의하면 지리적 제약에 의한 배제 이외에도 접근배제, 조건배제, 가격배제, 마케팅배제, 자기배제 등에 의한 배제 등을 고려할 수 있다. • 접근배제(access exclusion) - 신용리스크 평가 프로세스를 통해 금융상품 · 서비스에 대한 접근이 제한됨. • 조건배제(condition exclusion) - 금융상품 · 서비스의 이용조건이 일부 사람들의 니즈에 부합하지 않음. • 가격배제(price exclusion) - 금융상품 · 서비스의 가격이 일부에게만 이용할 수 있을 정도로 높음. • 마케팅배제(marketing exclusion) - 타깃 마케팅으로 사실상 일부가 배제됨. • 자기배제(self-exclusion) - 금융상품 · 서비스의 이용이 거절될 것으로 판단해 스스로 접근을 포기함. * ② 이러한 배제에는 금융기관이 소비자의 니즈와 여건에 맞는 적절한 상품 · 서비스를 제공하지 않음으로써 실질적으로 소비자의 이용을 제약하거나 적합성이 낮은 것을 판매하는 것도 포함된다. ③ 따라서 금융기관에 있어서는 금융 디지털화가 특히 사회적 약자에 대해 미칠 수 있는 부정적인 영향을 억제하면서 어떻게 금융포용으로 연결해 나갈 지가 중요한 과제이다.

3. 금융포용 <출처 : 한국금융연구원>	2) 세계은행의 The Global Findex Database 데이터를 이용해 현재 일본에서 디지털 금융서비스가 어떤 사회계층에서 이용되고 있는지를 고찰	① 연령별 : 20대 이하 68.8%, 30대 64.4%, 40대 73.1%, 50대 51.2%, 60대 37%, 70대 이상 11.5%로 50대 이후 디지털 금융행동이 빠르게 위축되었다. ② 성별 : 남성이 48.5%인 반면 여성은 33.9%로 여성의 디지털 금융행동이 상대적으로 적다. ③ 교육수준별 : 대졸 이상 57.0%, 고졸 38.1%, 중졸 이하 19.0%로 교육수준이 높을수록 디지털 금융행동에 긍정적이다. ④ 결과 가. 고령층, 저교육층, 무직자, 여성들은 금융 디지털화에서 금융배제의 대상이 될 잠재적 위험이 높은 계층이다. 나. 고졸과 비교해 대졸 이상에서는 디지털 금융행동 확률이 11.3% 포인트 높고, 중졸 이하에서는 15.6% 포인트 낮다. 다. 취업자와 비교해 무직자는 디지털 금융행동 확률이 13.0% 포인트 낮다. 라. 저연령층에 비해 고연령층에서, 또한 남성에 비해 여성에서 디지털 금융행동의 확률이 낮아진다.
	3) 방향	① 디지털 금융행동 경험이 부족한 계층은 금융배제의 대상이 될 잠재적 리스크가 상대적으로 크며, 이들은 사회적 약자로서 격차와 불평등에 노출되기 쉬운 계층과도 중복된다. ② 중장기적으로 금융 디지털화를 추진하는 과정에서 특정 계층 즉 사회적 약자를 중심으로 한 금융배제가 발생할 가능성이 존재하며, 이들에 대한 세심한 배려가 필요하다.

결론

의견 제시

한국의 디지털 전환은 불균형적으로 진행되고 있다고 할 수 있다. '2022 디지털 민첩성 지수(DAI) 서베이'에 따르면 선두 기업들은 전사적 디지털 확장에 큰 진전을 이뤘으나, 62%에 달하는 한국 기업들은 즉각적인 필요에 따른 기능적 요건 위주로 기술 도입을 추진하면서 통합화 단계까지 나아가지 못했다. 추후 디지털 전환은 조직 프로세스의 모든 과정에서, 모든 사업분야에서 구현될 것으로 전망되기에 한국의 기업경쟁력을 위해서는 디지털 전환에 관한 통합전략이 반드시 필요한 상황이다.

이에 정부 차원에서는,

첫째, 강력한 디지털전환 담당 컨트롤타워 역할을 해야 할 필요가 있다. 과거 전자정부를 성공적으로 수립했던 노하우를 활용하여 전문가로 구성된 전담 T/F팀 및 부서를 지정하고, 기업의 디지털 전환 정도에 따른 맞춤형 목표 수립으로 글로벌 경쟁력을 이끌어 나가야 할 것이다.

둘째, 디지털 격차를 해소하기 위해 노력해야 할 것이다. 자금 격차 해소를 위해 산업은행 등의 기능을 강화하여 벤처/스타트업 금융지원을 강화해야 할 것이다. 또한 현재 중소벤처기업부에서 실행 중인 비대면 서비스 바우처 사업 지원을 확대할 필요가 있으며, 기업들의 수출마케팅 플랫폼 구축을 지원하여 고객 확보에 도움을 주어야 할 것이다.

셋째, 제조업/IT 융합형 체계를 강화해야 할 것이다. 우리나라의 산업구조 대다수를 차지하는 제조업의 고부가가치화에 중점을 두고, IT융합제품에 대한 R&D 지원은 확대하고 인증허가 규제는 우선 허용 규제 형태로 완화하는 IT 융합형 지원정책 체계 구축이 필요하다.

금융기관 차원에서는,

첫째, 오픈 이노베이션의 환경을 구축할 필요가 있다. 디지털 전환의 환경에서는 가치 창출이 다방면에서 이루어져야 한다는 점에서 대중소간 협력 촉진이 중요하다. 기업간 오픈 이노베이션의 활성화로 테스트베드를 구축하고, 아이디어를 적극적으로 상용화할 기회를 마련하여 중소기업에게는 처분시장 구축의 이득을, 대기업에게는 디지털 전환 비용 절감 계기를 만들어야 할 것이다.

둘째, 적극적인 벤치마킹의 필요가 있다. 많은 기업들이 디지털 전환으로 새로운 효용까지 창출하기를 원하지만, 절대 쉽지 않다. 관행에서 벗어나려면 무엇보다 디지털 전환의 수많은 성공사례를 꼼꼼히 검토하여 전사적인 관점에서 적용할 벤치마킹 능력을 키우는 것이 필요하다. 세부적으로 기업 내 R&D 투자 확대가 필요할 것이며, 시대흐름에 맞는 유연한 조직문화와 산업구조 모니터링 또한 선행되어야 할 것이다.

03 논술사례

주제 1

디지털전환의 시대에 대응하는 감독당국의 정책 방향성을 제시하시오.

서론

응대를 하는 창구업무부터 |
아날로그 방식에서 |
삭제 |

디지털 전환이란, 고객 **응대부터** 백-오피스까지의 업무 프로세스 전반에서, **아날로그로부터** 디지털 방식으로 **그것이** 전환되는 것을 의미한다. 코로나 19 이후, 비대면 및 온라인 서비스 수요가 급증하고, 사회적 거리두기에 의해 재택 근무의 가능성을 확인하는 등, 디지털 전환의 시대적 흐름은 확실한 현재진행형이다. 이러한 흐름에 적절히 대응하지 못하면, 개별 금융기관의 입장에서는 경쟁력의 상실이며, 거시경제적으로는 국가 경제의 신 성장 동력을 저하하게 된다. 따라서, 이하에서는 디지털 전환의 양상을 살피고 그에 응하는 당국의 방향성에 대해 서술하고자 한다.

본론

1. 디지털 전환의 양상

1) 금융의 디지털화

금융의 디지털화 양상으로 가장 두드러지는 측면은 '플랫폼 금융'이다. 기존 금융회사와 비금융 플랫폼 기업의 협업을 통해 다양

한 금융 상품을 하나의 플랫폼에서 접할 수 있게 되었다. 이른바 BaaS(Banking as a Service)를 통해, 금융회사가 Open API를 제공하고 이를 이용하여 다양한 비금융회사의 서비스 개발이 이루어지고 있다.

| 활용

또한 AI, 로보어드바이저 등을 **활요**하는 분야도 확대되고 있다. 비대면 서비스에서의 활용은 물론이고, 레그테크(RegTech)의 도입으로 규제/법률의 준수 여부까지도 체크할 수 있게 되었다. 그리고 금융결제원 같은 경우, FDS(Fraud Detection System)을 도입하여 의심거래 분석 서비스를 금융기관들과 공유하고 있다.

2) 디지털 인재의 확보에 대한 수요 증가

| 삭제

업무의 디지털 프로세스화로 인해, 디지털 역량과 이해도가 높은 **이**재에 대한 수요가 크게 증가하고 있다. 골드만삭스는 인재 흡수를 위해서 '인수채용(Acqui-Hire)' 전략을 적극적으로 활용하고 있다. 인수채용이란, 인재 고용을 목적으로 하는 기업의 인수/합병을 의미한다. 한편, 내부 인재의 디지털 전환도 활발하다. 많은 금융기관들이 기존 직원들에 대해 꾸준히 디지털 교육을 수행하고 있다.

| 인

3) 아날로그 서비스의 고부가가치화

디지털 전환이 시대의 흐름인 것은 확실하**나** 모든 것을 디지털화하여 해결하는 것에는 한계가 있다. 특히, 디지털 플랫폼 산업은 경쟁이 매우 치열하기 때문에 차별화된 부가가치를 생산할 수 있는 채널로서 아날로그 서비스가 부각된다. 아날로그 서비스의 핵심은 직원의 수익 창출 역량과 비정량적 데이터의 확보이다. 고객과의 신뢰 관계를 통해, 디지털 정보로는 접근하기 어려운, 고객의 내밀한 정보까

| 나, (쉼표)

지 파악할 수 있어야 한다. 이를 기반으로 개별고객화된 서비스를 제공하여 고객 만족과 고부가가치를 이끌어낼 수 있다.

4) 포용적 금융의 수단

포용적 금융의 대상이 되는 고객층은 대개, 고금리에 직면하거나 대출이 어려운 고객들이다. 금융의 디지털화를 통해, 취약 계층 고객들은 가장 효율적인 자금 확보 서비스의 서치를 비교적 쉽게 할 수 있게 되었다. 또한, 다양한 정책적 금융 지원 정보를 플랫폼 등에서 한눈에 확인하기 용이하다. 나아가 금융 지원의 대상이 되는 지까지도 쉽게 판단할 수 있다. 즉, 취약 계층의 금융 접근성 제고를 통해 사회적 가치까지 추구할 수 있는 것이 디지털 전환의 **특징이다.**

잘 정리하셨습니다.

2. 디지털 전환의 양면성

1) 긍정적 측면

첫째, 가장 큰 효과는 '시장 경쟁 원리를 통한 효율성'일 것이다. 금융 정보에 대한 접근성이 높아져 누구나 쉽게 금융 비용을 비교할 수 있게 되었다. 즉, 정보 비대칭성이 크게 완화되었다. 이에 따라, 금융 서비스 공급자들이 가격을 낮추고 사회적으로 효율적인 서비스 공급량과 가격을 책정할 가능성이 높아진다.

둘째, 신용평가의 고도화 및 정보/거래비용의 감소를 가져온다. 빅데이터를 통해 신용평가를 세분화하고 고차원적으로 다양한 요소를 고려하여 금융서비스를 제공할 수 있게 되었다. 또한 이 과정에서 겪게 되는 각종 마찰적 비용이 절약된다. 요컨대, 은행을 일일이 방문하지 않아도 고객 자신에게 최적화된 서비스를 찾기 매우 수월해졌다는 의미이다.

2) 부정적 측면

첫째, 금융 플랫폼 기업의 거대화/독과점화가 우려된다. 플랫폼 공급은 API를 통해 다양한 주체가 접근할 수 있지**만** 네트워크 효과나 Lock-in 효과 따위에 의하여 독과점 가능성도 충분히 존재한다. 이러한 경우, 독과점 지위를 이용하여 서비스 가격을 통해 고객에게 비용이 전가되거나, 카르텔에 의한 서비스 가격 담합의 행태가 발생할 수 있다.

| 만, (쉼표)

둘째, 디지털 소외 계층은 여전히 금융 사각지대에 놓여있다. 오히려 아날로그 창구의 축소로 체감 접근성이 낮아질 가능성도 있다. 장년층이나 노년층의 경우 디지털 이해도가 낮기 때문에 디지털 전환의 효용을 누리기 어려울 것이다.

결론

감독당국은 위와 같은 특징들을 고려하여, 디지털 전환의 장점을 살리고 단점을 보완해야 한다.

첫째, 플랫폼 시장의 독과점을 방지하기 위해, 규제 진입장벽을 낮추되 독과점 행위에 대한 규제/감독은 강화해야 한다. 금융감독원은 공공데이터 API를 제공하여 서비스 공급자들의 데이터 접근성을 제고하고 있다. 또한, 이복현 금융감독원장은 '레드 테이프'의 제거, 불필요한 규제의 삭제, 불확실성을 야기하는 보수적 감독행태의 지양 등을 천명하며 규제 완화에 대한 의지를 보이고 있다. 한편, 독과점을 이용한 금융서비스 가격 전가 **따위**가 발생하지 않도록 체계적으로 모니터링 해야 한다. 금융 소비자에게 적절하고 충분한 금융 상품 정보가 적시에 제공되는지, 소비자의 상황에 과도한 금융상품을 이용하도록 프레임적으로 유도하지는 않는지 등을 꼼꼼히 살펴야 한다.

| 줄 바꾸기요

| 행위

둘째, 디지털 전환을 방해하는 규제를 철폐하고, 규제 샌드박스를 활용하여 유연한 전환이 가능하게 해야 한다. 금융감독원은 망분리/클라우드에 관한 규제를 명확히 하고 불필요한 의무 조항을 삭제하고자 추진하고 있다. 이를 속도감 있게 진행하여 규제 불확실성을 제거하는 것이 금융기관의 디지털 전환 탄력성을 제고할 수 있다. 또한 일몰조항을 적극적으로 활용하여, 미래의 기업 활동에서 불필요한 장벽이 되지 않도록 미리 예상하고 규제를 설계해야 한다.

셋째, 빅테크 및 핀테크의 플랫폼을 통한 금융겸업화 현상에 대해, 은행과 유사한 수준의 규제를 설계할 필요가 있다. 각종 지급결제시스템의 실질적 기능상 요구불예금에도 충분히 준하는 것으로 볼 수 있고, 지준의 부족이나 신뢰가 결여되면 런이 발생할 가능성도 배제할 수 없기 때문이다. 이는 기존 금융기관과의 공정한 경쟁 환경을 조성한다는 측면에서도 중요하다. 넓은 의미에서 일종의 '그림자은행'이라고도 볼 수 있기에, 시스템리스크 관리 측면에서도 규제의 유인은 **분명히 존재한다.**

좋습니다.

주제 2

디지털 금융이 금융환경에 미치는 영향과 발전 방안에 대해 논하라.

답안

1. 서론 : 디지털 금융의 중요성 대두
 1-1) 데이터 3법 통과, 오픈뱅킹 활성화, it 기술 혁신
 1-2) 코로나 19 장기화로 비대면 서비스 수요 증가

2. 본론 : 디지털 금융의 효과
 2-1) 긍정적 효과 : 소비자 맞춤형 서비스 제공(금융상품, 언제 어디서나), 신용평가 고도화
 2-2) 부정적 효과 : **금융소외 현상**, 불완전 판매

3. 결론 : **디지털 금융의 경제 성장 촉진**, 사회의 안정성 구축 역할
 3-1) 플랫폼 활성화
 3-2) 비금융 정보 활용
 3-3) 불완전 판매 – 설명 고지
 3-4) 금융소외 – 소피자 파악(대면 서비스와 비대면 서비스 시너지 발휘)

글쎄요
디지털금융은 금융소외를 완화시킵니다. 오히려 금융 디바이드현상을 완화시키는 것이 맞아 보입니다.

언택트 경제
홈코노미가 언급되면 좋겠습니다.

서론

빅데이터 분석, AI 등 IT 기술의 발달과 데이터 3법 통과, 오픈뱅킹 활성화로 금융산업의 디지털 전환이 **일어나고** 있다. 또한 최근 코로나 19가 장기화되면서 금융, 유통 등에서 비대면 서비스의 수요가 늘어나 **디지털 금융의 중요성이 대두되고 있다.** 본고는 디지털 금융이 금융환경에 미치는 영향을 분석하**고** 디지털 금융의 발전 방안에 대해 논의하고자 한다.

가속화되고

언택트 경제, 홈코노미 붐마저 일고 있다. 이에

고, (쉼표)

[본론]
디지털 금융이 금융환경에 미치는 영향을 긍정적 측면과 부정적 측면으로 나누어 논지를 전개하고자 한다.
먼저 긍정적 측면이다

결론

금융이 금융환경에 미치는 긍정적 효과

삭제

1. 디지털 금융의 긍정적 효과

디지털 금융이 금융환경에 미치는 영향을 긍정적 측면과 부정적 측면으로 나누어 논지를 전개하고자 한다. 디지털 금융이 금융환경에 미치는 긍정적 효과는

줄 바꾸기요

기술력과 접목하여

활용함으로

첫째, 소비자 맞춤형 금융서비스를 제공할 수 있다. 빅데이터 **분석과 접합하여** 대량의 비정량 데이터를 **활용하여** 소비자 성향을 분석할 수 있다. 최근에는 데이터 3법의 통과로 소비자의 신용카드 결제 내역을 익명 데이터로 확인할 수 있다. 이러한 정보를 활용하여 기존의 소비자 재무구조, 소득 등의 전통적 금융정보를 분석하는 것을 넘어서서 더 넓은 범위의 정보를 활용할 수 있다. 소비자에게 맞춘 자산관리 서비스, 예적금 및 대출 등을 제공하는데 도움이 될 것으로 기대된다. 이와 더불어 소비자가 모바일 플랫폼을 이용해 언제, 어디서든 금융서비스를 이용할 수 있으므로 소비자가 금융서비스 이용 시간을 직접 결정할 수 있다는 장점이 있다.

예를 들면

둘째, 신용평가를 고도화할 수 있다. 기존에는 재무구조와 소득, 매출 등 한정적인 금융 정보만 신용평가에 활용할 수 있었다. 사회초년생이나 주부 등 금융 거래 이력이 없는 계층이나 우수한 기술을 보유한 창업 기업은 신용 창출에 제한이 있어 자금 조달에 어려움이 있었다. 통신 정보 등 소비자의 성향을 알 수 있는 정보나 지적 재산권에 대한 정보 등을 활용하여 대출 수요를 창출하고 IP 담보 대출도 활성화할 수 **있을 것이다.**

디지털금융의 긍정적 효과가 다소 약합니다.
예도 드시면 좋습니다.
BoA의 ERICA
나
골드만삭스의 Marcus 같은 사례도 설명해 주심이
해외의 디지털금융의 유형을 좀 도 공부하실 필요가 있어 보입니다.

2. 디지털 금융의 부정적 효과

디지털 금융이 금융환경에 미치는 부정적 영향은

| 줄 바꾸기요

첫째, 금융소외 현상이 심화된다. **고령층이나 장애인층은 급변하는 금융환경에 빠르게 적응하지 못하는 경향이 있다.** 디지털 금융의 가속화는 이러한 금융소외 계층의 금융산업의 이해도를 현저히 떨어뜨린다. 모바일 플랫폼을 통한 비대면 서비스가 대면 서비스보다 설명을 글로 구성하는 비중이 높다. 이러한 점은 고령층으로 하여금 금융서비스를 이용하기 어렵게 만든다. 아울러, 금융소외계층은 모바일 플랫폼에 익숙하지 않기 때문에, 금융서비스 이용의 어려움을 심화시킨다.

| 금융소외가 아닌 금융디바이드가 더 맞는 말입니다.
| 디지털 금융은 접근성을 높임으로써 금융포용계층을 늘릴 수 있습니다.

둘째, 불완전 판매가 빈번하게 발생할 수 있다. 모바일 플랫폼으로 다양하고 복잡한 상품 출시가 가능해졌고, 소비자들은 선택의 폭이 넓어서 개별 금융상품에 대한 이해도가 떨어질 수 있다. 금융소외계층은 디지털 금융의 기반이 되는 기술과 메커니즘을 이해하지 못하는 경우가 일반적이다. 따라서 불완전 판매가 이루어져도 적절히 인지하지 못할 가능성이 높다. 또한 다양한 판매채널의 증가와 함께 소규모 금융판매업자들이 신규로 진입하고 경쟁이 치열해지면서 금융회사들이 단기간의 수익확보에 치중해 불완전 판매가 **늘어날 수 있다.**

| 글쎄요
| 불완전판매 문제는 디지털금융 이슈와는 다소 지엽적인 관계일 수 있다는 생각이 듭니다.

결론

[디지털 금융, 금융 거래 활성화와 금융환경 안정에 기여하는 방향으로]

따라서 **디지털 금융은 긍정적 효과를 제고하고 부정적 효과를 줄여 코로나 19로 인한 경제 및 금융산업 침체의 돌파구와 금융환경 및 사회 안정에 기여하는 방향으로 발전해야 한다.** 디지털 금융의 발전

| 이런 뻔한 표현은 좋지 못합니다..

활성화의 방법론이 아쉽습니다.

이 부분은 크게 의미가 없어 보입니다.

다양한 고민은 있지만 what위주의 고민이라서요 how위주의 고민이 좋습니다.

방안으로

첫째, 모바일 플랫폼을 활성화 시켜야 한다. 코로나 19의 장기화로 대면서비스의 어려움이 있기 때문에 **모바일 플랫폼 활성화를** 통해 대출 절차를 간편화하고 적시적소에 유동성이 공급 될 수 있도록 해야 한다. 둘째, 빅데이터 분석과 비금융정보를 활용하여 대출심사에서 유효한 요인을 선별하여 신속하게 기업 및 소상공인에게 유동성이 공급될 수 있도록 해야 한다. **셋째, 질문지 등을 통하여 소비자들이 자신이 처한 환경과 니즈 등을 정확히 파악하고 해당 금융상품이 자신이 필요로 하는 상품인지 인지할 수 있는 환경을 조성해야 한다.** 마지막으로 가격비교공시, 신용정보관리서비스 등 금융상품 판매과정에서 소비자들로 하여금 합리적인 선택을 할 수 있게 유도하는 서비스 등장을 **촉진시켜야 한다.**

주제 3

금융산업 디지털 전환의 중요성과 과제를 논하라

답안

서론

최근 금융산업은 코로나 19를 거치면서 디지털 전환이 가속화되고 있다. 비대면 서비스가 일상화되고 조금 더 편리한 서비스를 요구하는 소비자의 니즈에 맞추기 위해 금융산업은 점차 변화하는 중이다. 대부분의 금융회사의 명운이 '얼마나 효율적이고, 빠르게 디지털 전환에 성공하느냐'에 달려있다 생각하기 때문이다. 이에 본고는 금융산업 디지털 전환의 의미, 디지털 전환의 중요성과 장애물 그리고 효율적 디지털 전환을 위한 과제에 대해 알아보고자 한다.

본론

디지털 전환의 의미

금융회사의 디지털 전환이란, 클라우드컴퓨팅, 인공지능(AI), 빅데이터 솔루션 등 정보통신 기술을 활용하여 전통적인 운영 방식과 서비스 등을 전사적으로 혁신하는 것을 의미한다. 디지털 전환의 시발점은 바로 '스마트폰의 등장' 이다. 시간과 장소에 구애받지 않는 자유로운 웹 환경이 조성된 덕분에 모바일 메신저, SNS 및 동영상 플랫폼 등 디지털 미디어 시장이 폭발적으로 증가했기 때문이다. 또한 2019년 코로나 19가 전 세계를 강타하며 디지털 전환을 더욱더 가속화 시켰다.

디지털 전환의 중요성

연체율 상승 등으로 |
디지털전환 정책의 |
첫째 |

현재 금융시장은 금리상승 및 **여러 악재들로** 인해 디지털 전환보다는 리스크 관리에 관심이 집중되고 있다. 하지만 **정책의** 우선순위가 후순위로 밀릴수록 아래와 같은 문제점이 발생할 수 있다.

삭제 |
더 진화된 |
특히 |

먼저 디지털 역량에 뒤처지게 된다면 기업으로서의 '근본적인 경쟁력 하락'을 피할 수 없을 것이다. 현재 우리의 삶은 코로나 19를 거치며 비대면 거래가 일상화되었고, 이에 금융 소비자의 눈높이 또한 높아졌다. 이전 세대에서는 겪지 못한 **상상을 초월하는** 편리함이 당연시되는 이 시기에 **이에 걸맞은** 서비스를 제공하지 못한다면 새로운 고객 유치는커녕 기존 고객의 이탈을 초래하여 시장에서 도태될 것이다. **가령** 마이데이터 도입과 개인정보보호법 개정 등 새로운 서비스 개발을 위한 각종 제도적 환경이 구축되는 가운데 투자를 주저하면 가장 먼저 고객만족 서비스를 개발한 금융회사에 의해 시장 선점을 당할 수 있다.

둘째 |

또한 '영업이익의 감소'가 불가피하다. 현재 금융소비자의 빅테크 및 핀테크 플랫폼을 통한 금융상품 구매 비중이 높아지는 상황에서 금리와 수수료 등 가격 외의 차별화에 실패하면 플랫폼 종속에 따른 금융상품의 제조와 판매분리 이슈를 논외로 하더라도 가격경쟁에 따른 영업마진의 축소가 불가피하다. 찰스 다윈이 '종의 기원'에서 "적자 생존에 성공하는 종은 강한 종도 아니고 총명한 종도 아닌 변화에 적응하는 종"이라고 했듯이 환경이 크게 변화하는 상황에서는 이에 맞는 변신이 가장 중요하다. 특히 지금처럼 ICT기술의 발전 속도가 점점 빨라지는 상황에서는 금융회사의 디지털 전환이 미래의 명운을 결정할 수 있다.

디지털 전환의 장애물

현재 국내 금융회사 중 디지털 전환에 투자하지 않는 회사는 아마 거의 없을 것이다. 투자의 규모만 다를 뿐 모든 금융회사는 디지털화를 위해 **어느 정도의** 투자를 하고 있다. 그러나 투자금액에 비해 상대적으로 성과가 미미한 금융회사들이 많은데 그 이유에 대해 살펴보자.

| 삭제

| 상당 부분

첫째, 디지털 관련 '비전'이 뚜렷하지 않다. 한정된 자원을 통해 최고의 효과를 보기 위해서는 선택과 집중이 필요한데, 비전도 없이 우선순위를 정하기는 어렵다. 가령 IT회사와의 위수탁 계약을 통해 해당사의 업무에 특화된 ICT기술 개발을 하기로 했는데, 무슨 목적으로 무엇을 어떻게 만들고 싶은지 뚜렷한 방향이 없으면 효율적인 기술개발은 어려울 것이다. 나아가 구체적인 디지털 비전이 있더라도 경영진이 교체될 때마다 다른 방향의 비전이 제시되고 수정한다면 기존의 투자는 무의미해지고 투자의 효율성이 떨어질 수밖에 없다.

둘째, 디지털 전환을 위해 '특정 부서에만 의존'하는 경향이 있다. 이는 투자의 효율성이 떨어질 수 있다. 디지털 전문가들은 현장에서 영업하거나 리스크관리 등 후선업무를 직접 담당하지 않기 때문에 디지털 전환을 비즈니스 모델과 연계하여 수익을 창출하거나 리스크관리에 응용하여 관련 시스템을 효율적으로 구축하는데 한계가 있다. 또한 디지털 부서에만 맡기면 IT 전문가들이 기술 우선주의나 개발자 편의주의에 빠져 정작 금융소비자의 편의성을 등한시하는 경우가 생길 수 있다. 따라서 소비자와의 소통 채널에 있는 부서와의 협업이 필요하다.

셋째, '경직된 조직문화'가 디지털 전환을 위한 투자의 효율성을 떨어뜨릴 수 있다. 금융회사들은 ICT기업에 비해 수직적 문화가 강하기 때문에 젊은 직원의 신선한 의견을 내도 디지털 전환에 반영되기 어려울 수 있다. 또한 대출이 부실화되면 담당자가 책임을 지듯이 새로운 시도가 처벌로 이어질 것에 대한 두려움으로 인해 새로운 아이디어가 있어도 소통하지 않을 수 있다. 특히, 디지털 전환을 담당하지 않는 부서 직원의 입장에서 디지털 전환의 결과 인력을 감축하면 자신의 후생이 나빠질 수 있어 적극적인 의견 피력을 자제할 가능성이 있다.

제안

결론

디지털 전환을 위한 과제

금융회사가 경쟁력을 잃지 않기 위해서는 다음과 같은 노력이 필요하다.

첫째, 기업의 '전사적 관심과 노력'이 필요하다. 금융회사가 디지털 전환에 성공하기 위해서는 경영진이 디지털 전환에 꾸준한 관심을 보여야 한다. 디지털 전환에 성공적이라 평가받는 국내 기업들은 경영자의 지대한 관심을 가지고 추진한 경우가 대부분이다. 임기가 짧고 성과에 따른 보상이 확실한 금융회사 경영진 입장에서 디지털 전환처럼 자사의 미래를 위한 대규모 투자를 통해 현재의 이익을 희생하는데 큰 관심을 가지기 어려울 수 있다. 이 때문에 경영진의 장기 성과보수 체계에 디지털 전환의 성과를 반영할 필요가 있다. 다만 디지털 전환의 성과를 금전적으로 환산하는데 어려움이 있을 수 있어 자사의 디지털 전환 비전에 부합하는 로드맵을 세우고 로드맵의 달

부터

성도를 평가해야 할 것이다.

둘째, 디지털 부서와 타 부서들과의 협력체계를 구축해야 한다. 협업을 통해 소비자의 피드백을 제대로 전달하여 편의성을 높이고, 빅데이터와 AI기술을 실제 영업과 후선업무에 효과적으로 적용하기 위한 방안을 찾아야 투자의 효율성을 높일 수 있기 때문이다. 정부 조직에서 하듯이 TF팀을 기능별로 운영할 수 있고 일부 금융그룹에서 하듯이 ICT 조직과 사업조직이 함께 일하는 애자일 조직을 구성할 수도 있다. 그리고 디지털 관련 임원의 입지도 **탄탄하게 만들어** 업무 협업의 균형이 맞을 수 있게 노력해야 할 것이다.

| 보장해

셋째, 디지털 관련 실적에 대해 중장기적인 관점을 가져야 한다. 무엇이든 기존과 다른 새로운 일을 하는 것은 낯설고 두렵기 마련인데, 디지털 전환을 위해 새로 추진하는 일의 결과에 대해 일희일비하면서 담당자에게 책임을 추궁한다면 새로운 시도를 할 수 없다. 무엇보다 **디지털 부서에 경우** 중장기적인 변신을 추구하는 곳인데, 단기 실적을 가지고 몰아세운다면 우수한 인재가 해당 금융회사나 해당 부서에 **가지** 않을 것이다.

| 디지털 부서는

| 머무르지

chapter 24 ESG경영과 금융의 역할

01 논제 개요 잡기 [핵심 요약]

<table>
<tr><td>서론</td><td>이슈언급</td><td colspan="2">'ESG'란, 기업의 비재무적 요소인 환경(Environment) · 사회(Social) · 지배구조(Governance)를 뜻하는 말
하지만, 이러한 열풍에도 우려점도 제기
첫째, ESG는 하나하나가 거대 담론임
둘째, 모호한 개념과 상이한 평가방식도 문제
셋째, 기업은 주주 – 이사회 간 대리인문제, 사회적 가치의 측정의 어려움 등으로 임계수준 이상으로 ESG 투자를 집행하기 어려움
넷째, 막대한 투자 규모에 비해 장기 수익성 확보는 쉽지 않을 것이란 지적도 나옴</td></tr>
<tr><td rowspan="2">본론</td><td rowspan="2">1. ESG</td><td>1) 등장배경</td><td>기업의 이익 추구를 최우선으로 두는 주주 자본주의 시스템은 지속 가능하지 않으며, 주주뿐만 아니라 근로자, 고객, 협력회사, 지역사회 등 이해관계자 전체의 이익을 고르게 추구하는 이해관계자 자본주의로 전환해야 한다는 의견이 힘을 얻게 됨</td></tr>
<tr><td>2) ESG</td><td>① ESG 경영은 주주 자본주의에서 이해관계자 자본주의로의 전환을 목표로 기업이 환경(Environment), 사회(Social), 지배구조(Governance) 부분에 의미 있는 자원을 배분하는 경영 전략을 뜻함</td></tr>
</table>

	1. ESG	2) ESG	② 경제학적 관점에서 ESG 경영이란, 과거 기업의 경영활동 과정에서 나타난 환경문제, 사회문제 등의 외부효과와 주주 - 이사회 간 대리인 문제를 기업 스스로 내재화한 경영 전략을 뜻함
본론	2. ESG 경영의 필요성과 금융의 역할 <출처 : 자본시장 연구원>	1) ESG 경영의 필요성	① 이해관계자들의 사회적 가치 제고에 보다 많은 니즈를 가지고 있음 ② ESG 관련 규제 강화 ③ 기업이 ESG 경영을 적극적으로 추구하면 ESG 관련 가치에 보다 효율적으로 자원을 배분할 수 있어 기업뿐만 아니라, 고객, 근로자, 공급망, 지역사회 모두 재무적 가치와 사회적 가치의 증가 효과를 공유할 수 있음
		2) 한계	① 이사회와 CEO는 재무적 가치를 극대화하는 의사결정을 할 것 ② CEO의 임기와 성과는 재무적 성과에 연계되어 있어, CEO는 사회적 가치보다 재무적 가치에 보다 많은 자원을 배분하려고 할 것 ③ 비계량적 요소들로 구성된 ESG 가치를 계량적인 값으로 측정하는 것은 쉬운 일이 아님 ④ 재무적 가치와 사회적 가치의 투자시계가 다른 것도 문제 ⑤ 상당수 기업들은 규제의 임계수준까지만 ESG 가치에 투자할 것 ⑥ 규제 강화 시 공급망 비용이 상승하고 일자리가 감소하는 등 경제 전반에서 부작용이 예견될 수 있음
		3) 금융권의 방향	① ESG 가치의 시장 거래를 활성화하여, 기업들로 하여금 유인 부합적 ESG 경영을 유도하는 방안이 필요함 ② 기업의 ESG 경영 촉진을 위해 ESG 성과연계 금융 중개를 활성화해야 함 ③ ESG 가치를 객관적으로 측정하고 평가하는 인프라가 필수적 ④ 법과 제도를 개선하는 것도 필요 ⑤ 금융은 자금중개 기능을 직접 담당하기 때문에 ESG 리스크를 통제하고 관리하는 데 핵심적인 역할을 해야 함. 또한 금융권 자체적으로도 ESG 경영을 위한 노력을 병행함으로써 지속가능한 금융(sustainable finance)을 실현
결론	의견제시	첫째, 환경(E) 요소는 기후변화에 능동적으로 대처하고 친환경 투자에 대한 지원을 강화하는 것	

결론	의견제시	둘째, 사회(S) 요소는 고령화, 소득 양극화, 세대간 갈등, 취약계층 보호 등 다양한 사회문제를 해결하려는 노력과 연관되어 있다. 나아가 노동권, 인권, 복지, 보건 등의 문제도 포함 셋째, 지배구조(G) 요소는 이사회의 구성과 밀접한 관련이 있음 ESG는 이제는 당당한 흐름이 되고 있음. 환경 · 사회 · 지배구조 기반으로 세계경제가 재편된다면 국내경제도 보다 선제적이어야 함

02 논제 풀이

서론

이슈 언급 2020년 이후, 산업계와 금융계의 화두는 'ESG'다. 기업의 비재무적 요소인 환경(Environment) · 사회(Social) · 지배구조(Governance)를 뜻하는 말이다. 기업의 재무적 성과만 판단하던 기존 방식과 달리, 이제는 비재무적 요소를 중요시한다는 것이다. 따라서, 기업 가치와 지속 가능성에 영향을 주는 ESG가 새로운 평가의 주요 기준이 되는 셈이다. 하지만, 이러한 열풍에도 우려점도 제기된다.

첫째, ESG는 기업이 환경, 사회 분야에서 기여는 물론 지배구조의 투명성까지 확보하려 힘써야 한다는 것이다. 하나하나가 거대 담론이다. 포용적 자본주의나 따뜻한 자본주의는 언제나 되풀이 되는 화두였다. 예컨대 지난 2008년 글로벌 금융위기 직후 자본주의, 금융시스템의 리폼이 화두가 되었고, 리먼 사태 이후 IB들을 중심으로 금융시장의 근본적인 변화에 대한 기대도 있었다. 하지만 몇 년 걸리지 않아서 JP 모건 등 주요 IB들이 이전보다 더 강력한 모습이 돼 돌아왔다. 포용적이고 따뜻한 자본주의 논의는 그렇게 지속적이지 못했고 쉽게 동력을 상실하곤 했다.

둘째, 모호한 개념과 상이한 평가 방식도 문제이다. 기업별 ESG를 평가하는 해외기관만 600곳에 달하며, 우리나라도 최소 3곳 이상이 존재한다. 기업들이 혼란을 겪을 수밖에 없는 구조다. 일관성 없고 광범위한 평가 범주가 자칫 ESG의 의미를 퇴색시키게 될 가능성도 높다는 의미이다.

셋째, 어느 선까지의 ESG 추구가 주주가치를 극대화해야 한다는 자본주의 근본속성과 타협되는 점인지에 대한 본질적인 고민도 필요하다. 기업은 주주 – 이사회 간 대리인문제, 사회적 가치의 측정의 어려움 등으로 임계수준 이상으로 ESG 투자를 집행하기 어렵다.

넷째, 막대한 투자 규모에 비해 장기 수익성 확보는 쉽지 않을 것이란 지적도 나온다. 이런 흐름이 소비자들의 비용 부담으로 이어질 것이란 관측도 있다. ESG 투자의 수익률을 제대로 파악하기 어렵다는 우려도 있다. ESG 투자는 장기간 막대한 비용을 쏟아야 하지만 수익률을 계량화하긴 어렵다는 얘기다.

이러한 문제점들에도 불구하고 세계 3대 글로벌 자산운용사 중 하나인 블랙록은 자사의 모든 상품에 ESG를 통합하는 전략을 펴고 있다. 이제 ESG에 뒤처지면 투자를 못 받는 시대가 됐다. ESG가 모든 기업 국가 차원에서 지속 가능한 성장의 핵심 기준 원칙이 되는 그런 개념으로 자리를 잡게 된 셈이다.

ESG는 간단히 말하면, 기업의 포괄적 리스크 관리라고 할 수 있다. 리스크 관리는 비용을 수반하게 된다. 즉, 공짜가 아니다. 하지만 그럼에도 리스크 관리는 꼭 해야 하는데, 이는 바로 지속 가능성을 높이기 때문이다. 기업의 복원력을 강화하기 위해서 이 같은 리스크는 단기적인 성과를 비용으로 지불해서라도 반드시 해야 하는 것이다. 즉, 기업들 입장에서는 ESG가 선택사항이 아니라 필수사항임을 가늠케 한다.

이에 본지에서는 ESG의 등장배경과 필요성 그리고 앞으로 지속 가능한 ESG 기조가 유지되기 위한 금융업의 정책적 방향성에 대하여 논하기로 한다.

본론

1. ESG <출처 : 자본시장연구원>	1) 등장배경	① 코로나19 이후 주주 자본주의의 한계가 드러남에 따라, 이해관계자 자본주의로 전환해야 한다는 목소리가 힘을 얻게 되었다. 특히 2008년 글로벌 금융위기와 코로나 19 위기를 겪으면서 노동의 몫이 줄고, 자본의 몫이 확대되는 추세가 가속화됨에 따라 사회 전체적으로 양극화가 더욱 확대되었다. ② 한편 기업은 단기적 이익 창출을 최우선 목표로 추구함에 따라 환경오염, 지구온난화 등 부정적 외부효과들이 증가했다. 그뿐 아니라 빈곤 인구가 줄지 않고, 가계부채가 꾸준히 증가하고 있으며 경기변동 과정에서 일자리가 줄고 양극화가 확대되는 등 주주 자본주의의 다양한 부작용이 관찰되고 있다. ③ 이에 기업의 이익 추구를 최우선으로 두는 주주 자본주의 시스템은 지속 가능하지 않으며, 주주뿐만 아니라 근로자, 고객, 협력회사, 지역사회 등 이해관계자 전체의 이익을 고르게 추구하는 이해관계자 자본주의로 전환해야 한다는 의견이 힘을 얻게 되었다.
	2) ESG	① ESG 경영은 주주 자본주의에서 이해관계자 자본주의로의 전환을 목표로 기업이 환경(Environment), 사회(Social), 지배구조(Governance) 부분에 의미 있는 자원을 배분하는 경영 전략을 뜻한다. ② 경제학적 관점에서 ESG 경영이란, 과거 기업의 경영활동 과정에서 나타난 환경문제, 사회문제 등의 외부효과와 주주 - 이사회 간 대리인 문제를 기업 스스로 내재화한 경영 전략을 뜻한다. 주주 자본주의 체제에서 기업의 영향력이 갈수록 커지는 가운데, 기업의 경영활동 과정에서 발생한 환경오염, 사회문제 등 부정적 외부효과의 규모가 빠르게 증가했고, 정부는 재정 부담이 늘어 더 이상 외부효과를 혼자서 감당하기 어려워졌다. 또한 ICT 기술의 발달로 기업의 경영활동 과정에서 발생한 부정적 외부효과와 취약한 지배구조 문제점이 다수의 소비자들에게 SNS 등을 통해서 빠르게 전달됨에 따라 기업들은 평판위험 관리를 위해 ESG 경영을 추구하려는 유인이 증가했다.

1. ESG <출처 : 자본시장연구원>	2) ESG	③ CSR VS ESG **CSR** - 기업이 사회적 책임을 적극적으로 수행할 때 기업의 장기 경제적 가치가 높아질 수 있다는 개념 - 경제학적으로 기업이 추구하는 목표에는 큰 변화를 두지 않고, 장기 경제적 가치 제고를 위하여 근로복지 개선, 협력회사와의 상생관계 유지, 환경보호 등에 보다 많은 자원을 배분하는 전략 - CSR는 주주 자본주의를 추구하는 과정에서 이해관계자 니즈 만족을 도구로써 사용하는 전략 **ESG** - ESG 경영은 기업의 목적을 사회적 가치와 경제적 가치의 공동 제고로 설정하고, 이해관계자의 효용 증대를 목표로 경제적 가치와 사회적 가치 사이에 적절한 균형을 찾아 인적, 물적 자원을 효율적으로 배분하는 전략 - ESG 경영은 이해관계자 자본주의의 완성을 위해 다양한 이해관계자 효용 제고를 목표로 사회적 가치와 경제적 가치 사이에 적절한 균형을 찾는 전략
2. ESG 경영의 필요성과 금융의 역할 <출처 : 자본시장연구원>	1) ESG 경영의 필요성	① 이해관계자들의 사회적 가치 제고에 보다 많은 니즈를 가지고 있다. 가. 다수의 근로자들은 임금의 차이가 크지 않다면 ESG 경영을 적극적으로 수행하는 회사에서 일하는 것을 선호한다. 나. 소비자 행태도 예전과 달라져서, 사회적 책임을 소홀히 한 회사의 싼 제품보다 가격이 다소 비싸더라도 사회적 책임을 적극적으로 수행하는 회사의 제품을 선호한다. 다. 공급망 사슬(Supply-Chain) 관점에서 협력회사들도 ESG 경영에 소홀히 한 기업과 거래를 하면, 평판위험이 크게 저하되어 브랜드가치 하락에 따른 수익성 악화까지 이어질 수 있어 ESG 경영에 충실한 기업을 선호한다. 라. 지역사회와 정부 역시 특정 기업이 ESG 경영을 통해 부정적 외부효과를 줄인다면, 재정 부담을 덜고 일자리 창출, 기부 등 기업이 창출한 사회적 가치를 공유할 수 있는 등의 혜택을 볼 수 있다. → 기업이 ESG 경영을 가속화할수록 기업을 둘러싼 이해관계자들의 전체 효용은 예전보다 증가할 것으로 기대된다. ② ESG 관련 규제 강화 가. 국제적으로 기후변화가 가속화되고, 세대 간의 비용분담 문제가 정치적 이슈가 되면서 주요국 정부는 부정적 외부효과를 기업에 내재화시키기 위해 ESG 관련 규제를 강화해왔다. 최근 우리 정부도 환경 관련해서 「2050 탄소중립 추진전략」을 발표하며 기업들로 하여금 온실가스 배출량을 줄이고 환경공시 강화 등 기후위기에 적극적으로 대응하도록 관련 제도를 마련했다. 기업들은 연도별로 탄소 배출을 일정 수준 이하로 줄여야 하며 임계수준을 초과한 만큼 탄소배출권을 구입해야 한다. 나. 사회 부문에서도 「근로기준법」에서 제정한 52시간 근무제 준수, 「중대재해기업처벌법」에 따른 안전사고 주의의무 강화 등 규제가 강화되었다.

다. 지배구조 개선 관련해서도 「상법」에서 감사위원 분리선출, 다중대표소송제 등이 도입되는 등 규제가 강화되었다.

③ 기업이 ESG 경영을 적극적으로 추구하면 ESG 관련 가치에 보다 효율적으로 자원을 배분할 수 있어 기업뿐만 아니라, 고객, 근로자, 공급망, 지역사회 모두 재무적 가치와 사회적 가치의 증가 효과를 공유할 수 있다.

가. ESG 경영을 통해 주주와 주주 외의 이해관계자 모두 윈-윈 효과를 누릴 수 있는 것이다. 예를 들어, 기업이 친환경 생태계 조성에 의미 있는 자원을 배분하면, 브랜드 가치 제고를 통해 수익성과 성장성이 향상될 뿐 아니라 낮은 이자비용의 자금 조달이 가능해져 비용을 줄일 수 있어 기업의 가치를 제고할 수 있고, 고객 역시 친환경 기업의 제품을 구입함으로써 보다 큰 효용을 느낄 수 있다.

나. 기업이 ESG 경영을 추구하면 근로자와 기업 모두 윈-윈 효과를 누릴 수 있다. 예를 들어, 기업이 우리 사주의 무상출연을 확대하고 근로복지를 개선하면 근로자는 근로의욕과 주인의식이 높아져 기업의 생산성과 수익성이 증가할 뿐 아니라 업무관련 사고가 감소하는 등 전사적 운영리스크를 줄일 수 있다.

다. 공급망 사슬과 지역사회 관점에서도 ESG 경영을 통해 기업은 수익성과 성장성을 높이고 비용을 줄이는 등 효과를 얻을 뿐 아니라, 협력회사와 지역사회 모두 신규 사업 발굴과 부정적 외부효과의 감소를 통해 재무적 가치와 사회적 가치를 창출할 수 있는 기회를 얻을 수 있다.

2. ESG 경영의 필요성과 금융의 역할

<출처 : 자본시장연구원>

1) ESG 경영의 필요성

2) 한계

① 이사회와 CEO의 인센티브가 이해관계자 니즈 충족이 아닌, 재무적 성과에 연동되어 있기 때문에 이사회와 CEO는 재무적 가치를 극대화하는 의사결정을 할 것이다.

② CEO의 임기는 비교적 짧고 CEO의 연임과 같은 의사결정이 재무적 성과에 연계되어 있어, CEO는 사회적 가치보다 재무적 가치에 보다 많은 자원을 배분하려고 할 것이다. 설령 특정 CEO가 사회적 가치에 의미 있는 자원을 배분하였다고 하더라도 현 제도 하에서는 사회적 가치 창출 전략을 추구하면서 경제적 가치를 희생하는 CEO는 그 직을 오래 유지하기 어렵게 된다.

③ 사회적 가치에 자원을 배분하려면 ESG 가치나 성과를 객관적으로 측정하는 것이 필요한데, 비계량적 요소들로 구성된 ESG 가치를 계량적인 값으로 측정하는 것은 쉬운 일이 아니다.

④ 재무적 가치와 사회적 가치의 투자시계가 다른 것도 문제이다. 재무적 가치에 대한 투자는 비교적 단기간에 성과를 실현할 수 있으나, 사회적 가치에 대한 투자는 장기간에 걸쳐서야 성과를 기대할 수 있기 때문이다.

2. ESG 경영의 필요성과 금융의 역할 <출처 : 자본시장 연구원>	2) 한계	⑤ 정부가 규제 강화를 통해 ESG 가치에 의무적으로 자원을 배분하도록 유도하면, ESG 관련 투자가 증가하여 주주 자본주의의 한계를 극복하는 데 다소 도움이 될 수 있다. 그러나 규제 강화에는 부작용이 따르기 마련이다. 우선 상당수 기업들은 규제의 임계수준까지만 ESG 가치에 투자할 것이다. 규제의 임계수준을 넘어 ESG 가치에 투자하는 것이 이해관계자 효용 증대에 도움이 되더라도 기업의 주주-이사회 간 대리인 문제 등으로 인해 최소한의 수준까지만 ESG 가치에 투자하게 될 것이다. ⑥ 규제를 준수하지 못하는 기업은 생존이 어려워, 규제 강화 시 공급망 비용이 상승하고 일자리가 감소하는 등 경제 전반에서 부작용이 예견될 수 있다.
	3) 금융권의 방향	**기업이 유인을 갖고 ESG 경영을 촉진하려면 금융의 역할이 중요하다.** ① ESG 가치의 시장 거래를 활성화하여, 기업들로 하여금 유인부합적 ESG 경영을 유도하는 방안이 필요하다. ESG 가치를 자본화하고 이를 금융시장에서 활발히 거래할 수 있도록 유도하면 기업의 ESG 경영을 촉진시킬 것으로 기대할 수 있다. 가. 구체적으로 기업이 규제 임계 수준 이상으로 ESG 가치에 자원을 배분한 경우, 임계수준 이상의 ESG 가치를 금융시장에서 사고 팔 수 있게 해서 ESG 관련 위험을 금융시장에서 자율적으로 배분하도록 돕는 것이다. 나. ESG 가치에 임계 수준 이상으로 투자하여 일정 성과를 거둔 기업은 ESG 가치를 매도함으로써 초과한 ESG 성과만큼 재무적 이익을 거둘 수 있다. 반대로 ESG 가치에 자원을 배분하는데 많은 비용이 수반될 것으로 예상한 기업은 ESG 가치를 시장에서 직접 매수함으로써 ESG 경영의 불확실성을 낮출 수 있다. ESG 가치에 대한 자원 배분을 임계 수준 이상으로 수행하는 기업들에게 초과분 만큼 재무적 이익으로 돌려주면 기업들은 유인을 가지고 ESG 경영을 가속화할 것으로 기대할 수 있다. 다. 예를 들어, ESG 가치를 거래할 수 있는 금융시장으로는 탄소배출권 거래시장이 있다. 온실가스 감축을 보다 많이 수행한 기업은 정부로부터 받은 무상할당량 등을 시장에서 팔아 재무적 수익을 거둘 수 있으며, 외부 배출시설에서 온실가스를 감축한 경우 정부로부터 실적을 인정받아 배출권으로 전환하는 것도 가능하다. 반대로 온실가스 감축 목표를 달성하기 어려운 기업들은 배출권 시장에서 탄소배출권을 매수하여 감축 목표를 하회한 만큼 상쇄할 의무를 진다. 탄소배출권 거래시장 외에도 주요 국가들은 플라스틱 가치 거래소, 스마트 그리드 활성화를 위한 전력거래소 등도 활성화를 추진하고 있다.

2. ESG 경영의 필요성과 금융의 역할 <출처 : 자본시장 연구원>	3) 금융권의 방향	② 기업의 ESG 경영 촉진을 위해 ESG 성과연계 금융 중개를 활성화해야 한다. 가. 금융회사가 기업에게 자금을 빌려줄 때 ESG 성과가 우수할수록 대출이자를 할인해주는 중개 방법이 대표적이다. 나. 직접 금융의 경우, 금융투자회사가 ESG 채권 발행을 주선하여 일반 채권보다 낮은 금리로 기업에게 자금을 빌려주는 방식이며 간접 금융의 경우, 은행이 ESG 프로젝트를 수행하는 기업에게 기존보다 낮은 금리로 자금을 대출해주는 방식이다. 다. ESG 채권은 녹색 채권(Green Bond), 지속가능 채권(Sustainability-Linked Bond), 사회성과 연계 채권(Social Performance Linked Bond), 전환 채권 (Transition Bond) 등을 모두 포함하는 개념으로 ESG 가치에 부합하는 경우 낮은 금리로 자금을 빌려주지만, ESG 가치에 부합하지 않으면 일반 채권과 유사하거나 더 높은 금리로 자금을 빌려주는 것을 가정한다. 라. 정부 역시 ESG 성과연계 금융을 통해 효용 증대 효과를 누릴 수 있다. ESG 관련 프로젝트가 증가하면 환경오염, 사회적 양극화 등 부정적 외부효과가 감소하여 정부의 재정 부담이 줄어들 뿐 아니라, 그린텍(Green Tech), 소셜텍(Social Tech) 등 ESG 관련 신성장 산업이 활성화되어 일자리 증가 등의 긍정적 외부효과를 창출할 수 있다. 마. 이처럼 기업, 투자자, 정부 모두 ESG 성과연계 금융을 통해 효용이 증가할 것으로 예상하는 등 ESG 성과연계 금융은 새로운 파레토 균형을 찾는데 도움을 줄 수 있다. 바. 다만 ESG 성과연계 금융은 기업의 ESG 경영을 가속화하는데 한계가 있을 수 있다. A. 기업이 ESG 성과연계 금융을 통해 얻는 경제적 이익이 사회적 가치 투자에 따른 비용보다 크지 않다면 기업은 ESG 성과연계 금융을 활용할 유인이 크지 않을 수 있다. B. ESG 성과연계 금융을 중개하는 금융회사는 순이자마진 감소 및 중개 수수료 감소 등으로 수익이 줄어들 가능성이 있어 ESG 성과연계 금융을 중개할 유인이 크지 않을 수 있다. C. 따라서, 금융회사에게도 유인부합적인 인센티브가 제공되어야 한다. 물론 금융회사의 공공성을 강조하면서 금융회사로 하여금 ESG 성과연계 금융 중개를 수행하게 하는 방법도 있지만 ESG 관련 프로젝트의 수요가 증가하면 금융회사가 해당 자금 중개 수요를 전적으로 부담하는 데에는 한계가 따를 수 있다. 예를 들어 ESG 관련 프로젝트에 낮은 금리로 대출을 수행하면 역마진이 발생할 수 있는데, 관련 대출 규모가 증가하면 금융회사가 공공재적인 역할 만으로는 역마진 손실을 감당하기 어려울 수 있다. 즉 금융회사에게 실질적인 인센티브를 제공하여 ESG 성과연계 금융 중개를 활성화하는 정책이 필요하다.

2. ESG 경영의 필요성과 금융의 역할 <출처 : 자본시장 연구원>	3) 금융권의 방향	D. 유럽, 일본 등의 사례를 참고해 ESG 성과연계 자금을 제공하는 금융회사에게 보조금 지급 및 세제 혜택을 제공하거나 금융회사로 하여금 자산운용 및 건전성 규제를 완화해주는 제도를 적극적으로 검토할 필요가 있다. ③ ESG 가치를 객관적으로 측정하고 평가하는 인프라가 필수적이다. 가. 이사회와 CEO가 유인을 가지고 ESG 가치에 투자할 수 있으려면 ESG 가치와 성과를 객관적으로 측정하고 비교할 수 있어야 한다. 나. ESG 가치의 시장거래를 활성화하고, ESG 성과연계 금융 중개를 활성화하기 위해서도 ESG 가치를 객관적으로 측정할 수 있는 인프라가 뒷받침되어야 한다. 다. ESG 워싱(Washing : 실제로는 ESG 경영과 거리가 있는 경영을 하면서도 ESG 경영을 지향하는 것처럼 표방하는 행태)을 방지하기 위해서라도 ESG 가치를 객관적으로 측정하는 것이 중요하다. 라. ESG 가치를 객관적으로 평가하고 측정하는 것은 쉬운 일이 아니다. ESG 요소는 환경, 사회, 지배구조 등 비재무적 항목들로 구성되어 있어 객관적인 수치로 계량화하는 것이 어렵기 때문이다. 또한 ESG 요소의 중요도는 시간에 따라 가변적일 수 있고, 국가마다 상이할 수 있다. 산업화로 미세먼지, 수질오염 관리 등이 보다 중요해지고 있고, 기후와 문화의 차이로 인해 국가마다 ESG 항목들의 중요도가 다를 수 있다. 산업별로도 ESG 요소의 중요도가 다르게 관찰된다. 철강, 석유화학 업종은 온실가스 배출량이 다소 많고, 공급망 사슬의 관리가 매우 중요하지만 금융 업종은 해당 이슈가 크게 중요하지 않다. 마. 즉 구제적으로 정합성을 갖춘 ESG 요소들을 찾아 표준화와 계량화하는 작업을 추진하되 한국적 상황과 산업별 특징을 고려하여 ESG 요소들의 중요도를 판단하는 작업이 필요할 것이다. A. ESG 관련 정보비대칭을 해소하기 위해 금융회사들은 기업들로 하여금 ESG 요소 중 중요 내용을 공시하도록 유도하고, ESG 관련 지수를 적극적으로 개발해야 한다. B. 증권회사들은 리서치 역량을 강화하여 개별 기업의 ESG 경영 현황을 일반투자자에게 알리는 역할을 강화해야 하며, ESG 점수의 개선 가능성이 높은 기업들을 찾아, 투자를 중개하거나 직접 지분투자를 수행하는 역할도 확대해야 한다. C. 자산운용사와 연기금은 ESG 점수가 우수한 기업들에게 더 많은 지분투자를 수행하고, ESG 점수가 낮은 기업들은 투자 비중을 줄이거나 투자에서 배제하는 전략을 고려할 수 있다. D. 신용평가 회사들은 향후 기업의 ESG 경영 전략을 체계적으로 평가하여 기업이 보유한 ESG 가치를 신용평가등급 산출에 반영하는 것이 바람직할 것이다.

2. ESG 경영의 필요성과 금융의 역할 <출처 : 자본시장연구원>	3) 금융권의 방향	④ 법과 제도를 개선하는 것도 필요할 것이다. 가. 기업의 이사회와 CEO가 이해관계자 효용 증대를 목적함수로 둘 수 있도록, 이사회와 CEO의 역할과 책임에 대한 심도 있는 논의가 필요할 것이다. 기업 내에 ESG 위원회를 설치하고 ESG 전담부서를 두는 것만으로는 기업이 ESG 경영을 추구한다고 볼 수 없다. 이사회와 CEO의 경영 철학이 근본적으로 바뀌어서 사회적 가치 창출을 기업의 목적에 추가하고 이해관계자의 효용 증대를 최우선 목표로 설정하고 이를 위해 적극적으로 사회적 가치를 위하여 자원을 배분할 수 있어야 한다. 이를 위해 이사회 구성 및 역할과 책임 재정립 등 지배구조 개선 방안을 모색하는 것이 필요하다. 나. 장기적으로 이해관계자 니즈를 반영하여 이사회를 구성하고, 사회적 성과를 위해 보다 많은 인적, 물적 자원을 배분할 수 있도록 조직 문화를 개선하는 것도 필요할 것이다. ESG 가치는 장기간에 걸쳐 성과를 기대할 수 있는 만큼 장기투자 문화를 유도하는 것이 중요하다. ⑤ 금융은 자금중개 기능을 직접 담당하기 때문에 ESG 리스크를 통제하고 관리하는데 핵심적인 역할을 해야 한다. ESG 정보의 투명성과 신뢰성이 확보된다면 금융권에서는 착한 기업이나 투자 대상을 적극 발굴해 자원배분의 효율성을 제고할 수 있을 것이다. 또한 금융권 자체적으로도 ESG 경영을 위한 노력을 병행함으로써 지속가능한 금융(sustainable finance)을 실현할 것으로 기대된다.

결론

의견 제시

ESG 경영은 환경(Environment), 사회(Social), 지배구조(Governance) 등 3가지 요소를 포함하고 있는데, 그 동안 국내에서는 환경(E)보다 사회(S)나 지배구조(G)에 대해 상대적으로 관심이 높았다. 또한, 사회 구성원들이 각 요소에 대해 개별적으로 접근하다 보니 추진력이 약했던 것도 사실이다. ESG 경영은 개별 요소가 아닌 통합적인 시각에서 접근해야 한다. 따라서 글로벌 환경이 우호적으로 바뀐 만큼 새로운 시각에서 ESG 구성요소를 정확하게 인지하고 필요성에 대한 공감대를 형성하는 것이 중요하다.

첫째, 환경(E) 요소는 기후변화에 능동적으로 대처하고 친환경 투자에 대한 지원을 강화하는 것이다. 2021년 1월부터 파리기후협약이 본격적으로 발효된 가운데 바이든 미 대통령이 취임 직후 파리기후협약 복귀를 선언하는 등 대부분 국가들이 기후변화 문제에 동참하기 시작했다. 글로벌 자산운용사, 연기금 등도 기후변화를 유발하는 투자대상을 배제하고 있으며, 이들은 기후변화 주주행동주의(climate activism)를 대표하고 있다. 투자대상 기업으로 하여금 파리기후협약을 준수하면서 탄소배출의 억제를 유도하도록 주주권을 행사하는 구조이다. 국내외 은행들도 석탄 화력발전 산업 등에 대한 금융지원을 과거대비 적극적으로 축소하는 방향으로 움직이고 있다.

둘째, 사회(S) 요소는 사회적 책임(Corporate Social Responsibility: CSR) 과 공유가치창출(Creating Shared Value: CSV)보다 포괄적인 개념이다. 고령 화, 소득 양극화, 세대간 갈등, 취약계층 보호 등 다양한 사회문제를 해결하려는 노력과 연관되어 있다. 나아가 노동권, 인권, 복지, 보건 등의 문제도 포함한다. 최근 ESG 채권 발행에 있어 녹색채권(green bond)보다 사회적 채권(social bond) 비중이 확대되는 등 중요성이 점차 커지고 있다.

셋째, 지배구조(G) 요소는 이사회의 구성과 밀접한 관련이 있다. 기업 경영에서 이사회의 역할이 중요한 만큼 다양성과 전문성을 모두 충족하도록 유도하고 있다. 특히, 다양성 관점에서 많은 국가들이 일정 비율의 여성 임원 선출을 법으로 규정하고 있다. 이에 따라 노르웨이, 프랑스, 아이슬란드 등 유럽 국가에서 여성의 이사회 참여 비율이 40%를 차지하고 있다. 국내에서도 내년 8월부터 자산총액 2조원 이상 기업을 대상으로 여성이사쿼터제를 운영할 예정이다. 국내 상장기업의 여성이사 비중이 4.5%에 불과한 만큼 이번 조치를 통해 지배구조의 다양성을 확보해야 할 것이다. <출처: 하나경영연구원>

2023년 현재 ESG(환경 · 사회 · 지배구조)경영에 국내 기업들도 활발히 뛰어들고 있다. 산업 부문 탄소 배출의 30%를 차지하는 철강업계의 그린철강위원회 출범은 지향점을 잘 말해준다. 반도체와 디스플레이 업계도 2050 탄소 중립에 나선다는 목표로 이 바람에 가세했다. 석유화학과 시멘트업계 등 전 업종으로 확산하고 있다. 기업 경영상의 결정, 기업 투자에서 고려하는 비재무 요소 그 이상이다. 경제 5단체의 기업인 회장 시대를 맞아 날개를 단 듯한 분위기도 감지된다. 이러한 판도 변화는 선구적으로 보이지만 사실은 시대가 요구하는 통합적 경영이다. 생존을 위한 필수 전략이란 뜻이다. 이는 ESG 규범에 따라 입찰을 제한하는 유럽 국가들에서 미리 읽히는 대목이다. 그 기준은 미사여구 나열이 아니다. 실행력 있는 ESG 지표임은 물론이다. 유럽 시장, 나아가 세계 시장 공략을 위해 어차피 ESG 지표에 맞춰야만 한다. 기업의 자발성은 이때 중요한 가치다. 예를 하나 들어 연기금을 환경 · 사회 · 지배구조라는 정책 목적으로 접근하면 회피적으로 되기 쉽다. 시장 원리를 거슬러 어떠한 정책적 도구로 ESG를 전용(轉用)해서는 안 되는 이유다.

ESG는 이제는 당당한 흐름이 되고 있다. 환경 · 사회 · 지배구조 기반으로 세계경제가 재편된다면 국내경제도 보다 선제적이어야 한다. ESG 공시 의무화가 강화되고 글로벌 신용평가 기관들도 ESG 역량을 반영하기 시작한다. 그러나 개별 지표 평가의 상이함부터가 기업엔 예기치 않은 부담이다. 환경 · 사회 · 지배구조 내재화 없이 떠밀리듯 성급히 도입하면 경영에 부담이 되기도 한다. 산업 특성이나 기업 역량에 맞추면서 기업 목표와 해당 미션의 양면성까지 어떻게 조화시킬지 더 신중한 고민이 필요해 보인다.

일례를 들어, 외국의 ESG를 무조건 따라 할 필요는 없다. 한국과 한국 기업의 경쟁 우위를 강화하는 방향으로 ESG를 실천해야 한다. 수소를 대량생산할 수 있는 뛰어난 화학 기업들이 건재하고 자동차 제조 역량이 뛰어난 한국은 전기차 외에 수소차 역량을 강화하는 게 옳다. 독일은 ESG를 한다면서 '탈원전'을 결정했으나 세계 최고의 원전 기술을 갖춘 한국은 그 반대로 가야 한다. 탄소배출 없는 원전을 더 많이 건설해야 한다. 기업 지배구조와 노사관계, 안전 분야 역시 ESG 점수가 높다고 평가 받는 외국 기업의 규칙을 무작정 베끼는 건 곤란하다. 한국 기업에 최적화해 ESG의 본질적 목적을 달성할 수 있는 '한국형 모델'을 구축해야 한다. 이 모델을 한국처럼 압축 성장이 목표인 신흥국으로 확산시키면 ESG는 한국 기업의 글로벌 성장동력이 될 수도 있다.

추/가/읽/기

자산군별 ESG 요소 사례

자산군	구분	사례
주식		전통적 주식에 대한 다양한 전략 가능. 그동안 다수는 네거티브(배제적) 스크리닝이었으나 기업관여(engagement)나 포지티브(best-in-class) 스크리닝으로 이동 중
채권	전통적 기업 채권	중요 ESG 기준을 기업신용분석에 통합하여 신용리스크 판별을 개선
	전통적 국채	재무 및 거시경제적 변수에 초점을 둔 전통적 분석과 함께 ESG 요소를 통합하여 국가 채무 리스크를 판별, PIMCO는 2011년부터 국가 채무등급 모형에 동 방식을 채택
	ESG MMF	단기금융시장 상품 투자에 ESG 요소를 적용. BlackRock은 2019년 4월 환경에 초점을 둔 MMF 출시
	녹색채권	녹색라벨을 받은 특정한 채권이며, 환경적 혜택을 가져오는 새로운 또는 기존 프로젝트 자금이 용처
	사회적 채권	바람직한 사회적 성과를 가져오는 새로운 또는 기존 프로젝트 자금 모집을 위한 채권
	지속가능채권	녹색 및 사회적 프로젝트의 조합을 파이낸싱/리파이낸싱에 활용되는 채권
	녹색모기지증권(MBS)	녹색 MBS를 가장 많이 발행하는 Fannie Mae의 경우 녹색 부동산 자금조달을 위한 다수 모기지를 증권화
은행여신	녹색여신	R&D 같은 관련 지원 지출을 포함하는 녹색 프로젝트의 파이낸싱/리파이낸싱에 활용되며 녹색채권보다는 70~80% 적은 규모이나 2018년 이후 빠르게 성장
	지속가능성연계 여신	차주가 사전에 정해진 지속가능성 성과 목표를 만족하도록 유인을 부여하는 상품이나 보증 또는 신용장 같은 조건부 상품
대체투자	녹색리츠 PE 및 벤처캐피탈	환경 인증된 부동산에 대한 포트폴리오 익스포저가 있는 리츠. 예를 들어 에너지, 모빌리티, 건설 분야 스타트업을 지원하는 사모펀드

[출처 : IMF(2019)]

03 논술사례

주제 1

ESG 경영과 금융의 역할에 대해 논하라.

답안

1. 서론

2. 본론
   - 2-1. ESG의 등장배경(코로나로 인한 인식 전환, 블랙록의 서한, 기후위기)
   - 2-2. ESG의 필요성과 한계

3. 결론
   - 3-1. 금융기관의 방향
   - 3-2. 정부의 방향

서론

2020년 이후, 산업계와 금융계의 화두는 'ESG'다. 기업의 비재무적 요소인 환경(Enviroment), 사회(Society), 지배구조(Governance)를 뜻하는 말이다. 기존 주주중심의 기업경영과 재무제표만을 이용하여 기업을 판단하는 방식과는 다르게, 이해관계자(직원, 고객, 지역사회, 협력사 그리고 주주) 중심 기업경영으로 전환 하고, 비재무적 요소도 함께 평가하여 기업을 더욱 포괄적으로 평가하겠다는 의미이다. 올해 3월부터 탄소중립기본법이 시행, 탄소중립 목표를 달성하기 위한 정부의 ESG 정책이 시작되면서, 우리나라도 본격적인 ESG 시대에 들어

섰다. 이에 본고는 ESG가 화두가 된 배경과 ESG의 필요성과 한계에 대하여 논하겠다.

본론

1. ESG의 등장배경

ESG는 2006년 UN PRI(투자원칙)를 제정하면서 등장한 오래된 개념이지만 다음의 이유들로 부각되고 있다.

최근에는

1) 코로나19로 인한 인식의 전환

코로나19 이후 주주 자본주의의 한계가 드러나, 이해관계자 자본주의로 전환해야 한다는 목소리가 힘을 얻었다. 2008년 금융위기와 코로나19 위기를 겪으면서 노동의 몫이 줄고, 자본의 몫이 확대되는 추세가 가속화되어 사회 전체적으로 양극화가 더욱 확대되었다.

또한, 빈곤인구가 줄지 않고, 가계부채도 줄지 않으며, 경기변동 과정에서 일자리가 줄고 양극화가 확대되는 등 주주 자본주의의 다양한 부작용이 관찰 되고 있다.

2) 블랙록의 서한

글로벌 1위의 자산운용사 블랙록(8조 6, 800억 달러, 약 9, 600조 원)의 CEO인 래리핑크가 2020 연례 서한을 통해 향후 블랙록은 ESG 요소를 포트폴리오 구성 및 리스크 관리의 중심에 두고 투자대상 기업에 대해 ESG공시를 의무화 할 것을 발표 하였다. 또한, 기후 변화 등 지속가능 관련 공시에 충분한 노력을 하지 않는 기업은 반대 의결권을 행사 할 것이라고 경고했다. 블랙록의 영향으로 인해, 전세계 자산운용사와 연기금들은 ESG를 주요 평가기준에 넣었고, 이는 앞으로 ESG 경영을 하지 않으면 기관투자자들에게 사실상 투자를 받지 못한다는 뜻이다. 미국의 신용평가사들은 녹색에너지 전환에 소극적인 석유, 가스회사의 신용등급을 하향조정 했으며, 이중 '쉐브론'과 '엑슨모빌'도 포함됐다.

3) 기후위기

'이대로의 추세라면 약 2050년에 지구 온도는 섭씨 2도가 상승하고 지구 조절 시스템이 붕괴되어 회복불가능한 상황이 된다.' 2018년도 IPCC(기후변화에 관한 정부간 협의체) 특별보고서의 내용이다. 이후 2019 ~ 2020년도 호주에 6개월 동안 산불이 지속되어 큰 피해를 입혔고, 21년도 터키와 캘리포니아의 역대급 산불, 유럽의 7월의 홍수 후 8월의 폭염으로 인한 산불 등 기후위기가 현실화되었다. 이 영향으로 인해 기업이나 주주만이 아닌 일반 소비자와 환경단체들도 ESG에대한 관심도가 높아져, 기업 ESG경영의 중요도를 높였다.

이러한 이유들로 기업의 이익 추구를 최우선으로 하는 주주중심의 기업경영 시스템은 지속가능하지 않으며, 이해관계자 전체의 이익을 고르게 추구하는 이해관계자 자본주의로 전환해야 한다는 의견이 힘을 얻게 되었다. 2019년 8월 미국 기업협회로 구성된 비즈니스라운드테이블(BRT)에서 181개 주요 기업들은 기업의 목적은 단기 이익 추구가 아니라 장기에 걸쳐 이해관계자의 니즈를 만족시키는 것임을 선언하며, 이해관계자 자본주의와 ESG 경영이 주목을 받게 되었다.

2 ESG의 필요성과 한계

1) ESG의 필요성

E – 국제적으로 기후변화가 가속화되고, 세대간 비용분담이 이슈가 되면서 주요국 정부는 부정적 외부효과를 기업에 내재화시키기 위해 ESG 관련 규제를 강화해왔다. **앞서 서술했듯,** 우리나라도 올해 3월부터 탄소중립기본법이 시행되어, 2030년 국가 온실가스 감축목표를 24.4% 감축(2017년 대비)에서 2018년 대비 35% 이상 감축하도록 규정을 강화했다.

| 상술했듯

S - 대부분의 근로자들은 임금이 큰 차이가 나지 않는다면, ESG 경영을 적극적으로 수행하는 회사에서 일하는 것을 선호한다. 특히, 성장과 발전 그리고 공정성에 민감한 MZ 세대들은 ESG 경영을 수행하는 회사를 더욱 선호할 것이다.

G – 소비자들의 행동도 예전과는 달라져, 사회적 책임을 소홀히 한 회사의 제품은 선호하지 않는다. 대리점 갑질사건, 자사제품 코로나 억제 주장, 외손자 마약투여 등등 많은 논란으로 재벌경영의 문제점을 보여준 '남양유업'은, 오너리스크가 부각되고 대중의 불매운동을 겪으며 영업이익과 주가가 크게 감소하였고, 결국 기업을 사모펀드에 **매각하였다.**

| 이 부분도 현재는 매각문제의 진위에 따른 논란이 있습니다.

2) ESG의 한계

첫째, CEO의 임기는 짧아, 단기간에 성과를 내야 하는 유인이 강하다.

때문에 사회적 가치보다 재무적 가치에 보다 많은 자원을 배분하려 할 것이다. 지금의 제도로써는 사회적 가치를 재무적 가치보다 우선시하는 CEO는 살아남기 힘든 것이 현실이다.

둘째, ESG 가치는 측정하기 어렵다.

비계량적인 요소들로 구성되어있는 ESG 가치를 계량적인 값으로 측정하는 것은 어렵다. 현재 ESG가치 평가를 자처하는 기관들은 많지만 공신력 있는 평가기준이 없다.

셋째, 정부 규제강화의 부작용.

정부가 규제강화를 통해 ESG 가치에 의무적 자원을 배분하도록 하면, 상당수 기업은 규제의 임계수준 까지만 ESG가치에 투자할 것이다. 또한, 규제를 준수하지 못하는 기업들은 생존이 어렵다. 이는 공급망 비용 상승과 일자리 감소 등 경제 전반적인 부작용을 낳을 수 있다.

결론

1. 금융기관의 방향

첫째, ESG 가치의 시장 거래를 활성화 시켜, 기업의 ESG경영 유인을 강화시켜야 한다.

기업이 임계수준 이상으로 ESG 가치에 자원배분을 하였다면, 그 가치를 금융시장에 거래할 수 있도록 만들어, ESG 관련 위험을 금융시장에서 자율적으로 배분하도록 돕는 것이다. 탄소배출권 거래가 대표적인 예시이다.

둘째, ESG 성과연계 금융 중개를 활성화해야 한다.

기업의 ESG 경영성과가 우수하면 대출이자를 할인해주는 중개 방법이 대표적이다.

직접금융의 경우, ESG 채권 발행을 주선하여 일반 채권보다 낮은 금리로 기업에게 자금을 빌려주는 방식이며 간접금융의 경우, 은행이 ESG 경영을 수행하는 기업에게 기존보다 낮은 금리로 대출을 해

주는 방식이다.

셋째, ESG 가치를 객관적으로 측정할 수 있는 평가기준을 마련해야 한다.

ESG 시장 거래 활성화, ESG 성과연계 금융 중개 활성화를 하려면 객관적이고 공신력 있는 평가기준이 마련되어야 한다. 그러한 기준이 없다면, 경영자들의 유인이 감소하고, ESG 평가에 높은 등급을 받기 위해 편법을 개발한다거나 비리가 발생하는 등 부작용이 있을 것이다.

2. 정부의 방향

첫째, 보조금과 세금감면 등 혜택 제공.

EGS 가치는 중장기적인 가치여서 단기에 성과를 내야 하는 경영자들의 유인이 떨어진다. 따라서 단기적으로도 성과를 충족시킬 수 있는 혜택이 필요하다. 또한, 앞서 서술했듯 금융기관이 저리로 자금을 대출해줄 경우 금융기관의 수익성이 악화되는데, 금융회사에 보조금 지급 및 세제 혜택을 제공하거나 자산운용 및 건전성 규제를 완화해주는 제도를 적극적으로 검토할 필요가 있다.

둘째, 중소기업 보호 정책과 관련 교육 시행.

중소기업은 ESG 경영 도입이 어렵다. ESG는 재무적 여유가 있고, 중장기적으로 비용을 감당할 수 있는 회사들이 시행할 수 있는데, 중소기업은 당장의 생존이 중요하기 때문이다. 따라서 중소기업에 이해관계자들의 변화 등 ESG 관련교육을 시행하고, 관련 규제 차등시행 등 중소기업이 ESG 트렌드에 잘 따라올 수 있게 도움을 주어야 한다.

셋째, ESG 평가기준 마련.

많은 기관들의 일정하지 않은 평가기준은 오히려 기업들에게 혼란을 준다. 따라서 공신력 있는 ESG평가 기준을 마련해야 할 것이다. 21년 12월 K-ESG 가이드라인을 정부에서 발표하여, 평가기준이 확립 될 것을 기대할 수 있다. 하지만 ESG 요소의 중요도는 시간에 따라 가변적일 수 있고, 국가마다 상이할 수 있으므로 가이드라인이 적합한지 수시로 점검해야 할 것이다.

주제 2

ESG의 개념 소개, ESG 필요성, 수은의 ESG 경영전략 방향성과 한계점에 대해 논하라.

답안

서론

2021년은 전세계적으로 ESG에 대한 관심이 크게 증가한 한 해였다. **우리나라** 정부는 기업들에게 ESG 추구 방향을 내용으로 하는 지속가능경영전략을 2023년까지 발표하라고 **요구**했고, 블랙록 등 대형 자산운용회사는 탄소 에너지를 25% 이상 사용하는 기업에 투자하지 않을 것이라 발표했다. 2022년에는 작년보다는 ESG에 대한 관심이 줄었지만, 유럽에서 그린 택소노미(Taxonomi)가 의결되고 전기차 등 청정연료에 대한 관심이 증가하면서 그 중요성은 계속되고 있다. 우리나라는 2019년 기준 석탄 발전이 40%를 차지하는 화석연료 의존도가 큰 국가**로 변화**하지 않으면 앞으로 변화될 세상에 따라가지 못할 것을 우려하고 있다.

| 우리
| 글로벌적으로도
| 요청
| 인플레이션 등의 영향으로
| 한편,
| 전환
| 로, (쉼표) 지금

본론

ESG란 환경적(environmental), 사회적(social) 그리고 지배구조(governance)를 의미하는 것으로 기업의 중장기 성장에 영향을 미치는 비재무적 지표를 의미한다.

오늘날 기업에 ESG가 필요한 이유는,

첫째, 투자 측면에서 투자자들의 ESG 고려가 커졌기 때문이다. 2021년 해외자산만 **3000**억 달러를 가진 우리나라의 국민연금기금은

| 줄 바꾸기요
| 3, 000

서론 내용이 중언부언 되는 느낌이 있습니다.

ESG 투자를 25%까지 늘릴 것을 선언했다. **또한 블랙록의 회장 래리 핑크도 ESG를 지키지 않는 기업에 투자하지 않을 것이라 했다.** 따라서 기업이 투자 받기 위해선 ESG**에 신경 쓸** 수 밖에 없다.

를 추구할

둘째, 공급망 문제가 부각되면서 ESG가 공급망 안정성을 평가하는 지표 중 하나로 주목받고 있다. 부실한 기업은 ESG에 투자할 여력이 없을 것이므로, ESG를 잘 준수하는 기업은 안정적인 기업이라는 **것**이다. 따라서 다른 기업과의 계약을 위해서도 ESG가 중요한 역할을 한다.

방증

셋째, 정부 규제를 피하기 위해서이다. 유럽 연합은 ESG를 지키지 않는 기업의 상품 수입을 규제할 탄소국경세(CBAM)법안을 마련하고 있다. 또한 많은 나라가 ESG 정보를 공개하는 법안을 마련하고 있는 바, 정부의 규제를 피해 경영을 유지하기 위해서는 ESG 기준을 따라야 한다.

수출입은행의 'ESG 경영 전략 로드맵'에 따르면 중소 중견기업의 ESG 활성화를 통해 수출을 지원하겠다는 방향성을 알 수 있다. 특히 7.3조 원을 그린 뉴딜에 지원하며 기업들의 환경기준 준수에 기여하고 있으며, 5억 유로의 사회적 채권을 발행해 코로나19로 피해를 입은 중소기업을 지원하고 있다. 그리고 이를 장기적으로 진행하기 위해 ESG 위원회를 이사회 내 설치했다. 앞으로 2030년까지 180조 원 ESG 여신을 제공하고, 200조 원의 ESG 채권을 발행해 지원 범위를 확대해나갈 예정으로 보인다.

줄 바꾸기요

하지만 수출입은행의 ESG 금융 프로그램의 한계는,

고, (쉼표)

첫째, 이미 ESG 인증을 받**고** 기준도 충족한 기업을 대상으로 이뤄진다는 문제가 있다. 즉 기준이 너무 엄격해 ESG 경영으로 전환하고

싶어 지원해도 애초에 탈락해 지원을 받을 수 없다는 것이다.

| 싶은 기업들이

둘째, 정책금융기관으로 ESG에 취약한 투자구조를 가지고 있다는 점이다. 수출입은행의 ESG에 취약한 석유, 철강, 자동차 업종 관련 총 여신 규모는 12조 6, 000억 원(11.8%)에 이르며, 이 중 중소기업 비중은 4.7%(5, 922억 원)에 달해 ESG 경영 전환을 위한 자본과 기술, 인력이 부족한 중소기업들에 대한 여신 지원보다는 대기업에 편중된 여신지원이 이루어지고 있다.

결론

수출입은행은 2021년 'ESG 경영전략 로드맵'을 금융공기업 중 최초로 발표했다. 3대 원칙으로는 'ESG 품목기반 지원', 'ESG 성과창출 지원' 그리고 '중소기업 ESG 활성화가 있다. 우리나라의 ESG 경쟁력을 재고하고, 사회적 가치를 창출하겠다는 의도이다. 하지만 우리나라에서 ESG가 이슈가 된 것이 오래되지 않아 아직 기존의 방식에서 탈피하지 못한 모습을 보이고 있다. 따라서 수출입은행은 여러 목표를 한번에 해결하기 보다 단기적으로 중소기업 ESG 금융 비중을 늘리고 장기적으로 석유 철강 자동차 업종의 ESG 전환까지 완료할 것이라는 방식으로 나눠서 계획을 세울 필요가 있다.

| 아, (쉼표)

| 고, (쉼표)

chapter 25 좀비기업 구조조정

01 논제 개요 잡기 [핵심 요약]

서론	이슈 언급		영업이익을 총이자비용으로 나눈 이자보상배율은 기업의 이자지급능력을 나타내며, 1 미만으로 떨어지면 기업이 거둔 이익보다 내야 할 이자가 더 많아 정상적인 기업 경영이 어렵다는 것을 의미한다. 이자보상배율이 1을 넘지 못하는 취약기업 비중은 2023년 상반기 44.8%로 치솟았다. 특히 중소기업의 취약기업 비중은 58.9%로 절반 이상 기업이 한계에 봉착할 위험이 커졌다. 이러한 흐름이 장기화하면 수많은 좀비기업이 양산될 수 있다는 경고등이 켜진 셈이다. 고금리 기조가 이어지면서 기업들이 차환 리스크에도 대비해야 한다는 경고가 곳곳에서 나온다.
본론	1. 좀비기업	1) 정의	① 좀비기업이란 기업의 영업 성과가 열악하여 자생력이 없음에도 은행이나 정부의 금융 지원을 통해 생존함으로써 경제의 효율성과 활력을 저해하는 기업을 지칭한다. ② 일반적으로 기업은 영업활동을 통해 이익을 창출하는 것을 목적으로 하는데 한계기업은 낮은 경쟁력으로 기업 유지를 위한 최소한의 이익 창출도 어려워 외부 도움 없이 자력으로 생존과 성장이 어려운 기업을 말함. 이러한 추상적인 개념의 한계기업을 식별하는 문제는 한계기업 개념을 활용하는 기관이나 연구의 목적에 따라 다르다고 볼 수 있다.

본론	1. 좀비기업	1) 정의	③ 다양한 한계기업 관련 연구에서 이자보상배율이 1 미만인 식별조건은 가장 일반적인 특성으로 사용되며 이를 기본으로 일정 조건을 추가하거나 변형하여 사용하기도 하고 외국의 선행연구에서는 토빈q(기업의 시장가치를 해당기업 실물자본의 대체비용으로 나눈 값)를 활용하여 정의하기도 함.
		2) 발생원인	한계기업 발생의 원인으로는 아래의 원인이 주로 거론된다. ① 건전성이 낮은 은행의 대출관대화 경향(Cabarello et al. 2008, Storz et al. 2017) ② 비효율적인 기업청산제도(Andrews · Petroulakis 2017) ③ 해당산업 진입규제(Hopenhayn 1992)에 따른 과도한 진입비용 ④ 일부에서는 저금리 기조를 원인으로 지적
		3) 좀비기업의 주요재무적 특징	① 총자산, 유형자산, 고용 등 기업규모가 작고(다만 우리나라의 경우 대기업과 중소기업간 한계기업 비중 차이가 이들 국가에 비해 작아 기업규모에 있어서의 차이가 크지 않을 수 있음), 생산성이 저조하며, 유 · 무형자산에 대한 투자가 부진 ② 또한 부채비율이 높고, 저리대출(subsidized credit)의 수혜를 입고 있으며, 폐업확률이 높음
		4) 좀비기업의 특성	① 대기업보다 중소기업이 좀비기업이 될 가능성이 높다. ② 채권을 통해 자금을 조달할 경우 그렇지 않은 경우보다 좀비기업이 될 가능성이 높다. ③ 대규모기업집단에 속하는 경우 좀비기업이 될 가능성이 높다. ④ 앞의 세 특성을 보유한 좀비기업이 정상화하거나 폐업할 가능성이 적다.
		5) 좀비기업 탈출원인 분석	송단비외 3인(2021)이 국내 제조업(외감기업 기준, 2001~19년 자료)을 대상으로 분석한 결과에 따르면 업력이 짧을수록, 기업규모가 클수록, 수익성이 높을수록 한계기업에서 벗어날 가능성이 큰 것으로 나타남
	2. 사모펀드	1) PEF와 PDF	2021년 자본시장법 개정으로 사모펀드와 관련한 규제가 완화되면서 기업구조조정에 대한 사모펀드의 역할이 더욱 커질 것으로 예상. 운용규제 완화에 힘입어 사모펀드는 M&A, 부실채권시장 등을 통한 사후 구조 조정 기능뿐만 아니라, 선제적인 구조조정 통한 기업효율성 제고에 기여할 전망 ① M&A · 부실채권시장 참여 확대 ② ESG, 기업지배구조 개선 등 기업효율성 제고 ③ 사모대출펀드를 통한 사전 구조조정

결론	의견제시	지속적인 영업이익의 감퇴로 이자마저 지급할 수 없음에도 생존하고 있는 좀비기업의 퇴출과 구조조정을 촉진하기 위해서는 다음과 같은 정책적 접근법이 필요하다. 1. 좀비기업에 대한 비정상적인 자금공급을 억제해야 한다. 2. 좀비기업의 퇴출과 구조조정을 제약하는 금융시장의 문제를 해결해야 한다. 3. 구조조정에 대한 정부의 정책이 일관성 있고 투명하게 이루어져야 한다. 한편 운용규제 완화를 주요 내용으로 하는 자본시장법 개정으로 사모펀드는 기업구조 조정시장에서 중추적인 역할을 수행할 것으로 기대된다. 사모펀드는 대기업 및 유니콘기업에 대한 M&A, IPO 등의 딜 참여, 부실채권 시장을 통한 기업구조조정 참여 등 이전보다 적극적인 활동이 기대되기 때문이다. 특히, PEF와 PDF를 통해 자금조달 전략을 다변화하면서, 지분투자부터 대출까지 다양한 형태로 투자가 가능하며 한계기업 구조조정, 지속성장을 위한 기업구조혁신, 잠재력 있는 기업투자 등 자본시장 내에서 중추적인 역할 수행이 가능하다.

02 논제 풀이

서론

이슈 언급 금융감독원이 불공정거래로 상장폐지를 회피하는 좀비 기업들을 시장에서 퇴출한다고 '2024년 3월 25일 밝혔다. 한국거래소도 상장폐지 절차 단축을 검토한다고 밝힌 바 있다. 또한 상장하려는 기업들에 대해서도 매출액 추정치가 실제 수치와 크게 차이 날 경우 전망치를 적절하게 산정했는지도 들여다본다. 금감원은 이런 좀비기업은 주식시장 내 자금이 생산적인 분야로 선순환 되는데 걸림돌로 작용할 뿐만 아니라, 투자자 피해를 야기하고 주식시장의 신뢰와 가치를 저해하는 중대한 범죄 행위에 해당한다고 지적했다. 뿐만 아니라 상장폐지 회피 목적으로 자행되는 불공정거래 행위에 강력 대응해 투자자를 보호하고 주식시장 신뢰와 가치를 제고하겠다고 했다.

세계적인 경기 부진과 함께 고금리, 고유가, 고물가 등의 여파로 한국경제는 갈림길에 섰다. 기업의 이자보상배율은 2023년 상반기 1.2배로 2022년(5.1배) 대비 큰 폭으로 하락했다. 대기업은 5.4배에서 1.2배로, 중소기업은 2배에서 0.2배로 악화했다. 주력 업종의 업황 부진과 금리 상승의 영향이 컸던 것으로 분석됐다.(한국은행 금융안정보고서)

영업이익을 총이자비용으로 나눈 이자보상배율은 기업의 이자지급능력을 나타내며, 1 미만으로 떨어지면 기업이 거둔 이익보다 내야 할 이자가 더 많아 정상적인 기업 경영이 어렵다는 것을 의미한다. 이자보상배율이 1을 넘지 못하는 취약기업 비중은 2023년 상반기 44.8%로 치솟았다. 특히 중소기업의 취약기업 비중은 58.9%로 절반 이상 기업이 한계에 봉착할 위험이 커졌다. 이러한 흐름이

장기화하면 수많은 좀비기업이 양산될 수 있다는 경고등이 켜진 셈이다. 고금리 기조가 이어지면서 기업들이 차환 리스크에도 대비해야 한다는 경고가 곳곳에서 나온다.

이에 본지에서는 좀비기업에 대한 정의부터 다양한 시각으로 알아본 후, 좀비기업의 재무적 특징과 탈출 요인을 분석해 보고자 한다.

본론

1. 좀비기업	1) 정의	① 좀비기업이란 기업의 영업 성과가 열악하여 자생력이 없음에도 은행이나 정부의 금융 지원을 통해 생존함으로써 경제의 효율성과 활력을 저해하는 기업을 지칭한다. 가. McGowan et al.(2018년)은 좀비기업을 3년 연속으로 이자보상배율(interest coverage ratio)이 1 미만인 기업으로 정의한다. 다만 3년 연속 이자보상배율이 1미만인 기업으로 정의할 경우, 극단값으로부터 받는 영향을 제외하기 위해 연도별로 10%와 90% 수준에서 윈저화(winsorization)를 실시한다. 다만, 이렇게 정의할 경우 좀비기업에 최근 창업한 신생기업이 포함될 가능성이 농후하다. 일반적으로 창업 후 장기적 생존 가능성을 판단할 수 있는 척도인 '죽음의 골짜기(Death Valley)'가 창업후 7년이고, 중소기업창업지원법에 따른 창업기업의 정의가 사업을 개시한 때로부터 7년이 지나지 않은 기업임에 착안하여 매년 기준으로 설립된지 7년이 지나지 않은 기업은 좀비기업으로 보기는 어렵다 나. Banerjee and Hofmann(2022년)은 2년 이상 이자보상배율이 1 이하이며 토빈의 q가 해당 업종의 중간값 이하인 기업으로 정의하였다. ② 일반적으로 기업은 영업활동을 통해 이익을 창출하는 것을 목적으로 하는데 한계기업은 낮은 경쟁력으로 기업 유지를 위한 최소한의 이익 창출도 어려워 외부 도움 없이 자력으로 생존과 성장이 어려운 기업을 말함. 이러한 추상적인 개념의 한계기업을 식별하는 문제는 한계기업 개념을 활용하는 기관이나 연구의 목적에 따라 다르다고 볼 수 있다. 가. 한계기업 식별은 수익성, 유동성, 안정성 측면 등에서 가능한데 우리나라에서 가장 일반적으로 사용하는 정의는 수익성을 기준으로 '3년연속 이자보상배율6)이 1 미만인 기업'이며 이는 한국은행(2015.6)에서 사용한 정의와 같다. 나. 최현경 외(2017년)는 한계기업 식별에 이자보상배율이 '3년 연속 1 미만' 정의를 기본으로 기업의 업력과 기술 보유(특허 소유 여부)를 추가 기준으로 사용할 것을 제시함.

1. 좀비기업	1) 정의	다. 최현경 · 안지연(2020년)은 중소한계기업 식별에 한국은행(2015년 6월) 정의를 사용하였으나 한계기업 결정요인 및 탈출요인 분석 결과를 근거로 한계기업으로 분류되었다 하더라도 지원할 수 있는 식별 기준을 제시함. 라. 송상윤(2020년)은 이자보상배율이 연속 3년 이상 1 미만이면서 업력이 10년 이상인 기업으로 정의함. ③ 다양한 한계기업 관련 연구에서 이자보상배율이 1 미만인 식별 조건은 가장 일반적인 특성으로 사용되며 이를 기본으로 일정 조건을 추가하거나 변형하여 사용하기도 하고 외국의 선행연구에서는 토빈q(기업의 시장가치를 해당기업 실물자본의 대체비용으로 나눈 값)를 활용하여 정의하기도 함. ④ 기타 가. Caballero et al.(2008년)은 기업이 가장 신용도가 높은 기업보다 낮은이자율로 자금을 조달받고 있으면 보조금을 받고 있다고 보아 한계기업으로 식별함. 나. Banerjee and Hofmann(2018년)은 이자보상배율이 지속하여 1 미만이고 업력이 10년 미만인 기업으로 정의함. 다. Banerjee and Hofmann(2020년)은 2년간 이자보상배율이 1 미만이고 토빈q가 산업 내 중앙값보다 낮으면 한계기업으로 분류
	2) 발생원인	한계기업 발생의 원인으로는 아래의 원인이 주로 거론된다. ① 건전성이 낮은 은행의 대출관대화 경향(Cabarello et al. 2008년, Storz et al. 2017년) 은행이 부실채권 발생, 대손충당금 적립 등에 따른 수익성 악화를 우려하여 기업의 원금상환능력이 부족하더라도 이자연체가 없다면 만기연장을 통해 기업을 연명시키려는 경향(금융안정보고서 2005년, Cabarelloet al.2008년 등) ② 비효율적인 기업청산제도(Andrews · Petroulakis 2017년) 기업구조조정 관련 제도가 미비한 경우 등 ③ 해당산업 진입규제(Hopenhayn 1992년)에 따른 과도한 진입비용 ④ 일분에서는 저금리 기조를 원인으로 지적 유럽, 미국, 일본 등 다수 국가를 대상으로 한 연구(대출금리가 낮은 국가 · 산업의 한계기업 비중이 높고(Banerjee · Hofmann 2018년), 유럽 은행들이 유럽 재정위기 이후 공급된 유동성을 주로 기존 재무취약기업에 대한 대출을 늘리는 데 활용)는 저금리가 한계기업을 늘린다고 보고하였으나, 스웨덴(Cella 2020년) 등 개별 북유럽 국가에 대한 연구는 이와 상반된 증거를 보고하기도 했다.

1. 좀비기업

3) 좀비기업의 주요재무적 특징

Banerjee · Hoffman(2020년)이 주요 선진국(미국, 일본, 독일, 프랑스, 영국, 일본, 호주, 벨기에, 캐나다, 스위스, 덴마크, 스페인, 이탈리아, 네덜란드, 스웨덴)의 상장기업을 대상으로 분석한 결과 한계기업은 정상기업과 비교할 때 다음과 같은 특징을 보임

① 총자산, 유형자산, 고용 등 기업규모가 작고(다만 우리나라의 경우 대기업과 중소기업간 한계기업 비중 차이가 이들 국가에 비해 작아 기업규모에 있어서의 차이가 크지 않을 수 있음), 생산성이 저조하며, 유 · 무형자산에 대한 투자가 부진

② 또한 부채비율이 높고, 저리대출(subsidized credit)의 수혜를 입고 있으며, 폐업확률이 높음

한계기업의 주요 특징[1)]

	정상기업	한계기업
▶ 총자산(천 US dollar)	23,244	7,362
▶ 유형자산(천 US dollar)	16,468	6,173
▶ 종업원수(명)	7,076	2,541
▶ 유형자산투자/총자산(%)	5.59	5.14
▶ 무형자산투자/총자산(%)	6.64	5.42
▶ 종업원수 증가율(%)	3.15	-6.56
▶ 노동생산성(배)	3.47	1.76
▶ 총요소생산성(배)	7.02	3.68
▶ 이자보상배율(배)	16.1	-17.9
▶ Tobin's q(배)	2.24	1.13
▶ 이자비용/총자산(%)	2.13	2.22
▶ 총부채/총자산(%)	23.57	24.29
▶ 폐업확률(%)	4.0	8.5

주: 1) 미국, 일본, 독일, 프랑스, 영국, 일본, 호주, 벨기에, 캐나다, 스위스, 덴마크, 스페인, 이탈리아, 네덜란드, 스웨덴의 상장기업 기준
자료: Banerjee · Hoffman(2020)

4) 좀비기업의 특성

2012년부터 2022년까지 외감기업을 대상으로 좀비기업의 특성을 확인해 본 결과, 다음과 같은 사실을 발견하였다.

① 대기업보다 중소기업이 좀비기업이 될 가능성이 높다.

② 채권을 통해 자금을 조달할 경우 그렇지 않은 경우보다 좀비기업이 될 가능성이 높다.

③ 대규모기업집단에 속하는 경우 좀비기업이 될 가능성이 높다.

④ 앞의 세 특성을 보유한 좀비기업이 정상화하거나 폐업할 가능성이 적다.

이러한 분석 결과는

① 좀비기업을 원활히 퇴출하고 구조조정을 촉진하기 위해 중소기업을 대상으로 하는 정책금융의 축소와 효율성 제고가 필요하다는 점을 시사한다.

1. 좀비기업	4) 좀비기업의 특성	② 은행을 중심으로 한 기존의 구조조정 방식의 한계로부터 벗어나 자본시장을 통한 활발한 구조조정이 가능하도록 관련 제도를 정비할 필요가 있다. ③ 기업의 구조조정을 어렵게 하는 사회적 마찰을 줄이기 위해 구조조정 기금을 조성할 필요가 있다.
	5) 좀비기업 탈출원인 분석	송단비외 3인(2021년)이 국내 제조업(외감기업 기준, 2001년~2019년 자료)을 대상으로 분석한 결과에 따르면 업력이 짧을수록, 기업규모가 클수록, 수익성이 높을수록 한계기업에서 벗어날 가능성이 큰 것으로 나타남 ① 기업경영변화 측면을 분석한 결과 노동비용의 비중을 줄이거나 비핵심자산 매각 또는 영업관련 자산을 증가시키는 경우 한계기업 탈출 확률이 증가 ② 부채비율이나 레버리지 감축 등은 유의한 효과를 나타내지 못하는 것으로 분석 ③ 한편, 제조업종의 상장기업을 대상으로 2000년부터 2020년까지 기업자료를 활용하여 한계기업 현황과 결정요인, 정상기업으로의 전환 결정요인을 분석한 결과, 총자산수익률이 낮을수록, 부채비율이 높을수록, 매출액이 낮을수록, 업력이 높아질수록, 산업 내 한계 기업 비중이 높을수록 한계기업이 될 확률이 높았음. 반면, 총자산수익률이 증가할수록, 매출액 증가율이 클수록, 부채비율이 감소할수록 한계기업에서 탈출할 확률이 큼
2. 사모펀드 <출처: 하나금융경영연구소>	1) PEF와 PDF	2021년 자본시장법 개정으로 사모펀드와 관련한 규제가 완화 되면서 기업구조조정에 대한 사모펀드의 역할이 더욱 커질 것으로 예상. 운용규제 완화에 힘입어 사모펀드는 M&A, 부실채권시장 등을 통한 사후 구조 조정 기능뿐만 아니라, 선제적인 구조조정 통한 기업효율성 제고에 기여할 전망 ① M&A · 부실채권시장 참여 확대 가. 지분율 규제 폐지로 사모펀드는 대기업과 유니콘 기업에 대한 소수지분 투자 등 M&A · 부실채권시장에서 적극적인 활동이 기대 나. 외국계 사모펀드와의 역차별 문제가 해소되어 외국계 사모펀드에 집중된 과실 획득에 따른 국부 유출 논란도 완화 ② ESG, 기업지배구조 개선 등 기업효율성 제고 ESG에 기반한 투자, 주주행동주의를 표방하는 사모펀드 활동 증가로 기업지배구조와 관련한 기업효율성 제고에 기여 ③ 사모대출펀드를 통한 사전 구조조정 가. 사모펀드의 투자 영역이 대출까지 확대됨에 따라, 자본시장에서 사모펀드의 역할이 확대 나. 사모대출펀드는 은행 대출과 달리 회사잠재력 및 성장잠재력을 판단하고 다소 긴 투자기간 동안 자금 제공이 가능한 유연성 보유

2. 사모펀드

<출처: 하나금융 경영연구소>

1) PEF와 PDF

다. 지분이 아닌 대출로 자금을 공급함에 따라 경영권 위협이 없어 사전 적인 구조조정이 필요하나 은행 대출이 제한적인 기업이 활용 가능

[사모펀드 규제 완화]

		제도 개편 전		제도 개편 후	
구분		전문투자형사모펀드	경영참여형사모펀드	일반사모펀드	기관전용사모펀드
운용주체		전문사모운용사 (금융투자업자)	업무집행사원 (GP, 非금융투자업자)	일반사모운용사 (금융투자업자)	업무집행사원 (GP, 非금융투자업자)
투자자범위		① 전문투자자 ② 최소투자금액(3억원) 이상 투자자하는 일반투자자		현행 유지(좌동)	기관투자자 및 이에 준하는 자
운용목적		경영참여 목적 외	경영참여 목적	**모두 가능**	
운용 방법	차입	순재산 400% 이내	순재산 10% 이내 (단, SPC는 300% 이내)	**400% 이내**	
	대출	가능(단, 개인대출 금지)	불가	**가능(단, 개인대출 금지)**	
	의결권 제한	10% 초과보유주식 의결권 행사 제한	해당 없음	**의결권 행사 제한 폐지**	
	경영권 참여	해당 없음	- 펀드자산의 50% 이상 2년내 지분투자 - **의결권있는 주식 10% 이상 취득** 및 6개월 이상 보유	**지분투자 의무 폐지**	

<출처: 하나금융경영연구소>

결론

지속적인 영업이익의 감퇴로 이자마저 지급할 수 없음에도 생존하고 있는 좀비기업의 퇴출과 구조조정을 촉진하기 위해서는 다음과 같은 정책적 접근법이 필요하다.

1. 좀비기업에 대한 비정상적인 자금공급을 억제해야 한다.
2. 좀비기업의 퇴출과 구조조정을 제약하는 금융시장의 문제를 해결해야 한다.
3. 구조조정에 대한 정부의 정책이 일관성 있고 투명하게 이루어져야 한다.

좀비기업의 비율이 대기업보다 중소기업에서 높게 나타난다는 것을 확인하였다. 이처럼 중소기업의 좀비기업 비율이 높은 이유 중 하나로 중소기업에

과다공급된 정책금융을 지목할 수 있다. 우리나라 정책금융은 경제개발 시대인 1970년대부터 발전해왔다. 기업규모의 확대와 정부 역할의 한계로 인해 기업에 대한 정책금융은 1980년대 후반부터 중소기업을 중심으로 개편되었다. 그 결과 수출입은행과 산업은행 등의 정책자금을 제외한 일반은행에서 취급하는 정책금융은 대부분 중소기업을 대상으로 한 제도이다.

최근 연구들은 중소기업 정책금융이 과다공급되고 있다는 점을 보고하고 있다.

이기영 · 우석진 · 빈기범(2015년)은 정책금융이 우량 중소기업에 과다 지원되고 있음을 밝혔다. 이렇게 정책금융 지원을 받은 중소기업은 생산성이 더욱 낮아진다(장우현 · 양용현, 2014년). 따라서 좀비기업이 정책금융에 의존하여 연명할 개연성도 존재한다. 한편, 정책금융은 정부의 보증에 의한 은행의 대출로 이루어지므로, 은행이 사전적 선별이나 사후적 관리감독을 적극적으로 해야 할 유인이 감소하는 도덕적 해이(moral hazard) 문제를 발생시킨다. 그러므로 좀비기업의 구조조정을 위해서는 중소기업을 지원하기 위한 정책금융의 범위를 축소하고 중복지원을 방지하는 등의 해결책이 필요하다.

우리나라의 구조조정 제도는 '채무자 회생 및 파산에 관한 법률'에 따른 회생절차 외에도 '기업구조조정 촉진법'에 따른 기업구조조정(워크아웃)이 있다. 이는 1997년 아시아금융위기 이후 긴급한

구조조정을 위해 도입된 제도이지만 최근 여러 한계점에 봉착하고 있다. 대표적으로 주채권은행을 중심으로 진행되는 현행 절차의 실효성이 떨어지고 있다. 기업구조조정 촉진법에 따르면 기업구조조정은 주채권은행의 대상 기업에 대한 신용평가, 부실징후 점검 이후 공동관리절차를 위한 협의회 구성 등으로 진행된다. 이렇듯 주채권은행을 중심으로 절차가 이루어지는 이유는 과거 기업의 자금조달이 은행을 통해 이루어졌으며, 기업과 은행의 관계금융이 긴밀하였기 때문이다. 하지만 자본시장의 발달로 채권 등을 통한 자금조달이 늘어나면서 주채권은행을 중심으로 한 기업구조조정 방식이 제대로 작동하지 않는 경우가 나타나고 있다.

따라서 자본시장을 통해 구조조정이 이루어질 수 있도록 제도를 정비할 필요가 있다. 예를 들어, 회생절차기업에 대한 신규지원자금(debtor-in-possession financing) 공급이 가능하도록 신규자금에 대한 우선변제권을 대폭 확대할 필요가 있다. 또한, 탄력적으로 자금을 운용할 수 있으며 신속히 투자자를 모집할 수 있는 사모집합투자기구(private equity fund)가 구조조정의 대상이 되는 기업을 인수할 수 있도록 규제를 완화할 필요가 있다.

무엇보다도 구조조정의 효율성을 증대 시키기 위한 전제조건은 정부가 부실화된 기업에 대응하는 정책적 자세의 전환이다. 지금까지 정부는 경제 및 지역 사회에 미칠 영향을 염려하여 부실의 징후가 있더라도 지원 방안을 마련하는 경우가 많았다. 물론 구조조정은 실제로 직접적으로 관련된 노동자의 삶과 지역 경제 및 관련 산업에 큰 피해를 입힐 수 있다는 점에서 정부가 무조건 시장의 논리에 맡길 수는 없다. 특히, 큰 규모의 구조조정이 필요한 경우 시장참여자가 그 위험을 온전히 부담하기 어려울 수 있다. 이 경우, 투명성과 공정성에 기초하여 정부 지원을 결정하도록 제도를 정비해야 할 것이다. 예컨대, 독립된 상설자문기구를 마련하여 구조조정이 필요한 기업이 발생하면 지원 여부를 결정하도록 할 필요가 있다. 아울러, 그 결정이 정책에 실제로 반영될 수 있도록 책임과 권한을 명시화 함으로써 정치적 논리가 아닌 법치주의에 기반한 의사결정이 이루어지도록 해야 할 것이다.

한편

운용규제 완화를 주요 내용으로 하는 자본시장법 개정으로 사모펀드는 기업구조 조정시장에서 중추적인 역할을 수행할 것으로 기대된다. 사모펀드는 대기업 및 유니콘기업에 대한 M&A, IPO 등의 딜 참여, 부실채권 시장을 통한 기업구조조정 참여 등 이전보다 적극적인 활동이 기대되기 때문이다. 특히, PEF와 PDF를 통해 자금조달 전략을 다변화하면서, 지분투자부터 대출까지 다양한 형태로 투자가 가능하며 한계기업 구조조정, 지속성장을 위한 기업구조혁신, 잠재력 있는 기업투자 등 자본시장 내에서 중추적인 역할 수행이 가능하다.

따라서, 금융회사는 이와 같은 기업구조조정 시장의 확장 국면 진입과 사모펀드의 역할 확대에 대응하여 다양한 사업기회를 포착할 필요가 있다

구체적으로

첫째, 기업구조조정시장 확장 국면에 대응하여 금융회사는 위험관리를 강화하면서 부실채권 시장에서의 수익 기회를 모색할 필요가 있다.

둘째, 사전 및 사후 기업구조조정 과정에서 금융회사는 사모펀드와 역할 분담이 가능하며 기업금융 및 IB, PI투자, 자산관리 등 다양한 분야에서의 사업기회를 모색할 필요가 있다. 사모펀드와의 협업 통한 기업금융, IB 영업 및 가업승계와 관련한 자산관리 뿐만 아니라 사모펀드에 대한 투자 또는 운용으로 사업기회를 확대할 수 있기 때문이다.

<출처 : 하나금융경영연구소>

03 논술사례

사례 신용보증기금 2024년 상반기 약술 사례

1. 최근 언론은 우리 정부가 좀비기업에 대한 유가증권시장과 코스닥 시장의 상장폐지 절차를 간소화하는 방안을 추진한다고 보도하였습니다. 사실상 회복이 불가능한 좀비기업을 빠르게 퇴출해 침체된 국내 주식시장을 활성화하려는 것으로 보입니다. 다만, 모험적 창업을 통해 사업기회를 탐색 중인 벤처 · 스타트업은 영업손실을 보이는 등 부정적 재무지표를 보유한 경우가 다수 있으며, 중소기업의 경우에도 일시적 성장성 정체기 또는 경영 위기를 경험하게 되는 경우가 있습니다. 이러한 점을 감안하여, 지원자가 생각하는 좀비(한계)기업과 정책금융을 통해 지원이 필요한 벤처 · 스타트업, 성장성 정체기, 경영 위기 기업을 각각 구분하여 정의한 후, 각각의 기업에 대한 신용보증기금의 정책적 역할을 주요업무와 연계하여 구체적으로 제시하여 주십시오. * 주요업무: 신용보증, 유동화회사보증, 투 · 융자복합금융지원, 산업기반신용보증, 신용보험, 스타트업지원, 기술평가 및 벤처평가, 경영지도, 기업데이터 서비스(BASA), 중소 · 중견기업 팩토링

가. 기업별 정의

1. 좀비기업: 3년간 영업이익으로 이자비용조차 상환하지 못할만큼 열악함에도, 정부의 금융지원을 통해 연명하고 있는, '자생력'이 없는 기업

2. 벤처, 스타트업: 창의적 아이디어와 첨단기술을 바탕으로 모험적 사업을 수행하지만, 자금조달에 어려움을 겪는 업력 7년차 미만의 중소기업
3. 성장성 정체기 기업: 업력 15년차 이상이며, 종사자 수 혹은 업계평균대비 매출액 등이 최하위 급간에 속한 구조적으로 성장이 정체되어있는 기업
4. 경영 위기 기업: 가업승계, 경기순환 등 내/외부적요인으로 인해 일시적 자금애로를 겪고 있는 기업

나. 신용보증기금의 정책적 대응방안

1. 좀비기업: M&A보증, 잡매칭

M&A보증과 잡매칭등의 경영지도서비스를 종합제공할 수 있다. 기업의 자생력 회복이 더이상 어렵다고 판단될 시, 적극적인 구조조정으로 기업재편을 돕는 것이다.

M&A보증을 적극 지원하여 자금 회수 및 재투자를, 잡매칭등을 통해 재직자의 재취업, 재교육서비스를 제공하여 부실기업 정리를 지원할 수 있을 것이다.

2. 벤처, 스타트업: 투융자복합금융지원

투융자복합금융지원과 컨설팅서비스를 통합제공할 수 있다. 창업초기기업의 경우, 취약한 재무제표로 인해 자금조달이 어려운 경우가 많은데, 이에 금융/비금융 복합지원을 통해 기업가치를 제고하는 것이다.

구체적으로는 필요자금이 크거나 자금수혈이 긴급한 경우에는 보증연계투자상품을 제공하여 벤처기업확인까지 연계해주고,

재무구조개선이 시급한 경우에는 투자옵션부상품을 제공할 수 있다.

3. 성장성 정체기 기업: 경영지도 및 컨설팅

소규모, 낮은 성장률, 심한 과당경쟁등 시장자체의 경쟁력이 떨어진 경우, 이에 속한 정체기업을 선별하고, 업종전환프로그램을 제공할 필요가 있다.

사업전환시 필요한 역량을 제고할 수 있는 경영지도 및 컨설팅을 제공하고, 이를 자금 및 기술개발 지원등 후속지원까지 연계하는 프로세스 지원이 필요하다.

4. 경영 위기 기업: 신용보증 및 신용보험, M&A보증

내 · 외부적 요인으로 일시적 자금애로를 겪고 있는 기업을 대상으로, 기금의 다양한 신용보증 및 보험상품을 제공할 수 있다.

고금리 등으로 어려움을 겪는 건설업계를 대상으로는 인프라보증을, 연쇄도산 위험이 있는 제조업계에는 매출채권 보험등의 상품을 제공하여 위기에 처한 기업을 지원해야할 것이다.

이를 통해 담보력이 취약한 기업의 회생은 돕지만, 성장가능성마저 취약한 기업은 정리함으로써 한국경제 활력제고에 기여할 수 있을 것이다

chapter 26 CBDC와 은행발행 디지털 화폐

01 논제 개요 잡기 [핵심 요약]

서론	이슈언급		1. 중앙은행디지털화폐(CBDC)의 경우, 최근 세계적으로 관심이 증대된 가운데 주요국들은 수년 내 최종 도입을 목표로 하고 있다. 이와 관련하여 미국은 상대적으로 미온적 입장을 보이고, 유럽과 일부 아시아에서 주요 프로젝트 성과가 집중되고 있는 상황이다. 2. 은행 발행 디지털 화폐의 경우, 법정화폐담보형 스테이블코인 중에서도 화폐의 단일성 원칙을 충족하고 엄격한 금융감독과 예금보험의 대상이 되며 중앙은행 최종 대부자 기능의 보호를 받을 수 있는 은행 발행 스테이블코인 혹은 예금을 디지털 토큰화한 예금토큰이 민간 발행 디지털화폐의 유력한 후보로 대두되게 되었다.
본론	1. CBDC의 특징 및 구분	1) 특징	CBDC는 중앙은행이 발행하는 디지털 형태의 법정화폐로, ▲법적지위, ▲중앙은행발행, ▲디지털형태, ▲안정성이 주요 특징이다. - 중앙은행이 직접 발행하여 정부의 통제를 받으며 법정화폐로서 법적 지위와 안정성을 보유하며, 전자적 형태로 존재하여 디지털지갑 등을 통해 거래가 가능하다
		2) 유형	CBDC는주로사용하는주체에따라 도매(Wholesale)와 소매(Retails)로, 구현방식에 따라 계좌형(account)과 토큰형(token, peer to peer) 형태로 구분 ① 사용 주체별 ② 구현 방식별

<table>
<tr><td rowspan="3">본론</td><td rowspan="3">1. CBDC의 특징 및 구분</td><td>3) 효과 및 문제점</td><td>① 도입효과
가. 중앙은행은 CBDC 발행시 신용리스크 감축, 거래투명성 제고, 통화정책의 유효성 제고 등 긍정적 효과 기대
나 기업, 개인 등 모든 민간경제주체에 직접 화폐발행이 가능해져 통화량 공급을 증가시킬 수 있는 새로운 정책수단이 생김
다. CBDC 금리는 마이너스도 가능하기 때문에, 경제침체 심화 시, 중앙은행이 보다 원활하게 마이너스 금리정책을 수행할 수 있음
② 문제점
가. 중앙은행으로 정보집중에 따른 개인정보보호 및 마이너스 금리 부과 시 재산권 침해 등 법적 이슈가 제기될 가능성 존재
나. 민간은행은 자금중개기능이 약화되고 신용배분기능이 축소: 개인 등이 은행예금을 CBDC로 대체하는 경우 은행의 자금조달 비용은 상승하고, 예금규모 축소로 대출 등 자금중개기능 위축</td></tr>
<tr><td>4) 각국 현황</td><td>① 미국
2016년 연준의 연구를 시작으로 도입 준비중이나 개인의 프라이버시, 보안이슈로 인한 도입반대의견 등으로 완만한 속도로 진행
② 유로존
ECB는 2019년 도입을 검토한 뒤 조사 및 평가단계를 거쳐 현재 준비 및 구현단계에 진입. 이르면 2025년말 최종도입을 목표로 추진중
③ 중국
2014년부터 디지털화폐 및 전자결제(DC/EP) 개발에 착수했으며, 최근까지도 다른주요국들에 비해 CBDC 도입에 적극적
④ 일본
BOJ는 2021년 CBDC 실증실험을 시작으로 기술개발에 나섰으며, 금년 중법적 논의를 마친 뒤 2026년 ‘전국적 논의’를 거칠 예정</td></tr>
<tr><td>5) 쟁점</td><td>CBDC는 도입 과정에서 ▲기술적, ▲경제적, ▲법 · 규제적이슈 등에 대한 심도 있는 논의를 통하여 경제 · 사회적 합의를 도출하는 것이 중요
① 기술적이슈 : 사이버보안, 상호 호환성 이슈를 필두로 가장 많은 논의가 되고 있는 부분으로 더 많은 기술개발과 그 활용법에 대한 의견수렴이 필요
② 경제적이슈 : 금융시스템안정성, 통화정책 효율성이슈가 주를 이루며, 시스템안정성을 최대한 지키면서 효율성 제고 등 이점을 취하는 것이 주요 목표
③ 법 · 규제적이슈 : BDC의 법적지위 및 규제체계, 소비자 및 데이터보호관련 논의를 통해 적합한 규제수준 설정 및 시스템적 보완이 중요</td></tr>
</table>

	1. CBDC의 특징 및 구분	6) 영향	① 지급결제와 관련하여 편의성과 효율성이 향상될 것으로 전망된다. ② 통화정책의 파급경로 및 유효성에 변화가 예상된다. ③ 은행의 금융중개기능 및 금융안정성에 부정적 영향을 미칠 수 있다.
본론	2.은행의 디지털 화폐 발행 <출처 한국금융연구원>	1) 배경	법정화폐담보형 스테이블코인 중에서도 화폐의 단일성 원칙을 충족하고 엄격한 금융감독과 예금보험의 대상이 되며 중앙은행 최종대부자 기능의 보호를 받을 수 있는 은행 발행 스테이블코인 혹은 예금을 디지털 토큰화한 예금토큰이 민간 발행 디지털화폐의 유력한 후보로 대두되게 되었다.
		2) 필요성	① 은행 입장에서도 안정적 자금조달 및 수익성 확보를 위해 스테이블코인 혹은 예금토큰의 발행 필요성은 커질 것으로 보인다. ② 한편 은행의 디지털화폐 발행은 민간 결제서비스업자(PSP: Payment Service Provider)들이 다양하고 혁신적인 디지털 결제 수단을 개발 · 제공할 수 있는 토대를 제공함으로써 디지털 지급결제 생태계를 활성화한다는 취지에서도 중요해 보인다. ③ 디지털화폐의 가장 큰 특징 중 하나는 프로그램가능화폐(programmable money)[1]인데, 프로그램가능화폐의 유력한 후보로는 CBDC와 은행 디지털화폐를 들 수 있다.
		3) 구형 방식	① 스테이블코인 vs 예금토큰 ② 은행 개별발행 vs 은행권 공동발행.
결론	의견제시		첫째, 지급결제의 효율성을 제고하기 위해서는 무엇보다 새로운 결제시스템의 안전성에 우선하여 세부적인 발행형태를 설계하여야 한다. 블록체인 등 새로운 운영체계가 아직 완전히 검증되지 않은 점을 감안하여 사이버 공격에 대한 대비를 철저히 할 필요가 있다. 지급 편의성을 위한 출발이 결제시스템의 안전성을 침해하는 일이 있어서는 안 될 것이다. 둘째, 통화정책의 유효성 제고 및 금융안정성 유지에 각별히 유념하여야 한다. 디지털화폐에 대한 금리수준 부과시 장단기금융시장에 영향을 주면서 통화정책의 파급경로에도 변화가 불가피하고 은행의 자금조달 기반인 예금 감소로 은행의 자금중개기능 및 수익성 약화가 나타날 가능성이 있는 점에 유의하여야 한다. 따라서 새로운 금리체계 하에서 현금 및 디지털화폐에 대한 수요 변화나 은행의 신용창출 저하 가능성을 면밀히 분석하여 금융안정성이 손상되지 않도록 정책적 노력을 기울여나가야 한다. 셋째, 향후 중앙은행의 디지털화폐가 발행될 경우 다양한 전자금융업자 등 민간부문과의 경합으로 지급서비스 업계에 큰 변화가 예상되는 만큼 디지털화폐에 대한 기술적인 접근과 아울러 금융관련 법률의 정비도 중요한 과제이다. 무엇보다 화폐의 발행과 지급결제의 안전성을 최종적으로 관장하는 한국은행법의 정비를 기반으로 하여 은행법 및 전자금융거래법 등 관련 법률에 대한 금융당국자간

결론	의견제시	긴밀한 협조와 조율이 필수적이다. 중앙은행의 디지털화폐 발행은 국민경제에 미치는 영향이 광범위하고 추진 과정 또한 생각보다 복잡하므로 다른 나라의 논의 과정이나 도입에 따른 영향 등을 보아가며 매우 신중히 접근할 필요가 있다. 한편, 은행 디지털화폐의 발행이 이루어지기 위해서는 우선 관련 법 및 규제체제의 정비가 이루어질 필요가 있다. 우리나라의 경우 은행의 스테이블코인 발행을 위해서는 우선 스테이블코인 전반에 대한 법·규제체계 마련이 선행되어야 하며, 예금토큰의 경우도 예금 토큰화를 위한 추가적인 제도적 장치가 마련되어야겠다.

02 논제 풀이

서론

이슈 언급 최근 경제 및 금융 각 분야에서 디지털화가 광범위하게 확산되는 가운데, 화폐의 디지털화도 향후 본격적으로 진행될 것으로 예상된다. 비트코인 등 가상자산 출현 이후 스테이블코인, 중앙은행 디지털화폐(CBDC:Central Bank Digital Currency), 예금토큰(deposit token) 등 다양한 형태의 디지털 기반 화폐 혹은 지급결제 수단이 미래의 화폐 후보로 등장한 바 있다. 향후 실생활에서 사용될 디지털화폐는 첫째, 법정화폐인 CBDC와 둘째, 은행 발행 스테이블코인 혹은 예금토큰으로 대표되는 민간 디지털화폐로 재편될 가능성이 높다. 일반적으로 가상자산(virtual asset)은 가상화폐(virtual currency) 혹은 암호화폐(cryptocurrency) 등으로도 불리우나, 화폐로서의 기능은 갖고 있지 않은 반면, 디지털화폐는 실생활에서 상거래 및 송금 등에 사용될 수 있는 디지털화된 화폐(digitalized currency)를 의미한다.

1. 중앙은행디지털화폐(CBDC)의 경우, 최근 세계적으로 관심이 증대된 가운데 주요국들은 수년 내 최종 도입을 목표로 하고 있다. 이와 관련하여 미국은 상대적으로 미온적 입장을 보이고, 유럽과 일부 아시아에서 주요 프로젝트 성과가 집중되고 있는 상황이다.
2. 은행 발행 디지털 화폐의 경우, 법정화폐담보형 스테이블코인 중에서도 화폐의 단일성 원칙을 충족하고 엄격한 금융감독과 예금보험의 대상이 되며 중앙은행 최종대부자 기능의 보호를 받을 수 있는 은행 발행 스테이블코인 혹은 예금을 디지털 토큰화한 예금토큰이 민간 발행 디지털화폐의 유력한 후보로 대두되게 되었다.

이에 본지에서는 중앙은행디지털화폐(CBDC)와 은행 발행 디지털화폐의 현황 및 필요성에 대해 알아본 후, 주요 쟁점사항들을 논하기로 한다.

본론

1. CBDC의 특징 및 구분

1) 특징

<출처: 국제금융센터>

CBDC는 중앙은행이 발행하는 디지털 형태의 법정화폐로, ▲법적지위, ▲중앙은행발행 ▲디지털형태, ▲안정성이 주요 특징이다.

- 중앙은행이 직접 발행하여 정부의 통제를 받으며 법정화폐로서 법적지위와 안정성을 보유하며, 전자적 형태로 존재하여 디지털지갑 등을 통해 거래가 가능하다

[CBDC 外 비교]

구분	발행주체	형태	규제	안정성	사용 용도
일반화폐	정부/중앙은행	동전·지폐 형태	정부 및 중앙은행 규제	안정적	모든 종류의 거래
디지털 화폐	민간 기관	디지털 형태	규제되지 않거나 느슨하게 규제됨	변동성이 큼	주로 디지털 거래 및 투자
스테이블 코인 (기존 화폐에 고정가치로 발행)	민간 기관	디지털 형태	민간 기관 및 일부 정부 규제	비교적 안정적	주로 디지털 거래
중앙은행 디지털 화폐(CBDC)	**중앙은행**	디지털 형태	**중앙은행의 엄격한 규제**	안정적	**모든 종류의 거래 (일반화폐와 유사)**

<출처: 국제금융센터>

2) 유형

<출처: 국제금융센터>

CBDC는주로사용하는주체에따라 도매(Wholesale)와 소매(Retails)로, 구현방식에 따라 계좌형(account)과 토큰형(token, peer to peer) 형태로 구분

① 사용 주체별 : 도매 CBDC는 금융기관간의 대규모 거래를 목적으로 중앙은행과 상업은행간 거래에 주로 활용되며, 소매CBDC는 개인, 기업과 소매업체등 일반 대중들이 일상적으로 사용할 수 있도록 설계된 형태

가. 도매: 금융시스템의 효율성 증대 및 결제시스템 개선을 중점으로 금융시장 인프라와 통합되어 운영. 주로 중앙은행의 지급결제 시스템을 통해 사용. 분산원장기술(수많은 사적거래 정보를 개별적 데이터 블록으로 만들고, 이를 체인처럼 차례차례 연결하는 블록체인 기술)이나 다른 디지털 기술을 활용할 수 있으며, 거래 보안과 효율성에 초점

나. 소매: 금융포괄성 향상 및 편의성 개선, 현금 사용 감소가 주목적이며, 소매거래, 개인간송금, 모바일앱, 카드, 온라인 쇼핑으로 활용

② 구현 방식별 : 화폐는 화폐 교환이 일어날 때 필요한 입증(verification)에 따라 중앙집중식으로 관리되는 계좌형과 분산네트워크에서 거래되는 토큰형으로 구분

가. 계좌형: 중앙은행 또는 지정된 금융기관에서 계좌를 개설하고 해당 계좌에 디지털화폐를 예치하는 형태. 중앙집중식 시스템으로 운영되어보안성이 높으나, 중앙기관에 의해 거래내역이 관리되므로 프라이버시 측면에서는 제한

나. 토큰형: 물리적화폐처럼 디지털화폐를 독립적인 토큰형태로 발행하는 방식. 각 토큰은 특정한 가치를 지니며, 사용자가 이를 소유하고 거래할 수 있음. 분산원장 기술을 사용하여 높은 보안성을 제공하며, 사용자간의 직접거래가 가능하므로 프라이버시 측면에서 유리

1. CBDC의 특징 및 구분	3) 효과 및 문제점	① 도입효과 가. 중앙은행은 CBDC 발행시 신용리스크 감축, 거래투명성 제고, 통화정책의 유효성 제고 등 긍정적 효과 기대 나 기업, 개인 등 모든 민간경제주체에 직접 화폐발행이 가능해져 통화량 공급을 증가시킬 수 있는 새로운 정책수단이 생김 다. CBDC 금리는 마이너스도 가능하기 때문에, 경제침체 심화 시, 중앙은행이 보다 원활하게 마이너스 금리정책을 수행할 수 있음 ② 문제점 가. 중앙은행으로 정보집중에 따른 개인정보보호 및 마이너스 금리 부과 시 재산권 침해 등 법적 이슈가 제기될 가능성 존재 나. 민간은행은 자금중개기능이 약화되고 신용배분기능이 축소: 개인 등이 은행예금을 CBDC로 대체하는 경우 은행의 자금조달 비용은 상승하고, 예금규모 축소로 대출 등 자금중개기능 위축
	4) 각국 현황 <출처: 국제금융센터>	① 미국 : 2016년 연준의 연구를 시작으로 도입 준비중이나 개인의 프라이버시, 보안이슈로 인한 도입반대의견 등으로 완만한 속도로 진행 가. 진행 단계 미국정부는 디지털자산의 책임 있는 개발을 지원하기 위한 프레임워크(2022년 3월)를 발표했으나, 하원 금융서비스위원회는 공화당 의원들 주도로 CBDC 도입을 금지하는 법안(2024년 5월)을 승인하면서 진행상황이 정체 나. 차기 집권가능성이 높은 트럼프 전 대통령은 과거 CBDC를 자유에 대한 위험으로 언급하며, 재선시도 절대 허용하지 않을 것으로 언급 ② 유로존 : ECB는 2019년 도입을 검토한 뒤 조사 및 평가단계를 거쳐 현재 준비 및 구현단계에 진입. 이르면 2025년말 최종도입을 목표로 추진중 가. 진행단계 ECB는 2023년 10월에 디지털 유로프로젝트의 다음 단계인 준비단계(법적 프레임워크설정, 기술공급업체선정, 인프라구축 등이 포함)로 이동. 2024년 6월에는 도매CBDC 파일럿 프로젝트를 확장 나. 준비단계에서의 개발 및 테스트가 성공적으로 완료되면, 빠르면 2025년 11월에 도입될 수 있도록 추진(CBDC Tracker) 다. ECB가 자체통화를 통해 디지털결제시장에서의 주권을 유지하고, 글로벌 디지털 경제에서의 경쟁력을 강화하는데 기여. ③ 중국 : 2014년부터 디지털화폐 및 전자결제(DC/EP) 개발에 착수했으며, 최근까지도 다른주요국들에 비해 CBDC 도입에 적극적

1. CBDC의 특징 및 구분

4) 각국 현황

<출처: 국제금융센터>

가. 진행단계 : 당국은e-CNY 도입을 위한 노력을 지속했으며, 2022년 동계올림픽에서 외국인들이 사용할 수 있도록 시험적으로 도입했으나 사용률이 기대보다 저조. 파일럿 시험 단계에 있는 도시를 25개로 늘리는 등 조속한 도입을 추진

나. 중국정부는 로또 및 경품이벤트를 통해 e-CNY 사용을 유도하고 있으며, 공공요금과 세금납부, 정부직원 급여지급 등에 e-CNY를활용

④ 일본 : BOJ는 2021년 CBDC 실증실험을 시작으로 기술개발에 나섰으며, 금년 중법적 논의를 마친 뒤 2026년 '전국적 논의'를 거칠 예정

가. 진행단계 : BOJ는 2023년4월에CBDC 전문가포럼을 진행하여 설계와 구현과 관련한 다양한 의견을 수렴. 2024.1월에는 CBDC 관계부처와 일본은행 연락회의를 설치하고 도입에 필요한 법령을 정비

나. 관련의견 : 일본은 다른주요 경제국들의 CBDC 동향을 주의깊게 관찰하고 있으며, 특히 디지털유로에 큰 관심. 디지털화에 적극적인 자세를 취하고 있지만, 현금사용이 여전히 중요한 사회적 요소

[주요국의 도입찬반 의견]

국가	찬성	반대	종합
미국	달러의 입지 강화 글로벌 금융시스템 리더십	정부의 통제 상당한 비용 소요	소극적
유로존	디지털 경제에서의 경쟁력 강화	금융시스템 불안정 가능성 데이터 보안 우려	적극적
중국	금융포용성 강화 자금세탁·사기 등 억제	이미 구축된 민간 결제수단의 공고한 지위	가장 적극적
일본	각종 결제수단의 역할 강화	현금 사용에 익숙한 문화	소극적

<출처: 국제금융센터>

5) 쟁점

CBDC는 도입 과정에서 ▲기술적, ▲경제적, ▲법 · 규제적이슈 등에 대한 심도 있는 논의를 통하여 경제·사회적 합의를 도출하는 것이 중요

① 기술적이슈 : 사이버보안, 상호 호환성 이슈를 필두로 가장 많은 논의가 되고 있는 부분으로 더 많은 기술개발과 그 활용법에 대한 의견수렴이 필요

가. 보안 : 해킹 및 양자컴퓨팅 공격에 대한 취약성, 단일고장점(시스템, 설비, 네트워크 또는 프로세스 내의 하나의 구성요소가 고장날 경우 전체시스템이 중단되거나 심각한 영향을 받는 취약점 문제 등에 노출될 우려가 크기 때문에 관련한 다양한 대비책이 요구

나. 개인정보보호 : 데이터보안 규제준수, 선택적 인증방식 제공 등 개인정보보호를 위한 보안책 마련 필요

다. 상호호환성 Interoperability : 국가간 시스템 차이 축소를 통한 거래비용 감소 및 복잡성 완화, 기존 금융시스템과의 연동을 통한 효율성 제고가 중요

1. CBDC의 특징 및 구분	5) 쟁점	② 경제적이슈 : 금융시스템안정성, 통화정책 효율성이슈가 주를 이루며, 시스템안정성을 최대한 지키면서 효율성 제고 등 이점을 취하는 것이 주요 목표 가. 금융시스템안정성 : 도입초기 금융시스템 불안정화 가능성, 사이버 공격 위험증가, 금융기관의 역할 변화 등 다양한 고려사항 존재 A. CBDC에 대한 이자지급 여부와 수준에 따라 금융시스템의 유동성과 자산가격에 영향을 미칠수있어 CBDC 금리정책 방식에 대한 명확한 지침을 마련하고, 필요시 금융시장 변동성을 감시 B. CBDC는 자본이동을 촉진하여, 환율변동성을 심화 시키고, 자본유입 및 유출에 따른 금융시장 불안을 야기할 소지 C. 은행예금에 대한 대체재로 간주될 경우 CBDC 발행은 은행의 탈금융중개화(bank disintermediation)와 디지털 뱅크런 등으로 이어질 수 있다는 우려 제기 나. 통화정책효율성 : 금리정책 전달효과, 비대칭 정보문제 해소 등의 효율성 제고 효과도 있으나 금융시스템 불안정화, 개인정보 침해에 따른 통화정책 저항 등의 효율성 저하문제도 공존(IMF, Atlantic Council) A. 중앙은행의 각거래에 대한 금리 직접 부과, 정부의 특정지출에 대한 지원 등 금리정책을 보다 정밀하고 효과적으로 할 수 있으며, 거래 데이터 분석을 활용한 적절한 통화정책수립 가능 B. 반면 은행예금감소, 자본이동 증가 등에 따른 금융시스템불안정 초래로 통화정책효과가 저해될 수 있거나, 개인정보침해 문제 발생으로 경제주체들의 불신이 커지면서 통화정책에 대한 저항이 커질 우려 상존 C, 아울러CBDC 거래에 적용되는 금리 책정, 은행을 통하거나 사용자에서 직접 보급하는 등의 방식선정과 혁신성과 독점 우려사이에서 민간 부문 참여 범위 등 고민해야 사안들이 상당 ③ 법 · 규제적이슈 : CBDC의 법적지위 및 규제체계, 소비자 및 데이터 보호관련 논의를 통해 적합한 규제수준 설정 및 시스템적 보완이 중요 가. CBDC의 법적 지위 및 규제체계 A.법적분쟁 억제를 위하여 CBDC에 대한 법적지위와 규제체계를 명확하게 할 필요 B. CBDC의 익명성이 강조될 경우 불법자금세탁 및 테러자금지원 규제 준수문제에 대한 우려가 확대될 소지 나. 소비자·데이터보호 소비자 프라이버시 보호를 위해서는 사용자 익명성 및 데이터 수집 최소화, 데이터보호를 위해서는 보안 인프라 구축 및 규제준수가 필요

1. CBDC의 특징 및 구분	6) 영향 <출처: 자본시장 연구원	중앙은행이 은행에 대해서만 디지털화폐를 보급하는 도매 디지털화폐의 경우에는, 디지털화폐와 지급준비금 간의 전자적 교환을 통해 거래가 이루어질 것으로 예상되므로 디지털화폐가 발행되더라도 경제내의 통화총량이나 금융부문에 새로운 영향을 주지는 않을 것으로 보인다. 그러나 일반 경제주체 들에게 디지털화폐가 보급되는 소매 디지털화폐의 경우에는 지급결제의 편의성은 물론 통화정책의 효율성과 금융안정성 등에 미치는 영향이 적지 않을 것으로 예상된다. 소매 디지털화폐의 보급 확산 시 금융분야 전반에 미칠 영향을 예상해 보면 아래와 같다. ① 지급결제와 관련하여 편의성과 효율성이 향상될 것으로 전망된다. 가. 최근 많은 나라에서 현금의 보유나 이를 이용한 결제비중이 대체로 줄어들고 있는 상황을 감안할 때 디지털화폐의 보급은 현금사용에 따른 도난 및 분실 위험을 줄이고 거래의 신속성 및 편의성은 높여 지급결제의 효율화에 기여할 것으로 보인다. 나. 더욱이 중앙은행이 발행하는 디지털화폐는 민간이 발행하는 전자결제수단과는 달리 중앙은행의 공신력을 바탕으로 하고 있으므로 일반 경제주체들에게 편리하고 안전한 새로운 결제수단으로 역할을 할 수 있을 것으로 보인다. 다. 은행에 대한 계좌개설이나 전자적 거래에 취약한 일부 금융소외계층에 대해 중앙은행의 디지털화폐는 효율적인 지급결제수단을 확보하게 해주는 측면이 있다. 라. 그러나 분산원장방식 하에서 익명성을 바탕으로 한 운영체계가 도입될 경우, 개인정보보호 측면에서는 유리하나 불법 및 지하경제 자금의 유통이 용이해질 수 있는 부작용이 있을 것으로 보인다. 마. 전자적 형태의 지급수단을 다양하게 도입하고 있는 민간부문의 은행 인터넷뱅킹이나 전자지급 및 송금업무 등을 담당하는 전자금융업자와의 경합이 불가피하므로 지급서비스 업계에도 큰 변화가 나타날 가능성이 있다. ② 통화정책의 파급경로 및 유효성에 변화가 예상된다. 가. 중앙은행이 디지털화폐를 이용할 경우, 민간 경제주체에 양적완화(quantitative easing)와 같은 신속한 유동성 공급 수단을 확보할 수 있다. 예를 들어 금번 코로나19에 대응하기 위한 정부의 긴급재난지원금 지급시의 경우 실물화폐의 공급이 금융중개기관을 거쳐 통화승수효과가 발휘되는 데 소요되는 시간을 단축할 수 있을 것으로 예상된다. 나. 더욱이 금융불안 확대와 같은 특수한 상황에서는 중앙은행이 음(-)의 디지털 화폐 금리를 부과함으로써 통화정책의 효과 제고가 용이해질 것으로 생각된다.

1. CBDC의 특징 및 구분

6) 영향

<출처: 자본시장 연구원

다. 그러나 한편으로 중앙은행이 디지털화폐에 금리를 부여하는 경우 금리전달경로에 의한 통화정책 파급경로에 변화가 예상된다. 디지털화폐에 대해 지급하는 금리는 기준금리에서 디지털화폐 유통에 따른 편의성을 차감한 수준에서 결정될 것으로 보이므로 「디지털화폐 금리 <기준금리 <단기시장리 <은행 예금금리」의 순으로 금리체계가 형성되고 디지털화폐 금리는 단기금융시장에서 금리의 하한 역할을 담당할 것으로 보인다. 이 경우 디지털화폐에 부과된 무위험 금리수준에 따라 은행 예금금리도 직접적인 영향을 받으면서 장기 시장금리 및 은행대출금리 변화를 통해 실물경제에 영향이 나타나는 통화정책의 금리파급경로가 현재보다 복잡 다기화되고 새로운 금리체계로 단기금융시장에도 변화가 예상된다.

라. 양(+)의 금리가 부여된 디지털화폐는 중앙은행이 발행하는 무위험 금융자산으로 인식되면서 금리수준이나 경제주체들의 안전자산 선호 등에 따라 은행 예금 중 일부가 디지털화폐로 대체될 것으로 보인다. 이 경우 은행의 신용창출을 통한 통화정책 파급경로가 약화될 가능성이 있을 것으로 보인다.

③ 은행의 금융중개기능 및 금융안정성에 부정적 영향을 미칠 수 있다.

가. 은행예금의 일부가 디지털화폐에 대한 수요로 전환될 경우, 민간의 은행예금 감소요인으로 작용하면서 은행의 자금조달 비용이 커지고 대출여력이 감소하는 등 전반적인 은행의 금융중개기능 및 수익성 약화를 초래할 것으로 보인다.

나. 특히 금융불안 등 위험회피성향이 큰 상황에서는 이러한 디지털화폐에 대한 수요가 더욱 커지면서 은행예금이 급격히 줄어드는 이른바 '디지털 런(digital run)'에 대한 우려도 제기되고 있다. 은행이 이에 대응하여 R/P나 콜차입과 같은 단기시장성 수신을 증가시켜 나가는 경우 금융기관간 상호연계성이 커지게 되므로 외부충격 발생시 금융안정성에 미치는 부정적 영향도 증가할 가능성이 있다.

다. 이러한 은행의 자금여력 감소에 대해 중앙은행이 공개시장조작 등으로 국공채를 매입하거나 은행에 대한 대출을 늘려 유동성을 추가로 공급하는 경우 중앙은행의 대차대조표가 확대되므로 통화정책 운영에 부담이 될 수 있다.

라. 결국 이러한 영향은 디지털화폐에 대한 민간 경제주체들의 수요 정도와 이에 따른 은행 예금기반의 감소 정도에 좌우될 것으로 보인다.

2.은행의 디지털화폐 발행

<출처 한국금융연구원>

1) 배경

① 향후 화폐 시스템은 과거 실물화폐에서 현재의 전자화폐 체제를 거쳐 디지털화폐 시대로 진화할 것으로 예상된다. 비트코인의 등장으로 새로운 디지털화폐 시대가 열리는 듯했으나, 비트코인을 비롯한 가상자산은 높은 가격 변동성과 공신력 결여로 범용성을 가진 화폐로 기능하는데 한계가 있었다.

② 이에 따라 가격 변동성을 축소한 스테이블코인이 대안으로 등장하였으나, 비법정화폐담보형 스테이블코인의 경우 화폐로서의 기능을 상당 부분 충족하지 못하는 것으로 평가되고 있다. 법정화폐담보형 스테이블코인의 경우도 실제 일상생활에서 범용성을 갖춘 화폐로 기능하기 위해서는 추가적인 보완장치 가 요구된다.

③ 민간 발행 화폐가 실생활에서 화폐로 기능하기 위해서는 법정화폐와의 교환가치가 동일하게 유지되는 화폐의 단일성(singleness of money) 원칙을 위배하지 않고 예금보험과 같은 안전장치 마련을 통해 금융불안시 런(run)의 대상이 되지 않도록 해야 한다.

④이와 같은 의미에서 법정화폐담보형 스테이블코인 중에서도 화폐의 단일성 원칙을 충족하고 엄격한 금융감독과 예금보험의 대상이 되며 중앙은행 최종대부자 기능의 보호를 받을 수 있는 은행 발행 스테이블코인 혹은 예금을 디지털 토큰화한 예금토큰이 민간 발행 디지털화폐의 유력한 후보로 대두되게 되었다.

2) 필요성

① 은행 입장에서도 안정적 자금조달 및 수익성 확보를 위해 스테이블코인 혹은 예금토큰의 발행 필요성은 커질 것으로 보인다. 향후 CBDC 도입과 여타 민간 발행 스테이블코인의 등장으로 은행예금이 일부 대체될 가능성에 대비한 안정적 자금조달 목적과 더불어 디지털화폐의 발행 및 환수 과정에서의 對 고객 접점 유지 · 확대를 통한 새로운 비즈니스모델 구축 차원에서도 은행의 스테이블코인 및 예금토큰 발행 필요성은 커질 전망이다.

② 한편 은행의 디지털화폐 발행은 민간 결제서비스업자(PSP: Payment Service Provider)들이 다양하고 혁신적인 디지털 결제 수단을 개발 · 제공할 수 있는 토대를 제공함으로써 디지털 지급결제 생태계를 활성화한다는 취지에서도 중요해 보인다.

③ 디지털화폐의 가장 큰 특징 중 하나는 프로그램가능화폐 (programmable money)[1]인데, 프로그램가능화폐의 유력한 후보로는 CBDC와 은행 디지털화폐를 들 수 있다.

가. 그러나 법정화폐인 CBDC의 경우 가능한 한 민간의 디지털 혁신을 구축하지 않도록 공적 바우처의 경우와 같이 포용적 목적으로만 프로그램 가능 용도를 제한하는 것이 바람직하다.

2. 은행의 디지털화폐 발행
<출처 한국금융연구원>

2) 필요성

나. 오히려 지급 결제 분야의 디지털 혁신은 은행 디지털화폐를 중심으로 민간 PSP들이 다양하고 혁신적인 부가 지급 결제 서비스를 제공함으로써 활성화될 수 있도록 유도할 필요가 있다. 즉

다. 디지털화폐 생태계에서 중앙은행은 디지털화폐 시스템의 플랫폼 구축 및 준거 역할을 담당하고, 상당 부분의 디지털 지급결제 혁신은 민간 영역에서 상호 경쟁을 통해 이루어지는 것이 바람직하다는 점에서도 은행의 디지털화폐 발행 필요성이 커지고 있다.

3) 구형 방식

① 스테이블코인 vs 예금토큰 : 향후 은행 디지털화폐의 발행방식으로는 크게 디지털 무기명증서(digital bearer instrument) 방식으로 발행 · 유통되는 스테이블코인이나 은행예금을 직접 토큰화하여 지급 · 결제수단으로 사용하게 되는 예금토큰을 예상해 볼 수 있다.

가. 디지털화폐 소지자에게 청구권이 부여되는 디지털 무기명증서 방식으로 발행되는 은행 스테이블코인의 경우, 지급 및 송금이 이루어지면 새로운 소유자에게 청구권이 이전되며 스테이블코인 소지자가 발행자인 은행에게 현금 등으로 환급을 요청하기 전까지는 발행자의 대차대조표에 변화가 없게 된다.

나. 반면, 예금토큰의 경우 지급 및 송금 발생시 발행자에 대한 청구권이 직접 이전되는 대신 지급인의 예금계좌에서 차감된 금액 만큼이 수취인의 예금계좌에 입금되며, 은행 간 청산결제는 현재와 같이 소액결제시스템상의 차액결제 혹은 기관용 CBDC의 이전을 통해 이루어지게 된다.

다. 은행 발행 스테이블코인과 예금토큰 모두 엄격한 금융규제 및 감독 뿐만 아니라 중앙은행의 최종대부자 기능과 같은 안전장치에 의해 보호받음에 따라 화폐의 단일성 및 법정화폐와의 상호운용성(interoperability) 등 화폐로서 갖추어야 할 원칙들이 잘 기능한다는 장점이 있다.

라. 개인정보보호 차원에서는 예금 토큰의 경우 기존 예금과 유사하게 익명성이 보장되지 않는 반면에, 은행 발행 스테이블코인의 경우는 익명성이 상대적으로 더 보장된다는 특징이 있다.

마. 반면 불법자금거래 측면에서는 은행 발행 스테이블코인의 경우 익명성 보장으로 예금토큰에 비해 자금세탁 등과 같은 불법자금거래에 쉽게 이용될 수 있다는 단점을 가지고 있다.

바. 규제 측면에서는 예금토큰의 경우 토큰화 부분을 제외하고는 부실화 방지 및 예금자보호를 위해 기존 예금과 동일한 규제 및 안전장치를 적용하면 되기 때문에 추가 적인 규제장치 마련이 필요하지 않다는 장점이 있다.

2.은행의 디지털화폐 발행 <출처 한국금융연구원>	3) 구형 방식	사. 반면 스테이블코인의 경우 우리나라에서는 전반적인 규제체계가 아직 마련되어 있지 않고 부실화에 대비한 소비자보호장치도 은행예금에 비해 상대적으로 미흡하여 추가적인 규제장치 마련이 이루어질 필요가 있다. ② 은행 개별발행 vs 은행권 공동발행 : 공동발행 여부에 따라 은행 디지털화폐는 개별 은행이 독자적으로 발행하는 방식과 은행들이 연합하여 공동으로 발행하는 방식으로도 구분해 볼 수 있다. 가. 개별 은행이 각자 디지털화폐를 발행할 경우 디지털화폐를 이용한 지급 및 송금 등이 발생할 때마다 은행간 자금이동에 대한 청산 · 결제가 이루어져야 한다. 반면, 은행권이 공동으로 연합하여 디지털화폐를 발행하는 경우에는 거래시마다 청산 · 결제가 이루어지지 않고, 발행된 디지털화폐가 현금이나 은행예금으로 환급 요청이 있기까지는 계속 소각되지 않고 유통될 수 있다는 차이점이 있다. 나. 은행권이 공동으로 디지털화폐를 발행하는 방법으로는 다수의 은행이 연합하여 공통의 규격화된 예금토큰 혹은 스테이블코인을 발행하되, 각 은행이 발행한 디지털화폐 금액은 각 은행의 수신으로 취급하고 현금 및 은행예금으로의 환급은 발행 은행과는 상관 없이 회원 은행 어디에서나 가능하도록 하여 최종적으로 발행 및 환수 은행간의 청산 · 결제를 통해 디지털화폐가 소각되는 방식이 바람직해 보인다. 다. 은행권 공동 발행의 경우 거래에 사용된 디지털화폐는 바로 현금 및 은행예금으로 교환되지 않고 시중에서 계속 유통될 가능성이 높기 때문에 예금토큰 보다는 은행 스테이블코인 방식으로 발행하는 것이 보다 효율적일 것으로 보인다. 라. 반면 개별 은행이 각자 독자적으로 개별 디지털화폐를 발행하는 경우에는 은행간 청산 · 결제가 빈번히 발생하기 때문에 기존 예금과 유사하게 은행간 소액청산결제 방식을 취하는 예금토큰 방식이 더욱 적합하다 할 수 있다.

결론

의견 제시 복잡한 디지털 화폐만큼이나 디지털 화폐들의 특징을 정확히 이해하고 활용함으로써, 최근 다양한 디지털 화폐의 등장을 산업생태계 및 경제 전체의 활력 제고를 위한 계기로 활용하는 것이 바람직한 방향으로 보인다. 예를 들면, 가장 급진적 패러다임을 가진 비트코인 등 암호화폐의 경우, 기존 통화체제의 규제를 회피하는 과정에서 준암호화폐라는 거액결제 효율화 수단이 개발되는 계기를 제공하는 등, 다양한 디지털 화폐의 등장은 경제 · 금융 · 산업 측면에서 긍정적인 효과를 제공할 것으로 기대되기 때문이다. 특히 非중앙은행 계정형 디지털 화폐는 특정 지역 · 산업 · 서비스 등의 이용 편의 및 활성화에 활용할 수 있는 여지가 클 뿐 아니라, 여타 디지털

화폐(토큰형) 대비 적은 비용 및 낮은 기술개발 부담으로 금융포용(financial inclusion)과 같은 효과를 거두기도 하는 등(예: M-pesa) 경제 활력 제고를 위한 잠재력이 크다고 평가할 수 있어 적극 활용하는 것이 바람직하다. <출처: KDB미래전략연구소>

한편 중앙은행의 디지털화폐 발행은

전통적인 화폐의 개념과 관행에 변화를 가져올 뿐만 아니라 중앙은 행 본연의 업무인 지급결제의 안정성, 통화정책의 유효성, 금융안정 유지 등에 광범위한 영향을 미칠 것으로 예상된다. 디지털화폐의 발행을 통해 지급결제의 효율성과 통화정책의 유효성을 증진시켜 나가 면서 금융안정성에 미치는 부정적 영향을 최소화하기 위해서는 다음과 같은 점에 유의할 필요가 있다

첫째, 지급결제의 효율성을 제고하기 위해서는 무엇보다 새로운 결제시스템의 안전성에 우선하여 세부적인 발행형태를 설계하여야 한다. 블록체인 등 새로운 운영체계가 아직 완전히 검증되지 않은 점을 감안하여 사이버 공격에 대한 대비를 철저히 할 필요가 있다. 지급 편의성을 위한 출발이 결제시스템의 안전성을 침해하는 일이 있어서는 안 될 것이다.

둘째, 통화정책의 유효성 제고 및 금융안정성 유지에 각별히 유념하여야 한다. 디지털화폐에 대한 금리수준 부과시 장단기금융시장에 영향을 주면서 통화정책의 파급경로에도 변화가 불가피하고 은행의 자금조달 기반인 예금 감소로 은행의 자금중개기능 및 수익성 약화가 나타날 가능성이 있는 점에 유의하여야 한다. 따라서 새로운 금리체계 하에서 현금 및 디지털화폐에 대한 수요 변화나 은행의 신용창출 저하 가능성을 면밀히 분석하여 금융안정성이 손상되지 않도록 정책적 노력을 기울여나가야 한다.

셋째, 향후 중앙은행의 디지털화폐가 발행될 경우 다양한 전자금융업자 등 민간부문과의 경합으로 지급서비스 업계에 큰 변화가 예상되는 만큼 디지털화폐에 대한 기술적인 접근과 아울러 금융관련 법률의 정비도 중요한 과제이다. 무엇보다 화폐의 발행과 지급결제의 안전성을 최종적으로 관장하는 한국은행법의 정비를 기반으로 하여 은행법 및 전자금융거래법 등 관련 법률에 대한 금융당국자간 긴밀한 협조와 조율이 필수적이다. 중앙은행의 디지털화폐 발행은 국민경제에 미치는 영향이 광범위하고 추진 과정 또한 생각보다 복잡하므로 다른 나라의 논의 과정이나 도입에 따른 영향 등을 보아가며 매우 신중히 접근할 필요가 있다. <출처: 자본시장연구원>

한편, 은행 디지털화폐의 발행이 이루어지기 위해서는 우선 관련 법 및 규제체제의 정비가 이루어질 필요가 있다. 우리나라의 경우 은행의 스테이블코인 발행을 위해서는 우선 스테이블코인 전반에 대한 법 · 규제체계 마련이 선행되어야 하며, 예금토큰의 경우도 예금 토큰화를 위한 추가적인 제도적 장치가 마련되어야겠다.

은행 디지털화폐의 발행방식으로 스테이블코인 혹은 예금토큰의 선택 시에는 화폐로서의 기능 적합성, 지급결제의 효율성, 제도 도입의 편의성, 개인정보보호 및 불법자금 거래 가능성 등 다양한 측면을 종합적으로 고려할 필요가 있다.

공동발행 여부도 공급자인 은행뿐 아니라 수요자의 선호를 반영하여 결정하되, 은행간 청산 · 결제의 효율성 등을 감안할 때 은행 개별발행의 경우는 예금토큰 방식이, 공동 발행의 경우는 스테이블코인 방식이 더 적합한 것으로 평가된다. <출처: 한국금융연구원>

용어해설

1) **프로그램가능화폐** : 프로그램가능화폐는 스마트계약(smart contract)으로 불리는 사전에 합의 혹은 지정된 조건이 블록체인에 기반한 암호화폐 내에 프로그램 화되어 조건 충족 시 계약 내용대로 자동적으로 실행되도록 하는 기능을 가진 디지털화폐를 의미한다. 프로그램가능화폐가 도입되면 에스크로 기능, 지역화폐 발행, 보조금의 효율적 지급 및 사용처 제한, 간접세의 직접 징수 등이 가능해지는 등 지급결제시스템의 편의성과 효율성이 크게 제고될 것으로 예상된다.

03 논술사례

주제 1

중앙은행 디지털화폐에 대하여 논하라.

답안

서론

디지털화폐에 대한 관심

디지털화폐에 대한 관심이 높아지고 있다. 분산원장기술의 발전 과 민간 발행 암호자산의 확산으로 인해, 각국 중앙은행은 변화된 환경에 대응하여 중앙은행 디지털화폐에 대한 논의를 활발히 진행 중이다. 이에 본고는 중앙은행 디지털화폐의 정의와 도입 경과, 한국은행의 통화정책 운용체계에 미치는 영향, 정책적 대응방안에 대하여 논하고자 한다.

| 들도

| 를 살펴본 후, 이러한 변화가

| 과

본론

1. 중앙은행 디지털화폐의 정의

중앙은행 디지털화폐(Central Bank Digital Currency, 이하 CBDC)는 중앙은행 내 지준예치금이나 결제성 예금과는 별도로 중앙은행이 전자적 형태로 발행하는 새로운 화폐이다. CBDC는 현금 등의 법화(法貨)와 일대일 교환이 보장되는, 중앙은행의 직접적인 채무이다. CBDC는 현금과 다르게 익명성이 제한되고 이자가 지급될 수 있으며, 보유 한도나 이용시간의 설정이 가능하다. CBDC는 이용목적에 따라, 모

| 구체적으로 첫째,

든 경제주체들의 일반적 거래에 사용되는 소액결제용 CBDC와 은행 등 금융기관 간 거래에 사용되는 거액결제용 CBDC가 있다. CBDC는 구현 방식에 따라, 중앙관리자가 하나의 거래원장을 전담하여 관리하는 단일원장방식과 블록체인기술 등을 활용해 다수의 거래참가자가 공유된 원장을 관리하는 분산원장방식으로 나누어지기도 한다. 현재 지준예치금이나 은행 예금에는 단일원장방식이 사용되며, 비트코인이 대표적인 분산원장 플랫폼을 이용하는 디지털화폐이다. 이후의 모든 논의는 단일원장 또는 분산원장 방식의 소액결제용 CBDC를 중심으로 **한다.**

너무 서술 위주로 구성된 느낌이 듭니다.
조금 더 세분화 목차작업을 하셔도 나빠 보이지는 않습니다.

2. CBDC 도입 경과

현재 CBDC 도입에 가장 적극적인 나라들은 스웨덴, 우루과이, 튀니지 등이다. 이 국가들의 CBDC 도입 동기는 조금씩 다르다. 스웨덴은 최근 현금 이용이 크게 감소하면서 민간 전자지급수단에 대한 의존도가 심화되었고, 이에 중앙은행이 지급서비스시장의 독점 문제를 해결하고자 CBDC 도입을 고려 중이다. 스웨덴은 현재 CBDC 발행에 관한 연구 프로젝트를 진행 중이며, 2020년까지 기술적 검토와 테스트를 완료하고 2021년 여론 수렴 후 발행 여부를 결정할 예정이다. 우루과이와 튀니지 등의 개발도상국들은 지급결제인프라가 구축되지 않아 금융서비스 접근성이 낮으며, 금융포용의 관점에서 CBDC 발행을 고려 중이다. 동카리브국가기구는 현금유통비용을 감축하기 위해 CBDC 발행 및 지급결제 플랫폼 개발을 위한 프로젝트에 착수했으며, 중국 또한 CBDC 개발을 진행 **중이다.**

잘 정리하셨습니다.

3. CBDC 도입이 한국은행 통화정책 운용체계에 미치는 영향

1) 통화정책의 신용경로 약화

이하의 모든 논의에서는 CBDC가 현금, 은행 예금 등과 함께 통용된다고 가정한다. 확장적 통화정책의 신용경로는 화폐공급이 증가하면서 화폐공급의 일부가 예금의 증가로 이어지고, 이에 따라 기업 대출이 늘어나 투자가 증가하는 경로이다. CBDC에 이자를 지급할 경우, 은행 예금의 일부가 CBDC로 대체될 가능성이 있다. 이는 은행 예금의 감소로 이어져 은행의 대차대조표가 축소되고, 은행의 대출이 감소하게 된다. 결국 통화정책의 신용경로가 약화될 가능성이 있다.

2) 은행 자금중개기능 약화와 시스템 리스크 증대

CBDC에 이자를 지급할 경우, 은행 예금의 일부가 CBDC로 대체되어 은행 예금이 감소할 수 있다. 이에 대응하여 은행은 시장성 수신을 통한 자금 조달을 늘리기에 자금 조달 비용이 상승한다. 한편으로 예금을 통해 수집 가능한 고객 정보가 감소해, 은행은 고객의 신용도를 보수적으로 평가하게 된다. 이는 은행의 대출 감소로 이어져 은행의 자금중개기능이 약화된다. 또한 은행의 대출 감소는 투자 위축으로 이어지며, 자본시장 접근이 어려워 은행 대출 의존도가 높은 개인 및 자영업자에 가장 큰 영향을 미친다.

3) 시스템 리스크 증대 및 자본시장 변동성 확대

은행 예금의 감소로 시장성 수신을 통한 자금조달이 증가하는 과정에서, 금융기관 간 상호연계성이 확대되어 시스템 리스크가 증대된다. 또한 분산원장방식에서 비거주자의 CBDC 보유를 허용할 경우, 기존의 감시, 감독 체계로는 CBDC의 관리와 통제가 어려워진다. 특히 CBDC는 국제통화 **전환이 용이해** 금융불안 시 국내 금융시장과 외환시장의 변동성이 크게 확대될 수 있다.

좋은 지적입니다.

결론

정책적 대응방안

1) 새로운 파급경로 이용

CBDC에 이자가 지급된다면, CBDC의 금리수준은 은행 여수신금리의 하한과 시장금리의 기준으로 작동할 가능성이 높다. 따라서 한국은행은 CBDC **금리수준을 조정하여** 은행의 여수신금리와 시장금리를 CBDC 금리와 동일한 방향으로 **움직일** 수 있다. 경기침체 시에는 내수를 촉진하기 위해 CBDC에 마이너스 금리까지 부과할 수 있으며, CBDC를 모든 계좌(전자지갑)에 일괄공급(helicopter money) 하여 민간 구매력에 직접적인 영향을 줄 수도 있다.

금리수준의 조정을 통해

움직이게 할 수 있다
문장이 조금 깨진 느낌입니다.

2) 은행의 정보 수집 비용 축소

은행의 예금이 감소할 때 자금 조달 비용의 증가와 정보 수집 비용의 증가로 인해 대출이 감소한다. 따라서 시중 은행과 한국은행이 협력하여, 은행에서 대출심사 시 차입자로부터 한국은행 CBDC 계좌(전자지갑) 거래 내역 활용에 대한 정보공개동의서를 받을 수 있다. 그리고 은행은 이를 차입자에 대한 정보로써 활용한다면, 은행이 정보 수집에 들이는 비용이 제로가 되어

대출이 늘어날 수 있다. 또한 정부와 협조하여 소상공인에 대한 지원대출을 강화한다면, 예금이 CBDC로의 전환될 때 대출 축소의 정도가 완화될 것이다.

3) 자본시장 모니터링 확대 및 환리스크 헤지

스트레스 테스트를 통해 자본시장의 변동성을 면밀히 모니터링해야 한다. 특히 조기경보 시스템의 구축과 실행 능력에 대한 점검이 필요하다. 환리스크에 노출되어 있는 중소기업을 위해서는 금융기관의 전문적인 금융지도와 외화유동성에 대한 관리 서비스를 제공해야 한다. 예를 들어 무역보험공사의 환변동보험에 대한 안내를 할 수 있다. 그리고 지속적인 통화스와프 확대를 통해 외환 안정성을 확보해야 **한다.**

| 약간의 비약이 느껴집니다.

주제 2

중앙은행 디지털 화폐(Central Bank Digital Currency) 발행에 따른 긍·부정적 영향을 구체적인 논거를 들어 기술하고, 이에 대한 중앙은행 및 정책당국의 대응방안에 대해 논하시오.

답안

서론

CBDC의 논의 배경

최근 디지털 경제로의 이행과 코로나 19 확산으로 인한 비대면-비접촉결제 등의 전자지급수단에 대한 관심이 증대하고 있다. 또한, 리브라 등과 같은 민간 스테이블 코인(Stablecoin)이 중앙은행 고유의 지급결제 영역에 영향을 미칠 가능성이 제기되고 있고, 중국은 위안화의 국제적 지위를 향상하기 위한 세계 최초의 CBDC를 발행할 계획이다.

국내에서는

이처럼 다양한 배경을 원인으로 CBDC에 대한 관심이 증대하고 있다. 그러나 현재 CBDC의 발행이 국내외 금융시장에 미칠 영향에 대해서는 충분한 논의가 이루어지지 못한 상황이며, 관련 법률 및 규제도 정비되지 않은 상태이다. 이에 본고는 CBDC의 발행으로 인해 예상되는 긍정적-부정적 효과와 이에 대한 중앙은행 및 정책당국의 대응방안에 대해 논하고자 한다.

본론

긍정적 내용과 부정적 내용은 일반적으로 분리시키심이 좋습니다.

CBDC 발행에 따른 긍 · 부정적 영향

첫째, CBDC 사용이 확대될 경우 비공식 경제(Informal economy)

의 규모를 축소할 수 있다. 특히 정보 추적이 가능한 계좌 기반의 CBDC(↔익명성 보장:토큰 기반 CBDC)의 경우 완전한 익명성을 보장하는 현금에 비해 거래 추적이 용이하다. 이는 개인이나 법인이 금융서비스에 활용할 수 있는 거래정보 이력 형성을 가능하게 하고, 불법자금 및 지하경제 문제를 완화하는데 기여할 수 있다. 또한, CBDC의 거래데이터가 금융서비스에 대한 감독, 세금징수, 법 집행, 사회 보호 등의 정책 집행을 효율적으로 수행하는 데 활용될 수 있다.

둘째, CBDC의 발행에 따른 금융 불안의 우려가 있다. 신용 창출이 일어날 수 있는 M1, M2에 CBDC를 도입할 경우, CBDC와 상업은행의 요구불예금이 경쟁 관계에 놓이게 된다. 즉, CBDC가 상업은행의 요구불예금을 대체하면서 신용공급이 축소되고, 이에 따라 대출금리가 상승하며, 상업은행의 유동성 부족 현상의 발생 가능성 또한 높아질 수 있다. 또한, CBDC가 은행 예금에 비해 가용성-안정성-유동성이 높기 때문에, 은행시스템 위기 발생 시 은행 예금에서 CBDC로의 뱅크런을 가속화할 우려가 있다.

셋째, 지급결제의 디지털 전환(Digital transformation)에 따라 디지털 소외계층의 발생 가능성이 우려된다. 주로 고령층과 장애인, 저소득층을 중심으로 디지털 소외가 발생할 가능성이 있다. 이들은 디지털 기기-서비스에 대한 접근성과 활용도가 낮아 현금을 주로 이용하는 편이다. 이에 CBDC의 도입에 따른 현금 사용과 ATM이 감소하면서 지급수단 선택권에 제약을 받을 수 있다.

결론

중앙은행 및 정책당국의 대응방안

첫째, 중앙은행의 책무인 금융안정에 유의하여 CBDC를 설계해야 한다. CBDC를 M0(유통 중인 현금)에만 도입함으로써, 금융시스템에 대한 부정적 영향을 최소화하는 방안이 있다. 또한, CBDC를 M1, M2에 도입할 경우 CBDC로 대체되는 요구불예금만큼 상업은행에 대출하여 신용공급 축소를 방지할 수 있다. 이에 더해, CBDC 보유액에 대해 상업은행의 중앙은행 예치금보다 낮은 금리를 지급하는 방안이나, 중앙은행이 가계-기업의 CBDC 보유 상한을 설정하는 방안 등이 있다.

둘째, 디지털 소외계층에 대한 선제적 지원책을 마련해야 한다. 전자지급서비스 관련 교육과 실습 프로그램을 제공함으로써, 디지털 소외계층의 전자지급수단에 대한 접근성과 활용도를 제고할 수 있다. 또한, 소비자의 지급수단 선택권이 보호될 수 있도록 ATM 관련 통계를 추가 편제하고, 관련 기관과의 협의를 통해 소비자의 현금 접근성 제고 방안을 마련할 필요가 있다.

셋째, 정책당국 간-국가 간의 협력을 강화해야 한다. 중앙은행은 정책 목적을 달성하기 위해 금융감독원, 금융보안원 등의 관련 기관과 협력할 필요가 있다. 이는 다양한 정책목표 간의 균형과 법적-전문적-윤리적 표준의 정립을 목표로 삼아야 한다. 또한, BIS CPMI 활동 등을 통해 지급결제와 관련한 국제적 논의에 적극적으로 참여하고, 관련 정보를 정책 수립, 지급결제제도 감시, 조사연구 등의 업무 수행과정에 활용해야 한다.

끝으로 위와 같은 중앙은행의 대응방안은 궁극적으로 안전성(safety)과 무결성(integrity)을 고려할 필요가 있다. 특히 소액결제용 CBDC의 경우 모든 경제주체가 이용대상인 만큼 중앙은행의 통화정책과 금융안정 등에 미치는 영향에 대한 면밀한 검토가 필요하다.

chapter

27 빅테크의 금융업 진출

01 논제 개요 잡기 [핵심 요약]

서론	이슈언급	빅테크는 이미 보유 중인 장점(광대한 사용자, 규모의 경제 등)을 활용하여, 기존 금융회사 또는 핀테크 스타트업보다 새로운 아이디어와 기술을 더 빠르고 저렴하게 출시를 하고 있음. 빅테크가 제공하는 금융서비스는 결제 및 관련 시스템에서 출발하여 대출, 보험 등으로 확장되고 있고, 디지털 금융서비스이 운영기반이 되는 클라우드 또한 소수의 빅테크에 과점되어 있어, 시스템리스크 초래 가능성에 대한 우려가 존재함. 더욱이 코로나 19로 인해 금융서비스의 디지털화가 가속화되면서, 빅테크 및 주요 핀테크업체의 시장지배력은 더욱 빠르게 상승하고 있음	
본론	1. 빅테크의 금융업 진출 논란	1) 긍정적인 면과 우려점	① 긍정적인 면 가. 금융상품과 서비스 개발 등 혁신을 유도, 금융소비자들이 지금보다 저렴한 비용에 혁신적인 금융서비스를 이용 나. 데이터 기반의 맞춤형 서비스 제공과 금융소외계층의 금융접근성을 강화 ② 우려점 가. 빅테크 진출로 경쟁이 심화되면서 나타나는 기존 은행들의 대응으로 금융안정성이 저하될 수 있음 나. 빅테크의 펀딩상품은 그림자금융 영역으로 흘러갈 개연성이 높음

<table>
<tr><td rowspan="6">본론</td><td rowspan="2">1. 빅테크의 금융업 진출 논란</td><td>1) 긍정적인 면과 우려점</td><td>다. 대출금리 경쟁. 리스크 대비 낮은 가격으로 대출금리가 산정되면서 차주의 과다차입이 발생, 결국은 대규모 부실채권이 야기. 빅테크의 데이터 기반 심사방식의 대출은 아직까지 그 완결성이 증명되지 않아서 대규모 부실 발생 가능성도 배제할 수 없음
라. 빅테크에는 경기순응성을 제어하는 규제가 존재하지 않아, 경기 하강기에 대출 축소로 금융안정성이 저해될 수 있음
바. 빅테크가 대형화되었을 때 리스크는 더 크게 발생할 수 있음
사. 광범위한 고객 데이터와 데이터분석 역량을 보유한 빅테크는 데이터를 활용하여 금융부문을 포함한 주요 부문에서 지배적인 위치를 확보할 수 있음</td></tr>
<tr><td>2) 규제 추세의 강화</td><td>① 글로벌 금융감독기구들의 빅테크에 대한 입장 선회(규제 추세 강화 분위기)
② 규제 방식과 사례
가. 단기
나. 중기
다. 장기
③ 금융안정성을 위한 빅테크 규제 적용이 필요</td></tr>
<tr><td rowspan="4">2. 기울어진 운동장 해소</td><td>1) 정책당국의 대응</td><td>① 당국은 은행이 플랫폼 기반 사업을 추진할 수 있도록 부수업무 범위 확대를 추진
② 규제완화</td></tr>
<tr><td>2) 은행의 플랫폼 사업</td><td></td></tr>
<tr><td>3) 해외사례</td><td></td></tr>
<tr><td>4) 국내은행의 방향</td><td>① 국내 은행들도 사회혁신과 상생의 관점에서 지속가능한 플랫폼 사업을 추진할 필요
② 플랫폼 사업의 특성에 기반하여 운영방식을 개선하고 데이터 인프라를 고도화</td></tr>
<tr><td>결론</td><td>의견제시</td><td colspan="2">첫째, 별다른 규제 없이 수행되는 빅테크의 선불충전이나 대출수행으로 인한 시스템 리스크를 최소화하기 위해 유동성규제나 건전성규제를 도입할 필요가 있음
둘째, 빅테크의 다양한 사업영역들이 금융과 결합될 경우 더욱 복잡해지고 리스크에 취약해질 수 있으므로, 기존 사업영역과 금융영역간 연결고리에 대한 모니터링이 필요함</td></tr>
</table>

결론	의견제시	셋째, 빅테크의 광범위한 고객 데이터 접근성으로 인해 향후 빅테크가 금융뿐만 아니라 주요 영역에서 지배적인 사업자가 되어 시장 지배적 지위를 남용하지 않도록 데이터 독점성에 대한 규제도 갖춰져야 함 넷째, 빅테크가 개인 및 비개인정보를 활용하여 제공하는 혁신과 그로 인한 잠재적인 리스크를 고려, 데이터 공유로 인한 사기, 개인정보침해를 방지하기 위한 규제를 마련할 필요도 있음

02 논제 풀이

서론

이슈 언급 IMF는 최근 빅테크가 주요 핀테크 스타트업을 인수하고 자사 플랫폼을 통해 해당 서비스를 제공하면서 해체와 탈집중화 하는 핀테크의 특성이 뒤집혀 다시금 재결합과 집중화가 나타나고 있다고 평가했다.

그 동안 핀테크 스타트업들은 소규모임에도 불구하고, 결제, 신용조회 등 다양한 분야에서 금융서비스의 혁신을 주도했고, 규제 샌드박스 등 정책적 혜택을 받으며 성장했다. 반면, 빅테크는 이미 보유 중인 장점(광대한 사용자, 규모의 경제 등)을 활용하여 기존 금융회사 또는 핀테크 스타트업보다 새로운 아이디어와 기술을 더 빠르고 저렴하게 출시를 하고 있다. 빅테크가 제공하는 금융서비스는 결제 및 관련 시스템에서 출발하여 대출, 보험 등으로 확장되고 있고, 디지털 금융서비스이 운영기반이 되는 클라우드 또한 소수의 빅테크에 과점되어 있어, 시스템 리스크 초래 가능성에 대한 우려가 존재한다. 더욱이 코로나 19로 인해 금융서비스의 디지털화가 가속화되면서, 빅테크 및 주요 핀테크 업체의 시장지배력은 더욱 빠르게 상승하고 있다.

특히, 빅테크의 활동은 업권과 국가의 경계를 초월하기 때문에 업권 간의 규제차익과 국가간의 정책 격차가 필연적으로 발생할 가능성이 높다. 이로 인해, 금융안정성에 미치는 리스크가 축적될 가능성이 존재하나 이를 단기간에 해결하기 위한 국제적 합의와 조절은 상당한 시일이 소요될 것으로 보기 때문에 IMF는 빅테크의 공시의무를 강화하고, 중기적으로는 규제당국과 업계의 협력을 통한 자율규제 체계 마련이 효율적이라고 언급했다.

이처럼 최근 공룡이 되어버린 빅테크의 금융업 진출은 경쟁 심화로 혁신을 유도하고 금융접근성을 제고한다는 이점도 있지만, 금융안정성 저하라는 단점도 있다.

이에 본지에서는 빅테크의 금융업 진출에 대한 논란과 관련해서 긍정적인 부분과 예상되는 문제점들에 대해 알아본 후, 적절한 규제의 방향성에 대해 논하기로 한다.

본론

1. 빅테크의 금융업 진출 논란

1) 긍정적인 면과 우려점
<출처 : 하나금융경영연구소>

① 긍정적인 면

가. 핀테크나 빅테크의 금융업 진출은 다양한 금융상품과 서비스 개발 등 혁신을 유도하고, 금융산업 내 경쟁을 심화시켜 금융소비자들이 지금보다 저렴한 비용에 혁신적인 금융서비스를 이용할 수 있다는 장점이 있다.

나. 데이터 기반의 맞춤형 서비스 제공과 기존 은행권에서 취급이 어려웠던 금융소외계층의 금융 접근성을 강화할 수 있다는 이점도 있다.

② 우려점 : FSB, BIS 등 주요 국제감독기구에서는 빅테크의 금융업 진출로 인한 이점도 있지만, 한편으로는 잠재적인 리스크가 있다고 경고하고 있다.

가. 빅테크 진출로 경쟁이 심화되면서 나타나는 기존 은행들의 대응으로 금융안정성이 저하될 수 있다. 중국 알리페이의 MMFs와 같은 빅테크 펀딩 (funding)상품들은 은행예금보다 높은 금리를 제공하면서 대규모 자금이 유입되고 있다. 국내에서도 일부 빅테크들이 페이포인트 충전 시 은행보다 높은 수익률(1 ~ 5% 추가 적립금)을 지급하는 사례가 빈번하게 나타나고 있다. 빅테크 펀딩상품이 일반화될 경우, 은행들은 자금조달을 위해 높은 예금금리를 부여하게 되면서 은행의 자금조달 비용이 증가, 수익성이 악화될 수 있다. 문제는 은행의 예금규모 감소와 조달안정성 저하로 정작 대출자금을 예금으로 조달하지 못하면서 은행의 자금중개 기능이 약화될 수 있다.

나. 빅테크의 펀딩상품은 은행의 지급준비금처럼 외부에 적립해야 하는 규제가 없는 경우가 많다. 물론 회사별로 리스크관리 및 운용방침에 따라 자금이 예금, 채권 등 금융시스템으로 유입될 수 있으나, 그림자금융 영역으로 흘러갈 개연성이 높다. 경제 충격이 발생하거나 혹은 개별 회사의 경영 실패 시 펀딩상품에 대규모 유출입이 발생할 수 있으며, 빅테크가 대형화될수록 유출입으로 인한 유동성리스크가 금융시스템 전체로 확산될 수 있다.

다. 대출의 경우에도 유사한 문제가 발생한다. 빅테크의 대출 취급으로 기존 은행들이 시장방어를 위해 대출금리 경쟁에 나서게 되면서 리스크보다 낮게 대출금리가 산정될 수 있다. 리스크 대비 낮은 가격으로 대출금리가 산정되면서 차주의 과다차입이 발생, 결국은 대규모 부실채권이 야기될 수 있다. 빅테크의 데이터 기반 심사방식의 대출은 아직까지 그 완결성이 증명되지 않아서 대규모 부실 발생 가능성도 배제할 수 없다.

1. 빅테크의 금융업 진출 논란

1) 긍정적인 면과 우려점
<출처 : 하나금융경영연구소>

라. 은행에는 경기 하강기에 대출 축소유인을 줄이기 위한 각종 규제가 적용되지만, 빅테크에는 경기순응성을 제어하는 규제가 존재하지 않아, 경기 하강기에 대출축소로 금융안정성이 저해될 수 있다. 특히 빅테크는 은행과 같은 관계기반 대출이 아닌 데이터기반 대출이기 때문에 경기하강 시 나타나는 데이터에 더욱 민감하게 반응할 수 있다.

마. 빅테크가 대형화되었을 때 리스크는 더 크게 발생할 수 있다. FSB는 대형화된 빅테크가 금융산업에서 상품 공급자로서의 막강한 영향력을 행사 하게 될 경우, 빅테크의 실패가 금융시스템 전체를 위협할 수 있다고 경고하고 있다. 물론 빅테크는 핀테크와 달리 대규모 상장회사여서 지배구조나 리스크 관리체계가 잘 갖춰진 편이나, 금융업에 대한 경험이 적을 뿐만 아니라 금융회사에 비해 리스크 관리 문화나 지배구조, 소유구조는 불투명하다. 대형화된 빅테크 회사들이 독점적인 지위를 활용하여 반경쟁행위를 할 가능성도 있다.

바. 광범위한 고객 데이터와 데이터분석 역량을 보유한 빅테크는 데이터를 활용하여 금융 부문을 포함한 주요 부문에서 지배적인 위치를 확보할 수 있다. 아직까지는 빅테크가 경쟁을 저해한다는 증거는 없지만, 향후 광범위한 데이터를 활용하여 지배적인 지위를 확보한 뒤 반공정 행위를 할 가능성을 무시할 수 없다. 가령 지배적인 지위를 활용하여 진출장벽을 구축하고, 다른 플랫폼으로 고객들이 전환하지 못하도록 전환비용을 증가시킬 수 있다. 대기업들처럼 강제적 묶음 판매, 잠재적인 진출자 인수 등 경쟁을 감소시키는 행위들도 할 수 있다. 데이터를 통해 고객들이 지불 의향이 있는 가격을 계산하여 고객별 가격차별화 전략을 꾀할 수도 있다.

빅테크의 주요 RISK 요인

리스트유형	빅테크의 영향
금융안정성	– 독자적으로 시스템 리스크를 유발하지 않는 행위가, 금융 부문 간 확장을 통해 누적됨으로써 RISK 증가 요인으로 작용 가능성 – 기존 금융회사와의 상호연결성 증대 – 클라우드 서비스, 지급결제 인 프라와 같은 중요 부문 영위 → 빅테크가 제공하는 금융서비스는 결제 및 관련 시스템에서 출발하여 대출, 보험 등으로 확장되고 있고, 디지털금융서비스의 운영기반이 되는 클라우드 또한 소수의 빅테크에 과점되어 있어 시스템리스크 초래 가능성에 대한 우려 존재
소비자보호	– 재결합을 통한 소비자 선택권 감소 – 혁신의 성과를 기업의 이윤으로 포착할 수 있는 시장지배력 – 행위, 제휴, 법적보호 등에 대한 적절한 공시기능 미흡 – 소비자 정보의 수집, 저장을 대가로 한 무료/저가 서비스
시장건전성	– 비금융부문을 핵심 사업으로 하는 빅테크에 대한 규제, 감독, 집행의 문제

<출처 : 여신금융연구소>

1. 빅테크의 금융업 진출 논란	2) 규제 추세의 강화 <출처 : 하나금융 경영연구소>	① 글로벌 금융감독기구들의 빅테크에 대한 입장 선회(규제 추세 강화 분위기) : 얼마 전까지만 해도 핀테크, 빅테크의 금융 진출을 촉진하여 혁신을 추구했던 해외 감독기관들은 최근 들어 기존 금융회사와 빅테크간 경쟁 여건이나, 빅테크의 금융진출에 따른 금융안정성 이슈에 주목하고 있다. 가. EU 집행위원회에서는 금융인프라에 대한 접근, 사업 영역의 제한 측면에서 기존 금융회사와 빅테크 간 공정한 경쟁이 보장될 수 있도록 여건을 마련해야 한다는 권고안을 제시하기도 하였다. 나. BIS에서도 금융시스템 내에서 은행의 건전성 유지가 중요하기 때문에, 다양한 규제가 적용되는 것처럼 빅테크도 은행의 행위(banking activities)를 수행할 경우, 은행에 적용되는 규제가 동일하게 적용되어야 한다고 주장하였다. 다. FSB에서는 빅테크의 금융업무 수행이 금융안정성을 위협할 가능성에 대해 경고하고, 빅테크에 대한 규제 적용이 필요하다고 보았다. ② 규제 방식과 사례 가. 단기적으로는 빅테크가 수행하는 금융서비스에 대한 공시의무를 강화하여 자발적인 원칙준수 및 서비스 개선을 유도할 필요가 있다. 예를 들어, 빅테크의 금융서비스에 있어, 실제 자금조달과 신용위험은 금융회사가 부담함에도 불구하고 이러한 정보가 제대로 공시되지 않는 경우가 존재. 또한 빅테크가 직접 대출서비스를 영위하는 경우에도 단순히 재무제표상 '미수금'의 형태로 공시될 뿐 신용리스크에 대해 공시하는 경우는 많지 않음. 나. 중기적으로는 규제당국과 업계의 협력 하에 자율규제 체계를 마련하여 현재 법적 규제가 미흡한 부분을 보완할 수 있도록 해야 함. 자율규제는 규제되지 않는 행위로 인한 리스크 예방 및 정책목표 제시 측면에서 효과적일 수 있고, 법.제도적 규제와 달리 빠른 추진이 가능 다. 장기적으로는 "기관 중심 규제"와 "행위 중심 규제"를 적절히 결합한 혼합 규제를 통해 빅테크 특유의 잠재적이고 국제적인 RISK 요인을 해소해야 함을 제언 A. 기관중심 규제는 특정 기업 혹은 기업집단을 규제대상으로 하는 것으로, 주로 기업집단의 지배구조.자본건전성.행위 등을 규제 - 감독당국의 지속적인 모니터링이 이루어지면서 위험의 축적과 비즈니스 모델의 변화과정을 파악할 수 있어 금융의 안정성과 건전성 유지에 장점 보유

1. 빅테크의 금융업 진출 논란	2) 규제 추세의 강화 <출처 : 하나금융 경영연구소>	B. 행위 중심 규제는 대출, 투자상품 판매 등 특정 기능을 규제 대상으로 하며, 주로 영위를 위한 일정한 조건을 제시하는 형태 – 해당 업무에 대한 허가만을 요구함으로써 일반적으로 경쟁을 촉진하는 장점을 가지나, 금융시스템 전체의 위험을 포착하지 못할 가능성 존재 C. 혼합규제는 빅테크의 소재지에서는 기관 중심 규제를, 활동지에서는 행위중심 규제를 원칙으로 삼아 접근하는 방식 – 예를 들면, 미국 규제당국이 아마존에 대한 기관 중심 규제를 담당하고, 일본 아마존의 결제 서비스에 대해서는 일본 규제당국의 행위 중심 규제를 적용. – 한 국가 내에서도 시스템 RISK를 유발할 가능성이 있는 빅테크 기업집단에 대해서는 기업 기반 규제를, 시장지배력 남용과 같은 행위 RISK에 대해서는 행위 기반 규제를 결합하는 접근방식이 가능 – 혼합 규제가 효과적으로 작동하기 위해서는 소재지와 활동지 각각의 규제당국이 명확히 책임을 분담하고 권한을 조율해야 함. <출처 : 여신금융연구소> ③ 금융안정성을 위한 빅테크 규제 적용이 필요 국내에서도 2013년부터 금융혁신과 혁신성장을 위해 핀테크를 육성하고, 스타트업과 IT기업의 금융업 진출을 유도하기 위해 금융업 진입장벽이 꾸준히 완화되면서 핀테크 및 빅테크의 금융업 진출이 활발하게 나타나고 있다. 핀테크 뿐만 아니라 빅테크도 금융혁신서비스사업자 또는 지정대리인으로 선정될 경우, 금융업 라이센스나 별도의 영업 · 건전성규제, 대주주 적격성 이슈 없이 금융업무를 수행할 수 있게 되었다.
2. 기울어진 운동장 해소 <출처: 하나금융 경영연구소>	1) 정책당국의 대응	① 당국은 은행이 플랫폼 기반 사업을 추진할 수 있도록 부수업무 범위 확대를 추진 가. 빅테크들이 다양한 플랫폼 기반 비즈니스를 영위하는데 대응하여, 은행도 금융 · 생활 플랫폼 역할을 강화할 수 있도록 허용 나. 은행앱에서도 쇼핑, 음식주문 등이 가능하게 되면서 은행이 금융 · 생활 플랫폼으로 변화하고, 소비자들은 신규 서비스 활용 및 포인트 등의 혜택을 누리게 됨 다. 은행의 플랫폼 사업은 은행의 부수업무 범위를 확대하는 방식으로 추진될 전망 (은행법상 은행의 업무범위는 고유업무, 겸영업무, 부수업무로 구성되며, 부수업무는 은행 고유업무와 연관성이 큰 업무로서 별도 지정하거나 사전 신고로 허가. 다만, 당국은 제도개선 이전에도 규제샌드박스 제도를 적극 활용하여 플랫폼 기반 의 혁신 서비스가 출시될 수 있도록 지원)

2. 기울어진 운동장 해소
<출처: 하나금융 경영연구소>

1) 정책당국의 대응

은행의 플랫폼 사업 예시

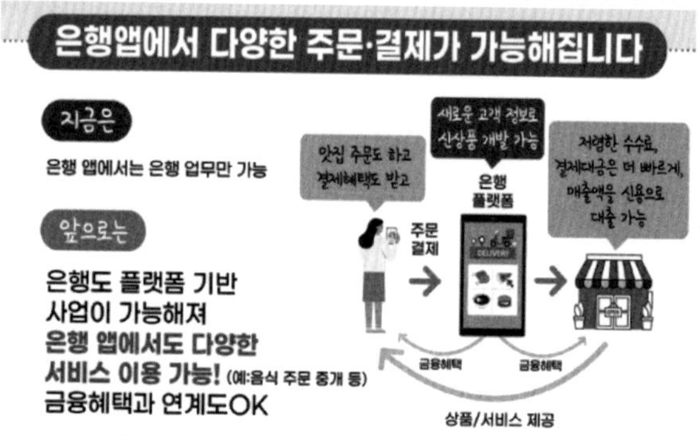

은행앱에서 다양한 주문·결제가 가능해집니다

지금은
은행 앱에서는 은행 업무만 가능

앞으로는
은행도 플랫폼 기반 사업이 가능해져
은행 앱에서도 다양한 서비스 이용 가능! (예:음식 주문 중개 등)
금융혜택과 연계도OK

맛집 주문도 하고 결제혜택도 받고
새로운 고객 정보로 신상품 개발 가능
저렴한 수수료, 결제대금은 더 빠르게, 매출액은 신용으로 대출 가능
주문 결제
은행 플랫폼
금융혜택
금융혜택
상품/서비스 제공

[출처 : 금융위원회 보도자료]

은행법상 은행의 업무 범위

구분	정의	업무 사례
고유업무	인가를 받은 은행만이 영위할 수 있는 업무	예적금, 대출, 내 · 외국환
겸영업무	은행업은 아니나, 법령에 따라 은행이 인가를 받거나 법령에 따라 은행이 영위할 수 있도록 한 업무	신탁업, 신용카드업, 방카슈랑스, 증권매매업 등
부수업무	고유업무에 부수하는 업무 - '은행법'에 지정된 부수업무 - 금융위원회에 신고를 거쳐 영위할 수 있는 부수업무	채무보증, 어음인수, 팩토링, 보호예수, 수납 및 지급대행 등

[출처: 국회입법조사처]

② 규제완화 : 이는 은행과 빅테크간 '기울어진 운동장'을 해소하기 위한 규제 완화 조치로 보임

가. 글로벌 빅테크들은 대규모 고객기반을 보유한 플랫폼에 기반하여 금융업으로 영역을 확대하는 가운데, 국내에서도 네이버와 카카오를 중심으로 금융업에 진출

나. 당국은 디지털금융협의회를 통해 은행과 빅테크간 경쟁 형평성 제고 방안을 모색해 왔으며, 빅테크의 금융업 진출에 대응하여 은행이 플랫폼 사업을 할 수 있도록 부수업무 영위 범위를 확대함으로써 경쟁환경을 개선하겠다고 밝힘

다. 다만, 당국이 현재 관련 용역을 수행중이나 은행법상 부수업무의 성격과 부합하는 플랫폼의 조건을 도출하는데에는 상당한 시간이 소요될 가능성도 존재

라. 은행법에서 부수업무는 은행법에 구체적인 플랫폼의 범위를 지정하여 명문화하는 방식과 은행으로부터 사전 신고를 받아 금융위원회가 허가하는 방식이 있음

2. 기울어진 운동장 해소
<출처: 하나금융 경영연구소>

1)정책당국의 대응

마. 두 방식 모두, 은행의 경영건전성을 해치거나, 예금자 등 은행 이용자의 보호에 지장을 가져오거나, 금융시장 등의 안정성을 해칠 우려가 있는 플랫폼은 제외

2) 은행의 플랫폼 사업

① 플랫폼은 공급자와 사용자를 연결하고 상품과 서비스를 교환하여 모든 참여자들 이 가치를 창출하도록 구축된 환경으로서 빅테크 기업들의 주된 사업모델

② 전통적인 산업구조가 모바일 플랫폼 중심의 '디지털 생태계(digital ecosystem)'로 변화함에 따라 은행도 적극적으로 대응할 필요

가. 사용자가 상품과 서비스가 통합된 경험을 추구하면서 업권 간 경계가 사라지고 '수요측면에서 규모의 경제(demand-side economies of scale)'가 발생

나. 디지털 생태계로의 변화 속에서 은행은 플랫폼 비즈니스에서 성장 기회를 발굴 할 수 있으며 기존 고객과의 신뢰을 플랫폼 사업의 기반으로 활용 가능

국내 빅테크 기업의 금융업 진출 현황

구분	네이버	카카오	토스
간편결제송금	네이버페이	카카오페이	토스
은행	네이버파이낸셜 설립 (미래에셋대우 협력)	카카오뱅크	토스뱅크 준비
금융투자		카카오페이증권	토스증권 준비
보험	NF보험서비스 (GA)	디지털 손보사 예비인가 신청	토스인슈어런스 (GA)

[출처 : 예금보험공사]

③ 디지털 생태계에서 은행은 자체 또는 외부 플랫폼을 통해 잠재고객과 데이터를 확보하고 교차판매를 통해 수익을 증가시킬 수 있으며 고객 확보 비용을 절감

가. 자동화된 방식을 통해 오프라인보다 저비용으로 다수 고객을 확보할 수 있고, 단일 플랫폼에서 끊김없는 경험을 제공하여 교차판매의 효율성을 높일 수 있음

나. '편리함'이나 '맞춤화' 등 기존 오프라인에서 구현하기 어려웠던 가치도 디지털 기반 플랫폼 사업을 통해 낮은 비용으로 제공 가능

다. 무엇보다 플랫폼은 은행이 실시간 고객 데이터를 확보할 수 있는 접점으로 데이터 비즈니스의 기회를 발굴할 수 있는 기반이 됨

라. 특히 플랫폼 사업은 대출 사업과 달리 자본규제 부담이 적고 수수료 수익을 통해 이익구조 개선에도 도움이 되기 때문에 은행의 기업가치 제고에도 기여

2.기울어진 운동장 해소
<출처: 하나금융경영연구소>

3) 해외사례

① 해외 은행들은 다양한 플랫폼을 구축하여 고객을 확보하고 사회적 가치도 제고

가. 싱가포르 DBS는 기존 금융사업과 관련성을 감안하여 고객의 생활에서 중요한 분야를 중심으로 제휴를 통해 원스톱 서비스가 가능한 생활플랫폼을 구축

나. 인도 State Bank of India는 고객의 금융 및 비금융 니즈를 모두 해결할 수 있는 마켓플레이스 플랫폼 'YONO'를 출시하여 실시간 고객거래 데이터를 확보하고 고객 편의성도 제고

다. 농업분야에 강점을 가진 터키 Deniz Bank는 농업인을 위한 컨설팅 및 금융서비스 플랫폼을 출시하여 성장 기회를 창출하고 사회적 책임도 제고

라. 스페인 BBVA는 구인구직 플랫폼 'yo soy empleo'을 구축하여 청년 구직을 지원하고, 부동산 및 모기지 자문앱 'Valora'를 통해 잠재고객을 확보

DBS의 플랫폼 사업 사례

구분	정의
주택	Property Marketplace : 주택 구매 계획 수립부터 탐색, 구매까지 원스톱 서비스
자동차	Car Marketplace : 차량 구매, 내차 팔기, 보험, 대출, 차량 유지보수 등 종합서비스
여행	Travel Marketplace : 항공-여행-보험-결제를 결합, 호텔 등 숙박 및 항공권 예약
유틸리티	Utility Marketplace : 전력 및 이동통신 업체 선정 및 결제
중소기업 소상공인	Business Class : 중소기업 간 교류, 비즈니스 자문, 시장트렌드 정보 제공 등

[출처: DBS, 하나금융경영연구소]

4) 국내은행의 방향

① 국내 은행들도 사회혁신과 상생의 관점에서 지속가능한 플랫폼 사업을 추진할 필요

가. 은행은 기존 사업포트폴리오와 연관성이 높은 부동산 분야 등에서 플랫폼을 우선 고려할 것으로 보이나, 사회 혁신 관점의 플랫폼도 고려할 필요

나. 코로나 이후 취약해진 소상공인이나 청년 및 취약계층 등의 금융과 생활 개선에 도움이 되는 플랫폼을 우선 고려

다. 해외에서도 은행들이 청년층, 농업인, 소상공인 등을 대상으로 하는 플랫폼을 구축하여 사회가치 제고에 기여

라. 또한 플랫폼은 공급자와 수요자 등 이해관계자가 상생할 수 있는 구조가 창출되어야 지속가능하므로 은행에게만 유리한 구조의 설계는 지양할 필요

2.기울어진 운동장 해소 <출처: 하나금융경영연구소>	4) 국내은행의 방향	– 과도한 중개수수료 등 은행에게만 유리한 수익 구조는 플랫폼 참여 주체의 불만을 높이고 운영주체로서 은행에 대한 신뢰를 떨어뜨려 플랫폼 이탈 요인으로 작용 ② 플랫폼 사업의 특성에 기반하여 운영방식을 개선하고 데이터 인프라를 고도화 가. 플랫폼 사업에서는 네트워크효과를 위해 고객을 빠르게 확보하는 것이 관건으로, 초기의 대규모 투자 등 은행의 전통적인 투자 방식과 다른 접근이 필요 나. 단기적인 수익성보다는 중장기적인 성과를 기대하는 유연한 관리가 필요 다. 출시 이후에도 지속적인 고객 피드백과 이해관계자 관리를 통해 플랫폼을 개선시켜야 하므로 은행은 플랫폼을 전담하는 애자일 조직을 통해 밀착 관리할 필요 – 애자일 조직은 '민첩한', '기민한' 조직이라는 뜻으로, 부서 간의 경계를 허물고 필요에 맞게 소규모 팀을 구성해 업무를 수행

결론

대규모인 빅테크의 금융업 수행이 금융안정성에 미치는 영향이 클 수 있음을 고려할 때, 금융회사와 동일한 리스크를 유발하는 동일한 영업행위에 대해서는 동일한 규제가 분명 적용될 필요가 있다고 생각한다. 지난 2014년 벌어진 카드사 정보 유출 사태처럼 한번 사고가 나면 큰 피해가 발생할 수 있기 때문이다

첫째, 별다른 규제없이 수행되는 빅테크의 선불충전이나 대출수행으로 인한 시스템 리스크를 최소화하기위해 유동성규제나 건전성규제를 도입할 필요가 있다. 예를 들면, 간편결제 선불충전금액의 잔액이 2019년말 1.7조원으로 웬만한 지방저축은행 수신규모에 달하지만, 간편결제업자가 파산하거나 횡령한다고 해도 고객의 선불충전금이 보장될 수 있는 구제대책이 전혀 없는 상황이다. 간편결제업자의 선불충전금을 외부의 금융회사에 예치하는 방식 등의 규제 도입을 통해 충전금 원금 보전 의무화를 추진할 필요가 있다.

둘째, 빅테크의 다양한 사업영역들이 금융과 결합될 경우 더욱 복잡해지고 리스크에 취약해질 수 있으므로, 기존 사업영역과 금융영역간 연결고리에 대한 모니터링이 필요하다.

셋째, 빅테크의 광범위한 고객 데이터 접근성으로 인해 향후 빅테크가 금융뿐만 아니라 주요 영역에서 지배적인 사업자가 되어 시장 지배적 지위를 남용하지 않도록 데이터 독점성에 대한 규제도 갖춰져야 한다.

넷째, 빅테크가 개인 및 비개인정보를 활용하여 제공하는 혁신과 그로 인한 잠재적인 리스크를 고려, 데이터 공유로 인한 사기, 개인정 보침해를 방지하기 위한 규제를 마련할 필요도 있다.

<출처: 하나금융경영연구소>

03 논술사례

주제 1

애플 등 빅테크의 금융업 진출에 대한 정책적 대응방안에 대하여 논하여라.

서론

예금 평균 금리의 |

진출의 긍정적인 면과 부정적 인 면을 살펴보고, 빅테크 금융에 대한 |

2023년 초, 애플이 연 4%대 예금성 상품을 출시했다. 이는 미국 내 저축성 **예금이자 평균의** 10배 이상으로, 미국 금융시장에서 상당한 파급력을 가질 것으로 예상된다. 이에 본지에서는 빅테크의 금융업 **진출에 대한** 정책적 방안을 논하고자 한다.

본론

1. 빅테크의 금융업 진출

따라서 |

이에 이러한 강점들을 |

본격적으로 |

빅테크는 온라인 플랫폼을 핵심으로 하는 비금융사업 주력 대형 디지털 기업이다. 빅테크는 데이터분석력, 고객 확보, 브랜드파워 등에서 큰 강점을 가진다. **이를** 바탕으로 빅테크는 금융업에 진출하고 있다. 빅테크의 금융업 진출경로에는 크게 두가지가 있다. 금융기관과 연계하여 금융업무를 간접적으로 수행하는 방법과 금융업 라이센스를 직접 취득하여 금융업무를 직접 수행하는 방법이다. 전자의 경우는 판매 대리, 중개, 자문 등의 형태로 나타나고, 후자의 경우는 인터넷전문은행 등의 형태로 나타난다. 빅테크의 금융업 진출은 금융

생태계에 활력을 불어넣을 것으로 예상된다. 반면, 독과점, 불공정거래, 규제차익 등을 이유로 우려의 목소리도 존재한다.

2. 빅테크의 금융산업 진출의 긍정적인 영향

빅테크의 금융산업 진출에 따른 긍정적인 영향은 다음과 같다.

I. 혁신금융 및 경쟁촉진

빅테크는 **뛰어난 디지털 역량**을 바탕으로 소비자들에게 혁신적인 금융상품을 공급해줄 것으로 기대된다. 개인맞춤형 금융상품 추천 등의 서비스를 예로 들 수 있다. 이에 소비자들의 편의성 증진을 기대할 수 있다. 또한, 혁신 금융을 통해 기존 **금융회사들을 경쟁으로 끌고 갈 수 있다.** 이는 결국 금융산업**의** 경쟁 촉진 및 발전으로 이어질 수 있다.

| 삭제

| 넓은 고객접점과 정교한 데이터를

| 금융회사들과의 경쟁구도도 유도할 수 있다.

| 내

II. 양질의 일자리 창출

빅테크는 금융시장에 혁신금융상품을 공급할 것으로 기대된다. 특히, 데이터분석을 바탕으로 한 개인맞춤 금융상품에 기대가 크다. 이러한 상품개발은 데이터 및 인공지능 기술 전문가들의 영역이다. 따라서, 데이터 분야와 인공지능 분야**의** 양질의 일자리 창출 효과가 있을 것으로 기대된다.

| 빅테크 금융의 경우,

| 에서

3. 빅테크의 금융산업 진출로 우려되는 점

빅테크의 금융산업 진출로 금융시장에 미치는 부정적인 영향으로는 **다음과 같은 것들이 예상된다.**

| 아래와 같다

I. 데이터 독과점

플랫폼 사업 기반 빅테크들은 이미 형성되어 있는 네트워크를 통해 데이터를 수집하기 매우 용이하다. 플랫폼 사업 기반이 아니더라도, 비금융사업 부문에서 획득한 데이터의 규모는 매우 방대하다. 이는 빅테크와 기존 금융회사들 간의 데이터 **확보** 격차가 매우 심하다는 것을 의미한다. 이 격차는 빠른 속도로 벌어질 것이고, 결국 데이터 독과점의 형태로 나타날 것이다.

활용 | 더 |

II. 규제차익

전통적인 은행들은 '은행법'의 적용을 받는 반면, 빅테크의 금융업은 '전자금융거래법'의 적용을 받는다. 이는 인터넷전문은행의 사례를 통해 쉽게 알 수 있다. '전자금융거래법'의 규제 강도는 '은행법'보다 **다소** 약하다. 따라서, 은행과 유사한 업무를 함에도 규제를 적게 받는 빅테크 기업들과 은행들 간의 규제 차익이 발생한다.

상당히 |

III. 금융안정성 훼손

'XX페이'로 불리는 빅테크의 결제송금서비스들이 많이 사용되고 있다. 현재 빅테크의 지급결제 서비스는 종합지급결제업무로 '전자금융거래법'의 적용을 받는다. 이는 '은행법'보다 완화된 규제가 적용된다. 완화된 규제로 'XX페이'들이 금융당국의 감독 사각지대에 놓인다면 이로 인한 리스크는 금융시스템에 상당한 **파급력을 가질 것으로 예상된다.**

위협요소가 될 것으로 예상된다. |

또한, 빅테크가 직접 자산운용을 할 경우, 뱅크런 및 펀드런의

리스크가 존재한다. 이러한 사태는 금융기관 상호간에 대차관계 형성을 일으킨다. 이는 **회사의** 유동성 문제**의** 전이를 일으켜 금융안정성에 큰 악영향을 끼칠 수 있다.

| 로

| 어떤 회사인지 구체적으로 명시하시면 좋습니다.

IV. 독과점 및 불공정거래

플랫폼 사업의 경우 최종적인 승자에게 모든 이익이 돌아가는 속성이 있다. 카카오톡의 경우를 보면 쉽게 알 수 있다. 따라서, 플랫폼 기반 빅테크들의 경쟁의 결과는 독점 및 독과점의 양상을 띨 가능성이 크다.

또한, 빅테크들의 시장점유율 확대 과정에서 다양한 불공정행위가 발생할 수 있다. 일정기간 과도하게 낮은 가격을 제시하는 교차보조 행위, 비금융상품을 금융상품 판매의 보너스로 제공하는 등의 행위들이 예상된다. 이와같은 약탈적 가격 정책 등의 불공정거래를 통해 경쟁기업을 퇴출 및 합병하고, 독과점 구조 형성 후 가격 상승을 통한 독점적 이윤을 취할 가능성이 크다.

결론

정책 방안

I. 동일행위-동일규제 원칙 강화 (규제차익 해소)

빅테크와 은행 사이의 규제차익을 완화하기 위해 동일행위-동일규제 원칙을 강화할 필요가 있다. 이를 위해, '은행법'과 '전자금융거래법'의 상위의 기능법을 제정하는 등의 정책 방안을 생각해볼 수 있다. 상위 기능법을 바탕으로 규제를 실시한다**면** 동일행위-동일규제 원칙을 강화할 수 있을 것이다.

| 면,(쉼표)

또한, 지급결제 서비스와 관련된 규제 강화 역시 필요하다. 지급결제기능은 금융안정성에 미치는 영향이 크므로, 규제 및 감독수준을 은행에 준하도록 강화하여야 한다.

II. 데이터 정책

데이터 독과점 문제 해결을 위해, 빅테크와 금융회사간의 개별 고객의 데이터를 매매할 수 있는 '데이터 유통 창구'가 하나의 대안이 될 수 있다. 데이터 통합을 위하여 고객 식별정보의 판매 및 유통을 허락하되, 개인정보보호와 관련하여 유출시 강력한 제재를 가하는 등의 장치도 필요하다.

또한, 빅테크가 보유중인 고객데이터 통제권 및 이용권을 고객에게 돌려주는 정책이 필요하다. 빅테크가 비금융사업으로 획득한 고객데이터를 금융사업에 사용한다면, 이 시너지는 굉장할 것이다. 따라서, 빅테크의 데이터 이동에 제약을 주기 위해 이와 같은 정책이 필요하다. 이는 마이데이터의 개념과도 일맥상통한다.

마지막으로, 국가주도의 연합학습 시스템 구축을 생각해볼 수 있다. 연합학습이란 데이터를 직접 공유하지 않고, 서로 협력하여 AI모델을 학습할 수 있는 분산형 머신러닝 기법이다. 즉, 개별 회사의 디지털 역량에만 차이를 두는 방법이다. 실제로 여러 제약회사들이 참여한 'MELLODY' 프로젝트에 연합학습 기법이 사용되었다. 이러한 학습방식은 데이터유출사고의 규모를 줄일 수도 **있다.**

좋은 사례입니다.

III. 빅테크 금융업 모니터링 강화

빅테크의 과도한 수익성 추구 전략은 과도한 리스크로 이어진다. 이때, 큰 규모의 네거티브 스트레스가 발생하면 자산가치의 상실, 회사 부실화, 금융안정성 훼손, 정부의 긴급 수혈까지 이어질 수 있다. 또한, 빅테크의 비금융사업에서 발생한 리스크가 금융사업 쪽으로 전이될 가능성도 있다. 이를 방지하기 위해, **D-SIB처럼 가칭 'D-SIT(Domestic-Systemically Important big Tech)' 분류 후 이를 대상으로 엄격한 계획 및 관리가 필요하다.**

좋은 아이디어 입니다.

IV. 금융당국의 공정거래업무 수행

금융산업은 여타 산업과의 차별성이 크다. 따라서, 금융산업의 독과점 문제를 금융감독의 한 부분으로 보다 적극적으로 인식할 필요가 있다. 통신업체에 대한 독과점 및 불공정거래 문제를 과학기술정보통신부가 취급하듯, 금융영역에서 발생하는 독과점 문제도 금융당국이 선도적인 역할을 할 수 있어야 한다. 이를 위해, 초기에는 금융당국과 공정위 간의 협력을 바탕으로 금융당국의 금융산업 내 공정거래 및 독과점 감독 및 규제 능력을 키워야한다. 최종적으로는 금융당국이 주도적인 공정거래 및 독과점 규제 시행을 하는 방향으로 **나아가야한다.**

아쉬운 부분은
규제와 감독의 국제 공조 및 혼합 규제 등의 방법론적 접근이 누락되었습니다.
또한 균형점을 위한 은행업 규제의 완화도 언급되면 좋습니다.

주제 2

빅테크의 금융업 진출에 대한 의견과 기금의 정책적 방안을 기술하시오.

답안

서론

금융업 | 역할이 기대된다. |

빅테크의 **금융**진출이 확대되고 있다. 국내외 주요 빅테크는 은행업, 보험업, 증권업, 전자금융업 등으로 업무 범위를 확대하면서, 기존보다 편리하고 저렴하며 보편적인 금융서비스를 제공한다는 점에서 긍정적 **역할을 수행한다고 평가된다.** 그러나 이에 대한 부정적인 시각도 존재한다. 따라서 적절한 규제가 요구되는 시점이다. 이에 본고는 빅테크의 금융업 진출 현황과 빅테크의 금융업 진출에 대한 긍정적, 부정적 효과 그리고 신용보증기금의 정책적 방안에 대해 논하고자 한다.

본론

빅테크의 금융업 진출 현황

부문 |

우리나라 빅테크로 대표되는 네이버, 카카오는 최근 지급 서비스를 넘어서 대출, 보험, 자산관리 등 소매금융 진출에 적극적으로 나서고 있다. 소비자들은 빅테크 플랫폼에서 one-stop 쇼핑으로 여러 다른 서비스와 금융을 동시에 이용할 수 있는 한편, 자신의 선호, 행태, 습관 등에 기반을 둔 맞춤형 금융서비스의 혜택도 받을 수 있다. 기존 핀테크나 금융회사의 서비스와 달리, 이들은 여타 플랫폼 서비스와 금융을 결합할 수 있을 뿐 아니라 대규모 고객정보와 높은 IT 기술에

기반하고 있는 장점이 있다. 이에 따라 빅테크는 금융의 편의성을 높이는 서비스 경쟁을 촉진할 것으로 기대되고 있다.

현황보다는 편익에 대한 내용으로 치중되어 있습니다.

빅테크의 금융업 진출에 대한 긍정적, 부정적 효과

1. 빅테크의 금융업 진출의 긍정적 효과

첫째, 금융소비자와 공급자 간 정보의 비대칭성 해소

빅테크의 금융업 진출은 금융소비자와 공급자 간 정보의 비대칭성을 해소한다. 빅테크 기업은 온라인 플랫폼을 통해, 서로 다른 이용자 그룹이 거래나 상호작용을 원활하게 할 수 있도록 물리적 또는 가상의 공간을 제공한다. 이러한 플랫폼을 통해 소비자들은 금융상품에 대한 정보를 얻을 수 있다. 기존의 금융시스템은 공급자의 일방적인 정보 제공으로 소비자가 원하는 정보보다는, 소비자가 알았으면 하는 정보를 공급자가 제공했다. 하지만 빅테크를 통해 소비자는 다양한 정보를 서로 주고받으며 정보의 비대칭성을 줄일 수 있다.

둘째, 서민, 취약계층의 금융 접근성 제고

서민과 취약계층은 금융서비스에 대한 정보를 얻기가 쉽지 않다. 다양한 금융상품이 존재하지만 본인에게 해당되는 상품인지, 어떤 상품이 더 나은 상품인지를 정보가 부족한 취약계층은 알기 어렵다. 하지만 빅테크는 이러한 접근성을 대폭 증가시킨다. 누구나 이용 가능한 플랫폼을 통해 자신에게 맞는 상품이 자동으로 추천되어, 정보에 대한 접근이 어려운 계층에게도 상품이 제공될 수 있다.

취약계층의

2. 빅테크의 금융업 진출의 부정적 효과

첫째, 금융상품에 대한 불완전판매 위험

빅테크는 번들링을 통해 소비자 선택권을 감소시키고, 금융상품에 대한 설명의무와 공시의무 등을 소홀히 수행하며 시장 지배력을 확보할 가능성이 있다. 빅테크는 소비자가 온라인 플랫폼을 통해 활동한 다양한 정보를 토대로 소비자 맞춤형 금융상품을 제공한다. 하지만 이러한 금융상품은 소비자에게 유리하기보단 자사에 유리한 상품일 가능성을 배제할 수 없다. 또한 번들링을 통해 다양한 상품을 탐색할 기회를 줄이기도 한다. 그리고 기존의 금융시스템에 비해 설명의무와 공시의무 등의 규제가 느슨하여 금융소비자에 대한 보호가 약할 수 있다.

둘째, ICT 서비스 장애로 인한 위험

빅테크는 클라우드 서비스를 통해 비금융회사들과 데이터베이스, 통신 등 다양한 업무 제휴를 수행하고 있다. 관련 시스템 장애가 발생할 경우 빅테크가 제공하는 금융서비스도 오작동이 발생할 수 있는 위험이 있다. 2022년 카카오 데이터센터 화재로 인해 카카오 그룹이 제공하는 모든 서비스가 일시 중단이 되었다. 물론 금융서비스 또한 중단되었다. 이러한 서비스 중단은 사람들의 일상생활에 큰 피해를 끼쳤다. 만약 금융서비스가 모종의 이유로 장기간 정지가 된다면 그 피해액 규모는 매우 클 것으로 예상된다.

결론

앞으로의 신용보증기금의 정책적 방안

빅테크의 금융산업 진출은 신용보증기금의 업무에 큰 도움이 될 것이라 예상된다. 금융정보뿐만 아니라 소비자가 이용하는 다양한 데이터를 통해서 질 높은 업무 결과를 도출할 수 있을 것이다.

첫째, 빅테크와의 협업을 통한 신용보증기금에 대한 접근성 증대

빅테크와 신용보증기금의 협업을 통해 소상공인 및 중소기업의 접근성을 증대시킬 수 있다. 신용보증기금의 상품을 통해 혜택을 볼 수 있는 소상공인도, **정보가 없어** 혜택을 누리지 못하는 경우가 많다. 온라인 플랫폼에 사업자를 등록하면, 본인의 데이터를 토대로 기금의 상품이 자동으로 추천되는 기능을 개발한다면 기금에 대한 접근성을 높일 수 있을 것이다.

| 해당 정보를 몰라

둘째, 빅테크와의 정보공유로 보증심사 강화

빅테크가 보유한 고객에 대한 다양한 정보는 신용보증기금의 보증심사 강화에 도움을 줄 수 있다. 보증심사에 기업의 재무적 정보와 비재무적 정보를 이용하여 심사하고 있지만, 심도 깊은 심사를 하기에는 부족한 부분이 있다. 하지만 빅테크에서 운영하는 온라인 플랫폼에서 정보를 얻을 수 있다면 심사의 **수준이** 한층 더 올라갈 수 있다. 대표자의 소비 습관, 관심사 등의 정보를 통해서 심사에 필요한 비재무적 요소의 수준을 높이고, 정보의 공유를 꾸준히 이어나가 사후 관리 업무에도 유용하게 사용이 가능할 것이다. 꾸준한 정보 공유는 업체의 부실위험을 조기에 발견하여 선제적 조치를 도울 수 있을 것이다.

| 정확도가

주제 3

빅테크의 금융업 진출과 정책당국의 대응방안에 대하여 논하라

답안

서론

빅테크의 금융업 진출현황

최근 금융위원회가 카카오페이의 보험업 진출을 허가하면서, 플랫폼 빅테크 기업이 보험업에 처음으로 진출하는 역사를 쓰게 되었다. [4차 산업혁명의 물결 속에서 빅테크의 혁신적인 ICT기술과 접목하여 **디지털 금융이** 빠르게 우리 곁으로 안착하였고, 결제시스템을 기반으로 차츰 그 영역을 넓혀가고 있다. 대표적으로 네이버, 카카오 그룹만 하더라도 지급서비스, 송금, 은행업, 대출, 투자, 보험 등의 서비스를 직간접적으로 **취급하고** 있다.] AI, 머신러닝등의 첨단기술과 메신저, 포털사이트라는 높은 접근성을 지닌 플랫폼이 만나 많은 이용자들이 원하는 맞춤 금융 서비스를 제공하고 있다. 서비스 이용자에게는 편리함을 제공하고 소외된 금융계층에게 맞는 금융서비스를 제공하는 장점이 있지만 지배력 확장으로 인한 독과점 가능성과 이용자 보호의 중요성도 확대되는등 분명한 리스크 역시 제공한다. **본고에서는** 빅테크의 금융업 진출이 가져오는 장단점**과** 이에 따른 정책당국의 대응방안을 살펴보고자 한다.

삭제

디지털금융은 주어가 불분명합니다.

제공하고

사실, 이 문장은 굳이 서론에 없어도 될 것으로 보입니다. 서론이 많이 깁니다.

이에 본고는 또는 본지에서는

, 그리고

본론

1. 빅테크의 금융업 진출 배경과 디지털 금융 혁신의 필요성

빅테크의 금융업 진출배경으로는

첫번째, 높은 수준의 IT기술개발이 **존재한다.** 4차 산업혁명으로 빅데이터, AI, 클라우드 등 IT기술이 눈부시게 발달하여 신용평가, 금융상품 개발 및 마케팅, 리스크 관리등의 장점이 극대화되었다. 또한, 스마트폰 **보급화로** 플랫폼을 이용한 모바일 금융서비스가 제공될 수 있는 **편의성이 확대되었다.**

두번째, 기존 금융기관이 제공하지 못했던 서비스를 빅테크 기업**이** 제공한다. 예를들면 네이버 파이넨셜은 스마트스토어 사업자를 대상으로 소상공인 대상 대출상품을 내놓았다. 이로 인해 기존 **금융기관을 향한** 대출수요가 빅테크로 향하면서 금융업 입지를 다지는 동시에 장기적인 고객확보가 가능해졌다.

이렇듯 빅테크의 **금융업 진출로 인해** 기존 은행 위주의 금융시장에 활력을 불**어넣고 긴장감을 조성하면서** 금융상품의 경쟁력을 높게 끌어올릴 수 있다. 그리고 금융당국도 디지털금융협의회를 출범하고 디지털 금융 산업 육성에 확고한 의지를 보인 바, 이 과정에서 빅테크의 역할이 무엇보다 **중요할** 것으로 예상된다.

| 이뤄졌다.

| 보급 확대로,

| 환경이 구축되었다.

| 은

| 금융기관에만 국한된

| 금융업 진출은

| 불어넣음으로써,

| 확대될

2. 빅테크 금융업 진출의 긍정적인 면

첫번째, 은행의 **한정적인** 신용평가 방식을 개선할 수 있다. 중소기업의 경우에는 채권발행과 같은 직접적인 자금조달 방식보다 대출을 통한 간접적인 자금조달방식을 선호한다. 하지만 **정량적인** 재무정보를 제공하기가 어렵고 특히 첨단산업분야의 스타트업은 사업성

| 전통적인

| 어떤 의미인지 모르겠습니다. 중소기업이 재무정보를 제공하기 어렵지는 않습니다.

플랫폼으로 |
정교한 |
그 결과 |
도 |

을 증명해내기 쉽지않다. 하지만 빅테크는 **플랫폼을 통해** 수집한 빅데이터 분석을 통해 차입기업에 대한 방대한 정보를 얻을수있다. 또한, AI와 머신러닝 기법을 통해 사람의 평가에 의존하는 은행보다 더 객관적이고 **정확한** 신용평가가 가능하다. **이에 따라** 효율적인 자원배분이 가능하며 소외된 금융 서비스 이용자를 포용하는 금융 포용성**이** 촉진된다.

진행되는 |

두번째, 디지털 금융 서비스시장이 활성화 된다. 빅테크 금융진출이 활발히 **이루어지는** 이유는 무엇보다 사람들이 원하기 때문이다. 다양한 소비자들의 욕구를 파악하고 수집한 데이터를 기반으로한 새로운 금융상품의 출시가 가능하다. 또한, 기존 금융기관과의 협력을 통한 안정적이고 체계적인 금융서비스가 제공된다. 이는 거시적인 관점에서 금융시장을 활성화 시키는데 큰 도움이 된다.

3. 빅테크 금융업 진출의 부정적 측면

첫번째, 빅테크의 금융중개업 기능이 활성화 됨에 따라 플랫폼을 활용한 독과점화 가능성이 존재한다. 빅테크가 지배적인 생태계를 구축하면 이용자들은 높은 플랫폼 전환비용으로 인해 플랫폼 전환이 어려워지고 이는 빅테크 기업의 독과점화 가능성을 높인다. 예를들면 자사 플랫폼 이용자들에게는 혜택을 제공하**고** 플랫폼에서 거래되는 타 금융기관의 상품거래에 과도한 수수료를 부과할 수 있다.

고,(쉼표) 반면에 |

두번째, 금융안정성을 저해한다. 빅테크가 자금중개 시장에 진입하여 시장을 지배해 나가면서 기존 금융기관들이 점유율 확보를 위해 차입자의 신용도에 비해 낮은 금리를 제공하고 경쟁적으로 대출을 늘리는 등 장기적으로 금융시장이 위험에 빠질 수 있다. 특히 많은 금융기관들은 안정적인 이자수익을 대부분의 수입원으로 유지하기

때문에 출혈경쟁에 진입할 위험성이 높다. 이는 전반적인 금융산업의 위험도를 높이는 결과를 초래한다.

결론

1. 정책당국의 빅테크의 금융업 진출 대응방안

첫번째로 빅테크가 기존 금융권에서 제공하지 못했던 포용적금융 **기능에** 기여함을 인정하고 **이점을 극대화하고 리스크를 최소화하는 선에서 대응해야 한다.** 이점을 촉진하기 위해 시장경쟁을 촉진하는 선에서 자금중개기능을 제공하는 것을 장려하고, 금융소외계층을 포용하려는 시도에 대해서 적극적인 규제완화가 필요하다. 하지만 그에 따르는 리스크는 최소하 하기 위해 거래 모니터링을 강화하고 독과점을 방지하기 위한 경쟁적 **금리완화**규제, 플랫폼 수수료 규제등이 필요하다.

| 측면에서

| 이런 결론은 별로 권하지 않습니다.

| 금리인하

두번째로 금융건전성을 유지하기 위한 자본금규제등과 함께 금융소비자 보호 역시 함께 이루어져야 한다. 빅테크의 플랫폼을 이용한 거래 특성상 온라인으로만 제공되는 정보에 이용자는 정보비대칭으로 인한 역선택을 할 가능성이 매우 높다. 또한, AI를 이용한 서비스일때 그 책임소재를 구분하기가 어려우므로 이용자가 구상권을 청구할 수 있는 **체계**구축마련이 필요하다.

| 법안

2. 빅테크의 금융업진출의 시사점

4차 산업시대에 빅테크가 단순히 '공룡'이라는 이유만으로 무조건적인 규제의 대상으로만 바라보는 것은 옳지않다. 빅테크의 금융업 진출이 빠르게 성장하는 이유는 기존 금융기관들의 신용평가 기능을 개선하고, 지역적 시간적 한계를 극복하는데 큰 장점이 있으며 무엇보다 이를 소비자들이 원하기 때문이다. 현재의 은행 중심적인 금융시장이 갖는 한계를 개선하기 위한 움직임으로 보아야 한다. 이는 금융기관의 혁신동기를 자극하고 금융시장의 발전을 도모한다. 금융당국도 자금중개 기능의 다변화를 모색하되 리스크를 방지할 수 있는 모니터링 기능을 필두로 한 규제의 틀을 탄탄하게 조정해 나가야 **한다.**

중언부언적 내용이라서 굳이 필요한지 모르겠습니다.

chapter 28 볼커룰과 바젤, 그리고 SIFIs – 금융기관의 안정

01 논제 개요 잡기 [핵심 요약]

서론	이슈언급		개별 금융기관에 대한 감독을 강화 금융제도의 개선을 통하여 금융시장 전체의 안정을 도모하려는 적극적인 움직임
본론	1. 볼커룰 (Volcker Rule)	1) 볼커룰의 개념 과 목적	① 볼커룰 배경 : 은행업계에 대한 통제강화를 통해 미국 금융시장의 안정 및 건전화를 추구 ② 방향 : 은행의 대형화 억제, 자기자본거래 제한 ③ 목적 : 금융사의 고위험투자를 제한. 금융기관의 대형화에 따른 리스크 확대 방지
		2) 볼커룰의 시행	2012년 7월 미국에서 발효되었고, 2015년 7월22일 시행.
		3) 볼커룰의 내용	
		4) 볼커룰의 완화	[볼커룰 개정](2020년 6월) [평가] 볼커룰 개정, 레버리지 비율 일시 완화 등으로 규제비용 감소, 은행 경쟁력 확대 등이 기대되는 반면 은행 건전성 약화, CLO 등 저신용 부채 과열 등의 부작용도 우려 [전망] 규정개정을 통한 일부 조항의 미세조정(recalibration)에 그쳤지만, 파생상품 등 위험 확대로 이어져 금융시스템 안정성을 저해할 가능성

본론	1. 볼커룰 (Volcker Rule)	5) 볼커룰이 한국 금융시장에 미칠 영향	"한국은 국내은행의 자기자본거래 규모가 매우 작고, 은행과 증권사 영역으로 이미 나뉘어 있어 볼커룰에 대한 영향이 적을 것."
	2. 바젤Ⅲ	1) 바젤은행감독위원회(BCBS)	
		2) BIS자기자본비율	은행의 위험가중자산(부실채권 + 투자) 대비 자기자본(자본금 + 이익잉여금 + 자본잉여금) 비율
		3) 바젤Ⅰ, 바젤Ⅱ	① BaselⅠ(1988년) ② BaselⅡ(2004년) ③ 바젤의 방향성 가. 대형은행의 외부충격흡수능력을 높임 나. 자기자본의 질과 양과 투명성을 높이고 위험인식범위를 확대(자기자본의 개념을 강화) 다. 경기대응 완충자본 신설 라. 유동성커버리지비율(LCR), 순안정자금조달비율(NSFR), 레버리지비율 적용
		4) 바젤Ⅲ	**BaselⅢ의 주요내용** 가. 보통주 자본비율 : 2% → 4.5% 나. 기본자본비율(보통주 자본 포함) : 4% → 6% 다. 완충자본 : 위험가중자산의 2.5%에 해당하는 보통주 자본을 미래금융위기에 대한 완충자본으로 보유 라. 글로벌 금융회사일수록 자본금 및 대손충당금 적립요건을 강화하고 과도한 차입 억제 - 자기자본비율 강화 : 10.5% 이상 - 자본보전 완충자본제도 도입 : 위기기간 동안 은행이 손실을 흡수하거나 신용공급기능을 지속하면서도 최초규제비율 수준 이상으로 자본비율을 유지하기 위한 완충자본 도입(위험가중자산의 2.5%에 해당하는 보통주 자본) - 경기대응완충자본 강화(2024년 5월 1일 시행)
	3. G-SIFI와 D-SIFI	1) SIFI(Systemically Important Financial Institution)	- 정의: 시스템적으로 중요한 회사. 금융시장에서 대마불사(Too big to fail) 문제를 일으킬 수 있을 만큼 비중이 큰 기관
		2) G-SIFI / D-SIFI	① G-SIFI(Globally Systemically Important Financial Institution) ② D-SIFI(Domestic Systemically Financial Institution)

결론	의견제시	**<긍정적인 면>** ① 은행들의 위험자산투자로의 억제를 도모 ② 개별금융기관의 완충작용 능력 향상 ③ 자금중개기능을 원활하게 할 수 있도록 하는 장치들 ④ 금융기관의 경기순응성 문제 완화 **<부정적인 면>** ① 금융기관의 투자위축. ② 유가 등 변동성 확대 ③ 오히려자금중개기능 약화(중소기업 자금지원의 소홀) ④ 규제에 따른 금융기간 수익성 하락

02 논제 풀이

서론

이슈 언급 2008년 글로벌 금융위기 이후로 전세계의 금융당국은 금융기관의 무분별한 투자로 인한 부실과 유동성위기가 금융시장 전체의 위험으로 파급됨을 인식하였다. 이에 개별 금융기관에 대한 감독을 강화하는 한편, 금융제도의 개선을 통하여 금융시장 전체의 안정을 도모하려는 적극적인 움직임이 이루어지고 있다. 금융기관들의 자기자본 확충을 유도하는 바젤 Ⅲ, 적립된 자기자본의 무분별한 투자를 막는 볼커룰 등이 그것이다. 이에 이러한 제도의 배경과 내용에 대하여 알아보고 그 방향성에 대하여 논하기로 한다.

본론

1. 볼커룰 (Volcker Rule)	1) 볼커룰의 개념 과 목적	① 볼커룰 배경 : 2008년 리먼 브라더스 부도 사태, AIG 부도회생 사태를 계기로, FRB 의장이자 오바마 정부의 백악관 경제회복자문위원회(ERAB) 의장인 폴 볼커(Paul Volker)가 은행업계에 대한 통제강화를 통해 미국 금융시장의 안정 및 건전화를 추구하기 위하여 내놓은 규제 방안이다. 2010년 7월 도드 - 플랭크 법안에 포함되어 미국 상원을 통과한다. ② 방향 : 상업은행과 투자은행의 업무 분리(대형화 억제), 은행을 포함한 예금취급기관의 투자 행위를 제한(자기자본거래 제한, 헤지펀드/사모펀드 보유 금지)한다. ③ 목적 : 금융위기를 초래한 금융사의 고위험투자를 제한한다. 금융기관의 대형화에 따른 리스크 확대 방지, 은행업계에 대한 통제를 강화한다.

<table>
<tr><td rowspan="3">1. 볼커룰
(Volcker
Rule)</td><td>2) 볼커룰의
시행</td><td>① 2012년 JP 모건의 채권 파생금융거래 62억 달러(약 6조 9천억 원) 손실 사건을 계기로 볼커룰의 도입여론이 확산됐다. 2012년 7월 미국에서 발효되었고, 2015년 7월 22일 시행되었다. 파생상품 거래와 헤지펀드 관련 비즈니스 등 트레이딩 비중이 큰, 미국 대형 투자은행 골드만삭스, JP 모건, 모건스탠리 등의 매출이 25% 가량 급감할 것으로 예상된다. 미국 5대 투자은행은 이미 자기매매업무에서 철수했다. 또한, 2011년부터 2014년 동안 채권 세일즈 및 트레이딩 인력을 약 18% 줄인 것으로 나타난다. 반면 규제로 인해 컴플라이언스와 법조인력 시장은 호황을 누리고 있다.
② 이에 이들은 최근 볼커룰의 사각지대인 부동산 담보 대출을 확대하는 움직임을 보이고 있으나 미국 은행들부터 역차별이라며 반발하는 등 논란의 소지는 남아있다. 은행들이 투자를 줄이면 수익률이 높은 채권에 대한 수요가 줄고 채권값이 떨어지면 그 손실을 결국 고객들이 떠안을 것이다.
③ 미국 투자은행들의 인력 감축과 헤지펀드 증가(퇴직직원 몰림), 법조인력 시장 호황 등 풍선효과가 나타나고 있다.</td></tr>
<tr><td>3) 볼커룰의
내용</td><td>① 자기자본거래 금지 : 프랍트레이딩(Proprietary trading) 금지
② 사모펀드, 헤지펀드에 대한 은행의 투자비율 제한(자본금 3%내에서 투자가능)
③ 준법 감시체제 운영/관리/보고 : 금융서비스감시위원회(FSOC)신설 등
④ 미국에 지점이 있는 세계의 모든 금융회사에 동일하게 적용 : 한국에도 영향(금융기관 뿐만이 아니라 한국전력, 대우조선해양 등 금융회사가 25% 이상 지분을 가진 계열사들도 모두 볼커룰 적용 대상) → 일각에서는 미국이 제정한 규정을 다른 나라에 일률적으로 적용하는 것은 문제라는 지적이다.
⑤ 볼커룰을 위반할 경우 해외에서 발행한 채권이나 대출을 조기에 상환해야 하는 등 처벌이 엄하다.</td></tr>
<tr><td>4) 볼커룰의
완화</td><td>[볼커룰 개정](2020년 6월)
① 2018년 ~ 2020년 중 적용대상 축소, 자기계정거래 규정 완화, 준법 요구사항 차등화, 벤처캐피탈 펀드에 대한 지분투자 허용 등 개정작업 진행(Volcker rule 2.0)
가. (자기계정거래) 금융상품을 60일 이내로 보유할 경우 트레이딩 계좌의 단기목적 거래(자기계정 거래)로 간주하는 규정을 폐지했다(2019년).
나. (은행 투자규제) 은행 소유 혹은 운용이 금지되는 규제대상펀드(Covered fund: 사모펀드, 헤지펀드 등)에서 벤처캐피탈 펀드 등을 제외한다(2020년 6월)
다. (CLO 투자규제) 규제대상펀드 예외조항인 대출증권화(loan securitization)시 총 자산의 5%를 하이일드채 등의 채권(non-loan asset)으로 구성할 수 있도록 개정한다.</td></tr>
</table>

<table>
<tr><td rowspan="2">1. 볼커룰 (Volcker Rule)</td><td>4) 볼커룰의 완화</td><td>② [평가] 볼커룰 개정, 레버리지 비율 일시 완화 등으로 규제비용 감소, 은행 경쟁력 확대 등이 기대되는 반면 은행 건전성 약화, CLO 등 저신용 부채 과열 등의 부작용도 우려
가. (긍정적 효과) 중장기적으로 은행 규제비용 감소, 은행 경쟁력 강화, 시중유동성 확대 등이 예상되나, 단기적으로는 코로나19에 따른 불확실성 영향으로 큰 효과를 기대하기는 어렵다.
나. (부정적 효과) 은행 건전성 약화, CLO 등 저신용 위험자산 과열 등이 우려된다.
③ [전망] 볼커룰 2.0은 도드 - 프랭크법의 후퇴(de-regulation)라기보다는 규정개정을 통한 일부 조항의 미세조정(recalibration)에 그쳤지만, 자기계정거래 및 CLO 규정 완화 등이 파생상품 등 위험 확대로 이어져 금융시스템 안정성을 저해할 가능성이 있다.</td></tr>
<tr><td>5) 볼커룰이 한국 금융 시장에 미칠 영향</td><td>"한국은 국내은행의 자기자본거래 규모가 매우 작고, 은행과 증권사 영역으로 이미 나뉘어 있어 볼커룰에 대한 영향이 적을 것."
① 긍정적인 효과 : 국내은행의 위험자산 투자 억제
② 부정적인 영향 : 은행의 자산운용제약, 규제 강화로 인한 투자위축, 규제준수 비용 발생, 채권금리 상승
→ 금융시장의 장기적인 발전에 걸림돌.</td></tr>
<tr><td rowspan="3">2. 바젤 III</td><td>1) 바젤은행 감독위원회 (BCBS)</td><td>1974년 은행 감독에 관한 국가 간 협력증진을 목적으로 설립된 국제결제은행(BIS)산하 위원회로 각국의 중앙은행과 은행감독당국의 고위급 실무진으로 구성됐다.
→ 기능 : 은행감독과 관련한 국제표준 제정(BIS 자기자본비율), 각국 감독당국 간 협력 및 정보교환 등</td></tr>
<tr><td>2) BIS 자기자본 비율</td><td>은행의 위험가중자산(부실채권 + 투자) 대비 자기자본(자본금 + 이익잉여금 + 자본잉여금)비율로, 금융기관의 재무 건전성 판단 지표로 활용된다. 각 은행이 국제 금융시장에서 영업을 하기 위해선 8% 이상의 자기자본비율을 유지해야 한다.
→ 각국 중앙은행의 최종대부자 기능이 사후적 기능이라면, BIS 기준은 사전적 기능이다.</td></tr>
<tr><td>3) 바젤 I, 바젤 II</td><td>① Basel I (1988년)
1980년 이후 금융자유화 및 국제화, 파생상품거래 확대에 따른 리스크 증가로 인해 기존의 신용리스크만을 반영한 BIS 협약으로 은행들이 8% 이상 자기자본비율을 유지토록 한 게 골자이다.
② Basel II (2004년)
가. 바젤 I 에 시장리스크를 추가한 신 BIS 협약이다.</td></tr>
</table>

2. 바젤Ⅲ

3) 바젤Ⅰ, 바젤Ⅱ

나. 신 BIS 협약은 기존 BaselⅠ이 신용도가 다른 기업에 대해 획일적으로 위험가중치를 적용하는 등의 문제 점을 개선하기 위한 것이다.

다. 운영리스크를 산출해 위험가중자산에 포함시키도록 하는 등 규제가 한층 더 보완됐다.

라. 위험가중자산 대비 보통주 자본의 비율인 TCE(Tangible Common Equity) 비율도 2%이상 유지하도록 했다.

③ 바젤의 방향성

가. 대형은행의 외부충격흡수능력을 높인다.

나. 자기자본의 질과 양과 투명성을 높이고 위험인식범위를 확대한다(자기자본의 개념을 강화).

다. 경기대응 완충자본 신설

라. 유동성커버리지비율(LCR), 순안정자금조달비율(NSFR), 레버리지 비율 적용

A. 유동성커버리지비율(LCR) : 강한 스트레스 상황에서 외화유동성 상황을 측정하기 위한 지표다. 산출방식은 고유동성 외화자산을 1개월 내 외화 순현금유출로 나눈 값 → 위기 시에도 거래가 가능한 고유동성자산을 확보하고 있기 때문에 외채차환 위험에 대한 은행의 대응력이 높아진다.

B. 순안정자금조달비율(NSFR) : NSFR은 중장기 유동성을 관리하는 지표다. 영업에 필요한 안정적인 자금원을 확보해 자금 조달 위험을 줄이자는 취지로 2018년 국내에 처음 도입됐다. 안정자금 가용 금액을 안정 자금 조달 필요 금액으로 나눠 계산하며, 금융 당국은 은행들로 하여금 이 비율을 100% 이상으로 유지하도록 하고 있다. NSFR 관리는 크게 두 갈래로 나뉜다. 우선 자금 운용 차원에서 유동성이 높은 자산 보유를 늘리는 방안이다. NSFR 규제 충족을 위해서는 고(高) 유동성 자산 보유를 늘리거나, 상대적으로 자금 회수가 용이한 단기대출이 장기대출보다 유리하다. 다른 해법은 중장기적인 자금 조달을 증대하는 방안이다. 이는 곧 예금의 확대를 뜻하고, 은행이 이를 위해 쓸 수 있는 카드는 예금 금리 인상이다. 은행 입장에서 보면 예대마진율이 저하될 수 있다는 의미다. 즉, NSFR 개선 과정이 은행 수익성에는 안 좋은 영향을 끼칠 수 있다.

C. 레버리지 비율 : 자본을 총자산으로 나눈 비율이다. 기본자본비율 3% 이상 유지한다.

2. 바젤Ⅲ	4) 바젤Ⅲ	① 2008년 미국발 금융위기로 은행의 과도한 부채(레버리지)가 자기자본의 질 악화. 유동성위기에 대한 취약성 등이 부각됨에 따라 제정된 협약 ② Basel Ⅲ는 바젤Ⅱ의 자본적정성 규제를 크게 강화하는 한편 유동성 비율 규제도 별도로 도입. ③ Basel Ⅲ 의 주요내용 가. 보통주 자본비율 : 2% => 4.5% 나. 기본자본비율(보통주 자본 포함) : 4% => 6% 다. 완충자본: 위험가중자산의 2.5%에 해당하는 보통주 자본을 미래 금융위기에 대한 완충자본으로 보유. 완충자본은 기본 완충자본과 경기 대응완충자본으로 구분함. 라. 글로벌 금융회사일수록 자본금 및 대손충당금 적립요건을 강화하고 과도한 차입 억제 - 자기자본비율 강화: 10.5% 이상 - 자본보전 완충자본제도 도입: 위기기간 동안 은행이 손실을 흡수하거나 신용공급기능을 지속하면서도 최초규제비율 수준 이상으로 자본비율을 유지하기 위한 완충자본 도입(위험가중자산의 2.5%에 해당하는 보통주 자본) - 은행의 위기능력 제고. 스트레스 테스트 마. 바젤Ⅱ 신용리스크 표준방법(Standardised Approach)의 위험가중치를 자산별 위험수준에 따라 세분화하여 리스크 민감도를 제고하였다. 예를 들어, 은행 및 기업 익스포저의 경우 리스크 범주를 이전보다 세분화하여 고위험자산에 대해 바젤Ⅱ보다 높은 위험가중치를 적용하도록 하였다. 부동산담보 익스포저는 LTV 비율에 따라 위험가중치를 차등 적용(20~70%)하는 것으로 변경하였다. 또한 은행의 차주에 대한 실사(due diligence)를 의무화하여 외부신용등급에 대한 과도한 의존도를 낮추었다. 표준방법으로 산출된 위험가중자산에 대한 공시의무도 추가되었다. 바. 시장리스크 규제체계 : 시장리스크가 적용되는 금융상품의 분류기준을 명확히 하여 은행의 규제차익 가능성을 축소하고 내부모형에 대한 검증절차를 강화하였다. 또한 표준방법의 리스크 민감도를 개선하고 금융상품의 부도리스크 등을 반영하였다. 사. 기존 운영리스크(내부직원 행위, 상품 하자, 시스템 장애, 기타 외부 요인 등에 의해 발생하는 운영상의 모든 측정 가능한 손실과 관련된 위험) 표준방법을 새로운 표준방법으로 대체하고 내부모형의 사용을 금지하였다. 새로운 표준방법은 운영리스크 관리 유인을 강화하기 위해 기존의 영업규모 측정치(business indicator component)외에 손실사건 누적규모(loss component)를 반영하여 위험가중자산을 산출토록 하였다.

2. 바젤Ⅲ	4) 바젤Ⅲ	아. 레버리지비율 규제체계 : 총 익스포저(분모) 항목의 산출방식을 일부 수정한 가운데, 글로벌 시스템적으로 중요한 은행(G-SIB,Global Systemically Important Bank)에 대해서는 G-SIB 추가 자본의 50%를 레버리지비율 추가 자본(기본자본)으로 부과하도록 하였다. G-SIB은 시스템적 중요도 구간에 따라 차등적으로 1.0~3.5%의 추가 자본규제(보통주자본)가 적용되므로, 예를 들어 현재 2%의 추가 자본규제를 적용 받고 있는 G-SIB의 경우 추가 자본의 50%인 1%의 추가 레버리지비율이 적용되어 레버리지비율은 총 4%이상(기본 레버리지비율 3% + 추가 1%)으로 유지해야 한다. 자. 자본하한 : 내부모형 사용으로 발생하는 위험가중자산의 과소산출 유인을 억제하고 국가 및 은행간 산출 편차를 해소하기 위해 자본하한(output floor)을 강화하였다. 내부모형법을 적용하여 산출된 위험가중자산 규모가 표준방법으로 산출된 위험가중자산의 72.5% 이상이 되도록 하되 이를 2023년부터 2028년까지 단계적으로 시행하도록 경과규정을 두었다. 차. 우리나라는 2020년 6월말부터 바젤Ⅲ 최종안 중 신용리스크 산출체계를 조기 시행한 데 이어 자본하한은 2022년 11월, 운영 및 시장 리스크 산출체계·신용가치조정 리스크 규제체계는 2023년 1월, 거액 익스포저 규제는 2024년 2월부터 도입·시행 중이다.

[바젤Ⅲ 규제체계 개요]

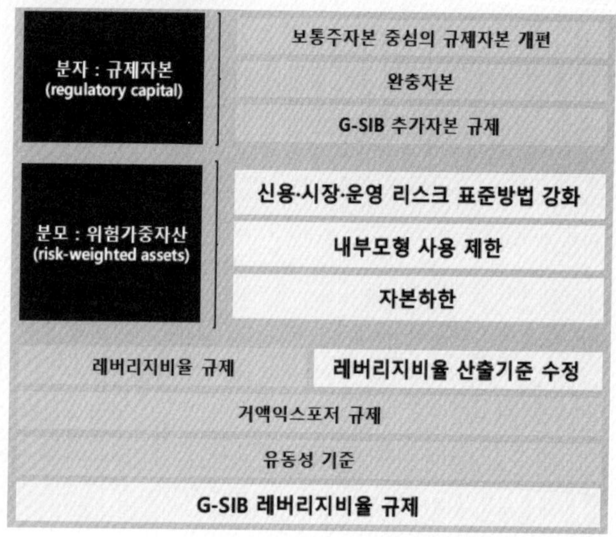

<출처: 한국은행금융안정보고서>

2. 바젤Ⅲ	4) 바젤Ⅲ	④ 경기대응완충자본 강화(국내) 가. 2024년 5월 1일을 기점으로 은행과 은행지주회사는 기존보다 1% 더 많은 자본을 적립해야 한다. 손실흡수능력을 높여 코로나19 대응 과정에서 급증한 여신의 부실화 가능성에 대비하기 위함이다. 나. 경기대응완충자본(CCyB) 적립 수준을 1%로 상향했으며 은행별 리스크관리 수준과 스트레스테스트 결과 등을 반영해 차등적으로 추가자본 적립의무를 부여하기로 했다. 다. 경기대응완충자본은 신용공급에 따른 경기변동이 금융시스템과 실물경제에 미치는 영향 등을 고려해 마련된 제도다. 은행권에 위험가중자산의 0 ~ 2.5% 범위에서 자본 적립 의무를 추가로 부과하는 것을 골자로 한다. 라. 당국은 2016년 이 제도를 도입한 이래 0%의 적립 수준을 유지했다. 그러나 이번 주문에 따라 은행과 은행지주는 자본을 더 쌓게 됐다. 마. 이번 결정엔 국내은행의 건전성 등을 두루 반영했다는 게 당국의 설명이다. 기준금리 인상 등에 따른 가계신용 증가세가 둔화됐음에도 기업 신용은 늘면서 높은 수준의 적립 신호가 발생했다는 진단에서다. **Cf. BaselⅢ가 규정한 자본종류** 1) 보통주자본 : 은행을 청산할 때를 제외하고는 상환되지 않는 자본으로서 자본금, 이익잉여금 등 2) 기본자본 : 보통주 자본에, 사전에 정한 요건에 따라 보통주로 전환하는 조건부 자본 성격의 신종자본증권 등을 더한 개념(예. 영구채, 코코본드 등) 3) 총자본: 기본자본에 후순위 채권 등 보완자본까지 더한 개념
3. G-SIFI와 D-SIFI	1) SIFI(Systemically Important Financial Institution)	- 정의 : 시스템적으로 중요한 회사를 뜻한다. 금융시장에서 대마불사(Too big to fail) 문제를 일으킬 수 있을 만큼 비중이 큰 기관을 말한다. → G20 산하 금융안정위원회(FSB)와 BIS 산하 바젤위원회는 자산과 거래규모, 위기 시 시장에 미치는 연관효과 등을 고려해 2011년 글로벌 SIFI(G-SIFIs) 29개 대형은행과 국가별 SIFI 기준을 만들었다. 이들에 대해서는 일반 금융사보다 높은 감독과 자본 건전성 등이 부과된다.
	2) G-SIFI / D-SIFI	① G-SIFI (Globally Systemically Important Financial Institution) 가. 선정기준 : 글로벌 활동성, 규모, 상호연계성, 복잡성, 낮은 대체가능성 나. 바젤 은행 감독위원회 조치 : G-SIFIs로 선정된 29개 금융기관에 대하여 4개 그룹으로 분류해서 1.0 ~ 3.5 %의 추가자본 적립의무를 부과하기로 한다.

<table>
<tr>
<td>3. G-SIFI와
D-SIFI</td>
<td>2) G-SIFI /
D-SIFI</td>
<td>다. 해당 금융기관
- 미국 : 뱅크오브아메리카(BoA), 씨티그룹, 골드만삭스 등 8개
- 유럽 : HSBC, BNP 파리바, UBS 등 8개
- 아시아 : 일본의 미쓰비시UFG, 미즈호, 스미토모 미쓰이, 중국의 중국은행(BoC)
② D-SIFI(Domestic Systemically Financial Institution)
: 대형은행 부실이 금융시스템전체에 충격을 주는 것을 막는 차원에서 도입하는 제도이다.
가. 선정되면 자본금과 이익잉여금을 포함한 보통주 자본만으로 추가 자본을 쌓아야 한다.
나. 2020년 06월 23일 금융위원회 선정 : 하나금융지주, 신한금융지주, KB금융지주, NH농협금융지주, 우리은행이 시스템상 중요 지주 · 은행으로 선정됐다(매년 선정). 이들 금융사는 2016년부터 4년간 총 1%의 추가 자본을 단계적으로 적립해야 한다(산업은행과 기업은행은 정부가 지분을 보유하는 공공기관으로서 법상 정부 손실보전 조항이 있다는 점을 감안해 중요 은행으로 선정하지 않음).</td>
</tr>
</table>

결론

의견 제시 이상으로 개별금융기관의 관리감독을 통하여 금융시장의 안정을 도모하려는 글로벌적인 규제와 규칙들에 대하여 알아보았다.

주요국이 진행 중인 바젤Ⅲ 도입 작업이 마무리되면 은행부문의 복원력 강화를 통해 글로벌 금융시스템의 안정성이 제고될 것으로 기대된다. 국가 · 은행간 규제자본비율의 산출편차도 축소되어 글로벌 은행간 복원력 및 리스크 현황 비교가 용이해질 것이다.

일부에서는 은행의 규제자본 부담 증가, 영업행태 변화 등으로 발생할 수 있는 부작용에 대해 우려를 제기하고 있다. 그러나 2008년 글로벌 금융위기뿐 아니라 2023년 은행 위기 등의 경험에 비추어 볼때 바젤Ⅲ의 완전하고 일관된 이행이 은행산업의 위기대응력 제고에 더욱 긴요한 것으로 판단된다. 우리나라는 바젤Ⅲ 최종안을 당초 합의된 일정에 따라 신속하게 이행함으로써 국내 은행부문의 복원력과 함께 은행감독체계의 대외 신인도를 높인 것으로 평가된다.

다만, 글로벌 은행시스템 내 영향력이 큰 주요국의 바젤Ⅲ 규제도입에 따른 파급효과(일부 시장 참가자는 글로벌 대형은행의 영업모델 변화에 따른 신흥국에 대한 신용 위축, 비은행금융기관의 역할 확대, 국가간 경쟁 여건 변화 가능성 등에 주목하고 있다)에 대해서는 면밀한 모니터링이 필요할 것으로 보인다. 또한 2023년 은행 위기사례에서 본 바와 같이 과거와 다른 새로운 유형의 리스크(비부보예금 및 특정 유형의 예금자 집중도 증가, 보유채권의 미실현 평가손실 확대, 기존 유동성 감독체계로 대응하기 어려운 유동성 불일치 심화 등이 그 예이다)발생 가능성에 대한 감독 측면의 대응 노력도 지속해야 할 것이다.

<긍정적인 면>

① 이러한 금융기관 안정 정책들은 은행들의 위험자산투자로의 억제를 도모한다.

② 충실한 자본금의 확충을 통하여 금융쇼크의 사태에서도 개별금융기관의 완충작용 능력을 향상시킨다.

③ 위기의 사태에도 본래의 기능인 자금중개기능을 원활하게 할 수 있도록 하는 장치들이다.

④ 금융기관의 경기순응성 문제를 완화한다(활황기에 대출자제, 침체기에 대출기능 가능).

<부정적인 면>

① 볼커룰의 경우, 금융기관의 투자위축. 주요 은행들은 채권, 외환, 원자재 트레이딩 등에 있어 전보다 강화된 자본 확충 요구에 직면한다. 이로 인해 투자은행들의 시장변동 완충역할이 사라지고, 시장 유동성이 줄어들면서 가격 출렁임도 커지고 있다는 지적이 꾸준히 제기되고 있다. 채권, 외환, 원자재 등의 자산군에 투자한 투자자들은 시장의 유동성이 경색될 것이라는 우려에 자금을 빼고 있는 상황이다. 특히 중국이 이러한 유동성 위축의 피해자이다(개리 콘 – 골드만삭스 대표).

② 볼커룰의 경우, 원유 선물시장 떠받치던 투자은행의 존재감도 희석됨 → 유가 등 원자재 시장 변동성 확대

③ 볼커룰의 경우, 자본금적립 부담 및 위험가중자산의 증가를 회피하려는 성향에 따른 자금중개기능 약화(중소기업 자금지원의 소홀)

④ 볼커룰의 경우, 규제에 따른 금융기간 수익성 하락

용어해설

1) **자기자본거래(= 프랍트레이딩, 자기계정거래)** : 고수익을 올리기 위하여 자산의 자산이나 차입금으로 채권, 주식, 파생상품등에 투자하는 행위이다. 투자은행 등이 직접 트레이더를 고용해 회사자금으로 매매를 시키고 수익이 날 경우 회사와 트레이더가 일정부분의 %로 나눠가진다.

2) **헤지펀드** : 소수 공모펀드와 달리 고액의 자금을 모아 높은 위험을 감수하고 공격적으로 투자하여 고수익을 추구하는 사모펀드. 투자방식의 특성상 레버리지가 높다(자금을 차입하여 파생상품에 투자). 헤지펀드는 국제 금융시장을 교란시키는 요인으로 지적되고 있다.

3) **최종대부자 기능** : 금융위기가 예상되거나 발생한 경우 금융위기를 예방하고 그 확산을 방지하기 위해 중앙은행이 발권력을 동원하여 금융시장에 일시적으로 유동성(자금)을 공급하는 기능으로 중앙은행의 중요한 고유기능 중 하나이다. 한편에서는 중앙은행이 위기 시마다 금융기관들을 도와줄 경우 금융기관들이 고수익, 고위험자산을 더욱 선호함으로써 불건전한 경영전략을 택하는 도덕적 해이의 문제가 발생할 수 있다는 비판이 있다.

4) **영구채**(condol bond, Perpetuall bond) : 원금을 상환하지 않고 일정 이자만을 영구히 지급하는 채권을 말한다. 주로 국가기관이나 대형 사업체에서 초대형 프로젝트를 위해 장기적인 자금조달이 필요할 경우에 발행한다. 일정률의 이자지급은 있으나 상환기간이 없고 발행회사의 해산이나 중요한 채무불이행 등의 특수한 경우 이외에는 상환하지 않으므로 불상환사채라고 한다. 영구채는 주식처럼 정해진 만기가 없이 이자만 지급하는 채권으로 국제회계기준(IFRS)에서는 자본으로 분류한다.

5) **코코본드**(CoCo bond , contingent convertible bond) : 유사시 투자 원금이 주식으로 강제 전환되거나 상각된다는 조건이 붙은 회사채를 말한다. 코코본드에는 역(逆)전환사채, 의무전환사채(강제전환사채) 등이 있다. 2009년 영국의 로이즈 뱅킹그룹이 처음 발행한 뒤로 유럽을 중심으로 활발하게 퍼짐. 일반 전환사채(CB)의 경우 전환권이 채권자에게 있지만 역전환사채는 채권자가 아닌 사유 발생에 있다고 해서 붙여진 이름이다. 투자자발행사가 부실금융회사로 지정될 경우 투자 원리금 전액이 상각돼 투자자가 손실을 볼 수 있다. 대신 일반 회사채보다 높은 금리를 지급한다. 즉, 투자자 입장에서는 1)이자지급의 불확실성, 2)원금회수의 불확실성, 3)원금상각 및 주식전환의 위험을 안게 된다

03 논술사례

주제 1

글로벌 금융규제 방향과 우리의 대응방안에 대하여 논하라.

답안

I. 서론

II. 본론

1) 글로벌 금융규제 확산의 배경 : 미국발 금융위기 → 글로벌 경제위기(MBS, CDO, CDS - 그림자 금융과 거대금융기관의 탐욕)

2) 글로벌 금융규제의 움직임

(1) 볼커룰 : ㄱ. CB, IB 분리 ㄴ. 자기자본거래제한 ㄷ. 헤지펀드, 사모펀드 자본금 3%이내 투자 ㄹ. 준법감시체제 운영

(2) 바젤3 : 위험가중자산 대비 자기자본비율(BIS 자기자본비율) 10.5%

Tier1 보통주자본금 4.5%, 기본자본금 1.5%

Tier2 보완자본금 2%

완충자본금 2.5%(SIFI 1% ~ 2.5% 추가자본금 요구, 더 높은 감독)

3) 한국 : 바젤 3관련 규제 강화(2016년부터)

(1) D-SIB 선정

(2) 필라2, 3 도입

ㄱ. 필라2: 개별 금융기관 사정에 따른 맞춤형 감독

ㄴ. 필라3: 개별공시([원래] 경영상태 → [추가] 신용리스크, 신용위험관리, 자산유동화 포함)

(3) 영향 : 규제 준수 비용 상승, GDP 단기적 감소, but 장기적으로는 금융안정 → 금융발전의 초석

III. 결론

1) 정부

(1) 환율전쟁 및 화폐전쟁에 대비하여 금융산업의 경쟁력 강화

(2) But 소비자 후생 최우선으로 하는 조심스러운 접근 필요**(금융혁신이 정보비대칭 심화시키지 않는 방향으로)**

| 좋습니다

(3) 시장 활성화와 금융안정 추구 사이의 균형 유지 필요(생태계 조성하되, 주도적인 역할X, 금융시장의 기능이 보다 원활하게 돌아가도록)
2) 금융감독원, 금융기관
(1) 자금중개기능의 본질을 해치지 않는 선에서 금융 산업 발전시킬 것
(2) 규제 강화적 세계 흐름에 부합하여 위험관리 수준을 더 높일 것

서론

새로운 두 축인 | 본격적으로 |

금융감독원은 IMF의 권고를 받아들여 올 8월, 바젤3 협약의 **구성요소인** 필라2, 3의 국내도입을 결정했다. 이로 인해 2008년도 이후 글로벌 금융 안정을 위한 규제 강화 흐름에 한국도 합류하게 되었다. 본고는 글로벌 금융규제 강화 흐름의 배경, 내용, 이러한 흐름이 한국의 금융감독 및 금융시장 전반에 어떠한 영향을 주고 있는지, 그리고 이에 대한 정부, 금융감독원 및 개별 금융기관의 대책에 대하여 논하고자 한다.

본론

1) 글로벌 금융규제 강화 흐름의 배경 : 미국發 금융위기

충격이 |

2008년도 '서브프라임 모기지' 유동화 증권의 부실에 의해 '베어스턴스'. '리먼브라더스' 등 미국 유수 투자은행과 보험사인 AIG가 큰 타격을 입었다. 또한 이들의 유동화 증권에 투자했던 전세계의 금융기관과 미국 경제에 이러한 **여파가** 전이되면서 글로벌 금융위기가 발생했다. 미국은 대대적인 구제금융과 함께 경제 부양을 위해 막대한 양의 '양적완화'를 통해 위기에 대응했으나, 전세계 경제는 몇 년간 고통을 겪어야 했다.

2) 글로벌 금융규제 강화 흐름의 내용

이에 따라 각국 정부는 금융기관의 도덕적 해이와 탐욕에 대한 규

제 필요성을 자각했고, 문제 근원지였던 미국에서는 이러한 사고가 다시 발생하지 않도록 **'볼커룰'**이 제정되었다. '볼커룰'의 핵심내용은 상업은행과 투자은행의 분리, 은행의 자기자본거래 금지, 사모펀드 및 헤지펀드에 대한 투자를 자본금 3% 내로 제한, 금융기관 내 준법감시체제의 운영이다. 또한 바젤은행감독위원회에서는 바젤기준을 개정하여 은행에 요구되는 위험가중평균자산 대비 자기자본 비율(BIS 비율)을 10.5%까지 높였다. 비율의 질적 개선을 위해 보통주 자본금 및 기본 자본금의 비율이 높아지고 양적 개선을 위해 완충 자본금이 새로 도입되었다.

조기경보시스템(EWS)와 외화유동성커버리지비율(LCR)도 공부하시면 좋습니다~~

3) 한국에 미친 영향

우리나라는 첫째, 이러한 흐름에 발 맞추어 올 8월 IMF 권고를 받아들이기로 결정했다. 민관협동 프로젝트를 실시한 결과 금융감독원은 2016년부터 바젤3의 필라2, 3을 본격적으로 시행한다. 본래 우리나라는 지주회사 및 은행에 대한 일률적인 규제인 필라1 규제와 완화된 필라3만 적용되고 있었다. 하지만 이번 개정을 통해 개별 금융기관별 맞춤 감독 및 규제인 필라2, 경영상태 공시에 더하여 신용리스크, 신용위험관리, 자산 유동화에 대한 공시를 의무화한 필라3가 추가되어 글로벌 기준에 좀 더 부합하는 금융감독 체제를 갖추게 되었다. 이러한 규제 강화가 단기적으로는 GDP 감소에 영향을 줄 수 있지만 장기적으로는 금융안정을 높이고 금융시장의 발전의 토대가 될 것이다. 둘째, 2013년 자본시장법 개정을 통해 설립된 중앙청산소는 장외파생상품 거래의 투명성을 높여 주고 있다. 셋째, 2015년 하반기 D-SIB 선정을 통해 시스템리스크에 영향을 미칠 수 있는 거대금융기관에 대한 추가적 규제가 이루어질 것이다.

결론

1) 정부 대책

지금까지 글로벌 금융 규제 강화의 배경, 내용, 한국에 대한 영향을 살펴보았다. 우리나라는 외환위기 전까지 '관치금융'이라는 오명을 쓸 정도로 정치권의 금융기관 개입이 빈번했다. 현재에도 금융감독원은 비합리적인 규제를 철폐하기 위한 **혁신작업을 진행 중이다.** 따라서 한편으로는 글로벌 금융규제 강화 흐름에 부합하는 작업들을 진행함과 동시에 다른 쪽으로는 금융 규제 합리화를 실행 중이다. 따라서 정부는 '금융안정'과 '금융산업의 발전'에 대해 균형감각을 가질 필요가 있다. 경상수지가 아무리 흑자라도 자본수지의 관리를 제대로 할 수 없다면 국가 경제의 변동성이 심화될 수 있으므로 점점 치열해지는 국가간 환율전쟁 및 화폐전쟁에 대비하여 금융 산업의 경쟁력을 키워야 한다. 다만, **새로운 금융상품들이 정보 비대칭을 심화시켜 피해 당하는 소비자가 없도록 상시 모니터링하고 소비자 후생 증가를 최우선 과제로 삼아야 한다.** 또한 파생상품 등 그림자 금융 산업에 대해서도 중립적인 시각을 갖되, 자금 중개 기능이라는 금융의 본질을 해치지 않는 한에서 이루어지도록 감독해야 한다.

최근 금감원이 대규모 조직개편을 단행한다는 이야기가. 금융소비자 보호 관련 업무를 전담하는 "금융소비자보호처"를 신설. 강화하고 현재 은행 보험등 업권별로 나눠진 부서를 융합하는 방향이 유력하다고 합니다. 참조하세요

좋습니다.

2) 금융감독원 및 개별 금융기관

금융감독원 및 개별 금융기관은 첫째, 시스템 리스크를 인식하고 리스크 관리에 더욱 만전을 기해야 한다. 미국의 금리인상, 중국 증시폭락 등 대외 변수들의 변동성이 심화되고 있으므로 환리스크, 신용리스크 등을 관리하여 개별 금융기관의 위험이 시스템적으로 전이되지 않도록 금융안정에 더욱 관심을 기울여야 한다. 특히 개별 금

융기관들은 이러한 규제 준수가 단지 비용의 증가만이 아닌 미래 수익 창출의 밑바탕이 된다는 사실을 기억할 필요가 있다. 둘째, 현재 국제 금융 시장에서 벌어지고 있는 환율전쟁 및 화폐전쟁에 대비하여 금융산업의 경쟁력을 높여야 한다. 경상수지 흑자로 벌어들인 외화를 효과적이고 탄력적으로 운용하여 대외 변수의 변화에 대비하여야 한다.

'파도를 막을 수는 없지만 파도를 타는 법을 배울 수는 있다.'는 말이 있다. 미국, 중국, 일본 등 글로벌 경제 상황과 글로벌 금융규제 강화의 움직임은 우리나라 경제에 크고 작은 영향을 미치겠지만, 정부와 금융감독원 및 개별 금융기관들이 위에 논술한대로 선제적, 전략적으로 대응한다면 위기를 기회로, 기회를 더 큰 기회로 만들 수 있을 것이다.

주제 2

자본 확충 정착에 대해 논하라.

답안

서론

은행들이 자본금 확충에 절치부심하고 있다.

바젤 위원회에서 새롭게 내놓은 권고안인 바젤3의 실행에 대해 은행들의 관심이 집중되고 있다. 따라서 바젤3가 무엇이며 은행에 미치는 긍정적인 영향과 부적정인 영향에 대하여 논하여 보고자 한다.

본론

1. 용어의 정리

1-1. 바젤위원회

바젤위원회란 국제 결제은행의 산하 기관으로서 주요 선진국의 중앙은행 및 은행감독 당국의 대표들로 구성된 위원회이며 매년 3월 마다 국제 결제은행에서 회의를 가진다.

1-2. 자기자본

자기자본에는 보통주 자본금, 기본 자본금, 보관자본금이 있다. 보통주 자본금은 자기자본의 성격이고 보관자본금은 부채의 성격이 강하다. 기본 자본금은 그 중간성격이다. 보통주 자본금은 은행의 납입 자본금과 이익잉여금으로 구성되어 있고, 기본자본금은 신종자본증권으로 구성되어 있다. 보관자본금은 후순위 채권으로 구성되어있다.

1-3. BIS 자기자본비율

BIS자기자본 비율이란 자기자본에서 위험가중자산을 나눈 값이다. 위험 가중자산은 위험 정도에 따라 다른데 예를 들면 정부채권과 예금 담보대출은 0%, 기업대출은 100%처럼 위험에 따라 가중하여 계산한다.

차주별, 담보별, 대출과목별

2. 바젤3란?

바젤 위원회에서는 그동안 바젤1, 바젤2 의 권고안을 내렸고 바젤1은 BIS자기자본비율을 8%이상 만든다면, 그 은행을 **건전한 은행이라고 보았다.**

건전한 은행이라고 정의하였다.

바젤 2는 바젤1에 시장리스크를 추가한 협약으로 바젤 1이 신용도가 다른 기업에 대해 획일적으로 위험가중치를 적용하는 등의 문제점을 개선하기 위해 등장하게 되었다.

바젤 1,2의 실행하며 은행들이 자기자본을 보완자본금으로 자기자본을 계산해왔다.

다소 의미가 불명확합니다. 조금 더 구체적으로 설명해 주시길

하지만 보관 자본금은 부채의 성격이 강하기 때문에 바젤 위원회에서는 **자기자본의 질을 개선시키기 위해 바젤 3 규제안을 내놓게 되었다.**

사실 바젤2부터 이미 자기자본의 질을 개선시키기 위하여 자기자본을 분류하였고 바젤3에서는 좀 더 강화시켰습니다.

바젤3의 새로운 첫 번째 규제안은 8% 이상의 BIS 자기자본 비율을 세분화 시킨 것이다. 4.5% 이상은 보통주 자본금으로 계산하고 그 4.5%에 추가적인 1.5%는 보통주 자본금과 기본자금으로, 그것에 추가적인 2%이상은 나머지 보통주 자본금, 기본자본금, 보관자본금을 더하여 계산하도록 구체화 시켜 자기자본금의 질을 개선시켰다.

두 번째 규제안은 완충 자본금이라는 항목을 신설한 것이다. 경기

에 위기가 생기면 완충 시킬 수 있는 자본금을 쌓으라는 것인데, 완충 자본금은 보통주 자본금으로 쌓아야 한다.

첫 번째와 두 번째 규제안을 모두 보았을 때 결과적으로는 7% 이상의 보통주 자본금을 쌓아야 하고 BIS 자기자본 비율은 10.5%가 된 것이다. 바젤3의 시행기한은 2013년 12월 ~ 2019년 12월까지이다.

3. 바젤 3의 영향

3-1. 긍정적인 측면

요즘 경영위기를 겪은 기업들이 많아지고 있다. 예를 들면 STX, 동양증권처럼 이름만 들어도 알만한 대기업들의 채무불이행에 따라 은행들은 많은 대손충당금을 쌓아야 하고 그에 따른 순이익 감소로 재정 상황이 악화되고 있는 가운데 바젤3 의 규제에 따라 은행들이 외부충격을 흡수 할 수 있는 높은 질의 자기자본을 쌓는다면 자산 및 유동성 스트레스와 충격에 대한 회복력이 **강화 될 것이다.**

또한 경제위기상황시에도 완충 자본금의 확보로 본연의 자금 중개기능을 유지시킬 수 있습니다.

3-2. 부정적인 측면

BIS 자기자본을 높이는 방법은 자기자본을 놀리는 것도 있지만, 위험가중 자산을 줄이는 방법도 있다. 은행들이 위험가중 자산을 줄이기 위해 중소기업들의 대출을 줄이면 중소기업의 경영이 어려워 질 수 있다.

그리고 바젤3는 은행들이 정해진 규정에 따라서 BIS 자기자본 비율을 맞추지 못하면 부실은행으로 선정되는데 비록 바젤2의 규정에

못 미치지만 충분히 건전한 은행이 부실은행으로 선정될 경우 고객들의 신뢰도가 하락하여 뱅크런 사태를 불러와서 은행이 더욱 어려운 상황에 처할 수 있다.

결론

바젤3는 분명 긍정적인 측면, 부정적인 측면 모두 갖고 있다. 은행의 건전성을 위해 자기자본을 쌓는 것은 중요하다. 하지만 은행들이 BIS자기자본 비율을 맞추기 위해 위험가중 자산의 규모를 줄이려 할 것이고 중소기업을 중심으로 기업의 자금이 경색될 수 있다.

현재 우리나라의 경제성장률은 대기업에만 치중되어 있기 때문에 경제성장률을 더 높이기 위해서는 중소기업들의 수익이 높아져야 한다. 그런데 바젤 3 규제를 위해 위험 가중자산을 줄여서 중소기업대출을 줄인다면 당장은 은행의 건전성이 좋아져서 안정되겠지만 나라 전체의 발전은 더뎌지며 대외 경쟁력 역시 떨어지게 될 것이다.

주제 3

볼커룰의 장단점에 대하여 논하라.

서론

2015년 8월, 볼커룰(Volcker Rule)이 전 세계적으로 적용되었다. 볼커룰은 2008년 금융위기 이후 금융회사의 투기적 거래를 제한하기 위해 미국에서 제정한 '도드 - 프랭크법'의 핵심조항이다. 이는 자기자본이나 빌린 돈으로 고위험 투자를 못 하게 하는 것이 핵심이다. 미국뿐 아니라 미국에 지점이 있는 **세계의** 모든 금융회사에 동일하게 적용되기 때문에 미국에 점포를 가지고 있는 대부분의 국내 금융회사들도 볼커룰의 적용을 받는다. 이에 본고는 이러한 제도의 배경과 내용에 대하여 알아보고 국내 금융시장에 미치는 영향에 대하여 논하기로 한다.

금융기관들이 |

전세계 |

본론

1. 볼커룰의 배경과 내용

볼커룰은 미국 대형 금융회사의 도덕적 해이에 따른 시스템리스크 발생을 방지하기 위해 트레이딩계정거래(proprietary trading)와 헤지 · 사모펀드 투자 · 운용 등의 위험투자**가** 행위를 제한하는 금융규제이다.

삭제 |

볼커룰의 주요내용은 ① 은행의 자기매매금지 조항과 ② 외부 투자회사에 대한 투자한도제한 조항과 ③ 볼커룰 준법감시체제 운영

및 감독 당국앞 보고의무 조항이다. ①은 은행이 고유계정상의 이익극대화를 목적으로 자기자본을 투자자산으로 운용하는 거래행위(proprietary traidng)을 할 수 없도록 금지하고, 대고객 해지거래 또는 손실제한을 위한 시장조성자 거래행위(marker making)만 허용하고 있다. ②는 헤지펀드와 사모투자펀드 등 외부 투자회사에 대한 은행의 투자한도를 자기자본의 3% 이내로 제한하고 있다.

위 조항에 대하여 은행권은 볼커룰이 고객을 대신하여 유가증권을 매입 · 매도 · 보유할 수 있는 기능을 제한함으로써 금융시스템에 대한 유동성 공급능력을 크게 약화시킬 것이라고 주장했다. 이에 미국 감독당국은 ①자기매매의 국채매입 금지완화 조항과 ②외부 투자회사에 대한 투자한도 제한완화 조항을 포함한 최종안을 15년 7월 발효하였다.

2. 국내 금융시장에 미치는 영향

비미국은행의 비미국거래에 대한 예외조항으로 인하여 볼커룰은 국내은행에 극히 미미한 영향이 있을 것으로 이해되었다. 그러나 최종안은 '비미국거래' 해당 요건이 매우 까다롭게 책정되어서 국내은행이나 은행계 증권사의 트레이딩계정 거래 등에 제약을 받을 수 있게 되어, 국내 금융시장에도 상당한 수준의 효력을 발휘하게 되었다.

긍정적인 효과로는 국내은행의 위험자산 투자 억제가 있겠으나, 부정적인 영향으로는 은행의 자산운용 제약, 규제 강화로 인한 투자위축, 규제준수 비용 발생, 채권금리 상승 등으로 인한 금융시장의 장기적인 발전의 저해도 있다. 더욱이 볼커룰을 위반할 경우 해외에서 발행한 채권이나 대출을 조기에 상환해야 하는 등 처벌도 엄하다. 따라서 해외 진출을 꾀하는 국내 금융회사들이 가장 신경 써야 할 대목이 볼커룰이다.

결론

현재 국내은행은 볼커룰의 국내 적용에 효과적으로 대응할 수 있도록 공동 준비작업반(TFT)을 구성하여 대비하고 있으나, 적용 초기 단계로서는 해외 동향을 면밀히 지켜보아야 한다. 나아가 국내 적용에 효과적으로 대응하기 위해서, 정책당국은 **은행의** 은행의 위험투자 관련 공시를 강화하는 한편 중장기적으로 시스템리스크 관리 차원에서 우리 상황에 적절한 한국판 볼커룰의 도입도 검토할 필요가 있다.

삭제 |

chapter

29 은행 리스크 관리 (Risk management)

01 논제 개요 잡기 [핵심 요약]

서론	이슈언급	2021년 이후 시장금리 상승에 따른 은행의 수익성은 개선되고 있지만, 인플레이션 및 여신과다 상황이 부담스러운 것 또한 사실임. 따라서 금융기관들은 사후적 리스크 관리가 아니라 선제적이며 또한 상시적인 리스크 관리가 요구되는 상황임	
본론	1. 리스크 관리	1) 의미	① 리스크(Risk) ② 리스크 관리(RM. Risk management)
		2) 목적	
		3) 은행의 리스크 관리	* 자본 = 예측 불가능한 손실(UL. Unexpected loss)을 흡수하는 완충재 역할 → 리스크 관리 = 자기자본 관리
	2. 리스크 관리 방법론	1) 유동성 리스크 (Liquidity risk)	
		2) 시장 리스크 (Market risk)	

본론	2. 리스크 관리 방법론	3) 신용 리스크 (Credit risk)	
		4) 운영 리스크 (Operational risk)	
		5) 결제 리스크	
		6) 정책리스크	
		7) 사이버 리스크	
		8)기후변화 관련 금융리스크	
결론	의견제시	① 조기경보시스템의 구축 필요 ② 시나리오 별 적절한 경영계획 및 전략수립 필요 ③ 신용 리스크와 관련하여 선제적 채무재조정, 과다 채무자에 대한 관리체계정비, 한계기업 상시 구조조정을 제도화하여야 하며, 충당금 적립율을 점진적으로 상향하며 커버드 본드도 적극 활성화 할 필요가 있음	

02 논제 풀이

서론

이슈 언급

금융기관의 수익이 2017년 이후 증가세를 보였지만, 2019년 하반기부터는 코로나 19, 금리인하, 경기부진, 보호무역주의 팽배 등 다양한 위기상황에 직면했었다. 물론 2021년 이후 시장금리 상승에 따른 은행의 수익성은 개선되고 있지만, 인플레이션 및 여신과다 상황이 부담스러운 것 또한 사실이다. 따라서 금융기관들은 사후적 리스크 관리가 아니라 선제적이며 또한 상시적인 리스크 관리가 요구되는 상황이다. 이에, 은행의 리스크 관리와 방법, 그리고 리스크 관리와 관련한 은행의 방향성에 대하여 논하기로 한다.

본론

<table>
<tr><td rowspan="3">1. 리스크 관리</td><td>1) 의미</td><td>① 리스크(Risk) : (-∞ ~ ∞)미래의 결과가 예측보다 좋거나 나쁘거나 두 가지 가능성 모두를 포함한, 측정 가능한 변동 예상 값을 말한다.
② 리스크 관리(RM. Risk management)
가. 주어진 리스크 한도 내에서 리스크 대비 수익률을 극대화하기 위하여 포트폴리오를 최적화하는 의사결정이다.
나. 예견치와 실제치 사이의 갭을 최소화하도록 관리하는 것이다.</td></tr>
<tr><td>2) 목적</td><td>① 금융회사의 채무불이행 확률이 목표범위 내에서 있도록 하기 위하여 충분한 자기자본을 보유하도록 한다.
② 리스크 측정과 관리를 전사적으로 시행함으로써 상시적 감시를 통한 위기 대응방안을 마련하도록 한다.
③ 리스크 한도를 초과하지 않으면서 위험조정자본수익률(RAROC: Risk Adjusted Return On Capital)을 극대화한다.</td></tr>
<tr><td>3) 은행의 리스크 관리</td><td>* 자본 = 예측 불가능한 손실(UL. Unexpected loss)을 흡수하는 완충재 역할 → 리스크 관리 = 자기자본 관리
Cf. 바젤 1, 2, 3 모두 은행으로 하여금 신용, 시장, 운영 리스크에 대비하여 충분한 자기자본을 쌓도록 요구하고 있다.</td></tr>
<tr><td rowspan="3">2. 리스크 관리 방법론</td><td colspan="2">금융기관 리스크의 종류

재무리스크 (Financial Risk)
- ALM리스크: 금리리스크(IRR), 유동성리스크(Liquidity Risk)
- 시장리스크 (Market Risk) – 가격변동 리스크: 외환리스크(F/X Risk), 주식 및 채권 리스크, 부외거래리스크 (Derivatives)
- 신용리스크 (Credit Risk)

비재무리스크 (Non-Financial Risk)
- 운용리스크 (Operational Risk) – IT(정보보호)리스크
- 전사적리스크 (Enterprise Risk)
- 기타경영리스크: 평판리스크(Reputational Risk), 전략리스크(Stategic Risk), 법률리스크</td></tr>
<tr><td>1) 유동성 리스크 (Liquidity risk)</td><td>① 정의 : 자금 조달과 운영에 관련하여 기간의 불일치에 대한 위험을 관리한다.
② LCR 지표 : 1개월 간 금융기관의 유동성을 측정한다.
③ NSFR 지표 : 1년 간 금융기관의 유동성을 측정한다.</td></tr>
<tr><td>2) 시장 리스크 (Market risk)</td><td>① 정의 : 환율, 금리, 채권 등의 시장가격과 예상변화율이 기대했던 방향과 반대로 움직이는 경우 금융기관이나 투자자들이 손실을 입을 리스크를 말한다.
가. 개별관리법 : 리스크를 하나씩 확인하여 개별적으로 관리한다. 주로 거래부서(Trading Office)에서 관리한다.</td></tr>
</table>

	2) 시장 리스크 (Market risk)	나. 통합관리법 : 리스크를 통합하여 잘 분석하여 관리한다. 주로 중간부서(Middlie Office)에서 관리한다. ② VaR(Value at Risk) 가. 정상적인 시장에서 주어진 신뢰수준으로 목표기간 동안에 발생할 수 있는 최대손실금액을 산정한다. 나. VaR과 변동성은 합산 가능 : 일정기간 동안 어느 정도의 확률과 가격이 변화하는가를 측정하고 관리한다. 다. 다양한 위험자산을 통합하여 리스크를 측정하고 관리하는 시장 리스크의 대표적인 관리 방법이다. ③ 스트레스 테스트(Stress Test) 가. 경기침체 등 외부환경에 대한 금융회사들의 위기관리능력을 평가하는 프로그램이다. 나. 예외적이지만 발생할 수 있는 사건이 터졌을 때 금융시스템이 받게 되는 잠재적 손실을 측정하는 방법 → 이러한 상황발생 시 금융시스템의 안정성을 평가한다. 다. 만약 미달한다면 자본금확충, 완충장치 보완 등의 대응방안을 마련한다. 라. 시나리오 별 시뮬레이션 시스템
2. 리스크 관리 방법론	3) 신용 리스크 (Credit risk)	① 정의 : 거래상대방의 경영상태 악화, 신용도 하락 또는 채무 불이행 등으로 인해 손실이 발생할 리스크 → 대출이나 유가증권 등 은행의 자산관련 거래상대방의 신용등급하락이나 채무불이행, 평가손실 등에 따른 은행의 자산가치 하락가능성을 측정하여 은행이 견딜 수 있는 손실위험의 총량을 미리 설정한 후, 이 범위를 벗어나지 않도록 관리한다(자금중개 기능이 주 업무 중 하나인 은행의 경우, 개별 기업 신용 리스크의 관리가 중요). ② 개별기업 신용 리스크 관리 방법 가. 경영활동 심사 : 연혁, 주주현황, 경영능력, 지배구조, 관계사 현황 나. 원자재의 안정적 확보, 가격상승가능성, 수익성변동 가능성 다. 매출증감, 품목다각화, 경기변동에 대한 대응력 라. 현금성 자산 규모, 차입금규모, 매출채권부실화, 순 영업활동조달 현금 규모 마. 현장실사 바. 총 노출(Total Exposure) 관리
	4) 운영 리스크 (Operational risk)	① 정의 : 불충분하거나 부적절한 내부통제, 인적(직원들의 실수), 시스템 문제 등에 기인한 내부사건 또는 그 밖의 외부사건의 발생으로 인하여 초래되는 직 · 간접적인 손실을 말한다. → People, Process, System, External(자연재해, 외부범죄 등) ② 리스크 관리 방법 : 브랜드 관리, 글로벌 스탠다드, 준법감시인제도, 견제와 균형 등

2. 리스크 관리 방법론	5) 결제 리스크	① 결제 리스크는 예기치 못한 사정으로 인하여 결제가 예정대로 이루어지지 않을 가능성 또는 그로 인하여 야기되는 손실발생 가능성으로 정의할 수 있다. ② 이러한 결제 리스크는 발생 가능성이 낮더라도 실제 발생할 경우 큰 손실을 초래할 수 있다는 특성을 갖고 있다. ③ 지급결제 규모가 지속적으로 늘어나는 가운데 정보통신기술의 발달 등 지급결제 환경 변화와 글로벌 금융위기의 영향 등으로 결제 리스크에 대한 관심이 높아지고 있다. 특히 인터넷과 모바일을 이용한 다양한 지급서비스 제공은 지급결제제도의 효율성을 제고시키고 있으나 다른 한편으로는 결제 리스크의 증가에도 영향을 미치고 있다. ④ 결제 리스크는 거래시점과 청산 및 결제시점간의 차이, 청산 및 결제방식, 금융시장인프라 참가기관의 재무건전성 등 여러 요인에 의해 발생할 수 있다. 결제 리스크의 종류에는 신용 리스크, 유동성 리스크, 운영 리스크, 법률 리스크, 시스템 리스크 등이 있다
	6) 정책 리스크	국내 정책의 변경이나, 해외 국가의 법률변경으로 해당 금융기관이 입을 손실을 측정한다.
	7) 사이버 리스크	① 사이버 공격으로 인해 은행의 시스템 조작 · 삭제, 네트워크 및 서비스 붕괴, 개인 · 기업 정보 탈취 등의 피해를 예방하기 위한 리스크 관리 기법이다. ② 인터넷 뱅킹 보급 이후 사이버 리스크에 대한 인식은 증가하고 있으나, 금융산업의 IT 의존도가 증가하면서 사이버 공격 대상이 확대되고, 공격 수단도 저비용 · 다양화되는 등 금융업권 사이버 리스크는 더욱 증가했다. ③ 사이버 공격 유형은 시스템 조작 · 삭제, 네트워크 및 서비스 붕괴, 개인 · 기업 정보 탈취 등이 있다. 특히, 은행시스템에 대한 침투는 은행데이터 조작 및 삭제에 이용될 수 있어 가장 위험한 사이버 공격 유형으로 시스템을 장악 후 불법 송금 등으로 이익을 획득한다. 또, 은행 시스템이 처리할 수 없는 대규모 용량을 동반한 요청사항을 주입하여 은행 네트워크 및 서비스 시스템을 붕괴할 수 있으며, 침해 소프트웨어를 활용하여 은행으로부터 고객(개인 및 기업)의 정보를 사이버 상에서 탈취하는 유형도 있다. ④ 최근 사이버 리스크 특징으로 급격하고 빠른 진화, 익명성, 비용 및 발생가능성 예측 불가, 시스템 리스크化, 시장실패 가능성 등을 거론했다. ⑤ 국내의 경우 사이버 위험에 대한 선제적 대응을 위해 금융보안원을 설립하는 등 적극적인 조치를 수행하고 있으므로 향후 국제사회와의 소통을 통해 국내의 이런 노력을 알리고 금융시장 가치 제고 등에 힘쓰고 있다.

2. 리스크 관리 방법론

8) 기후변화 관련 금융 리스크

기후 리스크는 크게 전환 리스크(Transition Risk) 및 물리적 리스크(Physical Risk)로 구분 가능하며, 이는 금융회사의 신용 · 시장 · 운영 · 보험 리스크 등 다양한 금융리스크 형태로 나타날 수 있음.

[기후변화 관련 금융리스크 예시]

리스크 유형	물리적 리스크 요인(예시)	전환 리스크 요인(예시)
신용 리스크	• 이상기후로 인한 침수·화재 등 발생으로 담보자산의 가치 하락 등	• 고탄소 기업의 채무상환능력 저하로 인한 부도율(PD)·손실률(LGD) 상승 등
시장 리스크	• 잦은 기상이변 발생에 따른 국가 경제 기반 악화로 국채 · 주식 가격 하락 등	• 화석연료 생산기업이 발행한 주식 및 채권의 가치 급락 등
운영 리스크	• 극심한 기후현상으로 인한 본·지점 업무 중단 등 영업연속성에 영향	• 금융회사의 기후변화 대응 관련 고객 및 기타 이해관계자의 평판 훼손 등
보험 리스크	• 이상기후로 인한 물적피해 증가로 보험금이 준비금을 초과 등	• 고탄소 기업에 대한 주식 및 채권 투자 포트폴리오의 가격 조정 등

<출처: 한국은행·금감원 공동 보도자료>

결론

이상으로 은행의 리스크 관리에 대한 의의와 목적, 그리고 그 방법들에 대하여 검토하여 보았다. 수익채널의 다변화는 물론, 동시에 리스크 관리를 통한 시스템개선과 비용절감을 통한 수익 증대도 필요한 시점이다.

① 리스크 관리 모두와 관련하여 조기경보시스템의 구축 필요 : 리스크 발생 시 즉시 파악하고 적절한 대응을 인지하며 적절한 대응을 취할 수 있는 시스템이야말로 리스크 관리의 목적일 것이다.

② 시나리오 별 적절한 경영계획 및 전략수립이 필요하다.

③ 특히, 은행에서 비중이 가장 높은 신용 리스크와 관련하여 선제적 채무재조정, 과다 채무자에 대한 관리체계정비, 한계기업 상시 구조조정을 제도화하여야 하며, 충당금 적립율을 점진적으로 상향하며 커버드 본드도 적극 활성화 할 필요가 있다.

용어해설

1) **위험조정자본수익률**(RAROC) : 기존의 경영관리 목표였던 ROE, ROA에서 발전하여, 새로운 경영목표로 제시된 리스크와 수익을 동시에 고려하는 수익성지표를 말한다.
Cf. RAROC = RAR / Economic Capital(=Risk adjusted capital, 위험자본)
– RAR = 수익 – 비용 - '예상손실(EL)'
– Economic Capital = 신용 VaR + 시장 VaR + 운용 VaR + ALM VaR

2) **커버드본드**(Covered bond) : 담보부 사채와 같이 발행자에 대한 직접적인 권리와 담보자산에 대한 권리를 동시에 가진 채권을 말한다. 채권자는 이중보호를 받는다. 은행이 신용으로 발행한 일반채권이지만, 담보자산에서 우선적으로 변제 받을 수 있는 권리가 부여된 채권. 민간부문 대출과 모기지 등을 담보로 발행된 채권이라는 점에서 자산담보부채권(ABS)와 유사하지만 안정성이 높아 조달금리가 낮다.
Cf. 최근 정부에서 가계부채 해결책으로 검토 중이다.

커버드본드 활성화로 고정형 주담대 확대

<출처: 비즈와치(2024년 5월 27일)>

금융당국이 커버드본드 활성화를 위해 지급보증 서비스를 시작하고 재유동화 프로그램을 추진한다. 커버드본드를 발행 · 투자하는 금융기관에 유인책을 제공하고 발행 · 공시 업무도 전자공시시스템(DART)에 통합 구축할 계획이다. 은행권이 커버드본드를 장기자금조달 수단으로 활용하면 고정형 주택담보대출 공급을 늘리고 장기적으로 가계부채 질을 개선하겠다는 게 금융당국 전략이다. 금융위원회는 27일 한국주택금융공사(주금공)와 5대 시중은행(KB국민 · 신한 · 하나 · 우리 · NH농협은행)이 참여하는 '민간 장기모기지 활성화를 위한 커버드본드 지급보증 업무협약식'을 가졌다. 이번 업무협약으로 주금공의 커버드본드 지급보증 서비스는 이날부터 시작된다.

주금공의 지급보증 서비스는 지난해 5월 발표한 '고정금리 대출 확대방안' 후속조치다. 지난 4월 금융위에서 주금공 지급보증 서비스를 혁신금융서비스로 지정하면서 서비스 출시가 가능해졌다. 금융위는 시중은행의 고정형 주담대 공급 확대를 위해 주금공 역할 변화를 추진했다. 주금공은 그 동안 장기 고정형 주담대 구조의 정책모기지 상품을 공급하는데 주력했는데 앞으로는 시중은행의 자금조달을 지원하는 역할을 맡는다. 우선 일정 요건의 주담대를 기초자산으로 발행한 커버드본드에 대한 주금공 지급보증으로 신용을 보강한다. 이를 통해 조달금리 인하 효과가 나타날 것이란 기대다. 가령 AAA등급 은행이 발행한 커버드본드를 주금공이 지급보증하면 동일 만기 은행채에 비해 0.05~0.21%포인트 정도 발행금리가 인하될 수 있다는 분석(발행수수료 제외)이다. 낮아진 조달금리를 은행이 장기 · 고정금리 상품 금리에 녹여내면 소비자에 낮은 금리로 장기 상품을 제공할 수 있다는 게 금융당국 설명이다. 은행이 주담대를 기초로 발행한 만기 10년 커버드본드 등을 주금공이 매입하고 자기신탁을 통해 유동화증권을 발행하는 재유동화 프로

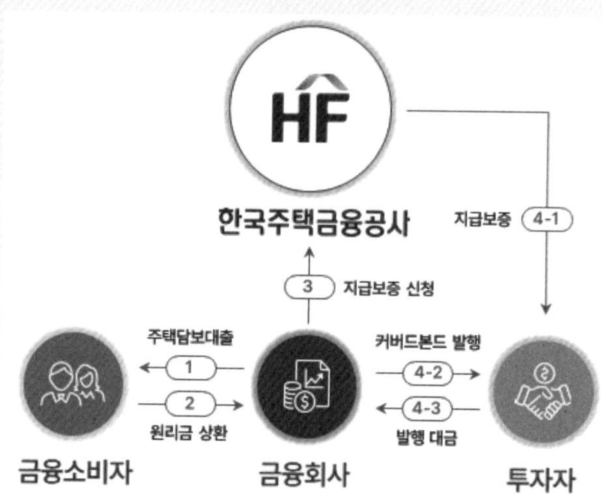

그래도 추진한다. 주금공이 커버드본드를 매입해 일정 수준 이상의 시장 수요를 확보하고 필요한 자금은 유동화증권으로 조달하는 내용이다. 현재 시장에서 소화가 어려운 장기 커버드본드를 주금공이 직접 매입해 은행은 장기 커버드본드 발행 · 매각이 쉽고, 이를 통해 조달된 장기자금을 정책모기지로 제공이 어려운 시세 6억 원 이상 주택에 대한 장기 · 고정금리 주담대로 공급하는데 활용할 수 있을 것으로 금융당국은 예상하고 있다.

발행·투자 인센티브… 인프라 구축

커버드본드를 발행하고 이에 투자하는 금융사에 대한 인센티브 제공으로 시장을 활성화한다는 전략도 진행한다. 우선 커버드본드 발행 잔액을 원화예수금 인정 한도에 추가 부여하는 방안을 추진하고 있다. 현재 은행은 원화 예대율(예금 대비 대출 비율) 산정 시 만기 5년 이상 커버드본드 잔액을 원화예수금의 최대 1%까지 포함할 수 있다. 여기에 만기 10년 이상 커버드본드 잔액에 대해 별도의 1% 인정한도를 추가 부여하는 내용이다. 가령 원화예수금 270조 원인 은행이 기존 커버드본드 잔액 2조 5,000억 원(약 0.93%)을 보유한 가운데 5,000억 원 규모(약 0.19%)의 10년물 커버드본드를 발행하면 전액을 원

화예수금으로 인정받을 수 있다. 은행은 원화 예대율을 100% 이하로 유지해야 하는데 커버드본드 잔액을 원화예수금으로 인정받으면 대출 여력이 늘어나는 효과를 본다. 금융위는 커버드본드 발행과 가계부채 추이 등을 보면서 필요 시 인정한도를 추가 확대하는 방안을 검토한다는 방침이다. 투자자 유인을 위해 커버드본드를 한국은행 적격담보로 편입하는 방안도 추진한다. 현재 커버드본드는 한은 대출 및 차액결제이행용 담보증권(적격담보)으로 활용할 수 없어 산업은행채나 수출입은행채 등 대체자산에 비해 불리한 요건이었다. 이를 이중상환채권법에 따라 커버드본드를 한은 적격담보로 편입하는 방안을 한은과 협의한다는 계획이다.

보험사와 은행이 주금공 보증 커버드본드에 투자할 경우 신용위험액은 '0'으로 명확화한다. 보험사의 경우 자산 · 부채간 만기 매칭과 함께 국공채와 특수채 대비 수익성을 높일 수 있다는 평가다. 은행의 유동성커버리지(LCR) 규제에서 새로 발행되는 주금공 지급보증 커버드본드와 재유동화증권에 대한 고유동성자산 인정기준을 마련해 커버드본드에 대한 LCR 적용기준을 명확히 한다. 커버드본드 시가평가기준수익률 정보를 공시해 투자정보 접근성을 확대한다. 커버드본드 발행 · 공시 인프라 구축을 위해선 금융기관이 커버드본드 등록신청과 공시 등을 전자적으로 통합관리하 수 있도록 전자공시시스템을 올 4분기까지 개선하기로 했다.

김소영 금융위 부위원장은 "장기 · 고정금리 상품 확대는 지속적으로 추진해야 할 정책 방향으로 커버드본드는 자체로 안정성이 높고 충분한 수요 확보와 추가적인 신용보강으로 발행 금리를 상당히 낮출 수 있다"며 "금리 인하기에도 소비자에게 변동금리 대비 경쟁력 있는 금리의 고정금리 상품을 제공할 수 있다는 점에서 시의성이 크다"고 강조했다.

chapter 30 금융의 공공성

01 논제 개요 잡기 [핵심 요약]

서론	이슈 언급		금융은 기본적으로 상업성에 기반을 두지만 공공성도 분명 내재되어 있음 하지만, 최근 금융의 공공성을 단순히 사회적 기능으로서의 금융, 즉 포용적 금융으로서의 공공적 기능에만 매몰되어, 금융의 공공성을 단편적으로 접근하는 경향이 증폭되어 있음을 보게 됨. 이는 금융의 공공성 중 일부분만 이해하고 있는 셈임 금융중개기관과 투자자 사이에서 금융의 중개기능과 금융상품의 완전판매가 제대로만 이루어지면, 제한된 자금은 가장 수익성 높은 부문으로 효율적으로 투자되게 됨. 이는 곧 경제전체의 생산성을 높이고 투자를 활성화함으로써 양질의 일자리 창출에도 기여하고, 금융부실을 예방해 불필요한 공적 자금 등 국민세금을 투입하는 일이 없게 만듦. 이것이 금융의 공공성이며 금융공공성의 달성을 의미함. 즉 금융은 제 기능을 제대로만 수행하면 공공성은 자연히 달성되는 것임
본론	1. 금융의 공공성	1) 내재된 금융의 공공성	
		2) 금융이 해야 할 최소한의 공공성	① 금융의 공공성은 모든 금융기관들이 여타 산업보다도 강한 규제를 잘 준수함으로써 미래에 발생할 수 있는 공적자금 투입의 가능성을 최대한 줄이는 일임 ② 금융의 공공성은 시장이 불안정해지거나 위기가 발생할 때 더 중요해짐

본론	1. 금융의 공공성	2) 금융이 해야 할 최소한의 공공성	③ 금융의 공공성은 금융기관 스스로 효율화를 위한 노력을 지속함으로써 더 낮은 가격에 더 많은 양질의 금융자원을 금융수요자에게 공급할 수 있는 태세를 갖추는 일임④ 금융의 공공성은 금융이 국가 경제 발전의 한 축으로서 자금중개기능을 원활하게 하여 장래성 있는 기업이 더욱 발전할 수 있도록 도와주는 일임
		3) 감독기관의 역할	
결론	의견제시	정부는 첫째, 평상시에 정부가 재정을 가지고 해야 할 일을 공공성이라는 미명하에 금융기관에 떠넘겨서는 안 됨 둘째, 많은 경우 비정상적인 시기에 취해진 감독기관의 시장개입이 시장이 정상화된 이후에도 계속되는 일이 간혹 있음. 향후 정부의 시장개입에는 일몰조항을 두는 등 조건을 부가하고, 정기적으로 사후점검이 이루어지도록 하는 것이 바람직함	

02 논제 풀이

서론

이슈 언급 2022년 금리인상이 가시화되면서 금리 정상화가 본격화될 것으로 보인다. 물론, 코로나19 충격에서 벗어나 경제가 정상화되는 것은 바람직한 일이다. 하지만 금리 상승기에는 대출금리 양극화라는 문제의 폐해가 더욱 심각해진다는 점은 우려되는 대목이다. 이전보다 훨씬 높은 고리 대출에서는 상환 부담 가중으로 인한 파산과 여신부실이라는 심각한 문제가 잉태된다. 이를 오롯이 시장 자율의 결과라고 치부해 버리는 무책임은 물론 공공적 성격을 지닌 금융산업이나 기관의 올바른 자세만은 아니다. 그렇다고, 이를 금융기관의 도덕적 해이로 치부하고, 금융의 자율적 시장결정 기능을 제한하는 것 또한 결과적으로 금융의 공공성을 저해시키는 단초가 될 수 있다.

금융은 기본적으로 상업성에 기반을 두지만 공공성도 분명 내재되어 있다. 민간금융기관은 시장원리에 의거하여 이윤을 추구한다는 점에서 기본적으로 상업성에 기반을 두고 있다. 하지만, 금융이 한 국가의 경제 핏줄로서 그 기능을 멈추면, 국가 경제도 함께 멈춘다는 측면에서 공공성 또한 무시할 수가 없다. 금융거래 관계와 질서가 무너지게 되면 경제전체가 심각한 타격을 받기 때문이다. 이와 같은 상황이 발생하면 안 된다는 차원에서 금융은 공공성적 특성을 갖는 것이다. 예금자보호제도나 한국은행의 최종대부자 기능과 같은 제도적 장치가 곳곳에 있거나, 금융에 대한 규제와 감독이

타 산업보다 강한 이유도 금융의 공공성 때문이다.

하지만, 최근 금융의 공공성을 단순히 사회적 기능으로서의 금융, 즉 포용적 금융으로서의 공공적 기능에만 매몰되어, 금융의 공공성을 단편적으로 접근하는 경향이 증폭되어 있음을 보게 된다. 이는 금융의 공공성 중 일부분만 이해하고 있는 셈이다.

금융의 본질은 자금을 잉여부문에서 수요부문으로 가장 효율적이고 수익성 높게 중개하는 것이다. 제한된 금융자원을 수익성이 높은 부문으로 가능한 한 거래비용이 적게 효율적으로 중개함으로써, 경제전체의 생산성을 높이고 투자를 활성화하고 양질의 일자리를 만드는 데 기여한다.

하지만 이런 과정에서 금융상품을 파는 회사와 투자자 간에는 정보비대칭성이 존재하게 된다. 즉, 금융중개기관의 경우에는 금융중개기관이 정보를 잘 알지 못하고, 금융시장의 경우에는 금융상품 투자자들이 정보를 잘 알지 못하는 정보비대칭성이 발생하는 것이다. 이러한 정보비대칭 문제를 금융중개기관과 투자자들의 철저한 사전심사와 사후 모니터링으로 부실을 방지하고, 정보 격차를 해소함으로, 금융중개기관과 투자자 사이에서 금융의 중개기능과 금융상품의 완전판매가 제대로만 이루어지면, 제한된 자금은 가장 수익성 높은 부문으로 효율적으로 투자되게 된다. 이는 곧 경제전체의 생산성을 높이고 투자를 활성화함으로써 양질의 일자리 창출에도 기여하고, 금융부실을 예방해 불필요한 공적 자금 등 국민세금을 투입하는 일이 없게 만든다. 이것이 금융의 공공성이며 금융공공성의 달성을 의미한다. 즉 금융은 제 기능을 제대로만 수행하면 공공성은 자연히 달성되는 것이다.

금융의 공공성을 잘못 이해해서 금융회사는 취약계층이나 전략적 육성부문 등 정부가 정해주는 부문이나 회사에 자금을 배분하면 된다거나, 금리나 수수료 결정에 개입하게 되면 오히려 제한된 자금이 수익성이 높은 부문에 투자되지 못하여, 경제성장이 저해되고 양질의 일자리 창출이 안되거나 금융회사들의 수익성이 악화되고, 부실화되어 종국에는 국민세금이 투입되는 결과를 초래하게 된다. 실상 취약계층이나 전략적 육성부문은 재정이 담당해야 할 몫이다. 따라서, 금융기관은 기본적으로 상업성을 추구하되, 최소한의 공공성도 함께 유지해야 하는 것이 바람직한 금융의 모습일 것이다.

<건국대 오정근 특임교수>

이에 본지에서는 금융이 유지해야 할 최소한의 공공성이 무엇인지에 대하여 알아보고 바람직한 정책적 방향성에 대하여 논하기로 한다.

1. 금융의 공공성

<출처 : 한국금융연구원 보고서 금융혁신 8대 과제>

1) 내재된 금융의 공공성

금융시장이나 금융기관에서 수시로 사고가 발생하여 시장 참여자들 상호 간에 신뢰가 무너진다면 금융시장은 작동하지 않고 경제의 순환도 어려워지게 된다. 특히 경제 위기 시에는 부실금융기관에 공적자금을 지원하는 등 금융시장의 붕괴를 막기 위해 국민 세금도 금융산업에 과감히 투입된다. 결국 금융안정성을 확보하기 위해 정부가 다양한 조치를 취하게 되고 여기에는 국민의 세금이 수반되므로 금융에 공공성이 내재되는 것이다.

1. 금융의 공공성 <출처 : 한국금융 연구원 보고서 금융혁신 8대 과제>	2) 금융이 해야 할 최소한의 공공성	① 금융의 공공성은 모든 금융기관들이 여타 산업보다도 강한 규제를 잘 준수함으로써 미래에 발생할 수 있는 공적자금 투입의 가능성을 최대한 줄이는 일이다. 가. 즉 금융기관의 건전성과 유동성 및 안정성을 유지함으로써 미래에 발생할 수 있는 국민세금 의존도를 최소화하는 동시에 금융시장의 신뢰를 유지하는 일인 것이다. 나. 따라서 금융기관들은 관련 금융규제를 잘 준수함으로써 평상 시에 금융감독과 관련된 지적사항이 나오지 않도록 해야 한다. 다. 주어진 법적 테두리 안에서 최소한의 규정을 평소에 잘 준수함으로써 국민세금에 의존할 확률과 신뢰하락을 줄이는 일이 금융기관의 가장 중요한 공공성의 달성이다. ② 금융의 공공성은 시장이 불안정해지거나 위기가 발생할 때 더 중요해진다. 가. 시장이 정상적으로 작동하는 시기에는 금융기관은 관련 법규를 잘 준수하여 미래에 국민세금 부담을 덜어주면 된다, 하지만 비상시기에는 시장기능이 작동하지 않기 때문에 비상조치들이 취해진다. 이 경우에 금융기관은 시장기능에 의해 자발적으로 움직이기보다도 비상 시에 요구되는 대책의 한 부분으로 참가할 가능성이 커진다. 즉, 시장참여자 간 신뢰가 보장되지 못하는 경우에 정책적 개입과 비상조치가 불가피한 것이다. 나. 금융기관의 자율성은 축소되고 정책적 개입의 범위가 넓어질 수밖에 없는 상황이 된다. 금융기관은 시장기능에서 벗어나서 정책적 목표 달성의 수단으로 활용될 가능성이 커진다. ③ 금융의 공공성은 금융기관 스스로 효율화를 위한 노력을 지속함으로써 더 낮은 가격에 더 많은 양질의 금융자원을 금융수요자에게 공급할 수 있는 태세를 갖추는 일이다. 가. 금융기관에 문제가 발생했을 때 이를 해소하기 위한 재원은 결국 국민의 호주머니인 세금에서 나온다. 금융소비자인 국민의 복지향상을 위해 평소에 최대한 노력하는 모습을 보여야 하는 것이다. 나. 금융소비자인 국민의 복지향상을 위해 평소에 최대한 노력하는 모습을 보여야 하는 것이다. 금융소비자에게 더 낮은 가격에 더 많은 양질의 금융서비스를 공급하는 것이 금융의 사회적 복지 극대화이다. 다. 이 과정에서 금융기관이 교섭력 우위를 통해 소비자 잉여를 가져가려 한다거나 약탈적 대출 등의 도덕적 해이를 시도해서는 안 된다. 금융기관은 금융소비자 보호에 보다 많은 관심을 가지고 끊임없는 서비스 혁신과 비용절감을 통해 소비자 잉여가 극대화 되도록 노력해야 한다.

1. 금융의 공공성 <출처 : 한국금융 연구원 보고서 금융혁신 8대 과제>	2) 금융이 해야 할 최소한의 공공성	라. 즉, 금융소비자의 잉여를 금융기관의 이익으로 전환하려 할 것이 아니라, 금융소비자의 잉여 극대화를 위해 금융기관이 노력함으로써 장기적인 관계 속에서 서로가 윈-윈 할 수 있는 구조를 구축하는 것이 진정한 공공성의 실현인 동시에 사회적 공헌인 것이다. ④ 금융의 공공성은 금융이 국가 경제 발전의 한 축으로서 자금중개기능을 원활하게 하여 장래성 있는 기업이 더욱 발전할 수 있도록 도와주는 일이다. 가. 금융의 핵심은 자금중개 기능이다. 금융중개 기능을 원활히 수행한다는 것은 세금납부자인 금융소비자들이 필요로 하는 자금을 적기에 공급하여 이들의 금융제약조건을 해소시켜 줌으로써 경제발전에 이바지하는 일이다. 나. 특히, 신용평가가 쉽지 않은 혁신 및 벤처기업과 중소기업에 대한 자금공급이 원활히 될 수 있도록 금융기관이 내부시스템을 잘 갖추는 일이 중요하다. 이들 혁신기업에 대한 자금중개기능을 정책금융에만 의존할 수는 없다. 다. 향후 미래경제의 초석이지만 지금의 자금중개의 사각지대에 있는 혁신기업의 애로를 금융기관 스스로 해소하려고 노력하는 일이 또 다른 공공성의 실현인 동시에 진정한 의미의 사회공헌이다.
	3) 감독기관의 역할	① 감독기관은 금융산업과 시장에서 발생할 수 있는 비정상적인 행위를 사전에 최대한 방지하고, 만약 발생한다면 신속히 해소하도록 함으로써 시장의 안정을 도모하는 것이 기본 책무이다. ② 더욱이 금융기관의 효율성을 높이기 위해 규제를 탄력적으로 적용하면서 관련된 자문서비스를 제공하는 일도 중요하다. ③ 때에 따라서는 금융기관이 제공하는 금융서비스의 가격과 공급에 대해 가이드라인을 설정할 수도 있겠지만, 이는 정상적인 경제상황에서 일어날 수 있는 일이 아니다. 경제가 비정상적으로 불안해지거나 위기상황일 경우에 일몰조항을 두고 잠정 사용함으로써 감독기관의 시장 개입의 범위와 빈도를 최소화해야 한다.

결론

의견 제시 금융산업은 고부가가치산업으로 청년들이 가고 싶어 하는 양질의 일자리를 제공하는 산업이다. 정부가 건전성 유지 목적 이외 불필요한 개입을 줄이고 금융중개기관들도 사전심사와 사후모니터링을 제대로 하도록 역량배양에 노력하고, 금융상품을 판매하는 회사들도 불완전판매가 없도록 노력하면 금융이 제 기능을 수행하고 양질의 일자리를 제공하면서 금융 본연의 기능과 더불어 국민경제에 기여하는 공공성을 달성하게 될 것이다.

금융산업은 고부가가치산업으로 청년들이 가고 싶어 하는 양질의 일자리를 제공하는 산업이다. 정부가 건전성 유지 목적 이외 불필요한 개입을 줄이고 금융중개기관들도 사전심사와 사후모니터링을 제대로 하도록 역량배양에 노력하고, 금융상품을 판매하는 회사들도 불완전판매가 없도록 노력하면 금융이 제 기능을 수행하고 양질의 일자리를 제공하면서 금융 본연의 기능과 더불어 국민경제에 기여하는 공공성을 달성하게 될 것이다.

이를 위해 정부는

첫째, 평상 시에 정부가 재정을 가지고 해야 할 일을 공공성이라는 미명하에 금융기관에 떠넘겨서는 안 된다. 정부의 시장개입은 금융불안, 경제위기 등 비정상적인 상황에서 시장실패의 보정에 한정되어야 한다.

둘째, 많은 경우 비정상적인 시기에 취해진 감독기관의 시장개입이 시장이 정상화된 이후에도 계속되는 일이 간혹 있다. 향후 정부의 시장개입에는 일몰조항을 두는 등 조건을 부가하고, 정기적으로 사후점검이 이루어지도록 하는 것이 바람직하다.

<출처 : 한국금융연구원 보고서 금융혁신 8대 과제>

03 논술사례

주제 1

금융의 내재된 공공성을 정의하고, 공공성 유지에 대한 견해를 밝힌 후 각 기관의 바람직한 역할에 대해 논하라.

최근 윤석열 대통령은 금융위 신년 업무보고에서 은행의 공공성을 강조했다. 금리인상에 따른 은행의 과도한 이자장사에 대한 비판으로 해석되어진다.

서론

최근 윤석열 대통령의 금융위원회 신년 업무보고 발언에 따라, 은행의 공공성이 강조되고 있다. 이에 따라 금융당국은 지배구조를 비롯해 금리수준, 사회공헌활동 비용 등 은행권을 향한 전방위적 **개입 강화를 추진하고 있다.**

은행의

개혁을 추진하겠다고 밝혔다.

하지만 금융의 공공성을 단순히 사회적 기능으로서의 금융, 즉 포용적 금융으로서의 공공적 기능으로만 **해석하게 된다면** 오히려 금융기관의 본질적 기능이 저해되어 **경제성장에** 악영향을 끼칠 가능성이 있다. 이에 본고는 금융의 내재된 공공성을 **정의하고**, 공공성 유지에 대한 견해를 밝힌 후 각 **기관의 바람직한 역할에** 대해 논하고자 한다.

문제는 이러한

해석한다면,

금융시장에

살펴보고

기관별 나아가야할 방향에

본론

내재된 금융의 공공성

1. 금융의 공공성에 대한 정의

금융에 내재되어 있는 공공성은 크게 세 가지로 정의할 수 있다.

할당

효율

첫째, **효과**적인 자본의 **분배** 기능이다. 금융기관은 자본을 효율적으로 운영하여 가장 수익성 높은 부문으로 **투자하고**, 이는 경제전체

투자하게 된다.

의 **생산성과 투자 활성화로** 이어진다. 즉 금융기관의 **자율성을 확보하는 것은** 경제성장에 기여한다는 점에서 **공공성과도 연관되어 있다.**

둘째, 공적자금 투입의 최소화 역할이다. 금융기관에 규제가 존재하는 이유는 **그만큼 금융기관의 건전성 유무가 경제에 큰 파급력을 미치므로, 안정성 및 신뢰를 유지하는 것이 중요하기 때문이다.** 따라서 금융기관이 관련 금융규제를 잘 준수하여 국민세금에 의존할 확률을 줄이는 **것이 금융의 공공성이라고 할 수 있다.**

셋째, 금융소비자인 국민의 복지향상 기능이다. 경기가 **어려워질** 경우, **시장기능이 작동하지 않으며** 정책적 개입**이 넓어짐으로** 인해 금융기관은 자율성을 잃게 된다. 만약 정책적 개입이 금융기관의 **문제로 이어진다면,** 이를 해소하기 위한 재원은 결국 국민에게서 나오게 된다. 따라서 금융기관은 금융소비자인 국민에게 보다 많은 관심을 가지고, **더 낮은 가격에** 더 많은 양질의 금융서비스를 공급하여 금융의 사회적 복지를 극대화해야 할 필요가 있다.

생산성 증가와 일자리 창출로

본연의 자금중개기능은
그 자체로

공공재로 역할을 한다

다양한

금융기관의 건전성은 안정적
경제성장에

직결되므로

효율적인 자금중개는 공적자금
투입을 최소화한다.

건전성을 확보하는 것이

것이므로 이 또한 내재된 공공
성을 달성한다.

침체될

늘어남으로

은

잘못된

부실로 이어진다면

첫째의 효율성과 다소 배치되는 개념이긴 합니다. 오히려 3번째 이야기는 안 하셔도 될 것 같습니다. 오히려 투자자나 예금자들의 자금을 선관주의에 의해 신의성실로 운영한다는 것을 강조하면 좋을 것입니다.

2. 금융의 공공성 유지에 대한 견해

최근 금융의 **공공성에 대한 논의가 이어졌던 주된** 이유는 고금리 현상으로 인한 예대마진 증가 때문이라고 볼 수 있다. 대외적 금융 불확실에도 불구하고, 은행이 과점 체제를 **이용**해 이익을 누리는 현상을 금융기관의 도덕적 해이라고 **해석한 것이다.**

그러나, **정부와 같은 외부주체의 개입이** 금융의 공공성 극대화라는 명목으로 섣불리 정당화되어서는 안 될 것이다. **금융기관이 제대로 된 대책 없이** 취약계층이나 전략적 육성부문 등 정부가 정해주는 부문, **회사**에 **자금을 배분하거나,** 금리나 수수료 결정에 **영향을 받게** 된다면 오히려 금융회사들의 **건전성이 악화될 것이다.** 이는 종국에

공공성이 논란이 되었던

은행의

악

과도한

간주한 것이다.

삭제

일례로

정부 등 외부주체의 개입이

기업

자금 할당을 강요하거나

개입하게

건전성에 악영향을 끼칠 가능성이 높게 된다. (예측에서 단언적 표현은 좋지 않습니다.)

국민인 금융소비자
시그니처 뱅크 (크레딧 스위스는 파산하진 않았습니다.)
안전자산인 국채투자마저도 고금리로 인해
사실
삭제
금융시장 전반에
다소 앞의 문장들과 인과관계가 약합니다.
금융시장 전반에

는 금융기관 회생을 위해 국민세금이 투입되는 결과를 초래하므로, **금융소비자**의 복지향상이라는 공공성의 본질을 해치게 된다.

2023년 3월에 발생한 SVB, **Credit Suisse** 등 연이은 은행의 파산은 **고금리가 오히려** 은행의 부실화를 초래할 수 있다는 **가능성**과, 금융기관의 **채권발행으로 인한** 충분한 보통주자본금(CET1) 미확보가 **경제에** 미치는 악영향을 동시에 보여주었다. 따라서, 금융기관은 기본적으로 효율적 경영을 위해 상업성을 추구하되, **최소한의 공공성도 유지하여 스스로 도덕적 해이에 빠지는 것을 경계해야 할 것이다.**

결론

비상상황일수록
중요한 보루 역할을 하기 때문이다.
추후

금융의 공공성 유지를 위한 각 기관의 역할

금융의 공공성은 시장이 불안정해지거나 위기가 발생할 때 더 중요해진다. **비상시기가 되었을 경우** 금융기관은 경제위기를 극복하기 위한 **대책의 한 부분으로 여겨지기 때문이다.**

따라서, **이 경우** 금융기관과 감독기관이 해야 할 역할은 다음과 같다.

효율적 자금할당을 (정보 비대칭성 문제도 언급하시면 좋습니다)
역량을 갖추어야 한다.
수

금융기관은,

첫째, 금융기관 스스로 **효율화를** 위한 노력을 지속함으로써 더 많은 양질의 금융자원을 금융수요자에게 공급할 수 있는 **태세를 갖추어야 할 것이다.** 이 과정에서 금융기관이 교섭력 우위를 통해 소비자잉여를 가져가려 하거나 약탈적 대출 등 도덕적 해이를 시도해서는 안 되며, 금융소비자의 잉여를 극대화하도록 노력해야 할 것이다. 금융소비자의 잉여 극대화를 위한 노력은 장기적인 관계 속에서 금융기관의 **이**익으로 변환되므로, 진정한 공공성 실현이자 사회적 공헌의 역할을 한다.

둘째, 국가 경제발전의 한 축으로**서 장래성을** 고려한 자금중개기능을 원활하게 해야 할 것이다. 혁신 및 벤처기업은 신용평가가 쉽지 않으므로, 금융기관이 스스로 이들을 평가할 만한 내부시스템을 갖추어 효율적인 **투자를** 하는 것이 중요하다. 또한 단기적 자금공급에 집중하기보다는, 산업계 및 정부기관과 힘을 합해 장기적인 미래산업 육성의 로드맵을 그리는 것이 중요하다. 2016년 설립된 한국성장금융은 민관 금융기관의 공동 출자를 통해 조성된 신사업 투자자금의 모범적 사례로**서**, 출자금을 전문 운용사**에서** 벤처기업에 투자할 수 있게 하는 간접펀드 방식을 도입하여 평가의 전문성과 투자의 효율성을 동시에 확보하고 있다.

| 성장성을
| 성장성을
| 의사결정을
| 예를 들면
| 를 통해
| 써

감독기관은,

첫째, 금융사업과 시장에서 발생할 수 있는 **비정상적인** 행위를 사전에 방지하고, 만약 발생한다면 신속히 해소하도록 해야 할 것이다. 위기에 대응하기 위해 **개입이 일시적으로** 필요할 수 있지만, **일몰조항을 두어** 유연성을 확보할 필요가 있다. 필요시에는 금융기관에게 자문서비스를 제공하는 등 금융기관을 규제대상이 아닌 경제파트너로서 대우해야 할 것이다.

둘째, 금융소비자의 장기적 편익을 고려해야 할 것이다. 취약계층 지원이나 한계기업 지원은 금융기관의 수익성에 타격을 입히므로, 정부의 재정정책으로 **우선 지원이 가능하다. 또한 금융기관이 경쟁력을 갖추고 국가경제에 기여할 수 있게 EXIT Market 활성화** 등 컨트롤타워 역할을 극대화해야 할 것이다.

| 한편 감독기관은
| 애매한 표현입니다. 명확하게 써주세요
| 일시적 개입이
| 그런 경우 항상
| 과도한
| 리스크가 큰 경우
| 리스크가 큰 경우
| 이 부분은 감독기관이 하는 것이 아닌 것으로 보입니다.

chapter 31 정책금융의 방향

01 논제 개요 잡기 [핵심 요약]

<table>
<tr><td>서론</td><td>이슈언급</td><td colspan="2">정책금융이란, 정책적으로 정부가 특정 산업과 업종 등에 선별적으로 지원하는 금융을 총칭하는 말임
우리나라 정책금융의 경우, 경제가 선진형으로 발전하게 되면서 민간시장의 규모가 커지게 됨에 따라, 금융 부문에서 차지하는 정책금융의 역할과 비중은 상대적으로 줄어든다는 현실적인 문제가 제기되고 있음. 선진형 경제는 기술 선도형 경제이기 때문에 개발경제시대의 정책금융 지원방식으로는 더 이상 정책금융의 유효성을 확보하기가 힘듦. 예를 들면, 과거 개발경제시대에 설비자금지원과 같이 대규모의 양적 지원 위주로 정책금융의 효율성이 평가되어서는 안 되고, 이제는 기술혁신, 서민금융, 녹색산업 지원 등 리스크가 크지만 시장기능으로 해소하지 못하여 시장실패로 남아 있는 부문에 집중해야 함</td></tr>
<tr><td rowspan="2">본론</td><td rowspan="2">1. 정책금융의 방향</td><td>1) 정책금융의 양적 성장과 질적 보완</td><td>① 정책금융의 재검토
② 정책금융의 지원용도와 상대적 규모를 시대 상황에 맞게 변화해야 함
③ 정책금융기관의 시스템 효율화</td></tr>
<tr><td>2) 재정과의 역할분담</td><td>상업금융은 원리금 회수가 가능한 경우에, 정책금융은 원리금 회수가 다소 불확실한 경우에, 재정은 원리금회수가 다소 의문시되지만 경제발전을 위해 반드시 필요한 부문에 각각 자금을 공급하는 분업구조가 확립될 필요가 있음</td></tr>
</table>

결론	의견제시	첫째, 정부 - 정책금융기관 간 수평적 협력관계에 기초한 정체성 확립이 필요 둘째, 정책금융방식의 선진화가 필요 셋째, 정책금융기관들 상호 간 명확한 업무영역 구분 및 업무의 구체적 추진 방향 설정이 필요

02 논제 풀이

서론

이슈 언급

시장경제란, 개인과 기업 등 경제주체들이 시장에서 자유롭게 경쟁하며 경제활동을 하는 경제체제를 의미한다. 하지만 자유경쟁인 시장에만 맡겨둘 경우 구성의 오류, 정보비대칭 문제 등으로 자원이 골고루, 적시에, 효율적으로 배분되지 못하는 상황이 발생할 수 있다. 이러 상황을 일컬어 '시장 실패'라고 한다. 이렇게 시장 실패가 나타난 산업의 경우, 정부가 산업 정책을 펴는 것이고, 해당 산업에 필요한 자금을 정책적으로 지원하는데, 이게 바로 정책금융의 본질적인 역할이다. 즉, 정책금융이 필요한 이유는 시장 실패가 발생한 분야에 대해서는 은행 같은 일반 금융회사들이 자금 공급을 꺼리기 때문이다. 일례로, 친환경 에너지, 녹색 산업은 환경보호 등 공익(公益)을 위해 꼭 필요한 산업이지만, 사업비가 많이 들고 단기간에 수익이 나지 않아 기업이 선뜻 나서지 않는 데다 은행도 대출을 잘 해주지 않는다. 다리나 항만처럼 돈이 많이 드는 사회 인프라도 민간 기업에 맡길 경우, 사회적으로 필요한 양만큼 충분히 공급되지 못할 수도 있다. 그래서 정부가 금리를 낮춰주거나 보조금을 지급하는 방식으로 시장 실패가 나타난 산업에 정책금융을 제공하는 것이다.

요컨대 정책금융이란, 정책적으로 정부가 특정 산업과 업종 등에 선별적으로 지원하는 금융을 총칭하는 말이다. 대개는 정부가 특정 산업과 업종 등에 일반금융의 시중금리보다 훨씬 낮은 금리로 중장기에 걸쳐 자금을 대출해주는 방식으로 진행된다. 주로 경제가 충분히 발전하지 못한 나라에서는 정책금융이 국가 경제와 산업 발전에 주도적인 역할을 수행하지만, 경제가 발전함에 따라 보조적으로 지원하는 역할을 하는 것이 일반적이다. 이때 보조적인 지원은 양적 보완과 질적 보완으로 구분된다. 양적인 보완이란 특정 산업 분야에 대한 일반 금융회사의 자금 공급이 부족한 경우 이를 보충하는 것을 말하며, 질적인 보완이란 대출금리를 낮춰 준다든지 융자 조건을 우대하는 것을 의미한다.

하지만, 정책금융은 순기능만 있는 것은 아니다. 오히려 자금운용의 효율성과 자율성을 저해하고, 국내 금융산업의 경쟁력을 떨어뜨리는 문제를 일으키기도 한다. 또한 특정 기업이나 산업을 선별적으로 지원함으로써, 국내외 시장에서의 공정경쟁을 저해한다는 지적과 특혜논란의 대상이 되기도 한다. 뿐만 아니다. 정부의 정보 수집이나 분석 능력이 민간에 비해 떨어질 수 있으며, 부처 간 이기주의와 관료주의로 정책금융이 잘못 활용될 경우 국민 세금만 낭비될 수도 있다.

특히, 우리나라 정책금융의 경우, 경제가 선진형으로 발전하게 되면서 민간시장의 규모가 커지게 됨에 따라, 금융 부문에서 차지하는 정책금융의 역할과 비중은 상대적으로 줄어든다는 현실적인 문제가 제기되고 있다. 선진형 경제는 기술 선도형 경제이기 때문에 개발경제시대의 정책금융 지원 방식으로는 더 이상 정책금융의 유효성을 확보하기가 힘들다. 예를 들면, 과거 개발경제시대에 설비자금지원과 같이 대규모의 양적 지원 위주로 정책금융의 효율성이 평가되어서는 안 되고, 이제는 기술혁신, 서민금융, 녹색산업 지원 등 리스크가 크지만 시장기능으로 해소하지 못하여 시장실패로 남아 있는 부문에 집중해야 한다. 이에 따라 향후 시장기능에 의해 민간에서 할 수 있는 영역은 과감히 민간으로 이양하고 민간이 할 수 없는 영역에 정책금융을 집중해야 한다. 또한, 정책금융은 재정정책과 항상 병행 운영되어, 그 효율과 효과를 극대화하는 방향으로 진행해야 할 것이다.

이에 본지에서는, 정책금융의 양적 성장과 질적 개선을 위한 방안들에 대하여 살펴본 후, 재정정책과의 조화를 위한 제언들을 도출해 보기로 한다.

본론

1. 정책금융의 방향 <출처 : 한국금융연구원 8대 혁신 과제>	1) 정책금융의 양적 성장과 질적 보완	① 정책금융의 재검토 가. 보통 과거에 추진해오던 정책금융이 시대의 변화를 반영하지 못하고 민간금융과 경쟁하면서 이들을 구축하는 문제가 종종 발생한다. 이와 같은 문제가 발생하지 않기 위해서는 정기적으로 정책금융을 제로베이스에서 재검토하여, 시대상황에 뒤떨어진 제도들을 축소, 퇴출시키고, 시대가 새로이 요구하는 제도를 신설하는 과정이 필요하다. 나. 왜냐하면 일반적으로 한번 도입된 제도는 시장에서 문제가 크게 발생하기 전까지 유효성이 떨어지더라도 관성의 법칙에 의해지속 되는 경향이 있기 때문이다. 다. 최소한 5년에 한 번은 모든 정책금융제도를 제로베이스에서 재검토하는 평가시스템이 필요하다. 평가를 통해 축소대상이 되는 정책금융은 일몰조항을 설정하고, 매년 5 ~ 10%씩 줄여나가는 등 시스템적 접근방식을 적용해야 한다. ② 정책금융의 지원용도와 상대적 규모를 시대 상황에 맞게 변화해야 한다. 가. 과거 설비투자와 같은 대규모의 자금을 소수의 기업에 배분하던 구조에서 벗어나, 앞으로는 수많은 기업의 기술개발과 서민금융 지원을 위해 자금을 소규모로 나누어서 공급하는 형태로 변환해야 한다. 나. 이 경우에 정책자금 지원의 포트폴리오가 다각화되면서 정책금융 관련 신용 리스크도 줄어드는 효과가 수반된다. 다. 이와 같은 과정에서 정책금융기관이 선도적인 역할을 하면서 축적된 노하우를 상업금융기관으로 확산시키는 외부경제효과도 기대할 수 있다.

1. 정책금융의 방향 <출처 : 한국금융연구원 8대 혁신 과제>	1) 정책금융의 양적 성장과 질적 보완	라. 기술금융의 경우, A. 과거와 같이 기술개발 종합능력을 평가하는 단순한 평가방식에서 벗어나야 한다. 앞으로 보다 미시적인 기술 접근방식을 적용해야 한다. 기업이 가지고 있는 특정기술의 상대적 수준과 상업화의 가능성에 대한 이해관계자들의 의견을 종합하여 평가하는 방식이다. 요컨대 개발된 특정기술에 포커스를 맞추는 방식이다. B. 이를 위해 정책금융기관들은 자체 내 기술평가 인력을 대폭 확충하고, 관련 기술연구소 및 대학들과 협력체계를 구축하여 외부전문가들의 기술평가능력을 적극 활용해야 한다. C. 이러한 선도적인 시스템을 구축한 후, 이를 여타 상업금융기관으로 확산함으로써 외부경제 효과를 얻을 수 있어야 한다. D. 앞으로는 대출 중심의 기술지원 시스템에서 벗어나 시장의 전문가들이 집단지성으로 기술을 평가하는 벤처투자 중심의 지원비중을 더 늘릴 필요가 있다. 마. 서민금융의 경우, A. 서민금융 취급 시 가장 어려운 점은 서민의 경우, 재산과 소득이 많지 않아서 담보력과 이자상환 능력이 크게 제약되기 때문에 상업금융기관이 취급하려 하지 않는다는 것이다. B. 그럼에도 불구하고 세계적으로 서민금융의 경우, 마이크로파이낸스와 같은 유형의 민간사업들이 계속 확대되어 왔다. 반면, 국내에서 서민금융을 담당하는 상업금융기관들은 담보비율이 평균 90%를 상회하는 등 담보중심의 신용평가 관행이 계속되고 있다. C. 정책서민금융만 일방적으로 늘어나는 서민금융의 시장구조는 정상적이지 않을 뿐만 아니라, 바람직하지도 않다. 따라서, 상업금융기관들이 서민금융을 제대로 취급할 수 있도록 여건을 조성해 주어야 한다. 상업금융기관들도 서민금융을 적극 취급하다가 발생된 손실에 대해 정부가 일정부분 손실 분담을 하거나 부분보증을 제공하는 등 지원책이 마련되어야 한다. D. 순수한 금융기능으로 해소되지 않는 경우에는 재정이 적극 보조하여 손실 분담을 할 필요가 있다. ③ 정책금융기관의 시스템 효율화 가. 개별 정책금융기관들은 시장의 진정한 수요를 연간 계획에 반영함으로써, 정책금융의 효율성을 증대시켜야 한다. 따라서 정부는 민간의 정책금융 수요를 매년 평가하여 정책자금 공급을 정책금융기관별로 조정하는 작업을 하여야 한다. 나. 이런 과정에서 정책금융기관의 업무가 현상 유지 또는 축소요청이 들어가면 기관 내부의 반발이 크므로, 정책금융기관의 기능을 통폐합하는 등 외부조직의 내재화를 통해 구조 조정하는 방법이 보다 효과적이다.

1. 정책금융의 방향 <출처 : 한국금융연구원 8대 혁신과제>	1) 정책금융의 양적 성장과 질적 보완	다. 과거부터 정책금융기관들은 각 부처의 필요성에 의해 다양한 형태로 설립되어 상당기간 중복기능 문제가 있었다. 더욱이 중복된 기관들이 서로 회피하는 지원대상의 경우에는 오히려 사각지대가 발생하기도 하였다. 라. 정책금융기관의 통폐합은 A. 첫 번째 단계로써 통폐합 하기 이전에 기능이 중복되는 정책금융기관들간에 협의체를 만들어서 중복기능과 사각지대 및 시장마찰 요인을 해소하는 일이다. 협의체는 관련 부처를 통할할 수 있는 상위부처가 주관한다. B. 두 번째 단계에서는 유사한 기능의 정책금융기관들을 원래의 모습과 기능을 그대로 유지하면서 묶어서 자회사 방식으로 운영하는 일이다. C. 세 번째 단계는 중장기 구조 조정 방안으로서 유사한 자회사들간에 통폐합을 하고, 시간이 흐르면서 인력이 자연 조정되도록 한다. D. 목표하던 모습을 갖추게 되면, 지주회사는 정부정책에 맞게 용도별 자금배분을 시행함으로써 자회사들의 사업을 조정할 수 있다. E. 이와 같은 구조 조정은 구조 조정에 대한 저항으로 인해 그 동안 시행되지 못했다. 그러나 대부분의 선진국들이 정책금융기관을 지주회사 방식이나 기관통합을 통해 내부조직화한 모습을 우리도 참고할 필요가 있다.
	2) 재정과의 역할 분담	① 과거 개발경제시대에는 신속하고 탄력적인 경제개발 추진을 위해 재정보다도 정책금융을 주로 활용하여 경제개발을 지원하였다. 왜냐하면 정책금융기관은 지원받은 자본금을 기반으로 자기자본비율이라는 레버리지를 이용해서 공적 신용을 자기자본의 10배 정도까지 확대 공급할 수 있기 때문이다. 레버리지 효과가 있는 정책금융지원이 재정지원보다 훨씬 더 큰 자금공급 효과를 볼 수 있는 것이다. ② 반면, 재정은 중장기 재정건전성을 유지해야 하기 때문에, 세입과 국공채 발행한도를 넘어서는 재정지출을 지양한다. 또한 재정은 국회의 의결을 거쳐야 하므로 상당한 논의과정과 시간이 소요되어 긴급한 정책적 수요에 탄력적으로 대응할 수 없는 한계도 있다. 금융정책은 법령 제 · 개정이 아니라 규정변경이나 행정지도 등 행정조치만으로도 비교적 수월하게 추진할 수 있다. ③ 재정보다 금융을 활용하려는 정책적 인센티브는 재정건전성에 도움을 주지만, 금융시장에 대한 정부의 개입이 과다하게 되면 시장을 왜곡시키는 경우도 종종 발생한다. 금융시장의 붕괴는 국민세금으로 부실금융기관의 회생을 지원하게 되는 상황까지 치달을 수도 있다.

1. 정책금융의 방향 <출처 : 한국금융연구원 8대 혁신과제>	2) 재정과의 역할 분담	④ 향후 재정은 신기술혁신 및 복지부문에 보다 자금을 집중할 필요가 있다. 상업금융은 원리금 회수를 전제로 하기 때문에 리스크가 과다하여 원리금회수가 의문 시 되는 경우에 자금을 공급하기가 쉽지 않다. 리스크가 과다하더라도 경제발전에 꼭 필요한 경우에는 원리금 회수와 무관한 재정지출을 진행해야 한다. 즉, 보조금 형식의 지출이 이에 해당된다. 다른 방법으로는 리스크가 과다한 분야에 대한 지원 시, 재정이 정책금융에 보증을 일부 제공한다든지, 아니면 정책금융기관의 자본확충을 적극 지원하는 모습이 필요하다. ⑤ 즉, 상업금융은 원리금 회수가 가능한 경우에, 정책금융은 원리금 회수가 다소 불확실한 경우에, 재정은 원리금회수가 다소 의문 시 되지만 경제발전을 위해 반드시 필요한 부문에 각각 자금을 공급하는 분업구조가 확립될 필요가 있다.

결론

의견 제시

이렇듯 시대의 변화에 대응하는 정책금융기관이 현재 직면한 위기를 극복하고, 선진 정책금융을 실현하기 위한 개혁 방향을 제시해보고자 한다.

첫째, 정부 - 정책금융기관 간 수평적 협력관계에 기초한 정체성 확립이 필요하다. 포괄적인 정책목표제시와 기관 감독 권한은 정부에 있다 할지라도, 정책금융기관의 정책금융 집행과 운영의 자율성은 보장되어야 한다. 정부가 정책금융기관을 경제성이 아닌 정치적 논리와 목적으로 지배하는 구조 하에선, 국가 경제 발전을 견인할 경제적 · 합리적 금융 지원이라는 정책금융 본연의 역할을 기대할 수 없다. 정부는 정책금융을 정권 및 여당의 정치적 기반 확대를 위한 수단으로 인식할 것이 아니라, 국가 경제 발전을 위한 적재적소의 금융 지원을 함께 논의하고 결정하는 협력적 파트너로서 인식해야 한다.

둘째, 정책금융방식의 선진화가 필요하다. 향후 정책금융은 규모와 자금보다는, 정보와 판단을 중시하는 스마트 금융을 지향하는 것이 바람직하다. 현재 우리나라의 정책금융 규모는 전 세계에서 일본 다음으로 높다. 정책금융 규모가 높다는 것이 반드시 나쁜 것이라고만 볼 수는 없다. 자금의 가용성 측면 또한 중요하기 때문이다. 하지만 그 규모가 비대해짐으로써 비효율성을 초래할 수 있다는 부작용을 잉태하고 있음을 기억해야 한다. 무엇보다 정책금융이 민간금융을 구축함으로써 금융 발전을 저해할 수 있다는 것을 인지해야 한다. 같은 맥락에서 정책금융은 거시적 정책목표 달성을 위한 투입 위주의 지원방식에서 탈피하여, 비재무적 요인과 위험요인을 감안한 시장친화적인 방식으로의 전환이 필요하다. 4차 산업혁명을 맞이해서 산업의 소프트화 니즈에 대응하여 기업성장 단계별 맞춤형 정책금융지원으로의 전환이 절실하다. 특히, 과거의 중후장대산업에 대한 대규모 시설자금의 지원형태보다는, 혁신산업에 대해 세밀하고 잘게 쪼갬으로 포트폴리오를 다변화하고, 리스크는 헷지하는 방향으로의 금융운용이 필요하다.

셋째, 정책금융기관들 상호 간 명확한 업무영역 구분 및 업무의 구체적 추진 방향 설정이 필요하다. 그럼으로 정책금융기관의 중복문제와 사각지대를 동시에 해소해 나가야 한다. 예를 들면, 산업은행은 중견중소기업을 대상으로 온렌딩(on-lending)과 코파이낸스(co-finance) 등으로 민간 금융기관들과 협력하여 혁신상품과 거래형 금융 서비스 등을 제공하는 스마트 뱅킹 개척 및 활성화를 추구해야 한다. 또한 정책금융의 주역으로서 차세대 성장 산업을 발굴 및 금융 지원을 체계적으로 지원할 수 있는 시스템 구축에 힘써야 한다. 수출입은행은 범세계적으로 보호무역주의 바람이 일고 있는 글로벌 경제 환경에서 중소기업들이 활발하게 무역활동을 할 수 있도록 하는 금융 안전판을 제공하는 역할을 충실히 수행하는 데 집중해야 한다.

한편 신용보증기금은 그 동안 중소기업 지원 데이터를 바탕으로 좀 더 정교한 방식으로 중소기업에 대한 금융지원뿐만 아니라, 적극적인 컨설팅 업무를 수행함으로써, 우리 경제 시스템에서 성장사다리 역할에 집중함과 동시에 금융의 범위를 소상공인까지 확대함으로써 취약중소기업들과 소상공인 지원분야에 특화 해 나가고, 기술보증기금의 경우, 벤처, 혁신기업 지원을 위한 기술평가 시스템의 고도화와 정교한 TCB를 내재화함으로써, 기술기업 지원의 메카로 거듭나야 할 것이다. 뿐만 아니라, 기술금융 시장의 육성을 위한 EXIT Market을 활성화함으로써 민간금융기관들도 좀 더 기술금융에 적극적 접근할 수 있는 환경을 조성해야 한다.

chapter 32 기후변화와 녹색 및 전환금융

01 논제 개요 잡기 [핵심 요약]

서론	이슈언급	기후변화와 자연파괴는 거시경제와 금융분야에 위험을 야기하고 있는데, 이러한 위험과 탄소중립경제로의 이행이 경제와 금융에 어떻게 영향을 미치는지 세계적으로 초미의 관심사가 되었다. 1. 기후변화가 거시경제, 특히 물가에 미치는 영향에 대한 우려가 증대되고 있다. 최근 기후변화가 중장기적으로 물가 불확실성을 높이는 요인으로 인식되면서 기후플레이션(Climateflation : 기후(Climate)와 인플레이션(Inflation)의 합성어로 기후변화로 인해 농산물 등의 가격이 상승하는 현상을 의미한다)에 대한 연구가 세계적으로 활발하게 진행되고 있다. 2. 기후위험은 극단적 기상 사건 등 물리적 위험(physical risk)과 탄소제로 경제로의 전환과 관련된 불확실성 등 이행위험(transition risk)을 통해 은행시스템의 안정을 위협한다. 따라서 은행들이 해당 위험을 적정하게 발견·관·공시하며 기후 및 이행 관련 충격에 대해 적절하게 관리. 대응할 수 있게 하는 등 은행 분야 및 금융 시스템을 보다 탄력적이도록 준비해야 한다. 특히, 최근 녹색금융과 전환금융을 통한 기후변화 리스크를 사전 준비해야 한다는 목소리가 높아졌다. 따라서 기후변화가 중앙은행 및 금융기관, 그리고 감독당국의 업무에 미치는 영향을 파악함은 물론, 궁극적으로 이를 통해 물가 및 은행 시스템의 안정을 도모하기 위한 방안에 대해 본지에서 논하고자 한다.

본론	1. 기후변화와 물가 <출처: BOK 이슈노트>	1) 파급경로	① 최근 기후변화가 거시경제, 특히 물가에 미치는 영향에 대한 우려가 증대되고 있다. 가. 기후변화는 간접경로(글로벌 기후변화 → 국제 식량가격 → 수입물가 → 국내물가)와 직접경로 (국내 기후변화 → 국내 농산물가격)를 통해 국내 물가에 영향을 미친다. **[기후변화의 국내 물가 파급경로]** 글로벌 기후변화 → 국제 곡물가격 및 물류비용 등 상승 → ① 간접 경로 → 국내 물가 변화 국내 기후변화 → ② 직접 경로 → 국내 물가 변화 국내 물가 변화: 농축수산물 / 가공식품 / 에너지 / 여타 공업제품 / 서비스 <출처: 한국은행>
		2) 영향 예측	① 국내 기온상승은 단기적으로 국내 인플레이션의 상방압력을 높이는 것으로 나타났다. 특히 폭염 등 일시적으로 기온이 1℃ 상승하는 경우 농산물가격 상승률은 0.4~0.5%p, 전체 소비자물가지수 상승률은 0.07%p 높아지는 것으로 분석되었다. ② 또한 점진적으로 기온이 상승하는 온난화의 영향을 살펴보기 위해 1℃ 기온 상승 충격이 1년간 지속된다고 가정하여 분석한 결과, 1년 후 농산물가격 수준은 2%, 전체 소비자물가 수준은 0.7% 높아지는 것으로 추정되었다. ③ 기후변화의 영향으로 2040년까지 농산물가격은 대략 0.6~1.1%, 전체 소비자물가는 0.3~0.6% 높아질 것으로 예측되었다. 이에 더해 글로벌 기후변화로 인해 국제 원자재가격 상승에 따른 간접효과를 감안하면 기후변화로 인한 국내 인플레이션 상방압력은 더 커질 수 있다.
		3) 소결론	① 국내 물가 상황에서도 볼 수 있듯이 지구 온난화 과정에서 이상기온 현상이 빈번하게 발생하면서 농산물가격의 변동성이 커질 수 있다. 특히 농산물은 가계가 빈번하게 소비한다는 점에서 물가지수 내 비중에 비해 가계의 체감물가에 미치는 영향이 높다는 특징이 있다. 따라서 농산물 가격변동성의 증가는 향후 기대인플레이션이 평균적인 물가 흐름과 괴리되는 현상을 초래할 수 있다.

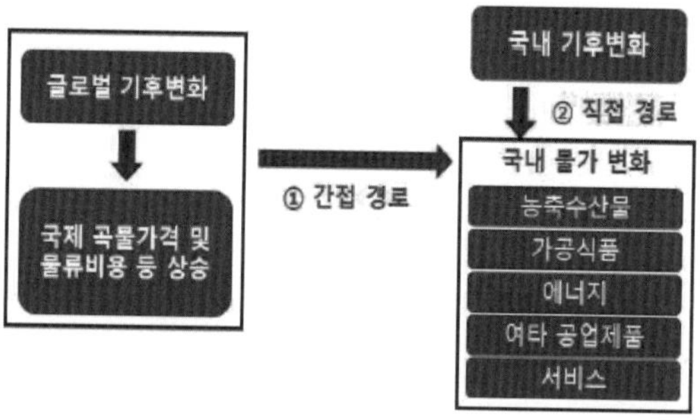

본론	**1. 기후변화와 물가** <출처: BOK 이슈노트>	3) 소결론	② 아울러 장기적으로 기온이 점진적으로 상승하면 인플레이션 수준이 기조적으로 높아지면서 물가 불안심리가 고조될 가능성이 있다. ③ 최근 이상기후가 잦아지면서 기후플레이션 문제가 점차 현실화되고 있다. 이에 중장기적 시계에서 국가적 차원의 계획성 있는 대응방안을 모색할 필요가 있다. 가. 전 세계적으로 이루어지고 있는 기후리스크에 대한 공동대응에 적극적으로 참여하여 기후변화의 근본적인 해결을 위해 노력해야 한다. 나. 정부는 국내 기후환경에 적합한 농작물의 품종 개발 등을 통해 국내 농산물의 기후변화 대응력을 강화해야 한다. 다. 중앙은행은 기후변화로 인한 농산물가격 변동이 여타 품목으로 전이되면서 전반적인 물가 불안으로 확산되지 않도록 제주체들의 인플레이션 기대 관리를 강화해야 할 것이다.

2. 국내은행의 녹색금융과 금융배출량 감축 현황 — 1) 감축 현황 및 제약요인 <출처: 한국은행 이슈노트>

① 2024년 4월 기준 20개 국내은행 중 13개 은행이 2050까지 금융배출량(금융배출량이란 탄소 배출 기업에 투자·대출 등을 할 때 간접적으로 발생하는 온실가스 배출량이다)을 Net-zero로 만들겠다는 목표를 선언하고, 금융배출량을 감축하기 위한 전략 등을 자율적으로 공시하고 있다. 이 중 11개 은행은 2030년까지 배출량을 기준년(2019~2022년) 대비 26~48%까지 감축하겠다는 중간목표를 지속 가능경영보고서 등 공시자료를 통해 제시하고 있다.

[주요 은행(금융지주사)의 금융배출량감축 중간목표]

	중간목표 (2030년)	감 축 기준년도
▪ KB금융지주	△33%	'19
▪ 신한금융지주	△34%	'20
▪ 우리금융지주	△27%	'22
▪ 하나금융지주	△33%	'20
▪ NH금융지주	△37%	'22
▪ JB금융지주	△48%	'20
▪ BNK금융지주	△26%	'22
▪ DGB금융지주	△40%	'21

② 국내은행들은 금융배출량을 줄여나가기 위해 차주의 온실가스 감축을 지원하거나 포트폴리오를 조정하는 한편, 금융배출량 측정·관리체계를 고도화하기 위한 노력을 강화하고 있다.

본론

2. 국내은행의 녹색금융과 금융배출량 감축 현황

1) 감축 현황 및 제약요인

<출처: 한국은행 이슈노트>

나. 이와 더불어, 일부 은행들은 향후 차주가 온실가스 배출량을 어떻게 관리하고 감축해나갈지에 대한 컨설팅 서비스를 제공하고 있다.

[주요 금융배출량 감축 추진 전략]

구 분	주요내용
■ 온실가스 감축지원	• 저탄소 · 무탄소 발전 전환 기업에 대한 금융지원
	• 온실가스 감축설비 증축, 에너지 효율화 활동 등에 대한 금융지원 등
■ 포트폴리오 조정	• 탈석탄 선언
	• 산업구조 전환 무대응 기업에 대한 여신한도 축소 등
■ 관리체계 고도화	• 기후변화 리스크 감안 여신/투자 프로세스 정비
	• ESG 데이터 플랫폼 구축 등

③ 금융배출량을 줄이기 위해 은행들은 포트폴리오를 조정하는 방식을 활용하기도 한다. 다수의 국내은행들이 새로운 석탄발전건설 프로젝트파이낸싱에 대해 신용을 공급하지 않기로 선언하는 '탈석탄 선언'을 공시한 바 있으며, 온실가스 다배출 기업에 대한 여신 심사기준을 단계적으로 강화하는 규정을 마련하는 등 온실가스 다배출 산업에 대한 은행의 신용공급을 점진적으로 축소해나 가고 있다.

④ 국내은행들은 금융배출량 측정 및 관리체계 고도화를 통해 금융배출량을 효과적으로 감축해 나가고자 노력하고 있다. 은행들은 금융배출량 관리에 높은 전문성이 요구된다는 점을 고려하여 내부 전담조직을 설치하고 여신 및 투자 프로세스를 정비하고 있다. 아울러, 일부 은행들은 온실가스 배출 정보를 전산화하여 신용공급 여부나 금리 수준 결정시 활용할 수 있는 플랫폼을 구축하고 있다.

2) 제약요인

① 우리나라는 온실가스 배출 감축이 상대적으로 어려운 제조업 비중이 다른 나라에 비해 높아 국내은행들이 금융배출량을 단기간 에 일정 수준 이상으로 감축하는 데 한계가 있다. 제조업은 서비스업 등에 비해 부가가치 대비 온실 가스 배출 규모가 상대적으로 크다. 국내은행의 전체 익스포저(기업대출·주식·채권 기준)에서 제조업이 차지하는 비중(2023년 기준 38.0%)이 높은 점을 감안 할 때, 국내은행이 금융배출량을 감축하는 데 에는 상당한 시일이 소요될 것으로 예상된다.

<table>
<tr>
<td rowspan="3">본론</td>
<td rowspan="2">2. 국내은행의 녹색금융과 금융배출량 감축 현황</td>
<td>2) 제약요인</td>
<td>② 국내은행 금융배출량의 상당부분이 중소기업과 연계되어 있으나 중소기업은 대부분 의무적으로 탄소배출량을 감축해야 하는 배출권거래제 혹은 목표관리제 적용대상이 아니어서 적극적으로 온실가스를 감축하고자 하는 유인이 적을 뿐만 아니라, 친환경 기술 개발을 위한 인적자원이나 투자자금도 부족한 상황이다.
③ 녹색금융 분류 기준, 은행 내 성과지표 체계 등 녹색금융 취급을 위한 인프라 부족도 은행이 금융배출량 감축 전략을 본격화하는데 제약요인으로 작용하고 있다. 현재 국내은행의 녹색취급 현황을 살펴보면, 녹색금융 내부 취급절차를 설정·운용하는 은행은 소수(35%)에 불과하고 사후 관리절차도 부재한 상황이다. 영업점들은 녹색금융 취급 유인이 마땅치 않은 상황에서 녹색금융 신용위험 평가의 어려움과 복잡한 취급 절차 등으로 인해 장기자금인 녹색대출보다는 단기 위주의 일반 기업 여신 취급을 선호하는 경향을 보이고 있다.</td>
</tr>
<tr>
<td>3) 정책적 대안</td>
<td>■ 제조업 비중이 높은 산업구조
- 부가가치 대비 높은 탄소배출량
- 은행의 높은 제조업 익스포저
⇨ ■ 금융배출량 관리지표 다양화
- 기존 총량 기준 외에 배출집약도, 탄소상쇄량 등 대안지표 고려

■ 중소기업 중심의 여신구조
- 은행의 높은 중소기업 익스포저
- 중소기업의 낮은 탄소 감축 유인
⇨ ■ 기업의 녹색투자 유인 제고
- 중소기업 녹색전환 세액공제
- 배출권 거래 수익 활용기회 제공
- 산업 · 기업규모별 공시 시기 및 범위 조기 확정

■ 녹색금융 인프라 부족
- 녹색분류기준, 은행내 성과지표, 차주 배출정보 등 인프라 부족
⇨ ■ 기후공시 및 녹색금융 표준화
- 유형별 금융배출량 지표, 산식 등 표준화
- 녹색대출 취급절차 간소화

<출처: 한국은행 이슈노트></td>
</tr>
<tr>
<td>3. 기후변화와 전환금융</td>
<td>1) 의미
<출처: 우리금융경영연구소></td>
<td>① 전환금융은 제조업 등 탄소 다배출 기업의 저탄소 전환에 필요한 자금을 공급하는 신 기후금융 기업이다.
② 저탄소 전환을 위한 '과도기적' 활동에도 지원할 수 있어 자금 지원 범위가 크다는 특징이 있다.
③ 기존 녹색금융의 ▲고탄소산업의 저탄소 전환 여력 약화, ▲실물경제 악영향이라는 단점을 보완한다. 전환금융은 탄소 집약적 산업이 저탄소 운영으로 전환할 수 있도록 자금을 제공하는 새로운 기후금융 기법으로 기존 친환경 기업 지원 중심의 '녹색금융'과는 차별화.
④ 기존 '녹색금융'에 포함되기 어려운 고탄소배출 기업의 친환경 전환에 필요한 자금을 공급하는 '전환금융(Transition Finance)'에 대한 관심도 증가하는 추세.
⑤ 전 세계적으로 2030년까지 55조 달러의 전환금융 수요가 전망되는 가운데 아직 41조 달러의 투자 기회가 남아있어 금융기업들에게 매력적인 투자처로 부상.</td>
</tr>
</table>

본론	3. 기후변화와 전환금융	2) 기후 변화 RISK	① 기후변화는 장기적으로 금융불안의 원인으로 작용할 수 있다. ② 기후변화로 인한 리스크는 경제에 물리적이고 직접적인 피해를 입히는 물리적 RISK와 저탄소 경제 전환 과정에서 정책적 대응 및 기술변화 등으로 초래되는 간접비용인 전환리스크로 나누어진다. 한편 법적·평판·지배구조 관련 리스크도 대비해야 한다 가. 물리적 RISK 자연재해 등에 직접 노출되는 농지나 공장 등에서 발생하는 실물부문의 피해인 물리적 RISK를 유발시킨다. 물리적 RISK에 의한 실물 부문의 자산가치 하락은 금융기관의 부실로 이어져 금융시스템의 불안정을 유발하게 된다. 즉, 현재 가지고 있는 여신 포트폴리오에 들어 있는 고탄소산업내 기업들의 경우 향후 탄소중립정책에 따라 수익성이 하락하면서 은행 여신건전성을 악화시킬 가능성이 크다. 온실가스 배출 목표를 어떻게 설정하느냐에 따라 특정 산업분야 기업들의 사업 규모 등이 급속히 위축되고 매출이 하락할 수 있다. 또, 온실가스배출을 줄이기 위한 관련 기술을 적용하는 비용 증가 등으로 수익성이 크게 하락할 수 있다. 이러한 변화는 은행의 건전성에 직접적인 영향을 미칠 수 있을 것으로 보인다. 나. 전환RISK 전환RISK는 시장참여자들이 미처 예상하지 못한 상황에서 녹색경제 전환 정책이 급격히 시행되면서 기업비용이 증가하고 기업부실이 확대되면서 발생한다. 즉 녹색경제로 전환되는 과정에서 고탄소배출기업의 판매감소와 비용증가로 기업부실로 나타나고, 이는 다시 금융기관의 부실로 연결되는 것이다. 즉, 이들 기업이 사업전환을 추진함에 따라 새로운 사업을 수행하게 되면 관련 리스크 증가로 은행 여신건전성이 악화될 가능성이 있다. 다. 법적·평판·지배구조 관련 리스크 은행들이 기후변화로 인한 경제적 손실관련 소송에 노출될 리스크도 높아지고 있어 이를 인식하고 관리할 필요도 있음. A. 금융기관들의 경우에는 기후변화와 관련하여 다양한 근거로 소송을 당할 리스크가 있다. 금융기관이 당면하게 될 기후리스크를 적절하게 공개하고 관리하지 못했다거나, 녹색금융상품 관련 공시에서 해당 상품 관련 계약사항을 위반하는 경우 등이 그것이다.

본론

3. 기후변화와 전환금융

2) 기후 변화 RISK

B. 온실가스 배출이 높은 프로젝트에 대해 자금 제공이나 투자를 하기로 결정한 이사들이 수탁자책임을 위반하였다는 이유로 소송을 당할 수도 있다. 즉 금융기관들은 대차대조표 상 자산 측면에서 기후위기를 조장했다는 이유로 기후관련 소송을 당하는 리스크가 있을 뿐 아니라, 기후위기에 적극적으로 대응하지 않았다는 이유로 직접적인 책임을 져야 할 가능성도 제기되고 있다고 할 수 있다

[기후변화 관련 금융리스크 예시]

리스크 유형	물리적 리스크 요인(예시)	전환 리스크 요인(예시)
신용 리스크	• 이상기후로 인한 침수·화재 등 발생으로 담보자산의 가치 하락 등	• 고탄소 기업의 채무상환능력 저하로 인한 부도율(PD)·손실률(LGD) 상승 등
시장 리스크	• 잦은 기상이변 발생에 따른 국가 경제기반 악화로 국채 · 주식 가격 하락 등	• 화석연료 생산기업이 발행한 주식 및 채권의 가치 급락 등
운영 리스크	• 극심한 기후현상으로 인한 본·지점 업무 중단 등 영업 연속성에 영향	• 금융회사의 기후변화 대응 관련 고객 및 기타 이해관계자의 평판 훼손 등
보험 리스크	• 이상기후로 인한 물적피해 증가로 보험금이 준비금을 초과 등	• 고탄소 기업에 대한 주식 및 채권 투자 포트폴리오의 가격 조정 등

③ 이와 같이 기후RISK는 실물부문의 신용위험을 재평가하면서 금융기관의 부실로 전이되고 금융시장의 불안정을 초래한다. 금융의 불안정이 다시 실물부문의 자금중개기능을 저하시키면서 결국 시스템 RISK로 발전할 가능성이 커지게 된다. 우리 정부가 탄소중립 정책을 강화해 가면 고탄소산업에 대한 노출이 많은 국내은행 여신 포트폴리오를 고려할 때 향후 은행 건전성에 크게 부정적인 영향을 줄 가능성이 높아진다.

3) 녹색분류체계

① 개별 경제활동이 녹색활동에 해당되는지의 여부 및 그 정도를 판단한 기준을 의미한다. 녹색분류체계는 특정 산업이나 사업 활동을 녹색분류체계에 따라 세분화한 뒤, 개별활동이 녹색 판정기준에 해당되는지의 여부를 평가하고 이를 수치로 계산한다

② 이와 같이 계산된 각 산업과 기업의 녹색활동 비율은 정기적으로 공시되어 시장에서 금융지원을 위한 잣대로 활용될 수 있다.

③ '한국형 녹색분류체계(K-Taxonomy) 가이드라인 발표(2023년 2월 7일)

본론	3. 기후변화와 전환금융	3) 녹색분류 체계	④ 정부(환경부, 금융위원회)는 녹색금융 활성화를 위해 2021년 말 한국형 녹색분류체계(K-taxonomy), 2022년 말 녹색채권 가이드라인 등을 마련하였으나, 국내은행 총자산의 70.8%를 차지(2023년 말 기준)하는 대출채권에 대한 녹색여신 취급기준은 아직 발표하지 않았다.(금융감독원은 녹색여신 취 급기준을 마련 중에 있으며 2024년 연말까지 발표할 계획이다.)
		4) 국내 전환금융 현황	국내에서도 전환금융 시장 수요가 커질 것으로 예상됨에 따라 민관의 적극적인 대응 필요하다. ① 국내도 2030년까지 1,000조 원 규모의 전환금융 수요가 예상됨에도 불구하고 아직까지 전환금융 관련 정책 및 가이드라인이 정립되지 않은 상황이다. ② 2022년부터 정부 빛 일부 금융그룹을 중심으로 전환금융 활성화를 위한 노력을 추진 중이다. ③ 2022년 6월 민간은행 최초로 신한금융그룹이 이차보전사업 참여(2023년 8월 기준 누적 1.2조 원 대출 실적 확보). - 장·단기 전환금융 프로세스 내재화 방안 수립 및 추진 ④ BCG는 국내 '전환금융'의 절반 이상이 은행 대출 형태로 공급될 것으로 전망. ⑤ 최근 전환금융 도입을 위해 기후금융특별법을 발의하는 등 정부의 노력이 지속되는 가운데 금융회사는 전환금융을 '기업금융 강화' 기회로 모색할 필요가 있다. 금융회사는 단순 대출을 제공하고 절차를 마무리하는 것이 아니라, 대출 조건으로 기업에게 탄소 감축을 요청하는 등 대출 과정 전후에 더 많이 개입될 필요가 크다.
		5) 일본의 전환금융 전 략	① 일본 전환금융 동향 : 일본 내 전환금융은 2021년 도입 후 2023년 3월 누적 1조 엔을 돌파하며 빠르게 성장. ② 내용 : 민간 금융 회사 전환금융 참여 유인 확대. 보조금 지급 등 재정지원 확대. ③ 일본 금융기관 전환금융 확대 전략 가. 심사역량 강화 : 기업의 저탄소전환 전략을 평가하기 위한 내부기준 마련 및 전담팀 구축. 나. 대기업 공략 : 중소기업 대비 상환능력이 뛰어나고 그린워싱 리스크가 작은 대기업을 중심으로 전환금융 비즈니스를 강화. 다. 정책자금 활용 : 전환금융 관련 정부의 금융지원제도 적극 활용. 정부는 이자감면제도, 보조금 지원 등 제도 신설.

본론 / **3. 기후변화와 전환금융**

5) 일본의 전환금융 전략

④ 일본 정부 및 금융기관은 전환금융을 동남아 입지 강화를 위한 전략적 수단으로 인식.

가. ATSFG 발족 : 일본, 태국, 말레이시아, 베트남 은행 등 참여, 동남아 전환금융 도입, 확산을 위한 가이드라인 및 정책 제언 등.

나. ASIA GX Consortium 2024년 3월 13일 출범

[해외 주요은행 전환금융 사례]

구분	내용
내부 역량 강화	- 전담 조직 구축 및 전문 인력 보강 - 내부 가이드라인 마련 - Ex) Barclays, BlackRock, Citi, BNP Paribas
정부 지원 활용	- 세금 혜택, 이자 감면, 보조금 활용 - Ex) MUFG, Mizuho, SMBC
관련 상품 출시	- 전환펀드, 전환채권, 전환대출 등 제공 - Ex) HSBC, BBVA, Apollo, Brookfield, KKR

<출처: 하나금융연구소>

6) 경제주체들의 역할 <출처: 하나금융경영연구소>

성공적인 전환금융을 위해 각 주체들의 적절한 역할 수행이 중요.

① 정부·공공·민간 기관 간 협력이 가능한 전환금융 가이드라인을 제시하고 세금·이자 혜택, 보조금 지원 등 인센티브를 제공하는 구체적이고 중장기적인 정책 마련 - UAE 정부는 300억 달러의 '기후 금융기금'을 신설하고, 민간 투자자와 함께 특정 사업에 공동 투자할 경우, 정부의 수익률을 5%로 제한하여 민간 공동 투자를 유치.

② 금융기관 : 전환금융 전담 조직을 신설하여 내부적인 저탄소 전략 심사 및 전환대출· 채권 리스크관리 역량을 강화하고 정부의 금융지원 정책·자금을 적극 활용.

③ 기업 : 기후관련 전문 금융기관의 컨설팅 등을 통해 구체적인 전환 로드맵 수립.

7) 문제점 및 기관별 금융 지원 방안

① 문제점 : 기후·환경 RISK의 양적 측정에는 한계가 있다는 점이다.

가. 기후RISK는 주로 CO2배출량 등 대기오염물질과 관련되어 있으므로 정량적 측정이 용이하나 반면 환경RISK는 환경오염, 기후적응, 물, 순환경제, 생물다양성 등 기후 이외에도 다양한 환경적 요소가 연계되어 있어서 양적 측정이 쉽지 않다. → 따라서 기후.환경 RISK의 측정은 어떤 기업이 어느 정도의 기후.환경 RISK를 유발시키는지부터 알아야 가능하다. → 녹색분류체계의 활용도가 높아질 것

본론	3. 기후변화와 전환금융	7) 문제점 및 기관별 금융 지원 방안	→개별 산업 및 기업의 기후.환경 RISK의 양이 시장에 공시되면 금융기관은 동 RISK를 감안하여 금융지원의 정도를 달리 할 것이다. 나. 녹색활동 비율이 높을수록 자금공급한도가 늘어나고 가산금리는 낮아지며 보증한도가 증가하는 등 차별적인 조치가 가능해질 것이다. ② 정책금융기관 가. 금융시장에서는 정책금융기관의 선도적인 역할이 매우 중요하다. 각종 친환경 기술개발과 자본재 설비 등에 소요되는 자금은 불확실성이 크고 소요규모도 크며 투자의 회수기간도 길기 때문에 상업금융기관이 쉽게 취급하려 하지 않는 영역이다. 특히 친환경 기술개발은 정책금융기관과 벤처캐피탈의 역할이 매우 중요하다. 나. 기후.환경 RISK를 줄이기 위한 산업구조조정 과정에서 일자리가 줄어드는 업종과 지역에 대한 구조조정자금지원도 병행되어야 할 것이다. ③ 상업금융기관 가. 기후. 환경 RISK 감소를 위한 대출형태와 특성에서 차별화할 필요가 있다. 태양광, 풍력발전소 등 대체에너지 사업이나 친환경.고에너지효율의 건물.주택 건설을 지원하기 위한 녹색기업대출이나 전환금융을 확대할 수 있다. 나. 가계의 태양광 패널 설치 및 전기차 구매를 위한 녹색가계대출, 녹색사업 지원을 위한 녹색저축상품판매, 신용카드 사용액의 일정비율을 녹색사업에 지원하는 녹색카드, 탄소중립카드 등 다양한 상품의 출시가 가능하다 ④ 자본시장 가. 연기금의 경우 기금운용사 선정시 녹색금융, 전환금융 실적이 적극 반영될 것 나. 자산운용시장에서도 녹색펀드, 녹색 ETF, 탄소배출권 ETF 등 다양한 녹색관련 투자상품이 출시되어 녹색펀드 시장이 확대될 것 다. 수탁자 책임을 강화하는 스튜어드십 코드 개정도 검토될 것 ⑤ 금융감독기관 가. 기후.환경 RISK를 줄이기 위한 경제구조의 선순환구조를 구축하기 위해 선제적이고 과감한 정책과 관련 규제개혁 및 사회적 표준 등을 마련하게 될 것 나. 이 과정에서 녹색 또는 저탄소 친화산업으로 자금배분을 유도하여 녹색포트폴리오를 구성하는 일이 핵심이 될 것

본론	3. 해외의 녹색산업 지원	7) 문제점 및 기관별 금융 지원 방안	다. 국제기구의 주요 치침들을 감안하여 표준화와 관련된 공시를 유도할 것 ⑥ 기후 환경 RISK를 금융기관의 기존 RISK관리 체계에 어떻게 편입시킬 것인가도 새로운 과제이다. 기후. 환경 RISK가 경제 및 금융부문으로 어떻게 전파되어 금융기관의 재무RISK로 구체화되는지 평가. 가. 금융기관은 스트레스테스트를 통해 기후환경 RISK에 따른 산업 및 기업의 자산가치 하락이 금융기관의 건전성에 미치는 영향을 분석할 것이다. 나. 금융감독기관은 이와 관련된 감독지침을 새로 마련할 것이고 정량화하기 위해 미래정보를 감안한 스트레스 테스트도 실시할 것이다. 기후환경 RISK가 높은 기업에 대한 대출규모가 과다할 경우에는 완충자본의 추가 적립도 요구될 수 있다.
결론	의견제시	중화학공업 등 전통기간사업 의존도가 높은 국내산업 구조의 특성을 감안할 때 기후환경 친화적 산업으로 구조를 전환하기 위한 비용은 여타 선진 서비스산업 중심의 국가들에 비해 클 수 밖에 없다. 그럼에도 불구하고 이들 산업은 향후 탄소배출을 어떻게 줄여나갈 것인가에 대한 청사진을 제시해야 할 것이다. 그리고 탄소배출을 줄이기 위한 중 장기적인 미래의 청사진을 감안하여 금융지원 여부와 정도가 결정될 가능성이 크다. 향후 기후 환경 친화적 기술이 미처 개발되지 않은 상태에서 금융정책적 차원의 패널티만 부과된다면 국내 전통산업의 경쟁력은 빠르게 쇠퇴할 수 있다. 반대로 국내 전통산업의 보호를 너무 고려하여 정책을 추진한다면 기후환경 친화적 기술개발이 도리어 지연되고 국내산업의 중장기 경쟁이 뒤쳐질 수 있다. 결국, 기후 환경 친화적 기술개발 촉진을 위한 지원을 우선적으로 추진하고, 그 다음 단계에서 개발된 신기술을 자본재로 내재화하는 산업구조 전환자금을 공급하는 것이 순서일 것이다. 기후RISK를 완화하는 과정에서 너무 과도하거나 또는 과소한 등의 적절치 못한 정책이 추진되면 도리어 간접 비용인 전환리스크가 증가할 수 있음을 항상 염두에 두어야 한다. 국제규범보다 너무 빨리 나갈 필요도 없지만, 너무 늦어져서 국제적 비난의 대상이 되거나 신개술개발이 지연되는 것도 바람직하지 않다. 녹색금융은 기본적으로 국제적 합의에 의해 장기적 관점에서 시행되는 것이므로, 긴 시야를 가지고 국내의 규제 및 감독체계를 다시 설계하고 단계적으로 시행하는 모습이 되어야 할 것이다.	

결론	의견제시	<금융기관> 1. 탄소중립 정책이 강화될 경우 은행의 여신 포트폴리오에 들어 있는 고탄소산업 기업들의 수익성이 하락하거나 이들이 사업전환을 추진함에 따른 리스크로 은행 여신건전성이 악화될 수 있음. 그러나 이런 이유로 고탄소산업에 대한 은행 대출을 급격하게 줄일 경우 고탄소산업 위주 산업구조를 가지고 있는 우리나라 실물경제가 어려움을 겪을 수 있음. 따라서 은행리스크 감축을 위한 고탄소산업에 대한 대출감소와 고탄소산업 자체의 탄소저감기술 적용 및 사업전환 등이 동시에 적절히 추진될 필요가 있음. 2. 은행들은 기후변화로 인한 경제적 손실관련 소송에 노출될 리스크도 높아지고 있으며, 기후관련 리스크가 추가됨에 따라 은행들은 대출금리 산정 시 탄소리스크 프리미엄을 부과할 필요가 있어 이에 대한 부과체계를 확립해야 하는 과제도 안고 있음. 3. 은행 등 금융기관에 의한 녹색금융상품의 개발과 제공을 활성화하기 위해서는 인증기준 등 제도적 기반이 구축되어야 할 것이다. 이를 위해 한국형 녹색분류체계와 함께 금융상품의 지속가능성 특성에 따른 분류제도인 라벨링 제도 및 공시강화를 주요 내용으로 하는 EU의 지속가능성 공시규제(SFDR)와 같은 규제를 국내에 도입하는 방안도 고려할 필요가 있다. 4. 녹색상품에 대한 쏠림현상, 그린워싱 등 부작용이 발생할 수 있으므로 이를 방지할 수 있는 방안도 동시에 마련되어야 할 것이다. 5. 기후변화에 대한 일반 소비자의 인식이 제고되면서 투자자는 물론 시민단체 등 광범위한 이해관계자로부터 불완전판매 문제가 제기될 수 있으므로 이에 대한 대비책 마련도 필요한 것으로 보인다. 기후위기에 대한 대응과 이에 따른 탄소중립 정책은 이제 돌이킬 수 없는 방향성을 가지고 추진되고 있다. 은행들은 이러한 새로운 경영환경 하에서 앞에서 제시한 것과 같이 새롭게 발생 가능한 리스크를 인식하고 이에 대한 대응체계를 마련해 나가야 할 것이다. <출처: 한국금융연구원>

03 논술사례

주제 1

전환금융과 금감원의 방향에 대해 논하시오.

답안

서론

최근 세계적으로 탄소중립 실현을 위한 '전환금융'(transition finance)이 강조되고 있다. 우리 정부도 지난 3월 21일 '제1차 국가 탄소중립 녹색성장 기본계획(2023~2042)' 정부안을 발표하며 탄소 감축에 강한 의지를 표명하고 있다. 이에 따라 국내에서도 전환금융에 대한 전방위적인 이해가 필요한 시점이다. 본고는 전환금융의 의미와 필요성 - 전환금융에 따른 리스크 - 금융감독원의 **방향성에 대해** 논하겠다.

| 방향성 순으로

본론

1. 전환금융이란

① 전환금융의 의미

OECD는 전환금융을 '파리협약과 일관된 넷제로(net-zero) 전환을 실행하기 위해 기업이 조달하거나 집행하는 금융'으로 정의한다. 기존의 녹색금융은 '순수한 녹색' 활동에 집중되어 온실가스 집약 산업의 저탄소 이행에 대한 금융 접근성이 제약되었다. 전환금융은 탄소 감축에 초점을 맞추어 녹색금융의 한계를 극복하기 위해 등장한 개념이다.

마중물이 |

② **전환금융의 필요성**

탄소중립 이행을 위해서는 막대한 자금이 필요하다. Mckinsey & Company는 2021~2050년 동안 전 세계에 걸쳐 연간 9.2조 달러(약 1경 2천조 원)가 필요한 것으로 추산한다. 전환금융은 고탄소 산업의 저탄소 이행과정에 경제적 **기반이** 되어준다. 우리나라는 철강, 화학과 같은 고탄소 산업이 경제성장을 견인했고, 지금도 큰 비중을 차지하고 있다. 이에 우리 경제의 지속 가능한 발전을 위해 전환금융의 필요성이 더욱 강조된다.

2. 전환금융 관련 리스크

전환금융은 장기적으로 탄소중립 실현을 통해 지속 가능한 경제성장에 기여하지만, 단기적으로는 위험이 따른다. 전환금융 관련 리스크는 다음의 세 가지가 있다.

① **물리적 리스크(physical risk)**

물리적 리스크는 기후변화에 따른 기상이변 등으로 기업의 자산이 물리적으로 피해를 볼 수 있는 위험을 말한다. 홍수, 산불 등 자연재해는 기업이 물적자본을 파괴하고, 지구의 평균 온도 상승은 농/축/수산물 생산과 노동 여건에 부정적 영향을 미친다.

② **이행 리스크(transition risk)**

기후 위기 대응을 위한 저탄소 경제로의 이행 과정에서 발생할 수 있는 자산가치 하락 등의 리스크를 말한다. 탄소중립 정책이 본격적으로 가속화됨에 따라 고탄소 산업에 종사하는 기업은 생산비용이 커지고 수익성이 하락하며 신용도가 떨어지게

된다. 이는 기업의 신용 비용을 상승시키고 부채상환 능력이 감소하게 되어 은행의 신용리스크가 증가하는 결과를 낳는다.

③ **법률/평판 리스크(legal, reputational risks)**

금융기관은 기후변화로 인한 경제적 손실 관련 소송에 노출될 리스크가 있다. 고탄소 산업 관련 자산 보유 및 투자 관련 소송뿐만 아니라 기후금융 관련 공시 위반 등 다양한 근거로 소송이 일어날 가능성이 있다.

결론

금융감독원의 방향성

① **지속적인 리스크 모니터링**

위의 세 가지 전환금융 리스크는 결국 금융의 안정성과 직결된다. 그러므로 감독 당국은 탄소중립이라는 국가의 전략적 목표 달성을 위해서도 노력해야 하지만, 은행들의 건전성 악화, 경영 안정성 약화 방지를 위해 리스크 관리 체계 강화를 도모할 필요가 있다. 이에 금융감독원은 스트레스테스트를 활용하여 금융 전반에 지속적인 리스크 모니터링을 해야 한다. 특히 금융 안정성과 연관이 깊은 이행 리스크에 대한 스트레스테스트로 전환금융 과정에서 필수적으로 발생하게 될 기업의 신용 비용 증가에 따른 여신불안정성을 관리해야 한다.

② **전환금융 공시체계 확립**

탄소중립이라는 목표를 달성하기 위해서는 이에 대한 평가를 가능하게 하는 지표와 측정이 필요하다. 이를 위해 2022년 3

월 ISSB는 지속가능성 공시를 추진하기 위한 최초의 기준서인 'IFRS S1 일반 요구사항'과 'IFRS S2 기후 관련 공시'와 관련된 공개 초안을 발표했다. 하지만 우리나라 기업들은 아직 이에 대한 대비가 제대로 되어있지 않다. 그러므로 금융당국은 전환금융 공시체계가 국내에 안정적으로 정착하여 금융기관이 자체적으로 정보를 공개할 수 있도록 제도를 마련해야 한다. 이는 외부 투자자들의 정보 비대칭성을 완화하고, 금융기관의 정보 공개에 대한 충실성을 높인다.

③ 탄소배출권 거래소 활성화

탄소배출권거래소는 온실가스를 배출할 수 있는 권리인 탄소배출권을 거래하는 시장을 말한다. 우리나라는 2015년 1월 탄소배출권거래소를 도입하였지만, 유럽이나 중국 등에 비하면 거래가 활발히 이루어지지 않고 있다. 이에 금융당국은 개인 투자자의 시장참여 허용과 장내거래 의무화 등 탄소배출권거래소 활성화를 위한 방안을 마련해야 한다. 그리고 현재 배출권시장의 시장조성자로 활동 중인 7개의 금융기관에 대한 감시/감독 체계를 마련하여 건강한 배출권시장 조성에 기여해야 한다.

주제 2

글로벌 탄소중립 요구에 따른 대응책을 논하시오.

답안

서론

EU는 2026년부터 탄소국경세를 전면적으로 적용시켜 고탄소 수입품에 세금을 **부과하고**, ISSB는 작년에 기후 리스크를 재무적으로 반영하는 공시기준을 발표했다. 이러한 글로벌 탄소 중립 **요구는** 고탄소 산업 비중이 높은 우리 경제에 최대 위협요인 중 하나로 떠올랐다. 이에 본고는 먼저 탄소중립이행의 필요성을 살펴보고, 탄소중립 이행시의 기업 애로사항 및 **그에 따른** 정책당국의 대응책에 대해 논하고자 한다.

| EU 역내로의
| 세금을 부과하기로 발표했다.한편
| 도
| 규제의 강화는
| 해결을 위한

본론

1. 탄소 중립 이행의 필요성

첫째, 글로벌 탄소 규제에 대비하지 못하면, 고탄소 산업인 석유화학, 철강, 자동차 등의 현재 주력 산업 수출**에 큰 악영향이 끼칠 수 있다.** 고탄소 제품에 관세가 붙으면서 수출 가격 경쟁력을 잃을 수 있고, 탄소배출량의 의무 공시는 고탄소 산업들에 대한 해외 투자자의 자금 이탈로 이어질 수 있다. 우리나라는 GDP 25% 이상이 제조업에 해당하고 고탄소 산업에 대한 의존도가 높기 때문에, 그 타격이 클 수밖에 없다.

| 날로 강화되는
| 부문에
| 약영향이 커질 수 밖에 없다.
| 구체적으로
| 여타 국가에 비해

어떤 투자포럼인지요 |

둘째, 글로벌 탄소 규제에 대비하지 못하면, 금융회사의 건전성에 악영향을 끼칠 수 있다. **투자포럼**에 따르면, 국내 은행권의 지난해 상반기 말 기준 화석연료 금융자산은 민간 금융권 전체의 34.8%에 이르고, 관련 자산 금액은 120조원에 달한다고 한다. 따라서 만약 규제로 인해 고탄소 산업에 속하는 금융자산의 신용 및 시장위험이 상승한다면, 투자자산의 가치하락으로 금융회사의 큰 리스크로 작용될 수 있다.

2. 탄소 중립 이행시의 기업 애로사항

필요로 한다. |

때,(쉼표) |

그런 이유로 |

면,(쉼표) |

첫째, 우리나라 산업 구조상, 급격한 탄소 중립이행은 큰 비용을 **가져올 수 있다.** 중화학공업 등 전통기간산업 의존도가 높은 국내산업 구조의 특성을 감안할 **때** 저탄소 산업으로 구조를 전환하기 위한 비용은 여타 선진 서비스산업 중심의 국가들에 비해 클 수 밖에 없다. **그에 따라** 기후 환경 친화적 기술이 미처 개발되지 않은 상태에서 금융정책적 차원의 패털티만 부과된다**면** 국내 전통산업의 경쟁력은 빠르게 쇠퇴할 수 있다.

둘째, 기업들의 탄소 중립을 위한 금융지원이 지속되고 있는 가운데, 녹색채권 발행만으로는 한계가 있다는 지적이 나오고 있다. 최근 녹색채권 발행이 크게 증가면서 탄소중립을 위한 자금마련에 도움이 되고 있다. 하지만 기존의 녹색금융 체계에서는 채권 발행을 통해 조달된 자금의 사용처를 녹색활동에만 국한하고 있다. 따라서 고탄소 산업에 속한 기업 입장에서는 녹색채권을 통해 저탄소 전환 활동을 위한 필요 자금을 조달 받기가 현실적으로 어렵다는 지적이 나오고 있다.

결론

정책당국 대응책

첫째, 기후 환경 친화적 기술개발 촉진을 위한 지원을 우선적으로 추진하고, 그 다음 단계에서 개발된 신기술을 자본재로 내재화하는 산업구조 전환자금을 공급해야 한다. 각종 친환경 기술개발과 자본재 설비등에 소요되는 자금은 **불확실성이 크고** 소요규모도 크며 투자의 회수기간도 길기 때문에, 상업금융기관이 쉽게 취급할 수 없는 영역이다. **그에 따라** 정책당국에서 선도적으로 기후기술시장 육성에 앞장섬으로써, 국내산업의 중장기 경쟁력을 지켜나가야 한다.

| 불확실성과

| 따라서

둘째, 전환금융 및 전환채권을 활성화할 필요가 있다. 고탄소 산업의 저탄소 전환을 지원하고 그 과정에서 발생할 수 있는 기업의 재정적 부담을 줄여주기 위한 전환금융을 통해, 고탄소 산업 내 기업들도 탄소 감축 활동에 필요한 자금을 조달 받을 수 있도록 해야 한다. 전환채권은 이러한 전환금융의 주요 도구 중 하나로, 채권 발행을 통해 조달된 자금을 녹색활동이 아닌 탄소중립을 위해 과도기적으로 필요한 전환활동에도 사용할 수 있도록 허용한다는 특징이 있다. 최근 OECD에서 이러한 장점을 근거로 전환금융 활성화를 제안하고 있고, 고탄소 산업의 비중이 높은 일본도 이를 적극 **활용**하고 있다.

| 대비

셋째, 정부는 기후 환경 리스크를 줄이기 위한 산업구조조정 과정에서 일자리가 줄어드는 업종과 지역에 대한 구조조정 지원을 병행해 나가야 한다. 특히 고탄소 기업 비중이 높은 우리나라의 경우, 기

후 관련 규제 도입 및 전환과정에서 산업 전반적으로 상당한 피해를 입을 가능성이 크다. 이에 국내외 관련 정책 동향을 산업계와 공유하며 의견을 청취해야 하며, 이를 토대로 취약 산업에 대한 지원 방안을 수립해 나가야 한다. 예를 들어 유럽의 사례처럼 화석연료 연관 선업에 종사하고 있는 근로자를 대상으로 재교육 및 재취업을 지원하는 방안 수립과 같은 정책적 방안을 수립해야 한다.

금융공기업
금융기관 편

이것이 금융논술이다 9.0

금융공기업
금융기관 편

이것이 금융논술이다 9.0